2020年卷

SECURITIES LAW REVIEW

证券法律评论

新《证券法》：开创中国资本市场新时代

主　办：中国法学会证券法学研究会

主　编：郭　锋

本卷执行主编：李东方　邢会强

本卷编校人员：姜　帅　程　清　任妍姣

中国法制出版社

CHINA LEGAL PUBLISHING HOUSE

序 言

《证券法律评论》现由中国法学会证券法学研究会主办。中国法学会证券法学研究会是经中国法学会批准，于2008年12月6日在北京成立的从事金融、证券、期货及相关领域法学研究的全国性学术研究组织，主要由国内从事证券法学教育研究的理论工作者，证券立法、司法、监管实务部门专家，证券市场从业人员组成。研究会的组建，得到了全国人大常委会法工委、最高人民法院、司法部、中国证监会、中国法学会、中国证券业协会、中国期货业协会、上海证券交易所、深圳证券交易所等有关部门的指导和支持。研究会的宗旨是：团结和组织全国证券法学界的法学工作者、法律工作者及证券业相关人士，促进证券法学理论与实践的研究，开展证券法学的学术交流活动，为推进依法治国，发展社会主义市场经济，促进社会主义现代化建设事业服务。研究会在中国法学会领导下，自主开展学术研究、学术交流活动。

中国法学会证券法学研究会从2008年成立至今，每年都成功举办了年会。2008年12月6—7日，由中央财经大学法学院主办了“中国法学会证券法学研究会成立大会暨改革开放30年与中国证券市场法治建设论坛”；2009年6月27日，与上海市高级人民法院、华东政法大学、上海证券交易所在上海联合举办了主题为“金融危机背景下金融发展与金融法治研讨会”的2009年年会；2010年5月6—7日，与深圳证券交易所在深圳联合举办了主题为“多层次资本市场建设与投资者权益保护”的2010年年会；2011年10月27—28日，与湖南省人民政府金融办等在长沙联合举办了主题为“国家竞争力与区域性金融中心建设——环长株潭城市群‘两型社会’试验区的金融发展与创新论坛”的2011年年会；2012年6月15日，与四川省人民政府金融办、四川省社会科学院等在成都联合举办了主题为“国际化视野下的金融创新、金融监管与西部金融中心建设”的2012年年会；2013年4月22日，与北京大学法学院等在北京联合举办了主题为“中国资本市场法治化20周年纪念论坛”的2013年年会；2014年5月10日，与武汉大学法学院等在武汉联合举办了主题为“全面深化改革背景下《证券法》的修订与完善”的2014年年会；2015年4月18日，与清华大学法学院等在北京举办了主题为“国家治理现代化背景下的证券法治体系建设”的2015年年会；2016年4月22—23日，与浙江大学光华法学院、浙江大学互联网金融研究院在杭州联合举办了主题为“注册制改革背景下的中国证券市场法治建设”的2016年年会；2017年4月28—29日，与上海财经大学法学院在上海联合举办了主题为“新理念新使命新变革证券法修改与中国资本市场法治建设”的2017年年会；2018年6月28日，与中国人民大学法学院在北京联合举办了主题为“新时代中国金融市场基础设施法治体系建设”的2018年年会；2019年4月20日，与西南政法大学高等研究院和民商法学院在重庆联合举办了主题为“数字经济时代的证券市场法治变革与创新”的2019年年会；2020年，拟与中国政法大学法商大数据研究中心在北京联合举办主题为“新《证券法》：开创中国资本市场新时代”的2020年年会。

在历次年会上，研究会的各位理事、证券法学界和实务界的参会代表均提交了精心准备的论文，为我国证券法治建设积极建言献策，有力推动了我国证券法治的进步，为证券法的修改和完善贡献了智慧和力量。每次年会后，研究会均将会议论文汇编成册，公开出版，与知识界、实务界、社会公众分享与会者的理论观点。但以前出版的年会论文集，主要反映当年的年会主题，书名不一致，不能很好地形成证券法学研究会的学术品牌，也不利于读者、研究者进行较为系统的文献收集、整理与参考。鉴于此，中国法学会证券法学研究会研究决定，从2014年开始，将每年的年会论文统一编入书名为《证券法律评论》的连续出版物中。现在呈现给读者的中国法学会证券法学研究会主办的《证券法律评论（2020年卷）》，即是2020年年会的参会论文精选。

需要说明的是，《证券法律评论》最早由我创办于2001年9月，当时是由我担任所长的中国人民大学金融法研究所主办，我任主编。从2001年到2005年，共出版了四卷，其中第四卷由中央财经大学法学院、中央财经大学财经法律研究所主办，中央财经大学证券法研究中心编辑，我任主编。后来因创办和主编《金融服务法评论》，考虑到证券法的内容已经纳入金融服务法中，《证券法律评论》没有再续编。《证券法律评论》2014年卷至2020年卷的编辑出版，使得《证券法律评论》在新的时期得以延续和传承，在此特别感谢中国法学会证券法学研究会使其重新焕发生机。

中国证券市场法治建设任重道远。中国证券法学研究面临机遇和挑战，任务艰巨，使命光荣。理论研究成果既是对实践的反思、批判和经验总结，也是对未来的思考，为未来指引了发展方向。在全面深化改革、全面依法治国背景下，中国法学会证券法学研究会的全体同仁，定当齐心协力，努力办好《证券法律评论》，为建立和完善中国特色社会主义证券法治体系不懈探索，为繁荣我国证券法学理论研究添砖加瓦、贡献智识。

是为序。

中国法学会证券法学研究会会长　郭锋

2020 年 3 月于北京

目　录

【投资者保护与证券法实施】

【监管措施与法律责任制度的解释与实施】

【大数据、区块链、人工智能与证券法实施】

【论文盘点】

【特稿】

发挥智库作用　积极担当作为

——中国法学会证券法学研究会推动和参与《证券法》修订综述

中国法学会证券法学研究会秘书处*

2019年12月28日，十三届全国人大常委会第十五次会议通过了新修订的《中华人民共和国证券法》（以下简称《证券法》），自2020年3月1日起施行。这是《证券法》继2005年10月修订以来第二次全面修订（另有3次修正），在改革证券发行审核制度、强化信息披露、加大投资者保护、提高证券违法成本等方面进行了创新性制度设计，新增和修改的条文达到160多条。《证券法》修订进一步完善了证券市场基础制度，体现了市场化、法治化、国际化方向，为资本市场健康规范发展提供了强有力的法治保障，有助于服务实体经济，提升上市公司质量，防控市场风险，保护投资者权益，进一步优化资本市场功能，形成更优质更透明更开放更公平的市场环境，从而对中国资本市场产生全面而深远的影响，具有承前启后、继往开来的重大意义。

中国法学会证券法学研究会（以下简称研究会）一直致力于倡导、推动《证券法》修改的理论研究、学术引领、实践探索。2011年8月，研究会接受中国证监会"《证券法》评估项目任务书"委托，组成由会长郭锋教授为组长，北京大学法学院蒋大兴教授、中央财经大学法学院邢会强教授、最高人民法院应用法学研究所李赛敏博士为核心成员的课题组，对2005年修订的《证券法》的实施效果进行全面评估，提出评估报告和《证券法》修订示范条款，提供了本轮《证券法》修订

---

* 执笔人：邢会强，中国法学会证券法学研究会副会长兼秘书长；杜晶，中国法学会证券法学研究会理事兼副秘书长。

的学术支持。自全国人大常委会开始《证券法》修订工作以来，研究会数十次组织或参加《证券法》修订的理论研讨、修法评估、立法咨询。每年年会均包含《证券法》有关制度的修改议题。在提交常委会审议前夕，2019年12月10日，全国人大常委会法工委召开专家评估会议，研究会会长郭锋教授应邀出席，充分肯定修订草案内容，认为出台时机已经成熟，建议尽快审议颁布。研究会副会长、中国证监会法律部主任程合红直接参与了证券法起草修订工作。研究会副会长、全国股转系统有限责任公司总经理徐明，研究会副会长、上海证券交易所首席律师卢文道，研究会副会长、深圳证券交易所法律部总监付彦，研究会副会长、中国证券投资者保护基金有限责任公司总经理巩海滨等同志发挥行业优势和特点，积极参与证券法修订研讨论证工作。在众说纷纭、修法徘徊的关键时刻，研究会勇于担当作为，不断凝聚学术力量和智慧，力促全面推行注册制，主张扩大证券品种和适用范围，建议完善投资者保护法律机制，支持提高违法成本，矢志不渝地配合立法机关、证券监管机构推进本轮《证券法》修订工作，为进一步创新和完善我国资本市场法律制度恪尽职守、添砖加瓦、献计献策，大多数学术观点、修法建议被新《证券法》吸收采纳或与新《证券法》的修订思路一致。

一、证券法学研究会推动和参加《证券法》修订工作概述

（一）通过承担证券法实施评估工作启动修改

研究会接受中国证监会“《证券法》评估项目任务书”后，课题组于2011年10月初形成了《证券法》评估和修改报告初稿。2011年10月8日，在中央财经大学召开了《证券法》实施效果评估研讨会。10月27日至28日，在长沙举行的研究会2011年年会上，开辟了题为“《证券法》实施效果评估与修改建议”的讨论专场。11月18日，与中国证监会法律部领导就评估报告进行了沟通、讨论。11月26日，在上海证券交易所举办的第二届“上证法治论坛”上，郭锋、蒋大兴、邢会强和与会者就“《证券法》实施效果评估与修改”进一步作了讨论。2011年12月，郭锋教授对评估报告进行了统稿、修改，形成了正式报告——《〈证券法〉实施与修改评估报告》（以下简称《评估报告》）。

《评估报告》总结了2005年《证券法》十大实施成效，即：为各类市场主体进入资本市场融资提供了平等机会；市场容量扩大，金融得以深化；金融业综合经营取得进展；证券发行制度变革壮大中国私募股权市场；初步建立了多层次的资本市场体系框架；发行审核的透明度加大，有力打击了造假上市；彻底解决了历史遗留的挪用客户保证金问题；肯定了非公众股份公司的存在；为打击证券违法行为提

供了法律依据和保障；为中国证券市场的国际化奠定了基础。

《评估报告》同时指出了《证券法》存在的十大主要问题，即：保荐制度需要进一步改革；发行上市标准不够科学；投资者保护机制和措施有待进一步加强；信息披露并非愈多愈好；一些条款侵犯了民事主体的基本权利；证券概念仍停留在分业经营的体制之下；自律监管与政府监管的界限不清；对证券违法行为打击效果不够理想；退市机制虽有规定但实施较难；罚款力度太轻，短线交易行政责任不科学。

《评估报告》提出了进一步系统修改《证券法》的建议，并提出了修法的十大理念与制度创新，分别是：放松管制，鼓励创新，实行注册制；坚持市场化方向和私法自治；引入“风险为本”的监管原则；明确“混业经营，功能监管”；扩大证券范围，引入“金融投资商品”概念；强化投资者保护，建立投资者适当性制度；适应证券市场的国际化；重视个人信息安全保护；优化立法技术，注重与相邻法的协调；进一步完善法律责任。

《评估报告》同时提出了 20 项修法建议：扩大证券范围；重构公开发行审核制度；改革保荐制度；明确监管目标；肯定混业经营；引入功能监管；扩大市场自治；债股分开监管，统一债券法律规定；加快推进多层次资本市场建设；改革信息披露制度；允许证券商采取合伙制；改革中介服务机构的责任安排；明确公司制证券交易所的法律地位；赋予投资保护基金以法定诉权；建立投资者公平基金；对境外发行上市制度做出重大调整；国际板实行注册制；完善证券法律责任制度；明确非行政处罚措施的定位；提高证券法的立法技术。

（二）通过历届年会凝聚共识推动修改

2014 年以来，研究会的每次年会均围绕证券法修改，设置不同的分议题展开讨论，为《证券法》的修改建言献策。

2014 年年会围绕“全面深化改革背景下《证券法》的修订与完善”主题，设置了“《证券法》修改的方向与路径”“市场深化背景下的监管转型”“资本市场创新与证券法制回应”三个关键议题共六组进行了分组讨论。

2015 年年会围绕“国家治理现代化背景下的证券法治体系建设”主题，设置分论坛，分别围绕“证券立法与执法的现代化”、“投资者保护与法治意识培养”以及“资本市场创新与法治”三个主题共六场展开分组讨论。

2016 年年会围绕“注册制改革背景下的中国证券市场法治建设”主题，设置分论坛，分别围绕“注册制改革理论与证券立法实践研究”“注册制下的证券交易制度完善研究”“注册制下的证券监管制度研究”“金融创新的法律制度构建与完善”四个主题共八个专场展开分组讨论。

2017年年会围绕“证券法修改与中国资本市场法治建设”主题，设置了四个小组分论坛，围绕“证券监管与立法的基础理论与政策取向”“证券监管法律制度研究”“证券欺诈法律规制研究”“互联网金融与证券法律责任制度完善”四个主题共八个专场展开分组讨论。

2018年年会围绕“金融市场基础设施基础理论与法律问题”、“金融市场基础设施与金融科技监管新趋势”、“互联网时代证券监管问题研究”以及“金融市场基础设施、金融安全网与投资者保护法律制度研究”四个主题共八个专场展开分组讨论。

2019年年会以数字经济、大数据与证券法的变革与发展为视角，以“数字经济背景下的证券监管变革”“大数据与证券法治”“人工智能与证券法治”“区块链技术在证券领域中应用的法律问题”“互联网金融的法律问题研究”五大专题为分主题进行讨论。

（三）通过专题研讨深入聚焦修改问题

2015年8月29日，研究会召开中国证券市场信息披露法治论坛。论坛上发布了《中国证券市场信息披露案例研究与评估年度报告（2014年度）》。评估报告认为，本次《证券法》修改，注册制改革是核心内容。这表明了新时期证券监管转型的理念和要求——既强调行政监管机关应专注于监管强制信息披露制度的实施，又要强化证券交易场所自律监管的市场主导地位。评估报告建议，未来制度设计方面要确立“以投资者需要为导向”的信息披露原则。在信息披露制度建设与规则方面，从信息披露规则梳理整合、允许交易所进行差异化的信息披露要求、推行行业化的信息披露规则等方面进行改进。此外，应通过增进交易所及板块之间的竞争、推动评级机构的发展、推动机构投资者的发展和成熟化方面完善信息披露制度的外部环境。

2016年6月19日，受中国法学会委托，研究会承办的“中国法学会·金融法治沙龙第4期”，主题为“股票发行注册制改革法律风险评估与对策”，紧紧围绕注册制与核准制的本质区别、如何构建设计符合中国资本市场特点的注册制、推行注册制需要哪些条件、推行注册制的风险有哪些、如何设计相关配套措施以促进注册制的推行等展开了热烈研讨。研讨成果形成了《股票发行注册制改革风险评估与对策建议》，送有关部门参考，并发表在《财经法学》2016 年第 6 期上。[1]

2018 年 5 月 26 日，研究会举办“金融资本市场法律如何因应金融体制改革”研讨会，围绕四个分议题——深化金融体制改革的法治保障；增强金融服务实体经济能力的法治路径；金融监管体制改革对金融资本市场法律的影响；健全金融监管体系的法律应对展开交流与探讨，为《证券法》的修改提供参考，助力我国金融体制改革。

2019 年 10 月 20 日，研究会主办“债券违约法律责任研讨会”，结合债券的特殊性，分别对违约债券的市场处理机制、债券投资者保护制度、中介机构责任制度等展开了深入研讨。

（四）通过承接课题、发表论文、咨询报告提供理论支撑

研究会高度重视通过承接课题、发表论文、提供咨询报告等，为本次《证券法》修改提供理论支撑或对策建议。会长、副会长、常务理事、理事纷纷建言献策，贡献智慧。

研究会会长郭锋教授一直积极呼吁、大力推动本次《证券法》修改。为每年年会确定主题时，均把证券法修改置于核心议题。在各种研讨会以及《证券法律评论》《证券法苑》《财经法学》《中国证券报》等刊物和媒体上呼吁加快《证券法》修订步伐，为建设新时代资本市场体系奠定法治基础。[2]牵头承担的中国证监会“《证券法》评估项目任务书”，提出了本次证券法修订的基本理念、思路、原则与重点条款。主持的上海证券交易所联合研究计划课题“多层次资本市场及证券交易场所法律制度完善研究”、中国证券投资者保护基金有限公司课题“中国证券投资者保护法律评价指标体系”、投服中心课题“我国资本市场投资者保护的规则体系与内容研究”等都对《证券法》如何进一步修改提出了对策性建议。关于扩大证

---

〔1〕 郭锋、邢会强、杜晶：《股票发行注册制改革风险评估与对策建议》，载《财经法学》2016 年第 6 期。

〔2〕 如①郭锋：《加快证券法修改步伐 为建设新时代资本市场体系奠定法治基础》，载《证券法苑（第二十四卷）》，法律出版社 2018 年版；②郭锋：《证券法修改要破除对注册制认识误区》，载《法制日报》2015 年 11 月 16 日；③郭锋：《新一轮证券法修订的理念与若干基本性制度研究》，载《证券法律评论（2015 年卷）》，中国法制出版社 2015 年版；④郭锋：《呼吁制定金融商品交易法》，载《法制日报》2015 年 1 月 21 日；⑤郭锋：《以〈证券法〉修改为契机 建立股票发行注册制》，载《证券法苑（第十卷）》，法律出版社 2014 年版；⑥郭锋：《建立股票发行注册制势在必行》，载《法制日报》2013 年 12 月 11 日；⑦郭锋：《大金融视野下的证券监管理念和〈证券法〉修改路径》，载《金融服务法评论（第四卷）》，法律出版社 2013 年版；⑧郭锋：《大金融视野下的证券监管理念和证券法修改路径》，载《中国证券报》2012 年 6 月 11 日；⑨郭锋：《〈证券法〉修改完善的六个重大问题》，载《证券法苑（第六卷）》，法律出版社 2012 年版。

券定义范围、实行功能监管、全面推行注册制、建立投资者适当性制度、完善信息披露、加强投资者保护等方面的观点，对引领证券法学术研究方向、强化证券法修改的理论支撑发挥了重要作用。特别是在注册制改革遇到困难和瓶颈时期，郭锋会长始终坚定信心，凝聚研究会专家共识，通过组织研讨会、公开发表观点、报送决策参考等方式矢志不渝推动注册制改革。

副会长冯果教授主持教育部哲学社会科学重大课题攻关项目“我国债券市场建立市场化法制化风险防范体系研究”、上海证券交易所联合研究计划课题“投资者保护法律制度完善研究”和“证券侵权民事赔偿标准研究”、投服中心课题“证券期货市场纠纷调解、诉讼的示范制度建构与运行研究”等，均对《证券法》修改提出了相关建议。其中关于尽快推进债券发行注册制、简化债券发行条件、建立与债券市场相适应的信息披露制度以及设投资者保护专章、建立先行赔付制度、确立投资者保护机构行权和维权机制等建议均在立法中有体现。

副会长李有星教授发表《证券发行注册制的理想与现实》〔1〕《注册制改革背景下的证券法律反思与重构》〔2〕《证券市场虚假陈述揭露日的再认识》〔3〕《科创板发行上市审核制度变革的法律逻辑》〔4〕等文章，对证券法的信息披露制度和投资者保护制度提出有益建议。

副会长兼秘书长邢会强教授主持中国法学会课题《证券欺诈规制的实证研究》等课题，以及在《中国法学》《财经法学》上发表的《我国〈证券法〉上证券概念的扩大及其边界》〔5〕《股票发行注册制成功实施的三个体制机制条件》〔6〕等论文，为《证券法》修改提供理论参考。

副会长侯东德教授在《现代法学》等期刊围绕注册制下改善证券服务机构功能发挥发表了《证券服务机构 IPO 监督机制研究》〔7〕等文章，主持“放管服视角下证券服务机构自律治理研究”“新时代金融服务实体发展法律实现机制研究”等课题，从证券服务机构的治理与监督为切入点，为《证券法》新股发行及证券服务机构的相关条文修改提供了相应建议。

---

〔1〕 金幼芳、李有星：《论证券发行注册制的理想与现实》，载《证券法苑（第十卷）》，法律出版社 2014 年版。

〔2〕 李有星、王琳、金幼芳：《注册制改革背景下证券法律的反思与重构》，载《财经法学》2016 年第 6 期。

〔3〕 李有星、潘政：《证券市场虚假陈述揭露日的再认识》，载《投资者》2018 年第 2 卷。

〔4〕 李有星、潘政：《科创板发行上市审核制度变革的法律逻辑》，载《财经法学》2019 年第 4 期。

〔5〕 邢会强：《我国〈证券法〉上证券概念的扩大及其边界》，载《中国法学》2019 年第 1 期。

〔6〕 邢会强：《股票发行注册制成功实施的三个体制机制条件》，载《财经法学》2016 年第 5 期。

〔7〕 侯东德、薄萍萍：《证券服务机构 IPO 监督机制研究》，载《现代法学》2016 年第 6 期。

副会长杨东教授积极参与法工委和亚洲开发银行的《证券法》修改课题，主持或参加社会科学基金项目“技术驱动型金融监管的法律问题研究”等课题，在《中国社会科学》《中国法学》等期刊发表论文为证券法修改提供智力支持。

副会长巩海滨总经理多次参加证监会和全国人大组织的证券法修改征求意见会议，建议大幅提高欺诈发行、信息披露违法，操纵市场、信息披露等类型的违法行为的行政处罚力度。同时对市场禁入提出修改建议，增加相关人员在被市场禁入期间不得从事证券交易。系统整理中国证券市场仅有的三例先行赔付案例，分析先行赔付制度入法对投资者利益保护的积极意义，相关制度被采纳入法。

常务理事李东方主持的国家社科基金后期资助项目“证券监管法论”和上海证券交易所联合研究计划系列研究课题“证券监督管理机构法律制度研究”等对证券监管机构的定位、目标、权限、程序以及执法和解等方面作出建议，在本次《证券法》修改中得到体现。

常务副会长施天涛教授，副会长甘培忠教授、周友苏教授等，对组织证券法修改学术研讨会、对具体条款修改建议，做出了重要而积极的贡献。

此外，研究会主办的《证券法律评论》自2014年至2019年，共出刊6卷，发表了240多篇论文，合计300多万字，为《证券法》修改建言；研究会主办的《金融服务法评论》自2010年至2019年，共出刊10卷，合计600多万字，为《证券法》修改完善贡献智慧；研究会主办的《金融服务法研究咨询报告》也出刊50余期，为《证券法》修改贡献力量。

（五）集中力量对三次审议稿提供建议

2015年5月30日，研究会专门召开“《证券法》修改专题研讨会”。来自国内主要高校、最高人民法院、中国证监会、上海证券交易所、深圳证券交易所的领导、证券法学专家，以及部分证券公司、律师事务所、上市公司的实务界人士近50人参加了本次会议。与会专家、学者围绕证券法修改，纷纷献言建策，对《证券法》修改草案提出了相应的修改意见。研究会秘书处将这些意见予以整理，形成了《研究会对〈证券法〉修改草案的意见》，并发表在《金融服务法评论（第八卷）》上，为《证券法》的进一步修改完善提供参考。[1]

2017年6月22日，研究会在民生金融中心召开《证券法》修改学术座谈会。与会专家围绕证券法修改如何落实中央防范与化解金融风险的指示精神，证券定义

---

〔1〕郭锋、邢会强、缪因知、杜晶：《中国证券法学研究会对〈证券法〉修改草案的意见》，载《金融服务法评论（第八卷）》，法律出版社2016年版。

扩大的利弊与立法选择，注册制要不要写进证券法以及如何写，是否扩大内幕交易知情人范围，是否规定利用未公开信息的民事法律责任，如何规范上市公司收购制度，如何完善信息披露制度，如何规定先行赔付，如何规定多层次资本市场等热点问题，展开了热烈的讨论和争锋，并达成了基本共识。会后，研究会根据共识或主流意见，撰写和形成了《关于〈证券法〉修订的若干建议》[1]，并呈送立法部门参考，并发表在《金融服务法评论》第9卷上。

2019年5月16日，受中国法学会委托，研究会主办《证券法（修订草案三次审议稿）》专家研讨会暨中国法学会2019年第13期（总第154期）立法专家咨询会。专家学者对《证券法（修订草案三次审议稿）》进行了认真审读，逐一发表进一步修改完善的意见，并对有关重点问题进行了深入讨论。

2019年6月2日，研究会在中央财经大学学术会堂召开证券法修订专题座谈会，与会专家、学者围绕证券法修改，献言建策，就证券的定义、注册制、股权众筹平台的准入等15个问题对《证券法》修改草案提出了相应的修改意见并形成讨论稿。

（六）关键时刻举办高端论坛，推动证券法审议颁布

在证券法修法进入定稿和即将提请审议的关键时期，2019年6月22日，经过精心筹备，研究会在北京举办“加强证券立法制度供给 夯筑资本市场抗风险基石——证券法修改高端论坛”。本次论坛紧紧围绕证券法修改的理念、定位、证券范围、科创板和注册制、投资者保护、法律责任等问题深入展开，百花齐放，精彩纷呈，取得丰硕成果。全国人大常委会法工委经济法室派出领导列席会议。

中国法学会党组成员、副会长王其江表示，证券法是我国调整市场经济关系的重要法律，将这部法律修改好的意义非常重大。他强调，要将习近平新时代中国特色社会主义思想，特别是全面依法治国新理念、新思想、新战略用于指导证券法修改的研究工作。要深入学习贯彻习近平总书记关于金融工作，特别是资本市场的重要论述，用于指导资本市场改革的研究工作。他希望广大证券法学法律工作者满腔热忱，投入到社会主义法治国家建设，特别是当前的证券法的修订工作中。还希望中国法学会证券法学研究会在已经取得成绩的基础上，进一步加强智库建设，为党和国家大局服务。

郭锋会长指出，在中美经贸摩擦再度升级的严峻形势下，通过证券法修改，加

---

〔1〕 郭锋、施天涛、邢会强、杜晶：《关于〈证券法〉修订的若干建议》，载《金融服务法评论（第九卷）》，法律出版社2018年版。

强制度供给，夯筑资本市场抗风险基石，增强资本市场韧性和抗风险能力，维护资本市场平稳健康发展，具有重要现实意义。证券法修改进入关键时期，但仍存有较大分歧与争议，急需进一步凝聚共识，发挥智库作用，积极推动证券法高质量修改并出台。他从四方面阐述了对证券法修改的建议：第一，证券法修改要有助于提升投资者信心，切实维护投资者权益，稳定证券投资收益；第二，证券法修改要服务实体经济，推动产业转型升级，促进经济高质量发展；第三，通过证券法修改，加强证券立法制度供给，进一步强化防范与化解金融风险的机制，打赢防范金融风险攻坚战；第四，证券法修改要贯彻落实党中央提出的“稳就业、稳金融、稳外贸、稳外资、稳投资、稳预期”战略目标。

最高人民法院民二庭林文学庭长表示，证券法的制度供给对证券市场的繁荣稳定发展具有重大意义。他对最高法最新发布的《关于为设立科创板并试点注册制改革提供司法保障的若干意见》中的相关规定作了介绍阐述，再从民事诉讼角度对立法、司法制度谈了他的看法。他指出，由于立法较为原则、司法解释制定不及时，法院对于虚假陈述、内幕交易、操纵市场等证券民事诉讼案件的审理，在因果关系认定、中介机构责任、诉讼形式等方面都遇到比较大的困难。他希望这次证券法修改能更多地为法院提供民事审判的制度依据。

中国证监会法律部主任程合红指出，证券法不仅是证券市场活动的基本法律，也是证券监管的基本法律依据。他就证券法修改提出三点建议：第一，处理好科创板试点注册制改革、全国人大授权国务院调整适用证券法的决定以及证券法修改出台这三者之间的关系。第二，证券法修改应为科创板试点注册制等资本市场深化改革提供充分法治保障。第三，通过证券法修改进一步完善资本市场的基础性制度，努力打造一个规范、透明、开放、有活力、有韧性的资本市场。

中国人民银行金融稳定局孟辉副局长希望，通过这次修改把这些年证券市场发展的成果固化下来，并能切实地保护广大投资者利益，增强整个资本市场的信心，为经济发展保驾护航。他指出，证券法修订要为多层次资本市场的发展预留空间，要扩展证券定义、解除企业发行和上市绑定做法、改变公开和非公开发行证券标准。希望在各个部门共同努力下，将证券法修改成为一部资本市场的改革促进法、市场运营法和投资者保护法，更好地为实体部门服务。

民生证券股份有限公司董事长冯鹤年认为，现行证券法已不能完全适应推进资本市场改革开放和稳定发展的客观要求，证券法修改要抓住主要矛盾，紧紧围绕我国证券市场发展的重点、热点、难点问题开展修法工作，优先解决突出问题。要着力解决多层次资本市场制度建设、全面实行注册制、资本市场多元开放及明晰资本市场各参与主体法律责任等问题，寻求创新与监管之间的平衡，为新时代推进资本市场健康发展提供坚强法治保障。

中证中小投资者服务中心有限公司董事长郭文英从投资者保护机构的视角对《证券法（修订草案三次审议稿）》第六章的修改内容进行了解读。他认为，投资者保护制度内容庞多，涉及多方面的法律及主体，当前第六章的八个条文难以涵盖相应的内容。第六章内容虽看似面面俱到，但诸如投资者保护机构的法律地位及职能等问题都未予提及。建议立法逻辑前后统一，明确保护机构的性质、职责等问题，并可考虑出台《投资者保护条例》来细化投资者保护制度。

中国证券投资基金业协会会长洪磊针对证券法的修改提出两点建议。第一是明确证券的定义，扩大证券的范围。将基金份额、非公开发行的股权、不动产投资信托份额等列举为证券，统一证券发行交易信息披露规则和违法处罚标准，全面规范企业不同阶段的股权融资活动，实施功能监管。第二是建议将做市商制度作为证券市场的基本交易制度进行全面的规定，参考纳斯达克市场建立竞争性多层次开放式的做市商体系，并建立全面的做市商监管体制。

副会长周友苏从证券范围、注册制和投资者保护三个方面发表了观点。第一，关于能否增加国务院依法认定其他证券形式的问题存在较大争议，对此应将现有法律规定的国务院依法认定，修改为国务院依法直接认定，或者国务院授权证券监管机关依法认定。对于承托凭证，若将其与国内的证券混为一体，可能今后会带来适用方面的问题。第二，目前注册制只适用于科创板，但是这在立法上并不科学。第三，将投资价值交给市场来进行判断。

中国证券投资者保护基金有限公司总经理巩海滨从投资者的角度出发，结合国家罚款和赔偿投资者的关系谈了三点看法。第一，在修法中确实要大力加强关于投资者民事赔偿制度供给和实践的保障。第二，加强民事救济和投资者补偿，这项工作实现能够大大提高违法违规者的成本。第三，要多方式、多渠道实现投资者的民事救济和赔偿问题。第四，证券法修订应切实落实民事赔偿优先原则。

全国中小企业股份转让系统总法律顾问牛文婕从多层次资本市场建设的角度出发，结合新三板六年来市场发展的主要制度特点，谈了在立法中系统考虑新三板整体制度建设的必要性。她认为应当理顺新三板的入法逻辑，比较不同层次市场之间在功能定位上、法律性质上的异同，本着“共性一体适用，个性留出空间”的原则，在制度安排上有所体现。在证券法适用范围上可以考虑横向的银行间市场及其基础设施。另外，考虑到制度背景和法律环境的不同，引入集团诉讼制度应当深入研究其社会效果后慎重决策。

副会长冯果教授指出，证券法修改遵循的逻辑基本上还是二十世纪九十年代的逻辑，但是经过二十年的发展，证券市场在产品和市场层次发生了天翻地覆的变化，应当按照市场运营的逻辑来修法。此外，将2015年股灾这一特殊事件作为长期规范证券市场的基本法的立法背景是值得反思的。他建议，特殊的监管政策可以在特定时期作为行政法规或其他特殊政策。证券法的修改应该更好地为市场的发展提供一个稍微宽松的环境，使证券法保持更大的活力。

副会长蒋大兴就证券法的功能与角色问题发表看法。他认为现在的证券市场法治化程度不高，应对中国资本市场做更多的基础研究。他提出了四个基础问题：第一，关于什么是证券，忽略了影响力投资、社会责任投资和慈善证券的统一规制问题；第二，关于公司的分类，《公司法》与《证券法》上的公司分类的需求仍很不协调；第三，关于法院的作用，仍停留在把法院理解为解决投资者纠纷的机构，但实际上法院可能是证券市场、资本市场中最有力的规制者；第四，关于监管的强度，证券法中过严的非法治化监管过多，影响市场创新。

副会长李有星就投资者保护以及地方政府在证券法中的地位与职能设置重点强调三方面内容：第一，证券法出台时应该有宽泛的证券概念；第二，针对投资者保护的问题需要专门设立机构来进规范化、专业化的保护，李有星教授还对机构的职能作出了说明；第三，第193条存在未考虑成本的问题。此外，李有星教授还提到了证券法条文中应该去掉“变相公开发行”中的“变相”二字以及处置权和融资权的问题。

上海金融法院肖凯副院长就证监会的执法权限配置从司法实务部门的视角进行了解读。结合《证券法（修订草案三次审议稿）》，他认为应该修改第181条，要强化证监会强制询问权的可操作性，增加对不配合调查的机构和个人的社会信用惩戒措施；借鉴域外经验，修改第230条，将不配合证监会调查的行为做入罪化处理，直接构成犯罪；删除第231条，直接在涉及相关违法行为法律责任的具体条款中增加追究刑事责任的表述，以利于下一步协同修改相关的刑法条款。

深圳证券交易所法律部总监付彦指出：第一，注册制问题，具体包括注册制实施的具体板块是否要写入到法里边和如何充分落实注册制改革的核心要素两大问题，应当充分落实注册制的核心要素，以信息披露为中心，市场主体归位尽责，监管机构不背书，加大违法人法律责任。第二，系统性风险防范问题，在证券法中要强化分业经营体制下的功能监管，明确建立防范系统性金融风险的预警与防范协作机制，明确证监会在防范和应对系统性风险的紧急处置权，强化场外配资的监管。第三，投资者保护问题，要建立先赔后罚机制。第四，交易所的定位和职能问题，要准确界定交易所与拟上市公司、上市公司、会员、投资者之间的法律关系，明确民事纠纷和行政纠纷的边界，尊重交易所的业务规则。

副会长兼秘书长邢会强教授从财政法的角度认为，公平基金在短期内难以建立，现在还不具备这方面的财政法理论基础。集团诉讼制度有引入的必要性，但也存在弊端。要想更好地保护投资者，可以充分发挥中证投服和投资者保护基金的作用，由这两个机构代表投资者去起诉，将追偿的钱直接赔给投资者。利用大数据的技术支持，可以做到精准而专业，这一保护措施值得在证券法修改时深入研究。

副会长侯东德教授发表看法认为：应该将第 48 条第 1 款最后一句修改为“不得直接或以化名、借他人名义等间接方式持有买卖股票或者其他具有股票性质的证券，也不得收受他人赠送的股票或者其他具有股权性质的证券”，第 2 款表述修改为“实施前款所列的行为人原已持有的股票或者其他具有股权性质的股票并且依法予以转让”；将“相关的机构在应当依法取得并确保投资者个人信息安全不得非法收集使用加工传输投资者个人信息，不得非法买卖提供或者公开投资者信息”写入法条；明确证券服务机构在从事资产评估、评级等审核业务的时候应当进行实质性审核。

郭锋会长总结认为，本次会议中达成了三项共识。第一，证券法的修改审议已经进行了三次，应当在已经凝聚共识的基础上，以“中修”为原则，尽快推动下一次人大常委会审议，争取 2020 年 2 月全国人大常委会向证监会进行注册制改革有关授权到期前通过。第二，证券法修改应当全面推行注册制。将现有核准制的立法条文和证监会审核机制，修改为交易所审核、证监会注册即可，现有立法条文文字改动不会太多，具有可行性。第三，证券法的修改需要做好三个平衡，即尊重市场、鼓励创新和防控金融风险的平衡，服务实体经济和虚拟金融交易的平衡，普通投资者保护和市场机构主体利益保护的平衡。〔1〕

二、证券法学研究会主要观点被立法吸收、与立法思路一致情况

（一）关于扩大证券种类

1. 研究会的主要观点

第一，《证券法》（2005 年修订）第 2 条的适用范围过于狭窄，不具开放性和包容性。此次修法距上次已有十多年之久，市场环境、产品种类、监管机制发生了较大变化，混业经营、交叉经营已经成为常态，功能监管、协调监管机制对传统分业监管的不足进行了弥补和完善。学界和实务界一致认为，该定义不适应金融创新与发展的新形势，应当对其进行修改。

第二，对证券种类进行合理扩大，是加强资本市场基础制度建设的客观要求。

---

〔1〕 中国证券法学研究会：《关于〈证券法〉修订草案三读审议稿的修改建议》，中国法学会证券法学研究会内部报告，2019 年。

党和国家高度重视防范化解金融风险，加快形成融资功能完备、基础制度扎实、市场监管有效、投资者权益得到充分保护的股票市场。目前，市场上不少合同式、理财式集资属于发行证券，但按《证券法》的规定无法将其纳入证券监管范畴，无法适用强制信息披露、发行审核、反欺诈等制度，由此导致非法集资现象大量产生。

第三，《证券法》第 2 条调整范围的扩大与目前金融监管体制不存在矛盾。即使不改变现有“一行三会”金融分业监管格局，按照中央确定的功能监管、协调监管理念，在证券概念扩大后，也可以由证监会集中统一执行证券法，同时不排斥其他金融监管机构按照证券法的规定对跨入本行业的交叉性证券产品进行监管，从而避免监管真空和监管套利，有效防范和控制金融风险。

副会长蒋大兴教授在研究会 2015 年年会讨论中提出：《证券法》中对于证券的定义，直接决定《证券法》“管的范围”，修法中对于证券的范围定义，是否要将非盈利证券纳入其中，为比如像教育证券等非盈利证券留出空间，这都值得进一步研究探讨。

2. 被立法吸收、与立法思路一致情况

2019 年《证券法》第 2 条增加了“存托凭证”作为证券品种，同时规定资产支持证券、资产管理产品的发行与交易应比照《证券法》予以规定。

（二）关于实行证券发行注册制

1. 研究会主要观点

研究会提出，《证券法》修改应设专章规定股票发行注册制。主要理由：第一，注册制改革是党的十八届三中全会确定的改革任务，并在 2015 年 12 月得到全国人大常委会的立法授权。第二，注册制改革是简政放权、进一步转换政府职能的必然要求。不应当把注册制改革仅仅看作股票发行审批方式的改变，而要深刻认识到这一改革对转变政府职能、增强政府公信力、激发市场活力所带来的深刻与长远影响。第三，注册制改革有利于提高资本市场运行效率，使市场在资源配置中起决定性作用。在审批制和核准制下，证券监管部门对股票发行“管价格、调节奏、控规模”，虽然短期内可起到稳定证券市场和投资者心理的作用，但却不利于市场自身机制的发挥。第四，注册制改革有利于促进多层次资本市场合理竞争、协调发展。我国已形成由主板、中小板、创业板、“新三板”等构成的多层次资本市场体系，注册制事实上已在新三板推行。在注册制下，由证券交易场所行使发行上市审核权，将促进交易所之间的良性竞争，有利于提高交易所服务质量，不断完善多层次资本市场建设。

具体建议为：（1）由证券交易所进行发行申请文件的审查。（2）推进证券交易所公司制改革。(3) 推进投资者准备和教育，建立一级市场的合格投资者制度，大力发展二级市场的机构投资者。(4) 完善司法救济制度。例如，进一步研究并推出关于内幕交易民事责任和操纵市场民事责任的相关司法解释，落实、健全市场欺诈行为的民事责任制度；完善证券诉讼机制，在可能的情况下，引入美国式或类似的集团诉讼机制；建立投资者保护机构代替或扶持诉讼机制；建立专门的金融法院或证券法院来应对证券欺诈民事责任的诉讼；加大对欺诈发行上市行为人的法律责任。(5) 加大行政稽查权限、加大行政处罚力度。(6) 加强相关责任个人（例如发行人控股股东、实际控制人等）和中介机构的法律责任。

副会长周友苏教授在研究会 2014 年年会讨论中提出：严格的监管制度和完善的退出机制是注册制改革的重要支撑，而信息披露制度是其中最核心的内容，注册制下的信息披露中心应当指向投资者。常务理事郭雳教授在研究会 2014 年年会讨论中提出：注册制是一种证券发行登记备查制度，侧重信息披露和事后控制，监管机构事先不对发行主体资质和证券投资价值进行实质性判断，发行与上市活动自然分开。注册制的基本精神在于平衡企业融资需求与投资者利益保护，平衡公众利益和秩序维护与保持市场自主选择和活力。注册制的制度内核，可以归纳为“重信息披露，轻实质审核；多市场参与，少价值判断；重责任约束，轻数量控制”。常务理事李文莉教授在研究会 2014 年年会讨论中提出：核准制下的证券发行权就是基于特许权权利属性，而注册制下的证券发行权是基于商事权利属性。发行主体行使证券发行权前必须向证券监管机构登记注册，证券监管机构对发行主体的信息披露进行监管。理事杜晶副教授在研究会 2014 年年会讨论中提出：我国推行注册制的改革路径，应当从目前的“严进、松管、难出”状态，向“宽进、严管、易出”的格局转变，强化证券交易所作为有组织的、证券持续流通市场，对上市申请人进行（尤其是持续盈利能力方面的）实质资质审查。发行审查与上市审查，由“前严后宽”，改革为“前宽后严”。副会长蒋大兴教授在研究会 2015 年年会讨论中提出：对于债券，在强化对债券持有人的监管之后，核准制可以取消，统一实行公开注册制。常务理事李东方教授在研究会 2015 年年会讨论中提出：应尽早结束证券发行注册与核准双轨制，证券法调整的证券应当实行统一的发行制度，注册制应当适用于所有的证券品种。副会长李有星教授在研究会 2015 年年会讨论中提出：在互联网环境下，注册制如何去成本化、去中介化、实现网上注册仍有待探讨。建议建立注册审核利用互联网的外部审核机制。

2. 被立法吸收、与立法思路一致情况

以上建议基本与 2019 年《证券法》规定的改革方向和制度举措一致：(1) 注册机构为中国证监会；(2) 股票和公司债券都统一适用注册制；(3) 发行申请文

件的受理、审核机关为证券交易所等。

（三）关于非公开发行证券上市交易

1. 研究会的主要观点

早在2012年中国法学会证券法学研究会年会讨论中，就有学者提出，应注重发展场外交易市场和建设区域金融中心之间的关系，整合现有分散分割的股权交易机构，争取在现有区域股权交易市场基础上实现大的突破和创新，适当加大地方政府介入区域股权交易市场监管的深度和力度。

2. 被立法吸收、与立法思路一致情况

2019年《证券法》第97条将依照国务院规定设立的区域性股权市场规定为非公开发行证券的发行、转让的场所。将区域性股权市场纳入规制范畴。

（四）关于增加程序化交易

1. 研究会的主要观点

研究会提出，《证券法》应增加对程序化交易的法律定义，明确程序化交易和高频交易之间的异同。主要理由：回应现代科技对证券交易的影响，对程序化交易进行法律规制，维护公平交易秩序。从概念上看，程序化交易是指通过既定程序或特定软件，自动生成或执行交易指令的交易行为；高频交易属于程序化交易的一种，带有快速下单、撤单、抛单等特点，具有一定的市场操纵性。因此，应对普通的程序化交易和高频交易设置不同的规范规则。

副会长邢会强教授在2017年6月22日的《证券法》修改学术座谈会上提出：程序化交易应该监管，光大乌龙指事件用的就是程序化交易。高频交易有必要报备。高频交易的特征就是快速下单、快速撤单，跟进了很快的速度再撤回来，或者做一个反向的操作，又抛出去，所以是一种诱导。市场操纵性很大，相当于一个黑匣子一样，是需要监控的。美国证监会就有一个CAT系统，对下单的所有的交易记录都有留痕。

2. 被立法吸收、与立法思路一致情况

2019年《证券法》第45条规定了程序化交易及向证券交易所进行报告制度。

（五）关于增加未公开信息

1. 研究会的主要观点

研究会认为，《证券法》应明确“利用非公开信息交易”行为的违法性。主要理由：利用非公开信息进行交易不同于内幕交易，其主体、客体、行为认定皆有差异，前者无法涵盖在后者中。

研究会会长郭锋即在2017年6月22日的《证券法》修改学术座谈会上明确提出：《证券法》应与《刑法修正案七》规定的利用未公开信息罪相衔接，光大“乌龙指”事件在广义的学理上不属于传统《证券法》内幕规定的信息范围。

常务理事郭雳教授亦在在2017年6月22日的《证券法》修改学术座谈会上提出：之所以内幕交易涵盖不了“老鼠仓”的行为，是因为两种信息是有差异的。内幕信息在传统上要么公开、要么禁止交易，本质上是需要公开的。“老鼠仓”利用的信息没有任何法律要求人家是公开的，所以无法用内幕交易的规则对其进行约束。《证券法》应增加对未公开信息的规定，或扩大内幕信息知情人的范围。

理事董新义副教授在研究会2017年年会讨论中提出：目前只有刑法规范利用未公开信息交易的行为，证券法也应该有所涉及。建议用列举其他未公开信息的范围来弥补单纯定义的缺憾。

2. 被立法吸收、与立法思路一致情况

2019年《证券法》第54条增加了对未公开信息的规定，同时规定了利用未公开信息进行交易的责任

（六）关于上市公司收购

1. 研究会的主要观点

研究会认为，《证券法》应该采取支持和规范并重的思路完善上市公司收购规则：（1）维持现行《证券法》每增减5%即应“举牌”的“台阶规则”。5%这一比例已施行多年，符合中国国情。（2）维持现行《证券法》第98条“收购人持有的被收购的上市公司的股票，在收购行为完成后的十二个月内不得转让”的规定，为活跃并购市场预留合理空间。（3）可以进一步明确未履行信息披露义务情况下违规增持股份的法律责任。例如，投资者未履行披露义务增持的股份，在买入后的24个月内，该超比例的股份不得行使表决权，加重对未履行披露义务增持行为的行政处罚。（4）根据现行《证券法》第120条所体现的“场内交易无因性规则”，不应采取强制收购人披露收购资金来源的方式来规制收购。

研究会会长郭锋即在2017年6月22日的《证券法》修改学术座谈会上提出：《证券法》规定证券交易是无因行为，无论资金来源是否合法，只要进入交易市场买卖股票期货，交易行为本身不受影响。另外，5%的“持股预警披露”已经运行多年并未出现重大问题，实践证明符合中国国情，不能因极个别案例摧毁整个正常并购市场，提高门槛，区别对待。另外，在限制违规增持股份的法律后果时，限制表决权的时间不宜过长。

副会长杨东教授也在2017年6月22日的《证券法》修改学术座谈会上提出：“持股预警披露”的“门槛”如果从5%到1%下降幅度过大，严重破坏了上市公司收购制度，将增加收购的成本，不利于收购。上市公司最重大功能并非融资而是并购、资源重整。十八大三中全会强调市场分配通过上市公司的并购重组，是对资源分配、重整的重要功能，甚至破坏了半个市场功能。

2. 被立法吸收、与立法思路一致情况

2019年《证券法》维持了每增减5%即应“举牌”的“台阶规则”；同时进一步明确了未履行信息披露义务情况下违规增持股份的法定责任。

（七）关于专章规定信息披露

1. 研究会的主要观点

研究会认为，对信息披露制度予以专章规定是合适的，同时建议应按照“重大性”标准来设计信息披露制度。第一，降低投资者的信息搜寻成本和上市公司的信息披露成本。无限制、无选择的信息披露不仅不利于保护投资者，反而在加大信息披露社会成本的同时，增加了投资者的搜索负担。信息披露制度的整体设计应紧紧围绕“重大性”这一核心概念来进行，注意平衡企业的信息披露成本和投资者的信息搜索成本，鼓励简明式信息披露，提升信息披露质量和有效性。第二，删除定期报告、临时报告和招股说明书以外的其他发行申请文件要求董事、监事、高管予以书面确认和签字的规定。董事、监事、高管保证信息披露真实、准确、完整是法定义务，除法律另有规定，并不以其在文件上签字为必备要件。不分具体情况一概要求他们签字不但会给实务操作带来不便，而且还助长了监管形式主义。第三，在信息披露的途径和方式方面，应鼓励互联网平台信息披露，打破目前指定纸质披露媒体垄断、可阅读性弱的局限，减少信息披露成本，便于信息存储。

副会长于腾群早在研究会2012年年会讨论中即提出：目前我国上市公司信息披露存在的问题主要表现为：信息披露的真实性需要加强；信息披露的准确性有待提升；信息披露的完整性需要重视；信息披露的及时性亟须改善；信息披露的公平性有待解决；信息披露的质量有待提高；信息披露的监管存在不足。因此，完善上市公司信息披露制度的举措包括：继续完善上市公司的治理结构；加快证券市场法律法规的修订和完善；进一步完善信息披露监管体系；进一步梳理监管的流程；加强信息披露违规惩戒；加强信息披露的评级。

副会长徐明在研究会2015年年会讨论中提出：我国信息披露的有效性不足的根源在于：第一，披露简明性不够、可读性不强；第二，披露的连续性不强，披露可比性不足；第三，对投资者至关重要的如研发投入、人力资源、客户关系、商业模式等非财务信息的披露比较简略；第四，信息披露中风险因素比较多，投资价值信息比较少；第五，定性信息披露过多，定量信息披露少。因此，改革措施在于：首先，事先拟定信息披露的格式，促进上市公司信息披露简明易读；其次，在信息披露时重视行业概念，实施分行业监管，提高上市公司信息披露的可比性；最后，丰富信息交流渠道，通过互联网或其他平台完善上市公司与投资人之间的信息交互机制。

副会长兼秘书长邢会强在 2015 年就呼吁大幅度增加信息披露类条文在《证券法》中的数量和字数，以便于人们学习、运用和实施《证券法》，消除证券市场猖獗的信息优势滥用类违法行为。[1]为《证券法》将“信息披露”由节上升为章、增加条款数量提供了理论支持。

2. 被立法吸收、与立法思路一致情况

2019 年《证券法》对信息披露制度予以专章规定，并在第 80 条、第 81 条以“重大性”为标准对信息披露制度进行规定。

（八）关于投资者保护

1. 建立了解你的投资者制度

（1）研究会的主要观点

在研究会 2017 年年会讨论中，副会长徐明提出：应当以信息披露有效性为视角建立中小投资者需求为导向的法治体系。首先，中小投资人占绝大多数的市场，对交易量所起的作用是非常大的；其次，中小投资在实体行业它是弱势群体，需要得到法律更多的支持和帮助。公平的环境、公正的待遇、了解真实的情况是中小投资者的需求。要想建立以中小投资人需求为导向的法治体系需要做到：在立法上要形成金字塔似的中小投资者的需求导向体系，包括在基本法、国务院的条例、证监会部委的部门规章、甚至是交易所制订机构所制订的规则里；在执法当中要形成自律监管机构，与行政司法的其他机构联动。

（2）被立法吸收、与立法思路一致情况

2019 年《证券法》第 88 条要求“证券公司向投资者销售证券、提供服务时，应当按照规定充分了解投资者的基本情况……”，同时在第 89 条要求证券公司“根据财产状况、投资知识和经验、专业能力等因素，投资者可以分为普通投资者与专业投资者，其分类标准由国务院证券监督管理机构规定。”

---

〔1〕 邢会强：《证券欺诈规制的实证研究》，中国法制出版社 2015 年版。

2. 建立投资者适当性制度

（1）研究会的主要观点

研究会认为，在证券市场创新法律制度上，应明确证券市场创新的法律基础，消除创新的法律障碍，规定投资者适当性制度。早在2012年，郭锋会长就主张把投资者适当性制度写进《证券法》。[1]2013年，郭锋会长在《金融服务法评论》发表《大金融视野下的证券监管理念和〈证券法〉修改路径》，系统论述了建立投资者适当性制度的必要性。

深圳证券交易所副总经理林凡在研究会2014年年会讨论中提出：在证券市场创新法律制度上，应明确证券市场创新的法律基础，消除创新的法律障碍，规定投资者适当性制度。

（2）被立法吸收、与立法思路一致情况

2019年《证券法》第88条为建立投资者适当性制度提供了明确的法律依据。

3. 规定投资者保护机构的地位与职权

（1）研究会的主要观点

研究会认为，对于我国的中国证券投资者保护基金有限责任公司和中证中小投资者服务中心有限责任公司这两大投资者保护机构，《证券法》应明确相关投资者保护机构的设立目的、功能和定位。

副会长徐明在研究会2017年年会讨论中提出：在《证券法》中设有投资者保护专章，理清立法逻辑、明确投资者的范围、投资者权利、投资者权利保护主体、如何保护投资者权利、权力如何划分等问题。国家应当设立投资者保护机构，在投资者人数众多的时候帮助维权。由国务院来制定有关持股行权、投资交易等具体内容的相关办法。国家应当在投资者保护领域形成立法体系，修改和完善《公司法》、制定投资者保护条例、证监会部门规章和相关保护机构的业务规则，为投资者保护提供强大的法律依据。

副会长巩海滨在研究会2018年年会讨论中提出：公益性投资者保护组织应探索在辅助司法机关审理民事赔偿案件中发挥更重要的功能。实践中，司法机关审理证券民事赔偿案件非常困难，涉及诸多技术、计算难点等，这些问题和难点导致法院审判效率低下，因此，司法机关需要外部力量来支持司法审判。

（2）被立法吸收、与立法思路一致情况

2019年《证券法》明确规定了“投资者保护机构”及其职权，明确了投资者保护机构的纠纷调解职能、受委托参与代表人诉讼的职能，以及受委托与投资者进

---

[1]《投资者适当性制度有望进〈证券法〉》，载《华夏时报》2012年7月23日。

行协议予以先行赔付的职能。

4. 规定代表人诉讼

（1）研究会的主要观点

早在2010年研究会年会的讨论中，就有学者指出，应考虑是否采用域外的证券集团诉讼的形式，不能仅局限于功能主义的思路，还应在开放证券市场的视角下，审视集团诉讼作为制度竞争因素的作用以及限度，并从制度竞争的角度考察中国证券集团诉讼的必要性和可行性。亦有学者提出，应该重视并启动“人数不确定的代表人诉讼”在司法实践中的运用。有学者提出了设计中国证券投资者基金保护公司代表诉讼职能的观点。

在2016年的《股票发行注册制改革风险评估与对策建议》中，研究会提出：完善证券诉讼机制。在可能的情况下，引入美国式或类似的集团诉讼机制；同时建立投资者保护机构的代替诉讼或支持机制。[1]

在研究会2018年年会讨论中，研究会会长郭锋明确提出，司法介入资本市场的时机，既不能超前，也不能太早，而要适中。郭锋会长建议：制定、出台专门的集团诉讼法或在证券法中设置类似的制度。

（2）被立法吸收、与立法思路一致情况

2019年《证券法》第95条规定，投资者提起虚假陈述等证券民事赔偿诉讼时，诉讼标的是同一种类，且当事人一方人数众多的，可以依法推选代表人进行诉讼。投资者保护机构受50名以上投资者委托，可以作为代表人参加诉讼，并为经证券登记结算机构确认的权利人依照前款规定向人民法院登记，但投资者明确表示不愿意参加该诉讼的除外。人民法院作出的判决、裁定，对参加登记的投资者发生效力。

（九）关于规定多层次资本市场

1. 研究会的主要观点

研究会认为，应注意明确如下问题：（1）应明确“证券交易场所”的概念。“证券交易场所”应至少包括证券交易所、国务院批准的其他全国性证券交易场所、按照国务院规定设立的区域性股权市场。（2）明确全国中小企业股份转让系统的法律定位，并为新三板挂牌公司的公开发行、再融资制度预留相应空间。（3）应明确“证券交易场所”有会员制和公司制两种形态，既考虑到全国股转系统和区域性股权市场的公司制现状，又为证券交易所的公司制改革留下制度空间。

---

〔1〕 郭锋、邢会强、杜晶：《股票发行注册制改革风险评估与对策建议》，载《财经法学》2016年第6期。

加快建立与完善多层次资本市场体系，已经成为我国金融业改革和发展的国家战略。构建一个既有利于市场间公平、良性竞争，又有利于证券产品流动、推动金融产品创新的多层次资本市场，是我国资本市场改革转型的重大任务。

早在研究会2010年年会讨论中，就有学者提出关于多层次资本市场的建设问题。副会长周友苏研究员在研究会2012年年会讨论中提出：场外交易市场对于区域金融中心建设具有重要意义。我国场外交易市场存在不少发展初期存在的问题，其中区域股权交易市场存在的问题主要是：法律地位不明确；缺乏必要的顶层设计；交易和融资规模有限；缺乏成熟和统一的交易和监管制度约束。常务理事李东方教授在研究会2017年年会讨论中提出：新三板是否是公开市场，主要看信息披露制度的完备程度，“新三板监管条例”如果出台就可以将其认定为一种独特的市场。新三板应是独立市场，转板机制的完善虽然重要，但新三板作为一个市场自成体系，并非为了主板做预备。副会长邢会强教授在研究会2017年年会讨论中提出：解决新三板市场定位的核心问题是明确场内和场外的界定。常务理事牛文婕在研究会2017年年会讨论中提出：新三板后台支持是几乎完全拷贝了深圳证券交易所的机制，从这个层面来看，符合公开市场的标准。市场现对新三板作为独立的市场已有很高的共识度。尽管目前未在《证券法》中找到相关规则，但相关交易通过协议约定也可达到短期规制效果。但是，在没有明确法律依据的情况下，对新三板违法行为难以进行有效的行政处罚和刑事处理，即新三板法制的落后与现实发展和需要是脱节的。

2. 被立法吸收、与立法思路一致情况

2019年《证券法》第七章专章规定了“证券交易场所”，将新三板市场纳入到《证券法》的规制范畴。为新三板制度的建设和进一步完善提供了明确的法律依据。

（十）关于证券公司风险控制

1. 研究会的主要观点

研究会课题组于2015年在《金融服务法评论（第七卷）》上发表《配资业务及相关信息系统之法律规制》，对配资业务和“两融业务”进行了研究。[1]研究会课题组认为，在配资业务中，资金的需求方—投资者，和资金的提供方—配资公司其实是一种金融消费者与金融服务者之间的金融消费关系。鉴于其间的地位不对等、信息不对称关系的存在，因此，应该采取金融消费者保护法上的特殊机制来保

〔1〕 中国法学会证券法学研究会课题组：《配资业务及相关信息系统之法律规制》，载《金融服务法评论（第七卷）》，法律出版社2015年版。

护金融消费者的利益，如对配资公司课以风险揭示义务，对金融消费者采取倾斜保护态度，加强金融消费者教育，禁止掠夺性贷款和鲁莽放贷行为等。

2. 被立法吸收、与立法思路一致情况

2019年《证券法》第120条规定，除证券公司外，任何单位和个人不得从事证券承销、证券保荐、证券经纪和证券融资融券业务。证券公司从事证券融资融券业务，应当采取措施，严格防范和控制风险，不得违反规定向客户出借资金或者证券。

（十一）关于证券监管机构职权

1. 研究会的主要观点

研究会提出：《证券法》修改应注意到，证券监督管理机构监管职权的强化应以符合宪法和基本法律的规定为前提，证券监管机构在执法过程中应注意公正性、透明性、效率性，可以通过要求证券监管机构向全国人大常委会或专门委员会报告工作的方式来监管并制约证券监管机构的监管权力。第一，证券监管机构要严守国家机构之间执法分工的界限，不能以行政处罚代替刑罚，不能行使司法权。第二，证券监管机构的规范性文件和行政解释，应符合宪法法律的基本精神，不能随意限制市场主体的法定权利，特别是法律规定的民事权利。

常务理事刘云亮教授在研究会2014年年会讨论中提出：应在权力清单制度下修改《证券法》，弱化证监会审批权，强化证监会监管权，同时加强证券市场中介服务机构的服务功能。

常务理事张保生律师在研究会2015年年会讨论中提出：未来证券监管的趋势将表现在如下方面：（1）宽进严管；（2）行政处罚权下放，下放到各地证监局，但这面临处罚标准是否统一的问题；（3）涉及因重大违法行为而退市时要考虑标准和统一问题，对此他的建议是：首先，制定公开的、具体细化的标准，让行政相对人有合理预期；其次，可以参考最高院公布指导案例三、地方监管局的听证会，真正做到立审分离，以保证公平。总之，在宽进严管的背景下，一方面要加强执法力度，另一方面应当明确执法标准。

副会长施天涛教授在研究会2016年年会讨论中提出：我国目前的法治理念还存在一定程度的缺失，监管依然停留在粗线条的层面，一直缺乏持续性监管。因此，值得关注的是持续监管层面所触及的范围与深度，包括对于企业募集到资金后对于具体运用情况应有所关注。

副会长于腾群在研究会2017年年会讨论中提出：第一，证券传统监管模式遭遇新科技的挑战，同时科技的发展也对通讯互联网大数据的证券市场起到了巨大作用。第二，金融监管中的科技应用提高了监管的效率和准确性。为了应对监管挑战，应当做到：（1）进行证券市场风险模型分析；（2）提高证券市场监管的时效性；（3）降低证券市场的监管成本；（4）实现监管信息共享、构建共同合作机制。

2. 被立法吸收、与立法思路一致情况

2019年《证券法》第170条扩大了证监会的执法权限，例如：将证监会的查询账户权扩展至第三方支付机构的账户，扩展限制交易的时限为三个月，增加了限制出境的权力等，但是也对证监会的冻结、查封权予以明确限制。与研究会的主要观点一致。

（十二）关于加重证券法律责任

1. 关于先行赔付

（1）研究会的主要观点

研究会提出，先行赔付本质上是一种便利投资者获得经济赔偿的替代性制度安排。因此建议在《证券法》中明确应由“谁”来进行先行赔偿。我国有中国证券投资者保护基金有限责任公司和中证中小投资者服务中心有限责任公司两大投资者保护机构，《证券法》除了应进一步明确相关投资者保护机构的设立目的、功能和定位，同时更应明确由“谁”来进行先行赔付。

常务理事朱绵茂教授在研究会2015年年会讨论中提出：《证券法》在修法时除明确发行人的责任外，还应该明确使上市公司的实际控制人承担相应的法律责任，从源头上明晰投资者保护的细则。

（2）被立法吸收、与立法思路一致情况

《证券法》第93条既明确了投资者保护机构的职责（受委托就赔偿事宜与受到损失的投资者达成协议，予以先行赔付），亦明确了先行赔付的主体（发行人的控股股东、实际控制人、相关的证券公司）。

2. 关于行政处罚法律责任

（1）研究会的主要观点

研究会提出，应当提高行政处罚力度。对于财务造假，不应限于最高处罚200万元，而应按照造假额的一定比例处罚。

常务理事夏东霞在研究会2019年年会讨论中提出：为使中介机构回归“看门人”的角色本位，应借鉴香港地区及美国对中介机构责任承担的相关规定，以中介机构的专业为中心界定其职责范围，区分不同中介机构之间的法律责任；明确“合理信赖”其他专家意见或第三方意见等相关免责事由，适当提高行政处罚标准、加大执法力度，实行保荐费用透明化，并全面建立中介机构声誉体系。[1]

（2）被立法吸收、与立法思路一致情况

2019年《证券法》第十三章法律责任的规定，基本与研究会的主要观点一致。例如，2019年《证券法》第181条规定，“发行人在其公告的证券发行文件中隐瞒重要事实或者编造重大虚假内容，尚未发行证券的，处以二百万元以上二千万元以下的罚款；已经发行证券的，处以非法所募资金金额百分之十以上一倍以下的罚款。”

（十三）其他建议

在2017年6月22日的“《证券法》修改学术座谈会”上，有学者明确提出，操纵市场中应增加其他一些禁止交易的行为，例如，蛊惑交易、抢帽子交易、跨市场交易等。2019年《证券法》第55条即在2006年《证券法》第77条所列表的行为表现基础上新增了4种操纵市场行为（虚假申报操纵、蛊惑交易操纵、抢先交易操纵、跨市场操纵）。此修改与研究会观点一致。

三、证券法学研究会推动参加《证券法》修订工作的基本经验

（一）坚持学术民主，确保学术活动充满创新和活力

研究会宗旨是团结全国从事证券法学研究的法学法律工作者，以中国特色社会主义理论体系和社会主义法治理念指导开展金融法、证券法、期货法等法学研究和交流活动，为统筹推进“五位一体”总体布局、协调推进“四个全面”战略布局提供理论支撑和对策支持，为实现两个一百年的战略目标和中华民族伟大复兴的中国梦做出积极贡献。在推动、参与证券法和其他金融法治修改完善过程中，研究会始终强调学术民主，容许不同观点、不同意见存在，鼓励不同意见建议的辩论交流。为此，研究会积极搭建平台，通过课题研究、立法咨询、法治评估、论坛征文、法律服务、实地调研等途径吸引广大理事会员积极参与研究会的活动。坚持对中青年学术带头人的培养。此外，常务理事与理事有将近一半来自于实务部门，这有利于增强研究会理论部门与实务部门的交流，增强研究会的吸引力，吸引理论界与实务界的人士共同参与证券法治理论研究和立法咨询。这为研究会提供有针对性、有分量的立法建议创造了良好条件。

---

[1] 夏东霞、范晓：《科创板注册制背景下对中介机构“看门人”角色的再思考》，载《财经法学》2019年第3期。

（二）坚持以投资者为中心，服务证券市场规范发展

金融、资本市场是国家重要的核心竞争力，金融安全是国家安全的重要组成部分。我们深切体会到研究会担负着为国家金融发展改革、金融稳定安全提供理论支持和决策咨询的职责使命。研究会必须紧紧围绕党中央确定的金融服务实体经济、防控金融风险、深化金融改革三大任务部署研究工作、参与立法活动；要以推动、参与证券法修改完善为基本路径，以维护投资者权益为核心，为资本市场发展改革涉及的法治建设提供研究成果和决策咨询。本轮证券法修改，始于2011年中国证监会委托研究会开展对证券法实施效果评估工作。按照证监会要求，研究会立足“十二五”时期资本市场改革发展的新目标新任务，借鉴金融危机后国际资本市场监管改革思路和经验，对证券法实施效果进行实务评估，系统梳理资本市场功能定位、运行机制和监管执法等方面面临的困难、存在的问题，分析原因，研究论证完善建议，明确修订完善证券法的方向和重点，为证券法修订工作提供决策依据。全国人大常委会启动证券法新一轮修改后，研究会和部分理事全程参与修改论证、研究咨询工作。此外，研究会一批专家多年来一直为股票公开发行实行注册制进行理论研究，认为从核准制改革为注册制，对转变政府职能、简政放权、增强政府公信力，对激发市场活力、提高资本市场运行效率，使市场在资源配置中起决定性作用，对促进多层次资本市场合理竞争、协调发展具有重要意义。经过研究会和各界的共同努力，中共中央十八届三中全会的决议中写入了注册制改革，并最终在上海证券交易所科创板实行。为推进注册制改革任务的落地见效，研究会多次召开论证推进会，并向中国证监会、全国人大常委会法工委提交研究报告，积极推动证券法修改中全面规定注册制。应该说，研究会为这次证券法全面规定注册制发挥了重要推动作用。

（三）重视搭建学术平台，为广大理事参与立法工作提供制度机制

研究会始终注重搭建各种学术平台，通过举办年会、专题研讨会，组织承接课题、提供咨询报告、编辑年刊等形式为广大理事参与立法工作提供支持。历届年会的主题具有一个鲜明的共同特点，就是紧紧围绕资本市场法治建设、投资者保护为中心确定主题。如：多层次资本市场建设与投资者权益保护、全面深化改革背景下《证券法》的修订与完善、国家治理现代化背景下的证券法治体系建设、注册制改革背景下的中国证券市场法治建设、证券法修改与中国资本市场法治建设、新时代中国金融市场基础设施法治体系建设、数字经济时代的证券市场法治变革与创新等主题，很好地贯彻了党中央、国务院、全国人大常委会关心的资本市场法治问题，

致力于研究防范金融风险、保护投资者权益，体现了中国法学会证券法学研究会的使命感、时代感和担当精神。研究会主办《证券法律评论》《金融服务法评论》2本年刊，编辑发行《金融服务法研究咨询报告》，主办“中国金融服务法治网”，主办微信公众号“金融服务法治微网”。不断围绕热点问题举办中小型研讨会。2018年共举办了5场专题研讨会；2019年至今共举办了6场专题研讨会，研讨证券市场中小投资者权利多元救济、科创板与股票发行注册制改革法律问题、《证券法（修订草案三次审议稿）》等。

利用资本市场为企业发展纾困 防止出现系统性金融风险的若干建议

中国法学会证券法学研究会*

内容摘要：针对抗疫期间资本市场支持经济恢复、民营企业发展，防控出现金融风险等问题，中国法学会证券法学研究会建议：发挥资本市场在逆周期调节中扶持民营企业的功能；制定和落实对受疫情影响上市公司、投行等的扶持政策；降低成本，放松管制，加强资本市场危机管理和风险防范；运用金融科技、监管科技提高防控疫情、便民利民的智能化水平。

关键词：新冠肺炎疫情　证券法学研究会　资本市场　金融风险

为应对新冠肺炎疫情给经济金融、资本市场带来的冲击和影响，央行、证监会等机构出台了多项政策措施，保障了资本市场平稳有序运行，迄今为止没有出现大的风险。针对抗疫期间资本市场支持经济恢复、民营企业发展，防控出现金融风险等问题，中国法学会证券法学研究会组织证券业内专家进行了研究，提出以下对策建议。

一、发挥资本市场在逆周期调节中扶持民营企业的功能

国际上应对危机的经验表明，利用好资本市场功能，可以帮助企业度过短期危机。比如，美国2008年金融危机发生后，企业纷纷破产，大量职工失业，商业银行贷款大幅萎缩。但美国依靠其强大资本市场快速实现损失减记、资本补充和实现

---

* 执笔人：郭锋，为中国法学会证券法学研究会会长、教授、博士生导师；邢会强，为中央财经大学教授、中国法学会证券法学研究会副会长兼秘书长。

市场出清，短期内使银行、企业迅速恢复活力。2019年我国股权融资规模在1.5万亿元左右，较2016年的2.1万亿元融资规模高峰有明显下降，这意味着扩大股权融资规模空间巨大，相关管制政策需要调整放松。在疫情加剧我国经济下行压力时，民营企业首当其冲。民营企业绝大多数是中小微企业，且抗风险能力弱。建议发挥资本市场资源配置优势，切实提高直接融资比重，为民营企业纾困。具体措施是：

第一，鼓励民营企业进入私募股权市场。加大对中小创投企业的税收优惠政策，鼓励投长、投小、投新，促进私募基金行业更加积极坚定地践行价值投资、长期投资、责任投资理念，加大对中小企业的投资和投后赋能力度。为此，需要对市场反映强烈的私募基金登记、备案制度进行改革，大幅简化登记备案程序，降低私募基金设立成本，畅通私募基金支持实体经济、民营企业渠道。发挥各类政府主导的产业基金、引导基金、母基金引领作用，促使更多股权投资资金进入中小微企业，帮助它们渡过难关，巩固双创成果。

第二，为民营上市公司度过危机松绑。为此，需加快创业板实施注册制步伐，加快科创板制度创新，加快新三板改革，加快推出上市公司小额股权定增发行；提升交易市场对亏损企业、VIE结构、行业属性的包容度；提高交易所和证监会审核效率，便利给优质民营企业输血。在非公开发行股票募资用途方面，目前，主板、中小板上市公司非公开发行股票募集资金除用于具体项目外，30%可以补充流动资金或偿还贷款。本次疫情使很多民营上市公司遇到流动性困难，或者因为资金回流导致无法按计划偿还贷款。建议适当提高用于补充流动资金及偿还贷款的比例，并放宽募集资金用途。

第三，允许民营企业参与发行防疫专项债。防疫专项金融支持应主要以政策性金融和财政支持等公共产品为主。但也可适当考虑资质好、社会责任感强的民营企业，特别是医疗卫生领域的民营企业参加发行。目前存在防疫专向债等工具属性不够清晰、政府部门杠杆与企业部门杠杆混同等问题。建议明确防疫专项债是市场化债券还是政策性债券，避免道德风险和损害市场秩序，避免企业杠杆和政府杠杆的混同。如果该债券是市场化发行和偿付，则不宜放得过宽，仍然需要加强信息披露，由投资者自行决策和承担风险。

二、制定和落实对受疫情影响上市公司、投行等的扶持政策

一是建议全国人大常委会进行立法授权，允许上市公司延期披露信息。《证券法》规定上市公司应在每一个会计年度结束后四个月内披露年报。上市公司、挂牌公司、公司债券发行人受疫情影响，在法定期限内披露2019年年报或2020年第一

季度季报有困难的，可以在证监会、证券交易所、全国中小企业股份转让系统的统一安排下延期披露，但须由全国人大常委会进行立法授权。二是为投行服务实体企业提供特殊政策支持。疫情对证券公司的投行现场类业务、保荐机构履职、发行人项目文件报送等带来一定的影响，应允许投行在防疫期间，在合规前提下通过相关替代性手段履行尽职调查等核查程序，保证相关项目尤其是涉疫项目正常快速推进，确保相关企业能够尽快通过募集资金恢复并扩大生产经营。三是支持投行深入了解挂牌公司面临的困难并帮助解决。负有持续督导职责的投行，要认真评估疫情严重地区的上市公司、挂牌企业以及受到疫情冲击重、影响大的旅游、文娱、餐饮、服务类挂牌公司所受到的影响。鼓励投行利用自身优势，为挂牌公司多方寻找融资渠道；将投行对新三板挂牌公司融资额排名作为证券公司监管评价加分指标。四是鼓励央企上市公司利用供应链金融为中小微企业纾困。现金流相对充裕的央企上市公司，可借助预支货款等形式为上下游中小微企业提供资金支持，帮助中小微企业顺利复工、产业链正常运营；央企上市公司可向中小企业提供市场化利率的委托贷款，由国家财政专项资金提供贴息支持。对由此导致的负债率上升，鼓励央企上市公司将应收账款进行资产证券化处置，由地方或国家担保机构提供担保，由金融机构、国有产业基金进行结构化投资，建立企业、金融机构、国有资金和担保机构的风险共担机制。五是督导上市公司积极履行社会责任。有条件的上市公司要积极捐赠相关防疫救灾物资和资金，可按规定在监管政策上视同疫区上市公司予以优惠对待。

三、降低成本，放松管制，加强资本市场危机管理和风险防范

疫情发生以来，证监会没有理会个别专家关于春节假期结束后应暂时关闭股市，否则股市将崩盘这种危言耸听的言论，而采取了正常开市的应对策略。总的来看，股市运行平稳，投资者心态平和理性。但是，受疫情影响，股市流动性面临压力，证券业亏损加剧，投资者信心不足。建议：一是降低股息红利税、证券交易印花税。减少各方面交易成本，稳定投资预期，激活二级市场，保障股市融资造血功能。二是对疫情严重地区的证券基金期货经营机构，适当放宽相关风控指标监管标准。监管机构在为募集资金用于疫情防控、疫情较重地区金融机构和企业发行的公司债、资产支持证券产品设置绿色审批通道的同时，也应当鼓励各机构投资该类证券。为此需要通过适当调低净资本扣减比例、风险资本准备计算比例等方式鼓励证券基金机构及其管理产品的投资意愿。三是适当延长“资管新规”实施日期。资管新规按照“新老划断”原则设置过渡期，要求整改的过渡期到2020年年底。对于存量资管业务的处置本身就比较复杂，在突发疫情情况下，资管产品中资产质量有

可能恶化，同时市场行情发生重大变化导致资产处置不确定性增大。建议调整资管新规过渡期，适当延后一年，以降低机构和资本市场压力，缓释疫情对资本市场产生的冲击。四是加强危机管理和风险防范。建议各地金融管理部门对上市企业股票质押融资偿付情况、上市公司债券偿付情况进行一遍排查，协调相关银行和券商为股价触及预警线或偿付出现困难的上市企业债务提供展期服务，或设立纾困基金。五是建立完善证券市场危机管理制度。建议证监会根据《突发事件应对法》制定《上市公司应对突发事件指引》《证券市场突发事件和重大危机应急预案》等，如果再发生类似疫情危机时能够有章可循，提高证券市场治理的法治化水平。

四、运用金融科技、监管科技提高防控疫情、便民利民的智能化水平

传统金融机构由于目标客户（零售占比高）、资产结构（信用占比高）和管理水平等原因，信贷扩张能力有限；传统线下监管已经落后于数字技术发展。建议发挥金融科技、监管科技的替代性、补充性作用为恢复生产、做大做强资本市场、防控出现系统性金融风险提供支持。

第一，加速推动证券交易全面互联网化。在有效技术手段支持下，进一步引导证券、信托、银行理财子公司等金融产品依托互联网平台实现线上销售，既可降低交叉感染风险，支持疫情后期防控工作，又可通过对金融业务及数据在线全流程监控和管理加强风险防范。在投资者日益专业化、年轻化的条件下，鼓励条件成熟的证券经营机构关闭物理性证券经纪交易场所，并从监管指标中删除。

第二，利用金融科技助力疫情防控。在风险可控基础上扩大金融科技等相关应用试点范围，充分运用金融科技手段支持疫情后期防控及纾困工作，运用互联网对小企业、商户、个人投资者进行金融支持，提高金融服务触达率、可得性。鼓励传统金融机构与金融科技企业合作，精准识别受困企业和个人情况，保障支持小微企业和个人纾困的各项金融优惠政策有效落实，防范“骗贷”或套利风险。特别是，国家针对受疫情影响的企业和个人推出的优惠贷款、信用卡或贷款还款延期甚至核销等政策福利，不排除将面临黑产、“羊毛党”的冲击，需要重视运用金融科技加以区分和防范。

第三，增强对参加抗疫数字企业的财政金融支持。建议发挥政府采购功能，将疫情期间涌现的特色数字产品纳入健康卫生、交通运输、人流监测等公共服务采购名录，刺激相关行业数字化发展，做好相关数据的整合应用。为疫情期间各主体提供、开发的数据产品，特定领域建立的全国“数据公共池”提供金融支持。

第四，消除防疫居家期间移动支付的政策障碍。鉴于居家期间移动支付基本成

为唯一的支付工具，建议协调银行提高快捷支付单笔和单日限额，在疫情期间允许支付机构提高零钱账户单笔、单日和年度限额，让需要援助的地区和机构使用更加顺畅的支付结算服务。鉴于境外在我国境内临时停留人员及境外友人均无法使用我国移动支付服务，建议临时允许支付机构绑定外卡，允许在境内外国人员享受移动支付服务，减轻外出交叉感染风险，同时也可以让外国友人和境外华人华侨向境内转账援助需要帮助的机构和个人。

第五，扩大区块链电子发票应用试点。区块链电子发票以注册、开票、报销全流程线上化操作以及不限量、不清卡、安全可控的优势，全面助力实现“非接触式”办税服务，为疫情防控特殊时期的纳税服务和监管提供强有力保障。建议在已有的区块链电子发票基础上，将区块链电子发票尽早纳入现有全国税务电子底账库系统，将票种范围扩大到增值税专用发票，并开放更多地区，进一步扩大区块链电子发票应用范围，在全行业、全领域实现涉税信息互联互通、共识共享，最大限度发挥数字科技支持实体经济发展的积极作用。

第六，加强监管科技建设。进一步优化证券监管机构网上办事流程，申请行政许可或备案应通过互联网提交材料，通过传真、电子邮件、邮寄光盘等形式实现项目文件报送与反馈。金融基础设施要从工作机制、人员配备、办公场所、系统运维、技术支持等方面提升服务保障能力，实现全流程、全链条线上操作。监管部门、自律组织、金融基础设施与市场机构要保持业务系统联通顺畅，确保对受疫情影响较大地区提供特别服务安排，并降低服务收费标准。鉴于疫情期间无法从工商局、社保局等政府部门获得相关签章，机构子公司、分公司、母公司等关联机构盖章难度较大，建议监管部门暂时豁免相关签章及流程。尽快出台具体细则，落实《证券法》（2019 年修订）中的“证券信息系统服务”条款，大力发展证券信息系统服务机构，推动证券行业互联网化。

【新《证券法》的制度创新与理论价值】

中国存托凭证（CDR）：基本原理与制度体系

郭　锋*

内容提要：新证券法第 2 条规定了存托凭证，从而在我国法律中扩大了证券的内涵和外延。存托人以自己名义独立签发存托凭证后，与基础证券相分离，并独立产生法律效力，投资者行使权利、享受利益以存托凭证为依据。存托凭证投资者，不是基础证券发行人登记在册股东，不能以股东身份直接行使股东权利，仅能根据存托协议的约定，通过存托人享有并行使有关权利。本文认为，尽管存托凭证投资者实际享有的权益与境外基础证券持有人的权益相当，但因不直接持有基础证券，只能视为准股东，享有准股权。本文第一次系统提出存托凭证的 6 个特征、总结出存托凭证投资者 4 个特殊保护规则。在文章主体部分，本文结合我国 2018 年以来推出的红筹企业 CDR、沪伦通 CDR，系统介绍了存托凭证的概念与特征，存托凭证的产生、发展与功能，存托凭证有关主体的职责与义务，存托凭证发行与上市，存托凭证信息披露，存托凭证投资者保护规则，存托凭证跨境转换，存托凭证监管，存托凭证民事诉讼案件管辖权。

关键词：存托凭证　CDR　ADR　沪伦通　管辖权

2020 年 3 月 1 日实施的新证券法第 2 条规定了存托凭证，从而在我国法律中扩大了证券的内涵和外延。实践走在立法前面。在本轮证券法修订过程中，证监会 2018 年就通过制定颁行部门规章，允许以香港红筹上市公司为发行人的中国存托凭证（CDR）试点和沪伦通存托凭证（包括 CDR、GDR）试点。最近 10 多年来，

---

* 郭锋，中国法学会证券法学研究会会长、教授，最高人民法院研究室副主任。

法律界、金融界从借鉴美国存托凭证开始，对存托凭证有一些资料性、原理性介绍，一些专项研究课题（如上证联合研究计划）对我国引进这一制度做了探讨，一些硕士学位论文也致力于这方面的研究，但这些介绍、探讨总体上较为粗浅和碎片化、实务化。在证券法、公司法、金融法教科书中，缺乏对存托凭证概念、类型、特征、法律关系以及主要制度体系的系统描述和原理阐释。本文试图弥补这一缺陷。因此，本文不是对存托凭证有关法律问题的深入研究，主要是进行原理阐释、制度框架描述，只是在部分内容中适当展开一些研究和分析评论。本文旨在建立和完善存托凭证的基本理论框架，供教师教学、学生学习参考，并激发意图深入研究者的兴趣。

一、存托凭证的概念与特征

存托凭证（Depository Receipts，简称 DR），又称存券收据或存股证，在金融投资学意义上是指在一国（或地区）证券市场流通的代表境外公司有价证券的可转让凭证，属公司融资业务范畴的金融衍生工具。在证券法意义上，是指存托人受基础证券发行人委托，以基础证券发行人发行上市的证券为基础，在本国（或地区）证券市场发行并流通转让的具有股权性质的证券。在我国，证监会《存托凭证发行与交易管理办法（试行）》第 2 条规定的定义是：本办法所称存托凭证是指由存托人签发、以境外证券为基础在中国境内发行、代表境外基础证券权益的证券。[1] 其中，基础证券，是指存托凭证代表的由基础证券发行人在境外发行的证券；基础财产，是指基础证券及其衍生权益；存托人，是指按照存托协议的约定持有境外基础证券，并相应签发代表境外基础证券权益的存托凭证的中国境内法人；托管人，是指受存托人委托，按照托管协议托管存托凭证所代表的基础证券的金融机构。

按照不同划分标准，存托凭证可以分为：1. 融资型存托凭证和非融资型存托凭证。这是以基础股票是通过增量发行还是原有存量为划分标准。融资型存托凭证是向公众投资者进行筹资，并在交易所上市；非融资型存托凭证是存托人将部分基础股票进行托管后发行新的存托凭证，在交易所交易。2. 参与型存托凭证和非参与型存托凭证。这是以上市公司在存托凭证发行过程中的作用为划分标准。前者是由发行股票的公司与存托人签订存托协议，直接参与发行的存托凭证；后者是证券商或公司大股东以自己名义将其持有的股票交托管人，并委托存托人发行的存托凭证，公司不参与发行，只需出具无异议函。3. 私募型存托凭证和公募型存托凭证。

---

〔1〕 国务院办公厅转发《关于开展优质创新企业境内发行股票或存托凭证试点的若干意见》（国办发〔2018〕21 号）文件中也重复了该定义。

这是按照是否允许公众投资者购买为划分标准。前者不公开发行，后者需公开发行。目前，国际市场主流存托凭证大多为融资型、参与型和公募型。[1]

此外，按发行或交易地点不同，国际上通常有美国存托凭证（American Depository Receipt，ADR）、欧洲存托凭证（European Depository Receipt，EDR）、全球存托凭证（Global Depository Receipts，GDR）、[2]中国存托凭证（Chinese Depository Receipt，CDR）等。2019 年，上海证券交易所与伦敦证券交易所推出互联互通存托凭证。这是基于上交所与伦交所的互联互通机制，符合条件的伦交所上市公司在上交所上市的存托凭证（CDR），以及符合条件的上交所上市公司在伦交所上市的存托凭证（GDR）。在此，CDR 是由存托人签发、以在伦交所上市的证券为基础在中国境内发行，代表境外基础证券权益的证券；GDR 是由存托人签发、以沪市 A 股为基础在英国发行、代表中国境内基础证券权益的证券。沪伦通 CDR 的上市、交易、跨境转换和信息披露等事宜，适用中国法律和监管政策、上交所交易规则。

存托凭证的特征是：

第一，存托凭证是衍生证券。衍生证券（derivative security）种类繁多，并不断创新，包括各种形式的金融期权、期货和利率互换合约，其价值取决于作为基础标的物的资产或指数。由于衍生品的价值依赖于其他证券，因此可以套期保值，也可以投资，是投资者进行套期保值或者转移风险的工具。存托凭证是一种证券型衍生产品，其价值取决于基础证券，符合衍生证券特点。衍生证券可以分为契约型证券衍生品和证券型证券衍生品两类。契约型证券衍生品，以股票、债券等资本证券或者资本证券的整体价格水平为基础的证券品种，包括各类期货、期权等品种。以证券交易场所设计的标准化、规格化的合约形式存在，而不以证券形式存在；不具备融资功能，主要是作为一种风险管理工具；没有发行人，交易方式为期货交易，实行保证金、持仓限制、逐日盯市等交易风险控制措施。证券型证券衍生品种，是股票等基础证券和一个权利合约相结合，并将其中的权利以证券的形式表现出来，形成一种新的证券品种。包括认股权证、可转换公司债、存托凭证等。存托凭证依托于基础股票，不是以标准化、规格化的合约形式存在，而是以证券形式存在，合约的内容以证券化为权证的基本要素。

第二，存托凭证是信托证券。信托是由委托人为自己或第三者（即受益人）的利益，将财产上的权利转给受托人，受托人按规定占有、管理、使用信托财产，并处理其收益。在存托凭证法律关系中，购买了存托凭证的投资者，委托存托人持

---

〔1〕王艳等：《中国存托凭证（CDR）：方案设计与运作》，上证联合研究计划第十九期课题报告，2008 年 11 月。

〔2〕GDR 常用的交易所包括伦敦证交所、卢森堡证交所、新加坡证交所、法兰克福证交所。

有、负责安排托管基础证券，代为行使基础证券权利，办理存托凭证分红、派息。在这种关系中，信托行为是投资者作为委托人与受委托的存托人形成的事实合同；信托财产是通过信托行为从投资者转移到存托人的基础证券权益；信托目的是投资者为了投资存托凭证行使权利、享受投资收益；存托凭证为享受信托利益的受益权证书。因此，存托凭证符合信托证券特征。[1]此外，还存在其他三种法律关系。一是发行人与存托人的委托关系。发行人为筹集资金，将证券委托（相当于转让）给存托人，由存托人以自己的名义持有证券并签发代表基础证券权益的存托凭证，存托人是基础证券的名义持有人。二是存托人与托管人的委托关系。存托人通过托管协议，委托托管人托管存托凭证所代表的基础证券，在委托期间，基础证券由托管人占有和保管。存托人的委托权实质上来源于存托凭证投资者。三是基础证券发行人与存托凭证投资者的准股权关系。存托凭证的投资者，不是基础证券发行人登记在册股东，不能以股东身份直接行使股东权利，仅能根据存托协议的约定，通过存托人享有并行使分红、投票等权利。尽管存托凭证投资者实际享有的权益与境外基础证券持有人的权益相当，但因不直接持有基础证券，只能视为准股东，享有准股权。

第三，存托凭证是附属证券。存托凭证依赖于基础证券而产生，基础证券是主证券，存托凭证是附属证券。其一，基础证券是存托凭证产生的前提。只有发行人发行了证券，该证券交由存托人持有、托管人托管，存托人才可以签发存托凭证。存托人以自己名义独立签发存托凭证后，与基础证券相分离，并独立产生法律效力，投资者行使权利、享受利益以存托凭证为依据。其二，存托凭证的权益来源于基础证券。基础证券股东依法享有参与管理权、投票权、分红派息权、股份转让权等权利，存托凭证投资者继受取得这些权利。如果基础证券的这些权利丧失，比如破产清算，存托凭证的相应权利也因此而丧失。但存托凭证的价值与基础证券并非一一对应，即一份存股凭证不一定对应一股标的物股票，对应比例是由存托人确定的；存托凭证的价值由上市地交易市场供求关系决定，理论上可能是基础证券的溢价，也可能是折价，当然套利压力会防止差别过大。[2]其三，基础证券是存托凭证权益实现的根本保障。为了保障存托凭证投资者权益，法律注重维护基础证券的独

---

〔1〕 有一种观点从股票信托角度认为，发行公司为设立股票信托的委托人，存托机构和保管机构充当受托人角色，存托凭证投资者处于受益人地位。这种观点的错误在于：发行人的目的是为自己融资，而不是为了第三者即存托凭证投资者（受益人）的利益；存托人不是对发行人负责，而是对存托凭证投资者负责。因此将发行人作为信托关系中的委托人不妥。参见：万勇、张莉：《信托法上的思考：存托凭证投资者的权利保护》，载《证券市场导报》2002 年 1 月。

〔2〕 ［美］约翰·马歇尔等：《金融工程》，宋逢明译，清华大学出版社 1998 年版，第 294 页。

立性，确保其独立于存托人、保管人的固有财产，独立于发行人破产财产，并与发行人、存托人、保管人个人债务相隔离。

第四，存托凭证是公募证券。在融资模式下，基础股票的来源是上市公司定向增发的股票，通过存托凭证取得新的融资。在非融资模式下，基础股票来自上市公司已发行上市股票，一般通过大股东减持或证券商在二级市场收购，上市公司没有因存托凭证发行而筹集新资金。从融资发行角度，可以将存托凭证定性为公募证券。在我国，按证监会规定，即使仅面向符合适当性管理要求的合格投资者发行，也必须采取公开发行方式。作为一种公开募集发行的证券，必须在证券监管部门注册。存托凭证融资发行与交易连为一体，发行完毕就进入上市交易环节。在发行阶段，与股票发行基本一样，基础证券发行人需要符合法律、监管政策规定的主体资格，符合股票公开发行基本条件，符合公司治理规范、公司经营合法合规、募集资金使用合法等要求。因此，虽然存托凭证发行人是存托人，但发行条件的要求是针对基础证券发行人。基础证券发行人还应当聘请具有保荐资格的机构担任保荐人，由证券公司承销。在上市交易阶段，由基础证券发行人向交易所申请存托凭证上市，证券交易所审核同意后，双方签订上市协议。

第五，存托凭证是涉外证券。存托凭证具有涉外因素。在存托凭证法律关系主体、客体、权利义务因素中，有一个以上的因素涉及两个以上国家或地区。从主体来看，基础证券发行人、托管人与存托人、投资者、交易所往往处于两个不同的司法管辖区，有关法人主体或者其注册登记地在境外，或者其主要办事机构所在地在境外，或者控制该法人的股东具有外国国籍、境外籍贯。从客体来看，作为民事法律关系标的的基础证券位于境外，由境外托管人托管。从权利义务因素来看，形成存托凭证权利义务的法律事实，如基础证券的发行交易、基础证券发行人的委托行为发生于境外。涉外证券特征决定了因存托凭证产生的纠纷存在管辖权冲突，需要基于国际私法的有关原则、跨国（境）证券监管合作予以处理。

二、存托凭证的产生、发展与功能

（一）美国存托凭证（ADR）

存托凭证起源于美国证券市场。美国存托凭证（American Depository Receipt，ADR）是美国投资银行与商业银行合作，为促进外国证券在美国证券市场交易而发行的一种衍生证券，代表非美国公司可公开交易的股票和债券。1927 年，投资银行 J. P. 摩根公司（J. P. Morgan & Company）为便利美国人投资在美国上市的英国股票发明了存托凭证。当时的英国法律禁止英国公司将在国外发行的股份登记于外国证券登记机构，为规避这项规定，J. P. 摩根公司创设了代表英国公司股份的存托凭证。80 多年来，存托凭证在美国资本市场得到了长足发展，大部分欧洲上市公司、中国赴美上市公司均在美国市场发行 ADR。目前共有数千家公司设立了 3000 多项 ADR。

发行 ADR 的优越性主要体现在：其一，从 ADR 产生的法律背景来看，根据美国证券法规定，在美国上市的企业注册地必须在美国。外国企业如果没有在美国注册，采取存托凭证方式进入美国资本市场是一种合法的途径。美国的一些机构投资者如退休基金、保险公司不能购买外国股票，但可以购买在美国上市的存托凭证。《1933 年证券法》对境外发行人公开发行存托凭证进行规制。ADR 所有发行都必须注册登记，发行人需要向 SEC 申报 F－6 表格。《1934 年证券交易法》对 ADR 发行后在二级市场交易进行规制，如信息持续披露和定期报告。其二，借助全球最发达的资本市场进行融资。存托凭证的基本经济功能体现在，通过扩大发行人的有价证券市场，增加其在国外的股东，扩展国外融资渠道。美国证券市场容量大，筹资能力强，投资者权益保护力度大，发行人可以避开直接发行股票、债券的法律要求和烦琐程序，通过发行 ADR 以较低成本在短期内筹集到大量外汇资金。其三，扩展公司股东基础，提高发行人证券的流动性、分散风险，并增强长期筹资能力。可以通过调整存托凭证比率将存托凭证价格调整至上市地同类上市公司股价范围内，便于发行人进入该资本市场开辟新的筹资渠道，在该国拓展业务、实施并购战略。其四，对 ADR 投资者来说，可以投资全球优质上市公司，并用美元交易和获取股利，通过投资者熟悉的美国清算公司进行清算交割，按照美国法律保障投资者权益。某些机构投资者受投资政策限制，不能投资国外上市证券，投资 ADR 则可以规避这些限制。

参与美国存托凭证发行与交易的中介机构包括存券银行、托管银行和中央存托公司。存托凭证的发行流程是：美国投资者委托经纪人购入存托凭证，经纪人购入在市场上交易的 ADR 或要求存托银行发行新的 ADR。在发行新 ADR 情况下，美国经纪人需联系非美国经纪人在非美国市场购入股票，并存托于非美国保管银行，保管银行收到股票后指示美国存托银行发行 ADR。存托银行发行 ADR，并提供给最初提出交易的经纪人，经纪人再将 ADR 交给保管信托公司。存托凭证可在纽约证券交易所、美国股票交易所或纳斯达克交易所挂牌上市。

ADR 发行流程如图所示：

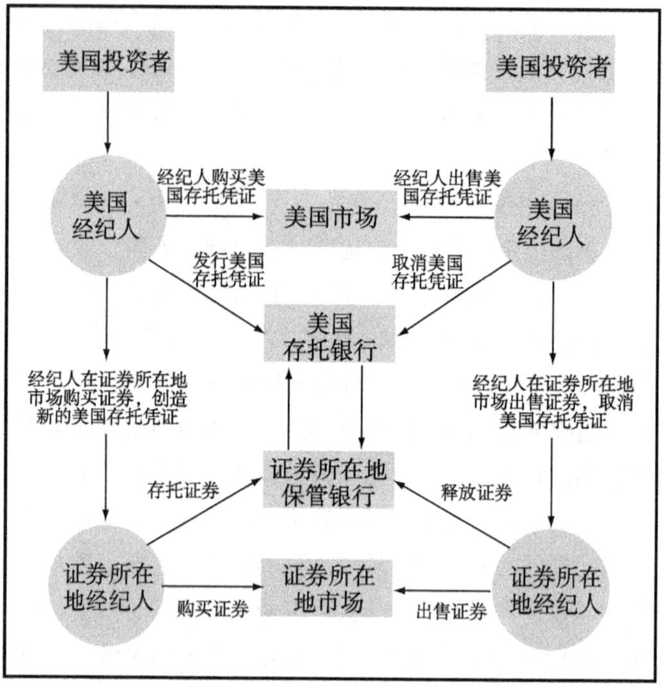

美国存托凭证分为无保荐存托凭证（Unsponsored ADRs）和有保荐存托凭证（Sponsored ADRs）。无保荐存托凭证是由投资银行（证券商）应投资者要求，在国外直接购买已发行的基础证券并存入保管银行，再委托存托银行发行存托凭证。有保荐存托凭证是由发行基础证券的外国公司委托存托银行发行存托凭证，存托银行将基础证券存入保管银行。无保荐存托凭证由于不需要基础证券发行公司介入，向SEC注册的信息较为宽松，仅限于在OTC挂牌交易，且无法确保信息披露真实性，不利于控制投资风险，因此已经很少采用。[1]

根据筹资能力、交易场所、注册要求不同，有保荐存托凭证分为一级ADR、二级ADR、三级ADR。一级ADR（Level I），只能在柜台交易市场（OTC）交易，是最简便上市交易方式。SEC的监管要求少，不要求发布年报，不要求遵守美国会计准则（GAAP）。二级ADR（Level II，listed），比一级ADR复杂，须向SEC注册并接受监管。必须定时提供年报（Form 20－F），并遵循美国会计准则。可以在证券交易所交易，而不仅限于柜台市场。三级ADR（Level III，offering），是最高一级

〔1〕此外，还有一种“限制性存托凭证（Restricted ADRs）”，是指依SEC《指导规则》（Guidance Clarifying Rule）第144（a）规定发行交易的私募存托凭证，也称为“第144（a）条存托凭证”。允许限制性存托凭证转售给合格机构投资者（qualified institutional buyers，QIB），以增加私募市场的流动性。

ADR，SEC 对其监管最为严格，与对美国本土上市企业的监管要求基本一致。最大优势是可以实现融资功能，而不仅限于交易。公司必须提供招股说明书（Form F-1），满足公开信息披露要求，以 Form 8K 表格形式向 SEC 注册。

（二）中国存托凭证（CDR）

从渊源上看，我国从 20 世纪 90 年代就开始介绍、研究美国存托凭证。中国公司在国外发行存托凭证已经具有较长历史。早在 1993 年，中国石化上海石油化工有限公司就在美国发行上市 ADR。2003 年 12 月，中国人寿保险股份有限公司在美国发行 ADR，融资总额 35 亿美元，为当年全球最大的上市项目。自此以后，一些科技公司、互联网公司，先后在美国发行上市 ADR。资料显示，截至 2018 年初，共有 93 家中国公司在美国证券交易所发行 ADR，其中，55 家在纽交所发行，38 家在纳斯达克发行。[1]还有 181 家中国公司在美国场外交易市场（OTC）发行 ADR。[2]

1997 年亚洲金融危机后，在香港上市的一些公司希望进入内地融资。但存在的主要障碍是：按照当时对 CDR 的定义，只有注册地在中国境外的公司才能在国内发行 CDR，这就将 H 股、S 股公司排除在外，尽管这些公司大都已通过增发 A 股回到内地证券市场；人民币在资本项目下尚未实现完全可自由兑换，国外公司通过发行存托凭证在我国 A 股市场上筹集的人民币资金无法自由汇兑出境；在国内 A 股市场发行存托凭证的公司，按照我国法律规定还必须将募集资金投入在国内的投资项目，这就需要有项目支撑。为此，理论界、监管部门存在对试行 CDR 的质疑。要解决以上问题，只有香港红筹股符合 CDR 基本条件，如中国移动（香港）、中国联通（香港）等一批红筹股公司。

21 世纪初监管机构开始考虑推出中国存托凭证（Chinese Depository Receipt，CDR）。2016 年 6 月 21 日，中国人民银行发布《中国人民银行年报 2015》表示“可考虑推出可转换股票存托凭证（CDR）”。国务院发布《“十三五”国家信息化规划》，提出“研究特殊股权结构的境外上市企业在境内上市的制度政策”。但正式进行制度化设计是在 2018 年。2018 年 3 月 22 日，国务院办公厅转发证监会《关于开展创新企业境内发行股票或存托凭证试点若干意见的通知》（国办发〔2018〕

---

〔1〕 这 93 家公司中，最多的是软件计算机服务业，共 21 家，包括百度、58 同城、网易、搜狗、迅雷、陌陌、智联招聘等；其次是零售业，共 12 家，包括阿里巴巴、京东、唯品会、聚美优品、兰亭集势等；其他分布较广的行业依次为金融服务、新能源、传媒、旅游休闲、支持服务，如以和信贷、晶科能源、凤凰新媒体、携程、前程无忧等。

〔2〕 主要集中在建筑材料、金融服务、工业运输、零售、能源、汽车及配件等行业。

21 号），允许试点红筹企业按程序在境内资本市场发行 CDR 上市。2018 年 6 月 6 日，证监会公布施行《存托凭证发行与交易管理办法（试行）》。该办法以部门规章形式对 CDR 基本制度作出规范，明确 CDR 发行与交易的监管要求和参与主体的基本权利义务，既为创新企业通过发行 CDR 回归境内资本市场奠定制度基础，也为开通“沪伦通”预留制度空间，做好规则准备。在这一制度安排下，香港的红筹上市公司可以将部分已发行上市的股票托管在当地保管银行，由中国境内的存托机构发行，在境内 A 股市场上市，以人民币交易结算、供国内投资者买卖。

2018 年 10 月 12 日，证监会发布实施《关于上海证券交易所与伦敦证券交易所互联互通存托凭证业务的监管规定（试行）》。[1]该监管规定共 30 条，主要规定了沪伦通 CDR 发行审核制度，对相关核准程序、申报文件清单、保荐尽调、会计审计安排和 CDR 核准数量上限等作出规定；明确 CDR 跨境转换制度安排，对境内证券公司参与跨境转换的条件及相关资产和投资行为等作出规定；明确 CDR 持续监管要求，对季度报告、重大资产重组等事项作出差异化安排；明确境内上市公司境外发行 GDR 的监管安排，对 GDR 发行条件、发行价格、限制兑回期以及参与 GDR 跨境转换的境外券商和存托人作出规定；明确相关市场参与主体的法律责任。

2019 年 6 月 17 日，沪伦通于伦敦证交所正式启动。中国证监会和英国金融行为监管局当日发布了沪伦通联合公告，原则批准上交所和伦交所开展沪伦通。[2]据联合公告，起步阶段，对沪伦通跨境资金将实行总额度管理。目前在中国开展的 CDR 业务暂不允许直接融资，仅能以英国现有存量股为基础发行 CDR；上交所 A 股上市公司则可通过发行 GDR 直接在英国市场融资。同日，华泰证券发行的沪伦通下首只全球存托凭证（GDR）产品在伦交所挂牌交易。华泰证券成为首家按沪伦通业务规则登陆伦交所的中国公司。[3]据英国驻华使馆估计，近 1500 家上交所上

---

〔1〕 该《监管规定》规定：沪伦通存托凭证业务，是指符合条件的在伦敦证券交易所上市的境外基础证券发行人在境内公开发行存托凭证并在上海证券交易所上市，以及符合条件的在上海证券交易所上市的境内上市公司在境外发行存托凭证并在伦敦证券交易所上市。

〔2〕 根据中国证监会和英国金融行为监管局发布的沪伦通联合公告显示，沪伦通包括东、西两个业务方向。东向业务是指伦交所上市公司的基础股票，通过跨境转换等方式转换成中国存托凭证（CDR），在上交所挂牌交易；西向业务是指上交所 A 股上市公司的基础股票转换成全球存托凭证（GDR），在伦交所挂牌交易。

〔3〕 据公开报道，华泰证券在伦敦证券交易所发行全球存托凭证（GDR），每份 GDR 价格确定为 20.5 美元，行使超额配售权之前募资 15.38 亿美元。华泰证券 GDR 发行创下近年来欧洲资本市场的多项纪录——2017 年以来英国市场规模最大的 IPO、2013 年以来全球存托凭证市场规模最大的 IPO，同时也是 2012 年以来欧洲市场规模最大的纯新股募资上市。

市公司中，超过260家公司可能有资格参与沪伦通并在伦敦上市。[1]沪伦通开创了中国与国际市场联通新模式，对于促进中国资本市场双向开放，推动人民币国际化以及上海国际金融中心建设都有非常深远的意义。但在全球贸易摩擦加剧和新冠肺炎疫情冲击下，近期效果如何，还有待观察。

在我国资本市场发行上市CDR，其意义主要表现在：

第一，为境外红筹上市公司扩展中国内地融资渠道，提高上市公司质量。在境外上市的中国公司，有着较强的内地直接融资需求。但我国现有法律和监管规章对这类公司在A股市场直接融资有着严格的限定。CDR为这些公司在内地市场直接融资提供了制度支持，丰富了境外上市公司融资渠道，可以进一步优化公司的资本结构。CDR的发行人一般是业绩较好、公司治理水平较高的公司，这些公司在内地市场发行CDR，与A股市场上市公司一样接受内地日益完善的上市公司法律制度监管，可以促使那些业绩、治理等相对较差的境内上市公司借鉴先进治理经验，最终普遍提高A股市场上市公司整体质量。随着沪伦通存托凭证业务的开展，还可以吸引一大批优质外国公司进入中国资本市场，形成良性竞争、示范效应。此外，允许国内商业银行参与CDR发行，有利于增强我国商业银行的业务及盈利能力，增强在国际资本市场的竞争优势，加快中国银行业国际化。

第二，丰富境内投资者的投资品种，优化投资组合。据中国人民银行2020年2月金融统计数据报告，2月末，我国本外币存款余额202.35万亿元，同比增长8.1%。月末人民币存款余额196.83万亿元，同比增长8.1%。前两个月人民币存款增加3.9万亿元，其中，住户存款增加4.12万亿元，财政性存款增加4210亿元，非银行业金融机构存款增加1.06万亿元。2月末，外币存款余额7877亿美元，同比增长2.8%。前两个月外币存款增加299亿美元。[2]据估计，到2030年，中国的资产管理规模将超过17万亿美元。高储蓄率现象的一个重要原因是投资品种不丰富、投资渠道不畅。我国证券市场自2013年股市危机以来一直处于低迷状态，债券市场规模较小，房产投资不断进行调控，新兴理财投资方式缺乏等，导致投资者可选择的投资品种非常有限。目前，发行CDR的公司为境外优质上市公司，有较大投资价值，可以丰富投资者证券投资组合，分散投资风险，提升投资者信心。

第三，适应双向开放新形势，加快资本市场国际化进程。我国资本市场的国际化包括机构、交易品种、交易制度、市场监管等多方面的国际化。在中美贸易谈判

---

〔1〕参见中国经济周刊：《沪伦通正式启动！境外资金要来A股了吗?》，网址：https://baijiahao.baidu.com/s?id=1636732097529608496&wfr=spider&for=pc，最后访问时间：2020年3月29日。

〔2〕参见中国人民银行网站：《2020年2月金融统计数据报告》，网址：http://www.pbc.gov.cn/goutongjiaoliu/113456/113469/3987299/index.html，最后访问时间：2020年3月31日。

达成的第一阶段协议中，资本市场进一步开放是重要内容。CDR作为一种金融创新品种，可以加强我国资本市场与境外市场的融合交流、双向发展，加快资本市场国际化进程，提高我国资本市场监管水平。以前，我国一些具有成长性的企业基本上是到美国单向发行ADR，付出高昂的融资成本，包括维持上市费用、信息披露费用，还面临诸多法律风险，客观上也弱化了中国资本市场。[1]从沪港通、深港通到沪伦通，我国资本市场的开放程度进一步扩大，而且呈双向开放态势。沪伦通是我国资本市场真正迈出国门的第一步，在我国资本市场逐步开放的进程中具有划时代意义，有利于GDR发行公司在全球发展国际业务，扩大海外布局，提升在国际资本市场的地位，增强核心竞争力。对我国而言，可以在人民币国际化方面吸引更多海外机构参与A股投资，推动人民币纳入伦敦金融投资机构的储备货币，加大其人民币资产配置额度。国内市场可借鉴伦敦成熟的监管机制、运行模式和投资理念，有助于建设更加开放、更具有影响力的国际金融中心城市。

三、存托凭证有关主体的职责与义务

在存托凭证产生的法律关系中，基础证券发行人一旦将基础证券转移给存托人，并登记在存托人名下，就丧失了对这部分基础证券的权利。作为对价，存托人通过发行存托凭证募集的资金交付给基础证券发行人。存托人将存托凭证销售给投资者以后，投资者成为存托凭证所有者。由于存托凭证与基础证券是相对应的关系，存托凭证实际上取代了基础证券所具有的所有权利，投资者成为基础证券实质上的权利人，成为基础证券发行人事实上的股东。因此，存托人是登记在册的名义股东，投资者是享有权利的实际股东（笔者将其称之为准股东），存托人必须按照投资者的意愿和委托代为行使股东权利。作为托管人而言，仅仅是受投资者、存托人委托保管基础证券，使基础证券处于权利“冷冻”状态，防止与存托凭证形成权利冲突可能导致投资者权利落空。

（一）存托凭证法律关系主体

存托凭证法律关系主体包括：基础证券发行人、存托人、托管人、投资者。

基础证券发行人，是在境外发行股票、债券等证券并在境外证券交易所上市交易的公司，是证券原始持有人。为了在中国境内筹集资金或上市交易ADR，将基础

[1] 如奇虎360在美国发行和纽交所上市的ADR相关费用高达322万美元。参见袁达松、徐秋华：《中国企业美国上市的ADR模式》，载《证券法律评论（2015年卷）》，中国法制出版社2015年版，第222页。

证券交由存托人持有，授权存托人签发存托凭证。基础证券发行人在发行存托凭证时应符合证券法关于股票等证券发行的基本条件。存托人，是接受境外基础证券发行人委托，通过继受方式持有基础证券，登记为基础证券所有者，在境内签发存托凭证，委托托管人托管基础证券，代表存托凭证投资者行使权利的金融机构，在我国，存托人必须是中国法人，具体包括中国证券登记结算有限责任公司及其子公司，经批准的商业银行，证券公司。[1]托管人，是接受存托人委托，负责托管存托凭证所代表的基础证券的境外金融机构，应当具有相应业务资质、能力和良好信誉。投资者，是通过购买方式（包括发行购买和交易所交易购买）持有存托凭证的机构或个人。享有存托凭证代表的境外基础证券权益，按照法律、监管政策规定和存托协议约定委托存托人行使其权利。

（二）基础证券发行人、存托人、托管人的职责与义务

1. 基础证券发行人

（1）基础证券发行人的职责

将基础证券交付存托人，并由托管人托管；依法发行存托凭证并进行信息披露；确保存托凭证投资者实际享有的资产收益、参与重大决策、剩余财产分配等权益与境外基础证券持有人权益相当；按照存托协议约定，采用安全、经济、便捷的网络或者其他方式为投资者行使权利提供便利；与其境内实体运营企业之间的关系安排，不得损害投资者合法权益；具有股东投票权差异等特殊架构的，其持有特别投票权的股东应当按照所适用的法律以及公司章程行使权利，不得滥用特别投票权，不得损害投资者合法权益。

（2）基础证券发行人的义务

参与存托凭证发行，履行信息披露义务，接受监管机构和证券交易所监管；确保所披露的信息真实、准确、完整，不得有虚假记载、误导性陈述或者重大遗漏；其董事、监事、高级管理人员应当忠实、勤勉地履行职责，保证境外基础证券发行人所披露的信息真实、准确、完整；具有股东投票权差异、企业协议控制架构或者类似特殊安排的，应当披露相关情形及其对中国境内投资者带来的重大影响和风险；保证其在境外市场披露的信息同步在境内市场披露。

---

〔1〕 按照证监会规定，存托人必须具有法人资格，组织机构健全，内部控制规范，风险管理有效；财务状况良好，净资产或者资本净额符合规定；信誉良好，最近三年内无重大违法行为；拥有与开展存托业务相适应的从业人员、机构配置和业务设施；法律、行政法规和规章规定的其他条件。

2. 存托人、托管人

（1）存托人、托管人的职责

存托人的职责：与基础证券发行人签署存托协议，协助完成存托凭证的发行上市；委托托管人管理存托凭证基础财产，签订托管协议，督促履行基础财产的托管职责；为存托凭证基础财产单独立户，将基础财产与其自有财产有效隔离、分别管理、分别记账；建立并维护存托凭证投资者名册；办理存托凭证的签发与注销；向投资者发送通知等文件；向投资者派发红利、股息；代投资者行使表决权等权利；代投资者参加股东大会并行使表决权。

托管人的职责：托管股票、债券等基础财产；协助办理分红派息、投票等相关事项；向存托人提供基础证券的市场信息。

（2）存托人、托管人的一般义务

忠实义务。忠实义务要求存托人、托管人应该忠实于存托凭证投资者利益，把维护、实现投资者利益作为管理基础证券、处置存托凭证事务的唯一标准，严禁损害投资者利益为自己或第三人谋利。存托人、托管人本质上均是接受存托凭证投资者信托，代表投资者行使权利、保管基础证券、监督基础证券发行人行为，因此，必须忠实、勤勉地履行各项职责和义务，不得使自己的利益与其责任相冲突，不得以受托人的地位谋取利益。法律、监管政策一般要求存托人、托管人不得与基础证券发行人有利害关系，公平对待存托凭证投资者，不得以任何形式持有发行人的证券或其他权益。存托人行使基础证券相应权利，应当按照存托协议约定事先征求投资者意愿并按其意愿办理，不得擅自行使相应权利或者处分相应存托凭证基础财产；不得将存托凭证基础财产归入其自有财产，不得侵占、挪用存托凭证基础财产；不得买卖其签发的存托凭证；不得兼任其履行存托职责的存托凭证的保荐人。托管人对所托管的基础证券没有使用权、处分权，不得以任何方式处分或变相处分基础证券，不得违背托管协议约定，损害基础证券权益；必须将不同委托人的基础证券独立管理，并与自己的固有财产相分隔。

注意义务。注意义务要求受托人在处理信托事务时，应该像处理自己事务一样谨慎小心、尽职尽责。如果是因为符合较高的专业标准和能力而取得受托人资格，则应该尽到较一般人要求更高的注意标准。存托人、托管人作为基础证券持有人、保管人，在处理存托凭证事务时应该尽到专业的善良管理人义务；要确保基础证券的安全；加强对基础证券发行人的监督。要维护基础证券独立性，防御基础证券发行人、受托人、受益人的一般债权人违法追及基础证券，防止基础证券没有法律依据被强制执行。存托人不得随意增发存托凭证，以免投资者持有的存托凭证所代表的股权被稀释。基础证券发行人配股导致存托证券变动，发行人因为办理现金、盈余或资本公积增发新股时，存托人应根据基础证券的变动对存托凭证的数量进行相应调整。

四、存托凭证发行与上市

存托凭证发行是指由存托人签发、以境外证券为基础在境内向投资者公开发行的行为。虽然发行人是存托人，但存托人是受基础证券发行人委托而进行，存托凭证的投资价值、投资风险取决于基础证券，而不取决于存托人。因此，法律和监管政策是从设定基础证券发行人实质条件方面规定发行条件。

（一）CDR发行的基本条件

根据国务院办公厅转发证监会《关于开展创新企业境内发行股票或存托凭证试点若干意见的通知》、证监会《存托凭证发行与交易管理办法（试行）》、《关于上海证券交易所与伦敦证券交易所互联互通存托凭证业务的监管规定（试行）》等的规定，概括起来，主要有：

1. 主体资格。目前，一是允许注册地在境外、主要经营活动在境内的红筹企业发行CDR。基本条件是：依法设立且持续经营三年以上；已在境外上市的大型红筹企业，市值不低于2000亿元人民币。二是允许发行沪伦通CDR。上交所规定条件是：发行申请日前120个交易日按基础股票收盘价计算的境外发行人平均市值不低于人民币200亿元；在伦交所上市满3年且主板高级上市满1年。目前暂不允许直接融资，仅能以英国现有存量股为基础发行CDR。

2. 符合产业政策。红筹企业发行CDR应当是符合国家战略、掌握核心技术、市场认可度高，属于互联网、大数据、云计算、人工智能、软件和集成电路、高端装备制造、生物医药等高新技术产业和战略性新兴产业，且达到相当规模的创新企业。

3. 符合股票公开发行基本条件。具体是指符合证券法关于股票公开发行的基本条件。申请在主板（中小板）上市还应当符合《首发办法》规定的发行条件；申请在创业板上市还应当符合《创业板首发办法》规定的发行条件。

4. 公司治理规范。发行人股权结构、公司治理、运行规范等事项适用境外注册地公司法等法律法规规定，但关于投资者权益保护的安排总体上应不低于境内法律要求；会计基础工作规范、内部控制制度健全；董事、监事和高级管理人员应当信誉良好，符合公司注册地法律规定的任职要求，近期无重大违法失信记录。

5. 经营稳定、合法。发行人最近三年内实际控制人未发生变更，且控股股东和受控股股东、实际控制人支配的股东持有的境外基础证券发行人股份不存在重大权属纠纷；公司的主要资产不存在重大权属纠纷；发行人及其控股股东、实际控制人最近三年内不存在损害投资者合法权益和社会公共利益的重大违法行为。

6. 募集资金使用合法。募集资金的使用、存托凭证分红派息等应符合我国外资、外汇管理等相关规定。募集资金可以人民币形式或购汇汇出境外，也可留存境内使用。

（二）CDR发行的程序条件

1. 按照新证券法注册制要求报交易所审核、证监会注册。申请公开发行存托凭证的，境外基础证券发行人应当依照证券法规定，报请交易所审核、证监会注册。仅面向符合适当性管理要求的合格投资者公开发行存托凭证的，可以按证监会规定简化程序。新证券法生效前证监会、交易所制定的一系列存托凭证发行审核制度，是基于核准制进行的规定，需要按照注册制的要求进行修改。

2. 境外基础证券发行人应当提交存托协议、托管协议，作为其发行、上市申请文件。

3. 境外基础证券发行人应当依照证券法规定，聘请具有保荐资格的机构担任保荐人。保荐人应当依照规定尽职履行存托凭证发行上市推荐和持续督导职责。

4. 申请纳入试点并在境内公开发行存托凭证的企业，应当按照证监会有关规定制作证券发行申请文件，由保荐人保荐并报送申请文件。保荐人应就企业是否符合试点标准和发行条件发表核查意见。

5. 发行存托凭证，应当由证券公司承销，但投资者购买以非新增证券为基础证券的存托凭证以及证监会规定无需由证券公司承销的其他情形除外。

（三）存托协议

存托协议是由基础证券发行人、存托人、存托凭证投资者为明确存托凭证所代表权益及各方权利义务达成的具有法律约束力的书面合同。投资者持有存托凭证即成为存托协议当事人，视为其同意并遵守存托协议约定。境外基础证券发行人、存托人修改存托协议的，应当由基础证券发行人提前以公告形式通知存托凭证投资者。

存托协议应当符合法律、行政法规以及中国证监会规定，并包括以下条款：（1）境外基础证券发行人、存托人的名称、注册地、成立依据的法律和主要经营场所；（2）基础证券的种类；（3）发行存托凭证的数量安排；（4）存托凭证的签发、注销等安排；（5）基础财产的存放和托管安排；（6）境外基础证券发行人的权利和义务；（7）存托人的权利和义务；（8）存托凭证投资者的权利和义务；（9）基础证券涉及的分红权、表决权等相应权利的具体行使方式和程序；（10）存托凭证投资者的保护机制；（11）存托凭证涉及的收费标准、收费对象和税费处理；（12）约定事项的变更方式；（13）存托凭证终止上市的安排；（14）违约责任；（15）解决争议的方法；（16）存托协议适用中国法律；（17）诉讼管辖法院为中国境内有管辖权的人民法院；（18）其他重要事项。

境外基础证券发行人应当提交存托协议，作为其发行、上市申请文件。存托协议修改的，应当及时向交易所或证监会报告。

存托凭证应当在中国证券登记结算有限责任公司集中登记、存管和结算。

（四）托管协议

托管协议是由存托人与担任托管人的境外金融机构就保管境外发行人转移给存托人的基础证券有关的权利义务、责任达成的具有法律约束力的书面合同。托管协议应当包括下列条款：（1）协议当事人的名称、注册地和主要经营场所；（2）基础证券种类和数量；（3）存托人指令的发送、确认和执行的程序；（4）基础财产不得作为托管人破产财产或者清算财产，及相关资产隔离措施；（5）托管人的报酬计算方法与支付方式；（6）基础财产托管及解除托管的程序；（7）约定事项的变更方式；（8）违约责任；（9）解决争议的方法；（10）其他重要事项。

境外基础证券发行人提交存托人与托管人签署的托管协议，作为其发行申请文件。托管协议修改的，存托人应当及时告知境外基础证券发行人，并由境外基础证券发行人向交易所或证监会报告。

（五）上市交易

依法公开发行的存托凭证应当在中国境内证券交易所上市交易。境外基础证券发行人申请存托凭证上市的，应当符合证券交易所业务规则规定的上市条件，并按照证券交易所的规定提出上市申请，证券交易所审核同意后，双方签订上市协议。证券交易所对存托凭证交易实行实时监控，并可以根据需要，对出现重大异常交易情况的证券账户限制交易。

存托凭证的交易应当遵守证券法、监管政策以及证券交易所业务规则。交易可以采取做市商交易方式。境外基础证券发行人的股东、实际控制人、董事、监事、高级管理人员和存托凭证的其他投资者在中国境内减持其持有的存托凭证的，境外基础证券发行人的收购及相关股份权益变动活动，境外基础证券发行人实施重大资产重组、发行存托凭证购买资产的，均应当遵守证券法等法律法规、监管政策以及证券交易所业务规则。境外基础证券发行人不得通过发行存托凭证在中国境内重组上市。

沪伦通中国存托凭证在上交所上市，应当符合上交所规定的上市条件。比如，申请上市的中国存托凭证数量不少于5000万份且对应的基础股票市值不少于人民币5亿元（根据基础股票最近收盘价及上市申请日前1日中国人民银行公布的人民币汇率中间价计算）。

五、存托凭证信息披露

基础证券发行人及其控股股东、实际控制人等信息披露义务人应当依照证券法、监管政策以及交易所业务规则，及时、公平地履行信息披露义务，所披露的信息必须真实、准确、完整，不得有虚假记载、误导性陈述或者重大遗漏。基础证券发行人的董事、监事、高级管理人员应当忠实、勤勉地履行职责，保证境外基础证券发行人所披露的信息真实、准确、完整。

在存托凭证信息披露中，由于涉及境内境外两个市场，遵循公平披露要求至关重要。所遵循的规则是：一是披露时间公平。境外发行人和相关信息披露义务人应当向境内外投资者公平披露重大信息，确保境内外投资者平等地获取同一信息，不得向单个或者部分投资者提前透露或者泄漏。在境外交易市场披露的信息，也应当在境内交易市场同步披露。在境外交易市场进行信息披露时，不属于境内交易市场信息披露时段的，应当在境内交易市场最近一个信息披露时段内进行披露。二是披露内容公平。境外发行人和相关信息披露义务人在境内交易市场披露的信息，应当与其在境外交易市场披露的信息内容一致。境内外市场披露的信息内容出现实质差异的，应当向境内交易市场做出专项说明，并按要求披露更正或者补充公告。通过业绩说明会、分析师会议、路演、接受投资者调研等形式或者其他场合，就境外发行人生产经营状况、财务状况等与任何机构和个人进行沟通时，不得提供境外发行人尚未披露的重大信息。三是及时澄清误导性信息。境外发行人应当密切关注境内外公共媒体关于公司的重大报道或市场传闻，相关报道、传闻可能对其基础股票、CDR及其衍生品种交易价格产生重大影响的，境外发行人应当及时予以核实，并根据需要予以披露或澄清。

存托凭证信息披露涉及三种类型：一是初次披露信息。基础证券发行人应当按照证监会、证券交易所的规定编制并披露招股说明书、上市公告书，披露存托协议、托管协议等文件，应当在招股说明书中，充分披露境外注册地公司法律制度及其公司章程或者章程性文件的主要规定与中国公司法等法律制度的主要差异，以及该差异对存托凭证在中国境内发行、上市和对投资者保护的影响。具有股东投票权差异、企业协议控制架构或者类似特殊安排的，应当在招股说明书等公开发行文件显要位置充分、详细披露相关情况，特别是风险、公司治理等信息，并以专章说明依法落实保护投资者合法权益规定的各项措施。基础证券发行人的董事、高级管理人员应当对招股说明书签署书面确认意见。二是定期披露信息。基础证券发行人应当按照证监会规定的内容和格式要求、交易所要求，编制并披露定期报告。具有股东投票权差异、企业协议控制架构或者类似特殊安排的，应当在定期报告中披露相关情形及其对中国境内投资者带来的重大影响和风险。基础证券发行人的董事、高级管理人员应当对定期报告签署书面确认意见。三是临时披露信息。基础证券发行人应及时就可能对基础证券、存托凭证及其衍生品种交易价格产生较大影响的重大事件披露临时报告。发生证券法以及《上市公司信息披露管理办法》规定的重大事件，投资者尚未得知时，基础证券发行人应当立即披露，说明事件的起因、目前的状态和可能产生的法律后果。

六、存托凭证投资者保护规则

存托凭证投资者保护，涉及对存托凭证投资者法律地位的界定。对此，主要有三种学说。一是实质股东说。认为存托凭证投资者实质上是投资境外上市公司股票，是上市公司的实质股东，作为实质股东拥有的权利由基础证券发行人所在地法律和境内法律确定的。[1]二是信托权利说。认为存托人是登记在册的基础股票股东，存托凭证投资者只是信托受益人，享有信托权利。存托人作为受托人，基于投资者利益而对基础证券发行人进行监督，代投资者行使信托权利。三是契约权利说。认为存托凭证投资者不被视为法律意义上的公司股东，持有人享有的权利依存托协议而定，是“依据合同享有权利的经济股东（economic shareholders）”[2]。存托凭证投资者不能直接参与基础股票发行公司的表决投票，不能主张对公司账簿、财务报表等进行查阅，股息红利的受领需要由存托人代为办理，在送股、转增、配股等方面也有诸多限制。[3]笔者认为，存托凭证投资者享有的是准股东权。原本基础证券投资者直接行使股东权利，但发行存托凭证后，相对应的基础证券权益已经转化为存托凭证权益。存托凭证投资者通过存托人行使相当于基础证券股东的权利，包括管理权、投票权、知情权、投资收益权等。

存托凭证投资者的准股东身份，决定了其权益的不稳定性。投资者不实际占有

---

〔1〕 薛晗：《中国存托凭证投资者保护机制的完善路径》，载《中国法律评论》2019 年第 2 期。

〔2〕［西班牙］戈西马丁·阿尔弗雷泽：《跨境上市国际资本市场的法律问题》，刘铁、卢青译，法律出版社 2010 年版，第 18 页。

〔3〕 谢贵春、吴瑕：《存托凭证投资者保护机制比较研究》，载《证券市场导报》2018 年第 7 期。

基础证券，只是间接拥有公司权益，不能直接对境外公司行使股东权，对发行人公司治理、经营情况、财务状况等信息无法直接获取。由于存托凭证的派生性，投资者不是公司在册股东，且涉及两个司法管辖区不同的法律，加之存托凭证的交易机制复杂，投资者处于信息劣势，因此它与境外基础证券投资者在权利行使方面又存在着差异。境外红筹企业存在同股不同权和股权 VIE 架构，基础证券发行人和境内实体运营企业之间存在多层持股结构，导致存托凭证投资者的权益容易受到损害或不公平对待。鉴于此，法律和监管政策需要创设一些对存托凭证投资者提供特殊保护的规则。概括起来，主要是：

（1）境内外投资者权益相当规则。存托凭证投资者实际享有的资产收益、参与重大决策、剩余财产分配等权益应当与境外基础证券投资者权益相当。基础证券发行人与存托人不得有任何损害存托凭证投资者合法权益的特殊安排和行为。存托凭证投资者合法权益受到损害时，应确保获得与境外基础证券投资者相当的赔偿。基础证券发行人与其境内实体运营企业之间的关系安排，不得损害存托凭证投资者合法权益。因发行存托凭证，或基础证券发行人增发、配股、信息披露等出现欺诈而导致存托凭证投资者损失的，基础证券发行人和存托人负有连带赔偿责任。在归责原则上，基础证券发行人可承担无过错责任，存托人可承担过错推定责任。

（2）便利投资者权利行使规则。存托凭证跨境发行特征，以及登记股东与存托凭证投资者的分离，决定了投资者行使权利存在困难。境外基础证券发行人、存托人应当按照存托协议约定，采用安全、经济、便捷的网络或者其他方式为存托凭证投资者行使权利提供便利。基础证券发行人应当为存托人代表境内投资者行使权利提供保障和便利。投资者保护机构可以购买最小交易份额的存托凭证，依法行使存托凭证投资者的各项权利，也可以直接接受存托凭证投资者的委托，代为行使存托凭证投资者的各项权利，境外基础证券发行人、存托人应当协助和配合。

（3）投资者适当性规则。向投资者销售存托凭证或者提供相关服务的机构，应当遵守投资者适当性管理规定。证券交易所应当在业务规则中明确存托凭证投资者适当性管理的相关事项，包括向投资者进行风险提示。比如，存托凭证存续期间，对应的基础证券等财产可能出现被质押、挪用、司法冻结、强制执行等情形。交易所会员应当对投资者是否符合投资者适当性条件进行核查，并对个人投资者的资产状况、知识水平、风险承受能力和诚信状况等进行综合评估，提出明确的适当性匹配意见，不得接受不符合适当性管理要求的投资者参与存托凭证交易。投资者通过证券投资基金投资存托凭证的，基金管理人应当根据审慎原则合理控制基金投资存托凭证的比例，在基金合同、招募说明书中明确投资存托凭证的比例、策略等，并充分揭示风险。投资者应当充分知悉和了解存托凭证交易风险事项、法律、规则规定，结合自身风险认知和承受能力，审慎判断是否参与存托凭证交易。参与沪伦通中国存托凭证交易的个人投资者，证券账户及资金账户内的资产不低于人民币300万元，不存在禁止或限制参与证券交易、严重失信等情形。

（4）终止上市时权益止损规则。存托凭证退市，投资者可能面临存托人无法根据存托协议约定卖出基础证券，投资者持有的存托凭证无法转到境内其他市场进行公开交易或者转让，存托人无法继续按照存托协议的约定为投资者提供相应服务等风险。存托凭证出现终止上市情形的，存托人应当根据存托协议的约定，为存托凭证投资者的权利行使提供必要保障；根据存托协议的约定卖出基础证券，并将卖出所得扣除税费后及时分配给存托凭证投资者。基础证券无法卖出的，境外基础证券发行人应当在存托协议中作出合理安排，保障存托凭证投资者合法权益。

新证券法将存托凭证规定为证券，意味着存托凭证具有证券的法律地位，存托凭证投资者权利与其他证券投资者权利一样受到民法、证券法、公司法平等保护。证监会规定，境外基础证券发行人及其控股股东、实际控制人、存托人、托管人、保荐人、承销机构、证券服务机构等违反法律规定，导致存托凭证投资者合法权益受到损害的，应当依法承担赔偿责任。由此观之，证监会借鉴SEC采用的“双主体理论（Double Entity Theory）”，将基础证券发行人而非存托人视为真正意义上的发行人，存托人作为发行人只是虚构的发行实体（fictitiousentity）。但是，根据我国民法中的侵权法理论，存托人显然构成连带责任主体。因此，在发行过程中因欺诈行为而导致存托凭证投资者遭受损失的，存托人和基础证券发行人负连带赔偿责任；所披露信息存在虚假记载、误导性陈述或重大遗漏，或者存在内幕交易、操纵市场等证券欺诈行为的，相关主体依法承担个别或连带责任。基础证券因托管人过错受到损害的，存托人承担连带赔偿责任。[1]投资者可依法直接要求违法者承担损害赔偿民事责任，投资者保护机构可以支持受损害的存托凭证投资者依法向人民法院提起民事诉讼。

七、存托凭证跨境转换

我国证券法没有对存托凭证跨境转换进行规定，证监会《存托凭证发行与交易管理办法（试行）》只是模糊规定存托凭证与基础证券之间的转换应当符合“国家有关规定”。但对境内证券交易所与境外证券交易所之间互联互通业务中涉及的存托凭证发行、交易、信息披露和投资者保护等事宜，赋予了“另外规定”，即由证

---

〔1〕《信托法》第32条规定：共同受托人之一违反信托目的处分信托财产或者因违背管理职责、处理信托事务不当致使信托财产受到损失的，其他受托人应当承担连带赔偿责任。

监会或者证券交易所另行规定的权利。由此，上海证券交易所2018年11月2日发布实施了《上海证券交易所与伦敦证券交易所互联互通存托凭证跨境转换业务指引》。

存托凭证跨境转换，包括将基础股票转换为存托凭证（简称生成），以及将存托凭证转换为基础股票（简称兑回）。沪伦通存托凭证跨境转换业务，分为沪伦通中国存托凭证跨境转换业务和沪伦通全球存托凭证跨境转换业务。上海证券交易所对沪伦通存托凭证跨境转换业务中的中国跨境转换机构、英国跨境转换机构及存托人进行备案，并对其开展的跨境转换业务和境内市场证券交易等活动实行自律管理。

中国存托凭证跨境转换业务，是指从事中国存托凭证跨境转换业务的境内证券公司（以下简称中国跨境转换机构）在境外市场买入或以其他合法方式获得基础股票并交付存托人，由存托人根据托管人的通知和中国跨境转换机构的指令，签发相应中国存托凭证；或存托人根据中国跨境转换机构的指令注销相应中国存托凭证，并由托管人根据存托人的通知将相应基础股票交付中国跨境转换机构的业务。全球存托凭证跨境转换业务，是指从事全球存托凭证跨境转换业务的境外证券经营机构（以下简称英国跨境转换机构）在境内市场买入或以其他合法方式获得基础股票并交付存托人，由存托人根据托管人的通知和英国跨境转换机构的指令，签发相应全球存托凭证；或存托人根据英国跨境转换机构的指令注销相应全球存托凭证，并由托管人根据存托人的通知将相应基础股票交付英国跨境转换机构的业务。

符合规定条件的证券公司，[1]在取得中国存托凭证做市商资格前提下，可以向上交所备案成为中国跨境转换机构，开展中国存托凭证跨境转换业务。符合规定条件的境外证券经营机构，[2]可以向上交所备案成为英国跨境转换机构，开展全球存托凭证跨境转换业务。

八、存托凭证监管

对存托凭证的监管包括证券监管部门以行使公权力为特征的政府监管和证券交

---

〔1〕《上海证券交易所与伦敦证券交易所互联互通存托凭证跨境转换业务指引》第6条规定：会员向本所申请成为中国跨境转换机构，应当符合以下条件：具有证券自营业务资格；最近2年证券公司分类结果为BBB级别及以上；具有3年以上开展国际证券业务经验；过去1年内未因自营业务被做出行政处罚；本所规定的其他条件。

〔2〕《上海证券交易所与伦敦证券交易所互联互通存托凭证跨境转换业务指引》第27条规定：境外证券经营机构向本所申请备案成为英国跨境转换机构，应当符合以下条件：属于伦交所全业务会员；自身或与其存在控制关系的主体或者均受同一实际控制人控制的主体具有合格境外机构投资者资格或者人民币合格境外机构投资者资格，本所另有规定的除外；财务稳健，资信良好，具有较高的资产规模；有健全的治理结构和完善的内控制度，经营行为规范，近3年未受到监管机构的重大处罚；具备满足本所监管要求与相关规则的意愿和能力；具备相应的人民币换汇能力；本所认为应具备的其他条件。

易所等市场主体进行的自律监管。在我国，证监会依照证券法、监管政策等相关规定，对存托凭证发行交易进行监管、注册，对境外基础证券发行人进行持续监督管理。证券交易所依据法律、证监会授权以及章程、协议和业务规则，对存托凭证上市、交易活动、境外基础证券发行人及其他信息披露义务人的信息披露行为等进行自律监管。对存托凭证的监管，本质上与对公开发行股票债券的监管一样，适用同样的法律。

从 SEC 针对存托凭证的监管动态来看，存托机构最容易出现的道德风险是以预发行为名提前销售还没有实际上拥有基础证券的存托凭证。2019 年以来，SEC 就 ADR 预发行不当行为针对银行或经纪商开展了 15 次执法行动，对华尔街几家银行包括纽约梅隆银行、花旗银行、德意志银行和摩根大通进行了调查和罚款。2020 年 2 月 7 日，荷兰银行（ABN AMRO）的美国经纪交易商部门 ABN AMRO Clearing Chicago LLC 宣布，同意支付 586，000 美元，以了结 SEC 关于其在不持有相关外国股票情况下发行 ADR 的指控调查。SEC 指出，荷兰银行向客户提供的 ADR，没有确保得到实际股票支持，预发行的 ADR 被用于滥用行为，包括不当的卖空和用股息支付不当利润。在我国，商业银行、证券公司均可以作为存托人，在利益驱使下，极有可能发生在没有实际拥有和托管基础股票的情况下，以已签订存托协议、托管协议为由而预先发行存托凭证或“借入”基础股票的现象，对此必须强化保荐人、中介机构现场核查责任，强化监管事前审查，充分运用监管科技手段，确保基础证券及其托管的真实性，维护市场公平和投资者权益。

与单纯监管境内上市公司发行交易证券相比，存托凭证的跨境监管合作具有特殊重要性。如果不建立和加强证券市场跨境监管执法合作体制机制，市场主体的跨境联动违法行为、套利行为就会愈演愈烈，投资者利益就达不到保障。目前来看，中国资本市场跨境监管合作已经有了一定基础和经验。2005 年修订版证券法从法律上确立了证监会开展跨境执法合作的权限。20 多年来，证监会先后同 60 多个国家和地区证券期货监管机构签署了 67 份双边监管合作谅解备忘录。2007 年 5 月签署国际证监会组织《磋商、合作及信息交换多边谅解备忘录》，在双多边监管合作框架下，开展与境外监管机构的跨境监管执法合作。从立法层面看，我国民事诉讼法、刑事诉讼法等有关法律对跨境司法协助等事项具有明确规定。随着中国资本市场双向开放不断推进，境内外资本市场互联互通程度加深，沪深港通、原油期货、铁矿石期货国际化、QFII、RQFII、外商控股证券公司和期货公司、红筹企业存托凭证和沪伦通存托凭证发行交易试点等重大举措相继推出，内外双向跨境执法合作将常态化。[1]

对我国来说，证券监管机构跨境监管执法合作的难点在于如何使我国的法律、监管政策与其他国家和地区法律、国际组织规定相衔接、匹配。如国际证监会组织于 2017 年通过增强版的多边备忘录（EMMoU），新增了 5 项跨境执法权限要求，即获取审计底稿、强制问询、冻结资产、获取互联网服务提供商记录、获取电话记录。新证券法为此在第 170 条对证监会的询问权、通讯记录查阅、复制权做了规定。但这种行政执法权的强制效力是否符合国际证监会组织的要求，需要进一步观察。又如，我们强调境外基础证券发行人应当确保存托凭证投资者实际享有的权益要与境外基础证券投资者权益相当，但是，由于境内外证券法、公司法的制度差异，如何判断“相当”，对证监会和法院来说，都是一个需要不断探索、创新并与境外相关机构取得共识的艰巨过程。当然，总的趋势是，既要扩展我国境内法律的域外适用情形，又要在监管执法合作中有效解决管辖权冲突问题。这就需要我们在目前更多采取“监管互认”“监管协调”方式，在立法完善、司法公信力提高、监管质效一流的情况下，可以选择“监管趋同”或“监管竞争”方式。[2]

九、存托凭证民事诉讼案件管辖权

（一）管辖权一般理论

民事诉讼案件管辖权，是一国法院受理民事诉讼案件的权限和法律依据。国际上主要有三种确定管辖权的做法。一是英美法国家区分对人诉讼和对物诉讼，并根据“有效控制原则”分别确定内国法院对这两类诉讼是否具有管辖权。在对人诉讼中，只要传票能够有效送达被告，法院就对该案件具有管辖权。在对物诉讼中，只要有关财产处于内国境内或被告的住所处于内国境内，法院就对案件具有管辖权。二是以法国为代表的拉丁法系各国一般根据当事人国籍来确定国内法院的管辖权。而不管国内国民在诉讼中是原告还是被告、诉讼是否与国内有关系。三是德国、奥地利、日本等国，是以被告住所作为确定内国法院管辖权的原则，以国籍作为确定管辖权的例外。

由于存托凭证法律关系具有涉外因素，各国法院如果都根据本国法行使管辖权，不可避免会产生管辖权冲突。存托凭证民事诉讼案件管辖权，涉及两个方面，

---

〔1〕 方星海：《夯实跨境监管合作法律基础 切实防范系统性风险》，网址：https：//www. sac. net. cn/hyfw/hydt/201806/t20180614_ 135672. html，最后访问时间：2020 年 3 月 30 日。

〔2〕 李海龙：《跨境上市制度：美国的实践及启发》，载《证券法苑（第二十七卷）》，法律出版社 2019 年版，第 98 ~ 127 页。

一是存托凭证本身引发的诉讼，二是境外基础证券引发的诉讼，还可能出现诉讼竞合，这就决定了诉讼的难度。存托凭证持有人跨境诉讼成本较高，取证困难，胜诉判决难以在境外执行。由于基础证券发行人位于境外，即便存托凭证投资者通过提起证券欺诈责任诉讼取得了胜诉判决，仍然要面对该判决是否可以在基础证券发行人所在法域予以承认和执行的问题。[1]

（二）美国的判例与学说

在美国，二级 ADR 和三级 ADR 在美国主要交易所市场上市，遵循美国证券法和 SEC 对信息披露的规定，私募 ADR 也可以在美国证券市场上融资，构成“连续和系统的联系”，因此美国法院均有管辖权。有争议的是两个问题：一是不在交易所市场上市的一级 ADR，如果其外国基础证券发行人被诉违反美国证券法，美国法院是否可以管辖；二是外国基础证券投资者是否可以将基础证券发行人侵害其投资者权益的行为，在发行 ADR 的美国选择法院起诉。

传统观点认为，由于一级 ADR 的外国发行公司是为了美国投资者投资便利，只在柜台交易，而不在交易所上市，也不在美国证券市场融资，因此不受美国法院管辖。但是，美国第三巡回法院在关于一家瑞士股份公司“罗奇案”（Rochecase）中的判决出现了新变化。[2]虽然联邦地方法院驳回了原告的起诉，理由是对罗奇公司没有对人管辖权，但第三巡回法院推翻了联邦地方法院的判决，认为美国法院对罗奇公司具有对人管辖权。巡回法院认为，尽管罗奇公司发行的 ADR 没有在美国证券交易所上市，但其 ADR 在美国进行场外交易并达到了一定的交易额，发行 ADR 表明其与美国有最低限度的联系，通过 ADR 交易直接从美国市场获取资金。巡回法院认为，为了更大程度地保护投资者利益，法院对诸如罗奇公司这样的外国公司可以行使管辖权，否则无异于支持被告对 ADR 投资者的掠夺行为。实际上，美国在 20 世纪 90 年代证券管辖权存在过度扩张现象，如美国 1933 年《证券法》

---

〔1〕 薛晗：《中国存托凭证投资者保护机制的完善路径》，载《中国法律评论》2019 年第 2 期。

〔2〕 罗奇公司是一家瑞士股份公司，主要从事医药品生产和零售。1992 年，该公司在美国发行了一级 ADR，并在 SEC 以表格 F－6 进行了登记。由于此种 ADR 只进行柜台交易，不能上市，罗奇公司即遵照规则 12g3－2（b）豁免了 1934 年《证券交易法》中的登记和信息披露要求，但仍要按照该规则的规定向 SEC 提交年报、与股东联系。1999 年 3 月 12 日，美国一家律师事务所在美国新泽西州联邦地方法院提起诉讼。诉称罗奇公司在 1996 年 12 月至 1999 年 3 月期间，按照美国 1934 年《证券交易法》规则 12g3－2（b）向 SEC 提交的年报和中报，违反美国 1933 年《证券法》规则 10b－5 进行了虚假陈述，构成证券欺诈。虚假陈述内容为：罗奇公司向新闻界宣称，市场上维生素的生产和销售处于一种竞争激烈的状态。事实上，是罗奇公司联合其他市场竞争者，操纵市场上维生素价格，违反了美国联邦反垄断法和欧盟竞争法。投资者之所以购买这些价格处于高位的 ADR，就是因为罗奇公司成功地将市场描述为“充满竞争力”。

的部分条款明显扩张管辖权，频繁将本国禁令适用日本、瑞士等外国公司，引发国际法律界对美国证券事务域外管辖的合理限度的追问。[1]美国法将被告的出现、与法院地的最低联系、案涉行为的效果及被告的同意等作为判断法律适用范围和是否行使管辖权的依据，且管辖标准通常与“长臂管辖原则”的发展相一致。

2010 年 6 月美国联邦最高法院审理的“莫里森诉国民澳洲银行案”（Morrison v. National Australian Bank）又回到了限缩管辖权的做法。它以被告国民澳洲银行是在澳大利亚而非美国的证券交易所上市交易为由，不支持原告 3 名澳大利亚投资者在美国联邦证券法下的诉权。这一判决对 ADR 民事诉讼的影响表现在，ADR 投资者可以依据证券交易法在美国法院提起诉讼，因为 ADR 属于在美国境内证券交易市场上市的证券，符合管辖案件的“交易标准”理论；但是，对持有美国境外上市交易的基础证券的投资者作为原告提起的诉讼，由于交易市场在国外，美国法院没有管辖权。

美国联邦最高法院的判决试图纠正以第二、第三巡回法院为代表的一些法院以“行为和效果标准”理论扩张美国证券法域外效力的做法。这意味着颠覆了用以认定美国法院是否具有管辖权，由各巡回法院依托判例发展起来的“行为与效果标准”理论，而采用了适用更为简便、结果更具有确定性的所谓“交易标准”理论。[2]

不过，美国国会 2010 年 7 月 21 日通过的《多德 – 弗兰克华尔街改革与消费者保护法案》，其相关条款在很大程度上又推翻了联邦最高法院在莫里森案中所引入的交易标准理论，该法案第 929P（b）条、第 929Y 条，又采纳了“行为和效果标准”，再次赋予美国证券法域外效力，明确规定欺诈行为发生在国外，但可能在美国境内产生实质影响的，美国法院具有管辖权。但从法院判例来看，莫里森案的先例效力仍然发挥作用，并没有被推翻。[3]美国各级联邦法院仍总体上普遍遵循 Morrison 案的判决结果和依据。

还需要注意的一个情况是，自从合理管辖原则（jurisdiction rule of reason）被美国法律协会（American Law Institute）在 1987 年编纂的《涉外法诠释（第二版）》（Restatement of Foreign Relations Law of the United States（Third Edition）中确立以来，正式成为美国法院决定管辖权的标准之一。美国证券法域外管辖体系，日渐受到

---

〔1〕 Felicia H. Kung, The Rationalization of Regulatory Internationalization, 33 Law and Policy in International business, 2002.

〔2〕 郭雳：《收放之间：美国证券域外纠纷诉权新解》，载《证券法苑（第五卷）》，法律出版社 2011 年版，第 1212 ~ 1229 页。

〔3〕 杜涛：《美国证券法域外管辖权：终结还是复活》，载《证券法苑（第七卷）》，法律出版社 2012 年版，第 895 ~ 928 页。

“合理性”因素制约，并伴随其他如国际礼让原则、利益平衡原则等传统国际法原则和标准，逐步促成域外管辖的限缩趋势。[1]况且，美国法院在民事诉讼中行使“长臂管辖权”，涉及美国当事人与外国当事人之间或外国当事人之间的诉讼法律关系，这属于是法院与私人当事人之间的诉讼关系，应该按照正当程序原则，防止美国法院过分行使管辖权。[2]

（三）我国法院管辖权问题

1. 一般规定。按照我国民事诉讼法规定的管辖制度，就地域管辖而言，对法人或者其他组织提起的民事诉讼，由被告住所地法院管辖，因合同纠纷提起的诉讼，由被告住所地或者合同履行地法院管辖。就涉外民事诉讼管辖而言，我国缔结或者参加的国际条约同民事诉讼法有不同规定的，适用该国际条约的规定（但我国声明保留的条款除外）；因合同纠纷或者其他财产权益纠纷，对在中国领域内没有住所的被告提起的诉讼，如果合同在中国领域内签订或者履行，或者诉讼标的物在中国领域内，或者被告在中国领域内有可供扣押的财产，或者被告在中国领域内设有代表机构，可以由合同签订地、合同履行地、诉讼标的物所在地、可供扣押财产所在地、侵权行为地或者代表机构住所地法院管辖。《最高人民法院关于审理证券市场因虚假陈述引发的民事赔偿案件的若干规定》确立了虚假陈述证券民事赔偿案件，由省、直辖市、自治区人民政府所在的市、计划单列市和经济特区中级人民法院管辖。《最高人民法院关于如何确定证券回购合同履行地问题的批复》规定：凡在交易场所内进行的证券回购业务，交易场所所在地应为合同履行地；在上述交易场所之外进行的证券回购业务，最初付款一方（返售方）所在地应为合同履行地。

2. 证监会的态度。目前没有专门的立法条款、司法解释规定 CDR 民事诉讼案件管辖问题。但从证监会制定的《存托凭证发行与交易管理办法（试行）》的有关条款分析，试图将其纳入我国法院管辖范围。一是明确规定存托凭证的发行和交易，适用证券法以及有关监管政策，证监会有权依照上市公司监管的相关规定，对发行存托凭证的境外基础证券发行人进行持续监督管理。二是规定存托协议应当符合中国法律、行政法规以及中国证监会规定，明确约定存托协议适用中国法律，诉讼管辖法院为中国境内有管辖权的法院，并赋予中证中小投资者服务中心有限责任公司可以支持受损害的存托凭证投资者依法向法院提起民事诉讼。三是明确规定境外基础证券发行人及其控股股东、实际控制人、存托人、托管人、保荐人、承销机

〔1〕罗晋航：《美国证券法域外管辖实践及对我国的启示》，华南理工大学硕士学位论文（2017），第16～18页。

〔2〕肖永平：《“长臂管辖权”的法理分析与对策研究》，载《中国法学》2019年第6期。

构、证券服务机构等违反规定，导致存托凭证投资者等投资者合法权益受到损害的，应当依中国法律承担赔偿责任。但该办法效力层级低，属于部门规章，对法院没有当然拘束力，需要最高人民法院制定司法解释，或者修改民事诉讼法予以解决。

3. CDR 案件管辖权的司法考量。行使 CDR 案件管辖权的原则应当是，按照“行为”和“效果”管辖判断标准，只要是全部或主要部分行为发生在我国境内，或者虽然发生在境外但其效果及于境内，就可以行使管辖权。一是要优先维护存托凭证投资者利益。存托凭证的发行和交易涉及境内投资者切身利益，从国家主权原则角度出发，必须借助司法力量保护投资者。二是要适当扩展我国证券法的境外适用效力。新证券法第 2 条第 4 款的规定，已经明确境外证券发行和交易活动扰乱境内市场秩序，损害境内投资者合法权益的，依照证券法有关规定处理并追究法律责任。从美国等国法律规定可以看出，无论是存托凭证的发行、交易，还是存托协议适用的准据法，都须以存托凭证发行地的法律为准。三是兼顾存托凭证跨境发行的特征，方便当事人诉讼，可以明确：存托凭证投资者作为原告向境外基础证券发行人、托管人，境内存托人、保荐人、中介机构等提起的诉讼，人民法院应当受理审理；境外基础证券股东对基础证券发行人、控股股东及其董事、监事、高级管理人员在境内法院提起诉讼的，按照国际私法条约或者对等原则处理。四是加强国际司法合作，对全球存托凭证，尽量支持由与案件有最密切联系或有重大利害关系的国家法院行使管辖权。

4. CDR 案件管辖权的落地。目前，由于证监会要求存托协议约定诉讼管辖法院须为中国境内有管辖权的法院，相当于当事人做了协议管辖约定，法院受理没有障碍，要进一步解决的是是否适用集中管辖问题。托管协议产生的纠纷没有明确要求，可适用协议管辖处理，如无协议管辖约定，可由境外基础证券上市交易所所在地法院管辖。存托凭证产生的侵权纠纷，如基础证券发行人信息披露存在虚假陈述、进行内幕交易、操纵市场侵害投资者合法权益的，按照国际私法原则，可由侵权行为地或被告住所地法院管辖。

鉴于我国目前上海、深圳两个证券交易所是存托凭证的上市交易场所，可由上海金融法院、深圳中级人民法院对 CDR 一审案件进行集中管辖。按照 2018 年 8 月 10 日施行的《最高人民法院关于上海金融法院案件管辖的规定》，上海金融法院管辖的上海市辖区内应由中级人民法院受理的第一审金融民商事案件中，包括了证券期货交易纠纷、以金融机构为债务人的破产纠纷、以住所地在上海市的金融市场基础设施为被告或者第三人与其履行职责相关的第一审金融民商事案件。建议最高人民法院研究制定存托凭证案件管辖的司法解释，全国人大常委会修改民事诉讼法时考虑规定存托凭证案件管辖权原则。

从证券衍生品看证券法与期货法的调整范围

程红星* 王 超**

内容摘要：2019年新修订的《证券法》第2条删除了“证券衍生品种”的相关规定，起始于2005年的《证券法》与期货法在调整范围的冲突和协调问题得以初步解决。反思此次《证券法》第2条修订的逻辑，可以发现其目的在于统一监管标准，在扩大证券定义外延纳入存托凭证、资产支持证券、资产管理产品等内容的同时，注意保持《证券法》整个框架的协调性和一致性。《证券法》删除原有证券衍生品的相关规定，也为期货法集中统一调整各类期货期权产品创造了条件。调整范围是立法的基本问题，期货法应积极借鉴《证券法》“大一统”的修改思路，按照实质重于形式的原则，根据产品的法律属性和发行方式、交易机制等具体形态的不同，统一规定期货期权等产品的监管要求，不论其基础资产是证券还是其他产品。

关键词：证券衍生品 证券法 期货法 调整范围 统一监管

一、问题的提出

证券衍生品的开发和推出，是资本市场发展到一定阶段的产物。[1]与境外成熟市场相比，我国证券衍生品市场虽然起步晚，但发展较快，较为典型的股指期货、股指期权、股票期权、国债期货等证券衍生品已在我国证券期货交易所顺利上市。

---

* 程红星，中国金融期货交易所期货市场巡回审理协作部负责人，法学博士、博士后。本文仅为两位作者观点，不代表其所在单位的观点。

** 王超，中国金融期货交易所期货市场巡回审理协作部员工。

〔1〕 董安生、施允丹：《论证券衍生品种交易的法律问题》，载《法治研究》2008年第10期。

现阶段我国资本市场采用的是证券法和期货法分别立法的模式，在推进证券衍生品上市过程中，为了增加法律制度的供给，一方面，《证券法》2005 年修订时，增加了“证券衍生品种发行、交易的管理办法，由国务院依照本法的原则规定”；另一方面，2007 年出台的《期货交易管理条例》（以下简称《条例》），在原有《期货交易管理暂行条例》基础上，将调整范围从原来的商品期货交易扩大到商品、金融期货和期权合约交易。《证券法》以基础资产为标准，将证券衍生品纳入调整范围，《条例》以产品特征为标准将包括以证券为基础资产的期货合约和期权合约纳入调整范围〔1〕。两者标准的不统一导致了调整范围的交叉，带来了法律适用上的困难。〔2〕厘清《证券法》和期货法的调整范围，对于促进证券衍生品市场发展和协调监管具有重要意义。历时近 5 年，《证券法》于 2019 年 12 月完成修订，其中删去了第 2 条关于证券衍生品种的相关规定和第 42 条关于交易方式的规定〔3〕，这让《证券法》与期货法调整范围的冲突和协调问题得以初步解决。《证券法》这样修订的原因是什么，有何意义，对于下一步期货法立法调整范围的界定又有何启示？

二、证券衍生品的法律属性和具体形态

实践中，虽然 2005 年《证券法》修改引入了证券衍生品的相关规定，但是并没有对它的概念做出明确界定。学界和业界只能从一般意义上对该术语进行界定，有“将证券衍生品界定为一切基于基础证券产生的交易品种”〔4〕“证券衍生产品是原生证券的衍生品产品”〔5〕、“证券衍生品是指以证券或者证券指数为基础资产的金融衍生品”〔6〕等多个观点。总结而言，所谓证券衍生品就是衍生于证券（广义）的金融产品。相较于传统证券、期货产品，证券衍生品出现的时间较晚，但种类繁多，包括权证、可转债、股指期货、股指期权、股票期权、国债期货等。梳理上述证券衍生品的共性与差异，明确不同类型证券衍生品的法律属性和具体形态，无疑

〔1〕 万国华、张崇胜：《信用违约互换监管的学理基础与制度变革》，载《金融理论与实践》2018 年第 7 期。

〔2〕 孔康妮：《论我国〈期货法〉的调整范围》，载《科技与法律》2015 年第 3 期。

〔3〕 原《证券法》第 42 条：“证券交易以现货和国务院规定的其他方式进行交易。”对于这一条，有专家认为此处虽未明确规定期货，但已隐含期货之意。参见朱少平：《证券法修订三审建议增加现货与期货两个市场衔接的规定》，载《清华金融评论》2018 年第 6 期。

〔4〕 万国华、张崇胜：《信用违约互换监管的学理基础与制度变革》，载《金融理论与实践》2018 年第 7 期。

〔5〕 杨阳：《期货及衍生品与证券的概念界定》，载《清华金融评论》2015 年第 6 期。

〔6〕 施廷博、杜惟毅：《期货法与证券法对证券衍生品调整安排的若干思考》，载《金融法苑》2015 年总第九十辑。

有助于化解法律适用上的冲突，促进证券衍生品市场的规范有序发展。

（一）证券衍生品的法律属性

依据衍生金融工具的一般原理，证券衍生产品可分为证券型和契约型两类。〔1〕证券型衍生品是指股票等基础证券和一个权利合约相结合，并将其中的权利以证券的形式表现出来，形成一种新的证券品种，包括认股权证、可转债等。契约型衍生品是价值依附于其他基础标的的金融工具，基础标的包括股票、指数、债券、商品等。证券型衍生品更像是一种结构性证券〔2〕，契约型证券衍生品则与传统商品期货更为接近，只不过是基础资产有所不同。因此，研究不同类型证券衍生品的法律属性，可以从界定证券与期货的区别出发。

从外在特征来看，证券与期货在主要功能、市场结构、交易目的、表现形式、交易机制等方面存在较大差异。〔3〕证券市场的主要功能是促进资金的融通，证券作为直接融资工具，搭建起投资者和融资者连接的桥梁，而期货市场的主要功能在于为套期保值者提供风险管理的工具以及能够在交易中反映基础资产价格以达到价格发现的功能。〔4〕由此，证券与期货市场的结构也存在明显差异，证券市场可分为发行市场和流通市场，期货市场不具备筹融资功能，合约上市之后，交易双方可以在持仓限额内创设以满足各自的需要。证券与期货的交易目的也不尽相同，投资性是证券的三大本质特征之一〔5〕，期货交易的目的则是规避现货价格风险或获取投机利润。在表现形式上，证券作为一种权利凭证可以持有或者转让流通实现权利，期货合约作为双务合同代表的是交易双方在期货合约项下相应的权利和义务，合约项下的权利和义务只能一起概括性转移。〔6〕在交易机制上，证券一般实行全额现货交易，期货则采用保证金交易，可对冲性为期货交易的特征之一〔7〕。为防范保证金交易可能带来的风险，期货交易实施当日无负债结算制度、持仓限额制度、交易限额制度、大户报告制度、强行平仓等严格的风险控制制度，这些制度安排都是期货

〔1〕卢文道：《证券衍生品种法制构建与〈证券法〉修改》，载《证券市场导报》2005年第9期。

〔2〕贺绍奇：《期货市场的边界及〈期货法〉的调整范围》，载《中国市场》2015年第48期。

〔3〕施廷博、杜惟毅：《期货法与证券法对证券衍生品调整安排的若干思考》，载《金融法苑》2015年总第九十辑。

〔4〕江涵、吴敞宇：《论期货法与证券法之关系——〈期货法〉的独立发展或是“大证券法”体系?》，载《中国证券期货》2019年第3期。

〔5〕邢会强：《我国〈证券法〉上证券概念的扩大及其边界》，载《中国法学》2019年第1期。

〔6〕证券是一种证权型的交易标的，而期货是一种合约型的交易标的。参见叶林、钟维：《核心规制与延伸监管：我国〈期货法〉调整范围之界定》，载《法学杂志》2015年第5期。

〔7〕期货交易追求流动性和价值性在制度上的安排就是对冲交易机制。钟维：《期货交易双层标的的法律结构论》，载《清华法学》2015年第4期。

市场特有的。[1]

（二）证券衍生品的具体形态

证券衍生品包括证券型和契约型两种类型，二者既存在一定的联系，也存在明显的区别。二者的共性在于可以衍生于同一基础资产，比如，权证、股票期权都是从股票衍生而来，但在存在形式、发行要求和主要功能、交易结算方式等方面可能存在较大差异。总体而言，证券型衍生品符合传统证券的特征，契约型衍生品则符合期货的特征。

第一，从存在形式上看，证券型衍生品虽源于基础证券，但其仍表现为有价证券的形态，多为特定权利的证券化，如认股权证是“选择权”的证券化，可以纳入证券的范畴；契约型衍生品则是以交易所设计的标准化、格式化合约的形式存在，具有未来性、权利义务双重性以及可对冲性等特征，与作为权利凭证的证券有明显区别。

第二，从发行要求和主要功能来看，证券型衍生品同一般证券一样，通常存在发行环节，有发行人，设定发行价格，经历发行和募集程序，具有直接或间接的融资功能；契约型衍生品主要是作为一种风险管理工具而存在，不具备融资功能。以在期货交易所上市的股指期货为例，它是交易所制定的供交易者交易的标准合约，没有发行人，最初的卖方由交易者来担当。[2]

第三，从交易结算方式来看，证券型衍生品一般采用全额现货交易，契约型衍生品交易方式为期货交易，实行保证金、持仓限额、当日无负债等交易风控措施。[3]证券型衍生品的结算是有交易才有结算；而契约型衍生品采用当日无负债结算方式，持仓一旦建立之后，即使未进行交易，每日交易结束后也要根据当天的结算价格对交易双方的交易盈亏状况进行资金清算和划转。[4]

---

〔1〕参见雷晓冰：《期权交易的本质及其法律规制的核心》，载《中国证券期货》2019年第3期。

〔2〕参见杜惟毅、普丽芬：《证券衍生品法律适用分析》，载郭铎、周友苏主编：《国际化视野下的金融创新、金融监管与西部金融中心建设》，法律出版社2013年版，第61～74页。

〔3〕卢文道：《证券衍生品种法制构建与〈证券法〉修改》，载《证券市场导报》2005年第9期。

〔4〕施廷博、杜惟毅：《期货法与证券法对证券衍生品调整安排的若干思考》，载《金融法苑》2015年总第九十辑。

三、证券法与期货法调整范围的协调

（一）证券法与期货法调整范围交叉的缘由

1. 期货交易从商品期货向金融期货的跨越

证券市场与期货市场原本是两个不相干的市场，各国对证券市场与期货市场大多采取分别立法和分别监管体制。但随着20世纪70年代，股票期货和期权、股指期货和期权、国债期货和期权等金融期货产品的出现，期货交易呈现从商品期货向金融期货占主导地位转变的趋势，期货市场与证券市场的边界逐渐模糊。[1]较为明显的表现是，一方面传统证券嵌入期货期权形成结构性证券，另一方面越来越多的证券产品作为期货期权的基础资产形成形态各异的证券衍生品。这些导致证券市场与期货市场越来越多地相互交叉和融合，导致了法律适用和监管管辖下的冲突。[2]

2. 证券期货分别立法模式的选择

证券与期货在产品属性和交易机制存在明显的差异，一般情况下不会出现管辖权冲突问题，但在证券衍生品层面可能发生证券法与期货法管辖权的冲突与协调问题。在集中统一立法模式下，不存在立法协调问题。但在立法分立的情形下，则需要考虑证券法和期货法在证券衍生品调整范围上的协调。[3]虽然域外很多国家都将期货监管规则纳入到大证券法或金融商品立法中[4]，但我国一直采用的是证券市场和期货市场分别发展、分别立法、统一监管模式。在我国，与实体经济持续发展相适应的期货市场以及大宗商品市场存在的问题、金融衍生交易快速发展的诉求以及过往证券交易与衍生交易混杂产生的弊端，赋予了现阶段将期货法与证券法分别立法以正当性。[5]而证券期货分别立法的大背景下，在为证券衍生品发展提供法律制度供给的时候，二者在调整范围上难免会有交叉。2005年我国《证券法》修订时，之所以会在第2条中增加证券衍生品的相关规定，目的在于为股指期货等证券衍生品的推出提供法律基础。[6]但最终由于种种原因，监管上还是将具有独特交易机制、法律关系的股指期货纳入《条例》中进行规制，在原有《期货交易管理暂行条例》基础上引入金融期货

---

〔1〕楼建波、刘燕：《我国期货法的定位及其与〈证券法〉之关系——一种立法论的进路》，载《财经法学》2015年第2期。

〔2〕贺绍奇：《期货市场的边界及〈期货法〉的调整范围》，载《中国市场》2015年第48期。

〔3〕万玲、刘道云：《关于完善我国期货立法调整范围的探讨》，载《上海金融》2017年第5期。

〔4〕楼建波：《美国处理期货法与证券法之间关系的实践及其启示》，载《法学论坛》2015年第4期。

〔5〕楼建波、刘燕：《我国期货法的定位及其与〈证券法〉之关系——一种立法论的进路》，载《财经法学》2015年第2期。

〔6〕邱永红：《我国证券交易所推出股指期货的法律基础》，载《证券市场导报》2005年第9期。

期权等内容。由于2005年《证券法》修订时未就证券衍生品作出具体定义，此后国务院也未就证券衍生品作出任何规定或者解释，因此《证券法》第2条的证券衍生品的外延可以很宽泛，进而可能与《条例》规范的以证券为基础资产的金融期货、期权产品存在交叉，带来法律适用上的冲突。

（二）境外证券衍生品立法实践的考察

境外针对证券衍生品的立法模式并不统一。证券衍生品究竟属于证券法还是期货法规制的范围，不同的国家采取了不同的立法体制，主要有证券与期货分别立法、统一立法等[1]。但考虑到证券衍生品无法完全纳入证券或者期货，多数构架都将证券衍生品一分为二，分别归入证券法和期货法。即使是采用大证券法或大金融法模式，在统合之后的法律条文和具体制度中，证券法律制度和期货法律制度的区别依然存在，证券衍生品也依然依据一定的标准分别归入不同的制度下。整体看，在统合立法模式下，对于证券衍生品的法律规制，不存在调整范围的冲突问题。在分别立法模式下，为协调证券衍生品的法律调整安排，主要有以下两种做法：一是以美国为典型代表的，以基础资产为标准确定规制证券衍生品的法律；二是以我国台湾地区等为代表的，以交易机制为标准来确定证券衍生品由证券法还是期货法调整。[2]

1. 以基础资产为标准确定规制证券衍生品的法律

美国资本市场采用了证券法与期货法分别立法的模式，其通过立法界定“证券”和“商品”作为相关法律适用的基本依据。这两大概念的界定由《证券法》、《证券交易法》和《商品交易法》确定，具体规定参见表1。根据《1933年证券法》和《1934年证券交易法》，证券的定义包括了一组证券或者证券指数的任何看跌、看涨期权、跨式期权、选择期权或者特权。《商品交易法》对衍生品合约标的的规定涵盖了未来交割合约中的“所有服务、权利以及权益”。证券衍生品衍生自证券，符合证券法关于“证券”的定义，同时也具有“未来交割合约”的特征，符合《商品交易法》关于“商品”的定义。由此，在对衍生品，尤其是证券衍生品调整上，《商品交易法》与《证券法》和《证券交易法》出现了重叠，美国期监会（CFTC）和证监会（SEC）在证券衍生品管辖范围上产生了交叉。为明确证券衍生品的监管分工和法律适用问题，1982年，两家监管机构签订《约翰逊－夏德协议》来解决管辖权争议。根据该协议，股指期货、期货期权由美国CFTC管辖，而股票和股指期权由SEC管辖。2000年《商品期货现代化法案》增加了证券期货概念，并重新划分了证券类法

---

[1] 黄爱学：《论我国期货法的调整范围》，载《学术交流》2014年第1期。

[2] 参见施廷博、杜惟毅：《期货法与证券法对证券衍生品调整安排的若干思考》，载《金融法苑》2015年总第九十辑。

律和期货类法律的调整范围以及美国证监会与美国期监会的监管权限。自此，SEC 在证券衍生品上的监管权限仅限于证券期权，宽基证券指数期货与期权由 CFTC 监管，而个股期货以及窄基证券指数期货则由 SEC 和 CFTC 共同监管。

此外，2010 年《多德－弗兰克法》对《证券交易法》和《商品交易法》进行了修订，试图解决产品创新过程中“证券期货产品”引发的管辖权冲突。首先，证券类衍生品监管不能出现真空。《多德－弗兰克法》在《证券交易法》中增加“基于证券的衍生品”条款，规定了当 SEC 和 CFTC 具有共同管辖权的证券衍生品，在 CFTC 按照《商品交易法》的规定放弃管辖时，将被视为“证券”由 SEC 依据《证券交易法》实施管辖权。其次，证券有关的新衍生品定性程序。第一，任何人均可就新出现的与证券有关的衍生品定性问题，向 SEC 或 CFTC 提出建议，两个委员会有义务向其他相关委员会提交通知。第二，SEC 在法定期限内就定性问题，向 CFTC 提出要求其按照《商品交易法》对产品定性作出决定；或者 CFTC 在法定期限内有权就定性问题，要求 SEC 按照《证券交易法》对产品定性作出决定。第三，如果确定该证券衍生品是具有共同管辖的特征，任何一方均可提出豁免管辖。最后，如果出现管辖权争端，CFTC 和 SEC 任一异议方可向哥伦比亚特区巡回法院提出管辖权争端解决。

表 1　证券和商品定义

	《证券法》及《证券交易法》规定的“证券”	《商品交易法》规定的“商品”
现货	任何票据、股票、库存股票、债券、公司信用债券、债务凭证、盈利分享协议下的权益证书或参与证书、以证券作抵押的信用证书，组建前证书或认购书、可转让股票、投资契约、股权信托证，存款凭证、石油、煤气或其他矿产小额利息滚存权，或一般来说，被普遍认为是“证券”的任何权益和票据，或上述任一种证券的权益或参与证书、暂时或临时证书、收据、担保证书、银行收据的认股证书或订购权或购买权，但距离到期日除去展期或续期外，不得少于 9 个月。	小麦、棉花、大米、玉米、燕麦、大麦、黑麦、亚麻籽、高粱米、磨粉饲料、黄油、鸡蛋、马铃薯（爱尔兰马铃薯）、羊毛、羊毛条、脂油类（包括猪油、牛油、棉籽油、花生油、大豆油以及所有其他脂油类）、棉籽、花生、大豆、大豆粉、活牲畜、活牲畜产品、冷冻浓缩橙汁以及所有其他货物和单品，但洋葱和电影票房收入（或与电影票房收入有关的指数、指标、价值和数据）除外。
衍生品	证券期货、基于证券的互换，任何基于证券、存款凭证、证券集合或指数的看涨期权、看跌期权和跨式期权及其他期权或优先权。任何在全国性证券交易所达成的与外汇有关的看涨、看跌和跨式期权或优先权。	现在或者未来交易的，未来交割的合约中的所有服务、权利以及权益（电影票房收入或与电影票房收入相关的任何指数、指标、价值或数据除外）。

2. 以交易机制为标准确定规制证券衍生品的法律

证券与期货在交易机制上有较大差异，所暴露的风险形态也有所不同[1]，需要在监管规则和法律适用上作出对应的安排。证券衍生品衍生于证券，但是从交易机制上还是可以划入传统证券现货交易以及期货的保证金交易方式。以中国台湾地区、统合立法前的韩国为代表，它们采用的是以交易机制为标准确定证券衍生品的法律适用。我国台湾地区直至现在仍然采用分别立法的模式。我国台湾地区“期货交易法”明确规定适用于依台湾地区内外期货交易所或其他期货市场的规则或实务，从事衍生自商品、货币、有价证券、利率、指数或其他利益的期货合约、期权合约、期货期权合约和杠杆保证金合约的交易。“证券交易法”规定其只适用于有价证券的募集、发行、买卖，并未规定适用于期权合约。韩国目前采用统合立法的模式。在统合立法之前，韩国《证券交易法》和《期货交易法》分别对证券和期货市场进行调整。其中，《证券交易法》适用的产品应当存在发行环节；而《期货交易法》对期货交易的定义则不存在发行要求，仅规定适用于具有期货合约、期权合约特征的交易。[2]

（三）《证券法》修订思路及其对期货法立法的启示

我国此轮《证券法》修订历时近五年，全国人大常委会分别于2015年4月、2017年4月、2019年4月和12月进行了4次审议。其中由于2015年股市异常波动立法进程有所迟缓，总体耗时较长，最终于2019年12月28日经审议通过，于2020年3月1日起施行。拓展证券的适用范围，统一监管标准是此次《证券法》的修订要点之一，该法第2条将存托凭证（CDR）明确规定为法定证券，将资产支持证券和资产管理产品写入证券法，明确了证券法上位法地位，授权国务院按照证券法的原则设定统一管理办法，同时删除了原有的证券衍生品种的规定，根据全国人大宪法和法律委员会关于证券法修订草案审议结果的报告，主要理由是权证等证券型衍生品可作为国务院依法认定的其他证券，直接适用《证券法》，股指期货等契约型衍生品适用《条例》，将来纳入《期货法》调整。

回顾《证券法》2005年修订过程以及四次审议稿关于证券的定义（详见表2），可以发现关于是否将证券衍生品写入《证券法》是存在争议的。早在2005年《证券法》修订时，就有观点提出现行《证券法》规范的是传统的股票、公司债券等，修订草案将证券衍生品种与股票、公司债券等现货交易并列，其内容实际上难以适用于各种证券衍生品种，综合考虑到证券衍生品种的特殊性，最终修订时仅对其作了原则

---

[1] 楼建波：《美国处理期货法与证券法之间关系的实践及其启示》，载《法学论坛》2015年第4期。

[2] 施廷博、杜惟毅：《期货法与证券法对证券衍生品调整安排的若干思考》，载《金融法苑》2015年总第九十辑。

性规定。[1]2015 年《证券法》一审稿极大地拓展了证券的范围，明确将权证、期权等金融衍生品种纳入其中，但 2015 年股市异常波动之后，《证券法》修订被迫暂缓。等到 2017 年二审时，《证券法》证券的适用范围又大幅收缩，与原有内容保持一致。2019 年三审时，结合市场发展需要，将“存托凭证”纳入其中。四审时，《证券法》又引入资产支持证券和资产管理产品，并删除了“证券衍生品种”相关规定。

《证券法》(2019 年修订）之所以删去“证券衍生品种”相关规定，可能有以下几方面原因：一是，对证券衍生品的认识逐步深化，证券型衍生品与传统证券非常接近，扩展证券的定义和适用范围，可以将其纳入其中，不用再单独特殊规范，契约型证券衍生品可纳入《条例》调整范围，实践中，例如上证 50ETF 期权等证券衍生品大多是在《条例》基础上建构相关交易规则，整套结算模式、交易制度和风控制度等方面的规定也均符合并体现了《条例》的要求。[2]二是，2005 年《证券法》引入证券衍生品后，国务院一直未出台相关配套规定，就该条而言，发挥的作用有限。有学者指出“我国《证券法》对于证券定义的扩展仍然在于为社会提供创新的融资手段，而非为种类繁多、自由创新的任何证券衍生品提供兜底性的监管”，将股指期货、期权等与证券现货完全不同的证券衍生品纳入证券范围内，且没有配套的发行、信息披露等规定，没有实质意义，反倒增添困扰。[3]三是，由于调整范围可能存在交叉，《证券法》的修订和期货法制定一直是联动进行，考虑到全国人大常委会给股票发行注册制的授权期限将于 2020 年 2 月 29 日到期，删除证券衍生品的相关规定，也有利于减少分歧，推动《证券法》修订早日完成。

表 2 《证券法》四次审议稿关于证券定义的规定

	证券的定义
2005 年《证券法》	在中华人民共和国境内，股票、公司债券和国务院依法认定的其他证券的发行和交易，适用本法；本法未规定的，适用《中华人民共和国公司法》和其他法律、行政法规的规定。 政府债券、证券投资基金份额的上市交易，适用本法；其他法律、行政法规另有规定的，适用其规定。 证券衍生品种发行、交易的管理办法，由国务院依照本法的原则规定。

〔1〕叶林、钟维：《核心规制与延伸监管：我国〈期货法〉调整范围之界定》，载《法学杂志》2015 年第 5 期。

〔2〕孔康妮：《论我国〈期货法〉的调整范围》，载《科技与法律》2015 年第 3 期。

〔3〕吕成龙：《我国〈证券法〉需要什么样的证券定义》，载《政治与法律》2017 年第 2 期。

续表

	证券的定义
《证券法》一审稿	在中华人民共和国境内，股票、公司债券和国务院依法认定的其他证券的发行和交易，适用本法；本法未规定的，适用《中华人民共和国公司法》和其他法律、行政法规的规定。 本法所称的证券是指代表特定的财产权益，可均分且可转让或交易的投资合同或者凭证。包括：（一）普通股、优先股等股票；（二）政府债券、公司债券、企业债券、金融债券、非金融类企业债务融资工具等固定收益证券；（三）证券投资基金份额、集合资产管理计划份额、资产支持证券；（四）股票、债券的存托凭证；（五）权证、期权等金融衍生品种；（六）国务院金融监管协调机构认定的其他证券。 证券投资基金份额、金融衍生品种的发行和交易，其他法律、行政法规另有规定的，适用其规定。 政府债券的上市交易，适用本法；其他法律、行政法规另有规定的，适用其规定。
《证券法》二审稿	与 2005 年《证券法》规定一致。
《证券法》三审稿	在 2005 年《证券法》基础上增加“存托凭证”这一证券类型。
《证券法》修订稿	在中华人民共和国境内，股票、公司债券、存托凭证和国务院依法认定的其他证券的发行和交易，适用本法；本法未规定的，适用《中华人民共和国公司法》和其他法律、行政法规的规定。 政府债券、证券投资基金份额的上市交易，适用本法；其他法律、行政法规另有规定的，适用其规定。 资产支持证券衍生品种、资产管理产品发行、交易的管理办法，由国务院依照本法的原则规定。 在中华人民共和国境外的证券发行和交易活动，扰乱中华人民共和国境内市场秩序，损害境内投资者合法权益的，依照本法有关规定处理并追究法律责任。

《证券法》调整范围的扩张和适当限缩，对于期货法立法具有重要的借鉴意义。统一监管标准，明确法律适用，是此次《证券法》修改的一个方向和原则。期货法应积极借鉴《证券法》“大一统”的修改思路，立足于功能监管，按照实质重于形式的原则，统一规定期货期权等产品的监管要求，不论其基础资产是证券还是其他产品。除了将采用期货交易方式，由交易所制定的标准化合约交易产品纳入期货法调整外，对于其他一些符合条件的场外相关衍生品也应纳入调整范围，这样有助于满足市场参与者多层次风险管理的现实需求，更好地发挥衍生品市场服务实体经济的功能。境外

期货立法通常是一个期货类金融衍生品的立法，而不单是一个场内期货期权立法。[1] 期货法应致力于成为期货及其衍生品基本法，调整范围既涵盖商品期货及衍生品市场，也涵盖金融期货及其衍生品市场，以场内为主，兼顾场外，同时对涉外期货交易进行规范。[2]

四、结语

证券衍生品是资本市场发展到特定阶段的产物，它的出现使得证券与期货市场的边界越来越模糊，给采取证券期货分别立法的国家，带来了法律适用上的困难。回顾我国证券衍生品写入《证券法》，最终又删去的历史，可以发现伴随着证券衍生品市场的发展和认识的深化，大家基本上认可证券衍生品可分为证券型和契约型两种，对于权证等与传统证券非常类似，具有发行环节、采用全额现货交易的证券衍生品，完全可以纳入《证券法》其他证券的范围，而不用新增一个“证券衍生品”的概念引发新的困扰。对于股指期货等与传统商品期货非常类似，无发行环节，采用期货交易机制的契约型证券衍生品，则完全可以纳入《条例》的调整范围，未来交由期货法统一规范，这也正好与功能监管相适应。

《证券法》在统一监管标准、拓展证券定义的同时，又保持了适度克制，以维护整个《证券法》法律体系的协调性和一致性，这对于期货法立法调整范围的界定提供了有益参考。期货法应是一部期货及其衍生品市场的基本法，它的调整范围不应限于场内产品，还应当将具有期货期权交易特征、交易规模较大、可能引发系统性风险的产品[3]纳入调整范围，并建立相应的监管体制。

---

〔1〕 吴凌翔：《关于金融衍生品交易若干基本法律问题的探讨》，载《金融经济》2017 年第 4 期。

〔2〕 尹中卿：《我国期货立法的八大难点问题》，载《期货及衍生品法律评论》2018 年第 1 卷。

〔3〕 有学者提出，只要是存在系统性金融风险的交易行为都是金融法应该规范和调整的对象。期货法的调整范围应以该行为的风险性质、交易性质和法律关系性质来确定。刘少军：《我国“期货法”制定中的主要问题研究》，载《南昌大学学报（人文社会科学版）》2017 年第 6 期。

法定证券概念的调整与证券犯罪规制的关联

张泽辰*

内容摘要：新修订的《证券法》将证券分为常规证券、境外证券、特殊证券及金融产品四大种类，明确增加了包括存托凭证、资产支持证券及资管产品在内的三种新类型，大大拓展了《证券法》的适用对象，但与此同时也删除了关于证券衍生品种参照适用《证券法》的相关规定，与有待出台的《期货法》相对接。法定证券概念的调整会对证券犯罪规制产生较大影响，两者间具有密切的关联度，对相关具体犯罪的认定亦存在一定影响，从而有必要及时推动《刑法》的联动修改，发展多元化的刑法立法体系，有效解决《证券法》与《刑法》在立法衔接上存在的困境与间隙，进一步完善和加强对资本市场违法犯罪行为的有力惩处。

关键词：《证券法》修订　证券概念调整　立法联动修改　证券犯罪规制

随着资本市场的全面深化改革，与之相匹配且契合的政策体系、制度规则、法制建设等亟须通过《证券法》的修订予以实现。现行《证券法》的修订自 2015 年 4 月的“一读”起，历时四年半、经过四轮审议，从证券发行注册制改革、大幅提高违法成本、强化投资者保护、提高信息披露要求、健全多层次资本市场体系等多方面进行修改完善，最终于 2019 年 12 月 28 日公布并将于今年 3 月 1 日开始实施。

一、《证券法》修订与法定证券概念的调整

讨论对证券立法的修改以及证券犯罪规制的前提，是要明确其所欲规范监管及惩

---

* 张泽辰，华东政法大学 2018 级博士研究生。

治对象的内涵与外延。金融行政类法律中的一些基本概念并非对金融现象的简单映射，而是承载着确立特定金融领域中监管权限分配、司法权力配置的功能及作用。因此，“证券”概念的明晰是《证券法》适用范围与证券行政监管、证券犯罪处罚的前提和基础。[1]

（一）证券的概念

我国《法学大辞典》上就“证券”二字有广义和狭义两种解释。广义是指包括证明或设定民事权利在内的各种书面凭证，而狭义是仅指股票、债券及相关的有价证券。[2]目前的大多数观点认为，“证券”实质是特定资产或产权的可分性凭证或投资性契约，其范围具体包括股票、债券（固定收益工具）、存托凭证、集合性投资计划单元、资产支持证券、基于证券的衍生工具等。笔者认为，“证券”概念的确定是立法的基础，有必要从历史角度、国际视野和发展眼光探索完善证券概念，并与刑法规制对象相衔接，用实质的证券概念界定资本市场违法犯罪。

1. 历史角度

在理论界，学者对“证券”的分类观点并不统一，一种观点认为可以将证券区分为“证书、资格证券、有价证券”三大类，另一种观点主张“从法律角度讲，证券可以分为有价证券、无价证券和证据证券”。[3]在我国1998年《证券法》颁行之前，“证券”作为“舶来品”，其概念处于有待明确的阶段。这一时期，学者们的研究主要集中于什么是“有价证券”上。我们可以看到，“有价证券”与“无价证券”有着应然的对应关系。“无价证券”是特定历史时期的特定产物，来源于特殊的计划经济时代。而“有价证券”根据中国社会科学院法学研究所组织编辑的《法学词典》为例，可以理解为具有财产权的“证券”，其特征为：（1）表示财产权，证券上记载的就是权利人或执票人的财产权的内容；（2）证券券面所表示的权利与证券不可分离，权利的行使和转移，以提示或交付证券为条件。[4]

事实上，在1997年《刑法》出台之时，还没有《证券法》上有关法定证券的概念，所以在罪名和法条中采用了“股票”、“债券”、“公司、企业债券”以及“国家有价证券”、“有价证券”等分散式的描述，从章节体例编排到罪名名称都缺乏严谨和周密性。在实践中，“证券”和“有价证券”的概念经常替代使用，而根据当前的经

[1] 参见刘燕、楼建波：《回归本源：重思资产证券化法律原理》，载《中国金融》2018年第21期。

[2] 参见曾庆敏主编：《法学大辞典》，上海辞书出版社1998年版。

[3] 参见李东方主编：《证券法学》，中国政法大学出版社2012年版，第4页。

[4] 参见朱文浩、孙全富：《改革开放四十年与“证券”定义研究》，载《金融服务法评论（第十卷）》，中国法制出版社2019年版。

济发展，有价证券已经是各类证券中最主要的部分，也是世界各国较为常见的信用凭证和流通工具，[1]目前“无价证券”基本已经不复存在。

2. 国际视野

世界各国对于“证券”的定义都有不同。美国采用了“证券≈投资合同”的最为广义的定义，其在《1933年证券法》第2（a）（1）条中采用了“足以将我们商业社会中一般认为属于证券概念的许多工具都包含在内”的定义[2]——具体包括债务工具，石油、天然气或其他矿产权，投资合同，股票，保险产品，银行产品，雇员福利计划，有表决权之信托证书、存托凭证和凭证，设备信托证，担保证书，认股权证、期权和期货等。同样地，其在《1934年证券交易法》第10条中作了几乎完全相同的规定，其中一项为“投资合同”。“投资合同”按照“Howey测试”具有四大特征：第一是金钱投入，第二是共同事业，第三是获利期望，第四是依赖别人的努力，这属于兜底性条款。[3]而德国《证券交易法》将证券统称为金融工具，其类型涵盖股票、债券、期货、期权、互换等金融资产或者金融衍生品。欧盟《内幕交易和市场操纵（市场滥用）指令》同样没有直接使用证券的概念，而是通过金融工具的概念泛指各类受到监管的资本市场交易工具。[4]

当前，我国学界主要将“金融投资商品”、“集合投资计划”及“投资合同”等概括性一般概念作为调整“证券”定义的主要进路。然而，“证券”定义的调整并非随心所欲，而应在借鉴国际已有经验，并结合我国现实条件及实践基础之上，以保护投资者合法权益为核心目的，明晰“证券”的判断标准及其定义的扩张界限，实现“证券”定义的理性扩张。[5]目前来看，新修订的《证券法》合理拓展了证券的种类，但仍存有不足，有待进一步完善。

（二）我国目前的法定证券概念

事实上，2005年《证券法》中规定的证券种类过少，并不能满足证券市场的发展需求，受到理论界和实务界的广泛诟病。对此，新修订的《证券法》第2条对证券外延做了调整——在中华人民共和国境内，股票、公司债券、存托凭证和国务院依法

---

〔1〕参见李东方主编：《证券法学》，中国政法大学出版社2012年版，第5页。

〔2〕参见［美］路易斯·罗斯、乔尔·赛里格曼：《美国证券监管法基础》，张路等译，法律出版社2008年版。

〔3〕参见朱文浩、孙全富：《改革开放四十年与“证券”定义研究》，载《金融服务法评论（第十卷）》，中国法制出版社2019年版。

〔4〕参见刘宪权、谢杰：《证券期货犯罪刑法理论与实务》，上海人民出版社2012年版，第3页。

〔5〕参见朱文浩、孙全富：《改革开放四十年与“证券”定义研究》，载《金融服务法评论（第十卷）》，中国法制出版社2019年版。

认定的其他证券的发行和交易，适用本法；本法未规定的，适用《中华人民共和国公司法》和其他法律、行政法规的规定。政府债券、证券投资基金份额的上市交易，适用本法；其他法律、行政法规另有规定的，适用其规定。资产支持证券衍生品种、资产管理产品发行、交易的管理办法，由国务院依照本法的原则规定。在中华人民共和国境外的证券发行和交易活动，扰乱中华人民共和国境内市场秩序，损害境内投资者合法权益的，依照本法有关规定处理并追究法律责任。对比之前的相关规定，证券的种类存在增项和减项，我国目前的证券外延已然发生了实质性的变化，更加有利于保护投资者权益，减少不必要的监管竞争。具体如下：

1. 增加存托凭证

存托凭证是在东道国证券市场发行、交易的代表投资者对境外基础证券及其权益拥有所有权的可转让凭证。[1]存托凭证由东道国境内的存托人在其境内发行，境外基础证券发行人（以下简称境外企业）在境外发行的证券是存托凭证代表的基础证券，存托凭证投资者实际上享有该凭证对应的境外基础证券的全部权益。基础证券一般由存托人以其自身名义持有，但往往根据协议由基础证券所在地的托管人（托管人一般为存托人在境外基础证券发行地的分支机构）托管。面向美国投资者发行并在美国证券市场交易的存托凭证称为 ADR[2]，而在我国境内证券市场交易的存托凭证称为 CDR，如果发行范围不止一个国家，则称之为 GDR。

最初，存托凭证是为了解决因法律制度差异所形成的跨国证券融资与投资等现实障碍而被创造的一种新型证券。现今，存托凭证凭借自身特有的优势已悄然衍化为国际资本市场跨国证券中的重要证券形式，且类型已呈多样化发展趋势。同样地，在我国境内存托凭证也在发挥着越来越重要的作用，创新红筹企业回归境内股市以及“沪伦通”规则都采用存托凭证作为载体。

2018 年 3 月，国务院办公厅、中国证监会和沪深两个证券交易所相继发布一系列规则[3]《关于开展创新企业境内发行股票或存托凭证试点若干意见》（以下简称《若干意见》）、《存托凭证发行与交易管理办法（试行）》（以下简称《存托凭证管理办法》）。在《存托凭证管理办法》中，存托凭证被定义为“由存托人签发、以境外证券为基础在中国境内发行、代表境外基础证券权益的证券”。按照这个定义，似乎世

---

〔1〕 参见蒋辉宇：《论我国融资参与型存托凭证信息披露模式的合理选择与制度完善》，载《政治与法律》2019 年第 1 期。

〔2〕 参见周正庆：《证券知识读本》，中国金融出版社 2016 年版，第 35 页。

〔3〕 2018 年 3 月，国务院办公厅转发了中国证券监督管理委员会（以下简称中国证监会）《关于开展创新企业境内发行股票或存托凭证试点若干意见》（以下简称《若干意见》）。根据《若干意见》，2018 年 6 月中国证监会发布了《存托凭证发行与交易管理办法（试行）》（以下简称《存托凭证管理办法》），融资参与型存托凭证是在存托协议与托管协议基础上构建而成的契约创设型证券。

界各国的公司都可以在我国境内通过发行参与型存托凭证筹集资金。但其实不然，人民币在资本项目之下尚未实现完全可自由兑换，国外公司通过发行存托凭证在 A 股市场上筹集到的资金是无法自由兑换出境。[1]因此，我国存托凭证发行试点规则的主要目的还是帮助在境外注册的中资创新企业回归 A 股市场奠定制度基础。[2]

与此同时，2018 年 10 月中国证监会发布“沪伦通”规则，允许英国上市公司到上海证券交易所（以下简称上交所）上市。在“沪伦通”项下，英国上市公司可以向我国投资者发行存托凭证，存托凭证代表该上市公司股票权益，而存托凭证则在上交所上市交易。[3]2019 年 6 月沪伦通正式通航，华泰证券成功在伦交所发行首单 GDR，并于同年 10 月 18 日开始 GDR 和 A 股的跨境相互转换，而 10 月 23 日有英国投资者委托跨境转换机构生成 GDR。沪伦通 GDR 的首次跨转生成标志着通过跨境转换机制真正实现了两地市场的双向转换。沪伦通跨境转换机制的作用在于增加存托凭证市场和基础股票市场的联动，提高两地市场的价格发现效率，使得存托凭证与基础股票的价格保持在接近的水平上，不会出现大的折价或溢价。

2. 增加资产支持证券及资产管理产品

20 世纪 70 年代后，“大资管”和“证券化”对传统金融市场格局进行了根本性改造，但二者的定位不同：资产证券化旨在对融资模式进行创新，资产管理则是对投资模式进行创新。从金融业务的属性看，“证券化”属于投资银行业务，主要服务于融资人端、以扩大融资为目的；而“大资管”则嵌在资金的终端提供者与金融中介机构之间，贯穿于各金融子行业。[4]

具体而言，资产支持证券（ABS）是指企业或者其他融资主体将合法享有的、缺乏流动性但具有可预测的稳定现金流的资产或者资产组合（基础资产）出售给特定的机构或者载体（SPV），SPV 以该基础资产产生的现金流作为支持发行证券，以获得融资并最大化提高资产流动性的一种结构性融资手段。根据权威数据统计，2017 年我国企业发行的资产证券化产品共备案确认 500 多只，发行规模高达 9000 多亿元。这里所说的资产证券化产品就是指资产支持证券[5]，可见此类产品在我国的规模十分庞大，发展极其迅速。资产证券化具有真实出售、税收中性、破产隔离、信用增级等多方面的优势，一般分为三类，分别是传递、资撑债以及付通。目前的交易仅限于合格

---

〔1〕 参见朱锦清：《证券法学》，北京大学出版社 2019 年版，第 44 页。

〔2〕 参见唐应茂：《独角兽、法律周期论与民族国家构建红筹企业中国存托凭证制度的初步研究》，载《中外法学》2019 年第 2 期。

〔3〕 参见唐应茂：《沪伦通及其跨境转换制度：临时法角度的初步分析》，载《环球法律评论》2019 年第 6 期。

〔4〕 参见刘燕、楼建波：《回归本源：重思资产证券化法律原理》，载《中国金融》2018 年第 21 期。

〔5〕 参见朱锦清：《证券法学》，北京大学出版社 2019 年版，第 31 页。

投资者之间，还没有完全向不特定公众开放。

而资产管理一般是指金融中介或服务机构接受投资人的委托，为后者进行投资管理的专业服务，并由委托人承担投资风险的活动，[1]但是我国现行立法中并无对资产管理产品（AMP）的直接界定。2018年4月，一行三会联合出台的《关于规范金融机构资产管理业务的指导意见》（以下简称《资管新规》）针对金融机构资产管理业务所面临的诸多现实问题，提出了较为全面细致的规则，构建起系统的监管制度。《资管新规》将“资产管理”界定为“银行、信托、证券、基金、期货、保险资产管理机构等金融机构接受投资者委托，对受托的投资者财产进行投资和管理的金融服务。金融机构为委托人利益履行勤勉尽责义务并收取相应的管理费用，委托人自担投资风险并获得收益”。这一定义对“资产管理”内涵的揭示与域外主流定义类似。[2]但事实上，《资管新规》的法律位阶仍旧较低，其上位法仍然缺失，资产管理产品的内涵外延、本质属性和治理逻辑依旧不够清晰。另外，《资管新规》并未和《刑法》建立起紧密的衔接，比如有关私募基金的监管制度仍主要依托于金融监管机构的行政追责来保障实施。[3]横向共同性是证券的本质特征，而不具有横向共同性的定向资产管理产品不构成证券但却属于金融投资商品。在此意义上，统一资产管理产品业务规则仅仅通过扩张“证券”的概念是不够的，还需要引入“金融投资商品”的概念。[4]

3. 删除“证券衍生品种”的规定

与2019年的“三审稿”及2005年《证券法》相比，新修订的《证券法》采用了相对狭义的证券实质概念，删除了原条文中有关“证券衍生品种”的相关规定。但是，即便在原条文中也并未就“证券衍生品种”作出过具体定义，有关部门也未作出过更为详细的规定或者解释。这使得理论界和实务界只能从不同角度去理解“证券衍生品种”。有的学者认为，可将证券衍生品种理解为基于基础证券产生的一切交易品种。广义的证券衍生品种可以分为契约型衍生品与证券型衍生品，两者都可以从同一基础资产衍生而来，但是存在明显区别。有的学者则认为，证券衍生品种仅限于基于证券法明确规定的股票以及债券为基础由此产生的证券，甚至连股票期货合约也不应归入。因为股票期货合约和商品期货合约没有本质上的区别，

---

〔1〕参见刘燕、楼建波：《回归本源：重思资产证券化法律原理》，载《中国金融》2018年第21期。

〔2〕参见刘燕：《大资管“上位法”之究问》，载《互联网金融法律评论》2018年第2期。

〔3〕参见刘鸣赫：《背信运用受托财产罪的适用分析》，载《金融法苑》总第97辑“资产管理业务与监管”专刊。

〔4〕参见邢会强：《我国〈证券法〉上证券概念的扩大及其边界》，载《中国法学》2019年第1期。

在美国也是在芝加哥期货交易所上市交易，而非纽交所。[1]

笔者认为，证券型衍生品与契约型衍生品分别具备证券与期货不同的特征属性，宜清晰划分各自法律适用的边界。[2]目前证券型衍生品“权证”（“权证”是在股权分置改革中发行上市的，具体可以分为“认购权”及“认沽权”）已经纳入《证券法》的调整范畴，而其他的契约型衍生品则有待即将出台的《期货法》加以调整。

在美国，金融衍生品同时受到《1933年证券法》（证券基本法）和《商品交易法》（期货基本法）两部法律的调整，这其实是由于监管机构争夺权力分配而形成的局面——商品期货交易委员会（CFTC）、证券交易委员会（SEC）及银行监管机构共同负责对场内外资本市场的监管。20世纪80年代，SEC和CFTC两家监管机构共同签署了《Shad - Johnson协定》，协定确定了股指期货及股指期货期权由CFTC监管，而SEC仅对股票现货期权、股票指数现货期权享有行政管辖权的内容。到了2000年，美国国会审议通过了《2000年商品期货现代化法案》（CFMA），重新划分了证券类法律和期货类法律的调整范围以及SEC和CFTC两家的监管权限。该法案指出单只股票期货和窄基股票指数由SEC和CFTC联合监管，而宽基股票指数仍由CFTC监管。[3]从中不难发现，SEC负责执行的《证券法》所调整法律定义的“证券”中同时包括期货、期权等场内外的金融衍生品。而2010年出台的《多德 - 弗兰克法》进一步对《1933年证券法》和《1934年证券交易法》进行了修订，增加了新型衍生产品性质的判定程序[4]（任何主体申请上市或者交易同时包含证券或者远期交割商品出售合约要素的新型衍生产品的，可同时向CFTC以及SEC发出通知），以期解决产品创新过程中关于“证券期货产品”引发的管辖权冲突问题。

（三）遗憾与不足

1. 缺乏证券的内涵表述

在证券法领域，用概括的方法给证券下定义十分的困难，迄今为止还没有一个完全令人满意的定义。正因如此，大多数国家和地区都采用了列举的方法，避免直

---

〔1〕参见朱锦清：《证券法学》，北京大学出版社2019年版，第27页。

〔2〕参见施廷博、杜惟毅：《期货法与证券法对证券衍生品调整安排的若干思考》，载《金融法苑》2015年总第九十辑。

〔3〕参见陈晗：《金融衍生品：演进路径与监管措施》，中国金融出版社2008年版。

〔4〕参见中国证监会：《美国多德 - 弗兰克华尔街改革与消费者保护法》，法律出版社2014年版，第599页。

接给证券下定义，我国也不例外。即使在美国这样资本市场高度发达的地区，也只有俄克拉荷马州和华盛顿州对证券下了概括定义，其他州还是采用了列举的方法。

在我国，2015 年《证券法》修订“一审稿”补充了有关“证券”内涵的内容，但在“三审稿”中却又再次取消。本次新修订的《证券法》最终也只是通过增加列举“证券”的种类来扩充“证券”外延。但是，完整的概念应当由内涵以及外延共同组合而成。“证券”的定义也应如此，采用概括定性的方式并辅之以列举和豁免的安排，才算是真正的完善。所有符合“证券”定义的金融产品，可以通过“存在其他金融监管”的条件予以豁免证券监管，也可以在分业监管模式下只要求统一监管标准。

2. 债券概念尚未统一

“债券”这一在国外有着通用名称的金融产品，在我国因主管部门的不同而分别适用三套债券规则和监管体系[1]，债券规则的历史揭示了这一领域多年来的停滞不前。我国债券制度起源于 20 世纪 80 年代中后期的企业债券，国务院先后制定《企业债券管理暂行条例》（1987 年，已失效）、《企业债券管理条例》（1993 年），确立了由其控制并审批（由其授权部门执行）企业发债规模，发债应符合特定条件的监管机制。90 年代初随着股份制改造和公司制的普遍建立，《公司法》借鉴企业债券监管的内容，平移了相关规定；同时，1998 年出台的《证券法》负责监管公司债券上市交易，形成“一律两法”的分割状态，并延续至 2005 年《公司法》《证券法》的修改。2005 年《公司法》的修改仅保留了少数的债券条款，将有关债券发行与监管的规定平移至《证券法》，并一脉相承计划经济时期奠定的债券管控思维。[2]

事实上，《企业债券管理条例》中有关企业债的定义与公司债相比，并没有十分大的区别。公司也是企业，公司发行债券与其他企业发行债券包含着相同的风险因素，包括公司在内的各类企业债券在发行主体、发行条件、审批手续上都存在差异，与前文所述的债券管控思维密切相关，由此造成了法制的不统一和市场的不统一。[3]但日前公布的中国人民银行、发改委、证监会关于《公司信用类债券信息披露管理办法（征求意见稿）》中首次写明了，公司信用类债券包括企业债券、公司债券和银行间交易商协会的非金融企业债务融资工具，在一定程度上统一了债券概

[1] 即证监会监管下的公司债券，中国人民银行和银行间交易商协会监管下的非金融企业债务融资工具（以下简称中期票据），以及国家发展改革委员会监管下的企业债券。参见洪艳蓉：《公司债券的多头监管、路径依赖与未来发展框架》，载《证券市场导报》2010 年第 4 期。

[2] 参见洪艳蓉：《〈证券法〉债券规则的批判与重构》，载《中国政法大学学报》2015 年第 3 期。

[3] 参见朱锦清：《证券法学》，北京大学出版社 2019 年版，第 16 页。

念，调整了监管理念，为将来在法律层面上统一债券定义奠定了制度基础。

3. 金融衍生品规制尚有立法间隙

期货与标准化的期权一般属于场内衍生品，而远期、掉期与非标准化的期权则往往属于场外衍生品。在国际市场上，场内金融衍生品不仅涵盖了股权、利率、汇率等各领域，且期货、期权等产品形态完备。与国际主流的市场主体相比，我国的场内金融衍生品市场发展还处于起步阶段，品种相对较少，有沪深 300 股指期货、上证 50 股指期货、中证 500 股指期货、5 年期国债期货、10 年期国债期货等。中国金融期货交易所则是上述这些场内金融衍生品交易的组织者与市场管理者。在 2019 年 12 月 14 日，中国金融期货交易所发布了有关《沪深 300 股指期权合约》及相关业务规则的通知，这也意味着我国有了首个股指期权的衍生品（沪深 300 股指期权）。

正如前文所述，证券性衍生品——“权证”由《证券法》规制，而契约性衍生品则有待《期货法》的出台加以规制。但是，证券性衍生品和契约性衍生品目前还只是学理上的分类，在《证券法》中并没有明确的界定标准。另外，在《期货法》尚未出台的前提下，《期货交易管理条例》（2017 年修订）（以下简称《条例》）是目前期货管理的基本法规。从目前两部法律法规对各自调整范围的规定来看，我国证券性衍生品的法律适用存在一定的模糊地带。现行《证券法》与《条例》在证券性衍生品上调整范围的边界尚不明晰，可能引发相关市场主体在证券性衍生品交易及相关活动中对法律适用的疑惑与纷争，甚至可能导致制度套利。[1]另外，《条例》中称期货交易是指采用公开的集中交易方式或者国务院期货监督管理机构批准的其他方式进行的以期货合约或者期权合约为交易标的的交易活动，也即《条例》仅仅规范的是场内交易活动。而对于诸多场外交易活动以及尚未定性的新型金融衍生产品交易活动，目前依然没有专门的法律法规对其进行规制，立法尚存间隙。

二、法定证券概念的调整对刑法条文适用的影响

（一）证券犯罪罪名发展与演变

1997 年《刑法》中有关证券犯罪的修正规定大致可以分为两类：一类是修改型规定[2]，其中包括内幕交易、泄露内幕信息罪，编造并传播证券、期货交易虚

---

〔1〕 参见施廷博、杜惟毅：《期货法与证券法对证券衍生品调整安排的若干思考》，载《金融法苑》2015 年总第九十辑。

〔2〕 参见胡启忠、石奎：《修正金融刑法适用研究：立法·理论·实务》，法律出版社 2013 年版。

假信息罪，诱骗投资者买卖证券、期货合约罪，操纵证券、期货市场罪等规定；还有一类是增补型规定，其中包括利用未公开信息交易罪、背信运用受托财产罪、违法运用资金罪等相关规定。

1. 证券犯罪立法编排

与世界上很多资本市场相对发达的地区一样，我国刑事立法对证券、期货市场的介入也有一个逐步深化的过程。我国有关证券期货的立法最早来源是以公司、企业的管理秩序罪名义出现的，后来逐步散见于刑法第三章破坏社会主义市场经济秩序罪中第三节妨害公司、企业的管理秩序类犯罪，第四节破坏金融管理秩序类犯罪，第五节金融诈骗类犯罪和第八节扰乱市场秩序类犯罪。

从应然的角度看，法的结构营造技术本应是立法技术中非常重要的一部分，表现法的符号是法的内容排列组合的顺序名称，一般顺序是编、章、节、条、款、项、目。同一章、节中的刑法条文内容应做到不抵触、不重复[1]，相类似的法的内容也应当编排在统一的章、节之中，例如《刑法》第三章第七节就对知识产权犯罪做了专门的规定。但是我们可以发现，有关证券犯罪的规定虽在同一章中，却散见于不同节，存在立法编排体系上的不完整性和逻辑欠缺性。

2. 证券犯罪立法顺序

我国有关证券期货的立法在顺序上存在颠倒之处，刑法中规定的证券期货犯罪本应以证券、期货的行政或者经济立法的存在作为前提，否则就很难称证券期货犯罪为法定犯。但事实上，我国1998年《证券法》比1997年《刑法》颁布实施得更晚。因此，出现很多证券犯罪的罪名以及法条内容与《证券法》的相关规定、证券市场的实际发展现状相背离、不一致的情形。

同时，利用未公开信息交易罪的前置法律存在长期空缺，2005年《证券法》中仍没有关于利用未公开信息交易的规定，直至新修订的《证券法》出台才刚刚做出了规定，弥补了此前行政法与刑法存在长期不统一的缺憾，改善了《证券法》与《刑法》的衔接问题。[2]

（二）当前刑事立法中存在的问题和不足

1. 刑法中应适用统一的证券、公司债概念

目前，在刑法罪名中出现股票、债券、有价证券、证券等多种词语来表现“证券”概念，例如存在有关欺诈发行股票、债券罪以及伪造、变造国家有价证券罪、

---

〔1〕 参见龚培华：《刑法法条关系研究》，上海交通大学出版社2011年版，第20页。

〔2〕 参见刘宪权、谢杰：《证券期货犯罪刑法理论与实务》，上海人民出版社2012年版，第44页。

有价证券诈骗罪的刑法条文，用语呈现出多样化的特征，应适用统一的证券概念，与证券立法相匹配。

在中国人民银行、国家发展和改革委员会、中国证券监督管理委员会联合出台的《关于进一步加强债券市场执法工作的意见》中指出，要重点推进债券市场统一执法，提高违法成本，加大对违法行为打击力度。行政执法理念需要与刑事司法政策相匹配，同时更需要在立法上形成一定的制度保障。但在《刑法》中，同时出现公司债券、企业债券等分类性描述，例如存在有关伪造、变造股票、公司、企业债券罪以及擅自发行股票、公司、企业债券罪的刑法条文，未能与前文所述的统一公司债的行政立法趋势以及法律用语的同一性原则相匹配，需要进一步进行调整。

另外，根据新修订的《证券法》，资产支持证券衍生品种适用《证券法》的相关原则规定。但在 2017 年 5 月 16 日，上交所发布的《上海证券交易所债券市场投资者适当性管理办法》中，将公司债券、企业债券、资产支持证券统称为“债券”。由此可见，《刑法》中涉及债券的犯罪，不仅要统一“债券”用语，还要拓宽“债券”的内涵及外延。[1]

2. “证券”外延调整应与《刑法》联动对接

本次《证券法》修订将存托凭证、资产支持证券、资管产品等明确纳入法定证券的范畴，进一步完善和加强对相关证券违法违规行为的惩处力度，但《刑法》还没有及时联动修改，与证券外延的调整做相应对接。《刑法》中擅自发行股票及公司、企业债券罪，欺诈发行股票、债券罪，非法经营（证券业务）罪等规定中尚未包含存托凭证、资产支持证券和资管产品，因此会对具体犯罪的认定存在一定影响。笔者认为，应积极推动《刑法》立法体系的多元化发展，充分发挥附属刑法的作用地位，化解唯刑法典一元论的弊端，做到行政前置法与刑法及时同步对接，节约立法资源。

3. 及时完善对金融衍生品的规制

目前，在刑法条文中只规定了编造并传播证券、期货交易虚假信息罪，诱骗投资者买卖证券、期货合约罪以及操纵证券、期货市场罪三个罪名。但是事实上，金融衍生品的发展十分迅速，金融衍生品的种类越来越多也越来越复杂，各种金融衍生品之间的边界逐渐变得模糊。与此同时，场外金融衍生品市场也在蓬勃发展中。不少国家和地区已经开始采用“金融衍生品”的概念来指代远期、期货、掉期和期权等概念以及它们之间的混合，并加以统一规制。

---

〔1〕 参见李小文：《论“类证券化”与“类期货化”互联网金融平台的刑事治理》，载《上海政法学院学报》2019 年第 6 期。

但是，我国刑法条文的设置中还只是使用了“期货”这一词语。当涉及多种、多类新型金融衍生品、场外金融衍生品种类时，都会存在一定程度上的立法间隙。[1]笔者认为，《刑法》条文应当对“期货”一词的法律定义作出进一步解释，甚至是用“金融衍生品”来替代“期货”，以减少立法的真空地带。

三、《证券法》与《刑法》的联动完善路径

证券期货类犯罪均为法定犯、行政犯，兼具行政不法和刑事不法的双重特征，是违反国家行政管理类法律、法规规定，情节严重，依法应当承担刑事责任的行为。行政犯是否成立，首先需考察是否违反前置性的相关法律法规，这就意味着行政犯的入罪门槛会随着前置法规定的改变而产生改变。[2]

现行《证券法》中法定证券概念的调整会对证券期货犯罪的规制产生影响，导致部分《证券法》规定的行为在被认定为犯罪时会产生障碍。事实上在证券期货犯罪领域中，《证券法》应与《刑法》联动修改，保持法律体系的同一性和完整性。对于属于法定犯的证券期货犯罪而言，二次违法性的认定与前置的《证券法》、“证券”概念密不可分，所以应当在刑事立法与司法解释中，在描述有关罪名与罪状时统一使用全新的“债券”、“证券”、“期货”或“金融衍生品”法律概念，确定司法实践的震慑圈，保护资本市场投资者的合法权益。

（一）立法同一性的完善

形式逻辑的基本规律对法条关系有着深刻影响，其中包括同一律、矛盾律和排中律。以同一律为例，在同一思维过程中，要求概念、判断必须保持同一，不能任意变换。[3]笔者认为，对于法定犯而言，法条的同一性不应当局限在单个部门法之中，而应当注重行政前置法与刑法两者之间的形式逻辑，保持法律体系的同一性。刑法具有保障法的属性，刑法对行政前置法进行保证的必然性和有效性要求刑法的适用必须和其他法律的要求相契合。所以在刑法与行政前置法的衔接方面需要考虑两点，一是刑法条文和其他法律条文之间必须具有衔接性，若缺乏衔接性，则表明法律系统存在漏洞，法治出现危机；二是刑法适用中对于特定概念的理解，必须保持和其他法律规定的一致，如果理解有偏差，就意味着刑法保护方向出现偏差，刑

---

〔1〕参见邢会强：《我国〈证券法〉上证券概念的扩大及其边界》，载《中国法学》2019年第1期。

〔2〕参见邓迪：《〈证券法〉修订与〈刑法〉衔接问题探究》，载微信公众号“德恒律师事务所”，2020年1月4日。

〔3〕参见龚培华：《刑法法条关系的理论基础》，载《东方法学》2009年第1期。

法的保护目的就无从实现。

因此，刑事立法的修改不可单兵突进，应当与现有的监管体制、金融法律体系做好衔接。由于《刑法》与《证券法》的诸多条款紧密相关，为更好地发挥法律合力性效能、保持立法体系的同一性，在《证券法》以及未来《期货法》修改的同时，亟须对《刑法》以及其他相关法律法规进行联动修改，应当在《刑法》中使用统一的“债券”、“证券”、“期货”或“金融衍生品”的概念。

如前文所述，《刑法》法条中出现了“股票”“债券”“有价证券”等多种词语来表现“证券”概念，例如存在有关欺诈发行股票、债券罪以及伪造、变造国家有价证券罪，有价证券诈骗罪的刑法条文，用语呈现出多样化的特征，无法与《证券法》对应。另外，存托凭证、资产支持证券、资管产品等新“证券”类型已被明确纳入法定“证券”的范畴，但《刑法》还没对此作出及时回应，无法与“证券”外延的调整对接，因此会对证券犯罪的认定存在一定影响。

此外，“证券”的外延必然会小于“金融投资商品”。在“证券”概念扩张所不能之处，即是“金融投资商品”定义所涵盖的范围。尽管“证券”概念还有进一步扩大的空间，但扩大的程度是存有边界的，并不是所有的“金融衍生品”都可以被界定为“证券”。而对于“金融衍生品”这样一个迅速发展和相对不定型的领域来说，法律本身的确定性就显得尤其重要。任何法律上的模糊迹象都会阻止“金融衍生品”的创新，并使“金融衍生品”交易发展转移到法律基础更好的国家和地区。〔1〕

境外对“金融衍生品”的立法调整安排主要有两种做法：一种是以基础资产为标准来确定“金融衍生品”由证券法还是期货法调整，典型代表为美国；另一种则是以交易机制为标准来确定“金融衍生品”由证券法还是期货法调整，例如我国台湾地区、统合立法前的韩国与新加坡。〔2〕在我国证券期货市场实行集中统一的监管，不存在监管权的冲突，不应当模仿美国按照基础资产来划分为两部法律的调整范围，而是按照交易机制来划分。〔3〕笔者认为未来可将“金融衍生品”纳入《金融投资商品法》的规制范围之内，〔4〕也可以借鉴我国台湾地区的《期货交易法》监管包括商品衍生品、金融衍生品以及场外市场等的所有衍生品活动，以减少立法间隙。

---

〔1〕 参见程红星：《期货立法宗旨、调整范围及整体框架研究》，法律出版社 2018 年版。

〔2〕 参见施廷博、杜惟毅：《期货法与证券法对证券衍生品调整安排的若干思考》，载《金融法苑》2015 年总第九十辑。

〔3〕 参见程红星：《期货立法宗旨、调整范围及整体框架研究》，法律出版社 2018 年版。

〔4〕 参见邢会强：《我国〈证券法〉上证券概念的扩大及其边界》，载《中国法学》2019 年第 1 期。

（二）立法模式的转变

我国资本市场正在不断发展，呈现出一派新的景象。《证券法》的修订、《期货法》的出台都与资本市场的发展本身不可分割、不能分离。但是《刑法》作为基本的法律之一，却应当保持一定的稳定性，不应该和行政法的修改保持同频共振。我国《刑法》的修订过于频繁，这不仅影响到了法条、罪名之间的契合度，而且也削弱了国民对于《刑法》的信任感。另外，即便是《刑法》修改，笔者认为采用修正案的形式也有所不妥。刑法修正案与宪法修正案的法律位阶不相同。

在域外，附属刑法就是行政刑法，但是我国的行政法——如《证券法》等当中，所谓的附属刑法只不过是附而不属的影子刑法，而不是真正意义上的行政刑法。在行政前置法的“法律责任”章节中所称“构成犯罪的，依法追究刑事责任”，但该类法律中没有明确的罪刑条款，要追究刑事责任还是要去查找《刑法》的相关规定。[1]这样的立法模式存在内外两重维度的体系性不足：一是单一法典化导致的外部体系问题，在很多行政法与刑法之间的衔接上存在一定程度的滞后和间隙。在时间上刑法的修改调整无法做到与行政法同步进行；在空间上两者之间会产生留白，有一定数量的沉睡条款。二是单一法典化导致的内部体系问题。这点在我国《刑法》的修正过程中已经不断表现出来，法典内在体系的完整性遭到冲击，条文衔接与刑罚均衡性出现冲突与矛盾。[2]

笔者认为，应转变立法模式积极推动《刑法》立法体系的多元化发展，改变目前刑法典一元化的“大而全”的刑事立法模式，在金融刑法领域率先探讨特别附属刑法的立法可能性。充分发挥附属刑法的作用地位，化解唯刑法典一元论的弊端，采用统一刑法典与附属刑法并行的方式，做到行政前置法与刑法及时同步对接。另外从经济性分析的角度来看，刑法典与附属刑法并行的方式也大大节约了立法资源。借鉴其他国家和地区的刑事立法，主要将自然犯和法定犯两类分别加以规制：用“刑法典”规定触犯伦理道德底线的自然犯，用“行政刑法”规定妨害社会管理、扰乱市场秩序的法定犯。具体操作的思路有两条：一是在行政法立法时，赋予附属刑法规范真实的效力；二是在刑法立法时，对附属刑法的内容进行总结和归类，将共性的内容以法典方式确定下来，后面的立法可以直接确定违反相关规定构成犯罪追究刑事责任的刑法条款。[3]

---

〔1〕参见储槐植：《1997年刑法二十年的前思后想》，载《中国法律评论》2017年第6期。

〔2〕参见童德华：《当代中国刑法法典化批判》，载《法学评论》2017年第4期。

〔3〕参见张小宁：《论制度依存型经济刑法及其保护法益的位阶设定》，载《法学》2018年第12期。

（三）新金融现象和变更执法理念

尽管我国金融犯罪刑事政策在保障金融体制、维护金融安全、化解金融风险方面，已经发挥了积极而有成效的作用，但随着新旧金融体制的转型，中国金融的浅层次改革渐次完成，金融犯罪刑事政策不应局限于金融体系转型引导下的被动调整，要适度积极地超前地系统地化解金融领域特别是新兴金融领域的风险，为处在深水区的金融改革提供刑事法保障。对此，我们应当在刑事政策的基本理念、基本立场和基本路径上作出适当调整。

首先要在观念上认识新金融现象和变更执法理念、重塑金融刑法所保护的法益，然后把发挥指导性案例作用和发展金融刑法解释方法作为切入点和着手点，在路径方法上运用和把握刑事政策并在司法实践中做到“去罪化”或者“入罪化”，最终在立法中寻找突破口并达到实现新的平衡。

1. 新金融现象认识和执法理念变更

创新是金融发展的动力，金融创新不断提供新型金融工具、交易渠道，改变金融市场环境，在为金融交易提供更多机遇的同时，也为金融犯罪带来新的可能。有学者就曾断论“金融创新发展到哪里。金融犯罪就发展到哪里。这是一条不以人的意志为转移的规律”。对于新的金融现象以及由此伴生的新的犯罪行为，在实务部门案件办理过程中，有时会出现“金融创新是特殊金融产品”“法律供给不能适应金融市场的快速变化”等各种争议与分歧，认为法律对金融创新没有规定，就应当给予充分的发展空间，法无明文规定不为罪，我们就不能把这些行为认定为犯罪，这些观点一度成为我们办理新型金融犯罪案件面临的难题。一些地方检察机关报送的信息中也经常提出把握金融创新与金融违法犯罪难的问题。

实际上这些争论都停留在了问题的表象，出现这种困惑主要是识别判断的方法问题，而不是法律供给不足的问题。犯罪分子为规避法律惩罚巧妙设置犯罪手法是必然的，但是我们不能被这些犯罪手法所蒙蔽，无论交易形式如何创新、犯罪手段如何特殊，只要紧紧把握住一点——行为的本质是不是金融活动：只要是金融活动，在全世界任何一个国家都是强监管行业，在我国就必须按照《商业银行法》《证券法》等基本金融法律法规受国家监管，不得违反刑法关于金融犯罪的规定，凡是未经有关金融监管部门批准进行公开融资、支付给算等金融活动的，均属非法金融活动，涉嫌非法吸收公众存款、集资诈骗、非法经营等犯罪，应当依法严厉打击。

2. 重塑金融刑法所保护法益

我国目前金融刑法的保护重心仍然在于金融制度的构建或者金融秩序的维护，

即保护重心仍然放在制度法益上。这一点无论是在立法、司法还是学理研究上都表现得极为明显。不过，现在已经到了需要考虑如何更有效地保护个人法益的时期。诚然，在制度依存型经济刑法中，离开制度法益无法谈论个人法益，但个人法益才应当是需要终局保护的利益。因此，在目前，在制度依存型金融刑法中，至少应当确立同时保护制度法益与个人法益的双重保护理念。特别是在关于制度法益的保护途径已经基本齐备的法制背景下，关于个人法益的保护措施及方法等应当尽快加以完善。而完善的关键首先在于法益保护理念的转变。例如，在操纵证券市场、内幕交易等证券期货类犯罪中，对于交易违规违法行为的惩罚固然重要，但普通投资者维权机制的健全才是维系市场活力的核心所在。[1]

3. 发挥指导性案例及刑法解释方法作用

在司法实践中，金融刑法法益保护位阶的设定需要建立在合理解释犯罪构成要件的基础上，即如果某种金融犯罪行为违反了金融制度但却没有实质侵害到资本市场参与主体的权益，那么就应当对该类金融犯罪行为考量是否入罪时保持极为审慎的态度。[2]金融刑法体系是概念的有序集合，但任何概念都具有一定的相对性，都不会是圆满的。除了有共识性的核心内涵外，也存在难以定义的边缘和缝隙。如果不能处理好这些边缘和缝隙，金融刑法的司法适用就可能导致其与规范的初衷背离。因此要发展金融刑法规范解释的方法，金融刑法的正确适用离不开正确解释的引导。

同时，应当充分发挥指导性案例、参考性案例的作用，司法能动性比立法具有法治发展序列上的优先性。指导性案例能够引导法官有效地弥补法的漏洞和滞后性，尽可能地改变法律形式上的不合理，修正刑法条文过于理性、缺乏现实性等一系列问题[3]。事实上，指导性案例与大多数规范性司法解释的生成模式一致，都是在司法实践中催生出的裁判规则。尽管从既定规范中衍生新规范类型的司法解释与指导性案例的生成机理截然相反，但是指导性案例要旨与规范性司法解释均用抽象性和规范化的条文呈现，形式上别无二致，内容上有重叠、有区别也有补正。[4]要充分发挥指导性案例、参考性案例的教育、引导和预防作用，让指导性案例、参考性案例真正成为“活的法律”和司法评判的“参照系”。

---

〔1〕 参见魏昌东：《引入“利益法益观”推动金融刑法更新》，载《检察日报》2018年8月19日。

〔2〕 参见张小宁：《论制度依存型经济刑法及其保护法益的位阶设定》，载《法学》2018年第12期。

〔3〕 参见童德华：《当代中国刑法法典化批判》，载《法学评论》2017年第4期。

〔4〕 参见杨楠：《指导性案例与规范性司法解释关系的实证考察——以刑事司法为例》，载《华中科技大学学报（社会科学版）》2019年第2期。

上市公司 ESG 信息披露失灵的纠正：“遵守或解释”原则的适用与重新定义

朱绍纲 *

内容摘要：上市公司“环境、社会责任与公司治理”（ESG）信息是关于投资者决策的重要信息。经过多年的市场及监管实践，上市公司披露 ESG 信息的激励逐渐从“经济性激励”变为“合法性激励”，又因上市公司 ESG 信息披露规则多为原则性规定导致 ESG 信息披露合法成本较低，上市公司 ESG 信息披露失灵的问题逐渐暴露，主要表现为上市公司 ESG 信息披露不对称与上市公司缺乏进行高质量 ESG 信息披露的激励两个方面。将“遵守或解释”原则（Comply or Explain）引入上市公司 ESG 信息披露，或许可以解决现阶段上市公司 ESG 信息披露失灵的问题。我国 ESG 信息披露制度已实行类似“遵守或解释”原则，但仍未有效解决信息披露失灵。本文认为监管实践忽略了“遵守或解释”原则适用的前提，导致理论分析与实践效果产生矛盾，应当增加上市公司遵守信息披露要求的成本，另需对“遵守或解释”原则重新定义，才能发挥其功能。

关键词：上市公司　ESG 信息披露失灵　激励　“遵守或解释”原则

一、问题的提出

我国证券市场对于环境、社会责任和公司治理（ESG）信息披露的相关要求可

* 朱绍纲，中国政法大学 2018 级法与经济学博士研究生。

追溯至2002年，近20年的监管实践[1]积累了很多经验，也产生了很多问题。2002年版的《上市公司治理准则》鼓励上市公司披露环境保护、社会责任以及公司治理等相关信息，2008年上海证券交易所出台《关于做好上市公司2008年年度报告工作的通知》，要求“三类公司即‘上证公司治理板块’样本公司、发行境外上市外资股的公司以及金融类公司必须披露社会责任报告，同时鼓励其他有条件的公司自愿披露社会责任报告和每股社会贡献值”。2018年9月30日证监会出台修改后的《上市公司治理准则》确立环境、社会责任和公司治理（ESG）信息披露的基本框架。根据《上市公司治理准则》第95条、第96条的规定，上市公司应当按照有关规定披露环境信息和履行扶贫等社会责任等相关情况以及披露公司治理有关信息。我国上市公司 ESG 信息披露是从自愿披露转向自愿披露与部分公司强制披露相结合的模式，同时在规范性文件中引入类似“遵守或解释”原则的准强制性信息披露条款，直到2018年修改的《上市公司治理准则》普遍实行上市公司应当按照规定披露 ESG 信息的准强制性信息披露要求。2020年3月1日施行的《证券法》（2019年修订）增设专章“第五章——信息披露”，从法律层级突出了信息披露在证券法中的法律地位，强调应当充分披露投资者作出价值判断和投资决策必需的信息，规范信息披露义务人的自愿披露行为，《证券法》第78条第2款[2]以及第84条第1款[3]包含了信息披露的一般要求以及自愿信息披露的要求，为我国上市公司 ESG 信息披露提供了法律层级的依据，这既反映了之前自愿信息披露出现的问题，也体现了《证券法》对于自愿信息披露的重视。

---

〔1〕 2002年《上市公司治理准则》“利益相关者”部分提出：“上市公司应关注所在社区的福利、环境保护、公益事业等问题，重视公司的社会责任”；2006年《公司法》第5条规定公司应当“履行社会责任”；2008年《上海证券交易所上市公司环境信息披露指引》：“鼓励公司及时披露公司在承担社会责任方面的特色做法及取得的成绩，并在披露公司年度报告的同时在本所网站上披露公司的年度社会责任报告”；2008年《关于做好上市公司2008年年度报告工作的通知》要求三类公司必须披露社会责任报告，同时鼓励其他有条件的公司自愿披露社会责任报告和每股社会贡献值；2012年《公开发行证券的公司信息披露内容与格式准则第2号》“鼓励公司主动披露积极履行社会责任的工作情况”；2015年《生态文明体制改革总体方案》要求资本市场“建立上市公司强制性环保信息披露机制制度”；2017年《公开发行证券的公司信息披露内容与格式准则第2号——年度报告的内容与格式》（2017年修订）“鼓励主动披露积极履行社会责任的工作情况；履行扶贫社会责任的具体情况；鼓励公司自愿披露有利于保护生态、防治污染、履行环境责任的相关信息”，其中第九节第57－64条规定了“公司治理”的信息披露；2018年《上市公司治理准则》明确要建立 ESG 信息披露的基本框架，第95条、第96条规定，上市公司应当按照有关规定披露环境信息和履行扶贫等社会责任等相关情况以及披露公司治理有关信息。

〔2〕“信息披露义务人披露的信息，应当真实、准确、完整，简明清晰，通俗易懂，不得有虚假记载、误导性陈述或者重大遗漏。”

〔3〕“除依法需要披露的信息之外，信息披露义务人可以自愿披露与投资者作出价值判断和投资决策有关的信息，但不得与依法披露的信息相冲突，不得误导投资者。”

自证券市场对ESG信息披露实行监管伊始，国内上市公司披露社会责任报告、ESG报告的数量逐年递增，但也暴露上市公司ESG信息披露一定程度上的失灵[1]：（一）上市公司ESG信息披露报告趋同化，缺乏统一标准以及具体指引，缺乏可比性；（二）上市公司年报或者社会责任报告中的ESG信息披露侧重定性分析，鲜有定量分析，缺乏可用性；（三）上市公司ESG信息披露不全面，披露的信息冗长且几乎全部是对公司的正向评价，缺乏客观性；（四）上市公司ESG信息披露报告缺乏第三方评级及审计，公信力较弱，缺乏独立性；（五）上市公司缺乏披露高质量ESG信息的激励。以上五点可总结为ESG信息披露失灵的两个方面：ESG信息披露不对称与上市公司缺乏进行高质量ESG信息披露的激励。其实践中暴露的信息披露问题，是随着ESG信息披露制度的推进不断显现的，是对现有法律与监管的挑战，但是现有文献少有对ESG信息披露失灵的原因进行探讨分析[2]，因此本文

[1] 对于公司ESG信息披露的现状，信息披露现状的实证分析，多采用计量统计分析的方法，大部分认为虽然我国企业社会责任意识逐步增强，披露形式与内容都有一定的改善，但在报告中披露信息不完整、报喜不报忧，社会责任报告披露的内容多用定性化语言，热衷宣传企业的功绩，避重就轻、对不足及需要改进的方面泛泛而谈，重形式轻实质、难以对利益相关者的评估与决策产生实质影响等问题仍然突出（许家林、刘海英，2010；齐丽云、张碧波、李腾飞，2016；田利辉、王可第，2017），信息披露的质量不容乐观，缺乏必要评估（刘媛媛、韩艳锦，2016）。我国企业披露的社会责任报告与国际标准尚存在一定差距，披露水平较低，处于社会责任信息披露的初级阶段，上市公司社会责任报告缺乏数据支撑（王青云、王建玲，2012；颉茂华、刘艳霞、王晶，2013；郑莹、蒋尧明，2014；杜剑、王肇、刘晓燕，2017）。参见许家林、刘海英：《我国央企社会责任信息披露现状研究——基于2006－2010年间100份社会责任报告的分析》，载《中南财经政法大学学报》2010年第6期；齐丽云、张碧波、李腾飞：《企业社会责任报告质量评价研究》，载《科研管理》2016年第S1期；田利辉、王可第：《社会责任信息披露的“掩饰效应”和上市公司崩盘风险——来自中国股票市场的DID－PSM分析》，载《管理世界》2017年第11期；刘媛媛、韩燕锦：《上市公司社会责任报告规制制度演进及合规分析》，载《财经问题研究》2016年第4期；王青云、王建玲：《上市公司企业社会责任信息披露质量研究——基于沪市2008－2009年年报的分析》，载《当代经济科学》2012年第3期；颉茂华、刘艳霞、王晶：《企业环境管理信息披露现状、评价与建议——基于72家上市公司2010年报环境管理信息披露的分析》，载《中国人口·资源与环境》2013年第2期；郑莹、蒋尧明：《我国上市企业社会责任报告信息披露研究——以2011－2013年沪市数据为例》，载《江西社会科学》2014年第12期；杜剑、王肇、刘晓燕：《企业社会责任信息披露充分性研究》，载《贵州财经大学学报》2017年第3期。

[2] 现有研究中多为计量统计的实证研究，主要涉及（一）社会责任报告的内容标准，参见李正、向锐：《中国企业社会责任信息披露的内容界定、计量方法和现状研究》，载《会计研究》2007年第7期；齐丽云、魏婷婷：《基于ISO26000的企业社会责任绩效评价模型研究》，载《科研管理》2013年第3期；杜剑、王肇、刘晓燕：《企业社会责任信息披露充分性研究》，载《贵州财经大学学报》2017年第3期；Stephen Brammer and Stephen Pavelin, Voluntary Social Disclosures by Large UK Companies, 33 Journal of Business Finance & Accounting, 7－8 (2010)。（二）实证方法分析企业ESG信息披露的影响因素，参见沈洪涛：《公司特征与公司社会责任信息披露——来自我国上市公司的经验证据》，载《会计研究》2007年第3期；杨熠、李余晓璐、沈洪涛：《绿色金融政策、公司治理与企业环境信息披露——以502家重污染行业上市公司为例》，载《财贸研究》2011年第5期；崔也光、马仙：《我国上市公司碳排放信息披露影响因素研究——基于100家社会责任指数成分股的经验数据》，载《中央财经大学学报》2014年第6期；王帆、倪娟：《公司治理、社会责任绩效与环境信息披露》，载《山东社会科学》2016年第6期；杨树旺、孟楠：《经济发展水平、公司治理与企业社会责任信息披露——来自中国上市公司的经验证据》，载《湖北社会科学》2016年第1期；秦续忠、王宗水、赵红：《公司治理与企业社会责任披露——基于创业板的中小企业研究》，载《管理评论》2018年第3期。

试图从上市公司ESG信息披露的监管基础、上市公司ESG信息披露的激励以及ESG信息披露中的"遵守或解释"原则来分析ESG信息披露的失灵，并提出监管建议。

二、上市公司ESG信息披露的监管基础：市场失灵

市场失灵（market failure）是政府监管的基础，规定信息披露制度属于监管的一种手段。市场失灵包括：垄断、信息不对称、外部性问题、公共物品。由上市公司ESG信息披露不足主要引起的市场失灵是信息不对称。首先需要讨论的一个问题是"ESG信息是否与投资者作出价值判断和投资决策有关?"此问题的答案是随着社会、证券市场、投资者偏好的发展不断变化的，在20世纪60年代和70年代，米尔顿·弗里德曼（Milton Friedman）认为社会责任纳入财务实践会对公司业绩产生不利影响，"大政府"的监管与干预总会危害宏观经济。[1]但在21世纪初，大量的研究报告得出相反的结论。[2]2006年Barneet和Salomon教授研究发现以上两种观点可能是互补的，他提出社会责任与业绩表现是一种曲线关系，选择性的投资实践或者非选择性的投资实践都能最大化投资策略的效益，但是选择性投资的中间路线可能会损害公司业绩。[3]投资行业大多数坚信将ESG因素作为投资考量是必不可少的。[4]大量证据表明ESG事项与业绩表现越来越紧密，并且长期可持续性投资与信义义务的融合也意味着ESG因素的考量在投资市场变得越来越重要。[5]ESG越来越体现在实践意义而非慈善意义上，其重要性不言而喻。

就国内证券市场而言，20年前证券市场建立初期，证券市场是为国有企业融资服务的，投资者对于上市公司的选择决策与公司的国有性质有关；到后来改革开放程度越来越高，民营企业也有机会上市，虽然国有企业还是占主导地位，但此时投资者作出投资决策时考虑得更多的是企业的财务状况；经过证券市场的不断发展，信息披露制度的完善以及上市公司的市值升高，投资者如今不仅考虑上市公司的财务状况，同时也关注上市公司的非财务指标。因此判断信息是否与投资者作出

---

〔1〕 Milton Friedman and Rose Freidman, Free to Choose: A Personal Statement, Harcourt Brace Jovanovich, 1980.

〔2〕 Douglas G. Cogan, Corporate Governance and Climate Change: Making the Connexion, Ceres, 2006.

〔3〕 Michael L. Barnett and Robert M. Salomon, Beyond Dichotomy: The Curvilinear Relationship between Social Responsibility and Financial Performance, 27 Strategic Management Journal, (2006).

〔4〕 IPE, European Institutional Asset Management Survey, 2009.

〔5〕 Ruth V. Aguilera et al., Corporate Governance and Social Responsibility: A Comparative Analysis of the UK and the US, 14 Corporate Governance: an international review, (2006).

价值判断和投资决策有关是一个随着证券市场发展动态变化的过程。《证券法》中只规定应披露“与投资者作出价值判断与投资决策相关的信息”也印证了这一观点：由法律作出原则性规定，具体内涵由一线的监管部门根据市场作出调整。从证券交易所颁布的规范性文件、证监会发布的部门规章等监管实践可以确定ESG信息是现阶段与投资者作出价值判断和投资决策有关的信息。

确定ESG信息的重要性之后，对于ESG信息供给方和需求方而言，上市公司相较于投资者更有信息优势，上市公司与投资者之间会存在信息不对称，若不进行适当监管，可能会产生“柠檬市场”。上市公司与投资者之间ESG信息不对称是政府监管介入的基础。通过信息披露制度披露社会责任信息是投资者获取上市公司履行社会责任信息的有效途径，有效的、高质量的社会责任信息披露可以降低投资者的搜寻成本，从而降低信息不对称。[1] 很多国家和地区实施了不同程度和方式的ESG信息披露制度，主要包括强制性ESG信息披露、自愿性ESG信息披露以及“遵守或解释”的准强制性信息披露制度。另外，需要注意的是即使上市公司对ESG信息进行披露，但披露不真实，不全面，可用性、可比性低，会产生进一步的信息不对称，这也解释了为什么《证券法》（2019年修订）第78条对于披露的信息要求为“真实、准确、完整，简明清晰，通俗易懂，不得有虚假记载、误导性陈述或者重大遗漏”。“监管的基础”是讨论监管问题的起点和终点，因此更好地解决信息不对称问题是ESG信息披露制度完善的关键。无论采取强制性的ESG信息披露制度还是非强制性的ESG信息披露制度，ESG信息披露的制度安排都是必要的，制度安排的选择在于ESG信息披露的供给与需求。

三、上市公司ESG信息披露的激励

分析上市公司披露ESG信息的激励，本文认为需要根据监管区分为四个阶段：（一）监管对于上市公司ESG信息披露无要求；（二）监管鼓励上市公司进行ESG信息披露；（三）监管要求一部分上市公司强制披露ESG信息，另一部分自愿披露ESG信息；（四）监管要求上市公司应当披露ESG信息。

第一阶段，上市公司披露ESG信息完全基于自愿。此阶段的ESG信息披露是上市公司竞争的一种手段，暗示着一种竞争结果——“披露ESG信息的上市公司优胜”。关于上市公司需要承担社会责任进行ESG信息披露，主要以利益相关者理论为主导。根据利益相关者理论，利益相关者会影响企业的治理结构，企业披露社

---

〔1〕 Denis Cormier et al., The Informational Contribution of Social and Environmental Disclosures for Investors, 49 Management Decision, (2010).

会责任是在向利益相关者传递企业的相关信息，促进企业与利益相关者的关系健康发展并提升企业的声誉，[1]例如通过披露企业慈善捐赠、社会公益活动等信息可以增强公司品牌的知名度以及形象。上市公司利益相关者，在一定外部制度环境中形成了对上市公司行为选择的影响。[2]再者，根据资本市场交易假说，自愿披露其社会责任信息会产生积极的市场反应，从而以自愿披露的成本换取更多的市场积极反应，获得经济利益。[3]这一假说也可以解释成为上市公司的经济性激励。[4]本文认为这两种理论具有同一性，二者之间有因果逻辑关系在其中："投资者等利益相关者关注 ESG 信息，因此 ESG 信息披露产生上市公司的经济利益。"此外本文认为自愿性披露的深层基础是来源于 ESG 信息可以被用于投资决策，ESG 信息可以反映公司的价值。理论和实证研究表明 ESG 因素与公司业绩具有正相关关系，[5]ESG 信息可以在投资者等相关利益者评价公司时增加筹码，另外伴随着社会责任投资（SRI）方式的兴起，包括中国在内多个国家的证券市场都相继推出了社会责任指数，新型的投资者理念产生对 ESG 信息披露的需求，ESG 信息因素越来越被当作一种投资策略（ESG Investing）。

第二阶段和第三阶段，监管鼓励上市公司自愿披露以及要求一部分公司强制披露。在此阶段，上市公司披露 ESG 信息的激励就包括合法性和经济性[6]两种，而且在此阶段中上市公司披露 ESG 信息的激励是从"经济性"向"合法性"转变的，而且最终可预见的结果是"合法性"激励更强，国外的诸多研究也都更加关注自愿

---

[1] Abrahim Soleimani et al., The Impact of Stakeholder Power on Corporate Reputation: A Cross - Country Corporate Governance Perspective, 25 Organization Science, (2014).

[2] 黄韬、乐清月：《我国上市公司环境信息披露规则研究——企业社会责任法律化的视角》，载《法律科学（西北政法大学学报）》2017 年第 2 期。

[3] Mathews 在文中总结了三种理论假说：资本市场交易假说；合法性假说；社会道德假说。参见 M. R. Mathews, Social and environmental accounting: A practical demonstration of ethical concern? 14 Journal of Business Ethics, (1995).

[4] 参见苏蕊芯、仲伟周：《基于企业性质的社会责任履责激励差异及政策含义》，载《财经理论与实践》2011 年第 1 期。

[5] John Peloza, The Challenge of Measuring Financial Impacts from Investments in Corporate Social Performance, 35 Journal of Management, (2009); Lucian A. Bebchuk et al., Learning and the Disappearing Association Between Governance and Returns, 108 Journal of Financial Economics, (2013).

[6] 参见苏蕊芯、仲伟周：《基于企业性质的社会责任履责激励差异及政策含义》，载《财经理论与实践》2011 年第 1 期。

信息披露的合法性激励[1]。监管部门鼓励上市公司自愿披露 ESG 信息这一行为，对于投资者而言是认为包含了一定的“合法性”在其中，上市公司若是不进行 ESG 相关信息披露会被投资者认为“未符合最佳信息披露实践”。尤其是在监管部门要求一部分上市公司强制披露 ESG 信息之后，上市公司披露 ESG 信息的合法性激励更强，因为对于投资者来说，ESG 信息披露的具体内容并不重要，重要的是上市公司有没有完成合法、合规性要求，因此在此阶段也会产生一种竞争结果——“未披露 ESG 信息的上市公司出局”，这也解释了为什么大部分上市公司披露 ESG 信息存在同质化严重、不具可比性、论述冗长、不具客观性等信息披露失灵的问题。

第四阶段，监管要求上市公司应当披露 ESG 信息。在此阶段，上市公司对于 ESG 信息的披露没有选择余地，只能按照法律规定进行披露，上市公司在此阶段的 ESG 信息披露的激励主要出于合法性。目前国内对于 ESG 信息披露立法与监管要求处于此阶段。证监会的《上市公司治理准则》中原则性规定“上市公司应当按照有关规定披露环境信息和履行扶贫等社会责任等相关情况以及披露公司治理有关信息”，证券交易所的业务规则对 ESG 信息披露的具体内容也没有特别细致的规定，以及《证券法》（2019 年修订）第 84 条关于“自愿信息披露”的原则性规定，本文认为此种立法与监管的本意有二：其一，ESG 信息是随市场不断变化的，过于具体细致的规定会限制市场的发展；其二，给予上市公司一定的自由裁量度，针对自身需求与发展，自愿披露 ESG 相关内容。由此可见，立法与监管的态度并不是要限制上市公司 ESG 信息披露的经济性激励。但是处于此阶段的上市公司可能并不会这么想，原因在于通过自愿披露获取竞争优势的机会已经不复存在，大量同质化、质量差的、不客观的 ESG 信息披露报告已经产生了一定的逆向选择问题，同时投资者也无法从上千份的信息披露报告中甄别出哪一家上市公司的 ESG 信息披露报告是有效的、高质量的，因此只能给出上市公司 ESG 信息披露水平的平均评价，花费巨大成本披露高质量 ESG 信息的上市公司会逐渐从优质 ESG 信息披露的公司行列中退出，出现“劣币驱逐良币”的现象，上市公司 ESG 信息披露的“经济性激励”严重缺乏。监管部门需要考虑的是在现阶段基础上如何更好地区分上市公司 ESG 信息披露水平并且使上市公司具有某种经济性激励。在对于上市公司实行普遍披露 ESG 信息要求时，“遵守或解释”的信息披露要求可能会成为上市公司

---

〔1〕 Stephen Brammer and Stephen Pavelin, Voluntary Social Disclosures by Large UK Companies, 33 Journal of Business Finance & Accounting, 7－8（2010）; Heledd Jenkins et al., Corporate Social Responsibility in the Mining Industry: Exploring Trends in Social and Environmental Disclosure, 14 Journal of Cleaner Production,（2006）; Walter Aerts and Denis Cormier, Media Legitimacy and Corporate Environmental Communication, 34 Accounting Organizations & Society,（2009）.

通过披露优质ESG信息获取经济性回报的最后一根救命稻草，但目前我国的类似"遵守或解释"原则适用并不能实现区分上市公司以及使上市公司产生某种经济性激励的功能。"遵守或解释"原则的适用问题会在下文详述。

四、"遵守或解释"原则在我国上市公司ESG信息披露制度中的适用

"遵守或解释"原则（comply or explain）最早来源于Cadbury报告的推荐，[1]即"要求公司需要按照公司治理准则安排公司的具体事项，如果公司未能遵守某项条款，那么董事需在公司报告中明确表明其未遵守并解释原因"[2]。随后Cadbury报告中的建议被OECD、欧盟、美国、新加坡和世界银行不同程度地采纳用来建立公司治理规则。英国公司治理准则、德国公司治理准则和荷兰公司治理准则用此方法设定最低标准。"遵守或解释"原则的目的是让市场决定这一套标准是否适合各个公司，这种原则拒绝"放之四海皆准（one size fits all）"的制度安排，因为如果投资者不接受公司对于信息披露的解释，投资者会用脚投票，卖掉股票，形成市场制裁（market sanction）。国际上普遍对于上市公司ESG信息披露按照"遵守或解释"的原则，旨在解决上市公司与投资者信息不对称问题的同时又给予公司可以根据自身特征"定制化"公司治理、公司运营的空间，获得某种经济性竞争优势。我国在法律层级（公司法、证券法以及其他部门法）、监管部门规章（证监会规章）以及证券交易所（业务规则）中均未出现"遵守或解释"或者是"遵守或解释"的字眼，但从出台的规范性文件中条文表述的具体含义中能发现我国对于上市公司ESG信息披露的立法实践也是反映了"遵守或解释"原则的适用。

2002年的《上市公司治理准则》第91条规定："……（5）公司治理的实际状况，及与本准则存在的差异及其原因……"若是公司治理的实际状况不符合准则的要求，也即不遵守准则的要求，需披露存在的差异及其原因，基本类似于"遵守或解释"原则的实质含义。2017年修订的《公开发行证券的公司信息披露内容与格式准则第2号——年度报告的内容与格式》（以下简称《准则2号》）则更加体现了"遵守或解释"这一原则，《准则2号》第42条、第43条规定了上市公司社会责任相关信息的披露，第42条、第43条援引的词语为"鼓励积极披露"，因此从

---

〔1〕伍坚：《公司治理准则实施中的"遵守或解释"方法探析》，载《北京工业大学学报（社会科学版）》2010年第1期。

〔2〕薛前强：《公司治理"遵守或解释"法规则的移植空间质疑——来自深交所三个板块上市公司的实证回应》，载《商业研究》2018年第12期。

该条文可得知上市公司社会责任的信息披露的一般标准为自愿性信息披露，但是2008 年出台的《关于做好上市公司 2008 年年度报告工作的通知》要求三类公司必须披露社会责任报告，因此 ESG 信息披露中“社会”项的披露方式为“自愿性信息披露 + 强制性信息披露”。

《准则 2 号》第 44 条规定了环境信息披露的内容及方式，“属于环境保护部门公布的重点排污单位的公司或者其重要子公司应按规定披露 44 条列举的信息条目，重点排污单位之外的公司可以参照上述要求披露其环境信息，若不披露的，应当充分说明原因。并且鼓励公司自愿披露有利于保护生态、防治污染、履行环境责任的相关信息”。由此可以看出对于 ESG 信息披露中“环境”项的披露方式为“遵守或解释”的准强制性信息披露。

《准则 2 号》第 57 条规定：“公司应当披露公司治理的基本状况，说明公司治理的实际状况与中国证监会发布的有关上市公司治理的规范性文件是否存在重大差异，如有重大差异，应当说明具体情况及原因”，对于 ESG 信息披露中的“公司治理”项，也遵循“遵守或解释”的信息披露原则，但是其“重大差异”的表述，实际上增加了上市公司不遵守相关规定披露公司治理信息的成本，属于严格的“遵守或解释”的规则，因为“在公司法或者证券法领域，但凡规范性文件中涉及‘重大’字眼，违反该法律条文的行为通常被给予负面的评价”，而负面评价对于上市公司的影响不言而喻。因此从条文可推出上市公司必须披露公司治理信息，但在披露信息的具体内容、类别上可以放宽强制性的规定，给予公司一定的公司治理“个性化”空间，但深究其含义以及实践，该条规定的披露规则更倾向于强制性的信息披露。

通过比较上市公司 ESG 信息披露中“环境”“社会”“公司治理”各项信息披露规则的不同，可以看出三项信息的强制性披露程度由强到弱依次为：环境信息、公司治理信息、社会责任信息。2014 年修订的《公开发行证券的公司信息披露内容与格式准则第 2 号——年度报告的内容与格式》中并未对环境信息的“遵守或解释”的信息披露进行规定，以及对于公司治理的信息披露，其表述为“……说明公司治理与《公司法》和中国证监会相关规定的要求是否存在差异；如有差异，应当说明原因……”该条对公司治理信息披露的表述属于“一般意义”上的“遵守或解释”规则。通过分析法律规则的更迭，上市公司 ESG 信息披露的强制性逐渐加强。

2018 年《上市公司治理准则》中第 95 条规定：“上市公司应当依照法律法规和有关部门的要求，披露环境信息以及履行扶贫等社会责任相关情况。”第 96 条规定：“上市公司应当按照有关规定披露公司治理相关信息，定期分析治理状况，制定改进公司治理的计划和措施并认真落实。"与 2002 年《上市公司治理准则》相比，删除了"……及与本准则存在的差异及其原因……"从立法表述上有意回避包含"遵守或解释"含义的表述，逐渐推行 ESG 信息的强制披露。但 2018 年《上市公司治理准则》规定上市公司要按照法律法规和相关部门的要求，对于上市公司而言，主要的依照文件就是 2017 年修订的《准则 2 号》，其中还是一定程度上保留了"遵守或解释"方式的适用。从长远角度看，《准则 2 号》的修改方向应该会朝着更加严格的信息披露方式转变。

"遵守或解释"方式的创设是一种新的公司监管方式，由公司根据自身的经营状况或者所处行业的特征选择性地接受监管，避免监管"以一概全"，除此功能外，"遵守或解释"的方法给予了公司管理层不遵守公司治理规则的自由裁量权，公司管理层可以根据公司特有的情况或者自身利益的考量不遵守公司治理规则，但却要承担不遵守后解释不充分或其他原因导致的股价下跌的风险，在一定程度上而言，"遵守或解释"的原则在激励公司管理层作出遵守公司治理规则的决策或者鼓励公司实行质量更高的公司治理实践，引导上市公司进行更好地披露 ESG 信息。但是"遵守或解释"方式的采用并没有发挥其本来的作用，相反，当前，类似"遵守或解释"原则的适用某种程度上加重了上市公司 ESG 信息披露的失灵，具体而言，我国《上市公司治理准则》中关于 ESG 信息披露的规定为原则性的、框架性的，再者证券交易所规定的《公开发行证券的公司信息披露内容与格式准则第 2 号——年度报告的内容与格式》以及其他的信息披露要求对于 ESG 信息披露的标准和具体内容也不够细致，而且证券监管部门规章以及证券交易所也未对上市公司信息披露采取的国际标准等体系有所规定，ESG 信息披露的报告也不需经过第三方机构的评级或审计。对于上市公司而言，编制符合现行 ESG 信息披露相关规定的报告的成本很低，而且可以获得市场对公司"合法合规""履行社会责任"等较高的正向评价收益。相反，上市公司不遵守 ESG 信息披露相关规定并且给出充分解释原因的成本很高，[1]而且在国内对于不遵守上市规则或者不积极响应监管部门或者证券交易所号召的上市公司一般会接收到市场的负面评价。上市公司 ESG 信息披露要求的不明确、不具体使得"遵守或解释"原则的适用失去意义，若要解决 ESG 信息披露失灵的问题，需要认识到并解决"遵守或解释"方式的适用有效性问题以及

---

〔1〕欧洲在公司治理中运用"遵守或解释"原则和国内 ESG 信息披露中适用类似"遵守或解释"原则如出一辙。欧洲在促进机构投资者参与公司治理时，采用"遵守或解释"的原则，但是可能预期的效果并不会好，因为机构投资者会毫不犹豫地去选择遵守规则而不是解释他们为什么不这样做。参见 Edward B. Rock, Institutional Investors in Corporate Governance, Univ. of Pennsylvania Institute for Law and Economics, Research Paper Series No. 14 - 37.（In Oxford Handbook on Corporate Law and Governance, 2015, Forthcoming）。

相关的制度安排。

五、上市公司 ESG 信息披露失灵的纠正

从 2002 年一开始推行并鼓励上市公司 ESG 信息披露，就引入了类似“遵守或解释”的方式，但经过近 20 年的实践，上市公司 ESG 信息披露似乎并没有达到预期的效果。诚如前文所述，现有的文献过多地将精力集中在实证的分析上，但是忽略了制度上存在的问题，尤其是“遵守或解释”原则适用的前提条件，因此若要解决上市公司 ESG 信息披露失灵，首先应该解决制度层面存在的问题。

笔者认为，“遵守或解释”的原则适用对于国内上市公司 ESG 信息披露而言是有利的，其一，该原则和方式的适用有助于上市公司管理层充分思考不遵守公司治理规则的理由，激励公司决策层作出符合公司治理规则或者符合公司利益的决策，有利于上市公司的发展以及投资者保护；其二，该原则的适用能给予上市公司一定程度上基于经济性激励做出选择，而非单纯因合法性激励进行 ESG 信息披露；其三，“遵守或解释”原则可以帮助监管部门发现有关 ESG 信息披露方面规定的不足，以便修订 ESG 信息披露规定以及细则，引导上市公司完善公司治理和信息披露；其四，当前监管部门普遍要求上市公司披露 ESG 信息，会对上市公司产生“骤增”的成本压力，“遵守或解释”原则的安排，有利于公司根据其发展状况及策略选择“遵守”或者“解释”准则，降低上市公司的运行成本。如前章分析，遵守上市公司治理规则以及其他 ESG 信息披露相关规定的成本较低减损“遵守或解释”的功能。解决上市公司 ESG 信息披露失灵的路径，需增加上市公司遵守 ESG 信息披露有关规定的成本。此外，对于“解释（explain）”一词应摆脱传统“非黑即白”的概念界定，除应解释“为什么不遵守规则”还应鼓励解释“自愿披露的非规定的 ESG 信息以及披露的原因”，如此，一方面从制度上激励上市公司遵守规则，另一方面鼓励公司进行可解释的自愿披露行为，既保护投资者，又为上市公司提供通过自愿披露创造竞争优势的机会。

第一，证券交易所应尽快依据上位法以及市场实践，制定较为详尽的《上市公司环境、社会、公司治理信息披露指引》并且对“环境”“社会”“公司治理”信息包含的内容进行界定，上市公司可以依据指引进行逐项披露并且对披露项目进行定量分析，使得上市公司披露的 ESG 信息更具有可用性和可比性，减少投资人与上市公司的信息不对称。香港联交所 2017 年重新修订了《上市规则》以及《环境、社会及管制报告指引》，并且将《环境、社会及管制报告指引》每个层面的一般披露责任都提升至“遵守或解释”，《环境、社会及管制报告指引》对范畴、层面、一般披露以及关键绩效指标都有细致的规定。证券交易所可以借鉴域外的实践结合

国内 ESG 信息披露的现状进行规定。

第二，《证券法》（2019 年修订）第五章第 78 条和第 84 条中要求上市公司披露的信息"应当真实、准确、完整，简明清晰，通俗易懂，不得有虚假记载、误导性陈述或者重大遗漏"且自愿披露的信息应是"与投资者作出价值判断和投资决策有关的信息"。监管部门制定的 ESG 信息披露要求应该遵循以下原则：（一）应当允许 ESG 信息披露多样性。因为行业之间、公司之间 ESG 因素的相关度是不同的，可能是基于不同的商业模式、地理因素、客户需求或者其他考虑。（二）应当要求 ESG 信息披露应该集中于影响公司长期运作与财务业绩的风险和机遇，应当讨论风险管理的方法，在他们报告的 ESG 主题与公司长期价值创造策略之间建立联系。（三）应当要求公司在准备 ESG 信息披露前考虑报告的受众群体，要根据受众群体调整 ESG 信息的内容与措辞，特别是相关的披露信息对投资者和其他 ESG 导向的利益相关者更加有用时。（四）应当要求 ESG 信息报告的准备者考虑"如何使相关部门之间更好地沟通并提供与报告有关的全部信息"，以及在决定该信息是否实质重要的或者是否符合法律要求时需要经过法务部门的评估。（五）应当要求上市公司对 ESG 信息报告中不具有普适性的术语进行解释。

第三，上市公司的年度报告尤其是财务报告都需要经过第三方的审计，以减少可能出现的虚假陈述、遗漏等造成投资者与上市公司信息不对称的风险，对于 ESG 信息披露而言，现如今上市公司 ESG 信息已逐渐成为投资者投资决策的一个重要考量因素，依据《证券法》的规定，对投资者决策有重大影响的信息应当披露，上市公司 ESG 信息应当被披露，而且是真实无误的，现在大部分上市公司的 ESG 信息披露都未经过第三方评级或者审计，其披露的信息也多为对公司本身有利的信息，披露成本较低，长此以往，上市公司 ESG 信息披露的价值将不复存在，因此笔者建议对上市公司的 ESG 信息披露应逐步分类别实行强制评级或者审计，例如先从"上证公司治理板块"样本公司进行试点实行，循序渐进。

六、结论

上市公司 ESG 信息披露失灵问题的症结在于 ESG 信息披露的制度设计。上市公司 ESG 信息披露经历"无监管—鼓励自愿披露—强制部分公司披露 + 鼓励其他公司自愿披露—全部上市公司应当披露"的过程，上市公司披露 ESG 信息的激励逐渐从"经济性激励"转变为"合法性激励"，而合法性激励相较于经济性激励远不能激励上市公司进行高质量的 ESG 信息披露。鉴于现阶段 ESG 信息是对投资者作出价值判断和投资决策至关重要的，监管部门需要在此基础上从制度设计上增加上市公司 ESG 信息披露的经济性激励，将"遵守或解释"原则引入 ESG 信息披露制度或许是现阶段的有效方法，但监管实践中也暴露出类似“遵守或解释”原则适用的问题。因此，为解决上市公司 ESG 信息披露的失灵，本文认为首先应增加上市公司遵守 ESG 信息披露有关规定的成本，精细化 ESG 信息披露要求；其次在 ESG 信息披露制度中引入“遵守或解释”的原则；最后将“遵守或解释”原则中的“解释”重新定义，即上市公司需要解释“为什么不遵守”，也需要解释“自愿披露的非规定披露的 ESG 信息以及披露的原因”。

期货交易所采取紧急处置措施时的免责制度研究

李明良[*]　马行知[**]

内容摘要：证券交易所采取紧急措施时的免责制度，是《证券法》修订中的一个亮点。期货交易所，作为金融市场基础设施，承担诸多重要职责，也应受免责制度保护。在《期货法》未出台的背景下，建议法院在处理涉期货交易所案件时，参照《证券法》适用免责制度。同时，建议在《期货法》“期货交易所”章节中明确期货交易所采取紧急措施时的免责制度。

关键词：证券法　期货交易所　处置措施　免责制度

2019年12月28日，全国人大常委会审议通过了修订后的《证券法》，修订的亮点之一是第111条和第113条中，规定了证券交易所采取紧急处置措施时的免责制度，明确证券交易所在采取紧急处置措施时，不承担民事赔偿责任，但存在重大过错的除外。然而，尚无法律明文规定期货交易所的免责制度。笔者认为，作为金融基础设施的期货交易所，[1] 采取紧急处置措施后，同样应当受免责制度保护，免责制度应当写入《期货法》。

一、交易所采取紧急处置措施的基本要素

依据《证券法》，紧急处置措施主要包括：交易所面对突发事件，可以采取技

---

* 李明良，中国金融期货交易所法律事务高级专家。

** 马行知，中国金融期货交易所职员。

〔1〕 参见叶林：《金融基础设施的金融法解读》，载《社会科学》2019年第11期。

术性停牌、临时停市等处置措施；[1]在出现重大异常交易情况时，可以采取限制交易、强制停牌、临时停市等处置措施。[2]

交易所紧急处置措施的性质属于公权与私权的结合，但更多的是一种由国家拥有的，通过法律授予交易所的公权力。采取紧急措施这一权力在《证券法》条文中明文规定，属于立法授权。《证券法》第 111 条中，明确交易所采取技术性停牌、临时停市等处置措施，该等处置措施并非针对一个投资者、一家会员，而是影响整个市场。在我国，交易所的设立由国务院批准，而停市相当于临时“关闭”交易场所。因此，这种“关闭”交易所的权力应当是公权力。由于环境与法制背景不同，同一种交易所的紧急处置措施，在一国属于公权力，在他国可能属于交易所固有权利。在美国，典型的会员制交易所是经纪商自愿组织在一起形成的，开展自治。而在我国，交易所是在政府主导下设立的，自设立起就有浓厚的行政色彩，交易所采取紧急措施是“公权力”，旨在“为公”。

交易所采取紧急处置措施的范围受到法律的限制，主要包括《证券法》第 111 条和第 113 条的规定的五种情形。

其一，不可抗力。不可抗力是一种客观情况，不能预见，不以人的意志为转移，[3]如地震、严重疫情等。

其二，意外事件。意外事件指非当事人的故意或过失，而偶然发生的事件，[4]如火灾、楼房倒塌。

其三，重大技术故障。有论者认为，技术故障由与技术系统有关的软件、硬件设施引起。[5]也有论者宽泛地认为，以下情形均属于技术故障：软件出错、硬件失灵、技术系统支持方故障（电力、通信的故障）、人为失误导致的技术故障、自然灾害引发的技术故障。[6]笔者认为，重大技术故障包括软件故障、硬件故障、技术系统支持方故障三类。关于技术，参考期货业协会颁布的《期货公司信息技术管理指引》，“技术”的范围包括计算机、网络安全、供电、空调等。关于故障，从文义上看，故障是自身无法顺利运转。对于停电、断网而言，如果是机房范围内的，

---

〔1〕 参见《证券法》第 111 条。

〔2〕 参见《证券法》第 113 条。

〔3〕 参见刘凯湘、张海峡：《论不可抗力》，载《法学研究》2000 年第 6 期。

〔4〕 参见燕云捷、张渤：《不可抗力与意外事件之法律比较》，载《西北大学学报（哲学社会科学版）》2006 年第 2 期。

〔5〕 参见陈亦聪：《交易所技术故障引发交易异常之法律风险的界定及防范》，载《证券法苑》2011 年总第 4 卷。

〔6〕 参见许传玺、张真理：《证券期货市场技术故障民事责任问题研究》，载《法律适用》2012 年第 6 期。

可以被认为是技术故障；但如果发生在机房范围外，整片地区的停电、断网，认定为意外事件更合理。此外，技术故障不应包括认为失误导致的技术故障，如果将其界定为技术故障，则“重大人为差错”这一类紧急情况可能失去了空间。

其四，重大人为差错。一般情况下，交易所内部在操作中实行重要岗位双人以上操作，进行多次审批的模式，内部人员发生重大差错可能性较低。而外部人员引发差错可能性较大。差错是指错误，不正确的行为。人为差错常常表现在交易中的错单交易。在金融期货市场，错单交易指交易一方的错误而产生的交易，是交易一方在买卖标的、价格或者数量方面的意思表述与其真实意思不一致。[1]

其五，重大异常波动。重大异常波动并未与前述四种情形一同出现在《证券法》第111条，而是出现在第113条，因此不能认为其存在并列关系。很多时候，前四种情形是造成重大异常波动现象的原因。也有非因前四种情形造成的重大异常波动。市场情绪剧烈变化，期货市场可能出现“单边市”。此种情形下，交易所可以采取限制开仓、调整涨跌停板、强制减仓等措施。

二、证券交易所与期货交易所紧急处置措施的比较

证券交易所与期货交易所紧急处置措施规则，大致都规定了前提条件、交易所的行为模式、责任豁免三个方面。

（一）证券交易所紧急处置措施的有关规定

2014年修订的《证券法》中，仅有第114条规定了两类情况下证券交易所采取紧急处置措施：其一，当发生突发性事件而影响证券交易的正常进行时，交易所可以采取技术性停牌的措施；其二，因不可抗力的突发性事件或者为维护证券交易的正常秩序，证券交易所可以决定临时停市。[2]

新修订的《证券法》第111条第1款，完善了原《证券法》第114条的内容，明确了“突发性事件”的范围为“不可抗力、意外事件、重大技术故障、重大人为差错等”；第2款中，新增了证券交易所的处置措施，“证券交易所按照业务规则可以采取取消交易、通知证券登记结算机构暂缓交收等措施”；于第3款中，明确了证券交易所在采取紧急处置措施时，不承担民事赔偿责任。[3]

---

〔1〕参见李明良、普丽芬：《金融期货市场错单交易处理制度研究》，载《期货及衍生品法律评论》2018年第1卷。

〔2〕参见《证券法》（2014年修订）第114条。

〔3〕参见《证券法》第111条。

新修订的《证券法》新增第113条，第1款规定了前提条件与交易所可以采取的措施，“出现重大异常波动的，证券交易所可以按照业务规则采取限制交易、强制停牌等处置措施”；第2款规定了证券交易所依本条采取措施造成的损失，不承担民事赔偿责任。[1]

通过条文的修改，可以看出此处《证券法》修订的两个重点。一是，完善证券交易所对突发事件的处置措施和风险监测职能。明确证券交易所可以采取技术性停牌、临时停市、限制交易等措施。二是，规定证券交易所采取处置措施时的免责制度。明确交易所按《证券法》第111条和第113条采取处置措施的，不承担民事赔偿责任，但存在重大过错的除外。

《证券交易所管理办法》第42条规定，为了维护交易秩序或者市场公平，证券交易所可以实施限制投资者账户等措施。[2]

《上海证券交易所交易规则》和《深圳证券交易所交易规则》都在第七章中规定了交易异常情况处理的有关事宜：在发生不可抗力、意外事件、技术故障等异常情况时，交易所可以采取暂缓交收、技术性停牌、临时停市等措施；而且，第7.5条规定，因异常情况及交易所相应措施造成的损失，交易所不承担赔偿责任。[3]

（二）期货交易所紧急处置措施的有关规定

《期货交易管理条例》第12条第1款规定了期货交易所面对异常情况时，可以根据章程规定的权限和程序，采取限制会员或者客户的最大持仓量、暂停交易等处置措施；第2款明确了异常情况指发生操纵价格或者不可抗拒的突发事件。[4]

《期货交易所管理办法》第87条较为详细地规定了交易所的紧急措施，当发生不可抗力、计算机系统故障、严重的会员结算危机、期货价格连续涨跌停等情况时，交易所可以宣布进入异常情况，采取紧急措施化解风险。[5]

《中国金融期货交易所交易规则》第八章为“异常情况处理”。其中，第66条参照《期货交易所管理办法》第87条，明确了异常情况下，交易所可以采取紧急措施；并且明确了交易所不承担因紧急措施造成的损失。[6]

---

〔1〕参见《证券法》第113条。

〔2〕参见《证券交易所管理办法》第42条。

〔3〕参见《上海证券交易所交易规则》第七章第7.1条、第7.5条。

〔4〕参见《期货交易管理条例》第12条。

〔5〕参见《期货交易所管理办法》第87条。

〔6〕参见《中国金融期货交易所交易规则》第66条。

（三）证券交易所与期货交易所紧急处置措施的一致性

《期货法》尚未出台，期货有关规则中，《期货交易管理条例》法律位阶最高，因此其与《证券法》有可比性。《期货交易管理条例》第12条与《证券法》第111条、第113条，具有很多相似之处。首先，法律条文的前提条件相似，前者的前提条件为“发生操纵价格或者不可抗拒的突发事件”，其中发生价格操纵导致价格出现异常波动，不可抗拒事件对应不可抗力、意外事件。其次，采取紧急措施的程序均为交易所制定的规范文件，前者按照交易所章程，后者依照交易所业务规则。最后，交易所处置措施相似，二者均赋予交易所临时停市、限制交易的手段。

《证券交易所管理办法》与《期货交易所管理办法》都明确了交易所可以采取紧急措施。后者更加细化地规定了异常情况的情形，其中不可抗力、计算机系统故障、价格异常波动，与现行《证券法》规定的异常情形很接近。值得注意的是，在《期货交易所管理办法》第87条中的异常情况，包含“不可归责于期货交易所的原因导致交易无法正常进行”。虽然本条没有明确豁免交易所的民事责任，但是突出了部分特殊情况具有不可归责于交易所的属性，含有豁免交易民事责任的意味。

《最高人民法院关于为设立科创板并试点注册制改革提供司法保障的若干意见》指出，法院保障证券交易实施自律监管，交易所规则只要不违反法律法规强制性规定，人民法院可以参照试用。[1]据此，交易所自律监管规则的拘束力得到了法院的认可。

两家证券交易所的异常情况处理条款，与现行《证券法》接近程度较高。与两家证券交易所相比，《中国金融期货交易所交易规则》中的处置措施规则，在异常情况的情形中增加了期货市场特有的结算、交割危机，除此之外，在紧急情况的范围、可以采取的措施、免责制度三个方面并无显著差别。

综上，证券交易所与期货交易所紧急处置措施规则大部分是相同的，其蕴含的自律监管价值、功能也是一致的。

三、期货交易所适用免责制度的构建

（一）期货交易所适用免责制度的原因分析

1. 期货交易所适用免责制度的现实意义

在其他国家和地区，免责制度普遍存在，如美国《1934年证券交易法》第17

---

〔1〕参见《最高人民法院关于为设立科创板并试点注册制改革提供司法保障的若干意见》（法发〔2019〕17号）。

（d）（1）条、我国香港地区《证券及期货条例》第22条等。

为了保障资本市场的健康发展，《证券法》总结我国市场实践经验，借鉴国外的做法，规定了证券交易所采取紧急处置措施时的免责制度。然而，推进资本市场全面深化改革，仅仅关注证券交易所是不够的。期货市场承担着风险规避和价格发现的重要职能，期货交易所作为期货市场的基础设施，在法律层面缺乏免责制度不利于期货交易所的建设与发展。

突发性事件、人为因素导致的紧急情况时有发生，为应对紧急情况，交易所常常采取紧急措施。1987年10月19日，道琼斯指数迎来史上单日最大跌幅，下跌22.6%，受股市剧烈变化影响，港交所停市4天。2001年，受“9·11”事件影响，美国各大交易所停市4天。2006年1月18日，日本“活力门事件”中，东京交易所于下午2点40分宣布临时停市。在国内，紧急事件亦时有发生。

因紧急措施产生的投资者与交易所的纠纷，在国内外都时有发生。在美国，交易所在履行自律管理职责过程中，很容易卷入诉讼案件，历史上各大交易所多次被会员、投资者告上法庭，要求其承担民事赔偿责任。[1]

诉讼的发生，导致交易所存在赔偿的风险，而过多承担赔偿的风险会引发交易所在履行自律监管职责过程中有所顾忌，无法放开手脚，影响业务的开展。一定范围内给予交易所民事责任豁免，既有利于维护交易所的专业判断，又可以促进金融创新，提升我国金融市场竞争力。[2]正因如此，《证券法》中明确了证券交易所免责制度。

为了发挥交易所对市场的监督管理的专业性、灵活性、及时性，各国均承认交易所的自律管理者身份，也尊重交易所的决定权和自治权。这为交易所豁免民事责任提供了理论依据。

2. 期货交易所与证券交易所职能趋同性

习近平总书记指出，要防范化解金融风险特别是防止发生系统性金融风险，加快金融市场基础设施建设。我国期货交易所承担期货期权产品的交易、结算、交割职能，充当中央对手方的角色，是金融基础设施。[3]在金融市场，建立消除所有风险的体系是不可能的，期货可以起到分散风险的作用，有助于降低风险的危害程

〔1〕 参见卢文道：《美国法院介入证券交易所自律管理之政策脉络》，载《证券市场导报》2007年第7期。

〔2〕 参见蔡伟：《我国证券（期货）交易所的民事责任豁免探讨——基于金融创新的视角》，载《证券市场导报》2011年第8期。

〔3〕 参见叶林：《金融基础设施的金融法解读》，载《社会科学》2019年第11期。

度。[1]《期货交易管理条例》第1条也强调“防范风险”，反映出期货交易所承担的重要职能。《证券交易所管理办法》第二章证券交易所职能中规定，证券交易所应当防范市场风险。可见，证券交易所与期货交易所都把“防范风险”列为重要职能。

本次《证券法》修订中，明确了交易所履行自律管理职责，应当遵循社会公共利益优先。[2]《期货交易管理条例》也在总则中指出，应保护社会公共利益。[3]由此可见，证券交易所与期货交易所履行职能之上，其强调的价值都是增进全社会的福祉。

除风险规避外，期货市场的另一项基本职能是价格发现。价格发现是因为期货市场是一个公开透明的市场，有大量市场参与者，能够把价格快速传播到各地。[4]证监会主席易会满在国新办举行新闻发布会“首秀”中指出，必须充分发挥资本市场的价值发现功能。[5]股票市场是资本市场的一部分，敬畏市场，才能发挥股市的资源配置、定价的功能。因此，从价格发现的角度，期货交易所与证券交易所职能亦是趋同。

此外，期货交易所与证券交易所都履行类似的自律监管职责。在履行自律管理职责中，期货交易所与证券交易所以相同的方法开展具体工作。如在协助证监会执法中，从发现线索到调查，再到审理处罚的执法链条上，证券、期货市场案件的处理方式流程没有明显差别。期货交易所与证券交易所的监管职能均受证监会授权，监管方式、类型都存在趋同性。

虽然证券交易所与期货交易所的具体功能有一定的差异，如证券交易所能为市场主体融资，期货交易所不能。但是，融资是服务实体经济的方式之一，证券交易所与期货交易所的战略目的是服务实体经济，从这个角度看，二者职能更多体现了相同。

总之，期货交易所与证券交易所在工作目标、履行职能、管理体系等方方面面都类似。这也是期货交易所可以适用《证券法》上免责制度的基础所在。

3. 期货交易所适用免责制度的理论基础

期货交易所在不可抗力、意外事件、重大技术故障、重大人为差错、异常波动

---

〔1〕 参见刘鸿儒主编：《金融期货》，中国金融出版社2010年版，第10页。

〔2〕 参见《证券法》第99条。

〔3〕 参见《期货交易管理条例》第1条。

〔4〕 参见刘鸿儒主编：《金融期货》，中国金融出版社2010年版，第9页。

〔5〕 参见《易会满首秀发言全文：四个敬畏、四个必须、一个合力》，载新浪财经，https://finance.sina.com.cn/stock/y/2019-02-27/doc-ihrfqzka9681721.shtml，最后访问时间：2020年2月26日。

情况中，采取紧急处置措施，不承担民事赔偿责任，与前述情形本身的可免责性有关。

第一，不可抗力具有可免责性。不可抗力免责体现了法律的公平。《合同法》《侵权责任法》中，不可抗力均为可以免责的情形。当地震、严重疫情发生时，交易所也难以幸免，可能采取停市等紧急处置措施，如果交易所因为对天灾的合理处置承担责任，是不合理的。

第二，意外事件具有可免责性。非人为原因造成的楼房倒塌、机房失火等意外事件，具有不可预知性。证券市场上，意外事件应作为免责事由，因为证券交易本身具有风险，投资者应当对风险有所预见，这种风险包括各类意外事件而导致的不利。[1]实践中，虽然交易所已尽量避免意外事件对交易造成影响，但仍不能排除严重意外事件或者多个意外事件导致交易所不得不采取紧急措施的可能性，在这种情况下，让交易所承担民事责任有失公平。

第三，重大技术故障具有可免责性。首先，任何硬件设备都存在老化的问题；尽管测试可以提高软件正确性，但无法完全排除软件缺陷。[2]近年来技术故障频繁爆发，上海期货交易所1225事件，就是由于系统升级导致的技术故障。因此，即使投入再多的人力、物力也难以避免技术故障，因而让交易所承担全部的责任，也有不公正之嫌。其次，相关规定明确了重大技术故障交易所免责。在《证券法》修订前，证监会颁布的《期货交易所、期货经营机构信息技术管理规范（试行）》规定，因软硬件故障导致的技术事故，确属小概率或偶发性事件的，期货交易所免责。虽然该规则的法律层级较低，但是结合《证券法》修订，可以看出立法者一以贯之的意图是豁免交易所的民事责任。最后，重大技术故障在一定情形下符合民事法律上的意外事件。《证券法》将重大技术故障与意外事件并列，可能是考虑到大部分的交易所异常情况与技术故障有关。根据上海证券交易所、深圳证券交易所《交易异常情况处理实施细则（试行）》，技术故障包含软硬件系统及相关程序升级、上线时出现意外。这种意外，符合不可预见、归因于行为人以外原因、偶然发生，三个意外事件的构成要件。[3]因此，期货交易所发生重大技术故障的，应当免责。

第四，重大人为差错具有可免责性。重大人为差错通常表现为错单交易。根据

---

〔1〕 参见顾功耘：《证券交易异常情况处置的制度完善》，载《中国法学》2012年第2期。

〔2〕 参见富弘毅、杨学军：《大规模并行计算机系统硬件故障容错技术综述》，载《计算机工程与科学》2010年第10期。

〔3〕 王利明认为，意外事件应具备三个构成要件：（1）不可预见，（2）归因于行为人自身以外的原因，（3）偶然发生。参见王利明：《侵权行为法归责原则研究》，中国政法大学出版社2004年版。

《民法总则》，在一定情形下，错单交易的投资者有权利撤销交易，但是如果不借助交易所，投资者无法行使撤销权，且依据民事法律行使撤销权效率较低，很难找到交易的对方，可操作性不强。因此，为了及时避免错单行为对市场造成的影响，尽快挽回损失，需要交易所介入，通过交易所宣布交易无效。但同时，交易所对诸如错单交易的重大人为差错处置影响范围较广，容易引起纠纷，因而引入错单交易处理制度的交易所，所在司法辖区均有民事责任豁免规定。[1]

第五，重大异常波动也有可免责性。期货市场因情绪剧烈变化出现的“单边市”是重大异常波动的一种。此种情形下，交易所可以采取限制开仓、调整涨跌停板、强制减仓等措施。该等措施一定程度上能防止爆仓、穿仓的发生，有利于市场的稳定，因此交易所在采取措施时应当受到免责制度保护。此外，市场价格大幅异常波动，影响市场的价格发现功能，[2]从维护交易所价格发现职能的角度，交易所应当有权利对重大异常波动采取处置措施，并且受到免责制度保护。

（二）司法机关对免责制度的理解

我国司法机关涉交易所的诉讼案件较少，通过美国法院的裁判，可以为理解免责制度提供更多的素材。

美国法院对免责制度的态度，由绝对豁免转向相对豁免。早期，在美国法院眼中，交易所享受民事责任豁免是绝对的，只要其履行的是监管职责，无论过错与否，交易所都可以豁免民事责任。[3]近年来，由于市场格局不断变化，交易所开始展现营利性、服务性的特点，交易所的自律监管职能被削弱。[4]这动摇了绝对豁免的根基，因此美国法院开始在判例中对绝对豁免进行修正，若交易所的行为被界定为旨在营利的商业行为，将不能享受豁免。[5]

1. 斯巴达外科公司案[6]

发生在1995年的Sparta Surgical Corporation v. NASD案中，法院确认全国证券交易商协会（NASD）对临时停牌的管理措施享有民事责任豁免。斯巴达外科公司

---

〔1〕 参见李明良、普丽芬：《金融期货市场错单交易处理制度研究》，载《期货及衍生品法律评论》2018年第1卷。

〔2〕 参见陈亦聪：《证券交易异常情况的法律规制》，华东政法大学2013年博士论文。

〔3〕 参见蔡伟：《我国证券（期货）交易所的民事责任豁免探讨——基于金融创新的视角》，载《证券市场导报》2011年第8期。

〔4〕 参见卢瑾：《非互助化证券交易所监管改革》，载《云南社会科学》2012年第6期。

〔5〕 参见王超：《评议美国证券交易所民事责任的承担——以绝对豁免原则的修正为视角》，载《证券市场导报》2019年第1期。

〔6〕 Sparta Surgical Corp. v. National Ass'n of Securities Dealers, Inc. 159 F. 3d 1209 (9th Cir. 1998).

在 NASD 下属的纳斯达克股票市场挂牌交易。经 SEC 同意，公司拟再次公开发行股票。公司第二次发行股票的前一天，纳斯达克在没有通知的前提下，临时停止该公司股票交易。虽然临时的停牌没有影响第二次公开发行，但是公司认为停牌引起了市场的怀疑，将 NASD 诉至法庭。法院认为，在 Barbara v. New York Stock Exchange 案中确立了私人主体在行使重要的政府性职能时受到豁免权保护的制度，[1]当自律组织行使准政府权力时，扩大豁免权是与国会构建证券市场目标是一致的。据此，法院决定 NASD 受豁免权的保护。

本案中，交易所采取了常见的管理措施——临时停牌。法院认为，没有比临时停牌更典型的管理行为。根据这一时期美国法院的观点，在交易所进行管理行为时，即使交易所存在恶意，也可能受到豁免权保护。本案中公司诉称，纳斯达克采取停牌措施具有恶意。而法院认为，所谓的“恶意”与交易所的私权利有关联，本案中涉及的是公共权力；更重要的是，法院没有发现交易所存在恶意。此处，法院判决交易所在行使公共权力中有绝对的豁免。

2. DL 资本集团案[2]

在 2003 年的 DL Capital Group，LLC v. Nasdaq Stock Market 案中，法院援引斯巴达外科公司案，判定交易所受绝对豁免权保护。COCO 股票股价出现异常波动，从 57.45 美元大幅下跌到 38.97 美元，纳斯达克立即采取措施，停止该股票的交易，并宣称取消异常的交易。原告在股价下跌时买入了股票，并在恢复交易后、宣布取消交易前卖出了股票。该做法导致原告必须以高价再次买入股票，原告遂以欺诈为由起诉了交易所。法院认为，法律授予了自律监管组织监管权，自律监管组织在行使上述职权时受到绝对豁免保护，即使是宣称“欺诈”也不能阻止豁免的适用，况且现有证据不能认定存在欺诈。可见，司法机关以实际行动支持维护了交易所，由于证券期货市场专业化程度高，且法律明确授予了交易所自律监管的职能，法院不会对这项职能投去太多的质疑。

3. Weissman 案[3]和 Facebook 案[4]

此后，交易所的豁免权受到限缩，法院开始由对交易所绝对豁免转向相对豁免。Weissman v. NASD 案是第一例交易所未受到民事责任豁免权保护的案件。一位名叫 Weissman 的投资者，受纳斯达克对世界通讯公司股票营销活动影响，购买了世界通讯的股票，随后世界通讯卷入重大财务造假案，投资者遭受巨大损失。法院

---

[1] Barbara v. New York Stock Exch.，99 F. 3d 49，1996（2d Cir. 1996）.

[2] DL Capital Group，LLC v. Nasdaq Stock Market，Inc. 409 F. 3d at 93（2th，Cir，2005）.

[3] Weissman v. NASD，500 F. 3d 1293（11th Cir. 2007）.

[4] In re Facebook，Inc.，IPO & Sec. & Derivative Litig.，986 F. Supp. 2d 428（S. D. N. Y. 2013）.

认为，广告行为与政府授权交易所管理职能没有关系，是交易所旨在营利的商业行为，该行为不受豁免制度保护，交易所应当承担民事责任。

如果交易所的行为被认定为商业行为，则很难受豁免制度保护，在 Facebook 上市案件中也体现这一原则。法院认为：当交易所仅为了自己的利益，而非政府授予的自律管理职权时，其行为不受豁免权保护，据此，设计和测试技术系统不受豁免权保护；自律监管豁免权保护交易所的监管职责，而非交易所寻求利润增长的广告。最终，纳斯达克赔偿了投资者数千万美元。

Facebook 案中，法院认为设计和测试技术系统不受保护的观点，在我国可能存在“水土不服”。我国《证券交易所管理办法》《期货交易管理条例》中都明确了，交易所第一项职能为“提供交易的场所、设施和服务”。开发系统属于提供高效的交易服务的一部分，是法规明确要求的职能，不能被认定为旨在为交易所谋利的行为。

4. 白金合伙套利基金案[1]

随后，民事责任豁免进一步受到限制，交易所不正当履行职责无法受到豁免权保护。在 Platinum Partners Value Arbitrage Fund v. Chicago Board Options Exchange 案中，原告投资了标的为 IFN 公司股票的看跌期权，2010 年 12 月 17 日，IFN 公司公布每股将进行 3.78 美元的分红。由于现金分红导致公司资产的减少，股价下跌，买入看跌期权的原告可以在股价下跌中获益。12 月 20 日，原告买入了更多的 IFN 公司股票看跌期权。然而，被告芝加哥期权交易所（CBOE）在当日中午公开宣布，下调期权行权价，导致看跌期权价格下跌，致使原告产生损失。原告请求赔偿的原因并不只是行权价下调本身，还有被告私下将消息传递给部分投资者。

初审法院认为，被告 CBOE 的行为受到豁免权保护，原告败诉。伊利诺伊上诉法院驳回了初审法院的裁决，CBOE 享有的豁免权与其私下传递消息无关。事实上，在正式公布下调行权价之前，有投资者打电话给 CBOE，咨询是否会有调整行权价，CBOE 给出肯定的答复，也有员工通过邮件向部分投资者发布下调行权价的消息。最终，上诉法院认为，被告作为自律组织本享有豁免权；但是仅向部分投资者私下宣布调整行权价格的消息有损公平，根据 Weissman 案，该行为不能受到豁免权保护。

[1] Platinum Partners Value Arbitrage Fund, L. P. v. Chicago Board Options Exchange. 976 N. E. 2d 415 (Ill. App. 1st Dist. 2018).

5. 神秘人操纵CBOE市场案[1]

在近期的案例中，交易所开发新产品，并做广告宣传的行为，依旧同Weissman案一样，被认为是旨在营利的商业行为，不受豁免权保护。在In re Chicago Board Options Exchange Volatility Index Manipulation Antitrust Litigation案中，CBOE开发了标的为标普500指数波动率的VIX期货和VIX期权。多位投资者起诉CBOE，称CBOE开发的期权与期货容易受到操纵，CBOE明知这种情况，却没有采取行动，导致投资者损失。存在争议的是结算价格的计算方式，CBOE通过"两连续零出价规则"（two－zero bid rule）[2]决定哪些行权价的标普500期权被用作计算VIX期权和VIX期货结算价。原告认为，这种规则允许投资者以很小的标普500期权交易，来不成比例地影响VIX期货和VIX期权。根据分析，操纵者首先确保没有连续两个零出价的标普500期权，再通过交易影响成交量低的虚值标普500期权来操纵波动率指数。有教授在研究中已经发现这一缺陷，但CBOE没有采取措施去制止可能存在的操纵行为。CBOE援引自律组织豁免权，认为这种计算方式已经被SEC批准。然而法院认为，开发新产品，并为新产品做广告推广，是一种旨在营利的商业行为，不能直接适用免责制度。

广告行为被认定为商业行为较为合理，但将产品的开发界定为商业行为可能不符合我国的发展现状。交易所产品具有公共产品的属性，我国金融市场上已经出现了金融产品供给不足的问题，我国金融产品的创新也相对滞后。将交易所开发新产品视为商业行为，不提供豁免保护，不利于交易所开发更多新产品。CBOE于1993年编制全球第一个波动率指数VIX，并在随后开发了VIX期货、VIX期权，我国2015年才编制了中国波指iVIX。[3]VIX期货和VIX期权都是基于波动率指数的衍生品，我国目前只有波动率指数，开发衍生品的道路可能还很长。在这种情况下，如果不对交易所开发新产品提供豁免保护，就相当于自己束缚了创新发展的手脚。

除上述美国案例外，在我国，法院也倾向于在交易所履行法定职责时，可以豁免民事责任。2000年，虹桥机场可转债案件中，投资者误将面值100元的债券以1元的价格卖出，上海证券交易所采取紧急措施，取消了成交价低于90元的异常交易，投资者遂提起诉讼。法院认为以极低的价格购买债券本身有违民法原则，要求交易所支付债券于法无据，判决投资者败诉。2016年，上海市高级人民法院将

---

〔1〕 In re Chi. Bd. Options Exch. Volatility Index Manipulation Antitrust Litig., 390 F. Supp. 3d 916 (N. D. Ill. 2019).

〔2〕 两连续零出价规则指，在决定哪些标普500期权作为计算VIX期货和VIX期权结算价格时，从平值期权同时向两个虚值期权出发，直到出现连续两个行权价的期权没有买方出价为止。

〔3〕 参见侯瑞琪：《VIX及其衍生品的创新之路》，载《中国证券期货》2019年第5期。

"郭某诉光大证券、上海证券交易所、中国金融期货交易所期货内幕交易责任纠纷案"[1]作为公布典型案发布。此案中，投资者诉称，两家交易所在出现异常交易的情况下，未及时提醒、警示投资者，未正当履行监管职责。法院认为，在异常交易发生时，两家交易所尚未知悉存在内幕交易，无发布公告的事实基础。法院强调，无论交易所在作为或不作为，只要符合正当程序，且主观上没有恶意，作为自律监管组织的交易所，不应因其行使监管措施而承担民事法律责任。

（三）不能豁免的情况

根据《证券法》条文，交易所"存在重大过错"的，需要承担民事赔偿责任。在我国现有涉交易所案件中，法院通常考虑到交易所行使的公共职能，把交易所视为行政诉讼被告，承担相匹配的法律责任。[2]也有论者持相似观点，当前交易所法律地位和行使权力有多元化倾向，绝对豁免不合时宜。[3]

过错是支配人从事法律上和道德上应受到非难的行为的故意和过失状态，是指行为人通过行为表现出来的主观状态。[4]民法上，法人的过错是通过工作人员表现的。[5]这也与《侵权责任法》中用人者责任类似，如果交易所的员工在执行交易所处置措施时，存在重大过错的，则交易所承担重大过错的责任。

侵权责任认定中，过错要件包括：故意、重大过失、一般过失。[6]交易所作为行使公共职能的机构，主观上存在损害他人权益的故意是不恰当的，因此故意应当被认定为"重大过错"。而过失存在不同的程度，分为重大过失、一般过失，如根据《合同法》第374条，无偿保管人有一般过失的免责。一般过失因不具有"重大性"，应当排除在"重大过错"之外，因此将"重大过错"理解为"故意或重大过失"较为合理。较多理论研究者也认为，坚持"故意或重大过失"能较好地平衡市场主体与交易所的关系。[7]

重大过失，指欠缺一般人最低限度注意程度，一般人指具有相同职业、身份背

---

〔1〕 上海市第一中级人民法院民事判决书（2013）沪一中民六（商）初字30号。

〔2〕 参见吴燕妮：《证券交易所一线监管的渊源、属性及应用》，载《金融与经济》2019年第5期。

〔3〕 参见王超：《评议美国证券交易所民事责任的承担——以绝对豁免原则的修正为视角》，载《证券市场导报》2019年第1期。

〔4〕 参见王利明：《我国证券法中民事责任制度的完善》，载《法学研究》2001年第4期。

〔5〕 参见魏振瀛、王小能：《论构成民事责任条件中的过错》，载《中国法学》1986年第5期。

〔6〕 参见杨立新、李怡雯：《债权侵权责任认定中的知悉规则与过错要件——（2017）最高法民终181号民事判决书释评》，载《法律适用》2018年第19期。

〔7〕 参见史伟东：《权证信息披露中证券交易所的民事责任认定》，载《证券法苑》2010年总第3卷。

景的人。[1]对交易所而言，一般人可以理解为类似岗位的人员。如在人为造成的计算机系统故障中，一般人可以理解为从事IT工作的人。实践中，如果交易所工作人员，在一般的系统升级后，未进行测试，而导致出现系统异常，是否应当属于重大过错，应当具体问题具体分析。如果相关人员采取的措施符合当时的技术标准，则不能认定为重大过错，因为我们不能期待普通的工作人员一直保持“超额完成任务”的状态。只要其工作符合行业标准，就不存在重大过失。然而，如果相同事故再次发生，说明交易所没有从事故中吸取教训，优化改进技术标准，则可能被认定为重大过失。

而对于重大过错的证明，让交易所承担举证责任较为合理。交易所是一个高度专业化的机构，让一名投资者证明交易所所采取的措施中是否存在重大过错具有很大难度。最清楚工作标准的应该是交易所本身，如果交易所能证明其员工行为符合法律、法规、交易所规章制度，那么交易所不具有重大过错，应当受免责制度保护。

四、结论

虽然期货交易所的免责制度，没有被写入《证券法》的有关规定。但是，这不意味着期货交易所无法适用免责制度。从《证券法》整体来看，本次修改在第一章删除了证券衍生品的相关规定，为《期货法》的立法打开了空间。因此，在第七章证券交易所中，不写入期货交易所是合理的。徒法不足以自行，考虑到期货交易所重要职能以及与证券交易所的高度相似性，在司法实践过程中，期货交易所参照适用免责制度符合社会利益最大化。

《期货法》的立法正在如火如荼地开展，根据《证券法》的体例，以及学界对《期货法》章节分布的建议，[2]《期货法》中专章规定期货交易所恰如其分。在该章节中，写入期货交易所采取紧急措施时受免责制度保护，有利于期货交易所在构建规范、透明、开放、有活力、有韧性的资本市场中，发挥积极作用。

---

〔1〕参见赵守江：《民法上的过失程度新探》，载《烟台大学学报（哲学社会科学版）》2009年第2期。

〔2〕参见程红星：《期货法立法宗旨、调整范围及整体框架研究》，载《期货及衍生品法律评论》2018年第1卷。

证券交易所自律监管的司法介入机制
——《证券法》(2019 年修订) 项下的再审视

夏东霞[*]　杨　婷[**]

内容摘要:《证券法》(2019 年修订) 和发行注册制应势而出, 致使证券交易所自律监管机制被寄予厚望, 与之配套的司法介入机制也具有重新审视的必要性。首先, 在证券交易所公、私属性仍争议不断的情况下, 不如以目的为导向, 承认证券交易所行政属性占据主导, 进而在原则上受到行政机制约束, 但是应予降低相应审查标准, 使得证券交易所能够在恰当约束之下充分发挥自律监管的优势。并且, 经由全面梳理已有司法实践, 司法介入机制并未成为良性运行的外部监督机制。进而, 在此基础上考量《证券法》(2019 年修订) 及注册制改革下的制度改革与构建: 一是《证券法》(2019 年修订) 中的民事责任豁免机制构成制度的重要突破, 但是有必要在司法适用中细化认定方式和认定要素; 二是在证券交易所内部救济程序、证监会行政监督和复议程序尚未成熟的背景下, 搭建恰当的行政诉讼机制并予以细化审查方式、审查步骤。

关键词: 自律监管　司法介入　注册制　民事责任豁免　司法审查

自创建之初, 我国证券交易所即被赋予协助证券市场有序发展之职能; 时至 2017 年, 中国证券监督管理委员会 (以下简称证监会) 最新修订了《证券交易所管理办法》, 从证券交易所活动、会员管理、上市公司多个方面全方位地赋予了证券交易所以监管权力。2019 年伊始, 在开始试点科创板注册制的背景下, 上市审核吸收注册审核, 实质审核权下放至证券交易所。[1] 当下,《中华人民共和国证券法

---

* 夏东霞, 北京市金杜律师事务所合伙人, 中国人民大学法律硕士。

** 杨婷, 北京市金杜律师事务所合伙人, 北京大学法学硕士。

〔1〕 参见陈洁:《科创板注册制的实施机制与风险防范》, 载《法学》2019 年第 1 期。

（2019年修订）》［以下简称《证券法》（2019年修订）］已于2020年3月1日正式生效，发行注册制也将逐步铺开。〔1〕在全新的制度背景下，证券交易所被期待充分发挥“一线监管”功能，以应对证券市场对放松管制、释放经济自由权等新需求。〔2〕

相应地，证券交易所与市场主体的联系更为紧密，履行自律监管职能的正当性将承受更大程度的检验。为了应对该诉求，对证券交易所监管行为的内部监督和外部监督都在不断强化。首先，证券交易所主动寻求变革。上海证券交易所、深圳证券交易所（以下简称上交所、深交所）不断更新针对上市审核、纪律处分和其他监管措施该等争议高发地区的程序机制，并完善事后监督机制。〔3〕其次，证券交易所监管行为受到证监会持续性的行政监督。最后，法院也经由民事、行政诉讼两条路径对部分自律监管行为予以介入，最高人民法院（以下简称最高院）于2017年发布的工作文件《关于进一步加强金融审判工作的若干意见》也体现了法院积极介入金融监管领域的司法动向。该三种监督方式理应层层推进，介入范围逐步限缩，但在实践中，三种方式均存在介入不足的局面。

在证券交易所内控机制中，比如听证程序、复核机制尚未被充分利用，有待实践经验的积累；〔4〕在证监会的行政监督之中，《证券交易所管理办法》（2017年修

---

〔1〕 2020年2月29日，国务院办公厅印发《关于贯彻实施修订后的证券法有关工作的通知》，明确指出：“要稳步推进证券公开发行注册制。一是分步实施股票公开发行注册制改革……研究制定在深圳证券交易所创业板试点股票公开发行注册制的总体方案，并积极创造条件，适时提出在证券交易所其他板块和国务院批准的其他全国性证券交易场所实行股票公开发行注册制的方案，相关方案经国务院批准后实施。”

〔2〕 参见甘培忠、张菊霞：《IPO注册体制下证券监管机构的功能调整——从证监会和交易所分权视角观察》，载《法律适用》2015年第7期。

〔3〕 上交所于2019年先后更新了《上海证券交易所章程》（2018年修订），上证发〔2018〕53号，2018年7月20日发布；《上海证券交易所科创板股票发行上市审核规则》，上证发〔2019〕18号，2019年3月1日发布；《上海证券交易所纪律处分和监管措施实施办法》（2019年修订），上证发〔2019〕97号，2019年10月11日发布；《上海证券交易所自律管理听证实施细则》（2019年修订），上证发〔2019〕98号，2019年10月11日发布；《上海证券交易所复核实施办法》（2019年修订），上证发〔2019〕96号，2019年10月11日发布。深交所于2018年期间颁布了《深圳证券交易所上诉复核委员会工作细则》（2018年修订），深证上〔2018〕167号，2018年4月23日发布；《深圳证券交易所自律监管听证程序细则》（2018年），深证上〔2018〕173号，2018年4月23日发布；《深圳证券交易所自律监管措施和纪律处分实施细则》（2018年修订），深证上〔2018〕497号，2018年10月26日发布。

〔4〕 上海证券交易所：《强健一线监管“牙齿”，规范一线监管程序——上交所发布〈纪律处分和监管措施实施办法（2018年修订）〉和〈自律管理听证实施细则〉》，其中载明：“近两年，上交所共组织纪律处分听证10次，就严重纪律处分充分听取监管对象的现场申辩意见，保障纪律处分实施的公平、公正。”网址：https：//mp. weixin. qq. com/s？src = 11&timestamp = 1583330210&ver = 2196&signature = FXrpB-VcRMq2GVeQamzUylR2Pnrtio9TgY47Z8OAFV5nGFxPo0MOT * lYLNLaNz7ui5UV * WfC5xw94Qra * QD-bZcD3WmAq * * TIYj0YQ0 - w90VKuVA61vqVmobWKgtBinBKs&new = 1，最后访问时间：2020年3月5日；证券时报网：《深交所集中举办四场纪律处分听证会　聚焦董监高勤勉履职》，网址：https：//baijiahao. baidu. com/s？id = 1602434809834724290&wfr = spider&for = pc，最后访问时间：2020年3月5日。

订）侧重于通过报告机制赋予证监会以事前监督的权力，事后监督机制并不充分，《证券法》（2019 年修订）亦未对此予以补足；法院的司法介入一方面始终受限于“不告不理”的司法原则，另一方面仍在受案范围上被限制了手脚，导致针对证券交易所的实体审判寥寥可数，难以为纷繁复杂的监管实践提供参考。因此，互动共生的监督机制在实践中并未充分发挥作用，并且将遭受《证券法》（2019 年修订）和注册制全面推行的考验。

因此，在前述背景下，本文试图聚焦《证券法》（2019 年修订）项下证券交易所自律监管的司法介入机制，分析证券交易所在何种程度上受到民事、行政诉讼的外部约束。对此，分析的前提在于明晰证券交易所在《证券法》（2019 年修订）项下的制度定位；分析的重心在于证券交易所被卷入证券民事诉讼和行政纠纷的司法现状，以及《证券法》（2019 年修订）就实践难题进行的制度改进；分析的目的不仅仅在于明晰证券交易所的法律责任边界，也试图全面审视《证券法》（2019 年修订）以及发行注册制改革背景下的权力分配格局。此外，对于证券交易所监管行为司法介入问题的研究，有利于分析我国其他类型证券自律监管机构的地位和责任，比如我国法院在民事诉讼中已将上交所、金融期货交易所的责任进行同等认定[1]，又如中国证券登记结算公司面临的国债回购纠纷案亦涉及类似问题。[2]

一、旧话重提：证监交易所在《证券法》（2019 年修订）项下的监管属性

《证券法》（2019 年修订）第 96 条和第 99 条均明确了证券交易所的“自律管理职能”，该等制度定位被学者解读为私权主体、公权主体或两种属性兼具。[3]该等老生常谈的问题在证券交易所成为“一线监管者”的背景下仍有重新审视的必要性，从而回答如下问题：如果立法者意识到证监会全面行政监管的缺陷而对证券交易所寄予厚望，那么在哪些方面应认定证券交易所具有公权力属性而接受行政规

---

〔1〕 郭某诉光大证券股份有限公司、上海证券交易所、中国金融期货交易所期货内幕交易责任纠纷案，上海市第一中级人民法院（2013）沪一中民六（商）初字第 30 号（《最高人民法院公报》2018 年第 12 期）。

〔2〕 参见徐明、卢文道：《证券交易所业务规则法律效力与司法审查》，载《证券法苑》2010 年第 2 卷。

〔3〕 参见彭冰、曹里加：《证券交易所监管功能研究——从企业组织的视角》，载《中国法学》2005 年第 1 期；卢文道：《证券交易所及其自律管理行为性质的法理分析》，载《证券法苑》2011 年第 5 卷。李响玲：《论新趋势下的证券交易所自律管理》，中国法制出版社 2014 年版，第 34 ~ 36 页；缪因知：《中国证券法律实施机制研究》，北京大学出版社 2017 年版，第 64 页。

则的检视，在哪些方面应当坚守私权属性以避免受到行政机制的束缚？尤其是，该等定性也为后文讨论司法介入与否、介入程度奠定基础。

（一）私权属性：自律管理职能之再读

《证券法》（2019年修订）明确证券交易所系自律监管组织且具有法人地位，将证券交易所与纯粹的行政机关区分开来；与此同时，《证券法》（2019年修订）第99条新增了自律管理原则系“应当遵守社会公共利益优先原则，维护市场的公平、有序、透明”，使得证券交易所越发具有“法定公共职能组织”的色彩。因此，该等规定反映了立法者的“纠结”：一方面想要避免证券交易所受到繁复的行政机制约束，能够及时应对瞬息万变的市场需求；另一方面又担心证券交易所滥用不断扩张的监管权力。因此，泛泛而谈证券交易所公、私属性对实践指导并无助益，应当更进一步地关注立法者希望利用自律监管的哪些优势，其中又有哪些优势是与行政规则存在根本性冲突，进而将其与纯粹行政机关完全区分开来。

依据学者归纳，交易所自律管理彰显了自愿性、专业性、灵活性、道德要求、分担成本、政治需要六个方面的比较优势。[1]其中，“灵活性”与行政法规则存在直接冲突，具体彰显于证券交易所无需经由严格而漫长的立法程序即可调整、修改、制定规则；证券交易所自律管理措施及其执行的弹性化处理；以及管理机制的自由、简便。[2]笔者认为，保留该等“灵活性”侧重于对证券交易所进行“程序减负”并保有充分的自由裁量权，以回应瞬息万变的市场需求。同时，自律管理允许契约让渡权利，证券交易所可通过与证券公司、上市公司签署协议以获得更大范围的监管权，而不受行政法规定对调查权、处罚措施类型等方面的严格限制。比如有学者认为证券交易所应当有权传唤会员等被管理对象，并要求其提供证据、接受调查，否则就难以有效发挥自律监管之功能。[3]因此，在这两个方面将证券交易所区别于纯粹行政机关至为关键。进而，在责任认定机制上，降低对证券交易所自律监管措施的程序性要求、尽可能尊重证券交易所的自由裁量权，并承认通过上市协议以及业务规则等合法让渡的权力范围。

但是，在考虑上述与行政规范直接冲突的自律属性之外，应当关注到借由法律授权，证券交易所的监管权力边界扩张至整个证券市场，超出合同约束范围；并且法律授权填补了合同无法约定的权力让渡。因此，不如去除公、私属性来回拉扯的

---

〔1〕参见徐明、卢文道：《证券交易所业务规则法律效力与司法审查》，载《证券法苑》2010年第2卷。

〔2〕参见卢文道：《证券交易所自律管理论》，华东政法学院2007年博士学位论文，第38～39页。

〔3〕参见卢文道：《证券交易所自律管理论》，华东政法学院2007年博士学位论文，第154页。

繁复表象，直接认可证券交易所系新型行政主体或者“准公共管理主体”[1]，其核心特征在于以行政属性占据主导，进而原则上受到行政机制、法律原则之约束，尤其是受到行政诉讼监督，但是在具体审查标准上降低要求。当然，这仅限于自律监管行为范围之内，不涉及证券交易所纯粹的市场服务行为等。以下试图从立法授权角度对该观点予以阐明。

（二）公权属性：行政权力授予的必要性及解释力

一般认为，证券交易所自律监管权分别来源于立法授权、行政授权和契约约定。[2]在《证券法》（2019 年修订）完善立法授权的背景下，关键性的疑惑系“立法授权”路径中，法律关于交易所自律监管职责的规定，究竟是“行政权力的授予”还是“固有权利的确认”？[3]后种解释路径本质系强调证券交易所自律监管权主要来源于契约约定。对此，应当关注两种解释路径下的权力边界，前者面向整个证券市场，而后者仅面向契约相对方，进而导致后种解释路径与证券交易所监管实践不相融洽，以下举例说明。其一，在金融创新等无法可依，也暂未纳入证券交易所业务规则、上市协议的领域内，证券交易所无法依托于“固有权利”采取措施，而应依赖于行政权力的概括性授予，法律依据可为《证券法》（2019 年修订）第 115 条。[4]比如虹桥机场案中，上交所即是在无任何依据的背景下作出“暂缓交收”的处置措施，最终也获得法院与证监会的认可。[5]其二，在具体授权领域中，如证券交易所针对突发性事件、重大异常波动采取监管措施的权力，亦将与证券交易所毫无契约关系的其他投资者纳入进来，超出合同权利范围。进一步地，该等关涉所有交易参与人的法律授权为民事责任豁免机制提供充分正当性。其三，《证券交易所管理办法》（2017 年修订）也强调了证券交易所及其工作人员未能履行所谓

---

〔1〕 季奎明：《金融市场基础设施自律管理规范的效力形成机制》，载《中外法学》2019 年第 2 期。

〔2〕 参见卢文道：《证券交易所及其自律管理行为性质的法理分析》，载《证券法苑》2011 年第 5 卷。

〔3〕 卢文道：《证券交易所及其自律管理行为性质的法理分析》，载《证券法苑》2011 年第 5 卷。

〔4〕 2017 年，时任证监会主席的刘士余在深圳交易所 2017 年会员大会上的致辞提及：“《证券法》第 118 条（新《证券法》第 115 条）规定，证券交易所依照证券法律、行政法规制定上市规则、交易规则、会员管理规则和其他有关规则，并报国务院证券监督管理机构批准。我理解，这一条实质是赋予了交易所通过制定规则对市场进行‘全方位’监管的权力。”中国证券监督管理委员会：《刘士余主席在深圳证券交易所 2017 年会员大会上的致辞》，网址：http：//www. csrc. gov. cn/shanxi/xxfw/sxgzjx/201704/t20170418_ 315309. htm，最后访问时间：2020 年 3 月 5 日。

〔5〕 陈某诉上海证券交易所、中国证券登记结算上海分公司暂缓交收虹桥机场转债侵权案，广东省汕头市中级人民法院（2005）汕中法民二终字第 102 号民事判决书，转引自卢文道、陈亦聪：《证券交易异常情况处置的原理及其运用——兼谈我国〈证券法〉相关制度的完善》，载《证券法苑》2011 年第 5 卷。

的“契约性权力”将受到法律制裁，而仅非民事责任。[1]

同时，即使针对“行政权力授予”与“固有权利”完全重合的监管职能，“对固有权利确认”的解释路径也仅具有有限的解释力。此时，立法授权的重要性在于直接填补了合同无法明确约定的权力让渡。比如《证券法》（2019年修订）第115条第2款明确规定了关于纪律处分或其他自律管理措施的监管权力。虽然契约可以成为该监管职能的权力来源之一，但是证券交易所在是否采取纪律处分、采取何种自律管理措施之间必然具有自由裁量的空间。依托于契约权利或合同解释并不能为自由裁量的路径、考量因素提供充分正当性，尤其是在《证券法》（2019年修订）明确以社会公共利益为先的原则之下。更为关键的是，该等“惩罚性措施”具有巨大的外部性，进而可能导致非契约相对人发起民事诉讼。此时，明确的法律授权使得证券交易所监管行为对非契约相对人亦具有正当性，从而为民事责任豁免提供充分的正当性基础。当然，相比于原《证券法》的监管格局，异常交易情况决定权、惩戒规则制定权亦可视为证监会的部分监管职能向交易所转移，从而具有纯粹的行政性和公权力特征。[2]

此外，注册制改革背景下，证监会实施形式审查，而交由证券交易所按照特定的上市标准进行审核，即上市审核吸收注册审核。[3]从上交所针对科创板发行予以上市审核的实践情形而言，该等实质审核关涉发行人行业、业务、财务、公司治理等方面。[4]由此引发的第一个问题在于交易所的发行注册审核是否属于自律监管的权能范围抑或行政许可？[5]一种回答系认为其属于“受监管的自律监管”，既可认定为“权力”，亦可理解为双方民事法律关系的前端延伸而视为对既有“权利”的确认。[6]笔者认为，在双方民事关系的前端延伸中，证券交易所的民事权利无非是

---

〔1〕《证券交易所管理办法》（2017年修订）第86条：“证券交易所会员、证券上市交易公司违反法律、行政法规、部门规章和证券交易所章程、业务规则的规定，并且证券交易所没有履行规定的监督管理责任的，中国证监会有权按照本办法的有关规定，追究证券交易所和证券交易所有关理事、监事、高级管理人员和直接责任人的责任。”

〔2〕参见甘培忠、张菊霞：《IPO注册体制下证券监管机构的功能调整——从证监会和交易所分权视角观察》，载《法律适用》2015年第7期。

〔3〕参见陈洁：《科创板注册制的实施机制与风险防范》，载《法学》2019年第1期。

〔4〕参见上海证券交易所：《上交所就首轮问询及回复情况答记者问》，网址：http://www.sse.com.cn/aboutus/mediacenter/hotandd/c/c_20190423_4779514.shtml，最后访问时间：2020年3月5日；上海证券交易所：《上交所就科创板发行上市审核问询回复进展情况答记者问》，网址：http://www.sse.com.cn/aboutus/mediacenter/hotandd/c/c_20190514_4818181.shtml，最后访问时间：2020年3月5日。

〔5〕参见冷静：《注册制下发行审核监管的分权重整》，载《法学评论》2016年第1期。

〔6〕参见卢文道、谭婧：《交易所审核新股发行注册是行政许可吗?》，上海证券交易所法律部内部研究报告，2014年1月23日，转引自冷静：《注册制下发行审核监管的分权重整》，载《法学评论》2016年第1期。

选择签约与否，该等权利在法律约束和行政的全方位监督之下，直接视为公权力并无不妥；这也说明证券交易所在审核阶段、日常监管过程的自主性强弱有所不同。同时，发行注册制引发的担心在于证券交易所在市场扩容诱导和竞争压力促使以及注册制本身的宽容姿态鼓励下可能发生“故意的疏忽”，让不适格公司进入市场。[1]该种担心在《证券法》（2019 年修订）下直接体现在强调自律管理以社会公共利益为先的原则，反过来加强了证券交易所的公权力属性。

（三）重新审视自律监管的双重属性

依据上述解读，笔者认为，基于证券交易所监管行为的柔性色彩，强调其自律管理组织的地位具有实际意义。但是在公、私属性的判断始终未能达成理论共识的情况下，不如以目的为导向，将证券交易所在实质上视为新型行政主体或“准公共管理主体”，自律监管行为原则上可以受到行政机制，尤其是行政诉讼的约束，除非证券交易所举证推翻。毕竟，即使在契约约定范围内，如采取惩戒措施的权利，对相对人具有重要性而仍应受到行政机制约束；[2]而在契约权利及行政具体授权均尚未涵盖的范围，也可视为概括性授权而采取监管措施，并接受行政诉讼检视。

同时，基于对证券交易所自律特质的保留，构建司法介入机制的重要性得以进一步彰显。证券交易所自律监管系相对于行政控制而言，在弱化行政权力“大包大揽”的发展背景下，兼具权威性、公信力且始终保持谦抑的司法权具有不可或缺的作用。而在具体责任机制的认定上，基于对自律属性的尊重而予以放松，包括对正当程序要求降低、对自由裁量权的认定予以放松以及允许证券交易所在毫无上位法依据情形下，可以通过契约超越上位法获得更多监管权限。但是在我国证券交易所发展路径下，该等“自律特质”之保留与其认定为来源于“私权利主体”的性质，不如视为立法政策的选择结果。

综上，有必要在《证券法》（2019 年修订）实施以及注册制全面铺开的背景下重新审视证券交易所的自律管理地位。在证券交易被委以重任的关键时刻，《证券法》（2019 年修订）一方面为证券交易所作为“一线监管者”的职能进行了配套的立法授权；另一方面又试图严防死守，强调其履行职责的原则在于服务社会公共利益，反过来加强了证券交易所的公权力属性。当然，随着该等一线监管职能的确立，对于证券交易所适当约束的呼吁不仅局限于学者领域之内，市场主体的权利意

---

〔1〕 参见甘培忠、张菊霞：《IPO 注册体制下证券监管机构的功能调整——从证监会和交易所分权视角观察》，载《法律适用》2015 年第 7 期。

〔2〕 参见张红：《证券交易所的会员管理行为及其救济途径》，载《华东政法大学学报》2017 年第 6 期。

识亦会被激发和培育，从而对交易所提出新的考验。[1]

二、抽丝剥茧：针对已有实践的全面解读

在立足于《证券法》（2019 年修订）项下讨论证券交易所监管行为的司法介入机制之前，有必要对现有实践情形予以梳理。现行实践中，首先，现有司法实践彰显了诉讼机制选择问题。原告任意性地选择行政诉讼或民事诉讼路径起诉证券交易所，而法院也并未对此“较真”。[2]但是两种路径下的裁判内容具有重合性和内在一致性，从而导致证券交易所责任制度始终处于一团迷雾之中，并且反过来使得对证券交易所自律管理职能和自律管理权力基本性质等本体性问题的认定更为混乱。[3]但是该问题蕴含在后两个层面的具体解读之中，下文不再单独予以论述。其次，司法介入不足，主要体现在最高院司法解释对于受案范围的限制，从而导致了对证券交易所的过度保护。最后，民事诉讼中对于责任要件的认定、行政诉讼未能发挥有效监督作用的现状均具有值得反思之处。

在上交所、深交所以及全国中小企业股份转让系统有限责任公司（以下简称全国股转公司）被诉案例之中，经由公开渠道可检索到 2005 年及之后发生的 34 则案例，其中 21 则为民事诉讼，13 则为行政诉讼。以下在该等案例范围内予以解读。

（一）证券交易所可诉性分析

2005 年发布的《最高人民法院关于对与证券交易所监管职能相关的诉讼案件管辖与受理问题的规定》针对证券交易所的诉讼分别规定了指定管辖、证明列举具有可诉性的案件和反面规定“不直接涉及投资者利益”的案件不具有可诉性。[4]设置该标准是为了防止引发滥诉，“过重的监管诉讼风险将削弱交易所进行监管活动的积极性”。[5]。

---

〔1〕参见吴伟央：《证券交易所自律管理的正当程序研究》，中国法制出版社 2012 年版，第 180 页。

〔2〕参见徐明、卢文道：《证券交易所自律管理侵权诉讼司法政策——以中美判例为中心的分析》，载《证券法苑》2009 年第 1 卷。

〔3〕参见徐明、卢文道：《证券交易所自律管理侵权诉讼司法政策——以中美判例为中心的分析》，载《证券法苑》2009 年第 1 卷。

〔4〕《最高人民法院关于对与证券交易所监管职能相关的诉讼案件管辖与受理问题的规定》（法释〔2005〕1 号）第 3 条规定：“投资者对证券交易所履行监管职责过程中对证券发行人及其相关人员、证券交易所会员及其相关人员、证券上市和交易活动做出的不直接涉及投资者利益的行为提起的诉讼，人民法院不予受理。”

〔5〕李伟：《〈关于对与证券交易所监管职能相关的诉讼案件管辖与受理问题的规定〉的理解与适用》，载《人民司法》2005 年第 6 期。

该等司法管辖豁免的规定被同时适用于民事、行政诉讼之中，但是被指定管辖的上海法院和广东地区法院宽严不一。一方面，广东地区法院充分利用前述司法解释，弹性解释“不直接涉及投资者利益”之概念，将相应民事、行政诉讼拒之门外；另一方面，上海法院前后态度有所改变。例如，在权证系列纠纷案之中，上海法院从拒绝受理到进行实体审判，甚至在邢某案中直面原告适格争议，以上位法《民法通则》并未对侵权之诉的原告作出任何限制的裁判理由，对该类案件的可诉性予以认可。[1]

表 1 法院对起诉证券交易所的诉讼不予受理、驳回起诉的情况[2]

案件简称	诉讼类型	涉案交易所	裁判结果	裁判理由
王某奇案[3]	行政诉讼	深交所	驳回起诉	深交所作出处罚决定不直接涉及投资者利益
王某华案[4]	民事诉讼	深交所	驳回起诉	深交所制定的《债券市场投资者适当性管理办法》并不直接涉及上诉人王某华的利益
陈某案[5]	民事诉讼	深交所	驳回起诉	深交所核准涉案债券上市的处理决定不直接涉及投资者利益
赖某龙案[6]	行政诉讼	深交所	驳回起诉	深交所监管上市公司未直接涉及赖某龙作为投资者的利益
上海顺泰案[7]	行政诉讼	深交所	不予受理	深交所对上市公司违法行为进行查处不会直接涉及投资者的利益
陈某青案[8]	行政诉讼	深交所	驳回起诉	深交所同意上市公司发布《关于公司股票停牌暨可能将被终止上市的风险提示性公告》并不直接涉及投资者利益

---

〔1〕参见宋航：《权证纠纷的司法审查——权证案件审判评析及展开》，载《证券法苑》2012 年第七卷。

〔2〕本文表格以裁判日期由近及远的方式列示案例。

〔3〕王某奇与深圳证券交易所案，广东省深圳市中级人民法院（2019）粤 03 行初第 139 号行政裁定书。

〔4〕王某华、华安证券有限责任公司芜湖新芜路营业部证券交易合同纠纷案，安徽省芜湖市中级人民法院（2017）皖 02 民再第 12 号再审民事裁定书。

〔5〕陈某与深圳证券交易所等证券纠纷上诉案，广东省高级人民法院（2014）粤高法立民终字第 1443 号民事裁定书。

〔6〕赖某龙因诉深圳证券交易所侵犯交易权和知情权行政纠纷案，广东省高级人民法院（2014）粤高法行终字第 768 号行政裁定书。

〔7〕上海顺泰创强实业有限公司等与深圳证券交易所不履行法定职责行政纠纷上诉案，广东省高级人民法院（2013）粤高法行终字第 232 号行政裁定书。

〔8〕陈某青与深圳证券交易所案，广东省深圳市中级人民法院（2018）粤 03 行初第 170 号行政裁定书。

续表

案件简称	诉讼类型	涉案交易所	裁判结果	裁判理由
陈甲案[1]	行政诉讼	上交所	不予受理	上交所核准创设权证行为与投资者之间不存在直接利害关系
徐某案[2]	民事诉讼	上交所	不予受理	在虚假陈述民事纠纷中，未提交行政处罚决定书或刑事判决书

结合现有案例，投资者主要采用民事诉讼途径以期获得证券交易所的赔偿。由于证券交易所的监管行为无处不在，前述司法政策的确有利于防止证券交易所时刻处于被大量投资者围攻的风险之中。但是在《证券法》（2019年修订）项下，值得检讨此种司法政策的妥适性：第一，“不直接涉及投资者利益”这一概念本身的抽象性和弹性空间使得法院可以恣意判断，可能导致只要证券交易所未直接对投资者作出具体监管行为，均可否认原告适格性的严苛后果。在证券交易所监管行为亟待监督的背景下，该等司法政策成为法院畏缩不前的借口，不利于良性的司法介入机制构建。第二，《证券法》（2019年修订）尝试构建了民事责任豁免机制，其系法律责任之豁免而非司法管辖之豁免，不仅具有对前述司法政策的替代作用，而且能借由实体审判方式更好地定分止争；即使在尚未构建民事责任豁免的监管领域之中，郭某案确定相对豁免机制的裁判思路亦可予以参考。[3]第三，《证券法》（2019年修订）新增先行赔付制度、证券调解制度、集团诉讼制度，司法实践中已经开展的“示范判决”制度，均可适用于该等诉讼以防止对法院造成过重负担。第四，刑某案提供的有益经验在于，“不直接涉及投资者利益”在民事侵权诉讼中的本质系

---

[1] 陈甲诉上海证券交易所核准武钢认沽权证创设纠纷案，上海市第一中级人民法院（2005）沪一中受初自第19号行政裁定书，转引自徐明、卢文道：《证券交易所自律管理侵权诉讼司法政策——以中美判例为中心的分析》，《证券法苑》2009年第1卷。

[2] 徐某诉上海证券交易所等财产损害赔偿纠纷案，上海市第一中级人民法院（2010）沪一中受初字第4号民事裁定书。

[3] 郭某案系光大证券股份有限公司由于系统故障自动巨量买入180ETF成分股，并带动了沪市指数的整体暴涨。所以为了对冲之前巨额误买的损失，光大证券股份有限公司当日改用卖空股指期货合约、转换并卖出ETF对冲风险。对此，郭某起诉认为被告上交所、中国金融期货交易所股份有限公司在明知出现异常交易及内幕交易的情况下，未及时发布提示性或警示性公告，上交所并发布公告称市场交易正常，导致投资者判断失误，未适当履行监管职责，且有误导市场之嫌，亦具有过错，应就郭某当日下午的交易损失与光大证券公司共同承担赔偿责任。法院最终认定，证券交易所、期货交易所的法律性质为证券自律管理组织，在行使法定自律监管职权时，若其行为的程序正当、目的合法，且不具有主观故意，则交易所不应对投资者损失承担民事侵权责任。参见郭某诉光大证券股份有限公司、上海证券交易所、中国金融期货交易所期货内幕交易责任纠纷案，上海市第一中级人民法院（2013）沪一中民六（商）初字第30号（《最高人民法院公报》2018年第12期）。

考量因果关系成立与否；但是该案的警示也在于“不直接涉及投资者利益”在侵权认定中可能异化为直接、必然的因果关系认定〔1〕，而该等因果关系认定标准已经被现代侵权法责任体系彻底抛弃。

在行政诉讼可诉性层面，《行政诉讼法》第2条及《最高人民法院关于适用〈中华人民共和国行政诉讼法〉的解释》第11条分别以“合法权益”与“有利害关系”对原告资格进行限制。〔2〕但是最高院于2017年刘某案就原告适格问题提出更为明确的认定标准，要素之一系“原则上限于公法上的利害关系，除非有法律上特别规定的情形，才有可能向私法领域拓展”。〔3〕。这一标准也被理论所支持。〔4〕据此，参与证券交易的投资者在私法利益受损，但是并未被证券交易所自律监管行为直接或间接针对的情况下，难以构成行政诉讼层面的适格原告。笔者认为，在行政诉讼层面的此种限制并不会过度损及投资者利益：第一，这符合投资者倾向于借由民事诉讼实现赔偿诉求的实践情形；第二，针对退市决定、纪律处分等监管措施的行政诉讼，相比于上市公司本身，投资者既欠缺举证能力，又无法应对行政判决生效的后续处理；第三，结合后文论述，在民事诉讼中形式审查自律监管行为的合法性并无实质障碍。因此参考刘某案对原告适格问题的限制并无不妥。但是前述司法政策显然不能影响上市公司等“自律监管行为”相对人主张行政诉讼的救济。

综上，应当修改最高院对于投资者起诉证券交易所的起诉限制，回归一般的民事侵权诉讼对于原告资格的要求，并借由《证券法》（2019年修订）项下民事责任

---

〔1〕刑某案审理法官对因果关系认定标准呈现出前后不一的观点，其在该案裁判后又撰文述及：“确定侵权责任一般也应满足责任范围上因果关系的判断标准。责任范围的因果关系采用的是相当性理论，即损害与责任之间具有相当性。”宋航、张文婷：《证券交易所自律监管行为正当性的司法审查标准》，载《人民司法》2011年第4期。

〔2〕《中华人民共和国行政诉讼法》第2条第1款规定：“公民、法人或者其他组织认为行政机关和行政机关工作人员的行政行为侵犯其合法权益，有权依照本法向人民法院提起诉讼。”第25条第1款规定：“行政行为的相对人以及其他与行政行为有利害关系的公民、法人或者其他组织，有权提起诉讼。”《最高人民法院关于适用〈中华人民共和国行政诉讼法〉的解释》第12条规定：“有下列情形之一的，属于行政诉讼法第25条第1款规定的‘与行政行为有利害关系’：……（三）要求行政机关依法追究加害人法律责任的；（四）撤销或者变更行政行为涉及其合法权益的……”

〔3〕刘某与张家港市人民政府行政复议再审案，最高人民法院第三巡回法庭（2017）最高法行申第169号行政裁定书

〔4〕该因素被认为系“保护规范说”的认定要素之一，比如日本最高法院认定行政诉讼原告适格采用如下基本框架：第一，为原告资格提供基础的是“实体法上的权利利益”；第二，为原告资格提供基础的是“行政法规范所保护的权利利益”，因而在理论上就是与私法上权利利益对置的“公法上的权利利益”；第三，对于具有原告资格者的范围要有某种限定。王贵松：《行政法上利益关系的判断基准——黄某军等人不服金华市工商局工商登记行政复议案评析》，载《交大法学》2016年第3期；章剑生：《行政诉讼原告资格中“利害关系”的判断结构》，载《中国法学》2019年第4期。

豁免机制减轻证券交易所的民事责任。否则，过于严苛的受案标准将会导致如下不良后果：一是在直接影响上，无法发挥司法回应社会需求的功能；[1]二是在投资者救济无门之时，质疑与纷争只是被搁置而非解决，反而降低对证券交易所公正性、独立性、权威性的信任，不利于证券交易所的长期发展；三是虽然进入司法程序的案例颇为少见，但是我们无法获知有多少投资者因为“直接涉及投资者利益”标准不清而望而却步，无法获得有效救济。

（二）民事诉讼项下的司法介入解读

证券交易所可能涉及的民事诉讼包括侵权之诉和违约之诉两种类型，但是实践中一般均呈现为侵权之诉，仅有1则“投资者诉证券公司、上交所承担违约责任”的案例。该案例中，投资者认定上交所未尽监管职责构成共同违约，并无任何法律依据。[2]理论上看，证券交易所与上市公司签署的上市协议固然可以构成违约之诉的基础，深交所《上市协议》规定了仲裁管辖亦予以佐证。[3]但是上市公司仍会选择行政诉讼的方式表达诉求。[4]这是因为上市公司的首要诉求多表现为撤销退市决定等，与行政诉讼矫正违法行为的制度功能更为契合；并且，上市协议与监管内容高度重合，即使在民事审判中，仍要回到对具体监管规则和监管行为的合法性判断上。而关于交易所的会员管理行为引发的纠纷，并无实践案例可供参考，仅有学者认为对会员具有“重要性”的权利可诉诸行政诉讼。[5]但是在我国语境下，鉴于上述情形鲜有发生，以下着重于对投资者诉请情形的分析。

首先，在21则民事诉讼案例中，19则案例系投资者诉请证券交易所承担侵权责任的案例，且无1则判令证券交易所承担责任。同时，在案件类型上，下述案例分别关涉业务规则制定违法、违规批准交易，以及未尽到日常监管职责三种类型，并且金融创新领域中的权证纠纷占比最重。因而，也有学者基于金融创新的需求与

---

〔1〕 参见韩朝炜：《证券交易所自律管理的司法介入》，载《人民司法》2015年第5期。

〔2〕 王某媛与中山证券有限责任公司等证券交易合同纠纷上诉案，上海市高级人民法院（2011）沪高民五（商）终字第1号民事判决书。

〔3〕《深圳证券交易所证券上市协议》（2018年修订版）第16条规定：“甲方建立自律监管内部救济制度，保障乙方根据甲方的业务规则的规定，就甲方有关重大自律监管决定行使听证、复核等权利。与本协议有关或因执行本协议引起的一切争议及纠纷，双方同意采用以下方式（A或B，二选一）予以解决：A. 向有管辖权的人民法院提起诉讼；B. 提交深圳国际仲裁院在深圳仲裁。”但是并未经由公开渠道检索到相关的仲裁纠纷。

〔4〕 经由公开渠道检索，关于上市公司起诉证券交易所的民事诉讼，仅检索到1则撤诉裁定书，广西慧球科技股份有限公司与深圳市瑞莱嘉誉投资企业（有限合伙）、上海证券交易所损害公司利益责任纠纷案，深圳市福田区人民法院（2016）粤0304民初第25409号民事裁定书。

〔5〕 参见张红：《证券交易所的会员管理行为及其救济途径》，载《华东政法大学学报》2017年第6期。

争议高发性主张民事责任豁免机制的必要性。[1]具体诉讼情形可概括如下：

表 2　投资者起诉证券交易所的民事诉讼案件

案件简称	涉案交易所	交易所违法行为（原告诉称）	裁判结果	裁判理由
王某华案[2]	深交所	业务规则《债券市场投资者适当性管理办法》限制投资者自由买卖证券的权利	驳回起诉	深交所制定的《债券市场投资者适当性管理办法》并不直接涉及上诉人王某华的利益
陈某案[3]	深交所	违规批准"11 超日债"上市交易	驳回起诉	深交所核准涉案债券上市的处理决定不直接涉及投资者利益
郭某案[4]（公报案例）	上交所	在明知异常交易及内幕交易时，未及时发布提示或警示性公告	驳回诉讼请求	程序正当、目的合法，且不具有主观恶意
张某案 1[5]	上交所	上交所允许和实施超股本创设权证问题	驳回诉讼请求	上交所并未违反相关业务规则
张某案 2[6]	上交所	对赣粤权证最后交易日的审核存在过错；擅自批准赣粤权证变更行权单位数量	驳回诉讼请求	上交所未尽必要的形式审查义务，确有过错；但是与投资者行权损失之间不存在因果关系
李某案[7]	上交所	证券公司限制客户买入系争权证，上交所监管失职	驳回诉讼请求	上交所未尽监管职责
王某案[8]				

[1] 参见蔡伟：《我国证券（期货）交易所的民事责任豁免探讨——基于金融创新的视角》，载《证券市场导报》2011 年 8 月。

[2] 王某华、华安证券有限责任公司芜湖新芜路营业部证券交易合同纠纷，安徽省芜湖市中级人民法院（2017）皖 02 民再第 12 号再审民事裁定书。

[3] 陈某与深圳证券交易所等证券纠纷上诉案，广东省高级人民法院（2014）粤高法立民终字第 1443 号民事裁定书。

[4] 郭某诉光大证券股份有限公司、上海证券交易所、中国金融期货交易所期货内幕交易责任纠纷案，上海市第一中级人民法院（2013）沪一中民六（商）初字第 30 号民事判决书（《最高人民法院公报》2018 年第 12 期）。

[5] 张某与上海某交易所、某证券股份有限公司证券欺诈责任纠纷上诉案，上海市高级人民法院（2012）沪高民五（商）终字第 23 号民事判决书。

[6] 张某与某交易所、某证券有限责任公司、某证券股份有限公司、某高速公路股份有限公司证券欺诈责任纠纷上诉案，上海市高级人民法院（2012）沪高民五（商）终字第 29 号民事判决书。

[7] 李某与国泰君安证券股份有限公司衡阳雁城路证券营业部、国泰君安证券股份有限公司、上海证券交易所证券交易代理合同纠纷案，上海省高级人民法院（2009）沪高民二（商）终字第 62 号民事判决书。

[8] 王某与国泰君安证券股份有限公司、国泰君安证券股份有限公司衡阳雁城路证券营业部证券交易代理合同纠纷上诉案，上海高级人民法院（2010）沪高民五（商）终字第 31 号民事判决书。

续表

案件简称	涉案交易所	交易所违法行为（原告诉称）	裁判结果	裁判理由
胡某案[1]	上交所	上交所业务规则违法，进而权证创设亦无法律依据	驳回诉讼请求	权证创设行为，系证券交易所根据国务院证券监管部门批准的业务规则作出的履行自律监管行为
孙某案[2]				
贺某案[3]				
钟某案[4]				
曲某案[5]				
陈某案[6]	上交所	对赣粤权证最后交易日的审核具有过错	驳回诉讼请求	即使上交所未尽必要的形式审查，确有过错；但是与投资者行权损失之间不存在因果关系
卢某案[7]	上交所	上交所未尽信息披露监管职责，且给予券商自动解冻权证创设抵押物为错误行为	驳回诉讼请求	其在制定权证交易规则、向交易所会员及投资者揭示权证交易风险等方面均符合法定程序，无过错
徐某[8]	上交所	上交所未尽信息披露监管之责	不予受理	在虚假陈述民事纠纷中，未满足前置要件
邢某案[9]	上交所	上交所违规审核权证创设	驳回诉讼请求	权证创设行为，系证券交易所根据国务院证券监管部门批准的业务规则作出的履行自律监管行为

〔1〕胡某与上海证券交易所等金融衍生品种交易纠纷上诉案，上海市高级人民法院（2011）沪高民五（商）终字第5号民事判决书。

〔2〕孙某与中国银河证券股份有限公司烟台证券营业部等证券交易所证券欺诈赔偿纠纷上诉案，上海市高级人民法院（2011）沪高民五（商）终字第7号民事判决书。

〔3〕贺某与国信证券股份有限公司、国信证券股份有限公司广州东风中路证券营业部、上海证券交易所财产损害赔偿纠纷上诉案，上海市高级人民法院（2010）沪高民五（商）终字第8号民事判决书。

〔4〕钟某与国信证券股份有限公司、海通证券股份有限公司等财产损害赔偿纠纷上诉案，上海市高级人民法院（2009）沪高民二（商）终字第65号民事判决书。

〔5〕曲某与中国银河证券股份有限公司烟台证券营业部等证券交易所证券欺诈赔偿纠纷上诉案，上海市高级人民法院（2011）沪高民五（商）终字第8号民事判决书。

〔6〕陈某与海通证券股份有限公司、上海证券交易所证券欺诈责任纠纷上诉案，上海市高级人民法院（2010）沪高民五（商）终字第60号民事判决书。

〔7〕卢某与上海证券交易所等权证交易侵权赔偿纠纷上诉案，上海市高级人民法院（2010）沪高民五（商）终字第10号民事判决书。

〔8〕徐某诉上海证券交易所等财产损害赔偿纠纷案，上海市第一中级人民法院（2010）沪一中受初字第4号民事裁定书。

〔9〕邢某诉上海证券交易所权证交易侵权纠纷案，上海市高级人民法院（2009）沪高民二（商）字第41号民事裁定书。

续表

案件简称	涉案交易所	交易所违法行为（原告诉称）	裁判结果	裁判理由
陈某案[1]（公报案例）	上交所	上交所对案涉信息披露未尽监管职责	驳回诉讼请求	上交所履行了法定的监管职责，不存在过错
高某案[2]				
虹桥机场案[3]	上交所	无业务规则时采取暂缓交收措施违法	驳回诉讼请求	原告起诉超过诉讼时效

上述案例中，在同样关涉业务规则制定的案例中，如胡某案之中，在原告诉称上交所相关业务规则背离上位法之时，法院对此予以回应，并认定权证创设行为的合法性；而如王某华案通过驳回起诉规避了对业务规则合法性的审查。又如于1997年发生的327国债期货尾市交易无效侵权案中，法院将上交所决定视为行政行为，进而否定原告以民事侵权赔偿起诉的正当性，不予受理。[4]这些案例引发了这样一个疑问：若认可监管行为具有行政属性之时，能否在民事争议中审查监管行为的合法性？一种可能的回答系自律监管行为并非行政行为，故可在民事诉讼中予以审查；但是在法律授权的自律监管行为被普遍认为可以纳入行政诉讼的背景下，前述回答的充分性有所欠缺。因此，在《证券法》（2019年修订）对核心监管权力予以明确授权并规定自律管理原则以强化公共机构属性的背景下，有必要对该问题进行回答以厘清上述案件是否存在诉讼机制选择不当。

对此，笔者认为可以参考民事诉讼中审查行政行为的处理方式。在行政法领域中，就该问题存在三种理论主张，分别是无权审查论、规避审查论和有权审查论。[5]相比于“一刀切”的做法，更为妥善的做法在于综合多种考量因素。第一，若案涉情形已经提起行政复议或行政诉讼，为了防止同案不同判，应依申请或依职权中止民事诉讼，等待行政争议最终解决。第二，若案涉情形尚未提出行政复议或

---

〔1〕 陈某诉广东省机场管理集团公司、广州某国际机场股份有限公司、上海证券交易所侵权纠纷案，《最高人民法院公报》2008年第12期（总第146期）。

〔2〕 高某诉广东省机场集团管理公司、广东白云国际机场股份有限公司、上证所违反信息披露义务侵权案，上海市高级人民法院（2008）沪高民二（商）终字第6号民事判决书，转引自徐明、卢文道：《证券交易所自律管理侵权诉讼司法政策——以中美判例为中心的分析》，载《证券法苑》2009年第1卷。

〔3〕 陈某诉上海证券交易所、中国证券登记结算上海分公司暂缓交收虹桥机场转债侵权案，广东省汕头市中级人民法院（2005）汕中法民二终字第102号民事判决书，转引自卢文道、陈亦聪：《证券交易异常情况处置的原理及其运用——兼谈我国〈证券法〉相关制度的完善》，载《证券法苑》2011年第5卷。

〔4〕 徐明、卢文道：《证券交易所自律管理侵权诉讼司法政策——以中美判例为中心的分析》，载《证券法苑》2009年第1卷。

〔5〕 江伟、范跃如：《民事行政争议关联案件诉讼程序研究》，载《中国法学》2005年第3期。

行政诉讼，且不适用行政复议前置程序的背景下，应予考量对于证券交易所自律监管行为的审查深度。[1]对比现有民事诉讼与行政诉讼，其中对于证券交易所监管行为合法性的审查具有高度重合性，均采纳形式审查，比如胡某案在审查业务规则合法性时，仅考量其是否具备立法授权和事前批准程序，而未对实质内容进行审查。该等较浅的合法性审查强度是基于证券交易所立法授权与专业知识的完备性。[2]因此，在民事审判中一并审查相应监管行为并不存在实质法律障碍。第三，如前文所述，投资者向证券交易所提出行政诉讼存在当事人适格的障碍，进而基于保护当事人权利、维护公正的现实考虑，应当对该行政行为进行附带审查并无不妥。[3]当然，基于民事诉讼目标不在于撤销或更正行政行为，因此前述对自律监管行为的合法性审查仅具有公信力，而非公定力。

基于前述理解，证券交易所的民事责任判断与行政行为的审查产生了内在一致性。[4]比如郭某案之中，法院认定证券交易所的相关行为符合“程序正当、目的合法，且不具有恶意”的特征，进而不应因其自律监管行为承担民事侵权责任。但需要注意，证券交易所的民事侵权责任并非仅依赖于行政法判断；证券交易所的民事侵权责任是否成立仍应回到一般的侵权责任原理本身，即对行为、损害、因果关系、过错等要件予以论证。

在侵权责任构成要件上，由于当事人对纠纷性质认定模糊，而法院并未较真的情况下，诸多案件对证券交易所的责任认定并未清晰地归入侵权责任之下并一一解读构成要件；仅有少数案件明晰了纠纷性质，并侧重于对因果关系要件和过错要件的论证。

首先，在因果关系的论证之中，如陈某案、张某案 2 均认定上交所虽然未尽到形式审查义务，但是与投资者损失之间不具有因果关系，但是该等案例并未明确因果关系的认定标准。刑某案则直接阐明适用“必然的、直接的因果关系”。应该认为，该因果关系认定标准背离了现代侵权责任法体系的立法趋势，且在法律认定中无法实现，毕竟侵权因果关系的认定本质系法官在个案情境中依据法律规范、立法意旨、经验、常识等作出主观决断的结果。[5]因此，结合邢某曾不断上访造成司法压力的案件背景，该等因果关系认定更多地服务于个案中帮助证券交易所豁免民事责任，而不能构成通用的因果关系认定标准。本文认为，基于一般的侵权责任法原

---

〔1〕方世荣、羊琴：《论行政行为作为民事诉讼先决问题之解决》，载《中国法学》2005 年第 4 期。
〔2〕俞祺：《正确性抑或权威性：论规范效力的不同维度》，载《中外法学》2014 年第 4 期。
〔3〕何海波：《行政行为对民事审判的约束力》，载《中国法学》2008 年第 2 期。
〔4〕宋悦：《证券交易所监管行为的司法介入研究》，北京大学法学院 2019 年硕士论文，第 23 页。
〔5〕程啸：《侵权责任法》，法律出版社 2015 年版，第 226～227 页。

理采纳相当性因果关系认定标准亦可，该等因果关系认定在构建完善民事责任豁免机制之下并无不妥。

其次，在“过错”要件的认定上，同样在陈某案以及张某案2中，法院认定上交所未尽到对权证创设的形式审查义务，即存在过错；从而再次彰显了民事责任认定与监管行为合法性审查的高度一致性，这也为《证券法》（2019年修订）以“重大过错”划定民事责任豁免边界奠定实践基础。此外，郭某案建立了针对证券交易所的相对责任豁免机制，即证券交易所的自律监管行为在“程序正当、目的合法，且不具有主观恶意”的背景下不承担民事责任，其与《证券法》（2019年修订）规定的“重大过错责任”是否一致有待本文第三节予以分析。

（三）行政诉讼项下的司法介入解读

1. 行政路径的理论图景与现实图景

行政诉讼介入的理论图景系构建内部救济用尽原则，行政诉讼有限介入自律监管，但是该等理论图景是否具备实现条件有待商榷。

内部救济用尽原则包括两层含义：一是对证券交易所监管行为不服时，要首先在交易所内部提出申诉。不经过此程序，不得向证监会申请复议；二是证监会的行政复议程序前置于法院诉讼程序。[1]该等前置程序并不仅仅是对“穷尽行政救济”原则的简单复制，其始终落脚于证券市场具有专业性、复杂性、变化性等特征，而证券交易所、证监会始终处于该等各种利益、权力直接交锋的地带，相比于法院更占优势。

但是在我国制度语境下，虽然《证券法》（2019年修订）已然实施，但是“内部救济用尽原则”不仅未能在法律层面构建，配套制度亦严重缺位。首先，关于证券交易所的内部救济机制。如本文开篇所述，上交所和深交所出台或修订了一系列改善内部正当程序的规则，但是运行实效有待考量。[2] 比如听证程序中，其核心在于听取当事人申辩，但是上交所规定当事人的申辩、陈述以及听证会议记录均仅具有“参考”作用。同时，以上市决定复核程序为例，由于证券交易所在核准制下并无实质话语权，致使该等复核机制并未充分被实践检验，例如，截至2014年，深交所上市复核委员会仅处理过一单申请复核的案例。[3]对此，笔者认为，既然该等程序系仿照行政行为，并且自律监管的内部审核机制被置于解决纠纷的第一步，其

[1] 卢文道：《美国法院介入证券交易所自律管理之政策脉络》，载《证券市场导报》2007年7月。

[2] 参见《上海证券交易所自律管理听证实施细则》第21条。

[3] 陈斌、曾斌：《注册制背景下交易所上市审核内部救济体制的完善》，载《证券法苑》2014年第12卷。

在制度构建上应主动向行政机关的听证及复核机制靠拢。

在注册制背景下，上交所已经专门针对科创板注册制完善了相应内控机制，包括对不予受理或者终止审核决定申请复审；对相应纪律处分或监管措施申请事前听证和事后复核等机制。[1]但是在证券交易所上市审核权威逐步建立的过程中，上述程序均有待经受实践检验。并且，对该等复核机制的质疑在于救济渠道过于单一，[2]可能遭受与“行政复议自我管辖”同等问题，因此必须进一步设置有效机制防止复审、复核不公平、不公正。[3]

其次，虽然我国早在 1990 年的《上海证券交易所交易市场业务试行规则》第 259 条规定了针对证券交易所监管决定的复议程序，并被 1993 年正式发布的《上海证券交易所交易市场业务规则》所接纳。[4]但是 2010 年发布的《中国证券监督管理委员会行政复议办法》却切断了前述救济路径，其第 8 条明确规定“证券、期货交易所或证券、期货业协会依据自律规则，对公民、法人或其他组织作出的决定”不属于行政复议的范围。最新修订的《证券交易所管理办法》（2017 年修订）亦未规定该等事后救济渠道。因此，在注册制使得证监会侧重事后监督时，上述渠道应当尽快重启。

并且，在注册制背景下，除了事后监督渠道不畅通之外，证监会的事中监督实效亦受到怀疑。在当下的注册制改革方案中，证监会应对交易所的审核通过决定最后把关。但是证监会注册审核仅有 10 天的消化和决策时间，又没有渠道审核证券交易所不予通过的决定。[5]进而，证监会能否充分遏制证券交易所的寻租行为和道德风险均有待观望。

因此，在《证券法》（2019 年修订）向证券交易所下放监管权力的同时，证券交易所应当积极构建内部救济机制，证监会应当充分行使事中、事后监督权以应对

---

[1] 上海证券交易所关于发布《上海证券交易所科创板股票发行上市审核规则》第 61 条规定：“本所对发行上市申请不予受理或者终止审核的，发行人可以在收到本所相关文件后五个工作日内，向本所申请复审。但因发行人撤回发行上市申请或者保荐人撤回保荐终止审核的，发行人不得申请复审。”第 80 条规定：“监管对象不服本所给予第七十三条第二项至六项的纪律处分决定的，可以按照《上海证券交易所复核实施办法》向本所提出复核申请。”

[2] 陈斌、曾斌：《注册制背景下交易所上市审核内部救济体制的完善》，载《证券法苑》2014 年第 12 卷。

[3] 周汉华：《中国行政复议制度的司法化改革方向》，载周汉华主编：《行政复议司法化：理论、实践与改革》，北京大学出版社 2005 年版，第 5 页。

[4] 《上海证券交易所交易市场业务试行规则》第 259 条规定：“凡对本所处罚不服的当事者，可提请证券主管机关复议或向法院提起诉讼。”《上海证券交易所交易市场业务规则》第 192 条规定：“凡对本所处罚不服的当事者，可提请证券主管机关复议或向法院提起诉讼。”

[5] 冷静：《注册制下发行审核监管的分权重整》，载《法学评论》2016 年第 1 期。

可能汹涌而来的申辩需求。同时，行政诉讼的重要性在该等制度背景下得以突出，不应一味地将行政诉讼视为最“无用”的救济方式。具体而言，其一，前述内部监督、救济制度的成熟需要一个循序渐进的过程；其二，在《证券法》（2019年修订）项下，证监会行政复议是否必然前置于行政诉讼有待商榷。比如有学者通过比对高校学生纪律处分以及职业协会惩戒行为的先行救济程序，发现相关理论研究仅承认高校或协会内部的前置救济，而否定行政复议前置程序。〔1〕其核心理由在于对行政权力侵蚀性和扩张性的担忧。〔2〕笔者认为在证监会尚未构建针对自律监管行为的有效的复议机制，且证券交易所对证监会具有较强附属性，甚至被视为下属机构的背景下〔3〕，不应剥夺当事人直接通过行政诉讼获得救济的权利。

2. 已有行政诉讼实践之梳理与解读

在前述讨论前提下重新审视现有实践，行政诉讼呈现为司法介入尚不充分的状态。

表3　起诉证券交易所的行政诉讼案件

案件简称	涉案交易所	交易所违法行为（原告诉称）	裁判结果	裁判理由
郑某案〔4〕	上交所	向上交所申请信息公开未果	驳回诉讼请求	案涉信息系证券交易中形成的信息，非政府信息
陈某案〔5〕	上交所	违规核准权证创设	不予受理	案涉与投资者间没有直接利害关系
赖某龙案〔6〕	深交所	深交所监管上市公司的行为违法违规	驳回起诉	涉案行为未直接涉及赖某龙作为投资者的利益
上海顺泰案〔7〕	深交所	深交所对上市公司违法行为进行查处	不予受理	涉案行为不会直接涉及投资者的利益

〔1〕倪洪涛：《大学生学习权及其救济研究——以大学和学生的关系为中心》，法律出版社2010年版，第176~178页。谭九生：《职业协会惩戒权的公法规制论》，湘潭大学出版社2011年版，第229~231页。

〔2〕韩朝炜：《证券交易所自律司法介入研究》，华东政法大学2013年博士学位论文，第512页。

〔3〕李响玲：《论新趋势下的证券交易所自律管理》，中国法制出版社2014年版，第43页。

〔4〕郑某诉上海证券交易所信息公开案，最高人民法院（2016）最高法行申1468号民事裁定书。

〔5〕徐明、卢文道：《证券交易所自律管理侵权诉讼司法政策——以中美判例为中心的分析》，载《证券法苑》2009年第1卷。

〔6〕赖某龙因诉深圳证券交易所侵犯交易权和知情权行政纠纷案，广东省高级人民法院（2014）粤高法行终字第768号行政裁定书。

〔7〕上海顺泰创强实业有限公司等与深圳证券交易所不履行法定职责行政纠纷上诉案，广东省高级人民法院（2013）粤高法行终字第232号行政裁定书。

续表

案件简称	涉案交易所	交易所违法行为（原告诉称）	裁判结果	裁判理由
王某奇案〔1〕	深交所	违法对上市公司作出退市决定	驳回起诉	深交所作出的决定不直接涉及投资者利益
陈某青案〔2〕	深交所	同意上市公司发布《关于公司股票停牌暨可能将被终止上市的风险提示性公告》	驳回起诉	深交所涉案行为并不直接涉及投资者利益
欣泰电气案〔3〕	深交所	深交所违法作出退市决定	驳回诉讼请求	深交所依据《创业板股票上市规则》（2014年修订）作出退市决定，于法有据
新都酒店案〔4〕	深交所	退市决定违法，要求撤回	驳回诉讼请求	未能检索到判决书
陈某案〔5〕	全国股转公司	全国股转公司作出将中搜公司调整出创新层名单的决定	驳回起诉	案涉决定对陈某的权利义务不产生实际影响
王某案〔6〕				
郑某案〔7〕				

〔1〕王某奇与深圳证券交易所案，广东省深圳市中级人民法院（2019）粤03行初139号行政裁定书。

〔2〕陈某青与深圳证券交易所案，广东省深圳市中级人民法院（2018）粤03行初170号行政裁定书。

〔3〕2018年9月22日，深交所于其官方微信公众号上发布《欣泰电气退市案一审判决深交所胜诉》文章，其中载明："欣泰电气于2017年12月22日向深圳中院提起行政诉讼，认为其欺诈发行违法行为发生在《创业板股票上市规则》（2014年修订）施行前，深交所的退市决定违反'法不溯及既往'原则。2018年4月13日，深圳中院开庭公开审理了本案。法院认为，证监会认定欣泰电气存在欺诈发行违法行为并作出行政处罚的时间为2016年7月5日，此时《创业板股票上市规则》（2014年修订）已经生效，深交所依据《创业板股票上市规则》（2014年修订）对其作出退市决定，于法有据，判决驳回欣泰电气的诉讼请求。"但是该案判决书并未公开。

〔4〕根据新都酒店于2019年1月24日发布的《广发证券股份有限公司关于恢复推荐深圳新都酒店股份有限公司挂牌工作的公告》载明，新都酒店因不服深交所作出公司股票终止上市的决定，于2017年9月15日向深圳市中级人民法院提起行政诉讼，并经历一审、二审，最终败诉。但是该案并未公布判决书。

〔5〕陈某与全国中小企业股份转让系统有限责任公司案，北京市西城区人民法院（2016）京0102行初1146号行政裁定书。

〔6〕王某与全国中小企业股份转让系统有限责任公司案，北京市西城区人民法院（2016）京0102行初1166号行政裁定书。

〔7〕郑某与全国中小企业股份转让系统有限责任公司案，北京市第二中级人民法院（2017）京02行终1690号行政裁定书。

续表

案件简称	涉案交易所	交易所违法行为（原告诉称）	裁判结果	裁判理由
宏亿隆案1[1]	全国股转公司	要求全国股转公司进行信息公开未果	驳回起诉	全国股转公司并非政府信息公开的适格主体
宏亿隆案2[2]		未履行监管职责	驳回起诉	案涉监管行为系自律管理范畴而非行使行政职权

首先，针对证券交易所发起的行政诉讼仅有13则案例，其中仅有3则案例进行了实体审理。行政诉讼占比较低系因为其侧重于矫正违法违规的行政行为，而起诉证券交易所的绝大部分主体系投资者，其希望一步到位地解决损害赔偿问题，进而倾向于选择民事诉讼以解决纠纷。在既有行政诉讼中，法院倾向于依据最高院司法解释以剥夺投资者诉权。虽然笔者前文述及赋予投资者以民事救济途径即可，但是现有实践并非在充分理论准备下生长的“智慧之果”。

其次，上市公司的诉请情形寥寥可数。而欣泰电气案与新都酒店案本应为上市公司起诉证券交易所提供有益的借鉴和思考，但由于未能获得判决书使得无法对其予以解读。虽然无从解读上市公司的内在考量，但是制度供给不足客观上致使行政诉讼尚未成为上市公司有效救济的途径。立法者、证监会、证券交易所均未在制度层面针对证券交易所监管行为构建完善的行政救济机制。

再次，关涉全国股转公司的行政诉讼亦未能进行实体审判，其中宏亿隆案2直接以全国股转公司监管行为“系自律管理范畴而非行使行政职权”驳回起诉；然而，关涉上交所的郑某案则明确认定证券交易所系行政诉讼的适格被告，系妥当的认定思路。因此，在《证券法》（2019年修订）明确全国股转公司与上交所、深交所同等地位的背景下，该等裁判思路应予修正，允许利害关系人提起行政诉讼。

最后，有观点认为应当区分自律监管行为和立法授权、行政授权以及行政委托的监管行为，前者应以考察民事责任为主，后者侧重考察行政责任。[3]该等区分恰当与否在金融创新领域至为关键。笔者认为，纯粹的自律监管和法律授权并非泾渭

---

〔1〕宏亿隆投资管理有限公司与全国中小企业股份转让系统有限责任公司再审案，北京市高级人民法院（2018）京行申802号行政裁定书。

〔2〕宏亿隆投资管理有限公司与全国中小企业股份转让系统有限责任公司再审案，北京市高级人民法院（2018）京行申803号行政裁定书。

〔3〕张文婷、史广龙：《证券交易所与登记结算公司责任机制的展开——基于法学与经济学的分析视角》，载《证券法苑》2010年第3卷。

分明。进而，在纯粹提供市场服务领域，应仅以民事责任规制证券交易所；在模糊不清的边缘地带，应予承认利害关系人的行政诉权，因为行政诉讼在程序上具有倾斜性优势，比如举证责任分配方式；而在新兴金融创新等领域，笔者认为同时赋予民事、行政诉权也并无不妥。并且如本文第一部分所言，即使在金融创新领域，上市协议及业务规则均射程有限，且无法在证券交易所行使自由裁量权时提供充分正当性，进而依赖于法律的概括性授权，从而为行政诉讼提供正当性。

综上，诉讼路径不仅具有定分止争的功能，而且在现实制度供给不足的背景下，理性、积极地面对司法介入有利于回应市场诉求，并且提供对证券交易所自律监管方式的规则指引，引导证券交易所发展良好的自律监管秩序。〔1〕

三、制度改革与构建：《证券法》（2019年修订）下的司法介入机制

（一）《证券法》（2019年修订）下的制度改革：划定民事责任豁免边界

1. 民事责任豁免的理论探讨

关于证券交易所民事豁免机制，已经在理论界获得广泛共识。而在豁免边界上，比较法上具有两种规制路径：一是美国模式，构建商业行为例外的相对豁免机制。〔2〕并且在商业行为例外的判例中逐渐涉及对证券交易所行为动机的考察。〔3〕但是，美国学者则指出现有模式缺陷在于，对证券交易所民事责任的宽容态度会造成不当激励；〔4〕SEC对该等自律组织的监督是有限甚至缺位的，比如未对已经实施的业务规则建立有效审查机制。〔5〕二是英国、我国香港地区模式，在监管职能范围之内进一步要求"善意监管"模式。我国香港地区《证券及期货条例》第22条规定了在证券交易所自律监管过程中，如出于真诚而作出或不作出任何作为，无须就该

---

〔1〕韩朝炜：《证券交易所自律管理的司法介入》，载《人民司法》2015年第5期。

〔2〕王超：《评议美国证券交易所民事责任的承担——以绝对豁免原则的修正为视角》，载《证券市场导报》2019年1月。

〔3〕See PaulB. Maslo, *Immunocompromised: A Call for Courts to Redefine the Boundaries of the Absolute Immunity Doctrine's Application to National Securities Exchanges*, New York University Journal of Law & Business, Vol. 11, 2014, pp. 345 -348.

〔4〕See Jaclyn Freeman, *Limiting SRO lmmunity to Mitigate Risky Behavior*, Colorado Technology Law Journal, Vol12, 2014, p. 212.

〔5〕See The U. S. Government Accountability Office, *Opportunities Exist To Improve Sec's Oversight Of The Financial Industry Regulatory Authority*, No. 7 GLWSLAW 10, pp. 7 -14.

等作为或不作为承担任何民事法律责任。[1]类似地，东京证券交易所和德意志证券交易所的业务规则依据“过错要件”界定自己责任范围。[2]

基于上述比较法思考，对证券交易所的自律监管行为应当同时予以客观检验和主观检验，这在难以区分监管行为与非监管行为的边缘地带发挥重要作用。最为典型的情形系异常交易行为处置措施中即涉及多种利益相互交错，既包括交易所提供技术服务的商业利益，也包括各交易主体彼此之间的交易利益、国家信用利益、公众投资者利益等。[3]此时，若不予主观检验，在证券交易所主张其系履行监管职能的背景下，不同于发布广告等典型的商业例外，证券交易所或可借此躲在豁免的盾牌后面，得以免责。[4]

以证券交易所技术故障为例，该等情形在各国证券市场中均不鲜见，但是如何处理由此引发的交易损失呢？以美国Facebook上市发行案件为例，其中，纳斯达克证券交易所试图推出新软件辅助上市交易，但最终由于系统故障造成投资损失，从而引发两方面的责任风险：一是推出新软件；二是对软件故障的反应，该案充分反映了强调主观检验的重要性。证券交易所对软件故障的反应毋庸置疑属于监管措施范围之内，但是证券交易所在决定如何应对这一失灵方面具有自由裁量权，进而，其基于不同的目的可能面临风险不同的行为，例如其有权决定是否在系统故障的情况下进行交易。因此有必要考量证券交易所的主观要件，包括动机；同时，就推出技术软件本身而言，看似属于纯粹的技术服务，但是证券交易所亦可辩称该等技术

---

〔1〕 香港《证券及期货条例》第22条规定，认可交易所及任何代表认可交易所行事的人，包括该交易所的董事局的任何成员或该交易所设立的任何委员会的任何成员，在履行或其本意是履行第21条所规定的该交易所的责任时，或在执行或其本意是执行该交易所的规章授予该交易所的职能时，如出于真诚而作出或不作出任何作为，则在不局限第380（1）条的一般性的原则下，无须就该等作为或不作为承担任何民事法律责任，不论是在合约法、侵权法、诽谤法、衡平法或是在其他法律下产生的民事法律责任。《证券及期货条例》第380条第1款规定，任何人不得仅因以下理由而就任何作为或不作为招致任何民事法律责任（不论是在合约法、侵权法、诽谤法、衡平法或是在其他法律下产生的民事法律责任）：（a）真诚地执行或其本意是真诚地执行任何有关条文授予的职能（包括第5（1）条各段授予的职能）；或（b）依据行政长官根据第11条发出的任何书面指示或因应该项指示，而真诚地达致或其本意是真诚地达致某规管目标，或真诚地执行或其本意是真诚地执行某项职能。

〔2〕《德意志证券交易所电子交易平台的格式合同》第6条规定：“德意志交易所原则上仅对因交易所及其从业人员故意或重大过失所引起的直接损失承担责任。对因一般过失引起的责任，仅限于基于交易所及其从业人员因违反合同重要义务而产生的损失。”《东京证券交易所交易参加人规则》第15条规定：“交易所对于交易参加人因使用交易所内相关市场设施产生的损失不承担赔偿责任，除非交易所对此存在故意或重大过失。”

〔3〕 魏建：《理性选择理论与法经济学的发展》，载《中国社会科学》2002年第1期。

〔4〕 See Paul B. Maslo, Immunocompromised: A Call for Courts to Redefine the Boundaries of the Absolute Immunity Doctrine's Application to National Securities Exchanges, New York University Journal of Law & Business, Vol. 11, 2014, pp. 345－348.

改进有利于提高证券交易的效率，符合证券交易所维护证券市场有效运行的目的，系其履行监管的必要前提和基础。因此，若不考察证券交易所的主观动机与否，则可能致使证券交易所在与监管职责密切相关的技术服务问题上从事风险行为，而不会面临承担此类风险的潜在责任。[1]

据上，在监管行为与服务、盈利等其他行为难以提供更为明确的标准的背景下，通过对于证券交易所进行主观检验有利于设置一道更为精确的防线，防止证券交易所逃脱责任。而《证券法》（2019年修订）则考虑了主观检验的设计，以“重大过错”的责任标准划定民事责任豁免边界；其中实质蕴含客观、主观两重认定要素，以下予以详细解读。

2.《证券法》（2019年修订）下的“重大过错责任”

《证券法》（2019年修订）第111条和第113条针对突发性事件、重大异常波动中的自律监管行为均规定了民事责任豁免制度，“证券交易所对其依照本条规定采取措施造成的损失，不承担民事赔偿责任，但存在重大过错的除外”。该标准与《证券法》（三审稿）保持一致，而《证券法》（二审稿）则表述为“故意或者重大过失”。无论《证券法》（2019年修订）采纳“重大过错”标准是否与“故意或重大过失”保持一致，抑或另有内涵，该等模糊表述将造成适用困境，有必要予以进一步澄清。

对于上述责任边界予以分析的前提系判断证券交易所行为是否构成监管行为抑或非监管行为，对该问题的理论纷争不绝于耳。虽然我国证券交易所的行政属性更为突出，但是这并不排斥两个证券交易所之间仍然存在竞争，甚至彰显于公开谴责权的行使上；[2]证券交易所亦存在基于营利目的而提供市场服务的行为，并且由此获得巨额财富。[3]

虽然有学者分析美国判例，如Weissman v. NASD案等以提供借鉴，但是并无可

---

〔1〕 See Jaclyn Freeman, Limiting SRO lmmunity to Mitigate Risky Behavior, Colorado Technology Law Journal, Vol. 12, 2014, pp. 214 - 220.

〔2〕 有学者统计分析了深交所在2001 - 2006年间累计对约占28%的上市公司进行了谴责，而上交所是14%。并且深交所对会给予谴责的行为的种类和程度制定了明确的内部标准并不时调整（以此防止上市公司打擦边球规避），而上交所则没有此种举措。同时，上交所被广泛认为更有弹性，易于交流和愿意通过沟通解决问题；而深交所则更坚持遵行规则和披露要求。有学者认为，深交所的行为特别凸显了其基于自利动机进行投资者保护的角色。因此交易所要通过维护上市公司的公司治理和信息披露质量来和其他交易所竞争。Benjamin L. Lieban, Curtis J. Milhaupt, *Reputational Sanctions in China's Securities Market*, Columbia Law Review, Vol. 108, No. 4, 2008, pp. 951 - 978. 转引自缪因知：《国家权力对中国证券市场和法律发展的影响》，北京大学2010年博士学位论文，第109页。

〔3〕 搜狐网：《证券交易所——富得流油的“非盈利机构”》，网址：https://www.sohu.com/a/75554185_240991，最后访问时间：2020年3月5日。

供参考的一般性标准。但是也有美国学者在上述裁判后试图提炼更为普适性的判断标准。其将证券交易所的行为划分为纯监管行为、纯粹非监管行为以及混合型行为。前两种行为泾渭分明，但是对于第三种情形需要依托于更为精确的测试，以自律组织披露信息为例，法院应当考虑如下因素：一是监管信息与其他信息所占比例；二是披露信息所针对的目标投资者的理性程度；三是信息的真实性；四是监管信息在字体、字号上有无凸显；五是该等信息是由个别管理人员向特定受众作出的，还是证券交易所向全体投资者作出的一般性声明。以及，需要考虑外部的社会背景，比如金融危机期间，投资者对正面信息高度敏感，进而倾向于将证券交易所关涉投资信息的披露视为投资建议。[1]应当认为，该等标准或可作为认定非监管行为的一种考量方式，在种类繁多的监管行为中应当予以变通。在区分监管与非监管行为的前提下，以下进一步分析《证券法》（2019 年修订）就自律监管过程中的行为责任。

首先，最高院公报案例郭某案划定的相对豁免边界系“程序正当、目的合法，且不具有主观恶意”，细分为客观要素和主观要素两个方面，与《证券法》（2019 年修订）仅强调主观要件的认定标准有所不同。笔者认为，两种认定标准不存在本质差异，但是郭某案在理论基础和实践指导意义上均更为周延，主要体现为其对“违法性”与“过错”要件予以区分考量。

具体而言，其一，是否将“违法性”要件作为前置于过错要件的独立要件取决于不同的侵权行为体系和思考方法，比如是采纳结果违法理论抑或行为违法理论，对此并无定论。[2]但是在证券交易所自律监管的语境之下，区分客观要件与主观要件有利于更为精确地认定司法权对自律监管权的介入程度。其二，虽然我国《侵权责任法》并未明确规定“违法性”作为侵权构成要件，但是理论上诸多学者支持“违法性”作为独立要件以考量加害人是否具有正当化事由。[3]在关涉证券交易所的语境之下，其构成侵权责任系造成投资者或其他交易参与者的纯粹经济损失，符合《德国民法典》之下的“违反以保护他人为目的的法律”的侵权类型。[4]进而

---

〔1〕 See Andrew J. Cavo, *Weissman v. National Association of Securities Dealers: A Dangerously Narrow Interpretation of Absolute Immunity for Self - Regulatory Organization*, Cornell Law Review, January, 2009, pp. 439 - 440.

〔2〕 在结果违法理论中，由于不法性与过错被分离，因此原则上必须先肯定行为的违法性之后才进一步认定行为人是否具有过错；然而，依据行为违法理论考虑行为是否具有违法性时，应当直接就个案考察行为人是否违反了其应负有的注意义务而定。王泽鉴：《侵权行为》，北京大学出版社 2009 年版，第 218 ~ 220 页。

〔3〕 张金海：《论违法性要件的独立》，载《清华法学》2007 年第 4 期。

〔4〕 葛云松：《纯粹经济损失的赔偿与一般侵权行为条款》，载《中外法学》2009 年第 5 期。

"违法性"的判断实则为证券交易所是否违反法律、法规、业务规则行使监管职能。据此，对于自律监管行为的合法性审查即在该步骤进行，如郭某案认为对此审查程序正当性与目的合法性即可。然后，考量证券交易所的主观要件，此时可将行为动机纳入其中。因此，在司法介入证券交易所的机制未被厘清的背景下，明确区分客观、主观双重检验，并在客观要件上明晰审查要素具有重大实践意义；现有"重大过错"标准系交由法院恣意裁量，而目前的实践显示法院并无对证券交易所能动地行使司法监督权的意愿。

其次，在主观要件的考量上，笔者认为将"重大过错"限定为"故意或重大过失"系较为妥当的理解。首先，若交易具有直接或间接故意，则说明其自律监管行为不具有目的合法性。郭某案亦采纳此等标准。

而针对"重大过失"之行为，需要关注证券交易所的专家身份。证券交易所在证券监管中的专业化程度毋庸置疑，故而其应当达到"该职业或该团内普通的从业人员所应当具有的知识水平、专业技能和业务水平"。[1]因此，若其未达到普通人的注意义务而构成重大过失，使其承担民事责任并无不妥。虽然我国并无该等实践，但是瑞穗证券乌龙指案可供借鉴。在该案中，在瑞穗证券发现交易错误并向东京证券交易所电话求助撤单之时，东京证券交易所对此予以拒绝，最终被法院认定为构成重大过失。[2]结合我国郭某案的认定标准，可以对"重大过失"关注的两个要素予以解读。第一，行为人主观上是否对于风险及损害"有认识"[3]，瑞穗证券案与郭某案的显著区分在于证券交易所是否事先明知异常交易情况。更为具体的要素可概括为对损害后果发生高度盖然性的认识，以及对行为非正当性的认识。第二，是否客观上造成了巨大危险，[4]而证券交易所的监管行为多牵一发而动全身，具有巨大危险性。因而，这也提醒证券交易所在从事自律监管行为时必须始终保有警惕。

此外，值得顺带一提的是，《证券法》（2019 年修订）并未规定民事责任豁免的一般原则，而仅仅针对突发性事件和重大异常波动情形进行规定。该等情形固然系自律监管争议高发地区，但是显然不能为证券交易所提供全面且充分的制度保障。对此，应当构建原则性的民事责任豁免制度。

---

〔1〕程啸：《侵权责任法》，法律出版社 2015 年版，第 282 页。

〔2〕和讯网：《东证被判赔偿瑞穗证券 107 亿日元》，网址：http：//stock. hexun. com/2009－12－05/121922506. html，最后访问时间：2020 年 3 月 5 日；搜狐网：《程序 bug 导致天大的损失，要枪毙程序猿吗》，网址：https：//www. sohu. com/a/65452105_ 117262，最后访问时间：2020 年 3 月 5 日。

〔3〕叶名怡：《重大过失理论的构建》，载《法学研究》2009 年第 6 期。

〔4〕叶名怡：《重大过失理论的构建》，载《法学研究》2009 年第 6 期。

（二）《证券法》（2019 年修订）下的制度构建：行政诉讼的细化考量

行政诉讼对证券交易所具有何等约束始终未进入《证券法》的视野之中，也无充分的实践经验可供参考。但是若承认证券交易所的行政属性应受行政诉讼约束，则该问题在《证券法》（2019 年修订），尤其是注册制背景下已经不容忽视。该等问题已有先例予以警示。在发行审批制向核准制转型初期，跌宕起伏的海南凯立诉证监会案引得诸多关注，该案中，证监会通过自由裁量“退回了海南凯立股票发行申报材料”，从而引发诉讼争议，最终以证监会败诉，但是始终未能执行的方式落幕。[1]因此，证券市场的自由裁量权无处不在，如发行审核过程中的裁量权由证监会转至证券交易所行使的制度背景下，证券交易所必须防止逾越监管权限，从而引发行政诉讼争议。

在此问题上，学者论著颇丰。比如关于业务规则的司法审查，有学者认定应当坚持合法性审查为主，合理性审查为辅，商事规则优先以及坚持法律效果与市场效果之统一。[2]在具体监管行为的审查中，有实务法官提出目的正当性以及行为依据合法性的标准。[3]也有学者侧重于正当程序审查。[4]本文试图在该等理论基础上，进一步细化行政诉讼的介入方式和步骤，提供切实可行的实践方案。

关于穷尽内部救济规则，当事人应当在事实上穷尽内部救济，但是同时也应当以“视为穷尽”的标准提供有益补充，主要是为了解决相对方在因不可归责于自身的其他客观要素导致未能在事实上穷尽内部救济程序。[5]此时，应当尽量避免内部救济制度变成“走程序”，而非实质性的纠纷解决机制。这依赖于充分的制度供给，不仅体现为立法明确规定穷尽内部救济原则，更仰仗于证券交易所、证监会实施机制的构建。

关于业务规则的审查方式，针对证券法领域的特殊性，仍应进一步明确法院的审查逻辑。首先，坚持上位法优于下位法的原则是必要前提；但是进一步地，证券市场的特殊性彰显于证券交易所必须及时、迅速应对市场问题，而证监会的相应规章、证券法的修改均是滞后的，因此面临着无上位法可依的状态。此时具有两种审

---

〔1〕 刘燕：《走下“自由裁量权”的神坛——重新解读凯立案及“自由裁量权”之争》，载《中外法学》2002 年第 5 期。

〔2〕 徐明、卢文道：《证券交易所业务规则法律效力与司法审查》，载《证券法苑》2010 年第 1 期。

〔3〕 宋航：《证券交易所自律监管行为正当性的司法审查标准》，载《人民司法》2011 年第 4 期。

〔4〕 韩朝炜：《证券交易所自律管理的司法介入》，载《人民司法》2015 年第 5 期；徐明、吴伟央：《论证券交易所自律管理正当程序的有限性》，载《证券法苑》2010 年第 3 卷。

〔5〕 徐靖：《中国社会公权力的法律规制研究———种诉讼视角的考察》，北京大学 2011 年博士学位论文，第 117 页。

查渠道：一是依托于证券法原则与精神；二是放弃对内容合法性的审查，转而依托于对于权威性的审查之上。[1]笔者认为，依托于证券法原则并不能帮助不掌握技术、资源、信息的法官进行准确判断，得不偿失，不如直接依托于第二种审查路径。在第二种路径项下，权威性审查又细分为两个方面：理论权威和相对制度权威，前者指向行政行为所表现出来的专业性，后者来源于行政在宪政结构中被授权管理社会事务的特殊地位。[2]在证券交易所业务规则项下，理论权威自不待言，相对制度权威则来源于证券交易所被《证券法》所确立的监管地位、范围，证监会通过《证券交易所管理办法》（2017年修订）行使事前监督权，以及证券交易所自行制定的《上海证券交易所业务规则制定办法》《深圳证券交易所业务规则制定办法》等。[3]因此，经由上述司法审查逻辑的梳理，证券交易所业务规则的司法审查仅关注是否违背上位法，以及是否历经正当程序。当然，证券交易所依据实践经验和专业知识自行参照较为正式复杂的程序机制，取得程序约束与高效应对之间的平衡系更为理想的状态。

关于是否进行合理性审查，有学者认为由于法院始终被拦在专业门槛之外，进而无需就业务规则考虑该等问题。[4]但是，笔者认为至少应将合理性审查构成备用标准。这是由于证券交易所的制度权威尚处于构建过程之中，当其制度权威或理论权威遭受严重质疑之时，法院应当依据合理性审查标准予以辅助。

关于具体监管行为的审查。在第一层面的合法性审查中，参考业务规则的司法审查标准，基于同等考量，在此关注法律依据、程序正当性的考量。在法律依据上，证券交易所内部规则亦可予以参考，其发挥与规章等文件同等的“参照”作用。[5]在程序正当性考量上，如前文所述，为保留自律管理的灵活性而不得不降低对证券交易所程序正当性的要求，但是至少应当满足“最低限度的公正”，一般概括为程序没有偏私、为相对人提供表达意见和辩护的机会、决定需要说明理由。[6]在第二层面的合理性审查之中，应当类推适用纯粹行政行为的审查机制，区分行政

---

〔1〕 俞祺：《规范性文件的权威性与司法审查的不同层次》，载《行政法学研究》2016年第6期。

〔2〕 俞祺：《规范性文件的权威性与司法审查的不同层次》，载《行政法学研究》2016年第6期。

〔3〕 充分的制度权威应当包括行政机关制定规则的条件、方式与范围，足以使得相对人产生明确的预期。俞祺：《规范性文件的权威性与司法审查的不同层次》，载《行政法学研究》2016年第6期。

〔4〕 杨士林：《试论行政诉讼中规范性文件合法性审查的限度》，载《法学论坛》2015年第5期。

〔5〕《中华人民共和国行政诉讼法》第63条：“人民法院审理行政案件，以法律和行政法规、地方性法规为依据。地方性法规适用于本行政区域内发生的行政案件……人民法院审理行政案件，参照规章。”

〔6〕 徐明、吴伟央：《论证券交易所自律管理正当程序的有限性》，载《证券法苑》2010年第3卷；韩朝炜：《证券交易所自律司法介入研究》，华东政法大学2013年博士学位论文，第509页。

管辖权和行政决定权。〔1〕虹桥机场案中，即使并无明确的法律依据，证券交易所根据实践经验采取自律措施系行使行政管辖权，并无合理性审查的问题。但是在行政决定权标准上，仍有进行合理性审查的必要性。〔2〕《行政诉讼法》的法律依据为“滥用职权”或“明显不当”，前者指向行政机关违背法律目的、恶意行使权力的情形，比如出于不正当目的或不负责任地行使权力，后者指向在行政裁量权的范围内恣意行使权力。〔3〕针对证券交易所自律监管，法院应当有效审查证券交易所是否存在“滥用职权”以为自利动机服务，或者极端轻率任性、不负责任地行使自律监管权；而在自由裁量领域内，法院难以有所作为，除非证券交易所监管行为达到“显著甚至极端不当”之程度。

此外，提高法院审查能力的重要途径在于借由专家辅助人制度，吸收证券业人士、专家，或询问证监会意见。〔4〕这也从侧面佐证了法院不应在对证券交易所的监督中畏缩不前、敬而远之。

综上，司法权作为实现正义的最后堡垒，立法者与法院均应积极寻求司法权与证券交易所自律监管权之间的均衡。虽然司法权高度尊重自律监管权已经成为理论共识，但是行政诉讼仍应发挥必要的监督职能，而非规避对证券交易所监管行为的审查。如海南凯立诉证监会案中，虽然法学界学者多认为其是对证监会自由裁量权的侵犯，但是对该案进行抽丝剥茧可知，其关涉对会计准则的法律解释，系财政部的职权范围，而非证监会自由裁量范围。〔5〕因此，证券交易所在当下面临同等考验；法院也可能遭受类似的审查诉求，而应做好诉讼介入的准备。

四、结论

《证券法》（2019 年修订）与注册制改革之下，证券交易所被推至“风口浪尖”，这既是证券交易所和整个证券市场的机遇，也带来了新型权力分配格局下的制度风险。在本文中，笔者着重于分析证券交易所的自律监管行为及司法介入机制，在厘清该等机制后，可借由该条脉络重新审视证券市场的权力分配格局。

---

〔1〕何海波：《行政行为的合法要件》，载《中国法学》2009 年第 4 期。

〔2〕何海波：《行政行为的合法要件》，载《中国法学》2009 年第 4 期。

〔3〕何海波：《论行政行为“明显不当”》，载《法学研究》2016 年第 3 期。

〔4〕韩朝炜：《证券交易所自律管理的司法介入》，载《人民司法》2015 年第 5 期。

〔5〕刘燕：《走下“自由裁量权”的神坛——重新解读凯立案及“自由裁量权”之争》，载《中外法学》2002 年第 5 期。

首先，证券交易所成为“把球队带入球场并组织比赛的裁判”[1]，并不断强化其自律监管权。进而，为了充分获得新形势下的市场认可以及司法权的高度尊重，对于影响较大的监管措施，证券交易所应当主动寻求更为严格的程序机制、更为精细的规则。

其次，证监会的“司法性”权力得以突出，事中事后监督不断增强。但是以上市审核为例，证券交易所内部的听证程序和复核机制均不完善，证监会的事中监督过于乏力，且并未明确对该等行为的行政复议机制，制度供给尚不充足，实践经验有待积累。

最后，在成熟的、良性的证券市场权力格局中，司法权的介入侧重于保有“克制”；但是在当下制度变革的初始阶段，司法权应当采取“能动的克制”[2]介入态度。这一介入态度主要彰显于以下几个方面：一是应当修改对投资者民事诉权的限制，遏抑滥诉风险应当通过可预见的责任豁免机制，而非一律拒之门外；二是在民事责任认定上，妥善运用《证券法》（2019年修订）项下的民事责任豁免机制，既不借此畏缩不前、逃避审查职责，也不对证券交易所过于严苛致使丧失自律监管的积极性；三是在行政责任认定上，实践案例屈指可数的情形已经说明该种路径并未被充分用于制约违法监管行为，因此在证券交易所和证监会的前置救济机制尚不完善的背景下，也应充分利用该等救济路径；并在审查思路上尽可能明确法院的审查范围、审查步骤，防止不当介入；此外，逐步构建证券交易所内控机制、证监会行政复议机制，为“穷尽内部救济”提供制度准备。进而，在司法介入机制制度供给不足的情况下，除了关注立法层面的完善与补充，法院应当在现有制度下充分关注个案审判的示范效应，逐步积累司法经验、统一司法裁判思路。

---

〔1〕甘培忠、张菊霞：《IPO注册体制下证券监管机构的功能调整——从证监会和交易所分权视角观察》，载《法律适用》2015年第7期。

〔2〕张榕：《司法克制下的司法能动》，载《现代法学》2008年第2期。

【证券发行注册制的解释与实施】

注册制下交易所发行上市审核的逐底竞争及其预防

邢会强*

内容摘要： 股票发行注册制在我国全面推开之后，上海证券交易所和深圳证券交易所可能会出现股票发行审核时竞相降低发行上市标准的逐底竞争。这种逐底竞争本质上是一种不正当竞争，目前尚无法由证券交易所的自我约束予以自我纠正，因此需要证券监管部门进行干预。建议被剥离了核准职能的中国证监会发行监管部转变职能，变为竞争协调部门，它负责对证券交易所的审核进行监督和竞争协调。

关键词： 注册制　交易所竞争　逐底竞争　《证券法》修改

2019 年 12 月，《证券法》第二次全面修订获得通过。其最引人注目的重大制度变革是《证券法》（2019 年修订）废除了实施 20 年的证券发行核准制，全面规定了证券发行注册制。在本次《证券法》修订的第一次审议稿中，仅仅规定了股票发行注册制，债券发行还是核准制。在本次《证券法》修订的第三次审议稿中，仅仅规定了科创板施行股票发行注册制，其他板块还是核准制。而最终出台的《证券法》（2019 年修订）则全面废除了核准制，引入和规定了注册制，力度之大，超乎预期，显示了我国资本市场坚持市场化改革的决心。[1]当然，同时，考虑到注册制改革是一个渐进的过程，《证券法》（2019 年修订）也授权国务院对证券发行注册制的具体范围、实施步骤进行规定，为有关板块和证券品种分步实施注册制留出了

---

* 邢会强，中央财经大学教授。

〔1〕 邢会强：《中华人民共和国证券法新旧条文对照与适用精解》，中国法制出版社 2020 年版。

必要的法律空间。[1]

根据科创板的实践以及现行的股票发行注册制方案，可以预见，“证券交易所等”将负责股票公开发行审核，[2]中国证监会将负责股票公开发行的注册，[3]而“证券交易所等”的股票公开发行审核一般要比中国证监会的注册审核更严格，因为前者的审核周期更长。我国目前有两家证券交易所——上海证券交易所和深圳证券交易所，它们在股票发行注册制全面推开之后，将负责股票公开发行上市的主要审核工作——尽管中国证监会也会有注册审核。这就向我们提出一个值得追问的问题：这两家证券交易所会不会出现股票发行审核时的逐底竞争？如果会出现，如何进行提前预防其出现呢？

一、会不会出现逐底竞争？

逐底竞争（race to bottom），是金融监管中的一种常见现象。金融监管的逐底竞争，是指监管机构为了取悦本部门利益集团、吸引潜在监管对象或扩展监管势力范围，竞相降低监管标准，以致削弱整体监管水平，损害投资者和社会公共利益。[4]同理，证券交易所之间的逐底竞争，则可以定义为：证券交易所之间为了吸引上市资源，增加上市家数，扩大市值规模，竞相降低上市审核标准，以取悦上市公司，从而导致整体上市审核标准降低，并最终损害投资者和社会公共利益的竞争行为。

股票发行注册制在我国全面推开之后，上海证券交易所和深圳证券交易所会不会出现股票发行审核时的逐底竞争呢？

一种观点认为可能不会。原因之一是交易所的审核人员（包括上市委员，下同）的薪酬结构决定了他们没有降低审核标准的激励。证券交易所是体制内的机构，审核人员的薪酬结构和水平相对固定，上市公司数量的增加、交易所上市公司总体市值的扩大、证券交易印花税和手续费的增长，与审核人员的薪酬没有直接的关系，因此，审核人员不会降低审核标准。原因之二是交易所也会自我约束，以维护其声誉。

应该说，这两个理由都是有一定的道理的。原因之一是从微观的视角来看问

---

〔1〕 中国证监会：《完善证券市场基础制度　保障资本市场改革发展——中国证监会祝贺〈中华人民共和国证券法〉修订通过》，网址：http://www.csrc.gov.cn/pub/shanxi/xxfw/sxgzjx/202001/t20200107_369324.htm，最后访问时间：2020年1月22日。

〔2〕 详见《证券法》第22条。

〔3〕 详见《证券法》第9条。

〔4〕 廖凡：《竞争、冲突与协调——金融混业监管模式的选择》，载《北京大学学报（哲学社会科学版）》2008年第3期。

题，但站在宏观的视角，审核人员没有降低审核标准的激励，并不意味着整个交易所没有降低审核标准的激励。证券交易所竞争一直是一个客观存在的现象，在全球范围内如此，在一个范围内也是如此。证券交易所竞争的基础在于其市场规模（主要包括市价总值和交易金额两个指标）。为了扩大市场规模，全球各大证券交易所之间展开了激烈的竞争，争夺的对象就是潜在的上市公司资源。从经济学的角度看，在证券交易所竞争上市资源过程中，证券交易所实际上是向上市公司和投资者出售“市场平台（marketplace）”。上市公司是“市场平台”的上游消费者——通过在这个平台上发行股票来筹资，投资者则是“市场平台”的下游消费者——通过此平台购买上市公司发行的股票并在交易所组织的二级市场上买卖股票。证券交易所通过构建和出售“市场平台”，分别向上市公司收取上市费用和向投资者收取交易费用，因此上市费用标准、上市公司规模、交易费用标准和投资者交易规模会影响其收益。[1]证券交易所是一个典型的“双边市场”。“双边市场”是相对于“单边市场”而言的。“单边市场”主要是传统市场，在这类市场中，客户群体是单一的，企业只面向单一客户群体提供服务。例如，餐馆面向顾客提供餐饮服务，所有的顾客都是同一种类的。而在“双边市场”中，存在两个或两个以上的消费群体，他们之间存在关联性。证券交易所作为平台，它主要具有两类客户——上市公司和投资者。相比单边市场，双边市场最显著的特点在于其具有交叉网络外部性（cross-group network externalities）特性。网络外部性，是指某个产品或服务的价值随着消费该产品或服务的消费者数量的增加而增加。双边市场的网络外部性不仅取决于交易平台的同类型用户数量，更取决于交易平台的另一边的用户数量。[2]在证券交易所市场上，上市公司希望该证券交易所平台上有较多的投资者数量，而投资者也希望该证券交易所平台上有较多的投资选择即上市公司数量，二者相互交叉影响。由于存在较强的交叉网络外部性，平台企业的客户更为关注交易对手的数量，因而平台企业需要集中精力增加居于劣势一方的客户基数，主要手段包括降低费用甚至免费。[3]例如，很多互联网平台在开办初期都通过免费策略吸引大量网民用户。证券交易所平台为了吸引上市公司来上市，其降低审核标准的行为其实也是一种“低价”策略。作为具体审核人员的“原子化”个人固然没有逐底竞争的激励，

---

〔1〕 徐龙炳、吴华、陈小琳：《证券交易所竞争上市公司资源研究综述》，载《证券市场导报》2007年第9期。

〔2〕 李剑：《双边市场下的反垄断法相关市场界定——“百度案”中的法与经济学》，载《法商研究》2010年第5期。

〔3〕 参见张晓媛、曹年更：《双边市场理论——平台经济的研究综述》，载《山东行政学院学报》2013年第1期。

但他毕竟为证券交易所组织中的一个成员，他要服从于组织的目标，因此，审核人员无逐底竞争的激励不足以否定组织体可能进行逐底竞争的可能。

尽管证券交易所也会自我约束，但如果“审核失败”（类似于“审计失败”，即没有审核辨别出“假公司”）的后果不是由证券交易所及其审核人员和上市委员承担的话，这种自我约束的动力是不足的。而从既有的“审核失败”案例（例如万福生科、绿大地、欣泰电气等欺诈发行上市案例）看，审核者都没有直接承担“审核失败”的不利后果，即都没有受到“惩罚”。“惩罚”机制不存在，如何促使证券交易所自我约束？

总之，股票发行注册制在我国全面推开之后，证券交易所出现股票发行审核时的逐底竞争的风险是存在的。对此，我们早有预测：

注册制改革实施到位后，证券监管部门不再对企业发行规模、节奏进行管控，证券交易场所为了争夺上市资源，客观上会出现争揽客户的竞争局面。如果交易所自律约束不强，竞争规则不明确，监管部门执法不严格，很可能导致交易场所降低上市标准，产生上市标准“逐底”，使股票发行出现“劣币驱逐良币”的风险……[1]

对于证券交易所之间的这种逐底竞争，我们不可不未雨绸缪，提前防范。

二、对审核人员课加勤勉尽责义务？

防范证券交易所发行上市审核逐底竞争的方法之一是借鉴规制“审计失败”的方法，对审核人员课加勤勉尽责义务。如果出现“审核失败”，则由中国证监会来稽查审核人员是否尽到了勤勉尽责义务——在主观上是否保持了必要的职业审慎？在客观上是否遵循了审核的程序和准则？如果审核人员未尽到勤勉尽责义务，则可对其实施惩戒，就像中国证监会对中介机构进行的惩戒一样。

这种想法富有启发性，就像“审计失败”时注册会计师既可能存在故意与发行人串通实施欺诈发行也可能存在过失一样，审核人员也可能既存在故意也存在过失。因此，应对审核人员实施追责。这在国外也有先例可循。例如，在德国，交易所上市审核机构由于其负有的审核上市申请材料的义务，如果在审核过程中具有过错，即具有故意或重大过失，则亦应承担过错责任，但不是民事赔偿责任而是行政责任。[2]

笔者认为，可以对审核人员课加勤勉尽责义务，但对于此不应期望过高，它解

---

〔1〕 郭锋、邢会强、杜晶：《股票发行注册制改革风险评估与对策建议》，载《财经法学》2016 年第 6 期。

〔2〕 主力军：《德国〈交易所法〉关于上市公司的上市申请材料不实陈述之民事责任介绍》，载《比较法研究》2005 年第 5 期。

决不了交易所审核的逐底竞争问题。这是因为：

其一，勤勉尽责义务是注意义务的别称。在考察义务主体是否履行了该义务时，是以该行业普通人的水平为注意标准的，且需要考虑义务主体的能力、时限、审查对象等因素，它不是发现所有造假问题的保证。

其二，中国证监会对中介机构的追责，存在标准过低的问题，不宜推广。实务界的人士反映，社会各界（包括监管机构）普遍用“客观真实”作为衡量会计师工作的标准，不区分“客观真实”与“会计真实”，只要出现“审计失败”，往往就会说注册会计师没有勤勉尽责，就启动惩戒。对于券商和律师也是如此，使得“勤勉尽责”成了无底洞。这的确反映了一种倾向，但未必完全属实。因为也有的案例显示，审计失败并不全是注册会计师的责任，监管机构在某些案例中也认为不宜苛求于注册会计师。[1]如果这种“无底洞”式的“勤勉尽责标准”确实在局部存在，也应该认识到其不科学性。一方面，这种不科学的“勤勉尽责标准”更加不能随意推广；另一方面，这种不科学的“勤勉尽责标准”是需要改变的。我国的审计准则盲目与国际接轨，具有明显的超前性，并不符合我国实际，[2]且规定得过于原则，[3]充满了很多不确定性法律概念，证监会对注册审计师不够“审慎”的认定与惩处也应保持应有的“审慎”。

其三，交易所审核的时间与审计的时间也不可同日而语。交易所的审核有比较明确的时间限制，且审核时间一般都比较短。而 IPO 的审计时间，从审计人员进驻企业起到审计出三年另一期的报表来，一般时间都比较长，长达一两年是很常见的事情。如果对审核人员的注意水平要求过高，则要么导致审核材料被无限次地退回从而延长审核时间，要么导致审核人员否决该公司的发行上市。这都不利于企业上市融资。

---

〔1〕 例如，在《中国证监会行政处罚决定书（立信会计师事务所、王云成、肖常和）》（〔2017〕55号）中，中国证监会指出：“出库单提货人签名字迹确实存在差异，但现有证据难以判断出库单的签名是否出自同一人。当事人虽未对该事项进行关注，但通过实地走访、函证等其他审计程序，确认了相关事实无误，综合判断当事人在该事项上勤勉尽责，对当事人的此项申辩意见，我会予以采纳。”“康华农业与桂林华科生物科技有限公司之间的《土地使用权转让合同》已由律师事务所审核并出具法律意见，康华农业也取得了国土资源局颁发的《国有土地使用权证》。没有证据确认土地权证是否造假，中介机构要质疑法定权属证书真假的难度大，结合律师事务所出具的法律意见书，认定当事人已做到勤勉尽责，对当事人的此项申辩意见，我会予以采纳。”

〔2〕 张旭认为：“因有西方发达国家的成功经验，我国制定的独立审计准则，具有明显的超前性。”张旭：《独立审计准则与注册会计师法律责任的界定》，载《山西财经大学学报》1999 年第 S1 期。黄正友也认为：“中国独立审计准则具有明显的超前性。”参见黄正友：《谈独立审计准则与注册会计师的法律责任》，载《注册会计师通讯》1999 年第 1 期。

〔3〕 黄正友：《谈独立审计准则与注册会计师的法律责任》，载《注册会计师通讯》1999 年第 1 期。

其四，审计人员的薪酬来源于被审计单位，也与审计费直接挂钩。在这种情况下，审计人员既要顾及自己的利益，又要兼顾被审计单位的利益，两种利益具有一致性，可以相互制衡。而交易所审核人员的薪酬并不来源于上市公司，与上市公司是否通过审核并不挂钩。在这种情况下，如果对审核人员的注意水平要求过高的话，大概率只会导致审核人员为了逃避追责而完全不顾上市公司利益的情况发生。

其五，证券法上中介机构的勤勉尽责义务并不一定来源于信义关系，并不一定就是信义义务意义上的勤勉义务。证券法上中介机构的勤勉尽责义务主要是一种法律上为保护投资者的信赖利益而设定的强制性的法定义务。尽管交易所倾向于主张其自律管理行为是一种民事行为，但IPO注册审核并不是一种民事行为，而是一种行政行为、公法行为，其承担的不是民事责任（即使承担民事责任，也相对豁免），而是行政责任（包括国家赔偿责任）。换言之，IPO注册审核所承担的责任与我国《证券法》第85条规定的中介机构责任不是一回事，它解决不了交易所审核的逐底竞争问题。

三、证券交易所合并以消除竞争？

证券交易所之间之所以相互竞争是因为证券交易所具有独立利益，尽管我国的证券交易所的独立性不足，但其具有独立的利益则是不争的事实。在英国、新加坡、韩国、我国香港地区以及台湾地区，都只有一家证券交易所，因此，在这些国家和地区，由证券交易所进行发行上市审核是不会存在逐底竞争的。在美国，虽有多家证券交易所，但由美国证监会进行证券的发行审核和注册，审核的标准对于各家证券交易所来说是统一的，因此，也不会存在发行审核方面的逐底竞争。但在我国，实施注册制之后，如果授权证券交易所进行发行上市审核，则会存在发行审核方面的逐底竞争。

为消除这种竞争，方案之一是由中国证监会继续进行发行审核。但是，这种可能性是不大的，因为如果这样的话，就和以往的核准制相比没有差别了。方案之二是证券交易所之间进行合并，即上海证券交易所和深圳证券交易所进行公司制改制，在其之上设立“中国证券交易所集团”，上海证券交易所和深圳证券交易所成为“中国证券交易所集团”的全资子公司。

合并证券交易所的方案虽然适应了证券交易所改制上市的国际潮流，有利于加强证券交易所的公司治理，但是，存在以下几个方面的原因，这种方案短期内也难以实施。

第一，上海证券交易所和深圳证券交易所的改制上市并非一日之功，短期内难以完成。综观全球，20世纪90年代以来，证券交易所公司化改革运动正如火如荼，自1993年瑞典斯德哥尔摩证券交易所进行了股份制改造以来，包括纽约证券交易所在内的全球主要证券交易所先后改制为公司制。较之传统的会员制，公司制具有决策高效、筹资便利、独立自治等优势。[1]2012年7月中旬，上海证券交易所和深圳证券交易所曾召开了关于股份制改革的讨论会议，据称它们也在考虑未来交易所的董事会和监事会设立。[2]2013年3月11日，上海证券交易所表示，目前有关方面已经开始就交易所体制改革问题着手研究，但还没明确的时间表。改革初期的重点是清晰产权归属、完善公司治理，长期目标是扩大对外开放、参与国际竞争。[3]但时至今日，证券交易所的改制上市仍遥遥无期。

第二，“中国证券交易所集团”的定位问题。如果将“中国证券交易所集团”定位于类似于“香港交易及结算所有限公司”（HKEx）那样的上市公司，这样，全国股转公司也就成了“中国证券交易所集团”的孙公司。当然，全国股转公司也可以上翻为“中国证券交易所集团”的子公司。如此一来，中国的证券交易所之间的竞争就不存在了。为了避免逐底竞争而实施交易所垄断，是不是一个最优的方案呢？对于类似于英国、韩国、新加坡、我国香港地区的小国或地区，或许只有一家证券交易所以便与国外证券交易所进行是一个最优的选择，但在中国内地，为避免逐底竞争而实施垄断，并不明智。竞争会导致逐底竞争，但垄断则会导致效率低下。为避免逐底竞争而实施垄断，无异于从一个极端走向了另一个极端。如果“中国证券交易所集团”定位为类似于汇金公司之类的“金融国资委”，上海证券交易所和深圳证券交易所分别改制为公司并上市，则“中国证券交易所集团”的主要职能是股权管理，次要功能是协调交易所之间的竞争。这倒是一个可行的方案。

总之，短期来看，证券交易所走向合并的方案难以实施。但是，长远来看，笔者则赞同上海证券交易所和深圳证券交易所分别改制为公司并上市，其控股权为汇金公司或新设的履行金融国资委功能的“中国证券交易所集团”所持有的方案。

四、由证监会发行监管部门进行监督和竞争协调是较为现实的选择

其实，避免证券交易所逐底竞争不必舍近求远，中国证监会负责注册的部

---

[1] 中国证券法学研究会专项课题组：《〈证券法〉实施与修改评估报告》，内部报告，2011年12月。

[2] 陈旭、张勇、巢新蕊：《交易所公司制改革破冰 年内或将完成》，载《经济观察报》2012年7月30日。

[3] 佚名：《上海证券交易所：交易所改制正在研究 尚无时间表》，载《现代物业（中旬刊）》2013年第3期；李勇：《交易所酝酿改制》，载《中国经济周刊》2013年第11期。

门——被剥离了核准功能的发行监管部可以胜任这一工作，即发行监管部转变职能为竞争协调部门，它负责对证券交易所的审核进行监督，一旦发现有逐底竞争苗头的存在，就以行政指导的方式进行耳提面命式的提醒和纠正，或者退回交易所进行补充审查。当然，发行监管部也可以在注册审核时行使否决权，从而在某种程度上纠正证券交易所的“审核失败”。

当科创板出现第一例通过交易所审核却被证监会不予注册的案例时，还有人对此颇有微词，他们认为证监会不应轻易行使否决权，因为证监会不同意注册的原因是发行人存在会计基础工作薄弱和内控缺失、未按招股说明书的要求对上述前期会计差错更正事项进行披露等情形，〔1〕而不是重大违法。但是，笔者认为，这恰恰是证监会行使对交易所的监督权的表现形式之一，有利于防止和纠正证券交易所的审核把关不严，是对投资者保护的又一道屏障。

尽管注册制的本质，就是重新调整政府与市场的关系，并以此重构股票发行制度，一方面，要减少政府对市场的干预，提高效率和制度的可预期性；另一方面，政府要在落实责任上加大力度。〔2〕本次《证券法》修改在这两个方面都做足了文章。但是，从经济法的角度看，如果将证券交易所视为一种市场主体的话，〔3〕则证券交易所之间的逐底竞争，本质上是一种类似于“低于成本价倾销”之类的不正当竞争，目前无法由市场自我纠正，它是“市场失灵”的一种表现，需要政府干预。证券监管部门作为市场规制主体，恰好可以担负这一职能。〔4〕

因此，笔者建议，转变职能之后的证监会发行监管部，仍应以其长期以来积累的审核经验，对注册文件进行实质审核，而不仅仅是关注交易所发行上市审核程序是否符合规定，更需要在内容上关注交易所发行上市审核有无遗漏、发行人在发行条件和信息披露要求的重大方面是否符合“相关规定”〔5〕。“相关规定”应解释为不仅包括法律法规和证监会的规定，还包括交易所自己的规定以及审计准则等方面的规定。这就意味着，实施注册制后，证监会还不能完全退出，尽管它不再对上市

---

〔1〕参见中国证监会《关于不予同意恒安嘉新（北京）科技股份公司首次公开发行股票注册的决定》（2019年8月26日）。网址：http://www.csrc.gov.cn/newsite/fxjgb/kcbzczl/kcbzcqkgs/201908/t20190830_361311.html，最后访问时间：2020年1月22日。

〔2〕参见唐应茂：《股票发行注册制改革的内涵、本质和措施》，载《财经法学》2016年第5期。

〔3〕如果我们承认证券交易所可以改制上市，则其可以被视为是一种市场主体。

〔4〕参见邢会强：《股票发行注册制成功实施的三个体制机制条件》，载《财经法学》2016年第5期。

〔5〕参见《科创板首次公开发行股票注册管理办法（试行）》第23条。笔者认为，这一规定应推广到实施注册制的所有板块。

企业的投资价值提供价值认证或“背书”,[1]“不对企业发行规模、发行节奏进行管控，不对股票发行价格进行限制，不对市场价格的涨跌进行‘维护’”[2]，但它却要监督交易所。[3]在注册制之下，“行政机构不应对证券发行全面弃权”[4]。

当证监会退回交易所注册文件让其补充审核时，当证监会行使注册否决权时，这就说明了交易所的发行上市审核已有“注水”的迹象，交易所应及时纠正发行上市审核的航向，避免走向逐底竞争。当然，当证监会发现交易所的“审核失败”中可能存在审核人员的故意或过失行为之时，则应启动调查程序，以便予以追责。

---

〔1〕 陈洪杰：《IPO 核准制与注册制：一个经济社会学视角》，载《财经法学》2018 年第 1 期。

〔2〕 郭锋、邢会强、杜晶：《股票发行注册制改革风险评估与对策建议》，载《财经法学》2016 年第 6 期。

〔3〕 对此，我们也早有建议：“证券监管部门集中主要精力执行《证券法》等国家法律，依法监管交易所发行审查注册行为，禁止不公正注册，制裁不公平交易。”详见郭锋、邢会强、杜晶：《股票发行注册制改革风险评估与对策建议》，载《财经法学》2016 年第 6 期。在本文中，我们提出的注册制方案是向交易所注册。

〔4〕 缪因知：《股票发行注册制下的行政权再定位》，载《财经法学》2016 年第 6 期。

注册制下提高招股说明书质量的实施机制

——美国市场的经验借鉴

谢贵春*

内容摘要：提高招股说明书质量，是落实好新《证券法》关于注册制下信息披露对投资者投资决策有效性要求的重要实施机制。比较而言，美国市场招股说明书的简明性、实用性和针对性特点较为突出。这与美国市场注重发挥好律师等中介机构、监管机构以及司法机关等不同主体的作用，明确信息披露“重大性”标准、注意改善招股书文本质量、提高招股书的可读性，以及增强招股说明书信息披露对投资者决策的有用性等做法有密切关系。同时，市场化的定价机制以及高效的证券集团诉讼机制也对发行人和中介机构起着重要的约束作用。美国市场的经验做法，值得在提高境内市场招股说明书的质量时加以参考借鉴。

关键词：招股说明书　信息披露　重大性　集体诉讼　证券法

新修订的《证券法》规定：“发行人报送的证券发行申请文件，应当充分披露投资者作出价值判断和投资决策所必需的信息，内容应当真实、准确、完整。”招股说明书是证券公开发行上市中最重要的信息披露文件，是投资者作出知情投资决策的主要参考；提高招股说明书信息披露质量，是注册制下落实好信息披露对投资者投资决策有效性要求的重要实施机制。长期以来，境内市场招股说明书制作的质量参差不齐，表现在信息披露的针对性不强，企业生产经营和技术风险揭示不够充分，企业业务模式披露不够清晰，信息披露语言表述不够友好，以及文件格式和内

---

* 谢贵春，上海证券交易所法律部员工，法学博士、博士后。本文仅为个人学术见解，不代表任职单位观点。上海证券交易所法律部陈长青、吴紫君、翟玉涛在资料收集整理上提供了大力帮助，特致谢忱。

容安排不够规范等。[1] 乃至一度还出现了发行人在招股说明书中大面积复制其他公司招股说明书的乱象。[2]这些不足，与发行人和中介机构对招股说明书作为一份法律文件的属性认识不够，中介机构编制招股说明书严谨性欠缺，以及招股说明书格式准则过于求大、求全等因素有关。为了提炼改进境内市场招股说明书质量的思路，本文对招股说明书编制质量公认较高的美国市场的相关规定和实例进行了分析，研究了美国市场在提高招股说明书质量方面的经验和做法。

一、美国市场招股说明书质量较高，信息披露针对性较强

美国证券交易委员会（SEC）并未针对招股说明书的体例、格式和内容制定专门的规章，相关的内容散见于不同规章的章节中，主要有：(1)《1933 年证券法》附件 A 对发行证券的注册信息要求，列举了 32 项要求。(2)《S－K 规章》(即美国证券交易委员会自身组织与通用规章第 229 部分)，规定了招股说明书一般规定、业务、注册人的证券、财务信息、管理层和特定证券持有人，关于注册说明书和招股说明书的规定、附录、其他事项等。(3)《C 规章》(即《1933 年证券法》项下的规则和条例第 230 部分中的“注册登记”)，规定了注册登记的一般要求、表格和招股说明书的内容等。(4)《S－T 规章》(即“电子申报的总则与规定”)，规定了通过 EDGAR 进行电子申报的事项。(5)《1933 年证券法》下指定的表格（即《1933 年证券法》项下的规则和条例第 239 部分)。为了说明方便，以下统称美国招股说明书准则。

（一）风险因素信息披露具有针对性

美国招股说明书准则中，对发行人风险因素的披露要求只有寥寥数语，较为简略。从发行人撰写的招股说明书实例来看，由于在风险因素一节中就有关不确定事项作出预先提示和警告，是发行人后续减免可能存在的信息披露责任的重要“保险措施”，因此发行人往往花费较大篇幅陈述各项风险因素。在披露的具体风险因素

---

〔1〕 参见《上交所就首轮问询及回复情况答记者问》，载上海证券交易所网站，http://kcb.sse.com.cn/announcement/notification/c/c_20190423_4779810.shtml，最后访问时间：2020 年 3 月 7 日。

〔2〕 据媒体披露，新三板拟挂牌公司阳光眼科的公开转让说明书与爱尔眼科上市时提交的招股说明书内容重复涉及的范围约 1.2 万字。其中在商业模式优势、品牌优势、管理优势、医疗风险、民营医疗机构的社会认知风险、市场竞争风险、人力资源风险、医疗服务价格波动风险、眼科医疗市场规模、进入本行业的主要障碍等方面存在重复。参见袁元：《连招股说明书都要复制同行 阳光眼科的投资价值在哪里?》，载《证券日报》2016 年 8 月 12 日第 C01 版。

事项上，美国招股说明书准则中规定发行人应就导致本次发行的投机性或风险性的最重要的因素进行论述，且“不应涉及任何发行人或任何发行均可能面临的风险”。

例如，中芯国际的美国招股书用了17页的篇幅，从“与财务状况和业务相关的风险”、“与制造业务相关的风险”、“与在中国开展业务有关的风险”和“与股票、存托凭证（ADRs）所有权和交易市场相关的风险”四个方面，分析了47项可能存在的风险因素，基本覆盖了公司内部经验管理和外部政治社会经济环境等各方面因素。〔1〕这与部分境内发行人表面上是在揭示风险，实际上进行自我宣传形成鲜明的对比。〔2〕在审核问询中，SEC也较为关注风险因素的针对性。例如，SEC在对富兰克林希尔公司的问询中提出，发行人披露的“这种风险因素在本质上过于普遍。请移除这一风险因素或描述对公司构成的具体风险”〔3〕。

（二）董事、高管是公司治理重点规范主体，也是信息披露的重点事项

中美公司治理结构中较为显著的差异是对拟重点规范的控制权主体各有侧重。在A股市场，上市公司控股股东和实际控制人往往是公司的实际支配主体，在前期的上市公司监管实践中也频频发生控股股东和实际控制人从事不当关联交易、侵占上市公司资产等实例。在科创板招股说明书准则中，特别针对控股股东、实际控制人的信息披露作出了特别的安排，包括要求上市公司控股股东、实际控制人对招股说明书质量作出承诺（第20条），详细披露大股东及实际控制人的情况（第41条），披露是否存在资金占用情况（第61条），上市公司是否具有独立持续经营能力（第62条），是否存在同业竞争情况（第63条），以及是否存在关联交易以及是否履行了相应决策程序（第64—67条）等。而在美国市场，规范董事、高管对上市公司的内部控制活动是制度设计的重要着力点，这从美国招股说明书章节内容安排上可见一斑：在信息披露规则的内容分布上，董事、高管相关事项的信息披露要求篇幅最长、内容最细，除了董事高管的身份信息、亲属关系、工作经历（第229.401条）外，还对高管报酬（第229.402条）、公司治理（第229.407条）、财务报告内部控制（第229.308条）、董事和高管牵涉某些法律程序（第229.401条）等信息披露作了极为详细的规定。

---

〔1〕中芯国际的美股招股说明书可访问 https://www.sec.gov/Archives/edgar/data/1267482/000119312504040655/d424b4.htm。

〔2〕例如，有些招股书中大量采用“虽然发行人……在国内晶圆制造企业中优势明显，但是……”“虽然发行人积极执行和保护知识产权，但不能……”等先扬后抑的句式。

〔3〕SEC Comment Letter to Franklin Hill Acquisition Corp (Jan. 11, 2017), Comment #9, available at https://www.sec.gov/Archives/edgar/data/1662640/000000000017001760/filename1.pdf, last visit on July 25, 2019.

（三）业务和管理层讨论信息披露的重大性特征较为突出

信息披露体现“重大性”是贯穿美国招股说明书准则中的一项基本要求，以下结合8个具体信息披露事项作说明。

1. 竞争状况。境内招股说明书准则较为看重对发行人所处行业竞争状况的披露；竞争情况披露是否充分，是发行上市审核中关注的重点之一。[1]美国招股说明书准则中对发行人竞争状况的披露要求并不严格，仅要求披露发行人掌握或可合理获得其所涉业务的竞争状况，包括如下具有重大性的信息：注册人参与竞争的特定市场、竞争对手数量预估以及注册人所处竞争地位。

2. 销售情况和主要客户。美国招股说明书准则中要求发行人说明业务分部对一个或少数几个客户的依赖性（丧失之后可能对业务分部造成重大不利影响的客户）。如果一个或多个业务分部对某一客户的销售总额达到或超过发行人并表收入的百分之十，且丧失该等客户将对发行人及其子公司整体上造成重大不利影响，则应当披露该等客户的名称及其与发行人或其子公司的关系。[2]

3. 采购情况和主要供应商。美国招股说明书准则对采购的披露要求仅作了简练和原则的规定，“原材料的来源和供应情况”，相比境内市场招股说明书准则的要求，更为精练。

4. 主要资产。在境内市场招股说明书的实例中，发行人倾向于一五一十地列出所有主要资产，信息冗余较为严重。美国招股说明书准则要求发行人简要说明发行人及其子公司的主要厂房、矿产以及其他具有重大性的实物财产的位置和一般特征（第229.102条）。SEC还在准则说明中对该条规定的要旨作了解释，“在对该条规定要求提供该等信息的目的，是使投资者合理了解注册人设施的适当性、充分性、产能和利用程度。注册人不必且不应对各项财产的物理特征作出具体的说明或提供以地界表示的法定说明”。

5. 研发与核心技术。境内市场对不同板块发行人研发与核心技术的披露要求存在一定差异。以科创板为例，研发与核心技术事项是科创板招股说明书准则关注

---

〔1〕《公开发行证券的公司信息披露内容与格式准则第1号——招股说明书》（2015年修订）第42条、第43条。

〔2〕可作对比的是，《公开发行证券的公司信息披露内容与格式准则第1号——招股说明书》（2015年修订）第44条对发行人应当披露的客户信息规定较为详细：“列表披露报告期内各期主要产品（或服务）的产能、产量、销量、销售收入，产品或服务的主要消费群体、销售价格的变动情况；报告期内各期向前五名客户合计的销售额占当期销售总额的百分比，如向单个客户的销售比例超过总额的50%或严重依赖于少数客户的，应披露其名称及销售比例。如该客户为发行人的关联方，则应披露产品最终实现销售的情况。受同一实际控制人控制的销售客户，应合并计算销售额。”

的重点，具体涉及主要产品或服务的核心技术及技术来源，核心技术的科研实力和成果情况，正在从事的研发项目、所处阶段及进展情况，核心技术人员、研发人员占员工总数的比例，保持技术不断创新的机制、技术储备及技术创新的安排等。美国招股说明书准则中对研发与核心技术披露的要求较为简略，仅要求发行人披露持有的所有专利、商标、许可、特许经营权和特许权对业务分部的重要性、有效期及影响。如发行人认为具有重要意义，则应提供按照公认会计原则确定的过去三个会计年度中每一年为公司发起的研发活动所支出金额的预估金额。

从实例来看，美国发行人在研发与核心技术方面的披露更具有针对性，重点揭示产品和核心技术的领先优势，而不简单罗列专利数据。例如，澜起科技〔1〕美国版招股说明书从发行人产品的生产链、具体架构、产品模块、参数等基本侧重点并运用图表结合数据具体展开分析论述，重点观念提炼简短清晰，便于投资者快速抓住重点。在中芯国际的美国招股说明书中，只简要介绍了其在美国、我国台湾地区和大陆地区拥有 190 项专利，没有对所有专利作详细罗列。〔2〕

6. 关联交易。美国招股说明书准则中，对关联交易的披露标准做了一定阈值限制——所涉金额超过 12 万美元，且在上述交易中任何关联人拥有或将拥有直接或间接重大利益的。从实例来看，美国发行人对关联交易的披露也较为简略。例如，澜起科技美国招股说明书和中芯国际美国招股说明书对于关联方的披露更为简单清晰，仅提供关联方的清单以及相关结论性意见。这与境内市场发行人往往事无巨细地列举所有关联交易，占据招股说明书较大的篇幅，有所不同。〔3〕

7. 管理层分析与讨论。境内市场一些发行人在招股说明书中将管理层分析变为财务报表分析，大量罗列会计准则内容，花了较大篇幅逐项介绍主要会计政策和会计估计，管理层“讨论”“分析”色彩较弱。在中芯国际的美国招股说明书中，体现出一定管理层对未来经验发展分析、判断的色彩，而不简单对财务报表进行复述。

8. 未决诉讼。在对未决诉讼等事项的披露方面，美国招股说明书的规定较为简略，仅要求发行人简要说明以注册人或其任何子公司为当事人或其任何财产为诉

---

〔1〕 澜起科技成立于 2004 年，2013 年 9 月在纳斯达克上市，此后从纳斯达克私有化退市。公司于 2019 年 7 月 22 日在科创板上市。

〔2〕 以广东格林精密部件股份有限公司于 2020 年 3 月 2 日预披露的招股说明书为例，其中花了 8 个页面（占招股说明书总篇幅近 3%）罗列了公司拥有的近 150 项专利，而不就相关专利如何结合业务进行有效使用、对发行人经营成果的影响等作具体分析。公司招股说明书可链接至 http：//www. csrc. gov. cn/pub/zjhpublic/G00306202/202003/P020200306692876017892. pdf。

〔3〕 新亚电子股份有限公司在其预披露的招股说明书中花了 30 页的篇幅详细介绍其关联交易情况。公司招股说明书可链接至 www. csrc. gov. cn/pub/zjhpublic/G00306202/202001/P020200120623934629665. pdf。

讼标的的任何重大未决法律程序，同时规定了例外情况“因其业务性质产生的常见诉讼除外”[1]。

（四）募集资金用途具有较高灵活性

募集资金的使用历来是A股市场IPO中审核关注的重点。以主板市场招股说明书准则为例，规定了发行人应当披露预计募集资金数额，投资项目是否符合国家产业政策、环境保护、土地管理以及其他法律、法规和规章规定出具的结论性意见，募集资金专项存储制度，董事会对募集资金投资项目可行性的分析意见，募集资金投资项目实施后不产生同业竞争或者对发行人的独立性不产生不利影响，以及募集资金分别用于扩大现有产品产能、固定资产项目、合资经营或合作经营等的具体情况，等等。比较而言，美国招股说明书中对于募资资金的使用体现出一定的灵活性。一是要求发行人说明其拟定的发行证券所募集净资金的主要用途，以及每一用途拟使用的大致金额。如发行人募集资金使用计划或者该计划仍存在尚未确定的重大内容，应如实说明，并且就发行的主要原因进行论述。二是发行人不必披露其计划支出的详细情况，仅须提供相关概述即可。仅当财务状况和运营结果的论述和分析中提及了某些事项，则须考虑是否有必要提供关于该等事项的论述。三是发行人可以保留变更募集资金的用途的权利，前提是为经过特别论述的或有事件做准备，且在出现或有情形时该等资金的备选用途业已注明。

从审核问询实例来看，SEC对发行人的审核问询中，较为关注发行人是否充分披露了募集资金的计划和用途。如在Jinxuan公司的问询中要求“请说明你的发行收益的具体计划，或者如果你没有这样的计划，请讨论发行的主要原因”[2]。在对Axium医药公司的问询中，审核问询提出“注册文件中提出你打算将募集资金用于一般和行政开支，其余用于营运资本和其他一般公司用途。请说明‘一般及行政开支’是否会包括与研制鼻用及/或口服氯拉西泮喷雾剂有关的开支，并说明拟用于

[1] 在IPO乃至上市后的持续监管阶段，部分美国上市公司（如伯克希尔哈撒韦公司）因其业务性质导致出现经常性的争议和诉讼，发行人在相关报告中明确表示相关诉讼是由于其业务性质产生，不属于应当披露的纠纷类型。Georgiev, George S., Too Big to Disclose: Firm Size and Materiality Blindspots in Securities Regulation (December 13, 2016). *UCLA Law Review*, Vol. 64, 2017.

[2] SEC Comment Letter to Jinxuan Coking Coal Limited (Feb. 9, 2018), Comment #3, available at https://www.sec.gov/Archives/edgar/data/1715194/000000000018004758/filename1.pdf, last visit on July 25, 2019.

每项用途的大致金额”[1]。

（五）语言风格平实

美国招股说明书准则中对发行人招股说明书的语言风格作出了规定，要求应当用简明语言书写（详见本文下一部分论述）。从中芯国际、澜起科技等境外的招股说明书来看，语言风格较为平实，较为注意有一说一，不过多夸大发行人自身的行业地位、技术优势等。SEC 在对招股说明书进行审查时，也较为重视语言平实问题。一是强调语言朴实、不夸大。在对澜起科技审核问询中，SEC 审核人员特别提出，“请避免使用行业术语和营销语言，例如‘长期增长动力’。此外，如果您对您的产品或业务做出定性陈述，请提供客观支持，或将这些陈述确定为管理层的观念。例如，解释当您将产品描述为‘解决方案’、‘高性能’、‘端到端’和‘经济高效’时的含义”。二是强调凝练、不重复。如 SEC 在对 Valvoline 公司招股说明书的问询中要求，在摘要中用简明的语言描述本次发行和公司的特点，不要重复招股说明书中业务、竞争优势和战略等内容。[2]

整体来看，境内市场招股说明书准则规定的信息披露事项的密度要远高于美国市场；招股书信涉面较宽、内容更细，投资者吸收消化与发行上市审核负担较重。一则发行人惯于在招股说明书中披露大量不具有重要性的内容，二则发行审核中也以要求发行人补充披露为主，极少要求发行人对招股说明书中无关内容进行精简，由此导致了招股说明书内容越来越多、篇幅越来越厚。[3]招股说明书之外，如果再加上历次问询的回复、证券服务机构的法律意见书、相关专项说明，整个发行审核环节投资者需要参阅各种文件篇幅达 1000 多页，从中提炼有价值的投资信息存在

〔1〕 SEC Comment Letter to Axium Pharmaceuticals, Inc. (Sep. 15, 2017), Comment #18, available at https: //www. sec. gov/Archives/edgar/data/1715028/000000000017032971/filename1. pdf, last visit on July 25, 2019.

〔2〕 SEC Comment Letter to Valvoline Inc. (Jun. 27, 2016), Comment #2, available at https: //www. sec. gov/Archives/edgar/data/1674910/000000000016082123/filename1. pdf, last visit on July 26, 2019.

〔3〕 相关研究比较了科创板首批上市 25 家企业中的招股书申报稿和注册稿。从篇幅来看，申报稿平均为 373 页，而注册稿平均增加到了 484 页，内容增加近 30%。分章节来看，“业务和技术”章节平均增加 41 页内容，“财务会计信息与管理层分析”平均增加 40 页内容。其中，天宜上佳招股书增加内容最多，从申报稿的 381 页增加到了注册稿的 622 页，光峰科技招股书增加页数最少，增加了 44 页，但注册稿总篇幅也高达 613 页。参见安信证券：《内部纵深 + 海外比较分析科创板首批注册企业信息披露质量》，内部研究报告，2019 年 7 月，第 13 页。

一定的难度。对于发行上市审核机构而言，也是不小的负担。[1]

表1　2017－2018年SEC发行审核问询事项排名

问询事项	问询数量排序		相关问题涉及公司占比
	2017.7－2018.6	2016.7－2017.6	
管理层分析讨论	1	2	43%
非GAAP财务指标	2	1	47%
公允价值计量	3	3	17%
分部财务报告	4	4	15%
收入确认	5	5	13%
无形资产和商誉	6	6	11%
支持恐怖主义的国家	7	8	12%
所得税	8	7	12%
收购及业务合并	9	9	8%
或有费用	10	*	6%

注：“或有费用”不在2017年前十大问询事项之内

资料来源：EY：*SEC Comments and Trends*，2018.

二、美国市场提高招股说明书质量的路径与方法

衡量招股说明书的质量，不仅要看信息披露是否真实、准确、完整，更要看信息披露能否便于投资者理解、便于投资者投资决策。[2]过于追求信息披露的全面、细致，并不一定能达到满足投资者投资决策需要的目的。

美国证券发行上市监管以充分的信息披露为其特点，“SEC并没有批准或否决不具有投资价值的发行活动的权力，证券注册中（发行人）唯一应当满足的要求是

〔1〕根据手工整理，科创板首批上市25家企业中，12家经3轮问询，10家经2轮问询，3家经4轮问询；共涉及1690个问询问题，首次问询平均数为48.8个。一份针对美国50家样本公司的研究统计，SEC反馈意见平均4.58轮，第一轮反馈意见的问题数量平均50.52个，全部反馈意见的问题数量平均为82.02个（深圳证券交易所课题组：《注册制下美国证监会发行审核制度研究——基于50份SEC反馈意见的分析》，深圳证券交易所内部研究报告，2014年）。

〔2〕如有学者所言，“强调信息披露为中心，不仅要求披露信息的内容要真实、准确、完整，而且，信息披露的载体也要集中、统一、友好，减少投资者寻找多个信息披露文件的负担，减少投资者阅读和理解不同类型信息的负担”。参见唐应茂：《证券法、科创板注册制和父爱监管》，载《中国法律评论》2019年第4期。

对其业务、财务、证券、发行活动和风险等重大事实进行充分、准确的信息披露”。[1]美国市场在提升招股说明书质量时，围绕充分的信息披露基本要求，注重发挥好律师等中介机构、监管机构以及司法机关等不同主体的作用，由合规意识较强的律师牵头撰写招股说明书，明确信息披露“重大性”标准、增强招股说明书信息披露对投资者决策的有用性，并注意改善招股书文本质量、提高招股书的可读性。与此同时，市场化的定价机制以及高效的证券集团诉讼机制也对发行人和中介机构起着重要的约束作用。

（一）定规立矩之一：确立信息披露“重大性”标准

充分的信息披露是美国《1933年证券法》《1934年证券交易法》中确立的证券市场监管基本哲学，其目的，一是向投资者提供信息，使其能够在进行证券交易前作出知情的决定，二是防止证券从业者利用内幕信息侵害投资者权益。[2]在充分信息披露这一基本要求之上，美国市场在多年的立法和司法实践中还建立了信息披露的“重大性”（Materiality），作为完全信息披露（Full Disclosure）的矫正，主要的考虑是，对于发行人而言，披露每一个事实的时间和费用显然是令人望而却步；对于投资者等信息使用者而言，信息过量也难以用有意义的方式加以消化。

1. 证券发行监管中的“重大性”标准体现

自《1933年证券法》第11（a）条规定了证券发行虚假陈述的行为构成要件，即“如果注册登记表的任何部分在其生效时包含对重大事实（Material Fact）的不实陈述，或遗漏了需要陈述的重大事实，或遗漏了为使该说明书中的陈述不致产生误导而必须陈述的重大事实”。该立法规定划定了虚假记载、误导性陈述或重大遗漏以相关事实属重大为限。尽管如此，这一立法规定仍然较为笼统。在发行监管实践中，美国证监会（SEC）制定了专门的监管规章（见SEC自身组织与通用规章第222部分），就发行人根据《1933年证券法》《1934年证券交易法》提交注册文件的规范要求作出了具体规定。通过对规则的理解和对招股说明书实例的分析可以看出，SEC在对发行人招股说明书进行监管时，将“重大性”标准贯穿在注册文件（招股说明书）披露始终，强调发行人的信息披露应当突出重点，有助于投资者评

---

〔1〕 William W Barker, SEC Registration of Public Offerings Under the Securities Act of 1933, *The Business Lawyer*; Vol. 52, November 1996, pp. 65 – 118.

〔2〕 JAMES O. HEWITT, Developing Concepts of Materiality and Disclosure, *The Business Lawyer*, Vol. 32, April 1977, pp. 887 – 965. 一项对美国《1933年证券法》颁布前招股说明书信息披露质量的实证研究表明，美国联邦强制信息披露制度的建立提高了招股说明书的质量。参见［美］布伦特·J. 霍顿：《捍卫联邦强制披露制度：观察证券法之前的招股说明书》，肖梦涵译，载《证券法苑（第二十五卷）》，法律出版社2018年版，第401～468页。

估发行人及其投资风险。前文已对美国招股说明书准则和实例作分析，兹不赘述。

2. 司法实践中的“重大性”标准

自《1933 年证券法》第 11（a）条制定以来，围绕“重大性”标准如何运用于案件事实的认定，美国法院作出了相当多的判决。如在 1947 年 *Kardon v. National Gypsum Co.* 案[1]中，审理法官提出重大事实是“会对交易另一方的判断产生重大影响”的事实。这一表述，以及同期其他对重大性标准的刻画，几乎都是对重大性概念的同义反复（end in circularity）。直至 1976 年，美国联邦最高法院在 *TSC Indus., Inc. v. Northway, Inc.* 案[2]中指出，相关事实构成重大，“必须有很大的可能性，即被遗漏的事实的披露会被合理的投资者视为已大大改变了所提供的全部信息的组合”。该界定，刻画了重大性标准认定中的三个基本要素：（1）标准的适用对象；（2）相关信息披露对投资者决策过程的影响；以及（3）对决策过程产生影响的可能性的程度。[3]

由于重大性标准本身存在的抽象性，因此法院在审理案件时，需要结合(1）案涉信息披露具体事实；（2）案涉事实对投资者投资决策的可能影响；（3）招股说明书上下文对相关事实的整体披露情况；（4）案涉事实是否已经为公众所知悉，等等，进行个案具体分析、具体判断。

(1）“重大性”标准首先相对于“理性投资者”而言。一是理性投资者被推定知晓基本的投资常识，如过时的产品在与更先进的产品竞争时一定会占据下风，在一个以技术迅速进步著称的领域里计算机设备的技术过时司空见惯，等等，因此未披露那些对只有基本的证券市场常识的投资者也是显而易见的常识，不违反证券法。[4]二是理性投资者也被推定对公共性的投资资讯有所了解，如某一信息已经为公众所知悉，即便未在招股书中披露，也不构成虚假陈述。在 2009 年 *Garber v. Legg Mason, Inc.* 案[5]中，投资者诉称发行人的招股说明书中未充分披露其某一高级管理人员即将离任且导致客户流失的事实，构成了重大遗漏。审理法院认定，前述信息已经是公开信息，而且公司股东也可以通过合理的方式获取这些信息，因此，在招股说明书中遗漏这些信息并不构成重大性。三是理性投资者还被推定不会将一些模棱两可的陈述作为投资决策的依据。如在一些招股说明书中，发行人采用

---

〔1〕 *Kardon v. National Gypsum Co.*, 73 F. Supp. 798, 800 (E. D. Pa. 1947).

〔2〕 426 U. S. 438, 449, 96 S. Ct. 2126, 48 L. Ed. 2d 757 (1976).

〔3〕 JAMES O. HEWITT, Developing Concepts of Materiality and Disclosure, *The Business Lawyer*, Vol. 32, April 1977.

〔4〕 *In re Convergent Technologies Sec. Litig.*, 948 F. 2d 507, 513 (9th Cir. 1991).

〔5〕 *Garber v. Legg Mason, Inc.*, 347 Fed. Appx. 665 (2009).

了“显著增长”（significant growth）的表述，投资者据此提起诉讼。部分审理法院指出，“显著增长”的表述过于模糊，只是一个宣传用语，而缺乏任何实质性的信息。这种表述并不能被认为具有“重大性”，因为它没有包含任何理性投资者可据此做出投资决定的任何有用信息。[1]

（2）“重大性”标准的判断需要进行定性+定量的综合分析。一是相关事实所涉金额大小不是判断事实是否重大的唯一标准。如在1997年*Parnes v. Gateway 2000, Inc.* 案[2]中，投资者诉称被告高估资产达680万美元，构成虚假陈述。审理法院指出，在很多情况下，如此高的金额会影响到理性投资者的投资决策；但“面对一家有着非常快速增长历史的公司所具有的高风险/高收益投资机会，显然，一个理性的投资者不会因为资产规模减少2%而却步”。二是在进行定量分析时需要根据发行人的行业特征选择参照标准。如在2011年*Hutchison v. Deutsche Bank Securities Inc.* 案[3]中，美国联邦第二巡回法院以被告的投资组合总规模为参考标准（11亿美元），认定被告未在2006年招股说明书中披露一笔金额约5150万美元的未收回贷款可能存在的风险损失，未达到SEC规定的5%的标准，不构成重大遗漏。有分析认为，对于普通投资者而言，在评估这类投资性金融企业的投资价值时，对公司的股价或净收入（即在其他投资者优先认股权得到满足后，股东可获得的剩余资源衡量指标）的关注，远甚于对公司投资组合规模或营业利润的关注，因此在衡量相关事实披露是否构成重大性标准时，应当以公司的市值或者净利润作为参照。[4]三是相关事实对发行人经营管理的重要程度是判断重大性标准的主要参考。例如，未披露违反环保规定事实，该违规行为影响公司盈利，构成重大性。2014年

---

〔1〕 *Parnes v. Gateway* 2000, *Inc.*, 122 F. 3d 539 (1997). 在一些案件中，美国法院对发行人在招股说明书中做出盈利预计持较为包容的态度。如美国联邦第四巡回上诉法院在1993年*Raab v. General Physics Corp.* 案中指出的：“对未来增长的预测……几乎总是被事后证明是错误的。一家公司预测增长率为25%，这只是该公司对未来走势的最佳预测。从统计数据来看，20%和30%的增长率接近于25%。如果增长低于预期，买入投资者会起诉；如果增长被证明更大，卖出投资者将提起诉讼。强制（公司对增长预计）承担责任，将使公司陷入几乎肯定会被诉的困境。这样的责任，将阻止公司讨论其前景，证券市场将被剥夺这些预测信息。我们认为，这违反了证券法所规定的全面披露的目标，我们拒绝对此予以支持。”［*Raab v. General Physics Corp.*, 4 F. 3d 286, 290 (4th Cir. 1993).］

〔2〕 *Parnes v. Gateway* 2000, *Inc.*, 122 F. 3d 539 (1997).

〔3〕 *Hutchison v. Deutsche Bank Securities Inc.*, 647 F. 3d 479 (2d Cir. 2011).

〔4〕 该案中，发行人IPO前所有者权益账面价值2.9亿美元，IPO后市值4.451亿美元，未收回贷款占比分别为17.8%和11.6%；同时，未收回贷款占2007年、2007年净利润比例分别为375.9%、455.8%，也高于5%的阈值。*See* Securities Law – Materiality Requirement – Second Circuit Finds Issuer's Failure to Disclose Loan Impairments Immaterial as a Matter of Law – Hutchison v. Deutsche Bank Securities Inc., 647 F. 3d 479 (2d Cir. 2011), *Harvard Law Review*, Vol. 125, Issue 5 (March 2012), pp. 1282 – 1289.

Meyer v. Jinkosolar Holdings Co. , Ltd.（浙江海宁晶科能源公司）案[1]中，晶科能源公司在其5月披露的招股说明书中称已确保废物排放符合国家环境标准，而在2011年4月收到当地环保部门关于环境污染整改的通知，并在2011年9月受到当地环保部门行政处罚。审理法院认为，晶科能源公司的环境污染行为是持续性的，环境污染违规行为严重威胁公司盈利能力，公司在招股说明书中遗漏的相关事实对投资者具有重要影响，构成了误导性陈述。再比如，已就设立新的分销机构制订计划，而在招股说明书中未进行披露，构成重大性。在2013年 *Miyahira v. Vitacost. com, Inc.* 案[2]中，投资者根据获取的资料得知发行人已经就设置新的分销机构制定相关安排，但在招股说明书中称仍将维持原有的分销机构布局。审理法院认为，该声明构成了误导性陈述或重大遗漏。该案中，发行人也因未披露违反美国食品药品监督管理局（FDA）相关监管规定，被认定为构成了误导性陈述或重大遗漏。与此同时，虽然投资者诉称发行人的创始人在IPO后离任构成重大事实，但是因发行人已经在招股说明书中就“除非纳斯达克解除对其任职的限制，否则他不得在公司中担任决策角色”进行说明，因此审理法院认为并未构成虚假陈述。

（3）“重大性”标准的判断需要结合招股说明书上下文进行整体判断。例如，重大技术采用计划未能如预期推进，但已在招股说明书中披露相关不确定性，不构成虚假陈述。在2003年*Cohen v. USEC , Inc.* 案[3]中，投资者诉称发行人在招股说明书中披露了拟推进部署AVLIS技术（该技术将节约发行人50%以上的成本）的事实，但在IPO时并没有合理地部署AVLIS的前景或意图，而且在发行后也宣布取消该计划，构成了虚假陈述。审理法院认为，发行人已经在其招股说明书中就部署AVLIS技术的不确定性，以及未能部署该技术可能对发行人竞争优势造成的削弱影响做出说明，因此不构成虚假陈述。再比如，发行人未披露同行业某一经营相同业务竞争对手，但已经就行业竞争形势作整体分析、对竞争对手作了非排他性列举，不构成虚假陈述。在2016年 *Dingee v. Wayfair Inc.* 案[4]中，投资者诉称发行人未在招股说明书中披露同行业某一经营相同业务竞争对手Overstock的存在，发行结束一年后被分析师揭露出来并导致发行人股价下跌了11%，因此认为发行人构成虚假陈述。审理法院认为，招股说明书中已经披露了发行人所处电子商务行业属于高度竞争行业，竞争对业务的成功构成了持续性影响；招股说明书也明确了列举的竞争对手是非排他性的，包括家具店、大卖场、百货公司、专卖店、在线家居用品零

〔1〕 *Meyer v. Jinkosolar Holdings Co. , Ltd.* , 761 F. 3d 245（2014）.

〔2〕 *Miyahira v. Vitacost. com, Inc.* , 715 F. 3d 1257（2013）.

〔3〕 *Cohen v. USEC, Inc.* , 70 Fed. Appx. 679（2003）.

〔4〕 *Dingee v. Wayfair Inc.* , Not Reported in Fed. Supp.（2016）.

售商等。鉴于该竞争对手已经为公众所知，招股说明书也声明了发行人面临的激烈竞争，未能在招股说明书中将Overstock列为竞争对手，不会大幅改变投资者全部信息的组合。

（二）定规立矩之二：对存在疑义的条款作出细化解释

除了在招股说明书准则中对信息披露基本要求作一般规定外，SEC还针对可能存在一定疑义的条款增补“说明”（Instructions），并根据发行监管中招股说明书的撰写情况，为发行人及中介机构提供具体指引。该解释性规定也是发行人及中介机构应当遵循的信息披露要求。例如，对于发行人如何披露涉及的法律程序（第229.103条），该条的解释说明要求“如果注册人因其业务性质经常会引发过失诉讼或其他索赔，只有该等诉讼或索赔属于非常规诉讼索赔时才需要作出说明”等。再比如，在对发行人“择要列式的财务数据”一条（第229.301条）的说明中提出，“择要列式财务数据的目的是以简明已读的格式提供择要列式的财务数据，重点突出注册人财务状况和经营成果中的某些重要趋势”。

（三）定规立矩之三：明确招股书语言简明要求

尽管招股说明书对投资者而言是重要的投资信息来源，但鉴于招股说明书本身冗长且晦涩，相当多的投资者并不能全面仔细阅读招股说明书。为了解决招股书“重要但无用”的状况，SEC引入了“简明语言规则”（plain-English rule），规范招股说明书的格式与用语。

1995年，SEC时任主席Arthur Levitt组建了“简化信息披露工作小组”（Task Force on Disclosure Simplification），审查各项证券监管规章、文表，以期在不减损投资者保护的同时，优化、精简、革新所有的证券监管。[1]工作小组在其向SEC提交的报告中指出，虽然招股说明书是市场及市场专业人士不可或缺的信息来源，但实际上招股说明书和其他信息披露文件通常被写得“浮夸”“晦涩”“难懂”。密密麻麻的文字，以及法律格式性说明和对公司情况的重复介绍，已经成为撰写招股说明书的行业惯例。工作小组建议SEC优化招股说明书格式，并推进其“简明语言”

〔1〕美国一些研究者早在20世纪40年代便开始关注语言的简明性问题。20世纪60年代，美国法律文书写作中开始注意以简明语言进行写作。1978年，时任美国总统卡特发布了关于政府规章应当以简明语言撰写的政府命令。有研究者认为，直至Arthur Levitt担任主席后，SEC才将简明语言规则提上议事日程。Susumu Miyazaki, Should Japan Adopt a Plain Language Rule? *Minnesota Journal of Global Trade*, Vol. 13, Issue. 1 (Winter 2004), pp. 1-34.

(plain-English) 计划，使信息披露更简洁、可读性更强。[1]在此推动下，1998 年，SEC 正式制定了“简明语言规则”（即 SEC 自身组织与通用规章第 230 部分第 421 节“招股说明书中信息的陈述”），提出了发行人等撰写招股说明书应遵循的语言标准。

1. 简明语言的积极标准。SEC 要求，发行人在招股说明书中以清晰、准确和易懂的方式陈述信息，具体可参照以下标准：（1）以清晰、准确的章节、段落和句子陈述信息，并尽可能使用短句、解释性句子和表单；（2）使用描述性标题和子标题；（3）避免经常依赖索引或者术语作为在招股说明书中解释信息的主要方式；（4）避免法律术语和深奥的业务术语。

2. 简明语言的消极标准。（1）不易理解披露内容的法言法语式陈述或者过于复杂的陈述；（2）含糊的“照本宣科式”解释，而这种解释是不正确且易于形成不同的理解；（3）直接从法律文件中摘抄全部复杂信息而不对相关条款做出清楚而正确的解释；（4）在文件不同章节中对所披露的信息进行不断重复，让文件更显冗繁，无助于提高所披露信息的质量。

3. 对封面、扉页、摘要以及风险因素章节的要求。SEC 要求在起草这些章节时，至少实质性地符合以下每个简明语言行文原则：（1）使用短句；[2]（2）明确、具体、日常用词；（3）使用主动语态；[3]（4）尽可能就复杂的资料使用表格或者图表形式解释；（5）无法律专业用词或者高深的行业术语；（6）不使用多重否定句。

有研究者指出，简明语言标准能够让招股说明书中的风险揭示更为清晰，缩小了个人投资者和专业投资者之间在平等获取投资信息上的差别，提升了个人投资者在不接受专业协助情况下独立作出投资决策的能力。与此同时，简明语言标准也存在一定的限度，如一些复杂概念本身难以用简明用语加以阐述，在表述专业技术概念时为了达到简明用语的标准会模糊或者缺省处理。[4]

---

〔1〕 Report of the Task Force on Disclosure Simplification, available at https://www.sec.gov/news/studies/smpl.htm, last visit on July 7, 2019.

〔2〕 按照 SEC 的要求，按照简明用语的标准，句子长度以不超过 25-30 个单词为宜。如原始表述为“Gunnery Supply, Inc. 和 Weapons, Inc. 均适用 1934 年《证券交易法》（含修订）（以下简称交易法）的披露信息要求，并根据该等信息向美国证券交易委员会（以下简称委员会）提交文件报告、委托书和其他信息”，修改后为“我们必须遵守 1934 年《证券交易法》。据此，我们向 SEC 提交年度、季度和当前报告、代理声明和其他信息”。Michael G. Byers, Eschew Obfuscation - The Merits of the SEC's Plain English Doctrine, *University of Memphis Law Review*, Vol. 31, Issue 1 (Fall 2000), pp. 135-174.

〔3〕 如原始表述为“除本招股说明书所载或引用的资料或陈述外，任何人均未获授权提供任何资料或作出任何陈述，并且该等资料或陈述如已提供或作出，不得视为已获授权”。按照简明用语标准修改后的表述为“您应仅依赖于本文件中包含的信息或通过引用合并的信息。我们没有授权任何人向你提供不同的信息”。

〔4〕 Susumu Miyazaki, Should Japan Adopt a Plain Language Rule? *Minnesota Journal of Global Trade*, Vol. 13, Issue. 1 (Winter 2004), pp. 1-34.

2019年5月，SEC根据美国国会《改善美国地面交通法》（*Fixing America's Surface Transportation Act, the FAST Act*）的要求，对招股说明书有关规章进行了修订，精简招股说明书信息披露的要求，以减少发行人的披露成本和负担。例如，发行人可豁免披露重大合同或其他相关材料中的保密信息，对于实体性财产的信息披露要求达到重大性即可，等等。[1]

（四）中介把关：律师牵头撰写，提高招股书制作质量

在美国的发行上市实践中，由于发行注册信息披露以及发行上市后公司及董事高管的行为规范涉及大量的制度规则，因此极为倚重律师在注册文件（招股说明书）的准备制作过程中发挥重要作用。[2]相关的准备工作一般由律师牵头并由发行人的律师负责招股说明书的主要撰写工作，同时发行人、承销商的律师以及会计师事务所给予必要的配合。[3]律师在整个证券发行活动中的作用主要包括以下几个方面。

（1）尽职调查。律师通常协助公司及其管理层准备文件，并进行“尽职调查”，以核实所有披露的准确性和完整性，从而有助于管理重大遗漏和错报造成的责任风险。律师通常以口头和书面方式，向相关人等征求资料，并运用其专业判断评估所收到的资料的准确性和一致性。如果客户的注册文件中，包括律师知道或认为不准确的资料，或律师对所收到资料准确性存疑时未能继续进行调查，会被认为未能履行其职责。

（2）起草招股说明书。在进行尽职调查期间，发行人和主承销商的律师同时在进行招股说明书的起草工作，一般以发行人的律师为主，主承销商的律师进行必要的配合。[4]同时，发行人的管理层以及承销商需要提供辅助。由于招股说明书既是一份按照法定要求制作的信息披露文件，同时也是一份发行人的营销材料，因此律

---

〔1〕翟玉涛、谢贵春：《美国证监会2019年精简招股书信息披露改革简析》，上海证券交易所内部研究报告，2019年8月。

〔2〕Steven E. Bochner et al., Guide to the Initial Public Offering (Eighth Edition), available at https://www.wsgr.com/publications/PDFSearch/IPOGuide2016.pdf, last visit on July 9, 2019, p. 15. 国内研究者也曾举过例子：某企业未能在国内上市，但券商已经完成了A股招股书，2012年在转向美国上市的过程中，企业曾希望美国律师能把它的A股招股书翻译成英文、直接用在美式招股书中，但美国律师看完A股招股书之后拒绝了企业要求，认为A股招股书的披露内容、写法根本无法满足美国投资者的要求，最后，美国律师根据美式招股书习惯重新撰写了招股书。参见唐应茂：《我国离注册制还有多远——兼论推进我国股票发行注册制改革的措施》，载《上海金融》2014年第7期。

〔3〕Carl W. Schneider, et al, Going Public: Practice, Procedure, and Consequences, *Villanova Law Review*, Vol. 27, Issue 1 (November 1981), pp. 1-51.

〔4〕发行人及其律师在完成招股说明书的初稿后，一般会由承销商及其律师进行为期数周的核阅。Report of Special Study of Securities Markets, Securities and Exchange Commission, Part 1, p. 512-514 (1963).

师在起草招股说明书时，需要有效平衡法律法规以及职业惯例对信息披露的要求以及发行人进行宣传推介的诉求之间的关系，这就需要律师有效把握信息披露准确、完整的要求以及重大性披露标准，在专业分析和判断的基础上，决定招股说明书信息披露的范围。对于信息披露中的疑难事项，如当公司管理层决定部分信息不予披露但实际应当披露时，律师需要提示其注意后果等；[1]对于发行人未来经营绩效的准确披露，律师通常负责协助会计人员，以确保盈利预测和对经营计划适当平衡，并与招股说明书中的财务报表相符。在决定信息如何呈现方面，法律顾问也扮演着关键角色，影响着信息如何清晰地传达给投资者和分析师。

（3）统筹整个发行申报工作。除了自身撰写相关法律事务材料（涉及对诉讼、法律程序、各种交易的税法分析、合同、政府监管要求的说明等），就证券发行的合法性发表正式法律意见，并将其作为注册声明的证据存档之外，律师还需要统筹协调其他参与主体的准备工作。有分析指出，律师并非公司业务或财务方面专长，因此要求律师履行其职责并非意味着律师需要全面负责调查或核实注册文件中所有披露信息，或确保文件在各方面准确和完整。例如，律师可能缺乏必要的技术知识储备，需要依靠发行人了解相关业务信息。同时，原始账簿和原始凭证等的核验工作也由审计师而非律师承担。有研究者指出，律师与客户、承销商等之间的工作关系质量，对 IPO 的表现有显著影响，形成整体大于局部之和的效应。律师之间的熟悉关系和人际关系技巧之于 IPO 的贡献，不亚于其法律专业技能对 IPO 的贡献。[2]

也正因为律师在整个发行准备特别是招股说明书的起草制作中发挥着相当重要的作用，美国证券监管机构和法院也提出了一定的履职要求。如在 1973 年 Emanuel Fields 案件中，SEC 指出，证券律师的工作很少像在法庭上受到对方当事人和法官质问那样具有对抗性；证券律师在办公室里准备招股说明书、委托书、律师意见和其他监管机构、金融界和投资公众信赖的文件。因此，SEC 有权依靠律师确保注册文件的准确性，并且这也成为 SEC 对法律专业人士提出的主要要求。[3]

虽然证券律师在招股说明书的起草中发挥着主导性的作用，但是美国一些研究者也指出，律师在撰写招股说明书时存在过分依赖“模板”（Boilerplate）的问题，招股说明书的披露不够精细、准确，不同招股说明书之间重复、雷同现象普遍。其

---

〔1〕 Gordon Cooney, The Registration Process: The Role of the Lawyer in Disclosure, *The Business Lawyer*; Vol. 33, March 1978.

〔2〕 Jeremy R. McClane, The Sum of Its Parts: The Lawyer - Client Relationship in Initial Public Offerings, *Fordham Law Review*, Vol. 84, Issue 1 (October 2015), pp. 131 - 200.

〔3〕 See, In the Matter of Emanuel Fields, SEC Securities Act Release No. 5404 (1973 Transfer Binder] Fed. Sec. L. Rep. (CCH) 79, 407.

中，既有证券律师履职不到位的原因，也有可能是发行人平衡信息披露收益和成本的折中选择，例如，高密度的尽职调查会提高发行的时间成本和费用支出，详尽的信息披露会泄露发行人的经营管理秘密等。[1]

（五）分类审核：延缓低质量招股书的审核进度及公开发行进度

20世纪60年代以来，面对发行注册申请数量过多、发行审核不堪重负的难题，SEC引入了“分类审核”（Selective Review）的机制。SEC收到发行人的申请后，先由有一定资历的工作人员根据预定的标准，将招股说明书的审核类型划分为四类：(1) 全面审核（full review），也称常规审核，适用于首次提交发行申请的发行人。(2) 延期审核（deferred review），适用于提交的申请材料存在重大缺陷或不完整，审核工作人员会向发行人发出“重大缺陷函”（bed - bug letter），列明申请文件中存在的重大缺陷，并中止审核进程，直至发行人补正并重新提交申请材料。并且，在收到发行人重新提交的申请后，SEC的工作人员也不会加快对该申请的审核进度，“因为这样做会不公平地拖延更认真的申请者”。[2] (3) 重点审核（monitor），也称粗略审核，主要适用于审核人员基于对特定事项的关切，以及与前次注册文件存在重要差异的事项进行重点审核，例如存在异常的证券发行计划，发行人牵涉证券执法活动中等。(4) 不审核（no review），也称概括审核，主要适用于近一阶段已经接受了全面审核，或者及时充分履行证券法律规定的义务，不存在财务困难，不牵涉SEC对其进行的执法活动等。[3]

分类审核机制对于降低SEC的工作强度发挥了重要作用，对于不按规定质量要求制作招股说明书的发行人也起着适度的惩戒作用。据一份前期的统计数据，1995年SEC共收到8800份注册申请，其中1520份申请采用了全面审核，占比约17.27%。[4]在一些涉及发行上市审核纠纷案件中，发行人对SEC的延期审核机制

---

[1] Jeremy McClane Boilerplate and the Impact of Disclosure in Securities Dealmaking, *Vanderbilt Law Review*, Vol. 72, Issue 1 (January 2019), pp. 191 - 296.

[2] William W Barker, SEC Registration of Public Offerings Under the Securities Act of 1933, *The Business Lawyer*; Vol. 52, November 1996, pp. 65 - 118.

[3] 在1968年的4934号公告（Securities Act Release No. 4934）中，SEC将分类审核描述为：一名工作人员经过粗略审核（cursory review）后，决定（1）注册声明准备得很差，或者出现了严重的问题，因此不会进行进一步的审查；(2) 不会作进一步审核，但在粗略检讨的基础上，建议在提出申请后不迟于提交正本文件后20天内批准注册声明；(3) 适用标准审核。在1973年的5231号公告（Securities Act Release No. 5231）中，SEC将审核类型划分为（1）延期审核（deferred review）；(2) 粗略审核（cursory review）；(3) 概括审核（summary review）；(4) 常规审核（customary review）。

[4] William W Barker, SEC Registration of Public Offerings Under the Securities Act of 1933, *The Business Lawyer*; Vol. 52, November 1996, pp. 65 - 118.

提出了异议，认为该措施缺乏上位法律依据。最终，审理法院仍然支持了SEC行使自由裁量权的决定。[1]

（六）市场约束：低质量招股书直接影响发行定价

除了从立法规范和监管要求等方面明确招股说明书撰写的实体性与格式性要求之外，美国市场特别依靠市场机制发挥作用，以约束招股说明书低质量现象（行为）。有研究指出，一些发行人虽然试图通过削减律师事务所费用，以控制发行上市的成本，但是低质量的招股书可能导致股票卖不出高价钱。[2]

1. 低质量的招股书导致发行定价较低。在发行承销环节，低质量的招股说明书并不能给投资者特别是参与发行询价的机构投资者以充分且必要的投资信息，在这种情况下，投资者倾向于对拟发行股票定一个较低价格，以避免信息不对称给后续投资带来损失。实证研究表明，在风险因素、募集资金用途和管理层分析与讨论等章节中，模板式的表述每增加10%，发行定价则相对应降低5.1%－6.2%。

2. 低质量的招股书加大上市后股价波动。标准文本使用比率越高，新股上市后首日交易的买卖价差越大，做市商买卖发行人股票的买卖价差也越高。与此同时，证券分析师对股票的推荐意见之间的分歧也较为明显。

（七）司法约束：低质量招股书带来较高违法成本

美国市场的实践表明，有效的责任约束机制特别是司法约束，是打击发行人、上市公司违法违规行为的重要手段。发行人等相关责任主体不仅要支付较高的诉讼费用、赔付款项，还要面临声誉减损和市值损失的压力。

1. 科技行业是美国证券集团诉讼发生率较高的行业。科技型企业因其营业活动的专业性和信息披露的复杂性，一直以来是美国证券集团诉讼的多发行业。美国斯坦福大学法学院证券集团诉讼统计中心（SCAC）统计了1996年以来美国证券集团诉讼案件的数量以及类型特征。从行业部分来看，科技企业涉诉案件最多（1432件），占所有证券集团诉讼案件的25.36%；从细分行业来看，生物技术和医药、软件与编程、通信设备、医疗设备及用品、计算机服务和半导体等典型科技行业涉

---

〔1〕 *Securities and Exchange Commission v. Lake Havasu Estates*, 340 F. Supp. 1318 (1972).

〔2〕 Jeremy McClane Boilerplate and the Impact of Disclosure in Securities Dealmaking, *Vanderbilt Law Review*, Vol. 72, Issue 1 (January 2019), pp. 191－296. 近年来，国内的理论研究也开始关注招股说明书的文本表达与市场定价之间的关系。如，有研究发现：招股说明书中含有更多的不确定和负面语气会增加信息不对称程度，使投资者要求更多的风险补偿，也使承销商进一步压低IPO发行价格，进而导致更高的IPO抑价程度。参见何智、张飞、周孝华：《招股说明书文本语气对新股市场表现的影响——以创业板为研究对象》，载《财会月刊》2019年第8期。

诉案件数量居前（见表2、图1）。

表2　1996－2020 年3 月美国证券集团诉讼案件的行业部门分布

行业部门	案件数量（件）
科技（Technology）	1432
服务（Services）	1086
金融（Financial）	982
医疗（Healthcare）	940
周期性消费（Consumer Cyclical）	238
能源（Energy）	206
基本材料（Basic Materials）	201
非周期性消费（Consumer Non－Cyclical）	182
资本品（capital goods）	172
公用事业（Utilities）	113
交通运输（Transportation）	67
企业集团（Conglomerates）	27

资料来源：SCAC。

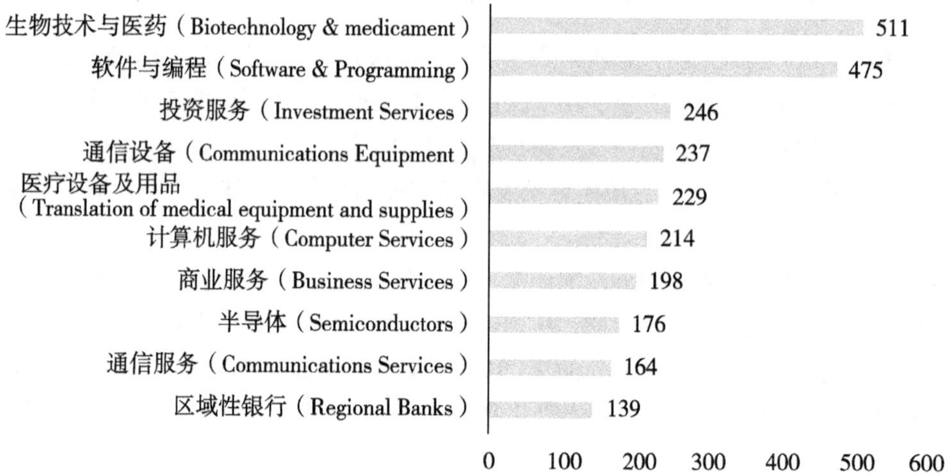

图1　美国证券集团诉讼发生率较高的10 个行业

资料来源：SCAC。

2. 低质量的招股书增加了发行人涉虚假陈述、欺诈发行诉讼的概率。正如前文所列举案例反映出来的，在招股说明书中不充分、不真实披露，给发行人带来了较高的诉讼风险。一份高质量的招股说明书，不仅是展示发行人经营管理实力的宣传文件，更是对发行人发行前后经营管理活动不确定性的预先揭示和警示的法律文件，特别是在风险揭示章节对各种风险的描述，有助于保护发行人免予被追究夸大性披露的法律责任。而发行人在招股说明书中借助模板式的表述进行披露，显然难以达到借此进行免责的功能。实证研究表明，在风险因素、募集资金用途和管理层分析与讨论等章节中，模板式的表述每增加10%，发行人遭遇集团诉讼的概率也增加1.5%—4%。[1]

从美国市场的情况来看，近年来IPO诉讼呈现出高发趋势。2016－2018年间全美共有316宗IPO诉讼，同期在联邦法院和州法院提起的IPO诉讼共计107件，绝对数之比约为3:1（见图2）。

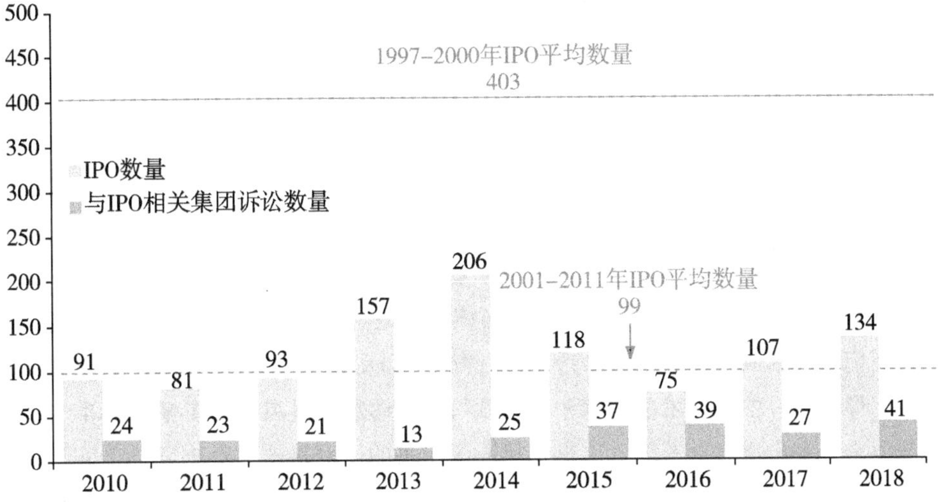

图2　2010－2018年美国IPO数量与IPO相关集团诉讼数量对比

资料来源：Cornerstone Research：*Securities Class Action Filings－2018 Year in Review*，2019。

三、提高境内市场招股说明书质量的思考与建议

2019年12月通过的新《证券法》，按照“强化证券发行中的信息披露”的立法思路，在原有信息披露“真实、准确、完整”的质量要求的基础上，新增了“应当充分披露投资者作出价值判断和投资决策所必需的信息”的要求。[2]提升招

〔1〕 Jeremy McClane Boilerplate and the Impact of Disclosure in Securities Dealmaking，*Vanderbilt Law Review*，Vol. 72，Issue 1（January 2019），pp. 191－296.

〔2〕 全国人民代表大会宪法和法律委员会关于《中华人民共和国证券法（修订草案）》审议结果的报告，载中国人大网，网址：http：//www.npc.gov.cn/npc/c30834/202001/a0524c6d17784fa9a0bcc955f3d8170e.shtml，最后访问时间：2020年3月7日。

股说明书质量，使招股说明书真正能为投资者决策参考所用，是注册制下落实“以信息披露为中心”，使信息披露能为投资者作出价值判断和投资决策所用的重要环节。美国市场提升招股说明书质量相关做法，对于解决目前境内市场拟上市企业招股说明书中存在的质量参差不齐、重要事项披露不充分、语言表述不够友好等问题，具有一定参考价值。同时应当承认，美国市场的一些做法，是经过长时间市场培育和实践探索形成的，与美国具有较为成熟的投资者群体、投资环境和较为健全的配套监管和司法体制之间有着密切的关系。在借鉴参考时，应当充分考虑境内市场自有的市场环境，以及中美两个市场配套性机制的差异。

第一，进一步确立“重大性”标准，完善招股书准则。新《证券法》以及配套制度规范中均规定了招股说明书信息披露应当真实、准确、完整，这是信息披露的起码要求。比较而言，美国市场不仅关注信息披露真实、准确、完整，也更加突出信息披露的重大性、对投资者决策的有用性。在境内市场，发行人和中介机构对真实、准确、完整要求的理解把握容易异化成全面披露、不区分重点地披露，以及在招股说明书中堆积资料、数据，并不利于投资者从中汲取对投资决策有价值的信息。有必要从信披内容、体例格式等方面对境内市场招股说明书准则作进一步优化。一是在披露内容上确立“重大性”标准，去粗取精，突出重点。例如，在“风险因素”方面要求发行人的披露应当体现针对性和关联性，不应涉及任何发行人或任何发行活动均可能面临的风险；简化对历史沿革信息的披露；重要固定资产、无形资产、核心技术的披露，以对发行人持续经营具有重大影响为标准，简化披露要求，突出重点，等等。二是在招股说明书的体例格式上突出简洁、实用。三是对较为原则抽象的规定进一步解释说明，阐释监管要求。可以借鉴 SEC 对招股说明书准则中存在一定疑义的规定作进一步解释的做法，对在招股说明书准则中一些较为原则抽象的规定（如“简要披露”的标准），以解释说明的方式厘清相关概念、规定的具体含义，细化发行人及中介机构披露的具体要求。

第二，发挥中介机构把关作用，提升招股书制作水平。从美国市场的实践来看，由律师参与招股说明书撰写能提高文本表述质量，强化招股说明书的合规性。在我国香港地区市场，有律师参与招股说明书撰写的实践做法。[1]在境内市场，此

〔1〕 香港市场中，发行人的律师和承销商的律师均参与整个发行活动，职责各有侧重：发行人的律师一般就发行人所涉及的交易提供法律意见，起草法律文件；承销商的律师一般负责对发行人进行尽职调查，起草招股说明书、核验笔录、包销协议以及其他相关法律文件。参见郭雳：《证券律师的行业发展与制度规范》，法律出版社 2013 年版，第 39 页。

前也有律师对招股说明书进行验证的探索。[1]在实践操作中，部分证券公司仍然会聘请律师提供法律服务，但是这种协助主要在于分担承销商的法律风险和责任，并非从中立的角度对招股说明书进行验证。[2]建议借鉴美国等市场的经验，引入律师的力量参与招股说明书的撰写工作；在利用好律师专业性优势的同时，还应当避免出现过多中介机构职责叠床架屋、职责混淆不清的现象。

第三，增强司法对招股书责任主体行为的约束力，对信披规范的解释力。监管力量、市场力量和司法力量融通共用，是美国市场提高招股说明书质量的典型特征。司法力量不仅着力于受害投资者的保护和救济，还通过法律的适用、案例的引导，确立各方主体的行为标杆。特别是美国法院在适用《1933 年证券法》《1934 年证券交易法》的近百年历史中，建立和发展了针对证券发行活动的判例体系，使法律责任成为高悬在欺诈发行、虚假陈述行为人头顶的达摩克利斯之剑。

从目前境内市场实践来看，仍然主要倚重监管机构对发行人的信息披露进行把关，在目前市场力量发挥有待时日的情形下，亟待补强司法的力量。一是大力推动虚假陈述案件前置程序的取消。2015 年最高人民法院推动立案登记制改革以来，对于 2003 年制定的虚假陈述诉讼前置程序的存废一直存在不同的解读。[3]司法政策的不确定性，影响了社会公众的预期；前置程序的设置，也极大地增加了受害投资者诉讼维权的成本，建议取消。二是推动证券集体诉讼制度早日落地。新《证券法》第 95 条已经对中国特色证券集体诉讼作出了规定，建议最高人民法院等有关方面加快推进相关配套司法解释、细则的制定实施，使之能够早日落地。三是增强司法机关对信息披露重要规范的解释力。建议通过发布典型案例、制定司法文件等多种方式，就信息披露重大性标准在具体事项上如何体现，如何做好披露内容简明易懂、便于一般投资者阅读和理解，进行释法说理。

---

[1] 1998 年证监会曾制定《公开发行股票公司信息披露的内容与格式准则第 8 号——验证笔录的内容与格式》，划分了发行人律师与主承销商律师的职责，规定主承销商要聘请律师从事招股说明书的验证工作，费用由主承销商支付，但应严格控制收费标准；企业公开发行、上市，必须报送由主承销商律师出具的验证笔录，无需再报送主承销商律师法律意见书。在 A 股市场正式建立保荐制度之后，上述准则于 2002 年 5 月被废止，由主承销商律师进行验证并非强制性要求。

[2] 郭雳：《证券律师的行业发展与制度规范》，法律出版社 2013 年版，第 118 ~ 119 页。

[3] 例如，刘某诉鲜某等证券虚假陈述责任纠纷案（上海市第一中级人民法院（2016）沪 01 民初第 166 号民事判决书）中维持了对前置程序的要求，而在金某与天健会计师事务所（普通特殊合伙）等证券虚假陈述责任纠纷上述案（浙江省高级人民法院（2017）浙民终第 72 号民事判决书）中，审理法院认定，“原审法院将已经失效的《最高人民法院关于受理证券市场因虚假陈述引发的民事侵权纠纷案件有关问题的通知》第二条规定作为裁判法律依据，违背了法律规定”。

公司信用类债券发行注册制的时代构建

——以商事信用流转为中心展开

范　鑫*

内容摘要：股票发行注册制的时代盛行，并不能掩盖债券发行注册制的现实渴求，多层次资本市场建设亦不能再次落入“重股轻债”的改革沉窠。源起于政府公债的市场生成，公司信用类债券承载着从制度信用向商事信用的时代转向，并经由市场融资与组织建设的协同推进，越发成为个体债务与组织债务的商事联结桥梁。然而，深囿于以往“父爱式”债券发行模式，公司信用类债券市场长期陷入市场人为割裂、刚性兑付落空及多头监管套利的积弊泥淖，制度信用的发行鬼魅亦久挥不去。实践中，以主体基础与概念共识的基础形成，并融合《证券法》（2019 年修订）的制度助力，三大交易市场已然正式迈入发行注册制时代。但股债特性的殊异，即决定了债券发行注册制并非股票发行注册制的生搬硬套，忽视债券信用本质及过往制度遗弊，亦将无益于其发行注册制的时代构建。欲破困局，还应从债券信用特质出发，以基础规则融通、运行区分重塑及监管信用保障的进路安排，祛除制度信用旧疾，再度勃兴商事信用流转的发行要义。

关键词：公司信用类债券　发行注册制　商事信用　时代构建

注册制并非股票市场专属特权，多层次资本市场建设亦理应兼顾不同证券市场的组织完善。然而囿于“重股轻债”的观念，股票市场长期居于资本市场核心，而债券市场却始终特性不彰且建设滞后。[1]原有“父爱式”债券发行制度即行引致市

---

* 范鑫，武汉大学资本市场法治研究中心研究人员，主要研究公司法及金融法。

〔1〕 参见冯果：《债券的证券本质与债券市场法制化——〈证券法〉修订背景下的债券法律体系重构与完善》，载《证券法苑》2016 年第 1 卷。

场人为割裂、刚性兑付落空及多头监管套利等多重发行弊病缠身，实则与股票发行注册制的时代盛行“对比强烈”。沿循债券发行机理，债券市场何以需求注册制，并非在于具体制度一朝一夕的构建，而在于恢复商事信用流转所承载的市场呼吁，言及公司信用类债券愈是如此。观之现有债券违约事件的乱象频发，已然证明传统公司信用类债券的信用传导机制出现体系性偏移，再为难以适应全新市场经营风险的动态调适。幸而，以主体基础与概念共识的市场形成，并融以《证券法》（2019年修订）的制度助力，三大交易市场现已正式迈入发行注册制的全新时代，债券市场发行制度改革亦由此取得阶段性成果。然旧疾未除而新状已现，股债特性的殊异即决定了倘若一味搬运股票发行注册制的运行蓝本，非但无法从根源上解决债券发行的原有制度积弊，更无以从本质上回应商事信用的现有流转缺失。欲破困局，还应从债券信用特质出发，坚持旧有市场症结与全新制度构建的双重面向，围绕基础规则融通、运行区分重塑及监管信用保障进行体系性展开，从而彻底破除制度信用背书沉疴，重新回归商事信用流转的发行注册制要义。

一、公司债发行的本体厘清：历史流变、核心功用与体系定位

公司信用类债券从属于债券子集，[1]兼有债券特性而又独具组织气质。从历史流变中溯源，公司信用类债券脱胎于政府公债而伴随公司制度徐徐延伸，承载着从制度信用向商事信用的时代转向；回归其核心功用，市场融资与组织建设的协同推进，亦使其逐步适应于现代资本文明的流转运营。当然，对于公司信用类债券的发行解读不应仅局限于本体内释，放眼于宏观债权融资体系定位，亦可清晰发现其作为个体债务与组织债务的强烈商事联结，正越发活跃于现代资本市场的广阔舞台。

（一）历史流变：从制度信用向商事信用的时代转向

从现有制度的规范解构至学理探讨的概念审思，各类债券的根本属性亦是债权债务关系的权利证明，是发债主体为满足资金需求向投资者发行且承诺按一定利率

---

〔1〕 根据风险收益配比关系差异，债券可划分为信用债（credit bond）和利率债（rate bond）。其中，利率债是以国家或中央政府信用为发行背书，除技术性违约可能外，违约风险极低而收益率无限接近于市场利率水平的低风险收益债权；信用类债券则为国家及中央政府政府之外的发行主体，以其自身信用为发行背书，除承担利率风险外，还应承担发行主体信用风险的高风险收益债券。实践中，由于我国金融债券的发行主体普遍资产雄厚且附有国资背景，因关乎国家经济命脉及金融安全稳定而已然具备特定国家信用背书，成为特殊的“利率债”。故此，本文所称公司信用类债券特指除金融债发行主体外的一般市场主体仅以自身信用为兑付担保而发行的高风险收益债券，实质包括企业债券、公司债券和非金融企业债务融资工具。参见张阳：《公司信用类债券信息披露制度的统合建构——以偿债能力为中心展开》，载《证券法苑》2017年第3卷。

支付利息并按约定条件偿还本金的债权债务凭证，[1]于公司信用类债券概莫能外。基于融资主体资金的基础需求，公司信用类债券发行的原始思想实萌生于政府公债，却又以公司制度为中心不断脱胎发展而来，日益呈现出组织性与商业性不断融合的脉络特征。回溯政府公债的发行历史，虽缘起渊久却并非人类社会的天然产物，而是社会组织构架不断衍化生成的制度结果。约公元前2世纪，古罗马时代即有国家向商人、高利贷者和寺院借债的历史，但其于现代意义上的政府公债仍相去甚远，多为变相的财政课税，无权利凭证且无法流通。到13世纪，当多数欧洲君主面临课税严峻与政权稳定双重矛盾下的财政危机时，威尼斯政府为解决热那亚战争的财政余留问题，即行颁布《债券法令》（*Ligatio pecuniae*），明确以政府税收支付特定军事公债（prestiti）利息，并允许此类债券在市场流通，由此现代公债的概念雏形逐渐产生。[2]随后，16世纪哈布斯堡王朝的查理五世为了筹措对法战争资金，以领地荷兰联邦的议会信用对外发行债券，并将税种设立及财政支出的决定权限赋予荷兰议会，以增强议会制度信用基础。直至1692年，英王威廉三世明确以酒类物品税为特定担保而发行100万英镑的年金国债，所谓经议会批准发行并以税收保证支付本息的现代公债即正式生成。[3]剖析现代公债的信任产生基础，即是以国家政治为组织支撑及以财政税收为物质支撑的制度信用，如此也为传统单一的个人债务融资模式破开了一扇窗，[4]初具组织建设规模的公司形式也因制度外观的形成而被赋予了某种特殊制度信用，公司信用类债券社会信赖的初阶基石也于此混沌之中逐步奠定产生。

与现代公司组织制度伴生，第一张现代公司的债券发行可追溯至1602年荷兰东印度公司发行的短期公司债券。延续至18世纪末及20世纪初，随着欧美铁路网的大规模建设，由政府担保的铁路公司债券也再次迎来高速增长，并一举成为当时基建资本融资的主要模式，一时风光无二。正如早期公司特许制的商业利润与政治实力交融，同时期公司证券发行亦兼具制度信用与商事信用的双重特性。一是政府直接扶持公司发展，直接或间接以制度信用增强公司商事信用，从而稳定公司融资的市场信心；二是当时公司债券发行交易市场尚未形成，仍需依赖政府公债发行交

---

〔1〕 冯果：《证券法》，武汉大学出版社2014年版，第10页。

〔2〕 参见［意］卢西亚诺、王宇：《意大利城邦的政府债券（上）》，载《金融发展研究》2014年第4期。

〔3〕 参见裴权中：《证券投资学》，经济科学出版社2001年版，第61页。

〔4〕 正如我国著名学者江平先生所归纳，信用生成的历史特性也先后经历了“从人格到财产、同时兼具人格性和财产性并且财产性日益突出”的演变历程，并已然“从民事人格权的范畴向商事人格权的范畴转化”。参见江平、程合红：《论信用——从古罗马法到现代社会》，载《江平文集》，中国法制出版社2000年版，第512~514页。

易体系，从而构建起债券市场运行的基础设施。然而伴随着1929－1933年大萧条的资本冲击，公司债券发行量也在资本动荡中一路下挫探底，但幸也让公司债券逐步摆脱了政府公债的政策影响，其发行基础开始剥离制度信用背书，而朝向市场化的商事信用流转迈进。一是当时债权人已被迫认识到公司债券发行对于公司现实经营的投资风险，已然超出政府制度信用所能承载范围。特别是19世纪后半叶，由于过度投资加剧市场恶性竞争，多数发行巨额公司债券的铁路公司因行业衰败及资金链断裂而陷入破产或无奈重组，债券市场违约率达到近150年之最。[1]二是大萧条也让债券市场认识到，建立一个高效透明的资本市场对于经济资源配置的关键意义，而其核心变革即是重构债券信用体系。自20世纪初始，以穆迪、标普及惠誉为代表的信用评级三巨头，即以自身市场化专业的信用评级不断强化着债券市场的商事信用基石。[2]总结缘起逻辑，公司信用类债券发行所承载的制度信用背书向商事信用流转的时代转向，实则为历经资本市场百年血肉搏杀沉浮后的真理之鉴，言之虽轻但却义理千钧。

（二）核心功用：市场融资与组织建设的协同推进

商事信用的本质即是一种经营性资信，是商业伦理衍化的一种制度性映射。[3]公司信用类债券本即因市场融资而生，只不过其融资服务主体由传统政府抑或是商事个人，而悄然转变为公司这一独特商事组织，一并其市场融资功用也波延至政府公债及股票市场，从而再度泛起双重资本波澜。与以往商个人间的个体借贷孱弱不同，公司信用类债券因具备特定政府公债的组织属性，而得以通过制度构建放大融资能量；却又异于传统政府公债的制度信用背书，以更加市场化的商事证券流转，有效减轻了政府债务融资负担。从早期公司信用类债券发行领域来看，公司信用类债券的发行往往与新兴市场开拓与大规模基础设施建设紧密相连。特别是工业革命后期，仅凭个人资金实力而难以开发经营，政府短期内也无法筹集到巨额资金予以国家建设的大型项目，如铁路公路、矿山开采及大型冶炼等，政府即开始尝试通过

---

〔1〕 高苗苗：《美国公司债券违约历史及启示》，载《中国证券期货》2019年第1期。

〔2〕 1936年，美国货币监理署（OCC）设定“认可的评级手册”的监管术语，规定银行只能购买的相关债券必须获得两份以上“认可的评级手册”评级支持，而其中“认可的评级手册”即是指来自穆迪、标普和惠誉编写的信用评级手册。参见蒋来用：《三大信用评级机构的发展之路》，载《银行家》2012年第5期。

〔3〕 参见冯果：《由封闭走向公开——关于商事信用的若干理论思考》，载《吉林大学社会科学学报》2003年第1期。

允许私人企业以向社会公众借债筹资的融资方式予以建设运行。[1]事实证明，赋予公司债券发行权利，直接突破了政府债券发行唯一性的思潮限制，以公司制度的商事信用引入了社会资本的市场注入，从而极大缓解了原有政府财政的建设负担，亦间接促进了整体社会信用制度的意识转型。公司信用类债券的发行产生亦可理解为早期投融资双方为降低公司股权融资风险而设计的多元避险工具。一是对于投资者而言，早期股票市场信息来源匮乏且市场信用度较低，加之当时公司会计财务制度不甚健全，缺乏清晰股票估价标准，就公司股权融资的高风险高收益而言，债券投资无疑能够凭借固定本息收益而受到更多市场投资者青睐。二是对于融资者而言，公司制度无疑以股权架构为基础框架，公司股东亦并非全然愿意以对外股权融资而稀释自身公司控制权，而债权架构仅为公司融资辅助工具，并不会触及自身控制利益。在缺乏社会信用有效支撑的原始资本市场，公司债券发行不仅有效降低了投融资双边融资风险，并以其独特的商事信用流转，摆脱了原有特定主体借贷债务融资模式，进一步扩宽了债权融资受众群体，增大了市场整体的资本融资效率，保证了公司合理融资的正常运行。

现代商事交易实践远比理论假设而复杂深刻，公司信用类债券的发行亦并非仅具有传统单一的市场融资功能，其以现代公司制度为组织基石，同时亦能反向促进着现代企业制度的更新完备。以正向组织构建切入，现代公司制度以独立人格、有限责任及权属分离为基础特征，其既是现代公司与其他企业类型的区分依据所在，亦为公司信用类债券发行奠定了内外制度基础，从而将公司股东、管理人员及债权人的利益考量始终保持合理均衡状态。其一，现代公司独立法人资格的权能赋予，即为公司信用类债券发行明确了主体基础。与以往商个人及商事合伙不同，现代公司虽不具备商个人的现实主体，却能够以其自身财产承担债券责任；亦能够区别于商事合伙的组织形态，构建起属于自身的商事信用，而非类似商事合伙零散的个人信用集合。其二，现代公司有限责任的制度设计，也使得公司股东及其管理人员不至担忧因经营失败而承担无限责任，最终乃至倾家荡产的责任风险，以制度隔离保障了公司债券发行的主体利益。其三，现代公司遵循“所有权与经营权”权属分离所建立起的公司治理制度，通过制度防治的手段确保债权人资金安全不被公司股东及其管理人员滥用、抽逃以致侵蚀，契合债权人资金保障需求。[2]以逆向需求完善解读，债券发行的信用实质即是以公司信用换取市场资金，而为此公司信用类债券

---

〔1〕 参见安义宽：《论公司债券的起源与发展》，载《中国社会科学院研究生院学报》2004年第6期。

〔2〕 参见许德风：《组织规则的本质与界限——以成员合同与商事组织的关系为重点》，载《法学研究》2011年第3期。

发行主体即需始终保持以良好经营状态及规范市场运营，并不断提升对内治理能力及增强对外商事信用。在规则简明、信息透明及监管严明的成熟债券市场体系中，公司债券的价值将通过商事交易流动而以市场价格波动予以现实传导，迫于交易市场竞争压力，亦将倒逼公司不断优化自身治理结构及创新市场管理模式，完善自身债券内部限制性条款，[1]以稳定市场信用评价标准，满足持续债券发行能力。与此同时，投资者的吸引亦带来了监督者的注视。与以往商个人借债的监督模式迥异，公司信用类债券发行将面临来自众多市场投资者的资本监督及各类监管机构的权力监督，监督力量的扩容并通过实时高效的市场信息传播，身为发行主体公司的经营行为必将更为谨慎规范，从而以债券发行推动公司内部经营风控的加强，及外部市场风险化解机制的完善。

（三）体系定位：个体债务与组织债务商事联结

当然，对于公司信用类债券的发行认知，不能仅停留于对制度本体的解剖阐释，还应回归于多元市场体系的定位分析，整体把握其结构性的要素内涵。如图 1 所示，公司信用类债券的发行实则为个体债务与组织债务相互联结且彼此借鉴的制度产物，兼具微观三重主体供应特色，亦契合宏观市场融资断层的需求填补。以商个人为个体债务的基础面向展开，现代商法意义上的商个人被定义为“依法从事商事交易业务的具有专门知识或技能的人”[2]，其以个人财产为经营基础而就自身经营行为承担无限责任，缺乏组织模式且借贷方式单一。现实中，由于主体财产有限、商事信用孱弱且融资风险高居，市场投资者对于其借贷意愿也普遍较低，仅凭其自身实力根本难以满足潜在融资需求。为破解融资难题，商个人开始尝试以主体合作的形式凝聚多人资本，从而向商合伙进行组织转变。然而，商合伙的形成虽初具组织样态，但其内部治理模式却未有效构建，加之无限责任的承担模式，使得其实质上仍形似商个人的简单集合，而并不具备对外发行债券的可靠商事信用。个体演进的不成熟，直接抑制了来自商个体与商合伙的个体债务融资可能；在组织债务一端，传统政府公债融资模式虽具强大制度信用保障，亦因市场活力积弱且替代供给不足而致财政压力堆积。从财政学视角出发，现代政府治理与发展的职能兼具，即决定了其财政收支平衡的隐性难度加大。面对社会经济建设所需的巨额资金，仅凭政府债券发行支持项目推动，对长远政府财政亦将造成不可逆影响，近年地方债

---

〔1〕 参见冯果、阎维博：《论债券限制性条款及其对债券持有人利益之保护》，载《现代法学》2017 年第 6 期；南玉梅：《公司债券内部增信的规则构建——以限制条款为核心》，载《法商研究》2017 年第 6 期。

〔2〕 顾功耘：《商法》，上海人民出版社 2001 年版，第 20 页。

务危机已为例证。[1]与此同时，强大的制度担保与滞后的市场建设，也导致了政府债券市场活力的体制性下降，加之替代市场性融资渠道的缺位，政府债券对于实体经济建设的支持功能也大为削弱。

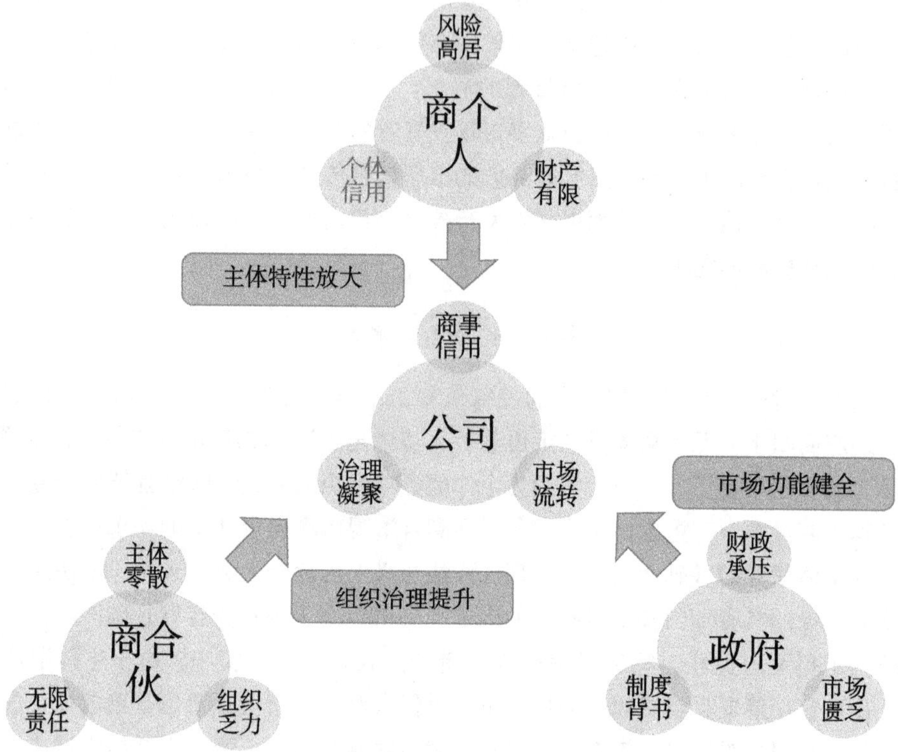

图 1　公司信用类债券发行主体演变示意图

个体债务的融资孱弱与组织债务的融资僵化，即行导致了整体债权融资市场生成了需求断层，亟须集稳健组织基础、可靠商事信用及灵活市场融通的全新主体供应，而此时公司信用类债券即运转而生。立足宏观视角，公司信用类债券的时代出现，正好以其独特商事信用与别样市场流动，联结了个体债务与组织债务的固有融资鸿沟，概括即是“一放大、一提升与一健全”的取舍进程。（1）一放大：商个人的拟制主体特性放大。正如前述，公司法人的拟制创设，无疑是公司获得与商个人平等交易权能及主体地位的制度基石。虽源于商个人却亦有不同，从某种程度而言，可将公司法人视为商个人的组织放大形态。商个人融资最大的掣肘，或许正是单一个体财产的薄弱物质信用与欠缺经营组织的共同协作模式，如此使得其成为最

〔1〕 参见洪艳蓉：《公司债券违约零容忍的法律救赎》，载《法学》2013 年第 12 期。

基层的高风险融资群体；而在被赋予独特主体地位后，公司便以社团集合与有限责任的制度吸引，达到了自身财富的群体放大与市场经营的行为协作，从而奠定了公司信用类债券发行的基础资格。(2）一提升：商合伙的组织特性提升。公司信用类债券发行并非普通借贷的单向交易，仅凭财产积累与人员集合的简单堆砌亦难以推行，还应满足融资市场所需的长远制度性利益。较之于商合伙的协议构架，公司制度的组织特性即在于以公司章程为统领的现代公司治理体系；正因科学合理地治理构架对保障债务安全的积极意义，公司也获得了近似国家制度的独特市场信赖，此亦为公司信用类债券商事信用的组织基础。(3）一健全：政府市场化功能健全。政府公债强有力的制度信用背书，从某种意义上亦是利弊皆有。一是加重了政府财政的信任负担，二是截断了市场流动的正义基础。而公司信用类债券的发行存在，即为尝试对政府制度信用予以另一层面的削弱舍弃，试图以商事信用的流转强化债券应有的市场化功能，从而替代原有特定项目的单一融资模式，拓宽来自金融市场的资本径入量。

二、剖析旧有制度信用之殇：市场割裂、运行失效及监管紊乱

注册制的现实推行并非意味着旧有制度沉疴的全然消弭，剖析与厘清发行混沌时期的症结所在，亦有以史为鉴的方向意义。回溯原有非注册制发行的各式样态，以制度需要划定市场范围，以制度阶段设定发行基准及以制度惯性确定监管方略，所有公司信用类债券市场的久疾未愈，本质均是源于对旧有制度信用的执念不舍，由此引致的市场人为割裂、刚性兑付落空及多头监管套利等发行弊病，亦成为制度信用最后的市场之殇。

（一）市场人为割裂与利率机制失灵

资本市场的多层次构建本无可厚非，但关键在于其划分依据还应基于交易机制、投资者结构以及风险程度的市场自发选择，而仅非源自政府行政权力的单方面强制规定。[1]回首我国债券市场建设的曲折经历，由改革开放之初至20世纪80年代中后期，我国基于国有商业银行与交易所基础设施建设，已初步形成商业银行柜台市场及交易所市场两大债券交易场所。然而由于1997年股票市场过热而致使大量银行资金流入股市，中国人民银行即行以央行通知形式，促使商业银行退出交易所系统，转而通过全国银行间同业拆借中心的银行间交易系统进行债券回购和现券

[1] 参见常健、罗伟恒：《我国公司债券发行引入区块链技术的法律因应》，载《江苏社会科学》2019年第2期。

交易。[1]至此延续，我国债券市场正式形成了以银行间市场、交易所市场及商业银行柜台市场为核心的三足鼎立格局。从三大交易市场的形成过程中不难发现，与域外交易场所自主形成后加以制度固定的发展模式不同，我国债券交易市场的形成与发展始终受到政策制度的指引定型，其背后的逻辑即是以政策制度对于债券交易的理解和需求，作为债券市场多层次构建的理论基础，而忽略了债券主体的自我特性及市场差异。缺乏市场基础的场所划分，即行导致债券市场的碎片化与差异化倾向严重，各市场板块间相互连通不足，债权产品的流通成本较高且效率较低，以致整个债券市场始终无法形成一个有机整体。

债券二级市场的长期割裂疲软，反作用到一级市场即会使得发行出现困难，其中尤以利率机制失灵为表征。须知，利率市场化是债券市场最终实现市场化的必要前提，[2]而成熟的市场价格发现机制正是利率市场化的基础。从交易端来看，不同的交易市场，即意味着市场参与主体、产品种类规模及交易方式存量均有不同，从而时常使得同种债券产品在不同市场间交易出现较大价格利差，整体债券市场的产品价格发现机制并未完全得以构建，也即无所谓债券利率的市场确定。并且基于现有债券市场的三足鼎立格局，不同债券市场的投资者与市场资金仍无法通过特定渠道在彼此市场间自由流通，从而进一步削弱了利率的传导效果。从发行端来看，利率机制失灵还归因于碎片化市场下的发行差异。不同的发行市场无疑执行不同的发行标准，对于债券发行资格与募集金额的不同规则设定，[3]加之市场投资者对于不同制度背景发行主体的“所有制歧视”，致使债券利率的确定也完全脱离了经营业绩与偿债能力的统一制度基准。现实中，我国偿债能力和经营业绩差别较大的公司，都可以3A的资信评级发行公司债券，而债券发行利率却近乎一样，如此既不能体现发行人的资信级别，也根本无法反映投资人的风险差别收益，[4]从而造成了债券利率的现实扭曲。

（二）信用管理失衡与刚性兑付落空

市场基础建设由制度信用牵引而始，已陷入板块三足鼎立及利率失灵困局，再置于现实运行中，纷繁且迥异的发行标准与隐性且僵硬的兑付投机，亦致使债券市

---

〔1〕参见沈炳熙、曹媛媛：《中国债券市场：30年改革与发展》，北京大学出版社2014年版，第5～8页。

〔2〕高坚、杨念：《中国债券市场发展的制度问题和方法研究》，载《财经科学》2017年第6期。

〔3〕参见马其家：《论新时期我国金融监管体制的调整——以我国证券市场行政监管权的重配与协调为视角》，载《政法论丛》2016年第6期。

〔4〕中国金融四十人论坛课题组：《我国债券市场发展的制度分析与存在的问题》，载《新金融评论》2016年第6期。

场所必需信用管理基础失衡。从金融学角度阐释，公司信用类债券的发行实则为公司融资“短缺主体”与社会资金“盈余主体”间以商事信用为流转基础的金融资源交易过程，其有效管理的核心应是在于交易主体间信用基础的市场构建，而并非在于对主体资格标准的严苛限制。依循正当程序而发行债券融资，应是公司参与市场融资的天然禀赋，而非制度授予特权。[1]然而基于我国债券市场碎片化的市场格局，旧时三套规则各异的发行标准也同时诞生：交易所市场主要流通的“公司债”由证监会主要依据《证券法》、《公司法》和《公司债券发行试点办法》实行发行核准制，银行间市场主要流通的“企业债”由国家发改委主要适用《企业债券管理条例》实行发行审批制，而同属银行间市场的“非金融企业债务融资工具”则由人民银行按照《银行间债券市场非金融企业债务融资工具管理办法》及相关自律规则实行发行注册制。一张债券、两个市场及三种发行体制，其背后折射的即是我国债券市场的市场化改革仍不彻底，仍有市场希望以政策审核的制度信用，而阻滞市场流动的商事信用。回归非注册制发行模式的本质期待，即是意图通过对发行主体资格与发行条件设定的行政限制，加之以行政权力的实质审核运行，从而替代市场选择合适融资主体，以制度筛选保障发行主体质量。此种方法虽不同于政府公债的政府信赖及税收保证，但仍是利用行政监管的制度信用，人为控制与保障债券市场运行。

解析完非注册制的制度信用余留，由此回归我国债券市场信用管理失衡的典型表征，以运行牵涉的市场监管者与市场投资者为阐释进路。依原有审核批准制视角出发，最理想的债券市场状态对于市场监管者与市场投资者均是利好，市场监管者得以通过发行准入而时刻把握市场运行，市场投资者亦可凭借制度信用而弱视投资风险。然而，制度信用僵化与商事信用缺失却能将债券市场的融资功能摧毁殆尽。在市场分割情况下，各个市场信用基础分别支撑各自市场运行，每个市场的监管者以其制度信用维持，都不愿意看到自己管辖的市场出现兑付风险，[2]加之缺少市场化的定价方式、利率制度及投资机制，由此产生的天然政策选择即是发行向大型国有企业倾斜，而设置多种条件门槛排除或限制中小企业的发行可能，[3]将债券市场彻底沦为国有企业低成本资金吸取池，破解中小企业融资难困境何以可能。除此之

---

[1] 参见邢梅：《债券监管框架下的公司债发行审核制度反思》，载《证券法苑》2015 年第 4 卷。

[2] 范必：《全面推行注册制 企业债券市场改革待“破冰”》，载《中国经济导报》2015 年 11 月 3 日。

[3] 在交易板块分割且缺少风险流动情况下，各债券市场主管部门均不愿意看到自己管辖的市场出现兑付风险，故而倾向对中小企业设置各种门槛来限制其在自己的市场融资。范必：《全面推行注册制 企业债券市场改革待“破冰”》，载《中国经济导报》2015 年 11 月 3 日第 B02 版。

外，对于市场投资者而言，缺乏有效市场风险激励亦无从谈起成熟投资者培育。发行准入的行政筛选以及刚性兑付的投资保障，将原本应属于投资者的市场风险而转嫁至行政权力承担，市场投资者长期处于“温水煮蛙”风险意识丧失。然而政府财政的有限性，即决定了刚性兑付并非颠扑不破的资本神话，一旦事前制度信用担保失效，加之现有事后救济解决措施的缺失，债券违约带给市场投资者的无疑是一地鸡毛。[1]须知，人为不合理地降低债券发行市场风险，亦不可能带来市场投资者的百分百资产安全，制度信用也终有走下神坛的时刻，回归商事信用本源才是正道沧桑。

（三）多头监管并行与“监管竞次”陷阱

零碎的市场分割与紊乱的发行制度，倘若能遇到统一且有力的监管力量整合，亦能够纾解部分公司信用类债券市场的流动症结。然而旧有现实中，“四龙治水”的监管格局却引致主体繁杂、应用凌乱及职责交叉等三重组织弊病，多头监管并行与“监管竞次”陷阱再次成为监管制度顽疾。所谓“四龙治水”，即是喻指我国公司信用类债券市场的四大主要监管机构：发改委、人民银行、证监会及银保监会，彼此共同参与市场监管而形成的监管弥散、重叠失序的“混沌”监管风格。以债券发行划分，不同公司信用类债券品种归属不同监管主体：企业债、中小企业集合债券归属发改委监管；超短期融资券（SCP）、短期融资券（CP）、中期票据（MTN）及非公开定向债务融资工具（PPN）等名义上由银行间交易商协会自律管理，而实质上则受人民银行监管；公司债、中小企业私募债等由证监会监管；银行间信贷资产支持证券（信贷ABS）等则由人民银行与银保监会共同监管。以交易流程划分，同种债券在不同交易阶段也可能归属不同监管主体：以企业债为例，虽然发行阶段归属发改委监管，但交易阶段则根据交易场所选择不同而又分属人民银行（选择银行间市场交易）或证监会（选择交易所市场交易）负责监管。除公司债券发行与交易等流程外，就其利率市场和信用评级亦由人民银行监管，债券承销资格又归属证监会负责。由此可见，我国公司信用类债券市场监管力量的权责配置，实则并非依据债券本身的市场属性，而是依循原有部门的监管需要及监管便利，采取的“头痛医头，脚痛医脚”的监管策略，从而造成整体公司信用类债券市场多主体、多产品、多业务及多流程的监管行为纵横交错，监管主体定位模糊及监管职责重叠不明

---

〔1〕 正如有学者所言：“政府是债券市场的监管者而非‘救火队’，政府的作用不在于违约后的善后处理，而主要在于事前规则的制定、完善以及事中的监督和管理方面。”窦鹏娟：《新常态下我国公司债券违约问题及其解决的法治逻辑》，载《法学评论》2016年第2期。

的运行乱象大行其道，[1]监管套利空间及权力寻租暗流亦由此生成。

基于监管制度便利而强行划分的监管权责配置，假使能够实现多监管主体的良性监管互动，营造彼此“监管竞优”的市场协同，或许亦能有效破除传统制度信用下的监管官僚主义及监管市场固有垄断。[2]但从制度经济学角度分析，多主体监管的重叠并行也即意味着有限监管资源的浪费与隐性监管成本的上升，另鉴于我国金融市场分业监管的传统现实，监管本位主义与监管功能杂糅的痼疾难除，也致使我国公司信用类债券市场的监管效能长期不尽如人意，愈有滑向“监管竞次”（race to the bottom）的潜在趋势。以厚重的行政色彩为监管基底，加之封闭僵化的分业监管理念，各监管部门本即缺乏有效的监管能动激励，原则上只需固守本部门监管领域，确保不出现重大监管风险，即可从纷繁复杂的公司信用类债券监管乱局中明哲保身。并由于缺乏整体公司信用类债券市场的监管效果反馈及问责，各监管部门也极易将“各吹各调、各自为政”的本位主义予以奉行，仅注重自身监管效果而忽视整体监管协同。与此同时，由计划经济管理部门转型而来的监管部门，也继承之前兼具监管与发展职责的政策风格，[3]并延续了传统“发展重于监管”的偏颇理念。随之多主体监管参与带来的特定制度竞争，各监管部门出于自身部门利益发展考量抑或是期待吸引更多发行资源，则可能更为倾向于选择性降低自我监管标准，以监管尺寸放松而迎合市场主体融资需求，由此将陷入“监管竞次”的竞争负面循环，致使潜藏监管风险无法及时排释而长期堆积，终究引爆公司债券市场的系统性风险。

三、勃兴商事信用流转曙光：主体基础、概念共识与制度形成

正如黑夜终会过去且朝阳终将升起，制度信用与商事信用的时代更替亦为历史必然。转视我国公司信用类债券市场实况，市场交易总量与投资者结构的市场基础已然培育了宽厚信用土壤，风险理性回归与市场自治遵循亦播撒下注册制施行的概念种子，最终融之以《证券法》（2019 年修订）实施推动，时至 2020 年 3 月 1 日，三大债券市场终于共同迈入发行注册新时代。公司债券发行注册制的构建始点，亦沐浴在商事信用流转的勃兴曙光之中，正式扬帆起航。

---

〔1〕 参见杨梦：《市场化视域下我国债券市场改革及其法律选择》，载《经济法学评论》2014 年第 14 卷。

〔2〕 参见洪艳蓉：《〈证券法〉债券规则的批判与重构》，载《中国政法大学学报》2015 年第 3 期。

〔3〕 参见徐忠：《中国债券市场发展中的热点问题及其认识》，载《金融研究》2015 年第 2 期。

（一）市场基础：交易总量宽厚与投资者结构稳健

古谚有云："大船行航不惧风浪"，置于现实资本市场博弈亦是如此，雄厚而宽广的市场体量无疑是制度变革试行的绝佳承载，光明且上升的市场趋势亦为制度实践落地提供了信心基石。受益于微观市场主体的活跃度提升及宏观营商融资环境的创新改善，我国公司信用类债券市场发展迅猛，整体呈现投融资两旺的交易态势。国家统计局数据显示，截至 2019 年 11 月末，我国债券市场总体规模已接近 100 万亿元，晋升至全球第二大债券市场；其中，公司信用类债券规模更是顺利突破了 20 万亿元"大关"，位居全球公司信用类债券市场第二位。与此同时，公司信用类债券市场体量的迅猛扩容，背后亦有年度强劲增长数据的具体支撑。虽面临 2019 年世界经济增长持续放缓，国内经济下行压力加大的复杂局面，我国公司信用类债券发行量仍保持较高增长态势。根据人民银行发布数据，2019 年 3 月份我国债券市场共发行各类债券 4.6 万亿元，较 2 月份的 2.4 万亿元环比增长 91.7%；其中，公司信用类债券发行 10877 亿元，更是环比 2 月增长 208.57%。[1]公司信用类债券市场容量的规模提升，既进一步夯实了整体市场风险的承压底蕴，亦增强了具体市场的制度改革韧性，能够为发行注册制的试点试行提供制度与资本的双重"容错空间"。并且保持公司信用类债券的合理发行增长，亦可持续向市场传递积极投资信心，为发行注册制的切实推行积累良好市场声誉基础，减轻潜在制度改革的市场阻力。

基于历史演进与现实发展的多重因素，我国债券市场与股票市场的投资者结构也存有显著差异：现今股票市场中个人投资者仍占据绝对多数地位，而机构投资者则尚处于紧密培育之中；而与之迥异，债券市场则始终以商业银行、证券公司及基金公司等机构投资者为市场投资主体，个人投资者却总体占比较低。比较个人投资者与机构投资者的天然禀赋殊异，机构投资者无疑由市场博弈能力至风险承受水平等诸多方面均高于一般个人投资者。从市场信息获取、投资者专业判断及风险承载能力三方面展开，由于机构投资者多具备强大信息收集网络及专业信息处理分析团队，其对于债券市场公开信息的实时获取及专业分析无疑远胜于个人投资者，从而使得注册制的信息披露优势发挥最大制度效能，化身专属"市场信息采集员"。基于成熟市场信息采集分析，融之以丰富投资经验及组织决策理性，机构投资者亦有效可避免个人投资者的市场盲目跟投，从而更为专注市场分析与寻求市场理性利益，愈加契合注册制的"理性投资引领者"制度需求。伴以前述信息采集及理性投资的基础铺垫，机构投资者的市场投资风险已然大幅降低，加之机构投资者自身持

---

〔1〕资料来源：中国人民银行。

有的雄厚资金实力，短期偶发性投资波动对于其投资行为亦不至于产生较大影响做出说明，从而成为注册制市场最好的“主体风险稳定器”。观之股票市场基于现有个人投资者结构仍不惧如火如荼的注册制全力推行，公司信用类债券以机构投资者为稳健市场主体的注册制统一尝试却始终畏葸不前，如此强烈反差无疑有违正常市场认知，公司信用类债券发行注册制亦是势在必行。

（二）概念共识：风险理性回归与市场自治遵循

资本市场本即是属于冒险者的游戏，其无时无刻不在锻炼磨砺着前赴后继的投资者，与此同时，市场也在资本浪潮的“大浪淘沙”中不断求索着资本运行的真正要义。现今市场样态已然为发行注册制初步奠基，此时市场理性的回归与交易自治的遵循也在进一步凝聚着发行注册制的概念共识。需承认，以制度信用为背书的发行模式，从根本上即有违市场自治的理念核心，是行政权力余波对债券市场建设的不当干预，并在此情形下，市场投资者也因刚性兑付的制度信赖而逐步丧失“买者自负，风险自担”的市场意识，从而难以回归正常的风险理性。[1]但任何市场化的融资方式均存在违约的可能，伴随着现实债券违约不断击穿制度信用的刚兑神话，市场投资者在遭受切身财产损失之后，也开始逐渐意识到仅依靠制度信用的隐性担保，并不能“高枕无忧”地保障自身投资安全，债券市场的本质依然是风险市场。[2]与此同时，实践中“11超日债违约事件”、“华锐风电债券违约事件”及“06福禧短期融资券违约事件”等著名债券违约事件的救济安排，也充分证明市场化的处置措施能够更为灵活有效地应对债券违约突发事件，并有助于充分化解潜在的债券单体信用风险。[3]至此，以财产损失为代价的逆向收束，与以现实案例为模板的正向指引，双管齐下共同促成了债券市场投资者的风险理性回归。

得益于市场营商环境的阶段性优化及股票发行注册制的社会热议，我国公司信用类债券市场的监管部门也开始进一步反思，股票市场与债券市场的治理差距及政府监管与市场自治的应然边界究竟为何。[4]其一，较之于股票市场交易波动的热点频频，债券市场的交易变动则一直显得不温不火，其背后的差距即在于市场化程度的实现高低。现实中，股票发行注册制的火热推出与债券违约事件频发的现实压力，双重的对比差异已让债券市场监管部门深刻认识到了原有行政干预式发展的市场弊端，以及市场自治的功能消弭后可能引致的潜在危害。其二，较之于以往行政

〔1〕参见杨为程：《证券交易中“买者自负”原则的检讨与反思》，载《江汉论坛》2014年第4期。

〔2〕参见吴伟央：《债券违约应对处理法律机制探析》，载《证券法苑》2014年第4卷。

〔3〕参见时文朝：《非金融企业债务融资工具规则解析》，中国金融出版社2013年版，第180页。

〔4〕参见陈甦：《商法机制中政府与市场的功能定位》，载《中国法学》2014年第5期。

强权高压下的“管理者”角色设定，我国资本市场监管部门的整体自身定位也逐渐向有限市场干预的“服务者”角色转变。在2019年2月27日的“设立科创板并试点注册制促进资本市场稳定健康发展发布会”上，证监会主席易会满首次公开发言即强调了“四个敬畏”，正为敬畏市场、敬畏法治、敬畏风险及敬畏专业。监管部门以“敬畏式”表态，即表明自身对于市场交易规则的充分尊重及对于约束自身监管行为的反省认识，亦体现市场力量与监管力量的传统势力强弱在悄然间已发生观念转变。其三，回归经济学理性经济人假设，发行注册制所奉行的基础正是市场自治的交易规则，默认理性成熟的经济人能够出于自身利益，且依据公开市场信息而做出最优的交易选择。监管部门对于注册制的要义理解，也促使其监管方式发生转变，更为注重以市场信息披露与事后惩戒救济，从而以更为包容开放态度拥抱资本市场的制度改革。

（三）制度形成：《证券法》（2019 年修订）实施与发行注册制突破

债券发行注册制的制度构想，并非盲目跟风股票市场的一时兴起，而是真实立足债券市场的殷殷呼吁与多年不懈的实践探索。乘借《证券法》（2019年修订）颁布实施的制度东风，总结原有债券市场发行注册制的先行实践，全新顶层设计与成熟制度实践的融合，正带给公司信用类债券注册制的时代构建以强大制度助力。《证券法》（2019年修订）自2019年12月28日经十三届全国人大常委会第十五次会议表决通过，将于2020年3月1日起正式施行。[1]相较于以往旧法债券制度设计，《证券法》（2019年修订）极为简化了公司债券的发行条件，更为强化了公司债券发行的信息披露义务。《证券法》（2019年修订）第15条和第17条规定了公开发行公司债券的法定条件，相继取消了（1）对于发行人净资产的要求；（2）累计债券余额不超过净资产40%的要求；（3）筹集资金投向符合国家产业政策的要求；（4）债券利率的国务院限定；允许改变募集资金用途，并明确了相应程序；删除了前次公开发行尚未募足这一不得发行情形；增加了“具备健全且运行良好的组织机构”的要求等。《证券法》（2019年修订）看似大幅简化了公司债券发行条件，但实质却是更一张一弛、灵活有度地为债券发行注册制铺平了道路。一是仅保留了“组织机构”与“一倍利润”的硬性要求，废除了原有僵硬细化且不易变通的发行条件限制；二是以“国务院规定的其他条件”为灵活兜底，而将后续债券发行规则

[1] 2019年12月28日，十三届全国人大常委会第十五次会议表决通过了修订后的《中华人民共和国证券法》。修订后的证券法将于2020年3月1日起施行。参见新华网：《新证券法四审获通过！明年3月1日起施行》，网址：http：//www. xinhuanet. com/legal/2019－12/28/c_ 1125398740. htm，最后访问时间：2020年3月1日。

制定和监管权力赋予国务院实行，从而与《证券法》(2019年修订) 第9条的注册制实施步骤授权，[1]互有异曲同工之妙。与此同时，《证券法》(2019年修订) 特别增设“信息披露”专章，对信息披露进行了严格细致的条文规定，亦为发行注册制的市场信息运行基础增添了全新的制度保障。

更早于《证券法》(2019年修订) 审议通过，我国公司信用类债券市场业已开启了以银行间债券市场注册制及交易所市场公司债券预审核制为核心的两大制度尝试，先后就发行注册制的现实运行积累了丰富的经验。以银行间市场为最先发轫，2008年3月，人民银行颁布了《银行间债券市场非金融企业债务融资工具管理办法》，将原来由人民银行审批的部分如短期融资券和中期票据等债券品种，均改为在银行间市场交易商协会注册的形式发行。银行间市场的发行注册制尝试，率先实现了以债券信息披露为发行重点、强调市场交易行为的公开透明的发行模式，[2]并不断压实强化中介服务机构职责建设，探索债券违约的市场化纾解救济渠道，迄今为止已稳健运行12年，为我国债券市场由审批核准制向注册制的发行实践积累了宝贵的第一手运行数据。随之而来即是交易所市场公司债券预审核制的开放设立，2015年1月15日，证监会正式公布了《公司债券发行与交易管理办法》，以替代2007年5月颁布的《公司债券发行试点办法》。全新管理办法进一步贯彻“以信息披露为核心”的监管理念，放宽公司债券发行主体及发行条件限制，并大幅简化面向合格投资者公开发行公司债券的发行程序，[3]规定由交易所对上述公司债券进行上市预审核，而证监会仅依据交易所的预审核意见作出行政许可决定。因此，公司债券预审核制又被市场誉为“准注册制”，兼顾交易所市场实情与发行注册制要义的双重考量，已然十分接近于全面注册制。时至2020年3月1日，伴随着《证券法》(2019年修订) 的正式实施，证监会与发改委分别正式发布了《关于公开发行公司债券实施注册制有关事项的通知》及《关于企业债券发行实施注册制有关事项的通知》，至此三大债券市场已共同迈入发行注册制的全新时代。

---

[1] 《中华人民共和国证券法》第9条规定：“……证券发行注册制的具体范围、实施步骤，由国务院规定。”

[2] 2012年5月14日，中国银行间市场交易商协会颁布《银行间债券市场非金融企业债务融资工具信息披露规则》，以规范非金融企业在银行间债券市场发行债务融资工具的信息披露行为；并于2017年12月8日对于该规则中信息披露模式相关条款予以修订。

[3] 2015年《公司债券发行与交易管理办法》区分了面向公众投资者公开发行、面向合格投资者公开发行和非公开发行公司债券三种方式，俗称“大公募”、“小公募”和“私募”，将公司债的审核权限部分下放至交易所。

（四）制度展望：股债特性差异与新旧任务衔接

债券注册制并非为股票注册制的横向生搬硬套，而应是契合债券自身特性的纵向衍化生成。意欲明确债券注册制的灯塔指向，首先即需回归股票与债券的权属界分，以二者的内生差异厘清，辨识债券发行注册制与股票发行注册制的应然目标。以本质属性观之，公司信用类债券为债权债务凭证，而股票则为所有权凭证，[1]二者属性差异即决定其发行注册制构建亦有区别。其一，产品种类差异决定发行规则异同。股票产品多以交易场所及币种等要素划分为A股、B股、H股等类别，亦可以依股票权利属性而划分为普通股及优先股，整体股票品种划分单一以致发行规则也更为统一；而债券市场中公司信用类债券则种类繁多，包括但不限于企业债、公司债、短期融资券、超短期融资券等十数种类型，各自产品与规则各异，即决定了其发行标准无法以股票发行“一刀切”的标准划分，而更应因循促进宏观基础一致、允许微观个体差异的有机路径。[2]其二，收益风险差异决定信息披露异同。债券以到期还本付息的请求权为行权基础，收益固定且风险较小，信息披露重点应为偿债能力变化与信用风险生成；股票则以公司剩余财产索取权为行权基础，收益不定且风险较大，则需更多对主体盈利能力与未来经营成长予以信息披露。[3]其三，投资者结构性质决定投资者保护策略差异。正如前述，股票持有者本质仍为公司内部管理者，能够以自身股权持有而参与公司治理，而债券持有者仅为公司外部债权人，其无法通过自身债权持有而影响公司决策。鉴于此，二者投资者保护规则亦会有所不同，特别就债券持有人会议及债券受托管理人两大机制建设而言，即应探索如何更为积极主动保障债券持有人权益。

债券市场发行注册制的时代构建，身兼祛除制度信用历史遗弊及开拓发行注册全新模式的双重使命。落脚于原有债券发行制度的硬性余留，分离割裂的债券市场、多头芜杂的监管来源及萎靡不振的中介职责，均亟待予以市场化、法治化的纾解缓释。第一，债券发行注册制的稳健运行，离不开融通统合的市场基础与自由活力的交易要素支撑；而现实中，囿于以制度需要划分交易市场的生成机制，三大交易市场彼此割裂且壁垒高筑，主体、产品、资金及信息等交易要素均难以顺畅流通。为此，债券发行注册制的施行落地，不仅应着眼于软性规则范式的调整重构，还应注重硬性市场基础建设的要素融通。第二，债券发行注册制的监管模式的转

---

〔1〕甘培忠：《企业与公司法学》，北京大学出版社2014年版，第280页。

〔2〕参见袁康：《我国债券市场风险治理的规范逻辑与制度构建》，载《政法论丛》2018年第3期。

〔3〕See James J. Park: Bondholders and Securities Class Actions, Minnesota Law Review, 2004 (99), p. 590.

变，即行要求破除原有“四龙治水”的监管格局，打破多头监管并行与“监管竞次”陷阱。回归发行注册制的运行模式，其即奉行“宽进严管”的市场准则，以前端制度实质审核的门槛消除，交由市场信息披露决定投资风险，为此，监管重心的市场后置便要求更为强有力的监管力量组成，以监管力量统一消除监管套利空间，以监管组织协同避免“监管竞次”陷阱。第三，债券发行注册制的运行并非仅依靠单一行政力量维护，还应充分融入以中介机构为核心的市场化组织力量参与。以往债券市场制度信用背书存在，中介机构程式化的组织发行实质使得其应有职责功能难以发挥，[1]并由于发行人与中介机构存在的利益混同，又极易产生“发行共谋”的利益俘获。[2]回归市场化的发行注册制，其无疑需要更为勤勉积极的中介机构履责，以专业行业精神与市场监督功能的有机融合，保障债券发行审核及后续运行披露的合规正当。

四、迈入发行注册崭新时代：规则融通、运行重塑及监管保障

回归具体制度构架的应然层面，以商事信用流转为中心的发行注册制构建，本即是一套体系庞大且运行复杂的规范设计，涉及诸多主体、内容与程式，[3]但立足旧有遗弊破除与全新制度构建的双重视角，即可以商事信用流转为组织展开，从基础规则融通、运行区分重塑及监管信用保障的三重基础面向，予以契合公司信用类债券特质的制度阐释，以祛除制度信用迷雾，再度回归商事信用流转核心。

（一）基础规则融通：债券市场融通与发行标准统一

平台融通与规则统一，是商事信用流转的基础要求，亦是发行注册制实行的必然前提。正如前述，分裂的债券市场与凌乱的发行标准，本质上无益于我国债券市场的市场化建设，反而更具刚性兑付与监管套利的倒蚀风险。欲坚持债券市场化前进方向，债券市场融通与发行标准统一则成为发行注册制的首要任务。[4]所谓债券

---

〔1〕 多数中介机构仅为参与前端债券发行阶段，而对于发行成功后的跟踪披露及治理融入却显得极其有限。参见陈洁：《科创板注册制的实施机制与风险防范》，载《法学》2019 年第 1 期。

〔2〕 以债券承销商为观察视角，由于我国债券市场独特的发行制度存在，债券承销商的利益函数与发行人的利益函数无限趋同，由此不仅无法有效发挥发行人信息披露的督促作用，更有甚者主动帮助发行人财务造假。参见李立新：《债券违约刚性兑付的形成机理与破解法门》，载《河北法学》2017 年第 11 期。

〔3〕 所谓典型系统性特征，即表现为两个或以上的组成部分相互作用所形成整体，具体囊括结构组成部分的多元性、相关性和整体性。参见苗东升：《系统科学精要》，中国人民大学出版社 2010 年版，第 21 页。

〔4〕 参见沈斌熙：《关于债券市场监管体制改革的若干思考》，载《金融纵横》2010 年第 3 期。

市场的融通，并非基于现有债券市场“三足鼎立”的僵硬整合，如此亦违背多层次债券市场的建设规律，而是期以打破现有债券市场壁垒，实现各市场交易要素的融通，即是主体、产品、资金及信息等交易要素的无障碍流动。[1]受制于投资者主体与债券品种等要素影响，我国债券交易所市场无论是在流动性抑或是成交量方面，均远低于银行间市场。市场流动性的额外补偿即引致不同债券市场间长期存在利率及定价差异，也扭曲了债券市场正常的价格发现机制，从而以制度隔离要素阻滞了发行主体的商事信用生成。[2]反之，交易要素融通的债券市场，即能够以成熟的市场定价及利率机制，发现及反映不同发行主体的商事信用差异，为发行注册制奠定良好价值及信用基础。为破除现有制度壁垒，即应有计划按步骤地开放不同市场间交易要素融通，从初期融通阶段而言，应当以实质要素自由流动为实现目标，允许同一债券产品能够于不同债券市场挂牌交易，允许同一市场主体能够于不同债券市场参与交易，[3]并不断强化托管交收机构的数据联通，从而实现整体债券市场的托管结算一体化。[4]待后续运行时机成熟，已然事实实现各市场间交易要素完全自由流动后，即可考虑从形式上再对各债券市场予以整合统一，从而构建起发行注册制所需的真正债券市场。

平台已然融通，仍需规则的统一。与股票发行注册制不同，债券发行注册制因其独特债券特性及丰富债券品种而有其自有规律。具言之，债券发行注册制规则不宜采用股票注册制的发行上市单一标准，还应以发行标准与上市标准的区分限度，探索出一条符合债券特性的宏观基础一致而微观个体差异的有机路径，方能切实保障各债券发行主体的实质融资平等。以宏观基础一致为展开，债券同质化特性与《证券法》（2019年修订）规则明定，为债券发行注册制项下发行标准统一的正当性根基。回归公司信用类债券的权利本质，且无论债券品种样态何其变化，其无一不具备债券的权利结构与法律关系，并其发行主体与制度定义亦深度同源，在权属特性上各类债券实则并无明显差异。[5]对于同质产品而予以差异化的发行对待本即

---

〔1〕参见高坚、杨念：《中国债券市场发展的制度问题和方法研究》，载《财经科学》2007年第12期。

〔2〕参见巴曙松、姚飞：《影响我国债券市场流动性的宏观因素分析》，载《中国财政》2016年第11期。

〔3〕2019年8月6日，证监会、人民银行、银保监会联合发布《关于银行在证券交易所参与债券交易有关问题的通知》，进一步扩大了原有《关于开展上市商业银行在证券交易所参与债券交易试点有关问题的通知》规定的交易所债券市场参与现券交易的银行范围，允许更多银行机构根据自身需要在交易所市场参与债券现券的竞价交易。

〔4〕参见冯果：《债券市场风险防范的法治逻辑》，法律出版社2016年版，第103页。

〔5〕参见王升义：《我国公司债券法律制度完善之初探——以对两个案例的分析为视角》，载《证券法苑》2011年第1卷。

难以逻辑自洽，加之《证券法》（2019年修订）的全新制度统合，因此债券发行标准即应破除原有制度信用差异，再次回归商事信用的统一流转，而从本质上消除各类债券发行主体的融资资格歧视。然而，异于股票发行主体及产品的同一特性，各类债券主体发行能力及债券品种融资目的不一，此时亦需以上市标准的差异化构建，而匹配差异化的市场融资需求。需注意的是，上市标准的差异化划定，不应过多以发行主体差异为限制条件，而应以债券产品的融资意图为根本遵循，否则又极易落入非注册制的制度信用沉疴。多元化繁荣的债券市场，本即应是多样风险投资产品与多元风险青睐主体的灵魂契合，仅需完整信息披露而彻底暴露信用本质，无须过多一厢情愿的有形干预。

（二）运行区分重塑：信息披露差异阐释与投资者保护突破塑造

发行注册制并非以发行规则为唯一，商事信用的市场流转更依赖于以信息披露与投资者保护为核心的运行塑造。除去“重股轻债”的股债歧视，就我国债券市场内部而言亦有“重发行轻交易”的制度遗传，仅重视前端发行治理审核，而忽视中期交易风险管理。以信息披露为要素切入，现有公司信用类债券的信息披露，实质上仍为以股票市场的信息披露制度为核心运行蓝本，过多重视公司的盈利能力变化，而忽视了公司的现实履约能力评估，以对公司长远经营状况的风险判断，错配公司短期现金流差异的融资需求。检视债券违约的风险本质，即在于债券到期而无法以具体现金流兑付本息，而并非着眼于股票持有的盈利期待。为此，公司信用类债券发行注册制项下的信息披露，应更多以对发行人偿债能力的阶段性分析为披露重点，注重现实资产负债增减与抵押担保变动的核心披露，兼顾公司治理结构、经营管理与外部条件的传导披露，[1]从而构建起契合债券特性的发行信息披露制度。与此同时，针对以往债券市场信息披露存在的“重发行轻交易”的披露短板，还应着力定期披露的期限差异化构建与临时披露的机制型约束。对于偿债期限不同的债券品种，后续定期披露的内容亦需差异化安排，而非仅依据格式化的内容程序披露。具言之，短期债更为注重短期内公司现金流变动情况，因此其季度报告与半年期报告则应更为全面翔实，并非以往简略敷衍了事；而长期债则更为注重公司持续偿债能力分析，因此其更应加强定期年度报告和重大事件临时信息披露建设，以不断提升信息披露的现实风险揭示能力与偿债能力分析水平。

成熟完善的债券投资者保护构架，既是债券投资者免受不当资本侵袭的“护身

[1] 张阳：《公司信用类债券信息披露制度的统合建构——以偿债能力为中心展开》，载《证券法苑》2017年第3卷。

符”，亦是保障正常商事信用流转的“稳定器”。置于债券违约常态化与发行注册制市场径入拓宽的双重时代背景下，提升债券市场投资者的整体保护水平无疑具有十足现实意义。观之实践，我国于 2007 年正式引入了英美法系的债券受托管理人制度和大陆法系的债券持有人会议制度，[1]从而奠定了我国债券投资者保护的两大基础。但由于出台依据位阶过低及制度兼容设计不合理，债券持有人会议长期流于形式，债券受托管理人地位权责不明，并且二者间始终缺乏有效协调分工，以致债券投资者保护效果长期不佳。伴随着《证券法》（2019 年修订）的正式实施，新法第 92 条对债券持有人会议与债券受托管理人制度进行了规定，肯定了二者的制度地位，明确了各自权限内容，特别是首次于法律层面明晰了债券受托管理人的任职资格及履职要求，并确认了其诉讼主体资格。此次修订于债券投资者保护层面亮点颇多，但却略为粗犷且应有突破不足，还需伴随发行注册制的实际运行而再次予以细化提升。于债券持有人会议层面，仅凭以募集说明书的合同自由约定而确定运行规则，而有效法律强制规则干预不足，恐无法适应债权人主体分散且诉求不一的运行现实，[2]亦还应探讨就特定事项规定强制性规范标准。于债券受托管理人层面，还应考虑进一步细化其受托管理职责与权利范围，强化其于债券持有人的信赖关系，[3]适当调整管理人与承销商角色重叠可能引致的利益冲突，并于特定情况下确立管理人集体维权行动对于个体求偿诉求的优先权，从而扎实债券受托管理人的履职基础。

（三）监管统合保障：强化债券监管统合与压实中介机构责任

发行注册制的具象推行，无疑改变了原有市场监管格局，由前端发行审核向中后端运行监管的行为重心转变，即行呼吁更为强力协同的监管模式创新，以保障商事信用的安全有序流转。检视以往多头监管并行与“监管竞次”陷阱的症结核心，其根源即是在于分业监管模式下多主体与多规则的割裂凌乱，其既人为放大了监管协同难度及监管套利空间，也进一步导致了监管本位主义及“监管竞次”陷阱。[4]鉴此，债券发行注册制项下的监管力量重塑，还应坚持以监管规则的融合统一与监

---

〔1〕 参见廖大颖：《公司债法理之研究——论公司债制度之基础思维与调整》，台湾正典出版文化有限公司 2003 年版，第 159 页。转引自洪艳蓉：《〈证券法（三审稿）〉债券规则评析》，载《中国法律评论》2019 年第 4 期。

〔2〕 See Steven L. Schwarcz, Gregory M. Sergi: Bond Defaults and the Dilemma of the Indenture Trustee. Alabama Law Review. 2008（59）, pp. 1037 – 1038.

〔3〕 See Kahan M.: Rethinking Corporate Bonds: The Tradeoff between Individual and Collective Rights. 77 New York University Law Review. 2002（4）, p. 1053.

〔4〕 参见徐忠：《中国债券市场发展的最大障碍是封建式监管》，载《金融研究》2015 年第 2 期。

管主体的协同构建为双线推进。就监管规则而言，不同名称但性质相同的信用债券，应然适用同一监管规则。[1]针对现有企业债券、公司债券及非金融企业融资工具的三套监管规则运行，最佳改革进路即是以《证券法》(2019 年修订）出台为契机，融合《公司法》修订的展望趋势，将三套监管规则有机统合至单一规范体系中，并于具体实施上可考虑由国务院主体授权证监会负责统一规则制定，并协同现有其他监管部门，就公司信用类债券的整体监管体系予以协同构建。就监管主体而言，其无疑应当具有独立且专业的市场理性与监管能力。从债券监管专业化角度出发，发改委身兼企业债券监管职责，一为金融监管的实践经验恐较为缺乏，二即是与其主体运行的职能定位亦有所偏差；而由主管货币政策制定的人民银行担负非金融企业融资工具的债券市场监管职责，其市场监管独立性亦有所商榷。以域外成熟资本市场实践观之，由长期身处执法一线，专业经验丰富且执行独立有效的证监会承担囊括发行、交易、结算的整体公司信用类债券市场监管职责，无论是从法理基础抑或是现实运行，均具有其合理性与正当性。

与此同时，注册制的全面推行实质上削弱了传统监管部门对于债券发行阶段的干预能力，并且发行豁口的全然放开亦将带来更为多元的市场挑战。融合原有行政监管力量收缩与现有发行放开的冲击，即行要求市场化中介约束力量的回归注入，以有效弥补新旧监管模式转型过程中潜在的监管真空。具体而言，注册制时代的中介结构监管参与，应从发行前后的职责转变为要点，不断压实中介机构的责任承担，并着力破除传统“发行共谋”的利益联结，从而强力督促其尽责归位。以发行前后的职责转变为突破进路，中介机构于前端发行应以强化发行人信息披露约束的工作重心，对发行人信息披露文件的真实性、准确性与完整性予以初道审核把关，[2]并进一步明确各中介机构的职责划分及责任承担标准，充分发挥其“私人警察”的专业指引及实质审查职能；[3]于后端运行阶段，则应确保中介机构的持续披露监管跟踪，强化定期信息披露与不定期信息披露的中介机构参与，并着力提升对中介机构参与证券不法行为的处罚标准及处罚力度，以持续性的后端监管威慑降低市场投机风险。除此之外，为破除债券发行人与中介机构的“发行共谋”，切断二者间发行利益联系，还应明确规定中介服务费用不与发行结果挂钩，鼓励各方主动公开服务费用明细，为中介机构尽职履责提供清晰直接物质保障，并积极完善中介

---

〔1〕 卢大彪：《我国信用债券市场存在的主要问题与改进路径》，载《西南金融》2011 年第 11 期。

〔2〕 参见李文：《英国债券市场的信息披露：制度、标准与经验借鉴》，载《金融市场研究》2013 年第 8 期。

〔3〕 参见［美］约翰·C. 科菲：《看门人机制：市场中介与公司治理》，北京大学出版社 2001 年版，第 3 页。

机构服务质量的市场化评价体系，搭建中介机构服务声誉信息的披露平台，[1]由此进一步强化债券发行的整体市场监督能力。

结语

公司信用类债券虽已全面步入发行注册制时代，但绝不应成为《证券法》（2019年修订）注册制热潮下而仓促上马的拼凑产物，亦不能沦为忽视债券信用特质而生搬硬套的股票发行注册制翻版。承载着制度信用向商事信用的时代转向，身兼祛除旧有制度遗弊与构建崭新发行体系的双重使命，公司信用类债券发行注册制的时代构建还应回归其独特的组织运行逻辑与坚守的信用价值要义。围绕商事信用流转为中心展开，以融通消解债市要素壁垒及调适统合发行标准规则，奠定发行注册制优良市场根基；以差异重释信息披露要点与突破塑造投资者保护体系，明定发行注册制成熟运行要点；以强化统合债市监管格局，夯实中介机构责任基础，锚定发行注册制有效监管保障。唯有多措并举，方能合力构建新时代公司信用类债券发行注册制的最佳程式。

---

〔1〕参见夏东霞、范晓：《科创板注册制背景下对中介机构“看门人”角色的再思考》，载《财经法学》2019年第3期。

多层次资本市场中的转板制度：香港的演变及启示*

翟玉涛**

内容摘要： 转板上市制度是多层次资本市场中板块资源再分配的一种有效机制。本文对香港多层次资本市场建设中转板制度的产生背景、转板要求、转板程序等进行了系统介绍，对转板上市制度在多层次资本市场中产生的制度异化问题，以及香港资本市场在建立健全转板上市制度过程中的复杂监管博弈进行了详细解析，并对我国转板上市制度的制度导向、立法技术、落实信息披露要求等层面作出初步思考。

关键词： 简易转板上市　监管套利　信息披露　香港多层次资本市场

引言

当前，我国转板上市制度的建设正处于最关键时期。早在 2014 年 5 月，国务院在《关于进一步促进资本市场健康发展的若干意见》中提出，要逐步形成市场转板顺畅的良性循环机制。经过数年酝酿，2020 年 3 月 6 日，中国证监会发布《关于全国中小企业股份转让系统挂牌公司转板上市的指导意见（征求意见稿）》并公开征求意见，将在沪深交易所各选择一个板块试点与新三板精选层之间的转板上市制度。转板上市制度是指已挂牌企业在不同层次资本市场的转换，这不同于未挂牌企

---

* 本文仅代表研究人员个人观点，与所在机构无关。

** 翟玉涛，上海证券交易所法律部员工。

业的发行上市行为，[1]因此转板上市制度的实施与多层次资本市场的建设密不可分。建立健全与我国多层次资本市场建设相适应的转板上市制度，需要明确制度的基本导向，保障不同板块之间的制度衔接，防范基于多层次资本市场制度差异性和分层性下的监管套利问题等。

作为中国内地与国际资本市场对接的“中转站”，我国香港特别行政区自 2008 年引入了转板上市制度并积累了较为丰富的实施经验，本文以香港多层次资本市场建设中转板上市制度的历史变迁与监管博弈为主线，解析香港资本市场在设计转板上市制度中的主要考虑与制度要点，探析转板上市制度在多层次资本市场中可能引发的系统性问题，揭示香港监管机构与市场之间的监管博弈，最后提出建设转板上市制度的几点初步构想。

一、香港多层次市场建设中的转板上市制度

（一）创业板作为独立于主板的第二板市场

与中国内地、美国等存在多个证券交易所竞争的多层次资本市场格局不同，我国香港资本市场已经演变为同一交易所内部不同层次结构的多层次资本市场格局。20 世纪 80 年代以前，香港资本市场呈现出远东、金银、香港及九龙多家交易所相互竞争的局面。1973 年的股灾事件，促使香港政府下定决心整合资本市场，并于 1985 年出台了“证券交易所合并条例”，将四家交易所合并为香港联合交易所（以下简称联交所），这奠定了香港资本市场单一交易所的格局。1999 年 11 月，创业板的推出标志着香港多层次资本市场格局基本形成。

20 世纪 90 年代末，时任美国总统克林顿宣布推出“国家信息基础设施”工程计划，在美国掀起了一阵互联网产业热潮。在此期间，苹果、微软等明星公司先后在纳斯达克交易所上市，这使得纳斯达克在美国资本市场交易所之间的激烈竞争中迅速崛起，引发交易所竞相模仿。在此背景下，时任香港特别行政区行政长官董建华在《一九九八年施政报告》中提出，“研究有关开设创业板股票市场的具体建议，该市场主要是为扶植有潜力的小型公司和创新科技公司而设”[2]。

联交所在关于考虑设立创业板的一项咨询文件中指出，为方便中小型企业筹集

---

〔1〕 企业上市的途径包括直接上市和间接上市两种。直接上市（IPO）是指企业直接向当地证券主管部门申请注册证券发行，并向当地证券交易所申请挂牌上市；间接上市主要是指企业通过将资产置换到已上市企业中并取得该上市企业的控制权，这通常被称为“借壳上市”。除了直接上市和间接上市之外，在多层次资本市场中还存在上市公司在不同层次资本市场之间的转板上市制度。

〔2〕 参见《一九九八年施政报告》第 42 段，网址：https：//www. info. gov. hk/gia/general/199810/07/cepa – c. htm，最后访问时间：2020 年 2 月 26 日。

资金以及迎合高科技企业之需要，将考虑在主板市场以外设立由联交所营运的第二板市场（即后来的创业板）。根据联交所的最初考虑，第二板市场将定位于服务各行各业中需要额外资金进行扩张的、具有“增长潜力”的公司，因此上市条件要件将低于主板。[1]从市场制度的设计来看，创业板市场被设计为独立于主板市场的、具有更大的波动、流动性可能偏低的另类市场。考虑到第二板市场较大的投资风险，联交所在规则设计中加重了发行人的信息披露义务。

表1　联交所主板市场与第二板市场主要特点比较[2]

<table>
<tr><th>规定</th><th>主板</th><th>第二板</th><th>比较</th></tr>
<tr><td>市场定位</td><td>规模较大且财务状况良好的企业</td><td>各行各业中需要额外资金进行扩张的、具有“增长潜力”的公司</td><td>主板和第二板分属定位不同的独立市场</td></tr>
<tr><td>监管理念</td><td>以“公司本身条件 + 信息披露”为本</td><td>公司多为增长型公司，具有较大投资风险，故以信息披露为本</td><td rowspan="4">第二板市场更加看重信息披露要求，对公司本身条件相比主板更低</td></tr>
<tr><td>上市条件</td><td>包括财务业绩、最低市值、最低公众持股股量等方面的要求</td><td>关于财务业绩、最低市值等要求低于主板市场</td></tr>
<tr><td>首次公开发行时的披露要求</td><td>招股章程</td><td>除主板要求的招股章程范围外，还需额外披露“活跃业务活动陈述”“业务目标陈述”，以及需更详细列出募集资金用途，并且不可作出盈利预测</td></tr>
<tr><td>持续披露责任</td><td>半年报、年报</td><td>半年报、年报，以及季报</td></tr>
</table>

（二）创业板“踏脚石”定位与简易转板上市制度

21世纪初，随着互联网泡沫的快速消退，联交所创业板上市公司陷入了严重的流动性危机，新上市发行人数目逐渐下降，从2002年最高57家逐步回落到2007年的仅2家（见图1）。这迫使联交所加快推动创业板的改革，联交所在2006年1月刊发的讨论文件中提出了三个具体的改革方案：方案一是维持创业板现行架构，

[1] 参见香港交易所：《建议设立新兴公司新市场之咨询文件（1998年5月）》。

[2] 参见香港交易所：《建议设立新兴公司新市场之咨询文件（1998年5月）》。

并将创业板定位为主板上市的“踏脚石”，同时设置由创业板转往主板的简易转板制度；方案二是合并两个板块，但在内部可考虑设置两个级别的市场，将低级别市场作为增长型公司市场；方案三是效法伦敦证券交易所的 AIM 市场，将现有创业板企业转移至主板，同时单独设立一个较先前更加严格的另类投资市场。〔1〕

2008 年 6 月，联交所修订主板和创业板上市规则并采取了第一种方案，将创业板定位为增长型公司跃升主板的“踏脚石”，同时在主板上市规则中新增“由创业板转往主板上市”一章并引入“简易转板上市制度”（以下简称简易转板规定）。在此之前，创业板公司若想前往主板上市，则必须先依据创业板上市规则申请除牌，然后按照 IPO 流程在主板申请上市。所谓“简易转板上市制度”，是指创业板上市公司在申请转板期间可不除牌，而是通过发布转板公告的形式直接转往主板继续证券交易的一种新机制。同时，简易转板规定还豁免了当事人聘请保荐人、编制招股文件等要求。〔2〕相比之前的摘牌再上市，简易转板上市制度大大降低了上市公司的转板成本。基于制度红利激励，2008 年之后创业板新上市发行人数目明显增加，从 2008 年的仅 2 家到 2016 年的 45 家，当年新上市企业数量增长了 20 余倍（见图 1）。

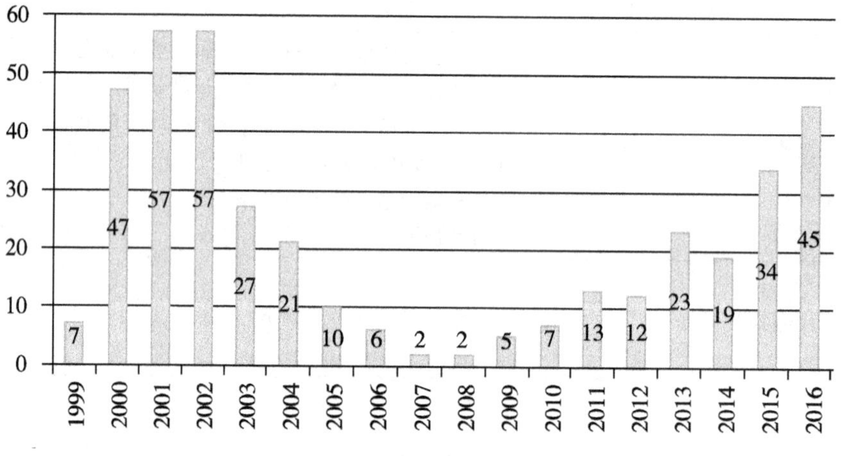

图 1　创业板历年新上市发行人数目〔3〕(家)

2008 年简易转板规定在创业板掀起了一阵“转板热”。长期以来，出于追求更

〔1〕 参见香港交易所：《香港交易所有关“创业板”的讨论文件（2006 年 1 月）》。

〔2〕 参见香港交易所：《有关创业板进一步发展的〈创业板上市规则〉修订》，网址：https: //sc. hkex. com. hk/TuniS/cn - rules. hkex. com. hk/tr/chi/browse. php? root = 16c1eaf020f3749f3d1840522813a320-&id = 9941&type = 0&oldnode = 0，最后访问时间：2020 年 2 月 26 日。

〔3〕 资料来源：HKEx。

好的流动性、扩大企业规模以及知名度等考虑，创业板市场企业转板需求旺盛，但低成本、低风险转板机制的缺失抑制了这种需求。简易转板上市制度的推出恰好迎合了这种需求，据统计，在2008年至2019年间共计有117家创业板企业成功转板，占到此期间创业板新上市发行人数量的71.9%，仅2008年一年就有18家创业板企业成功转板至主板（见图2），为有史以来数量最多的一年，这充分体现了简易转板规定带来的制度红利效应。

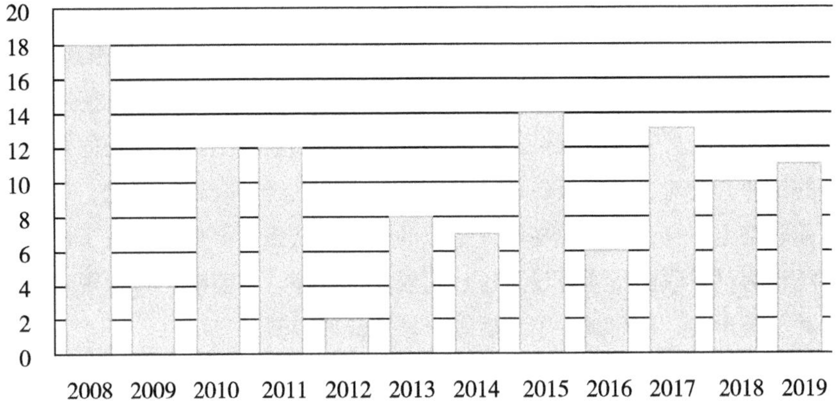

图2　创业板历年转板企业数量[1]（家）

二、联交所简易转板上市制度解析

基于多层次资本市场的差异性和分层性，衔接好创业板与主板之间的制度差异是一条贯穿简易转板制度设计的基本逻辑，简易转板规定具体可分为转板条件与转板程序等方面。

（一）转板条件

在创业板作为主板"踏脚石"的背景下，创业板市场上市条件方面要求低于主板市场，简易转板上市制度应面向在财务状况、合规状况等方面表现良好的创业板上市公司，使这些上市公司通过转板上市进入主板，体现了通过市场机制优化资源配置的理念。为实现这个目标，简易转板上市仍需符合主板上市的一般条件，并且设置了财务及合规状况的披露安排以提前甄别目标企业。

首先，基于对全体主板上市公司公平对待的考虑，创业板转板申请人仍需符合

[1] 资料来源：HKEx。

主板 IPO 上市的一般条件。申请人需持续符合主板上市规则所载各项主板上市资格条件，直至其证券开始买卖为止。其中关于市值指标的计算，是以在主板上市当日的股价来计算市值，但实际上联交所要求发行人提交的市值将是一个按最后实际可行日期计算的数值（一般为在主板上市日期之前的数日）。[1]此外，主板上市规则并未要求创业板公司申请转板需取得股东大会批准，但公司章程或注册地法律另有规定的除外。

其次，转板申请人需为在创业板已规范运作一年以上的企业。一方面，转板申请人须至少在创业板上市一年并已刊发上市后首份全年经审核财务报表；[2] 另一方面，转板申请人在提出转板申请前 12 个月直至公司证券开始在主板进行买卖为止的这段时间，未严重违反或可能严重违反主板或创业板上市规则任何条文而成为联交所的纪律调查对象。转板申请人如在其他方面已经符合转板规定，可在正式申请转板前联络上市科索取不存在严重违纪的书面确认函。严重违纪属于性质较为恶劣的一类行为，[3]联交所通过设置这一前置审查程序，将明确不符合规定的企业提前甄别并分流出去，从而减少了对后续审核资源的浪费。

（二）转板程序

从转板的一般流程来看，一般包括公司形成转板的决议、发布申请转板的公告、提交转板申请文件并获批准、发布正式转板公告、从原板块退出并转至新板块上市交易等环节。总的来看，与简易转板规定之前的“重新上市”模式相比，简易转板制度的主要特点有如下几点。

1. 与主板 IPO 审核机制一致

香港联交所承担转板上市申请职责，转板申请应由联交所上市委员会批准，具体审核职责主要由联交所上市科和上市委员会共同承担。根据主板上市规则的规定，创业板上市公司拟申请转板的，需向联交所提交上市申请书及其他申请材料，联交所上市科初审后可拒绝该项申请。若联交所上市科认为该申请适合提交上市委

---

〔1〕 参见联交所：《常问问题—主板上市规则—第九 A 章》。

〔2〕 联交所在 2018 年 2 月 15 日修订的《与检讨创业板有关〈上市规则〉修订》对本条做出解释，如创业板发行人于 2008 年在创业板上市，而其财政会计年度在 12 月结束，则当其在 2010 年前三个月内刊发及向股东分发 2009 财政年度的年报则视为符合本条规定。

〔3〕 联交所在 2018 年 2 月 15 日修订的《与检讨创业板有关〈上市规则〉修订》中对严重违纪进行了详细解释，联交所通常会考虑下列因素：违规的性质，包括对市场秩序及声誉的影响，及对投资者造成的任何损害或引致损害的风险；违规时间长短及频率程度；有关违规是否暴露上市公司的运作程序中存在任何严重或系统性缺点；有关违规偏离现行市场做法的程度有多大；证明有关违规属于蓄意或罔顾后果的行为。

员会审议，则会向保荐人发送“聆讯通知函”，并向联交所上市委员会提出批准或拒绝该项申请的建议，但最终以上市委员会的判断为准。

2. 无须编制招股书

简易转板规定下，转板申请人仅需披露获准后的转板公告，无须重新编制招股书等文件。从法律性质来看，招股书是首次公开发行阶段发行人向市场公开发售股份的要约邀请，如同价目表、招标公告一样，投资者向发行人发出认购要约则成立股份认购的合意。[1]创业板上市公司在IPO时已在创业板进行了公开发行并按照创业板上市规则要求编制了招股书文件，当创业板上市公司申请转板时，理论上其股份应当在创业板市场进行过一年以上的交易。在无新股发行的情况下，转板只是将原先在创业板市场交易的股份转板到主板市场继续交易，原创业板投资者将自动转变为主板投资者身份。转板过程如不涉及证券公开发行，强制要求转板申请人按照主板上市规则编制招股书并无必要性和合理性，也无法体现出转板背后的真实交易意思。因此，联交所设计简易转板制度时，对于转板上市申请文件采取了不同于IPO申报文件的路径，而是通过公告的形式提出申请转往主板上市。[2]同时，联交所将尽可能依据发行人最近公开披露的资料进行审批。根据申报阶段的不同，需要提交的文件也不同。

首先，香港法并未要求转板需经股东大会审议，因此初步转板公告经董事会审议即可，但公司章程另有规定的除外；其次，转板申请人形成转板决议之后需先向市场发布一个初步转板公告（即“有关申请由GEM转往主板的公告”）。根据联交所创业板上市规则，[3]公司转板决议构成了影响投资者决策的重大信息，应当按照关于内幕信息披露一般规则履行信息披露义务并遵守创业板的停牌政策。[4]初步转板公告内容和格式要求比较简单，主要是通知投资者公司已经提交了转板申请并简述申请转板的理由，非转板的实质性申请材料，因此无需经联交所上市科审核；此外，转板申请人需在刊发初步转板公告之后的一定时限内，及时编制并向联交所提交详尽转板公告。根据联交所主板上市规则的规定，[5]在转板申请人提交初步的转板公告时，需一并提交详尽转板公告的底稿。详尽转板公告需载有关于本次转板申请的实质性信息，因此需要经联交所上市科审核通过后才可发布。

---

〔1〕《合同法》第15条规定，要约邀请是希望他人向自己发出要约的意思表示。寄送的价目表、拍卖公告、招标公告、招股说明书、商业广告等为要约邀请。商业广告的内容符合要约规定的，视为要约。

〔2〕联交所主板上市规则表格K“有关由GEM转往主板上市的董事及监事声明”、表格J“正式申请表格适用于由GEM转往主板上市的股本证券”。

〔3〕参见联交所创业板上市规则第9.26条。

〔4〕参见联交所创业板上市规则第17.11A（1）至（3）条。

〔5〕参见联交所主板上市规则第9A.08条。

3. 转板上市过程无须申请除牌

通过简易转板上市制度进行转板的申请人无须在创业板申请除牌，[1]只需履行上市规则规定的转板公告义务，则可转至主板继续证券买卖。在简易转板规定实施之前，创业板发行人若想转往主板上市，则需依据创业板上市规则关于除牌程序的规定，[2]主动申请从创业板除牌再重新申请在主板上市，即“重新上市”模式。在“重新上市”模式下，发行人申请重新上市需要按照 IPO 的要求刊发招股书等上市文件并聘请保荐人进行尽职调查，重新上市成本巨大并且可能面临 IPO 失败的风险，从而导致陷入进退两难的尴尬境地。在简易转板制度之下，创业板发行人申请转板则无须再申请摘牌，不适用创业板上市规则关于除牌程序的规定。[3]发行人需明确其在创业板停止买卖的具体日期，以及在主板开始买卖的具体日期。根据实际情况不同，两个日期之间时间间隔也不同，一般而言在几个工作日左右。

相比“重新上市”模式，简易转板上市具有诸多方面的优势。首先，通过简化发行人转板流程并精简转板申报材料，极大降低了发行人转板的成本；其次，降低了发行人转板的风险，允许发行人在转板申请失败情况下继续在创业板挂牌交易，这有利于明确发行人的转板预期；再次，简易转板制度最大限度地维持了发行人在创业板市场的既有交易安排不变，包括继续保持发行人既有金融产品的丰富性，允许发行人在创业板交易的除股票之外的权证、期权或可换股工具随同股票一同转至主板交易，[4]并且继续保持发行人在创业板上市期间经股东大会批准的特定期间从事继续关联交易事项决议的有效性；[5]最后，考虑到转板上市企业已经在创业板公开发行并交易超过一年，因此可豁免遵守主板关于首次公开招股后控股股东的禁售期规定，但是前提是应当在上市文件中披露相关减持安排。[6]

三、简易转板下的监管套利：“全额配售 + 简易转板 + 借壳上市”

2008 年联交所简易转板规定推出之后，在创业板和主板之间形成了一个较低

---

〔1〕 联交所创业板上市规则第 9.24（2）条：对于由 GEM 转往主板上市，本交易所不会视之为取消上市地位。

〔2〕 参见创业板上市规则第九章关于除牌程序的规定。

〔3〕 参见联交所：《常问问题—主板上市规则—第九 A 章》。

〔4〕 参见联交所主板上市规则第 15.05 条、第 16.02 条。

〔5〕 参见联交所主板上市规则第 9A.12 条。

〔6〕 参见联交所主板上市规则第 10.07（4）条以及《常问问题—主板上市规则—第九 A 章》。

成本的“升板”渠道，制度的红利进一步提升了创业板的壳股公司价值。[1]“市场对买入壳股公司以便借壳上市的需求庞大，[2]令上市地位大幅升值。故部分投资者收购该等发行人的控制权，只是由于其上市地位所附带的溢价而非对相关业务或资产有兴趣。”[3]

从实证观察来看，实践中部分上市公司形成了一套“全额配售+简易转板+借壳上市”的制度套利模式：第一步，发行人通过向少数人进行全配售的方式上市在创业板实现造“壳”；第二步，利用全配售下股权集中在少数人手中的低流动性特点，通过股价操纵谋取价差（例如，在以发售价获得配售后，在首个交易日通过炒高股价在二级市场抛售获利），之后通过简易转板程序在主板上市提升“壳”价值；第三步，在主板上市后通过与“借壳”方达成交易将“壳”卖出谋取价差。在这个过程中，发行人主要通过在创业板二级市场的股价套利，以及通过简易转板上市后的“壳”价差来牟取监管套利，这种监管套利模式使得香港创业板市场一度“壳股”盛行。[4]

（一）创业板全额配售上市造“壳”

创业板和主板在首次公开发行时股份配售机制的差异是制度套利的主要原因。根据主板上市规则，发行人在主板上市需强制向社会公众公开发售一定比例的股份，从而维持上市公司的公众性。但根据创业板规则，发行人可在首次公开发行时

---

[1] 联交所在一份指引信中对“壳股公司”（又或称为“空壳公司”等）的特征作出了总结：(1) 低市值；(2) 仅勉强符合上市资格规定；(3) 集资额与上市开支不合比例（即上市所得款项绝大部分用作支付上市开支）；(4) 仅有贸易业务且客户高度集中；(5) 绝大部分资产为流动资产的“轻资产”模式；(6) 与母公司的业务细分过于表面：申请人的业务只是按地区、产品组合或不同开发阶段等刻意从母公司业务划分出来；(7) 在上市申请之前阶段几乎没有或无外来资金。参见联交所 HKEX - GL68 - 13A 指引信：《有关首次公开招股审批及申请人是否适合上市的指引》。

[2] 香港市场“借壳上市”肇始于1984年，在2004年3月以前，“借壳上市”属于公司自治事项，后来出于壳股公司对市场的扰乱，联交所逐步收紧了对“借壳上市”行为的监管。具体而言，“借壳上市”在香港市场被称为“反收购”（即“反向收购”）。根据港交所主板上市规则，反收购是指，上市发行人的一系列资产收购行为，该系列收购行为具有导致收购目标上市的意图，并且构成规避对上市规则对新申请人的规定。因此，反收购主要包括重大资产收购以及上市公司控制权的变更。参见马骁、刘力臻：《中国、美国与香港证券市场借壳上市监管制度比较研究》，载《证券市场导报》2013年第3期。

[3] 联交所：《咨询文件：借壳上市、持续上市准则及其他〈上市规则〉条文修订（2018年6月）》。

[4] 在此期间，不少中资企业为上市赴港“买壳”。壳股由于流动性低、市值低等特点极易成为操纵对象，在巨大的股价套利空间下创业板异化为了“啤壳工厂”（啤壳即造壳之意），大量的公司在创业板上市并以较低成本维持壳价值，从而形成本文所称之“壳市场”现象。参见财新网：《港交所收紧现金资产公司借壳上市》，网址：http://finance.caixin.com/2015-12-22/100891508.html，最后访问时间：2020年2月27日。

将全部股份配售给有限的少数人。[1]基于简易转板规定带来的升板预期，不少发行人选择以全额配售给少数人（最低可为 100 名股东[2]）的形式先在创业板上市，经过一年后再通过简易转板程序至主板上市。统计显示，2015 年至 2016 年上半年，创业板新上市申请人 49 家，共计 48 家选择了配售的方式，其中前 25 名配售对象取得配售股份的 96%，呈现出高度集中配售给少数人的典型特点。全额配售配合简易转板制度下，上市公司的股东人数较少、股权集中在少数人手中，这为少数人操纵市场来进行股价套利提供了便利。以 2015 年当年上市的所有创业板公司为例，股份首日股价升幅和首日成交额比例分别平均为 743% 与 13%，相比之下主板为 5% 与 42%，显示出创业板上市公司股价极易被操纵的特点。[3]

（二）“简易转板＋借壳上市”谋取“壳”溢价

长期以来，香港主板相对创业板存在较高的“壳”溢价，[4]简易转板规定进一步降低了转板成本，巨大壳价差成为不少创业板壳股公司谋求转板的主要动力。首先，简易转板程序下转板申请人需要付出的转板成本更低。简易转板程序不强制要求转板申请人聘请保荐人，也不要求提交招股书等文件，转板申请流程也较以往的“重新上市”更短。其次，创业板上市公司“养壳”的成本也较低，部分壳股公司仅维持符合持续上市准则要求的极低业务水平，这导致市场上产生了大量没有实质性业务或资产的“僵尸股”[5]。最后，简易转板程序仅要求创业板上市公司持续运作满一年后即可申请转板上市，该项要求也较容易达到。据统计，2008 年下半年至 2016 年之间转板的 79 家创业板企业，62 家曾在创业板上市满 2 个会计年度，达到总数的 78%。[6]

---

[1] 参见联交所创业板上市规则第 10. 12 条。

[2] 参见联交所创业板上市规则第 11. 23（2）条。

[3] 参见香港证监会：《有关创业板股份股价波动的联合声明（2017 年 1 月 20 日）》，网址：https：//www. sfc. hk/web/TC/news－and－announcements/policy－statements－and－announcements/joint－statement－regarding－the－price－volatility－of－gem－stocks. html。

[4] “壳”溢价是相对于“壳”价值而言，港股主板市场相对创业板市场，主板壳股公司平均价值高出创业板的部分即本文所称之“壳”溢价。根据屈源育等人的研究，“壳”价值是基于 IPO 管制政策所形成的，管制政策的不断变化将导致上市公司壳价值发生变化并产生溢价。参见屈源育、沈涛、吴卫星：《壳溢价：错误定价还是管制风险?》，载《金融研究》2018 年第 3 期。笔者认为，就港股市场而言，主板上市条件高于创业板，这种 IPO 管制政策的差异可能是导致主板市场壳价值高于创业板市场的原因之一。

[5] 香港市场存在一些停牌多年的壳股公司，市场形象称之为“僵尸股”。例如，中国高精密（00591－HK）、天然乳品（00462－HK）、瑞金矿业（00246－HK）等停牌均超过 5 年。

[6] 参见联交所：《咨询文件：检讨创业板及修订〈创业板规则〉及〈主板规则〉（2017 年 6 月）》，第 8 页。

四、创业板再定位下的转板制度改革

针对简易转板规定颁布实施的一段时间内，创业板市场出现的全额配售上市配合股价操纵以及壳股公司问题，联交所在2017年至2019年间采取了一系列配套制度改革，重点从取消重新定位创业板、改革简易转板上市制度以及打击创业板壳股公司等方面入手。

（一）取消“踏脚石”定位，创业板回归独立于主板的板块定位

从历史发展来看，联交所创业板的设计初衷是给具有增长潜力的高科技中小企业提供融资支持，这不同于主板服务于大规模成熟企业的定位。21世纪初以来随着互联网泡沫的破灭，创业板面临着新申请人数量逐年减少的危机，联交所在2008年将创业板定位跃升为主板的“踏脚石”并推出简易转板上市制度，部分考虑可能是以升板红利来激活创业板活力（本文统计结果也印证了这一判断，参见图1）。但部分创业板发行人通过“全额配售+简易转板+借壳上市”的模式进行制度套利，这最终导致创业板市场壳股公司盛行，成为股权操纵的温床，简易转板上市制度异化为了提升壳股价值的套利工具。

联交所也意识到了这一问题，并在2017年至2019年期间出台了一系列新政，从多个角度进行“打补丁”式纠偏。首先，取消创业板“踏脚石”定位，回归了独立于主板的服务于中小企业的板块定位，同时全面提升创业板上市条件，〔1〕以打击通过转板行为牟取壳差价的行为；其次，规定创业板IPO公开发售股份的最低比例，强制规定公开发售股份数量不低于发售股份总数10%，并设置回拨机制，以打击以往创业板市场上一度盛行的全额配售上市配合股价操纵行为；〔2〕再次，收紧借壳上市规定，提高借壳上市测试标准、合规要求和反规避要求，〔3〕进一步提高“借壳”成本，以打击买卖壳股公司活动；最后，修改上市规则中的除牌机制，连续停

〔1〕包括将现金流要求从2000万港元增加至3000万港元（创业板上市规则第11.12A条、第11.14（3）条），上市时最低市值从1亿港元提升至1.5亿港元（创业板上市规则第11.23（6）条），上市时最低公众持股市值从3000万港元增加至4500万港元（创业板上市规则第11.23（2）及（9）条）。参见联交所：《关于〈创业板上市规则〉的修订通知——第五十四次修订（2017年12月）》，网址：https：//cn-rules. hkex. com. hk/tr/chi/browse. php？root = 16c1eaf020f3749f3d1840522813a320&id = 11418&type = 0。

〔2〕参见联交所：《咨询文件：检讨创业板及修订〈创业板规则〉及〈主板规则〉（2017年6月）》《咨询总结：检讨创业板及修订〈创业板规则〉及〈主板规则〉（2017年12月）》。

〔3〕参见联交所：《联交所刊发有关借壳上市及其他壳股活动等咨询总结　维持并提升香港市场素质及稳健持续发展》，网址：https：//sc. hkex. com. hk/TuniS/www. hkex. com. hk/News/News - Release/2019/190726news？sc_ lang = zh - HK。

牌 18 个月（无论何种原因）以及没有足够业务运作或资产的公司将被直接除牌，[1]提高“养壳”成本，加大壳股公司的清理力度。在这一套“组合拳”下，简易转板规定之后港股市场的壳股公司之风得到了有效遏止。

（二）改革简易转板制度，全面提升转板上市的信息披露标准

针对简易转板制度下，转板申请人无须聘请保荐人并且无须提交招股说明书，导致在主板上市的成本大大低于主板 IPO 的问题，联交所经研究决定对简易转板上市制度进行改革，全面提升了转板上市的规范要求，使其与主板 IPO 要求趋于一致，从根源上消除了制度套利的空间。

首先，转板上市申请文件信息披露标准应达到主板 IPO 的实质性要求。发行人在创业板上市之后，如其主营业务发生了重大变化或者控股股东未发生变更的，则这种情况构成了对其创业板招股书所载情形的重大变更，转板申请人将被视为如同 IPO 新申请人一样，需提交招股书水平的上市文件并通过联交所电子呈交系统（HKEx－ESS）登载申请版本及聆讯后资料集，[2]这使得转板上市与 IPO 在信息披露的实质性标准上保持一致，防止转板申请人规避主板 IPO 的信息披露要求。反言之，对于在创业板上市后主营业务未发生重大变化或者控股股东未发生变更的，则可豁免遵守联交所主板上市规则中关于 IPO 提交文件的相关规定，[3]这可能是因为发行人在创业板招股书披露的相关信息未发生实质性改变，为合理减少重复披露成本对此进行了豁免。[4]

其次，转板申请人同 IPO 一样必须聘请保荐人对企业开展全面的尽职调查，但对尽职调查的范围进行了部分限缩。联交所在主板上市规则规定，如转板申请人在创业板上市期间的主营业务发生了重大变更或者控股股东发生了变更的，保荐人对转板申请人的上市文件资料及活动进行尽职调查，应将其视为新上市申请人一样。[5]对此，香港证监会在 2017 年发布了一份保荐人开展转板尽职调查的指引。关于保荐人执业的基本准则规定在《证券及期货事务监察委员会持票人或注册人操守准则》（以下简称《操守准则》）中，考虑到转板和 IPO 在法律性质上的差异，

---

〔1〕 参见联交所主板上市规则第 6.01A 条、创业板上市规则第 9.14A 条。

〔2〕 参见联交所主板上市规则第十一章、第 22 项应用指引以及附录二十八。

〔3〕 参见联交所主板上市规则附录二十八第 8 条：合资格发行人在 GEM 上市后从未改变主营业务及转换控股股东，为非基建公司、矿业公司或投资公司，其无须符合：（1）主板上市规则第九章、第十一章、第十二章的所有规定以及；（2）主板上市规则第 8.06 条有关申报会计师就最近一个财政期间作出报告的规定。

〔4〕 联交所还对一类特殊的公司进行了豁免，即基建公司、矿业公司或投资公司。

〔5〕 参见联交所主板上市规则附录二十八。

转板不涉及发行股份，因此香港证监会对保荐人开展尽职调查的范围做了一些限缩。由于转板不涉及公开发行股份，因此《操守准则》中关于编制上市文件、申请版本、上市文件的内容、专家报告及公开发售的条文将不适用。[1]

五、香港市场转板制度演变历程的启示

当前我国资本市场正面临深层次的供给侧结构性改革，建立健全与中国多层次资本市场相适应的转板上市制度，促进板块资源的合理再分配，是把好市场入口和出口关，完善资本市场基础性制度，建设规范、透明、开放、有活力、有韧性的资本市场的应然之义。

根据中国证监会发布的《关于全国中小企业股份转让系统挂牌公司转板上市的指导意见》，沪深交易所与新三板试点转板制度将遵循市场导向的基本方向，统筹兼顾不同板块之间的制度规则，切实防控可能出现的各种风险。借鉴香港市场在建设转板上市制度过程中的历史变迁、监管博弈与得失之鉴，本文对推进建设新三板精选层转板上市制度提出如下几点初步构想。

（一）发挥市场在板块资源分配中的主导作用

从香港简易转板上市制度的经验教训来看，转板上市制度建设必须坚持市场导向。在简易转板上市制度下，谋求创业板与主板之间的制度套利成了部分转板企业的主要动机，这扭曲了转板上市制度对板块资源合理再分配的制度功能。在联交所创业板重新定位为独立于主板的板块的背景下，企业转板上市与主板 IPO 上市门槛和成本基本一致，这使得市场这只“无形的手”在决定企业转板上市中成了主要推动力。

建设规范、透明、开放、有活力、有韧性的资本市场，必须坚持市场化、法治化的改革方向，真正把选择权交给市场。在推进新三板转板制度建设中，应当坚持市场导向，发挥市场在促进板块资源再分配中的主导性作用。从香港经验来看，具有如下启示：一是转板上市制度是从程序上提供一个板块之间的转板机制，原则上不影响板块既有的上市条件安排；二是明确不同板块的独立地位，尊重企业自主选

〔1〕《操守准则》第 17 段规定了保荐人尽职调查的标准，香港证监会通过指引的形式对转板中保荐人尽职调查的范围进行了变通。根据指引，下列条件将不适用转板情形：（1）编制申请版本及其内容（第 17.4（b）段）；（2）编制上市文件及其内容（第 17.5 及 17.6（1）段）；（3）对专家报告的尽职调查（第 17.7 段）；（4）公开发售的全盘管理（第 17.13 段）；以及（5）在新上市过程中向分析员提供的资料（第 17.14 段）。参见香港证监会：《对合资格创业板转板申请的尽职调查》，网址：https：//www.sfc.hk/web/TC/faqs/listings-and-takeovers/due-diligence-on-eligible-gem-transfer-applications.html#1。

择与其自身条件、发展规划、融资需求等最适应的公开融资平台；三是转板全过程应当规范、透明、可预期，可考虑借鉴香港经验，企业申请转板应发布临时公告，向投资者披露转板理由，成功获准转板的应当明确披露从原板块摘牌和在拟转入板块开始上市的具体时间。

（二）保障制度衔接，夯实转板上市制度的顶层设计

申请转板上市的企业的股份在法律性质上属于已公开发行的股份，这与首次公开发行的未上市交易股份不同，因此当然适用拟转入板块的首次公开发行制度。依据《证券法》授权，证券交易所负责对证券上市申请的审核，并在上市规则中对上市条件作出规定。借鉴香港经验，可对原板块和拟转入板块上市规则的规定重点进行合理分工，夯实转板上市制度的顶层设计，消除板块之间制度衔接的障碍，防范基于板块制度差异所产生的制度套利问题。香港法上，转板上市制度具体规定在联交所在创业板上市规则与主板上市规则，但侧重点不同。创业板上市规则中转板相关规定位于第九章“总则 短暂停牌、停牌、复牌、除牌及撤回上市”中，主要是从与主板上市规则的衔接、转板申请过程中创业板上市地位不受影响、申请转板的审核机制，及时发布经董事会决议申请转板的公告几个角度进行规定，而关于转板上市的条件要求、申请文件要求、财务业绩要求、合规性要求、持续监管衔接等实质性规定均放在了主板上市规则。

这种制度安排符合转板上市的制度逻辑，具有如下启示：一是合理安排不同板块之间的制度分工和衔接，原板块上市规则应重点从与拟转入板块规则的衔接及妥善处理转板申请期间上市地位等角度进行考虑，而拟转入板块的上市规则需对转板上市的资格、条件以及转板上市后的持续监管等作出衔接安排；二是防范监管套利，考虑到转板企业的首次公开发行时间点提前，应当进一步统筹考虑不同板块在首次公开发行制度上的差异（例如本文提到的联交所主板和创业板在公开发售制度上的差异）；三是妥善考虑板块之间在持续监管上的制度衔接，对于股份限售期、关联交易审批有效期等作出衔接安排。

（三）遵循实质大于形式原则，落实信息披露为中心的注册制精神

新修订的《证券法》确立了以信息披露为中心的注册制。转板上市申请文件和信息披露资料是落实信息披露要求的载体，考虑到转板上市与IPO在法律性质上的差异，应对转板上市的申请文件和信息披露资料进行特殊考量。依据《证券法》规定，IPO申请人需要提交公司章程、发起人协议、发起人姓名或者名称、发起人认购的股份数、出资种类及验资证明、招股说明书、代收股款银行的名称及地址、承

销机构名称及有关的协议。同时依据《证券法》授权，中国证监会依法制定公开发行证券申报文件的格式、报送方式。[1]但对于转板上市而言，因其不涉及股份的公开发行，仅是交易板块的变更，无法当然适用关于首次公开发行的申请文件要求。香港法对于转板上市审核的主要逻辑是保持与主板 IPO 信息披露标准的实质性一致。联交所遵循“实质大于形式”的审核尺度，要求转板申请人需要符合所有适用的主板上市要求，如同重新申请在主板首次公开招股一样，这有利于消除制度套利的空间。[2]

新三板转板上市制度建设应当落实以信息披露为中心的注册制精神。从香港经验，具有如下启示：一是保持转板上市与 IPO 信息披露标准的一致性，原则上转板上市申请文件和信息披露资料的内容和格式可考虑参照拟转入板块的 IPO 申请文件的具体要求，以保持转板上市与 IPO 在信息披露标准上的一致性。但在信息披露资料名称上可与 IPO 进行区分（例如采取“转板公告”的名称），以提醒投资者注意转板上市与 IPO 在股份性质上的差别。二是从减少重复披露的角度考虑，申请文件和信息披露资料的内容和格式可结合转板上市的特殊法律性质做豁免或变通规定，在转板上市审核上尽可能参照在原板块期间的已披露信息（例如，原板块上市期间的近一年经审计财务报告等），以适当减轻转板申请人的转板成本。三是压严压实中介机构的“看门人”职责，保荐人、会计师事务所及律师事务所应当对转板上市申请文件和信息披露材料履行勤勉尽责义务，采取如同对一个申请 IPO 的企业一样的勤勉尽责标准进行尽职调查。保荐人应履行全面核查义务，会计师事务所和律师事务所在各自专项事项范围内履行特殊注意义务，在不属于专业事项的范围内履行普通注意义务。

---

〔1〕 IPO 申请文件的内容与格式准则有《公开发行证券的公司信息披露内容与格式准则指引第 1 号——招股说明书》《公开发行证券的公司信息披露内容与格式准则第 28 号——创业板公司招股说明书》《公开发行证券的公司信息披露内容与格式准则第 41 号——科创板公司招股说明书》《公开发行证券的公司信息披露内容与格式准则第 42 号——首次公开发行股票并在科创板上市申请文件》《公开发行证券的公司信息披露内容与格式准则第 29 号——首次公开发行股票并在创业板上市申请文件》等。

〔2〕 对于在创业板上市后曾改变了主营业务或控股股东发生改变，以及属于基建公司、矿业公司或投资公司（这些公司在创业板上市可能未提供相关资料）的，则必须符合主板上市规则第九章关于新申请人股本证券申请程序和规定，需提交上市文件、申请版本以及达到“招股书水平”的转板正式公告，使得在主板上市的信息披露水平同 IPO 实质性一致。参见联交所：《常问问题—主板上市规则—第九 A 章》。

直接上市制度及其构建

朱 宁* 林 敏**

内容摘要： 美国资本市场的直接上市（Direct Listing）是一种与IPO相对的上市新路径，指的是私人公司在不公开发行新股、不同时募集资金前提下于全国性证券交易所上市。从上市交易的股份类型来看，直接上市不发行新股，仅将公司现有股东的股票上市进行交易；从上市的中介机构来看，直接上市不需要承销商承销股票；从股票的定价来看，直接上市的公司不与承销商协商确定股价，而是由交易所确定股票参考价及开盘价。香港资本市场的介绍上市与直接上市一样具有“只上市，不融资”的外观，但是通过介绍实现上市的公司本质上系完成其股票在不同场内公众市场之间的移转，而直接上市的公司系完成私人公司向公众公司的转变，其股票相应地由私人市场转向公众市场交易。我国可通过直接上市制度吸引独角兽企业在国内上市。

关键词： 直接上市　介绍上市　转板上市

长期以来，我国资本市场一直采用首次公开募股（IPO）的上市模式，实行发行与上市联动的机制。随着我国资本市场进行改革并采用注册制后，对于公司的发行与上市审查由政府监管转向市场逻辑性的合法化[1]，公司能否成功发行与上市取决于是否符合发行、上市及信息披露的法定要求而非监管机构的核准，那么探究公司发行与上市的法律基础及依据就显得尤为重要。

实行注册制后，交易所依照规定的发行条件、上市条件和信息披露要求负责发

---

* 朱宁，北京卓纬律师事务所管理合伙人。

** 林敏，北京卓纬律师事务所律师助理。

〔1〕 陈洪杰：《IPO核准制与注册制：一个经济社会学视角》，载《财经法学》2018年第1期。

行与上市的审核，证监会依照规定的发行条件和信息披露要求负责发行的注册〔1〕，发行与上市概念的区分由此得以凸显，决定企业能否在交易所上市的权限也真正地掌握在交易所手上。

与此同时，在我国资本市场上存在不少相对成熟的私人公司（特别是独角兽企业）并不缺少资金，但需要通过上市来提高股票的流动性，同时又希望降低上市及交易的成本，亦不愿意稀释股权。近年来许多独角兽企业由于国内资本市场的限制，放弃在国内上市转而寻求海外上市，若能通过构建“只上市，不融资”的制度满足它们的上市需求，吸引这些估值高、科技技术含量高的优质企业在国内上市，对于优化国内资本市场的投资环境亦助益良多。

在注册制的背景下，探讨这样的公司在不公开发行的前提下上市有了制度空间，因为它们不公开发行股份，也就不需要经由证监会的注册，能否上市取决于是否符合交易所的上市规则。如若在市场具有相应需求的逻辑前提下，交易所修改上市规则，引入“只上市，不融资”的上市制度，上述公司上市即具备合法性。

综观全球资本市场，纽约证券交易所（NYSE）在2018年通过修改其《上市公司手册》〔2〕引入了直接上市模式，联交所的上市规则中也早有介绍上市的制度，通过直接上市和介绍上市方式上市的公司都无须公开发行即可完成上市。同时，国内也正在进行新三板的转板上市制度改革，于全国股转系统精选层挂牌的企业若符合股票上市条件的，可以直接向证券交易所申请上市交易。

下文将通过介绍并对比直接上市制度与介绍上市制度，试图让读者了解并借鉴中国大陆境外资本市场“只上市，不融资”的制度，同时将结合国内正在进行的新三板转板上市制度改革，探究“只上市，不融资”的新型上市方式在国内的制度构建空间及其法律基础，并相应地提出制度构建中的立法建议，以期通过直接上市的制度落地吸引独角兽企业在国内上市。

一、美国证券法的直接上市〔3〕

（一）直接上市制度介绍及其特点

美国证券法上的直接上市（Direct Listing）是与传统IPO相对的一种新的上市

---

〔1〕 2019年1月28日，中国证券监督管理委员会发布《关于在上海设立科创板并试点注册制的实施意见》（证监会公告〔2019〕2号），明确稳步实施注册制改革，由上交所负责科创板发行上市审核，证监会负责科创板股票发行注册。

〔2〕 *NYSE Listed Company Manual.*

〔3〕 详见：朱宁、林敏：《中国企业海外上市新路径——直接上市》，网址：https://mp.weixin.qq.com/s/8XYmnk8sEAZuDCTkuX0utQ，最后访问时间：2020年3月20日。

路径。拟上市公司若通过此种方式完成上市，则不经过首次公开发行新股，不进行资金募集，公司径行上市使得其原有股东持有的股票在交易所进行公开交易。近几年，直接上市广受独角兽企业的青睐，流媒体音乐服务平台公司 Spotify 以及办公通信软件公司 Slack 相继在纽约证券交易所完成直接上市，包括 Airbnb 在内的许多独角兽公司也试图通过此种方式实现上市。

与传统的 IPO 相比，直接上市有如下几个特点：首先，从上市交易的股份类型来看，直接上市不发行新股，无募集资金，仅将公司现有股东的股票上市进行交易；其次，从上市的中介机构来看，直接上市不需要承销商承销股票，但也需要投行作为财务顾问；最后，从股票的定价来看，直接上市的公司不与承销商协商确定股价，而是由交易所基于各种因素、借由交易所技术通过市场的买卖订单进行价格匹配从而确定股票参考价、开盘价。

（二）直接上市需要履行的注册程序

根据美国《1933 年证券法》[1]（1933 *Act*）第 5 条规定，除非具备豁免情形，证券发行、销售都需要经过交易注册登记。其中，豁免情形包括 Regulation D 规定的私募发行的安全港规则等[2]。由此可见，美国证券法对于公司公开发行、销售股票采用注册制，美国证券交易委员会（SEC）不对股票上市交易进行审核，但拟公开发行、销售证券的公司需要向美国证券交易委员会履行登记注册的程序。根据 1933 *Act* 的规定，公司公开发行新股需要进行注册登记，同样地，将老股东的股票公开进行交易需要履行股票的转售登记。在直接上市中，公司上市交易的股票系公司原有股东持有的股票，就这部分股票的公开销售需要根据 1933 *Act* 的规定进行股票的转售登记。

根据美国证券法规及上市规则，拟上市公司的股票能否在交易所上市交易的审核权限在于证券交易所，但根据美国《1934 年证券交易法》[3]（1934 *Act*）第 12b 条的规定，在全国性证券交易所上市股权、债权类证券的，需要向美国证券交易委员会注册登记。此种注册是一种持续性的注册，经过注册之后的公司需要履行报告公司（reporting company）的信息披露义务，1934 *Act* 通过此种登记注册的方式来实现对于上市公众公司的监管。不论是通过 IPO 还是直接上市来实现上市目的，都系将公司股票置于全国性证券交易所交易，那么就都应该遵循 1934 *Act* 的规定进行注册登记，在上市之后也需要履行美国证券法规针对报告公司规定的一系列信息披露

---

〔1〕 *SECURITIES ACT OF 1933* .

〔2〕 See：Rule 506 of Regulation D。

〔3〕 *SECURITIES EXCHANGE ACT OF* 1934.

义务。

（三）直接上市需填写的登记表格

拟直接上市公司在履行 1933 *Act* 上的注册登记程序时，美国本土的发行人一般需要使用 Form S－1 进行注册，非美国本土发行人（foreign private issuer）则使用 Form F－1 进行注册。同时，根据规则 424（b）[1]需要编写并附上招股说明书。

在拟直接上市公司履行 1934 *Act* 第 12b 条规定的在全国性证券交易所上市交易证券的登记时，需要填写 Form 8－A 进行信息披露，其具体文件类型为 Form 8-A12b。

如前所述，拟直接上市公司需要依照 1934 *Act* 的规定履行相应的报告公司的信息披露义务，包括履行定期披露（periodic report）义务和及时披露（current report）义务。定期披露指的是按季度公布季报及按年度公布年报，使用的表格分别是 Form 10－Q 和 Form 10－K，而即时披露则是填写 Form 8－K 随时披露公司在经营、交易、财务、股权结构、公司治理等方面的重大信息。除了定期披露和临时披露外，报告公司同时还需要履行其他的法定信息披露义务。

（四）直接上市的优点

直接上市无须耗费长时间与承销商商议承销费用及对发行的股票协商定价，同时也不需要针对潜在投资人进行路演，在上市程序上更为简单，更节省上市时间。直接上市不发行新股，也就不需要承销股份，公司无须支付承销费用，可以节约不少的上市成本，适合无短期内募集资金需求的企业。并且，直接上市的公司不发行新股，其股权结构未发生改变，原始股东的持股比例也并未被稀释，利于公司创始人掌握对公司的控制权。寻求上市的独角兽企业，往往在私人市场已经过了多轮融资募集了大量资金、资本雄厚、财务状况良好，并没有短期内的募集资金的需求，它们上市系为了增加公司股票的流动性，为早期投资者、公司雇员寻求股票变现的机会，因此，直接上市对于它们而言，更简单快捷、节约成本。

此外，在传统的 IPO 中，根据相关证券法规及交易所规则的规定，公司的原始股东出售持有股票受到锁定期的限制，即公司原始股东需要约定在一定的期限[2]内不得在二级市场出售其持有的股票以套现或是出售股份的数额受到一定的限制。而对于直接上市的公司无此类安排，原始股东出售股票并没有锁定期的限制，从上市的第一天起，公司股东即可自由地在公开市场上进行股票交易。从这个角度来

---

〔1〕参见：Rule 424（b） of Regulation C。

〔2〕通常在 90 天到 180 天之间。

看，通过直接上市的方式登陆交易所，对于试图增加股票流动性、寻求早期投资者变现的公司而言，是相对于IPO更好的上市途径。

二、香港联交所的介绍上市

（一）介绍上市的类别

从不发行新股、不进行融资径行上市的角度来看，联交所的介绍上市制度与美国证券法的直接上市制度类似。《香港交易所主板上市规则》第七章的“介绍”部分对介绍上市进行了专门规定，相关规定如下：

7.13 介绍（introduction）是已发行证券申请上市所采用的方式，该方式无须作任何销售安排，因为寻求上市的证券已有相当数量，其被广泛持有，故可推断其在上市后会有足够市场流通量。

7.14 下列情况，一般可采用介绍方式上市：（1）寻求上市的证券已在另一家证券交易所上市；（2）发行人的证券由一名上市发行人以实物方式分派予其股东或另一上市发行人的股东；或（3）控股公司成立后，发行证券以交换一名或多名上市发行人的证券。任何通过债务偿还安排及/或其他形式的重组安排计划（scheme of arrangement），或其他方式进行的重组（借以使一名海外发行人发行证券，以交换一名或多名香港上市发行人的证券，而香港发行人的上市地位，会在海外发行人的证券上市时被撤销），必须事先经香港上市发行人的股东以特别决议批准。

根据上述规则并结合实践总结，介绍上市的类别主要有以下几种[1]：

第一类，双重上市：拟于联交所上市的公司已经在其他的证券交易所上市，同时通过介绍的方式在联交所寻求上市。

第二类，转板上市：拟于联交所上市的公司已经在香港交易所的创业板（GEM）上市，通过介绍的方式实现创业板上市公司转到香港交易所主板上市。

第三类，分拆上市：上市公司将其子公司的股份以实物方式分派给其股东，使得上市公司的股东同时成为其子公司的股东、该子公司拥有符合交易所股本分布条件的股东，从而符合公众持股的规定，再通过介绍的方式分拆其子公司上市。

第四类，换股上市：拟于联交所上市的公司在其他地区的交易所发行相应的股票，通过债务偿还安排、其他形式的重组安排计划或其他方式进行的重组，交换一名或多名香港上市公司的股票，最终实现在香港交易所上市，原香港上市公司的上市地位相应消失。

---

〔1〕沈春晖：《从Spotify纽交所“直接上市”看香港与内地的“介绍上市”》，载《金融市场研究》2018年第5期。

（二）介绍上市的若干限制

1. 控股股东出售股份锁定期限制

《香港交易所主板上市规则》第十章中“对新上市后控股股东出售股份的限制”部分规定如下：

10.07（1）在发行人申请上市时刊发的上市文件中列为发行人控股股东的人士或一组人士，本身不得（并须促使有关登记持有人不得）进行下列事项：（a）自新申请人在上市文件中披露控股股东持有股权当日起至证券开始在本交易所买卖日起计满6个月之日期止期间，出售上市文件所列示由其实益拥有的证券；就该等由其实益拥有的证券订立任何协议出售发行人证券，或设立任何选择权、权利、利益或产权负担；或（b）在《上市规则》第10.07条（a）段所述的期限届满当日起计的6个月内，出售该段所述的任何证券，或就该等证券订立任何协议出售有关证券，或设立任何选择权、权利、利益或产权负担，以致该名人士或该组人士在出售证券，或行使或执行有关选择权、权利、利益或产权负担后不再成为控股股东。

同时该部分的第（4）项规定，只要发行人控股股东就其拥有的发行人证券，在上市文件中显著披露就该等证券订立的任何出售计划、协议、选择权、权利、利益或产权负担，则《上市规则》第10.07（1）（a）及（b）条的条文不适用于根据《上市规则》第九A章成功由GEM转往主板上市的发行人。

根据上述规定，通过介绍方式上市的公司也需要遵循锁定期的限制。也即上市文件披露后，公司控股股东在交易所挂牌交易股票满6个月之前，不得出售其持有的上市公司股票；同时，上市公司挂牌交易从满6个月起至满12个月止的期间内公司控股股东不得出售其持有的上市公司股票致使其不再成为控股股东。但是对于由香港创业板块转往主板上市的公司有例外规定，即转板上市类型的介绍上市中，如果控股股东在上市文件中披露了其股票的出售等计划的，就可以不适用第10.07条，相应地不受6个月、12个月的股份锁定期限制。

2. 后续融资限制

《香港交易所主板上市规则》第十章中“上市后6个月内不得发行证券”部分的规定如下：

10.08 上市发行人证券开始在本交易所买卖日期起计的6个月内，不得再发行上市发行人的股份或任何可转换为上市发行人的股本证券的证券（不论该类股份或证券是否已上市），也不得订立任何协议而涉及此等股份或证券（不论有关股份或证券的

发行会否在发行人证券开始在本交易所买卖日期起计6个月内完成），除非：……[1]

根据上述规定，在IPO中由于上市公司已经发行了新股，第10.08条限制其在上市交易后的6个月内发行股权类证券或可转换为股权类的证券进行再融资。同样地，上述条款也适用于以介绍上市方式登陆联交所的上市公司，因为通过此种方式上市的企业，通常此前已经通过发行股权类证券在其他证券交易所融资，或是拟上市公司分拆前的母公司已在联交所发行新股进行了融资，因此对介绍上市的公司利用股份权益再融资进行限制具备合理性。

与此同时，《香港交易所主板上市规则》就股权类再融资限制还规定了若干例外情形，其中包括："（5）是根据第九章成功由GEM转往主板上市的上市发行人所发行将于主板买卖的股份或证券，并在上市文件中显著披露任何由GEM转往主板上市后6个月内的资金筹集计划。"

根据上述规则，在转板上市类型的介绍上市中，拟上市公司若在其上市文件中披露从香港创业板转板至主板上市后6个月的资金募集计划，那么该转板上市公司不受6个月的上市后股权类融资的时间限制，可于转入联交所主板上市后即行发行股票进行融资。

（三）对比直接上市与介绍上市

1. 上市时不发行新股募集资金

联交所的介绍上市制度同美国证券法的直接上市相同，拟上市公司经审核并登记完成上市的过程中并未发行新股，也就无募集资金，无须承销商承销股票。在这个层面上，两者都与首次公开发行并上市相对。在美国证券法律及交易所规则中，试图在全国性证券交易所完成上市，此前大多数公司采取IPO的方式，虽然纳斯达克在过去就提供了这种不公开发行新股募集资金而直接上市交易的方式[2]，但过去采用此种方式的企业大多是规模较小的企业，也并未引起美国资本市场的广泛关

[1] 根据《香港交易所主板上市规则》第10.08条规定，除外情形包括：（1）是根据第十七章的股份期权计划发行股份，而有关股份已获本交易所批准上市；（2）是行使首次公开招股时一并发行的权证所附的换股权；（3）是任何资本化发行、削减股本或股份合并或拆细；（4）是根据在证券买卖开始前已经订立的协议（此协议的重大条款已于发行人为首次公开招股而刊发的上市文件中披露）发行的股份或证券；及（5）是根据第九章成功由GEM转往主板上市的上市发行人所发行将于主板买卖的股份或证券，并在上市文件中显著披露任何由GEM转往主板上市后6个月内的资金筹集计划。

[2] 纳斯达克交易所的直接上市制度称为DPO（Direct Public Offering），虽然是offering但实际上并未发行新股，向公开市场"发行"的是原有股东的老股，本质上是直接上市。

注。直到2018年纽交所向美国证券交易委员会提议修改《上市公司手册》的提案[1]通过、独角兽企业Spotify在纽交所完成直接上市后，这种上市路径才真正成为拟上市公司除首次公开发行并上市之外实现上市目标的合适选择。

而在香港证券交易所的上市体系内，介绍上市一直是与首次公开发行新股并上市并列的一种上市方式。这种“只上市，不融资”的方式并不陌生，也有很多中国内地公司采用此种路径实现在联交所的上市交易。

联交所的介绍上市以及美国的直接上市，两者都不需要承销商承销股票，但由于证券法律体系的不同，在辅助上市的中介机构方面，二者略有不同。在美国的直接上市中虽然不需要再找投行作为承销商承销股票，但拟上市公司仍然需要其作为上市过程中的财务顾问，协助进行信息披露。而介绍上市中，根据香港证券法的保荐制度，拟上市公司仍需要券商投行作为其保荐人。

2. 股份锁定期安排

在美国的直接上市中，公司股东的股份无锁定期的安排，不同于首次公开发行新股并上市，直接上市公司股东可以在上市后立即出售其股票在二级市场套现。而在联交所的介绍上市中，如前所述，介绍上市的上市公司仍然受到6个月及12个月的不同的锁定期限制。但是此种锁定期限制仅针对上市公司的控股股东，目的是保证上市公司的控制权稳定。从这个角度来看，美国的直接上市对于公司股东来说限制更少，自由度更高，更利于公司的早期投资人变现，股票的流动性也更强。

3. 定价机制

通过联交所的介绍上市方式上市的公司的股票并无发行参考价，其价格完全由上市当天的买卖双方交易博弈决定；而在美国的直接上市中，在公司上市之前交易所会确定一个上市交易股票的参考价格，参考价的确定基于很多因素，包括公司股份的第三方估值和私人市场的交易价格，但直接上市的股票参考价仍不等于其发行价格。直接上市的股票需要以合适的价格开仓，通过查看从证券经纪交易商处收到的买盘和卖盘下单量，借由指定市商的帮助最终确定开盘价，这是一个彻底的价格发现过程，在纽交所直接上市的Spotify于上市当日的午后才开始交易，其价格发现过程经历了3个多小时。[2]

4. 拟上市公司此前的股票交易市场

首先，在双重上市类型的介绍上市中，拟上市公司此前系在联交所之外的证券

---

〔1〕 2017年3月纽交所（NYSE）向美国证券交易委员会（SEC）递交编号为SR－NYSE－2017－12的提案，提议修改《NYSE上市公司手册》第102.01B条，以修改适用于事先未经注册上市且不涉及首次公开发行的上市公司的要求，为直接上市腾出制度空间。

〔2〕 参见：https：//www.nyse.com/direct－listing，最后访问时间：2020年3月7日。

交易所上市交易，在香港完成双重上市之前其股票即已经在公众市场流通。其次，在转板上市类型的介绍上市中，拟上市公司的股票此前已经在香港交易所的创业板上市进行交易，而后通过介绍方式将公司的股票转到联交所主板交易，本质上只是将拟上市公司的股票由一个公众市场转到另一个公众市场进行交易。再次，在分拆上市类型的介绍上市中，拟分拆上市的子公司的股份在分配给上市公司股东之前，上市公司股东已通过持股母公司间接持股、控制子公司，子公司的股份虽然并未直接在公众市场交易，但通过在公众市场交易上市公司股票即可间接实现子公司的股权交易，一定程度上子公司的股份已经面向公众市场。最后，在换股上市类型的介绍上市中，拟于联交所上市的公司利用其在其他地区交易所发行的股票交换一名或多名香港上市公司的股票进行重组，最终实现在香港交易所上市。那么，该换股上市的过程中，拟上市公司本质上系完成其股票由其他交易所的公众市场向联交所公众市场的转移。

由上述分析可知，拟介绍上市的公司在完成介绍上市之前其股票即已经直接或间接地面向公开市场。除分拆上市外，其他类型的介绍上市中的拟上市公司在完成联交所上市前就已经为公众公司，而拟分拆上市的公司由于其母公司系上市公司，作为公众公司的重要资产，同样被置于公众公司的监管范畴之内。

纽交所此前为了引入直接上市的制度，修改了其上市公司手册，根据修改后的《NYSE上市公司手册》第102.01B条脚注E的规定，拟直接上市的公司此前没有根据1934 *Act* 进行过普通股的注册[1]。1934 *Act* 上的注册登记主要包括第12b条、第12g条与第15d条的登记。第12条系对证券发行人的登记注册要求，需要根据第12条履行注册登记义务的公司即应当纳为报告公司，履行相应的报告义务，这样的公司由于涉及公众属性，1934 *Act* 通过要求其按规定注册登记并履行相关的信息披露义务对其进行监管。而直接上市的公司在上市前并不需要履行1934 *Act* 的注册登记，其此前的证券发行行为不在受监管之列，意味着在美国证券法体系下直接上市的公司在上市前并非受监管的公众公司，它主要面对的是私人市场，它的发行行为也是得以豁免注册的私募发行。也就是说不同于介绍上市，拟直接上市的公司此前的股票交易市场并非公众市场。

可以看出介绍上市虽然与直接上市同样具有“只上市，不融资”的外观，但是本质上介绍上市是基于对公司此前上市的证券交易所的互信、利用其已经公开的信

---

〔1〕 NYSE Listed Company Manual, Section 1 The Listing Process, Footnote (E) of Section 102.01B, “……Similarly, some companies that have not previously had their common equity securities registered under the Exchange Act may wish to list immediately upon effectiveness of an Exchange Act registration statement without any concurrent IPO or Securities Act registration……”

息披露、借由其在其他证券交易所已经进行的股权及股东登记，来完成股票公开交易场所的转移。但美国证券法上的直接上市，本质上是私人公司上市交易成为公众公司的一个过程。

（四）总结

由上述分析可知，美国证券法上的直接上市面向的是在私募市场已经成熟的私人公司，我们欲在国内建立“只上市，不融资”的上市制度吸引独角兽企业，相应地即应当选择直接上市制度进行借鉴，介绍上市并不能向公众市场引入仍然处于私人公司阶段的独角兽企业。但是，鉴于国内许多独角兽企业此前已经在海外的证券交易所上市，若是引入介绍上市制度，即可通过介绍的方式实现在国内交易所双重上市或是进行换股上市，为它们回归国内资本市场铺路架桥。另外，介绍上市也可以为上市公司分拆子公司上市提供新的路径。但是在双重上市及换股上市的类型中，需要与海外的交易所进行信息共享，一定程度上需要实现联通并进一步开放我国的资本市场，就监管层面而言势必更加复杂，也未见其必要性。从这个角度来看，探究是否应当引入介绍上市制度及其合法性即不存在逻辑前提。

三、我国新三板转板上市制度

（一）相关规定

2013 年国务院曾发布《关于全国中小企业股份转让系统有关问题的决定》（国发〔2013〕49 号），其中规定：在全国股份转让系统股票的公司，达到股票上市条件的，可以直接向证券交易所申请上市交易。

2019 年 10 月 25 日，证监会发布《证监会启动全面深化新三板改革》，提及：按照新三板改革的总体思路，证监会将重点推进以下改革措施：“……三是建立挂牌公司转板上市机制，在精选层挂牌一定期限，且符合交易所上市条件和相关规定的企业，可以直接转板上市，充分发挥新三板市场承上启下的作用，实现多层次资本市场互联互通……”

此后，全国股转公司发布了深改细则，其中《分层管理办法》第 9 条规定，符合中国证监会、证券交易所和全国股转公司有关规定的精选层挂牌公司，可以直接向证券交易所申请上市交易，“转板上市”制度自此开始落地。据悉，证监会正就“转板上市”制度履行相应程序，将适时对外公开征求意见。

根据《分层管理办法》第 14 条、第 15 条规定，在全国股转系统连续挂牌满 12 个月的创新层挂牌公司，可以申请公开发行并进入精选层；申请在精选层挂牌的公司需要同时定向发行股票。根据《全国中小企业股份转让系统股票向不特定合格投资者公开发行并在精选层挂牌规则（试行）》（股转系统公告〔2020〕63号）的规定，在全国股转系统连续挂牌满12个月的创新层挂牌公司，可以向不特定合格投资者公开发行股票，发行完成后股票在全国股转系统精选层挂牌。

所以，拟在新三板进行转板上市的公司，需要向不特定合格投资者公开发行股票并在全国股转系统精选层挂牌。而在精选层挂牌后申请转板上市的条件及资格有待证监会及股转公司进一步出台相关规定进行明确。

（二）与直接上市、介绍上市的异同点

新三板精选层企业申请转板上市与直接上市、介绍上市相同，都具有“只上市，不融资”的外观，精选层股票企业在转板上市时同样不发行新股。

与美国的直接上市相比，申请转板上市的企业已经在全国股转系统精选层挂牌，且根据《分层管理办法》第16条的规定，挂牌公司完成公开发行并进入精选层，需要符合“公开发行后，公司股东人数不少于200人，公众股东持股比例不低于公司股本总额的25%；公司股本总额超过4亿元的，公众股东持股比例不低于公司股本总额的10%”的条件，此时拟转板上市的公司已经进入公众市场，为公众公司，而美国拟直接上市的企业在上市前并未在其他公开交易场所挂牌，为私人公司；另外，申请转板上市的新三板企业在进入精选层前已向合格投资者公开发行股份，而直接上市的企业在上市前并未经历过美国证券法上的公开发行。

与香港的介绍上市相比，转板上市的公司、拟介绍上市公司或其母公司在上市前都曾面向公开市场进行过公开融资，在这点上二者不同于美国的直接上市。另外，介绍上市企业上市前的公开融资系在交易所层面进行，而转板上市的公开融资为场外交易。

再有，美国的直接上市与我国香港地区的介绍上市都实行注册制，需要进行登记注册。目前国内虽然在《证券法》修订之后进行注册制改革，但《证券法》仅规定了公开发行证券的注册制度，对于转板上市尚未有注册制度构建。

（三）私人公司直接上市的制度空白

目前，国内虽然开始落实转板上市的制度，但本质上转板上市的公司系非上市公众公司，而美国证券法上的直接上市制度面向的是在私募市场已经募集了大量资金、具有高估值的私人公司，当前国内尚未有此类公司直接上市的规则及制度安排，存在制度空白。

从上述分析可以看出，转板上市本质上系公众公司向不同的公开市场移转其股

票，同时此前已经面向公开市场发行过股份，并且股转系统和交易所在可预见的将来也能实现股权及股东登记的信息联通。由这些特点可见，转板上市可以视作我国境内资本市场自己的介绍上市制度，股转系统一定程度上为拟上市公司背书并通过筛选入精选层的方式完成类似的介绍过程。由于一定程度上境内资本市场已引入介绍上市制度，并综合上文对于是否应当引入介绍上市的分析[1]，下文将不探讨介绍上市的制度引入，而重点探究私人公司直接上市的制度构建。

四、直接上市制度构建

（一）太平洋证券换股直接上市[2]

2007年，太平洋证券（601099）参与A股上市公司云大科技股份有限公司[3]的股权分置改革，通过置换上市公司股份完成直接上市。云大科技的非流通股股东和流通股股东将所持股份分别以8:1和4:1的比例换成太平洋证券股份。证监会办公厅下发《关于太平洋证券股份有限公司股票上市有关问题多的批复》（证监办函〔2007〕275号）批复：云大科技股改与太平洋证券定向增发、换股并重组上市组合操作已经中国证监会批准。随后太平洋证券向上海证券交易所申请人民币普通股上市交易并获批准。

在此次换股上市中，太平洋证券没有公开发行新股进行资金募集，同时也没有经过发审委的审核，显然不是IPO上市；另外，太平洋证券上市后使用了和云大科技不同的股份代码，云大科技随后退市，显然也不是借壳上市。[4]

此次太平洋证券的上市类似于联交所介绍上市制度中的换股上市，拟上市的太平洋证券将其股份通过一定的重组计划安排，交换一家A股上市公司的股份，最终实现在交易所的上市。但与介绍上市不同的地方在于，用于介绍上市之换股上市的拟上市公司的股份系在其他地区交易所流通的股份，而太平洋证券的股份未在公开市场流通。从这个角度来看，太平洋证券的上市系私人公司通过与交易所上市公司换股实现的直接上市。

由这个例子可以看出，虽然我国尚未制定直接上市的制度，但是我国资本市场已然存在直接上市的实践。

---

〔1〕参见：第四“对比直接上市与介绍上市”的总结部分。

〔2〕参见：《太平洋证券股份有限公司A股股票上市公告书》《云大科技股份有限公司股权分置改革方案实施结果的公告》。

〔3〕已退市，证券代码600181。

〔4〕沈春晖：《从Spotify纽交所“直接上市”看香港与内地的“介绍上市”》，载《金融市场研究》2018年第5期。

（二）直接上市制度构建的必要性

1. 存在无募集资金需求的企业寻求上市

相关资本市场案例中，宁德时代（300750）由于在报告期内存在大额的理财产品投资款，被证监会问询首发募集资金的必要性。此外，佩蒂股份（300673）、华大基因（300676）等公司也存在着大量资金用于银行理财的情况。这些企业资金充足，无短期资金募集的需求，上市更多的是为了实现其股票的流动性，实现早期投资者股票的变现。若能将直接上市制度引入国内资本市场，一定程度上满足了这些企业的切实需求，另外，由于无须发行新股，可简化审核程序、节省上市成本。由此可见，制度的构建存在必要性。

2. 优化资本市场投资环境、避免利益输送

“直接上市”不同于 IPO，由于不发行新股并直接上市交易，不需要求助于银行、券商、基金等机构投资者形成一级市场，而是直接面对二级市场的投资者，由此留给了二级市场更大的利润空间，利于优化资本市场的投资环境。

在 IPO 中，承销商为了获得股价空间，往往对发行的股票定价过低，使得公司方获利较少。而直接上市摆脱了承销商的束缚，公司原始股东直接面对公开市场交易股票，可以使公司在公开市场上得到公平的估值，无须在路演期间根据投资者的利益确定价格，使得公司的早期投资者及公司雇员较大限度地获得股价利益。同时，在询价过程中过往常常出现承销商与机构达成默契，通过询价报价中的操作保证部分机构入围，进行利益输送。而直接上市并不需要提前为上市交易的股票定价，不存在路演、询价环节，而是通过市场的供需关系来确定股价，此时即可一定程度上避免上市过程中的利益输送，防止腐败的发生。直接上市不存在过往 IPO 中承销商等中心机构掌握上市的整体进程及关键要素，而是由拟上市公司直接面向公开市场，在这种“去中心化”的上市方式中，由于无须中心机构，更加公开及透明。

3. 通过直接上市制度吸引独角兽企业

在当今时代，资本市场的宠儿无疑是掌握重要科学技术并占领新兴市场的独角兽企业。这类企业往往在 IPO 前已经获得大量融资，同时公司的估值及知名度也较高。对它们来说上市并不是为了获取短期的募集资金，而是为了通过上市增加股票的流动性，实现早期投资者的投资红利及公司雇员期权的变现。而通过直接上市可省去一笔高昂的承销费用，同时简化审核的流程，缩减上市的时间，对于独角兽企业来说是较为合适的上市方式。透过纽交所的主动变革及 Spotify、Slack 相继通过直接上市完成上市目标可以看出，直接上市制度对于此类独角兽企业具有吸引力。若此时国内资本市场能主动拥抱直接上市制度，对吸引更多的独角兽企业在国内的

证券交易所上市助益良多，也让中国股民有机会享受中国科技企业发展的红利。

五、注册制下直接上市的法律基础

根据现行《证券法》第 9 条规定，公开发行证券，必须符合法律、行政法规规定的条件，并依法报经国务院证券监督管理机构或者国务院授权的部门注册。未经依法注册，任何单位和个人不得公开发行证券。证券发行注册制的具体范围、实施步骤，由国务院规定[1]。也就是说，现行证券法律法规仅对公开发行证券进行规制并适用注册登记制度。而在直接上市中拟上市公司不公开发行股票，未有法律规定此种上市方式需要核准或者注册，因此存在制度空白，但同时也并未抵触相关法规，亦存在制度空间。

那么，由于现行法律法规仅对发行行为进行规制，另一方面在注册制下将上市的审核权限归于交易所，也即公司若寻求上市应当向交易所申请，只是上市的同时涉及的证券公开发行需要经证监会核准或注册。同理，直接上市不涉及证券发行，因此只需要向证券交易所递交上市申请经由交易所核准即可，就直接上市本身并不需要经证监会注册或核准。但国内现行的交易所上市规则仅规定了首次公开发行并上市的上市路径，并且以股票已公开发行为上市条件，因此需要通过修改交易所的上市规则来引入直接上市制度，可以预见在广泛实行注册制的将来，交易所掌握更多权限之后也会拥有更大的主动性，修改上市规则引入直接上市制度并非天方夜谭。若是完成了上市规则的修改，相应规定了直接上市的上市条件，那么即使在政府监管层面未进行立法，直接上市制度也具备合法性基础。同时，在信息披露制度上无须照搬美国的注册表格填写制度，我国对直接上市的企业可以采用与 IPO 相同的信息披露制度，在上市过程中提交招股说明书及各类法定文件，在上市之后纳入上市公司进行监管并履行相应的信息披露义务。故在信息披露部分就不需要修改相关上市规则，即已然具备法律基础。

另外，证监会制定了诸如《非上市公众公司监督管理办法》等规定，意图将公众公司纳入监管。那么，若直接上市的公司并未经过行政机关核准或注册是否符合相关立法目的、是否存在规避监管的情形呢？就这个问题而言，即使直接上市的公司在上市过程中并未经过证监会核准或注册，但是其上市之后即纳入上市公司的范

---

〔1〕《国务院办公厅关于贯彻实施修订后的证券法有关工作的通知》（国办发〔2020〕5 号）规定，在上交所科创板试点注册制的基础上，监管部门将分步推进深交所创业板，以及证券交易所其他板块和国务院批准的其他全国性证券交易场所实行股票公开发行注册制，相关方案经国务院批准后实施；在此之前，相关板块的股票公开发行继续实行核准制，适用新证券法修订前股票发行核准制度的规定。

围进行监管，需要履行证监会及交易所相关规定的信息披露义务及其他的上市公司义务，并不存在对于监管的规避，因此修改上市规则，建立直接上市制度具备合法性。

目前虽然转板上市制度尚未落实，但根据现有规定，只要符合证监会、证券交易所和股转公司有关规定，精选层的挂牌公司可以直接向证券交易所申请上市交易，无须再就其转板上市经过核准或注册。值得注意的是，拟转板上市的企业在由创新层公开发行进入精选层时，就其公开发行应当经由证监会核准[1]。

由上述分析可以看出，与美国的直接上市不同，在我国现行的证券法律法规体系下并无公司上市的注册制度，也无股份公开转售的注册制度。根源在于我国仅规定了公开发行证券的注册及核准制度，同时实行发行与上市联动的机制。未来，在建立转板上市制度或引入直接上市制度时，发行与上市的过程就得以分开，在全面实行注册制的背景下，不排除存在监管部门制定新的立法将上述制度纳入注册制范围的可能。

六、制度构建的立法建议

（一）同时建立转板上市与私人公司直接上市的制度

当前证监会启动全面深化新三板的改革，拟推行转板上市的制度建立。据公开报道，证监会前期已从主板主体、转板上市条件、转板程序、风险防范等多个方面对新三板转板机制做了深入研究论证，形成了初步方案。其中，在精选层挂牌满一年的企业可申请转板上市。申请转板上市的，应满足《证券法》和证监会规定的基本上市条件，还应符合交易所规定的具体上市条件。在转板程序上，应由证券公司保荐，向交易所提出转板上市申请，交易所审核并作出是否同意上市的决定，无须证监会核准，转板机制落地将实现精选层和沪深交易所对接，实现多层次资本市场互联互通。[2]

新三板主要服务对象是创新型、创业型、成长型民营中小微企业，这些企业通过新三板的场外公开市场进行融资。但市场上同时存在着像科技独角兽这样的企业，它们占据大部分的市场份额，科技技术含量较高、估值较高、规模较大、知名度较高，并且已经在私人市场募集了大量的资本。这样的企业无须再通过新三板进

---

〔1〕《全国中小企业股份转让系统股票向不特定合格投资者公开发行并在精选层挂牌规则（试行）》第 3 条：发行人申请股票在精选层挂牌，应当经全国中小企业股份转让系统有限责任公司自律审查，并报中国证券监督管理委员会履行发行核准程序。

〔2〕郭志强：《“激活”新三板“精选层挂牌满一年，可申请转板上市”》，载《中国经济周刊》2019 年第 22 期。

行融资，如果能同时建立直接上市的制度，实现私人市场与场内资本市场的对接，我国资本市场的层次会更加丰富，有助于更好地利用资本市场支持高科技企业发展，同时也能反哺我国资本市场的发展。

同时建立转板上市与私人公司直接上市的制度，对接私人市场、场外公开市场、场内公开市场，将实现多层次资本市场的联通，也能借由资本市场助力我国科技的高速发展。

（二）在科创板试点直接上市

提出该立法建议的理由有二：

设立直接上市的初衷在于便利独角兽企业上市，这类企业大多是科技公司。而科创板的设立主要服务于突破关键核心技术、市场认可度高的科技创新企业〔1〕，在科创板试点直接上市有天然的目的契合及服务范围趋同。同时上海交易所上市委员会已经具有丰富的审核科创企业的经验，同类型的企业审核能提高整体的上市效率，充分发挥直接上市的优势。

由于直接上市缺乏承销商的交易支持，缺少稳定市场的经理人，同时在没有预先招募投资者并且未设定股票预定价格的情况下，公司上市后股价可能并不稳定，波动率较高，具有较大的投资风险。而科创板仅向合格投资者开放，合格投资者的风险承受能力较强，同时由于设置了相应的市场准入门槛，也能防止盲目投资、控制交易风险。

（三）减少相应的股份锁定期限制

目前，关于上市公司发行行为涉及的股份锁定期的对象，主要包括：控股股东、实际控制人持有的股份；特定时间内从控股股东、实际控制人处受让的股份或增资入股的股份；发起人持有的股份及公开发行前已发行的股份；控股股东、实际控制人或其控制的关联方持有的股份；通过认购本次发行的股份取得实际控制权的投资者持有的股份；董事会拟引入的境内外战略投资者持有的股份；发行对象取得本次发行的股份时，其用于认购股份的资产持续拥有权益不足12个月的；公司董事、监事、高级管理人员持有的股份；其他发行对象持有的股份。

由于上述股份锁定期多针对首次公开发行并上市的上市公司的股份，并无规定直接上市的锁定期，将来若引入直接上市制度，应当单独制定对直接上市的上市公

---

〔1〕 参见：《关于在上海证券交易所设立科创板并试点注册制的实施意见》（证监会公告〔2019〕2号）。

司股份的锁定期限制，建议应当采取较为宽松的锁定期安排，减少相应的股票锁定期限制。美国证券法的直接上市制度并无规定股份上市交易的锁定期，利于公司投资人股份的变现，对选择直接上市的企业而言更具吸引力。当然，为了保持资本市场的稳定、降低公开市场投资人的投资风险，可以参考联交所的规定，仅对控股股东持有的股份适用锁定期限制，或是采取其他对公众股东较为宽松的锁定期安排。

【投资者保护与证券法实施】

投资者保护机构在证券集体诉讼中的角色扮演

肖　伟*

内容摘要：《证券法》将证券集体诉讼的阀门交给投资者保护机构（投保机构）掌管，以避免滥诉等美国式集团诉讼的弊端。投保机构应当把证券集体诉讼演成维护证券市场秩序和投资者权益的主角，而不是小配角。前期投保机构选择案件应当坚持证监会的行政处罚决定等为前置条件，待条件成熟再放开。划转证监会的行政罚款和从证券集体诉讼胜诉并执行到位的款项中提取一定比例建立“证券投资者集体诉讼基金”。确立投保机构原告首席代表人的地位。司法解释中应当适当降低门槛，便利投保机构提起或参加证券集体诉讼。充分利用证券市场电子交易数据和网络联系渠道的优势，突破“自己赔偿自己”的怪圈，将索赔目标优先锁定“作恶者”。积极参与制定证券集体诉讼制度的配套细则。

关键词：证券集体诉讼　投资者保护机构　《证券法》第95条

《证券法》修订中最受人关注的亮点之一就是创立了“默示加入、选择退出”的证券集体诉讼制度。《证券法》第95条第3款规定：“投资者保护机构受五十名以上投资者委托，可以作为代表人参加诉讼，并为经证券登记结算机构确认的权利人依照前款规定向人民法院登记，但投资者明确表示不愿意参加该诉讼的除外。”可见，在这个证券集体诉讼当中最受人关注的关键点就是投资者保护机构（以下简称投保机构）如何完成自己的使命。

---

* 肖伟，厦门大学法学院教授、法学博士。

一、投保机构在证券集体诉讼中所处地位和面临形势

我国《证券法》将发动证券集体诉讼的专属权利授予了投资者保护机构，目前主要是指中证中小投资者服务中心有限责任公司（以下简称投服中心）和中国证券投资者保护基金有限责任公司（以下简称投保基金公司）。前者是由证监会批准设立并直接管理的证券金融类公益机构，后者是国务院批准、出资设立并由证监会归口管理的公益机构，以下合称投保机构。从职能和实践情况看，前者可能在证券集体诉讼方面扮演更主要的角色。可以说，《证券法》将证券集体诉讼的阀门交给了投保机构，由它掌控这个阀门，避免美国式集团诉讼的弊端。我国的证券集体诉讼制度是在美国集团诉讼、德国团体诉讼和我国台湾地区选定当事人诉讼的结合和改造基础上建立起来的。美国的集团诉讼是世界上作用发挥最好的证券民事诉讼方式，但它也有遭受诟病之处：它主要由商业律师推动，而商业律师在风险收费机制下引发滥诉和牺牲中小投资者利益的事件层出不穷。有鉴于此，我国《证券法》将证券集团诉讼的发动权赋予证监会直接管理下的公益性投保机构，这种机制会保障滥诉和律师不当和解现象成为小概率事件，避免了美国集团诉讼的弊端。但必须关注，与此同时，美国集团诉讼的积极作用是否也会大幅度消减，甚至沦为仅具象征意义的工具。

首先，让我们来看一看投保机构对于履行该项职责的表态。投服中心在自己的官方网站上表示："默示加入、明示退出"是此次修订的最大亮点。投资者保护机构作为代表人参加诉讼，重要任务是为经证券登记结算机构确认（除声明退出外）的权利人向人民法院登记。为此，投服中心将积极配合审判机关、监管机关出台相关规则，明确投保机构案件选取规则，做好系统互联互通，稳扎稳打推进制度落地。[1]由此观之，投保机构看待自己的职责有三个特点：第一，强调重要任务是为权利人向法院登记；第二，表明对案件要进行选取；第三，稳扎稳打推进制度落地。与之形成鲜明对比的是，有关业内人士认为，《证券法》第 95 条第 3 款规定如果在司法实践中得以落实，我国证券市场将迎来真正的诉讼爆炸，我国证券市场或将进入全民索赔时代。[2]可见，市场对证券集体诉讼期待的是扛大梁，而不是仅仅扮演一个小角色。这恐怕与投保机构自己的定位和设想是存在较大差别的。

---

〔1〕《投服中心：发挥投资者保护机构独特作用，积极实践符合中国国情的证券集体诉讼制度》，网址：http：//www. isc. com. cn/html/zxxw/20191229/1633. html，最后访问时间：2020 年 2 月 25 日。

〔2〕张保生、周伟、朱媛媛、彭雅娜：《新〈证券法〉设立中国特色证券诉讼新机制，全民索赔时代来临》，网址：https：//www. sohu. com/a/374980581_ 120051855，最后访问时间：2020 年 2 月 25 日。

对于扛起证券集体诉讼的大梁，投保机构实际上面临着很大的困难。首先，人力财力上难堪重负。投保机构是一个公益性机构，而不是营利性组织，其资金主要依靠财政拨款和社会捐赠，所以有经费预算和人员编制的限制。证券集体诉讼涉及人数众多且分散，诉讼金额巨大，诉讼时间漫长，诉讼成本十分高昂，其所要投入的人力财力远远超出投保机构可以承受的范围。况且，投保机构承担的职责众多，为投资者维权提供公益性诉讼服务还只是其中之一。[1]在这种情况下，投保机构每年能选少量几个案件“意思意思”就已经算相当尽力了。

其次，缺乏配套细则。例如，案件范围不明确。《证券法》第95条第1款规定，投资者提起虚假陈述等证券民事赔偿诉讼时，诉讼标的是同一种类，且当事人一方人数众多的，可以依法推选代表人进行诉讼。那么，除了虚假陈述之外，内幕交易、市场操纵、非法利用未公开信息进行交易等是否包括在内？投保机构成为诉讼代表人的程序不明确。投保机构是只能坐等投资者前来委托还是可以主动进行征集？投资者的委托是应当来者不拒还是可以选择接受？投保机构是只能在已有其他投资者提起诉讼并由法院发布公告后才能申请作为代表人参加诉讼呢？还是可以接受50名投资者委托径直提起一个诉讼？投保机构成为代表人之后与其他投资者委托的代表人之间的关系如何？投保机构是否必然做首席代表人？再比如期限问题。法院给投资者登记的一定期限是多长时间？投资者选择退出诉讼应当在什么时间段提出？

再次，很大程度上受制于法院。《证券法》第95条措辞基本上是采用“可以”，而不是“应当”，说明立法者对于证券集体诉讼是探索、尝试的态度，强制约束性不强。如果投资者提起诉讼，对于是否可能存在有相同诉讼请求的其他众多投资者，完全是由法院判断。即使答案是肯定的，法院发布公告通知投资者登记也仅仅是“可以”而不是“应当”，法院享有自由裁量权。在证券集体诉讼当中，法院的职能要远远超过法院居中裁判的一般民事诉讼，特别是在缺乏配套实施细则的情况下，尤其如此。因此，法院在证券集体诉讼中是否积极、公正和高效，在很大程度上会决定证券集体诉讼作用的发挥。

最后，被告上市公司的生存压力。“默认加入、选择退出”会导致海量的投资者加入到诉讼中来，进而索赔金额巨量增长，势必使得一些上市公司难以承受，给

---

〔1〕 中证中小投资者服务中心有限责任公司的主要职责包括：面向投资者开展公益性宣传和教育；公益性持有证券等品种，以股东身份或证券持有人身份行权；受投资者委托，提供调解等纠纷解决服务；为投资者提供公益性诉讼支持及其相关工作；中国投资者网站的建设、管理和运行维护；调查、监测投资者意愿和诉求，开展战略研究与规划；代表投资者，向政府机构、监管部门反映诉求；中国证监会委托的其他业务，网址：http：//www. isc. com. cn/html/zxjs/，最后访问时间：2020年2月25日。

其发展甚至生存问题带来严峻挑战。上市公司身上牵连着经济稳定与发展、就业、税收、上下游客户等许多方面，特别是也牵连着广大股东的利益，地方政府和行业主管部门等也可能干预介入。这些都会给投保机构带来沉重的压力，影响到它的决策和行为。

另外，《证券法》之所以将投保机构授权作为广大投资者的诉讼代表人也是有令人信服的理由的。换言之，投保机构在履职方面有着自己的优势，在将来也应当发挥出这些优势。首先，投保机构是由证监会批准设立并直接管理的专门从事投资者保护的公益机构。我国《民事诉讼法》第 54 条和第 55 条代表人诉讼制度主要是参考借鉴了日本的选定当事人制度和美国的集团诉讼制度建立起来的。[1]《证券法》第 95 条第 3 款将投保机构作为“默认加入、选择退出”集体诉讼的代表人主要是参考借鉴了德国的团体诉讼制度和美国的集团诉讼制度。德国的团体诉讼制度，正如日本知名学者谷口安平指出的那样，对于涉及公共利益的问题，德国没有通过强化行政机关权限来解决，也没有采用美国式凭借私人商业利益动机来实现，而是走了一条介乎两者之间的一种路径。[2]我国的投保机构既不会过于行政化，也不会过于市场化，而是兼具行政资源和市场资源两方面优势，背靠证监会，社会公信度高，专业能力强，办案资源丰富，熟悉了解投资者，享有与投资者沟通交流的广泛渠道，贴近市场，可以利用市场机制。投服中心持有深沪上市的 3700 多家上市公司中每家公司的 100 股，本身就是所有上市公司的小股东之一。

其次，投保机构已经积累了比较丰富的解决投资者权益保护纠纷的经验。比如，投服中心自 2014 年成立至 2019 年年底，共提起支持诉讼案件 24 件（其中法院受理 19 件），股东诉讼 1 件；支持诉讼诉求金额约 1.14 亿元，获赔总金额约 5536.7 万元；已接受全国 9 家法院虚假陈述损失核定委托，涉及 14 家上市公司、超 3000 位投资者，核定损失金额 3.6 亿余元。[3]投服中心利用调节机制解决涉及保护投资者权益纠纷，至 2019 年年底共登记纠纷 12258 件，受理 8275 件，成功 5715 件，投资者获赔金额 20.33 亿元。[4]投保基金公司自 2016 年进入证监会和最高法院联合确定的证券期货纠纷多元化解机制试点调解组织名单以来，已经成功调解多起案例，特别是担任欣泰电气、海联讯和万福生科三个投资者利益补偿的专项

---

〔1〕 范愉：《集团诉讼问题研究》，北京大学出版社 2005 年版，第 275 页。

〔2〕 任自力：《证券集体诉讼：国际经验 & 中国道路》，法律出版社 2008 年版，第 9 页。

〔3〕《投服中心：发挥投资者保护机构独特作用，积极实践符合中国国情的证券集体诉讼制度》，网址：http://www.isc.com.cn/html/zxxw/20191229/1633.html，最后访问时间：2020 年 2 月 25 日。

〔4〕《投服中心：以新证券法为指引，助力多元化解机制再上新台阶》，网址：http://www.isc.com.cn/html/zxxw/20191231/1640.html，最后访问时间：2020 年 2 月 25 日。

基金管理人，具有处理大规模投资者利益补偿的经验。

最后，投保机构享有很高的区位优势。一个在北京，系政治中心和司法中心，一个在上海，系经济中心和金融中心。两地金融机构林立，上市公司和投资者众多，高校和研究机构聚集，专业人才济济，基础设施发达完善，一个有全国中小企业股份转让系统，一个有上海证券交易所。一个有证监会和最高法院，一个有最大地方证监局之一的上海证监局和专门的金融法院。特别是许多金融机构和律师事务所、会计师事务所等证券服务机构的总部在北京或上海，其分支机构遍布全国大中城市，可以通过这个网络为全国投资者提供服务。

投保机构履行证券集体诉讼职责，除了上述自身优势外，还有一个社会环境优势值得特别加以利用，那就是舆论优势。应当说保护投资者特别是中小投资者合法权益一直是我国《证券法》的基本原则，也长期被证监会奉为其工作的重中之重，但都没有当前这么广的社会共识和这么大的决心力度。2019 年 10 月 31 日，在党的十九届四中全会上，“探索建立集体诉讼制度”写入了《中共中央关于坚持和完善中国特色社会主义制度推进国家治理体系和治理能力现代化若干重大问题的决定》。《证券法》（2019 年修订）历史上第一次设置了投资者保护专章，合计 8 个条文，新增了不少投资者保护制度和措施，包括证券集体诉讼制度，被视为这次《证券法》修订的亮点。2019 年 3 月，证监会成立了投资者保护工作领导小组，易会满主席亲任领导小组组长，旨在加强证监会投资者保护工作的统筹协调、督导落实，强化资本市场各业务、各产品、各环节投资者保护工作的整体性和协同性，形成工作合力。易会满多次公开强调，加强监管和保护投资者合法权益是证监会的天职。2019 年 11 月 8 日，最高人民法院公布的《全国法院民商事审判工作会议纪要》（以下简称《九民纪要》）也明确提出，证券市场虚假陈述民事赔偿案可试点代表人诉讼。支持有条件的地方人民法院可以选择个案以《民事诉讼法》第 54 条规定的代表人诉讼方式进行审理，按照合理的方式推选代表人，逐步展开试点工作，保障投资者能够便捷、高效、透明和低成本地维护自身合法权益。此外，学术界、实务界、新闻界和广大投资者纷纷通过发表文章等各种方式强烈呼吁和支持证券集体诉讼。上至顶层设计，下至各界呼声，证券集体诉讼已经形成强大舆论声势。

二、投保机构对证券集体诉讼应持立场和应采策略

中国版证券集体诉讼能否成功取决于两大支柱：投保机构和法院，而投保机构所担任的是史无前例的全新的角色，因此，更受关注和期待。

（一）投保机构对证券集体诉讼应持立场

世界范围的证券市场无不长期、大量存在着对具有小额、多数、分散这三个特征的投资者群体进行侵权的事件。由于投资者个体受损金额并不大，通过诉讼维权成本却很高，投入收益不成比例，几乎所有投资者都会选择忍气吞声，放弃维权。再加上投资者非常分散，如果没有适当的诉讼方式，投资者很难组织起来发挥群体规模诉讼的效益。另外，针对这些投资者的侵权，由于投资者数量巨大，侵权者获益却非常可观，甚至大得惊人，因此通过侵权牟取不法利益者屡禁不止，在我国证券市场上甚至可以说异常猖獗。兹事体大，危及证券市场秩序和存在基础，严重损害广大投资者的利益，法律必须提供救济，责无旁贷。而根本解决针对小额、多数、分散投资者的侵权，可以说，除集体诉讼之外暂无他途。证券集体诉讼可以有效扭转中小投资者的弱势地位，使得小额多数分散的投资者能够切实获得司法救济，可以发动和利用市场力量威慑和发现证券违法违规行为，起到“民间检察官”，大大减低监管部门的行政成本，提高案件的审理效率，实现诉讼经济和裁判统一，充分发挥司法的社会功能。

可见，证券集体诉讼在维护投资者私人利益的同时，呈现出浓厚的公益性特征。作为维护投资者权益的公益性机构，投保机构理应肩负起法律赋予的时代使命，不辜负举国上下的重托和广大投资者的期盼，将来之不易的证券集体诉讼制度充分利用好，发挥好。为此，投保机构应当树立正确的理念，站准站稳站好如下立场：

第一，证券集体诉讼是规制证券市场、维护投资者权益的重器，而不是无关轻重的配器，更不是可有可无、凑齐摆设的装饰品。不能将原本的主角唱成了没有多大声响的小配角。因此，必须有这种决心、勇气和魄力，做到证券集体诉讼不仅要尽快落地，而且要掷地有声，声势浩大，成为维护我国证券市场秩序的中流砥柱之一。只有这样才算投保机构履行好了自己的职责，实现了立法的目的。

第二，勇敢探索，大胆作为，开创一条新路。我国《证券法》规定的证券集体诉讼制度，别具特色，独树一帜。国际上有四种典型的群体性诉讼方式，即日本的选定当事人诉讼、德国的团体诉讼、英国的加入制集团诉讼和美国的退出制集团诉讼。我国的证券集体诉讼是将上述四种典型的群体诉讼方式兼收并蓄，集成锻造而成，完完全全是中国版本，中国方案。截至目前，实施证券集体诉讼尚缺乏明确、具体、翔实的配套细则。而证券集体诉讼金额巨大，涉及当事人众多，程序复杂，相当于民事诉讼中的航空母舰，它的顺利航行无疑面临巨大的挑战。如何使这个新生事物落地实施并不断发展完善，是一项异常艰巨复杂的工程，充满阻碍和风险。

要完成它，既要有敢于作为的勇气和担当，又要有善于作为的智慧和策略。因此，抓紧研究探讨刻不容缓。

第三，积极主动沟通协调，争取获得最广泛、最有力的支持配合。首先，证券集体诉讼因其正确的方向获得社会各界，包括舆论界和广大投资者支持并不难，难的是在遇到困难和挫折时需要给予一份理解、包容和耐心。其次，证券集体诉讼需要证券登记结算机构帮助提供权利人的确认，需要证券交易场所提供投资者的交易记录和市场行情数据，因为投资者数量巨大，其中的工作量达到海量级在所难免，而且，上述资料和数据的提供可能还因诉讼的变化而出现反复。再次，鉴于投保机构尚缺乏法律授予的调查职权和手段，证券违法违规行为的事实及其证据可能还需要依靠证监会的行政执法获得。最后，虽然投保机构在证券集体诉讼当中十分重要，但毕竟法院才是诉讼的中心，最高法院后续的相关司法解释，法院对法律的理解和适用，法院对证券集体诉讼的态度和工作力度，在很大程度上决定了证券集体诉讼制度能否获得成功。上述这些方方面面都需要投保机构积极、坦诚、有效地沟通协调。

第四，既要有舍我其谁的担当精神，又要有海纳百川的气度和胸怀。目前，依照法律、行政法规或者国务院证券监督管理机构的规定设立的投资者保护机构主要有前述的两家，即投服中心和投保基金公司，毫无疑问，履行证券集体诉讼的代表人职责的重任就落在了这两家公司肩上。这两家机构应当发扬舍我其谁的精神，勇敢地承担起这个光荣而艰巨的职责，在证券集体诉讼开疆破土的初期尤其如此。不过，也应看到，这两家机构的承担能力毕竟有限，我国证券市场经过 30 年的发展，目前体量仅次于美国，排世界第二，投资者数量排世界第一，处于高速发展、快速转型，逐渐走向成熟时期，违法违规行为处于高发频发阶段。因此，证券集体诉讼任务繁重，仅靠这两家机构，势单力薄，难以完全承担下来。不远将来，势必需要越来越多的投保机构加入到这一行列中来，甚至最终会转到运用市场力量来完成这项任务。因此，投保机构应当有开放的胸怀，热诚欢迎和欣然接受许多后来的加入者，甚至最终将其完全交给市场力量。

（二）投保机构对证券集体诉讼应采策略

面对复杂艰巨的任务，投保机构要想顺利取得成功，必须采取正确、适当的策略。这是当下亟待认真、大力研究的重中之重。

1. 前期谨慎选择案件，坚持证监会的行政处罚决定或法院刑事裁判文书为前置条件，待条件成熟再逐渐降低门槛

《最高人民法院关于审理证券市场因虚假陈述引发的民事赔偿案件的若干规

定》（以下简称《虚假陈述若干规定》）对当事人提起虚假陈述民事赔偿案件设置了前置条件，即必须依据有关机关的行政处罚决定或者人民法院的刑事裁判文书。这条规定因为违反了《民事诉讼法》关于立案条件的规定，限制了当事人的诉权，遭到社会各界的强烈反对。2015年最高人民法院印发了《关于人民法院推行立案登记制改革的意见》（以下简称《立案登记制改革意见》），根据《立案登记制改革意见》的规定，因虚假陈述、内幕交易和市场操纵行为引发的民事赔偿案件，立案受理时不再以监管部门的行政处罚决定和法院生效刑事判决为前置条件。[1]但是，投保机构在初期选择证券集体诉讼案件时仍然应当坚持上述前置条件。这是因为：第一，具备合法性。《证券法》第95条规定并没有强制性地限定某类案件投保机构必须作为代表人参加诉讼，相反，该条文规定的是投保机构"可以作为代表人参加诉讼"。第二，符合积极稳妥的原则。诸如虚假陈述等证券侵权案件，无论是对于投资者还是对于投保机构，调查取证都相当困难。而且，即使投保机构自认证据已经充分、违法行为足以构成，但法院是否会认可存在相当大的不确定性。如果已经发动起了成千上万的投资者参加的集体诉讼，最后相当可能败诉，显然属于不够慎重之举。相反，如果违法事实已经有了定论，那么，鉴于证券侵权实行推定因果关系，再加上对于投资者损失，两个投保机构均研发了核算系统，其结论已经被法院广泛在裁判中采纳，因此，投保机构参加的代表人诉讼具备很大的胜诉把握，更易取得成功，进而实现立法目的。第三，技术操作上的必要性。根据《证券法》第95条规定，当投保机构可以作为代表人参加诉讼，其要为经证券登记结算机构确认的权利人向人民法院登记。以虚假陈述案件为例，如果虚假陈述的行为日和披露日以及在此基础上确立的基准日等尚未确定，如何来确定权利人的范围？投保机构又如何来向法院登记？显然这里面存在很大的难度，可能要花费很高的成本。但是，如果已经有了证监会的行政处罚决定或者法院的刑事裁判文书，那么虚假陈述的行为日、披露日、基准日等均已确定，权利人自然就好确认，投保机构也方便向法院登记，证券集体诉讼也就容易顺利进行。

2. 开拓资金渠道解决证券集体诉讼高昂的费用问题

证券集体诉讼通常诉讼金额巨大，海量投资者分布全国各地，诉讼费、调查取证费、律师代理费以及其他与诉讼有关的费用势必十分高昂，以投保机构目前的资金来源来看一定会捉襟见肘，如果资金问题不加以解决，不仅会影响投保机构的办案质量，也会严重影响投保机构所能承办案件的数量。解决费用的资金来源问题，有两个可以考虑的渠道：第一，将证监会对违法违规行为的行政罚款划转作为投保

---

[1] 详见《最高人民法院关于当前商事审判工作中的若干具体问题》2015年12月24日。

机构证券集体诉讼的费用。将证监会行政罚款拿来补偿证券市场受侵权损害的投资者的经济损失，早已是学术界、证券界热议多年的话题，现在就看财政部的魄力了。证监会行政罚款收归到国库这个汪洋大海其实起不到多大作用，即使用来赔偿投资者损失可能也是杯水车薪，但如果拿来做投保机构进行证券集体诉讼的各种费用，则可能发挥重要作用。取之于证券市场，用之于证券市场，在法理上是说得通的。证券市场在国民经济中举足轻重，投资者是证券市场存在的根基，这些都已经是不争的共识。既然如此，拿出证监会行政罚款这点钱支持投资者维权，又有何不可呢？第二，从证券集体诉讼胜诉并执行到位的款项中提取一定比例（例如5%）的金额建立“证券投资者集体诉讼基金”。虽然投保机构是公益性机构，证券集体诉讼也具有鲜明的公益性色彩，投保机构并没有营利的目的，更不能有牟利的行为，然而，提取一定比例的胜诉并执行到位的金额作为投保机构各种诉讼费用的补偿，与公益性并不矛盾。毕竟集体诉讼是要花费大量费用的，仅靠国家财政和社会捐款是解决不了这些费用的。投资者如果要自己诉讼维权，花费的费用要比这多得多。至于具体比例是多少，则要经过一定测算来确定。

3. 确立投保机构原告首席代表人的地位

在集体诉讼中，原告人数巨大且又分散，原告的首席代表人的地位和作用就显得特别突出，这在国外的实践中表现得十分明显。在退出制的集体诉讼中，因为许多问题的决策并不需要征得委托人的授权，[1]因此原告首席代表人的影响就更加举足轻重。以美国为例，其对首席原告代表人的确认就规定了明确、严格的条件，最重要的考虑因素是首席原告代表人是否具备“充分代表性”，其私人利益是否会与原告整体利益发生冲突，其经济能力、组织协调能力和诉讼能力如何，等等。在我国退出制的证券集体诉讼中，由投保机构担任原告首席代表人是最合适不过的了。投保机构是受证监会直接管理的专业性、公益性机构，背靠证监会，与各方面机构、人员联系广泛，不存在私利与投资者利益冲突的情况，社会公信度高，专业人才济济，组织进行诉讼的能力强，并且积累了较为丰富的经验。

4. 建立必要的证券集体诉讼的激励机制

激励机制如同一部汽车正常运行所必需的动力系统。集团诉讼的成功依赖于对于私人追求公益目标的创业性激励机制。[2]美国证券集团诉讼所起到的作用在世界范围内是遥遥领先的，其主要原因在于美国律师的风险酬金制度，包括百分比计酬

---

〔1〕 因为委托人很多并没有参加诉讼，要求决策事项事先都征得委托人同意，是无法实现的，更遑论做到这一点得花费多么大的成本，要统一意见是多么困难。

〔2〕 Deborah R. Hensler, Christopher Hodges and Ianika Tzankova, Class Action in Context, Edward Elgar Publishing, p. 167.

法和北极星计酬法。[1]在该制度下，与诉讼有关的各种费用全部由律师承担，免去了投资者或社会公共机构这方面的负担。律师负担的这些费用会从将来可能因胜诉获得的赔偿中弥补。律师为了追求获得胜诉酬金，积极主动，竭尽全力。澳大利亚因为继承英国普通法传统禁止风险酬金和帮诉，但在 2006 年的 The Campbells Cash and Carry Pty Limited v. Fostif Pty Limited 案中确立了证券集团诉讼基金资助制度，起到了类似美国律师风险酬金制度那样的激励作用。[2]德国采用的是团体诉讼制度，因为缺乏必要的激励机制，团体诉讼制度发挥的作用并不显著。我国吸收德国经验，由投保机构充当广大投资者的代表人。如果不建立相关的激励机制，估计要能发挥扛鼎作用也很难。这种激励机制既包括精神方面，也应当包括物质方面，范围应当覆盖投保机构的有关工作人员、公益律师以及其他相关人员。初期以公益性为主，适当激励。等到逐渐走向市场化，则强化激励机制。

5. 应当适当降低门槛，便利投保机构提起或参加证券集体诉讼

投保机构是只能参加其他投资者已经提起的证券集体诉讼，还是也可以受五十名以上投资者委托，作为代表人直接提起一个新的证券集体诉讼？这个问题在目前《证券法》条文中规定得并不明确。为了促进证券集体诉讼发挥应有作用，没有必要限制投保机构只能参加已经提起的集体诉讼，而应当允许投保机构直接提起一个新的集体诉讼。这个问题应当在以后最高法院的相关司法解释中做出明确规定。此外，目前《证券法》条文中对退出制集体诉讼设置了一个前提条件，即投保机构受五十名以上投资者委托。但是，条文中对于投保机构是只能被动等待五十名以上投资者委托，还是可以主动征集投资者的委托这个问题也缺乏明确规定。同样是基于充分发挥证券集体诉讼作用考虑，应当允许投保机构主动征集投资者的委托。实际上，投服中心在证券支持诉讼方面已有比较丰富的征集投资者委托的实践，证明这种做法是可取的。最后，“受五十名以上投资者委托”这一门槛并无必要。这也许是在立法过程中为了争取退出制证券集体诉讼获得通过而做的妥协。投保机构都是证监会直接管理下的公益性机构，是可以信得过的，没有必要为它们提起或参加证券集体诉讼设置这个门槛，没有什么积极作用，反而徒增投保机构的麻烦和成本，不利于证券集体诉讼作用的发挥。将来修改《证券法》时应当将该限制条件删除。

6. 充分利用证券市场的电子交易数据和网络联系渠道的优势

当今的证券交易基本实现了在电子交易系统集中完成，交易和结算的结果也都体现在证券登记结算机构的电子系统上，所以，投资者的交易过程、结果和盈亏情

---

〔1〕罗斌：《证券集体诉讼研究》，法律出版社 2011 年版，第 131～134 页。

〔2〕罗斌：《证券集体诉讼研究》，法律出版社 2011 年版，第 137～140 页。

况等都可以从上述电子系统取得，几乎不需要再从上述电子系统之外去收集证据，这就大大便利了投保机构进行证券集体诉讼。另外，投资者都在交易场所开户，与证券公司签订协议，基本建立了便捷的网络联系渠道和资金往来通道。在证券登记结算机构、交易场所和证券公司的协助下，投保机构与投资者的联系以及完成民事赔偿的分配都有了方便快捷的途径，这是证券交易相比其他交易具有的独特优势。我国选取证券集体诉讼作为集体诉讼的突破口，既反映了证券市场的突出重要性，也与证券交易的上述独特优势相关。正如有的学者所讲："这个突破口选在最容易运用集团诉讼且亟须救济制度的证券领域比较合适。"[1]

7. 突破"自己赔偿自己"的怪圈，将索赔目标首先锁定那些"作恶者"

以虚假陈述为例，进行虚假陈述的主体一般是上市公司，但背后操纵进行虚假陈述的往往是控股股东、实际控制人、上市公司的董监高及其相关工作人员，证券公司和证券服务机构及其相关工作人员，以及其他的相关单位或个人。对于虚假陈述，上市公司难辞其咎，投资者要求其作出赔偿也理所应当。但这里面有两个问题。一是上市公司是广大投资者的上市公司，让上市公司赔偿投资者，在一定程度上就落入了"自己赔偿自己"的怪圈。同时，上市公司不仅承载着广大投资者的利益，而且也关乎员工就业、政府税收、上下游客户业务、行业发展和市场繁荣等方面的利益。所以，因为证券集体诉讼搞垮了许多不该垮台的上市公司，这是大家都不愿意看到的。二是真正"作恶者"逃脱了责任，没有受到应有的惩罚，不利于遏制虚假陈述的再次发生。在这方面，投服中心在实践中做了一些有益的尝试，即通过"追首恶"实现对违法行为人的"精准追偿"，实现对受损中小投资者的"精准赔偿"[2]。例如，在投服中心办理的 ST 大控支持诉讼案中就将 ST 大控的董事长代某列为第一被告，[3]在投服中心办理的超华科技案中将超华科技的董事长、实际控制人梁某锋列为首要被告。[4]鉴于法律上规定了信息披露义务人和其他相关主体应当承担连带赔偿责任，这对投资者保护而言是最为有利的，不需要进行改变。但在判决或调解的执行程序中，应当通过司法解释规定，对上市公司以外、在虚假陈述中真正"作恶者"优先强制执行。实际上，在赔偿能力的评估方面也要与时俱进。当前，不少上市公司因为经营不善，实际没有什么赔偿能力。而它的控股股东或者实际控制人，它的董监高个人，有关证券公司和证券服务机构及其相关人员等的赔偿能力不容小觑。这一点许多聪明的投资者或其律师已经注意到了。例如，在 2019

[1] 章武生：《我国集体诉讼的模式选择与制度重构》，载《中国法学》2017 年第 2 期。

[2] 郭文英主编：《支持诉讼案例评析（2019 年）》，法律出版社 2019 年版，第 4 页。

[3] 郭文英主编：《支持诉讼案例评析（2019 年）》，法律出版社 2019 年版，第 7 页。

[4] 郭文英主编：《支持诉讼案例评析（2019 年）》，法律出版社 2019 年版，第 92 页。

年度的虚假陈述案件中，起诉了会计师事务所、证券公司的案件至少都在十几件以上，起诉了上市公司董监高的案件在40件以上。[1]

8. 积极参与制定证券集体诉讼制度的配套细则

证券集体诉讼工程浩大、复杂，环节多，时间长、牵扯面广，备受社会关注，这些都要求投保机构谨慎、稳健地运作证券集体诉讼。当务之急是抓紧研究，与有关部门配合，出台一系列的配套细则，这样才能保证证券集体诉讼有法可依，有章可循，有条不紊，顺利进行。首先是最高法院出台相关的司法解释。《虚假陈述若干规定》自2003年施行至今，已经打下了一定的基础，积累了一定的经验。《九民纪要》的“六、关于证券纠纷案件的审理”部分对于虚假陈述案件的审理，特别是对于代表人诉讼方面已经做了一些具体规定。当然这些还远远不够。从美国集团诉讼来看，有许多集团诉讼的特殊问题需要作出规定，包括但不限于：（1）集团诉讼的确认，其中包括“特殊问题集团”和“子集团”确认问题，集团代表人和集团律师的确认问题等。（2）和解程序的特殊规定，特别是法院对和解过程、和解协议、和解协议的执行等方面的监督与审查。（3）当事人的通知与登记。（4）损害赔偿的分配及其实施。其次是证券登记结算机构如何来确认权利人的范围，并如何向法院提供这些证据材料。由于我国实行穿透式的账户管理，加上《证券法》要求账户实名制，这一点实现起来难度并不大，只是如何做到规范、简便和高效。再次是相关证券交易场所和证券公司如何提供证券开户和证券交易情况以及行情变化情况。最后是投保机构自己关于办理证券集体诉讼案件的操作程序流程和规范。在制定这些配套细则方面，毫无疑问，首先，需要认真借鉴有关国家的经验，其次，要广泛向社会各界征求意见，特别是不能遗漏向广大投资者征询意见，因为他们才是索赔的最终主体，而且他们的情况千差万别，非他们自己，可能许多问题都不能被注意到。最后一点，也是最重要的一点，那就是对于所有的配套细则，投保机构都必须前瞻研究，深入探讨，积极参与，力争这些配套规则都能保障证券集体诉讼公正、规范、简便、高效地进行，为我国证券集体诉讼制度运行成功打下规则基础。

---

〔1〕参见张保生、周伟、朱媛媛、肖强：《证券虚假陈述民事赔偿案件2019年度观察与前瞻》，载微信公众号《中伦视界》，最后访问时间：2020年3月7日。

证券集团诉讼的中国特色与风险控制

左进玮 *

内容摘要： 群体性纠纷的出现催生了现代型诉讼，证券民事侵权诉讼以其涉众型特点成为典型的现代型诉讼。各国因应本国实践需求创设不同的诉讼模式以解决群体性证券民事侵权纠纷，在我国，传统的诉讼代表人制度因其制度内生性困境、风险循环困境和司法评价机制与文化观念困境在推进中无法实现其制度价值。近年来，我国先后探索了证券支持诉讼机制和示范判决机制，均在群体性证券民事侵权纠纷中取得了一定的成绩，《证券法》（2019 年修订）引入“中国版集团诉讼”以期成为纠纷解决的有力武器。集团诉讼制度的推行是多方利益衡量、取舍、博弈的结果，如何最大化实现其多元价值，还应当立足于我国实践特点，在鼓励制度审慎落地的同时与现有机制良性衔接，以实现风险的控制。

关键词： 集团诉讼　诉讼代表人制度　多元价值　风险控制

2020 年是《证券法》（2019 年修订）施行的开局之年，伴随着《证券法》的施行，我国资本市场开启了发展的新阶段。近年来，证券市场各项制度不断推陈出新，尤其是注册制的试点推进，投资者保护再次成为市场监管和法治建设中的首要大事。《证券法》（2019 年修订）因应实践需求，设专章对投资者保护进行规定，可谓是《证券法》（2019 年修订）的最大亮点之一，“中国版集体诉讼”的创举随之进入视野，以期成为投资者保护的利器，破解群体性证券民事侵权纠纷的困境。

---

* 左进玮，武汉大学法学院 2019 级硕士研究生。

一、群体性证券民事侵权诉讼的多重困境

随着社会物质财富的不断积累和人类文明程度的不断提高，社会交往的纠纷类型逐渐突破传统的一对一模式发展形成现代型群体性纠纷模式，由此催生与此相适应的现代型诉讼模式。群体性纠纷最重要的特点在于纠纷涉及大量利害关系人，因此通过现代型诉讼进行纠纷解决是应然之道，正如日本民事诉讼法学家谷口安平指出，现代型诉讼“其特征简单来说就是涉及大量利害关系者的公共政策问题发生争议并要求法院对此做出法律判断”，现代型诉讼改变传统民事诉讼的固有格局，因此在运行中也产生有别于传统民事诉讼的具体机制。

现代型的群体性纠纷是当今世界各国面临的共同难题，各国根据本国的具体情形在适用现代型诉讼时也选用不同的诉讼机制。从现代型的群体性纠纷特征来看，证券民事侵权纠纷是典型的现代型的群体性纠纷，在应对证券民事侵权纠纷时，不同国家也采用了不同的现代型诉讼机制，如美式集团诉讼、英式集团诉讼、德国团体诉讼等，我国也对证券民事侵权纠纷中证券投资者的保护进行司法探索，根据我国《民事诉讼法》的规定，证券侵权民事纠纷的投资者可以通过单独诉讼和共同诉讼的路径提起诉讼，其中，共同诉讼中对人数要求较高的诉讼代表人制度区分人数确定的诉讼和人数不确定的诉讼，是《民事诉讼法》中最符合现代型诉讼意义的诉讼机制。然而，《民事诉讼法》规定的诉讼代表人制度实施多年，实践中的状况却是随着我国经济体量的不断增大和资本市场的不断发展，上市公司证券侵权的行为依旧层出不穷，其凭借自身实力的不断扩张和利用我国诉讼机制的不完善之处兴风作浪，与之形成鲜明对比的却是司法实践中仍然采取“一案一立，分别审理”的模式，担负群体性纠纷解决重任的诉讼代表人制度在实践中“心有余而力不足”，常常被束之高阁，失去发挥作用的空间，对部分上市公司的恶劣行径依旧束手无策。究其原因，诉讼代表人制度在我国证券侵权纠纷中难以施展拳脚，主要在于面临以下多重困境。

（一）制度内生性困境

诉讼代表人制度在证券侵权民事纠纷中发挥作用有限的重要内在原因是制度本身与我国实际情况无法完美融合，诉讼代表人制度中，人数不确定的代表人之诉是与证券侵权民事纠纷最接洽的共同诉讼机制，该机制在一方向法院提起诉讼后，由法院公告说明案件情况和诉讼请求，通知其他权利人向法院登记，即采用的是“选择加入”规则，且登记权利人需要证明其与对方当事人的法律关系和所受到的损害，否则只能单独提起诉讼。这样的群体性纠纷解决途径实际上提高了适用的门

槛，由于我国投资者多为散户，且凡是适用该制度的都是人数较多的情形，因此逐一向法院登记加入本身就增加了诉讼的复杂性。同时权利人证明责任的要求虽然符合诉讼法的基本法理，但是却无形中堵塞了投资者主张权利的渠道，由于证券侵权民事纠纷较为复杂，由登记权利人承担证明责任不仅对本就处于信息劣势的权利人提出更高的要求，对法院而言多项证据也难以做到逐项核实，无形中增加了法院的负担，这也是实践中法院采用该制度意愿较低、宁愿选择“一案一立，分案审理”的原因之一。此外，人数不确定诉讼代表人制度的代表人确定途径有二，一是法院提出人选与当事人协商，二是法院在起诉的当事人中指定，协商方式由于当事人众多，可能难以形成一致意见，从而增加诉讼成本和诉讼时间，而指定方式中由于法院对当事人的诉讼能力、代表意愿以及其他实际情况并无全面的了解，全面调查也需要一定的时间，因此代表人的确定方式无疑增加了该制度在实践中操作的难度。

（二）风险循环困境

经济人假定是现代经济学最重要的概念之一，其认为参与经济活动的所有人都会从利己的角度出发，通过权衡成本和收益做出趋利避害的经济行为。芝加哥学派代表人物之一加里·贝克尔将该假定从经济领域拓展到社会领域，认为人类包括法律领域的各种行为主体都是“理性经济人”，其基本特征都是对自身利益最大化的精密计算。据统计，我国目前投资者已达160553000人〔1〕，而从我国证券市场投资者结构来看，中小投资者占绝大多数，散户投资者由于其持有股份份额较小，当上市公司证券侵权行为发生时，会从理性经济人的角度出发对接受损失或是选择诉讼进行成本收益衡量，“诉讼成本是实现程序正当性的必要条件，但如果付出的代价过于昂贵，即使审判能够完美地实现正义，人们往往也只能放弃通过审判实现正义的希望”〔2〕，与面临强大上市公司的败诉可能性、承担动辄上万元的诉讼费用以及参与诉讼的机会成本等风险相比，散户投资者往往会选择接受有限数额股份带来的损失而放弃对上市公司侵权行为的诉讼。众多散户投资者的理性经济人考量的结果累积，却往往汇集形成了上市公司的巨大获利，极大地降低了上市公司的违法成本，导致其违法行为更加猖獗，最终还会将不利后果转嫁于投资者，从而形成不利于投资者的恶性风险循环。投资者对诉讼成本的考量，也源自于其对我国现有解决途径的信心不足，出于对单独诉讼的不经济评价和对诉讼代表人制度复杂性的动力

〔1〕资料来源于证券登记结算公司官网：http：//www.chinaclear.cn/，最后访问时间：2020年3月7日。

〔2〕［日］棚濑孝雄：《纠纷解决与审判制度》，王亚新译，中国政法大学出版社2004年版，第267页。

缺乏。

（三）司法评价机制与文化观念困境

出于我国法院的角色地位和司法行政评价机制，我国司法机关一贯保持的态度是谨慎维稳，我国法院肩负的责任不仅包括司法正义，还需要考虑判决的社会影响，因此对容易造成群体性事件的群体纠纷解决机制，法院内部不可避免会产生排斥心理，这也是法院系统基于“自我保护意识”下的集体行动的逻辑〔1〕。我国传统社会文化和诉讼观念也是使诉讼代表人制度在证券侵权民事纠纷解决中缺乏发挥作用的土壤的重要原因。我国是典型的崇尚熟人文化的社会，人与人之间的联系源于一个个特殊的经由熟人网络而编织的看似牢固实则复杂微妙的人际“圈子”〔2〕，这样的诉讼文化造就了诉讼代表人制度被架空的状况，作为诉讼代表人制度的核心环节，代表人的确定是决定胜诉的关键因素，而诉讼代表人制度中代表人的推选方式赋予了法院极大的空间，在“熟人社会”的文化背景中，容易给权力寻租带来生存的空间，从而使得诉讼代表人制度失去灵魂。同时，我国自古就有“息讼”的传统，诉讼文化存在对主动的对抗性诉讼文化的鄙视〔3〕，因此如果缺乏足够的激励，主动与处于强势地位的上市公司对抗，对投资者而言本身缺乏勇气，更何况是需要主动登记、提供证明、参与推选代表人的诉讼代表人制度。而美国式集团诉讼虽然同样是对抗性诉讼，但是由于美国有“好讼”的传统，普通民众对诉讼权利的追求具有积极性，因此对抗性诉讼在美国有发挥作用的土壤。正如美国学者奥尔森所言：“‘好讼’已经成为美国的法律文化，它包括鼓励诉讼的社会理念，以及由于解除了对律师和诉讼本身的制约而激发了诉讼爆炸的诉讼制度乃至整个法律制度。”〔4〕

二、困境破解的机制探索与证券集团诉讼的中国式构造

为了破解司法实践中诉讼代表人制度的生存困境，填补证券侵权民事诉讼的纠纷解决机制，我国证券侵权民事诉讼也在进行从无到有、从单一诉讼到集约化诉讼的尝试，逐渐在《民事诉讼法》外探索适应我国证券侵权民事纠纷的解决路径，分

---

〔1〕江伟：《民事诉讼法》，中国人民大学出版社2007年版，第172页。

〔2〕冯果、窦鹏娟：《群体性证券民事纠纷的示范诉讼及其程序构造》，载《投资者》2019年第2期。

〔3〕郭丹：《证券集团诉讼在中国的价值——法经济学与法社会学的悖论》，载《北方法学》2012年第2期。

〔4〕范愉：《集团诉讼问题研究》，北京大学出版社2005年版，第109页。

别通过试点探索形成示范判决和支持诉讼机制，并在《证券法》中创设中国式集团诉讼以期运用于实践中。

（一）示范判决与支持诉讼的尝试

示范判决制度起源于德国，近年来我国司法实践中已经实际运用该制度进行案件的审理。示范判决制度是在群体性纠纷中，由法院选定示范案件，判决中对于案件主要事实部分的审理和争议焦点的认定扩张到其他的由当事人在法院登记并接受扩张的案件中。2019 年 1 月，上海金融法院发布《关于证券纠纷示范判决机制的规定》，规定在群体性证券纠纷中根据案件情况从普通共同诉讼案件中分离出单一诉讼形式的示范案件或将若干单一诉讼案件合并为普通共同诉讼形式的示范案件进行审理、先行判决，通过发挥示范案件的引领作用，妥善化解其他平行案件的纠纷解决机制，同时规定平行案件原则上应先行委托调解。采用“示范判决 + 委托调解”的纠纷解决机制，将发挥示范判决的示范效应，促使当事人委托调解。从性质上看，示范判决并非现代型诉讼将群体性纠纷立为一案的典型，其通过示范判决促成群体性纠纷的解决，但依旧属于分案审理，只是对相同事实和焦点案件的扩张适用机制能够有效替代实践中法院对群体性纠纷案件“个案受理、批量审理”的方式，降低司法成本、提高司法效率，是对群体性纠纷解决的有益尝试。

此外，我国证券支持诉讼机制早已在实践中崭露头角，即由投资者保护机构，实践中主要是中证中小投资者服务中心，支持投资者向人民法院提起诉讼的制度，截至2019 年12 月，由中证中小投资者服务中心提起的证券支持诉讼已有19 起〔1〕，并且在已审结的案件中取得了显著成绩。同时尝试将示范判决制度与证券支持诉讼制度相结合促进群体性证券侵权民事纠纷案件的解决，即将投资者保护机构支持的诉讼选作示范案件参与示范判决，该探索在实践中也得到了适用，如上海金融法院做出的全国首例证券群体性纠纷示范案件的判决，即方正科技与投资者证券虚假陈述民事赔偿诉讼案，在该案中由法院委托中证中小投资者服务中心进行损失核定以支持法院选定的示范案件，案件结果是上海金融法院对共计 213 位投资者诉方正科技虚假陈述案件作出调节，投资者获方正科技支付的调解金 700 余万元。

最新修订的《证券法》第 94 条第 2 款对证券支持诉讼也从法律层面明文规定“投资者保护机构对损害投资者利益的行为，可以依法支持投资者向人民法院提起诉讼”。尽管示范判决制度和证券支持诉讼均非现代型诉讼意义上的群体性纠纷解

---

〔1〕 资料来源于中证中小投资者服务中心官网：http：//www. isc. com. cn/，最后访问时间：2020 年3 月7 日。

决机制，但是二者的“组合拳”在群体性证券纠纷案件中彰显了自身价值，是对我国群体性纠纷解决机制的有益探索和重要补充。

（二）集团诉讼的中国式构造与中国式特色

1. 证券集团诉讼的中国式构造

科创板注册制改革的推进对我国投资者保护提出了更高的要求，由于中国证券市场多为对市场风险认识不全、信息渠道不够畅通、抵抗市场风险能力较差的中小投资者，因此对中小投资者的司法救济改进已是迫在眉睫。2019年12月28日新修订的《证券法》最大的亮点之一便是设专章对投资者保护进行系统性规定，尤其是对群体性证券纠纷解决机制做出了重大的突破，可谓对集团诉讼制度进行中国式构造。

《证券法》第95条以3款条文对投资者提起虚假陈述等证券民事赔偿诉讼的诉讼机制做出规定。其中，前两款系基于我国《民事诉讼法》第54条规定的诉讼代表人制度的重申：第1款规定诉讼标的系同一类且当事人一方人数众多的，可以依法推选代表人进行诉讼；第2款规定人数不确定时，人民法院发出公告要求投资者在规定期间登记以接受判决、裁定的扩张效力，即明确“选择加入”规则的诉讼代表人制度在虚假陈述等证券民事赔偿诉讼中的适用。真正使得第95条成为新修订《证券法》最为激进条款的是第3款规定，该规定突破现有群体性证券侵权民事纠纷的解决机制，系对美国式集团诉讼制度的本土化引入。第3款规定：“投资者保护机构受五十名以上投资者委托，可以作为代表人参加诉讼，并为经证券登记结算机构确认的权利人依照前款规定向人民法院登记，但投资者明确表示不愿意参加该诉讼的除外。”首先，在该款规定下，投资者保护机构作为投资者的代表参加诉讼具备了证券法依据，更重要的是，该款规定创设性地引入了美国式集团诉讼中的“明示退出，默示加入”规则，即除非投资者明确表示不参加诉讼，否则默认投资者保护机构代表经证券登记结算机构确认的权利人参加诉讼，其诉讼后果扩张适用于所有被代表参加诉讼的投资者。

2. 证券集团诉讼的中国式特色

尽管《证券法》第95条最典型的意义是对美国式集团诉讼制度的创设性引入，但该条所设计的“集团诉讼”制度具备浓厚的本土化特色。

首先，中国式“集团诉讼”采用“两条腿并行”的诉讼方式，并非仅限于美国式集团诉讼的“明示退出，默示加入”规则，而是同时保留了现行民事诉讼法中诉讼代表人制度的“明示加入”规则，系中国式集团诉讼的一大特色。“两条腿并行”的方式很大程度上有助于解决现行诉讼代表人机制的内生性制度困境，即当人数多达50人时，即可以由“明示加入”转为“明示退出”，从而避免人数过多的加入登记带来的诉讼复杂化，有助于实现诉讼经济和审理集约化。

其次，明确50人以上的诉讼可以委托投资者保护机构作为代表人。投资者保护机构目前在司法实践中主要指中证中小投资者服务中心，中证中小投资者服务中心是国务院证券监督管理机构认可的投资者公益保护机构，投资者保护机构在虚假陈述等证券民事赔偿诉讼中的支持作用有利于增强投资者对诉讼机制的信心和胜诉结果的预期，从而有助于投资者进行成本收入衡量时选择提起诉讼。在实践中将投资者保护机构选任为代表人也的确不失为精妙的选择：第一，投资者保护机构相对于散户投资者无论是在经济实力、信息获取还是专业知识方面都具备更强的能力，不仅有利于提高投资者胜诉的可能，还能提高原告方与法院平等对话的可能，比普通的散户投资者更具备代表的“充分性”[1]，从而极大减轻法院在群体性纠纷诉讼中的压力，提高诉讼效率；第二，由证券监管者主导建立的投资者保护机构具备公益性质，从而能够一定程度上避免其作为代表人从利己的角度参与诉讼，也有助于克服美国式集团诉讼中律师代理人的过度逐利心态，促进司法正义的实现。

此外，投资者保护机构向人民法院登记的规定也体现出中国本土化特色，其登记的权利人信息来源于证券登记结算机构，该机构是与中证中小投资者服务中心同样具备公益性质的法人机构，证券登记结算机构以其在证券交易中提供的登记、托管与结算服务，为投资者信息的掌握提供了极大的便利，同时在我国电子化水平迅速提高的背景下，证券登记结算机构与投资者保护中心的信息对接更为迅捷全面，是对群体性证券侵权纠纷诉讼机制的环节简化。

三、证券集团诉讼制度的多元价值与风险评估

在我国《证券法》引入“明示加入，默示退出”的集团诉讼条款前，集团诉讼制度已经在英美法系国家尤其是美国得到了长期的发展和改进，并已在群体性证券侵权纠纷解决中取得显著的成绩，对中国式集团诉讼条款的深入认知需要结合美国式集团诉讼制度的成败经验，从中得到制度完善落实的启发。

（一）证券集团诉讼制度的多元价值

1. 投资者：对抗能力提升与损失填补

“无救济则无权利”，诉讼是保障权利最直接的方式。证券民事侵权行为与其他

〔1〕 王福华：《集团诉讼代表人资格研究——基于普通法国家的比较分析》，载《中外法学》2009年第2期。

类型的侵权行为相比具有人数众多、涉及损失总额巨大、单个投资者损失较小的特点，相对应的证券民事侵权诉讼具备原告方不确定而被告方相对确定、诉讼费用高昂、单个投资者力量薄弱的特点，基于对投资者理性经济人的分析，对投资者尤其是散户投资者而言，单打独斗的诉讼方式在证券侵权民事纠纷中由于力量不均衡而具备不经济特性，只有在群体中投资者才能够提高对抗能力实现诉讼中的“规模利益”。正如谷口安平教授所言，从诉讼费用的经济性角度出发，集团诉讼“使多数存在的小额受害者也有可能得到救济”[1]。美国式集团诉讼的“默示加入”规则潜在地扩大了提起诉讼的投资者群体范围，有助于降低提起诉讼的边际成本，获得更高的经济对抗能力，从而避免投资者不愿提起诉讼或者诉讼成本高于损失的情况，真正实现群体性证券民事侵权纠纷的损失填补功能。而中国式“集团诉讼”在这一点上的作用则更具备优势，除了同样在满足人数条件时可以选用“默示加入”的诉讼方式，其对投资者保护机构这一代表人的选任更是提高了原告方的对抗能力，并且分担了投资者的诉讼费用压力，使得集团诉讼制度的损失填补功能更为纯粹。此外，在我国本就相对消极的诉讼文化中，“默示加入”制有助于克服“明示加入”制中的“搭便车”行为，更有助于提高那些在社会地位、经济能力、智力、心理等方面处于弱势地位的社会群体由于其中一个或多个原因而无法采取积极行动申请加入者获得司法救济的可能性[2]。

2. 司法实现：诉讼经济与审判集约化

作为现代型诉讼的方式之一，集团诉讼方式最核心的出发点便是通过一次性解决具有共同争点的大量小额请求，以谋求权利实现的低廉化和效率化[3]。集团诉讼允许法院处理相同或者相近的诉讼，不仅避免重复诉讼还有助于实现司法裁判的统一、避免判决冲突，成为法院管理的“效率性工具”[4]。集团诉讼方式与其他现代型诉讼方式相比有其内在的优势，较为明显的例子是德国电信案，德国电信案因其所涉投资者人数多、审理期限长被誉为“世纪索赔案”，德国法兰克福州法院于 2001 年收到了大量针对德国电信公司虚假陈述提起的民事诉讼，由此推动德国出台《投资人示范诉讼法》以期将具有关联性的案件抽离出共同性问题置于单一

---

[1] ［日］谷口安平：《程序的正义与诉讼》，王亚新、刘荣军译，中国政法大学出版社 2002 年版，第 253 页。

[2] 罗健豪：《美国集团诉讼退出制研究》，复旦大学 2008 年博士学位论文，第 45 页。

[3] ［日］小岛武司：《诉讼制度改革的法理与实证》，陈刚、郭美松等译，法律出版社 2001 年版，第 64 页。

[4] 章武生：《论群体性纠纷的解决机制——美国集团诉讼的分析和借鉴》，载《中国法学》2007 年第 3 期。

诉讼阶段解决，作为处理其他案件的基础。[1]尽管《投资人示范诉讼法》2005 年就已正式生效实施，在德国实践中也有许多成功的案例，但是德国电信案中的 17000 名投资者却仅获得了法院的原则上的支持，时至今日仍悬而未决。与此相对应，德国电信案中的美国投资者却在 2005 年向美国法院提起的集体索赔诉讼中获得了 1.2 亿美元的赔偿金，由此至少可以得出美国集团诉讼的模式在群体性证券侵权纠纷中所具备的诉讼效率优势，将投资人合并审理的方式有助于实现案件的集约化审理。同时，与我国的诉讼代表人制度相比，“默示加入”制集团诉讼避免了“明示加入”所带来的登记以及合法性审查的时间成本，符合诉讼经济原则。

3. 社会效果：违法震慑与公共政策

群体性证券侵权诉讼由于所涉及人数众多、损失总额较大，因而具有规模效应，从而无论是在侵权公司的违法抑制还是社会公共政策的导向方面都极易造成影响。正如谷口安平教授所言：“这一制度与其说是为了救济已受侵害的权利并挽回损失，还不如说是基于让侵害者吐出不法取得的利益并不敢再犯的动机。”[2]公共执法重在事前规制和事中监管，辅之以事后制裁，且具备资源有限的天然不足，因而需要私人执法作为公共执法的重要补充，群体性诉讼就是私人执法中私力救济的典型[3]，通过对侵权公司施加压力从而实现震慑和改变违法行为的作用，因而集团诉讼作为群体诉讼的典型在对侵权公司的违法行为抑制方面发挥保障作用，尤其对走政府主导型改革路径的我国而言，为了克服公共执法资源有限、执行力度不足以及政府权力寻租等失灵现象，集团诉讼这一私人执法模式更具有作为补充的必要性。此外，集团诉讼在美国又被称为“公益诉讼”或“公共诉讼”，由于集团诉讼的涉众型以及利益的公共性特点，其意义在实践中已经超出私人经济纠纷的解决而具备公共政策的导向性作用，正如谷口安平教授的观点，“通过法院与公众之间关于公共政策问题的对话产生有拘束力的方法，并在正当程序的展开过程中使这种解决获得正当性”[4]。

---

〔1〕冯果、窦鹏娟：《群体性证券民事纠纷的示范诉讼及其程序构造》，载《投资者》2019 年第 2 期。

〔2〕[日] 谷口安平：《程序的正义与诉讼》，王亚新、刘荣军译，中国政法大学出版社 1996 年版，第 192 页。

〔3〕冯果、窦鹏娟：《群体性证券民事纠纷的示范诉讼及其程序构造》，载《投资者》2019 年第 2 期。

〔4〕章武生：《论群体性纠纷的解决机制——美国集团诉讼的分析和借鉴》，载《中国法学》2007 年第 3 期。

（二）证券集团诉讼的风险评估

尽管集团诉讼在包括美国在内的许多国家的群体性纠纷中取得显著成效，但是实践中也的确存在制度弊病，学界对集团诉讼的研究也经历了从积极鼓励引入的态度到揭示缺陷的历程。没有一项制度本身是完美无缺的，任何制度的推行都必然伴随着一定的风险，基于国家的法律环境、司法体制以及诉讼文化的差异，同一制度在不同国家可能会暴露不同的问题，即使制度本身能够较好地与本国相容，但是也存在制度滥用、误用的风险。每一项制度的推行决定都是基于制度价值和风险的衡量、博弈、取舍的结果，制度推行的可能障碍不是我们讳疾忌医的理由，分析制度的可能风险以做到防微杜渐是推行新制度的应有态度。

即使是在推行“默示加入”制方面经验较为丰富的美国集团诉讼，实践中也并非完美。其一，美国集团诉讼长期以来最为诟病的问题在于律师风险酬金制下产生的过度逐利，律师为了追求自身利益的最大化往往选择和解，从而对集团成员的利益造成损害，而律师酬金和诉讼成本的赔偿金支付方式，更是损害了投资者的利益，甚至造成集团成员的“入不敷出”；其二，集团诉讼的高额酬金容易造成律师的机会主义倾向，从而带来滥诉，反而违背了集团诉讼这一群体性纠纷解决机制司法经济的初衷；其三，实践中集团诉讼打击的往往是公司，而证券侵权纠纷中涉诉公司的背后一定有实际侵权人操控，因此出现打击偏离的问题，公司最终承担赔偿金所带来的问题是不仅使实际侵权人规避制裁产生震慑偏离，更是在实际上变为公司现有投资者对受损投资者的补偿，由此产生恶性循环，最终还是由广大的处于弱势地位的投资者承担不利后果。然而，正如部分学者所言，导致美国集团诉讼负面作用较大的因素，有的在我国并不存在，有的在我国并不突出也容易得到控制[1]。我国诉讼文化是较为消极的“息讼”，因此一定程度上可以控制滥诉和律师的过度逐利现象，同时从美国集团诉讼的风险来看，集团诉讼的关键一环是选择合适的诉讼代表人，至于打击偏离的问题，由于中国式集团诉讼还未实际操作落实，因此可以设置配套规定加以避免。

从我国新修订的《证券法》第95条的规定来看，在对具有中国特色的“两条腿并行”式的诉讼机制规定肯定之余，也应当关注到制度在我国落地的可能风险，尤其是作为新事物的第3款“默示加入”条款，作为并无实践经验的创举，其在我国的制度衔接和实践效果还有待斟酌完善以审慎实施。

首先，作为集体诉讼关键环节的诉讼代表人的选任及权责实现。一是投资者保

---

〔1〕 章武生：《我国证券集团诉讼的模式选择与制度重构》，载《中国法学》2017年第2期。

护机构的明确，关于何者属于“投资者保护机构”，《证券法》并未给出相应的解释，实践中投资者保护机构主要指中证中小投资者服务中心，应对我国数额如此庞大的上市公司被诉案件，中证中小投资者服务中心是否有足够的能力和资源应诉值得关注，同时由于该机构是国务院证券监督管理机构认可的，具有一定的官方背景，也可能对实践效果产生影响。二是，尽管投资者保护机构作为诉讼代表人相对于美国式集团诉讼而言大有裨益，但是其是否有足够的动力如法律设想般积极履行诉讼权利承担相应的义务，还值得考量。

其次，法院从第 95 条的规定来看，第 3 款实则是前两款的特殊情形，即满足一定人数时的选择适用方法，这就意味着中国式集团诉讼的启动也有赖于法院公告的发出，而现实中基于前述我国法院司法评价体制带来的双重责任，考虑到自身审判力量的实际情况以及对未知事物的不确定性，如果保持一贯的司法审慎的作风，法院对自身是否有能力选用集体诉讼的判断会影响其发出公告的积极性，这一问题不解决，法院容易固守传统的民事诉讼模式，我国的集团诉讼制度则易沦为一纸空文。

最后，实践层面各类诉讼机制的合理利用与顺畅衔接也值得关注。随着我国数字化水平的飞速提升，无论是权利人信息的获取抑或是公告信息的获取都处于前所未有的便捷状态，这就意味着投资者寻求权利救济的行为可能会空前踊跃，在此情形下采用集团诉讼并过度鼓励诉讼，可能会增加法院的压力，应当寻求多种救济途径的合理衔接。从现行法律规定上看，我国证券侵权纠纷的可行诉讼机制包括传统的《民事诉讼法》中规定的多元调解机制、单独诉讼模式、共同诉讼模式，尤其是共同诉讼模式中的特殊种类即诉讼代表人制度，外加近年来探索的示范判决和支持诉讼制度，以及新修订《证券法》规定的“两条腿并举”的中国式集团诉讼制度；从理论上看，投资者寻求保护的途径十分丰富，但是如若多种路径无法实现逻辑的理顺和制度的衔接，投资者会处于“选择众多”但“求助无门”或者单一适用新制度的极端。当然，在制度衔接的过程中，被告的经济压力和赔付能力也是需要考虑的因素之一。

四、中国式证券集团诉讼的风险控制

正如无论面临着怎样激烈的利益博弈都不能阻碍正义的实现，风险评估不应当成为阻碍中国式证券集团诉讼落地的理由，而应当为制度落地指明方向。面对政治经济背景相对强大的上市公司，有效的集团诉讼制度应当成为使弱势、分散的投资者站在平等对话平台上与上市公司抗衡的中坚力量。但是作为证券侵权民事诉讼机制的重大突破，中国式证券集团诉讼在推行中的价值实现和风险控制还有很多需要明确的方向和细化的空间。

（一）价值实现的制度激励

任何法律都不能没有牙齿，制度只有以责任作后盾，才具有法律上之力。一切以法律形态实现的目的、宗旨、理论、权利皆是如此。[1]鉴于证券集团诉讼中的关键环节是原告诉讼代表的选任，诉讼代表的能力、水平以及诉讼意愿某种程度上是诉讼成败的关键，因此应当对诉讼代表在诉讼过程中的勤勉尽责义务做出规范；在《证券法》现行诉讼代表规定的基础上，应当就"投资者保护机构"的范围做出解释，并且可以考虑将诉讼代表的范围扩张至符合诉讼代表实力要求的公益性质的机构或组织，原告中实力强大的机构投资者在诉讼中也能够实现较好的发声，在自身利益驱使下或更具备诉讼的动力。

我国证券集团诉讼中另一关键角色是法院，现代型诉讼机制的实现有赖于法院的审判力量与责任担当。相较于单独诉讼，群体诉讼使法院从重复机械的工作中抽离，但是对法院的审判能力提出了更高的要求，在证券集团诉讼中，一个案件背后或许涉及成千上万投资者的利益，但是这不应当成为法院回避司法需求、逃避适用机制的借口，实现司法正义、提高司法公信力才应当是法院需要肩负的首要责任。此外，我国也应当积极推进司法制度改革，提升法院的司法权威和地位，使其在群体性案件中具备充足的话语权，更好地担负证券纠纷解决功能；优化司法行政评价机制，更多地从法院的审判质量和效率方面对法院做出评价。

正如日本学者小岛武司所言："人们对法曹（司法界）的信赖是集团诉讼成长的关键。对法官的信赖可以排除人们对广泛且具有弹性的裁量权授予的猜疑和抵抗，而对诉讼的主角律师的信赖与对法官的信赖具有同样的重要性。"[2]尽管中国式集团诉讼下律师的作用并没有美国集团诉讼中律师的存在感强烈，但是作为群体性纠纷的参与者，选任的律师也应当是具备一定经验能力的律师，特别是以专业性、复杂性著称的证券民事侵权纠纷。美国集团诉讼的风险酬金制催生了以提起集团诉讼谋生的律师，该类律师以其代理集团诉讼的高额酬金又支撑其有足够的能力提起更多的集团诉讼，从而挤压能力不足的律师在集团诉讼中的生存空间。事物皆有两面性，尽管风险酬金制下的律师容易产生机会主义倾向，催生滥诉的可能性，但是从另一方面而言其在频繁的集团诉讼中积累了一定的经验，在面对群体性纠纷案件中会降低自身失误、有效推进诉讼进程。尽管风险酬金制的实施在不同国家设

---

〔1〕 杨志华：《证券法律制度研究》，中国政法大学出版社 1995 年版，第 250 页。

〔2〕［日］小岛武司：《诉讼制度改革的法理与实证》，陈刚、郭美松等译，法律出版社 2001 年版，第 55 页。

立的必要性有所区别，但是证券集团诉讼中对律师（团队）的选任还是应当做出一定的要求。

（二）多重机制的实践衔接

中国式集团诉讼以其自身的多元价值在证券民事侵权纠纷中获得大众的期待，但是并非因该制度的创设性和理论价值就将其作为司法实践的唯一标杆。各种诉讼机制的存在均有其合理性，机制的适用不应当是法律做出的单选题，而应当契合实践需求探索每一种机制的合理适用情形。尽管《证券法》第95条第3款规定了“默示加入”的规则，但是法律文本依旧选用“可以”这样的表述，在满足人数要求时投资者是否会主动委托投资者保护机构？投资者保护机构是否有拒绝委托的可能性或者为投资者的委托设障？该条款的适用效果与规定缺漏还需要在实践中检验和完善。我国近年来探索的示范判决制度与证券支持诉讼制度的结合在证券侵权纠纷解决的实践中已经证实了其良好的成效，示范判决制度作为解决证券民事侵权纠纷的方式，其特点是将同质问题进行合并，选出示范案例审判，而集团诉讼的特点是将人进行合并，因此人数寡众应当是二者适用相区别的重要考量因素。而从《证券法》第95条的规定来看，第3款规定超过五十人的投资者可以直接委托投资者保护机构进行诉讼，而第2款规定人数不确定时法院公告后“选择加入”的投资者超过五十人时，是否可以转为“默示加入”的集团诉讼模式以及转换中的衔接程序，也是集团诉讼和人数不确定的诉讼代表人制度衔接中值得探索的方向。

此外，关于如何实现集团诉讼打击对象的精准以规避震慑偏离，确定诉讼费用的承担主体和获赔金额在投资者、律师等主体中的合理划分，如何从制度上实现投资者激励，如何确保证券登记结算公司电子化交易信息的可靠程度和安全性以及诉讼机制衔接中的程序细节等具体问题，还应当得到进一步的深究。新修订《证券法》的“中国版集团诉讼”的设计能否在实践中生根发芽，能否在保护投资者权益、实现司法经济和审判集约化的同时不至于成为我国上市公司正常运转的阻碍，还有待实践的考证和调整。

差异化表决安排下的中小投资者保护路径研究

金幼芳[*]　胡汉璇[**]

内容摘要：差异化表决权安排与资本市场股东异质化倾向相适应，并为科创企业化解融资需求与控制权稀释矛盾提供新路径。但也引发表决权与剩余利益索取权过度分离产生代理成本，中小投资者权益受侵害等问题。通过剖析《科创板上市规则》关于差异化表决权的制度安排可以发现该体系存在传统监管方式实效性的前提缺陷、特别表决权内部制约条款漏洞以及司法救济实施障碍等问题，凸显表决权差异安排下中小投资者保护制度的缺位。实现表决权差异架构制度目的的关键在于衡平控制权限制程度与中小投资者权益维护。通过梳理其他法域的理论与实践研究，结合我国资本市场成熟度与《证券法》（2019年修订）配套制度规定，可以考虑从提高传统监管主体独立性以发挥制约作用，运用市场主体博弈形成有序竞争体系以及重构诉讼规则角度出发，寻求契合我国治理环境的中小投资者权益保护体系。

关键词：差异化表决权　中小投资者　科创板

一、引言

资本市场从投资者角度出发的改革逻辑转换对差异化表决权安排制度下的中小投资者保护体系完善提出迫切要求，《上海证券交易所科创板股票上市规则》（以下简称《科创板上市规则》）以专节规定表决权差异安排回应。然而就科创板差异

---

[*] 金幼芳，浙江大学互联网金融研究院研究员。

[**] 胡汉璇，英国伦敦大学学院硕士研究生。

化表决权架构公司的实践而言，投资者权益保护制度的有效性仍待检验。相较于同股同权结构公司，特别表决权股东牺牲共同利益满足控制权私利倾向，表决权与经济性权利分野造成公司代理成本陡增。在股东代表诉讼、代表人诉讼等事后救济方式效果有限的背景下，需要从传统监管方式及特别表决权内控机制创新着手预防权力滥用与矫治侵权行为，发挥市场竞争激励作用及特别表决权股东维护公司整体利益积极性，寻求特别表决权股东控制力保障与中小投资者权益维护的最佳均衡点，针对美国、新加坡、我国香港地区的双层股权结构监管实践启示我国制度改进，以期为完善差异化表决制度下中小投资者权益保护体系提供理论支撑和治理实践借鉴。

二、差异化表决制度的发展与实践

（一）差异化表决的理论基础

表决权差异安排是我国关于双层股权结构的表述，双层股权结构译自“Dual Class Share Structure”，是一种非常规的股权结构，按照每股附着的表决权大小，股票被划分为 A 股、B 股两类。[1]《科创板上市规则》分别以普通股份与特别表决权股份指代 A 类股票、B 类股票。差异化表决权的实质是公司股权所附着的表决权与经济性权利如分红收益及剩余财产分配权等在不同程度上分离。相较于权利结构完整的普通股而言，类别股实际上是某些权力或利益之间交换取舍的结果。[2]资本市场融资成本降低导致财务资本重要性逐渐下降，伴随优质科创企业具有特质愿景管理层的稀缺，“资本雇佣劳动”理念在科创企业受到挑战。新兴的权利多元化配置顺应了公司治理上的特殊性，财务投资者承担投资分享，经营管理者负责企业创新和发展[3]，实现资本中心向核心管理层中心的跃迁。

差异化表决权安排是对传统公司代理理论股东“同质化”逻辑假定的突破，推翻股份平等与股权关系一元化结论，而以无差别的资本多数决作为股份公司内部权力配置的唯一标准[4]。但股东间存在信息成本差异，公司股东利益同一的假定前

---

〔1〕 陈若英：《论双层股权结构的公司实践及制度配套——兼论我国的监管应对》，载《证券市场导报》2014 年 3 月。

〔2〕 汪青松：《股份公司股东权利多元化配置的域外借鉴与制度建构》，载《比较法研究》2015 年第 1 期。

〔3〕 潘颖：《特别表决权制度在科创板的实践——兼评〈科创板股票上市规则〉“表决权差异安排”节》，载《吉林金融研究》2019 年第 6 期。

〔4〕 汪青松、赵万一：《股份公司内部权利配置的结构性改革——以股东“同质化”假定到“异质化”现实的演进为视角》，载《现代法学》2011 年第 3 期。

提本身受到诸多质疑[1]。资本多数决的本质是以抽象的资本平等理念掩盖股东之间权利义务的实质不平等，实际上不同类型投资者各异的资产专用化程度[2]直接影响他们的流动性需求和投资偏好。[3]早在1926年，哥伦比亚大学教授伯利（Berle）就区分了希望投资本金产生固定收益的稳健型投资者和希望通过公司风险投资获得不确定收益的激进型投资者。[4]现代公司“所有权与控制权分离”的股东与管理层关系与小额分散的股东持股特点相适应，表决权差异股权架构以股东间权利非平等配置的方式满足普通股东投资趋利性追求和特别表决权股东集中控制权以把握公司宏观发展方向需求的异质化倾向，实现内部利益平衡。

（二）差异化表决的实践演进

差异化表决权的实践发轫于美国，随着科技创新领域公司快速成长，全球最大的几个交易所均接受双层股权架构公司上市。以美国、新加坡、我国香港地区法域的实践为例，美国采用普遍开放的立法模式和底线监管方式构建双层股权结构制衡体系，而新加坡和香港则采用更为严格的一般禁止立法模式和主动监管方式。

差异化表决权在美国的实践有近百年的历史，证券交易所对差异化表决权的态度经历了拒斥到接纳的发展过程。William Ripley 教授批判无表决权普通股损害股东民主，导致经济力量过度集中[5]，该批判触发纽约证券交易所对差异化表决权的监管政策收紧。一方面，交易所提高上市标准有助于投资者整体利益保护；另一方面，Roberta Karmel 教授认为就公司资本结构决定问题，股东应有较大的自由度。虽然同股不同权架构可能影响公司长期经营，但其他保护制度，如独立董事制度、

---

[1] Roberta Romano, *The Political Economy of Takeover Statutes*, Virginia Law Review, 73 (1987).

[2] 资产专用化程度决定融资成本，不同的融资成本会导致股东面对公司决策时有不同的动机及选择偏好。关于资产专用化程度的更多论述参见：侯东德：《股东投票权行使原则的经济逻辑——一个法经济学的分析框架》，载《兰州学刊》2009年第5期。

[3] William B. Chandler III, *On the Instructiveness of Insiders, Independents, and Institutional Investors*, University of Cincinnati Law Review, 67 (1999).

[4] Adolph A. Berle, *Non-voting Stock and "Bankers' Control"*, Harvard Law Review, 39 (1926).

[5] Willian. Z. Ripley. *Two Changes in the Nature and Conduct of Corporations*, 11 Proceedingsof the Academy of Political Science in the City of New York, p. 695 (1926). 持类似观点的学者还有 Peter L. Simmons，他主张在股东对投票权的价值没有完全认知的情况下对其转移是对民主的违背。更多论述参见 Peter L. Simmons, *Dual Class Recapitalization and Shareholder Voting Rights*, 87 Columbia Law Review, p. 106 (1987)。

纽约证券交易所要求的独立审计委员会将足以保障公司治理机制运行。[1]美国证券交易所采用较宽松的"王氏准则"[2]为限制标准，衡平特别表决权限制与外部投资者保护，在缓解政治压力的同时保持竞争力。纳斯达克证券市场则秉承其一贯拒绝限制同股不同权结构公司上市的态度。[3]随着敌意收购盛行，能有效抵御"门口野蛮人"的差异化表决权架构被更多公司采用，交易所间的"朝底竞争"（Race to the bottom）[4]迫使纽交所对上市标准作出变通[5]，并最终全面接纳双层股权结构公司上市。美国证券市场宽松的准入规则辅之多层次的信息披露制度及集团诉讼、股东派生诉讼是有效防范管理层自肥行为以及挽回投资者损失的配套制度，与机构投资者占比高，博弈能力较强的投资者背景相契合。

香港联合证券交易所与新加坡证券交易所允许双层股权结构公司上市的背景都源于各国证券交易所间的激烈竞争，阿里巴巴首次在港交所上市受挫转投纽交所上市，新交所拒绝曼联上市申请导致曼联赴美上市的影响促使两地转变上市标准，放弃一股一票原则以吸纳更多高新企业在本地上市，保持本地资本市场的国际竞争力。但两地都存在散户占比高，投资经验欠缺问题，据此港交所对双层股权结构公司准入规则加入诸多约束性条件，比如设立"双重股权架构警示"以及要求公司成立完全由独立董事组成的治理委员会，且该委员会需每半年发布公司治理报告等制度试图平衡利弊。[6]但以上规则制约特别表决权股东未必有效，以治理委员会为例，董事负有的信义义务只能约束其作为董事身份行事时的利益冲突，却不足以防

---

〔1〕 Roberta S. Karmel, *Qualitative Standards for Qualified Securities: SEC Regulation of Voting Rights*, Catholic University Law Review 36, p. 809 (1987)。持类似观点的学者还有 Ronald J. Gilson，他认为法律应禁止将现有的股份转换为不同投票权股份而非禁止发行新的限制投票权股或无投票权股。更多论述参见 Ronald J. Gilson, *Evaluating Dual Class Common Stock: The Relevance of Substitutes*, Virginia Law Review, pp. 807 – 844 (1987).

〔2〕 "王氏准则"包括以下要件：（1）不同表决权股的表决比例不能超过 10:1；（2）低级表决权股股东有权选举 1/4 以上的董事；（3）禁止发行无表决权股。该规则来源于 Wang Laboratory 在 AMEX 上市的条件。

〔3〕 Andrew Winden & Andrew Baker, *Dual – Class Index Exclusion*, working paper, https://papers.ssrn.com/sol3/papers.cfm?abstract_id=3201578，最后访问时间：2020 年 2 月 23 日。

〔4〕 朝底竞争也叫监管竞次，是指为了避免上市资源全部流向某一家可以向公司管理层"剥削"投资者提供最佳条件的交易所，其他竞争对手不得不降低各自的上市门槛，最终导致所有交易所都采用类似"亲管理者、反投资者"的规则。关于朝底竞争的更多论述参见 Daniel R. Fischel, *Organized Exchanges and the Regulation of Dual Class Common Stock*, University of Chicago Law Review, p. 119 (1987)。

〔5〕 该变通具体是：当公司的资本结构调整得到过半数独立董事以及公司过半数公众股东同意时，交易所允许该双层股权结构公司上市。参见 Bainbridge & Stephen Mark, *The Short Life and Resurrection of Sec Rule 19c – 4*, 69 Washington University Law Quarterly, pp. 565 – 634 (1991).

〔6〕 参见香港联合证券交易所网站，网址：https://en-rules.hkex.com.hk/sites/default/files/net_file_store/new_rulebooks/c/o/consol_mb.pdf，最后访问时间：2020 年 2 月 24 日。

范其作为股东时的利益冲突。[1]另根据一项是否引入集体诉讼的问询结果表明香港目前的司法环境还不适合引入证券集体诉讼，因此股东对不公平的损害诉讼有时未必可以起到纠正公司错误或弥补股东损失的作用。[2]

新交所有关双层股权结构规则相较于港交所更具主观性，且对双层股权结构公司的上市条件仅设置符合主板上市的一般定量规则。超级表决权股东的权力制约机制主要集中于特殊信息披露义务和重要事项强化表决程序[3]，但缺失“时间日落条款”和允许超级表决权继承的规则恐怕难以实现对超级表决权股东权力的有效制衡。

（三）差异化表决下的控制权与现金流

1. 控制权与现金流的合力效应

一项针对 1995－2002 年间美国双重股权结构公司发展状况的研究发现：与同股同权公司相比，同股不同权公司向股东分派的股息更为丰厚，条件也更为优越。[4]对多数中小投资者而言，其投资目的在于获得可观的现金收益，创始人希望在把握控制权保持公司发展方向的同时获得融资。差异化表决权架构满足了股东异质需求，有利于公司长远发展。

差异化表决权安排激励企业家投入更多人力资本以实现特质愿景[5]，缓解资本市场短视主义。科创企业“轻资产、重人力资本”的特征使其成败与创始人的原创能力、精神感召力与趋势洞察力[6]紧密关联。有研究表明双层股权结构上市公司研发费用投入都显著大于单层股权结构上市公司[7]。相较于“金色降落伞”条款[8]诱使特别表决权股东利益与公司利益背道而驰的消极作用，差异化表决权的

---

[1] 张巍：《双重股权架构的域外经验与中国应对》，载《财经法学》2020 年第 1 期。

[2] 黄臻：《双层股权结构有效运作的条件——基于美国与香港的实证研究》，载《上海金融》2015 年第 6 期。

[3] 卫恒志：《双层股权结构法律制度研究》，吉林大学 2019 年博士学位论文。

[4] Jordan Bradford, Mark H. Liu & Qun Wu, *Corporate Payout Policy in Dual－Class Firms*, Journal of Corporate Finance, pp. 1－19 (2014).

[5] 特质愿景是指企业家对一个合适实施商业战略将产生高于市场水平回报的信念，故特质愿景与经营理念本身或企业家相信其有实施这一经营理念的独特能力有关。

[6] 巴曙松、巴晴：《双重股权架构的香港实践》，载《中国金融》2018 年 11 月。

[7] 王媛、傅康生：《中国公司海外上市双层股权选择的影响因素验证——基于美国 NASDAQ 市场分析》，载《财会月刊》2017 年第 21 期。

[8] 金色降落伞条款是指雇佣合同中对因控制权转移而失去工作的管理层进行补偿的规定，该条款的丰厚补偿促使管理层接受公司控制权变动，也从另一方面引发管理层为了获得巨额补偿而主动将控制权转移的风险。关于金色降落伞更多的论述参见 Daniel R. Fischel, *Organized Exchanges and the Regulation of Dual Class Common Stock*, University of Chicago Law Review, p. 119 (1987)。

向心力激励创始人为了实现特质愿景而投入更多资金、人力资本以掌握专属于该公司的核心技术[1]，以上成本投入承载着创始人远期收益的期待利益，避免中小投资者对不确定性容忍度低，对公司短期业绩关注度高而导致公司错失最佳成长机会[2],助力知识产权和人力资本叠加促进公司进一步发展。

差异化表决权安排确保创始人控制权稳定，并与类别投资者的多峰偏好相适应。科创公司创始人的智力资本、人力资本等无形资产重要性日益彰显，特别表决权股东获得控制权，规避因权益融资导致股权过度稀释而被驱逐，也避免了因预见控制权被剥夺而实施关联交易攫取公司资产或者故意实现控制权转移，将公司让给意图冻结中小投资者利益的掠夺者以获得非法收益发生。[3]管理层拥有多数表决权构建起某种反收购的安全港[4]，显著提高收购成本，有助于其专注公司发展而非时刻警惕来自资本市场的敌意收购[5]。公司发展目标多样化，创始人的特质愿景追求，不同类型资本的社会利益及私人利益追求形成“阿罗悖论”[6]。表决权差异架构对公司投资者的经济收益权与事实治理权巧妙分割，以公司股东间权利让渡方式形成理想的控制权关系，满足风险资本和创业者的不同偏好[7]，向帕累托最优状态靠近，在创始人实现特质愿景的同时兼顾中小投资者利益。

2. 控制权与现金流的背离风险

差异化表决机制授予管理层非比例的表决权重，造成利益与风险机制的正比例关系匮乏[8]。因为特别表决权股使控股股东仅持有少部分股权即可获得公司控制权，但却无法获得不成比例的现金流或者同等价值的财产收益，引发严重的委托代

---

[1] Daniel R. Fischel, *Organized Exchanges and the Regulation of Dual Class Common Stock*, University of Chicago Law Review, p. 119 (1987).

[2] 石晓军、王骜然：《独特公司治理机制对企业创新的影响——来自互联网公司双层股权制的全球证据》，载《经济研究》2017 年第 1 期。

[3] Ronal Gilson, Jeffrey Gordon, *Controlling Controlling Shareholders*, 152 University of Pennsylvania Law Review, p. 785 (2003).

[4] 汪青松、肖宇：《差异化股权制度东渐背景下的中小股东保护》，载《投资者》2013 年第 3 辑。

[5] 朱慈蕴、神作裕之：《差异化表决制度的引入与控制权约束机制的创新——以中日差异化表决权实践为视角》，载《清华法学》2019 年第 2 期。

[6] 阿罗悖论由公共选择派著名代表人物阿罗（Kenneth J. Arrow）提出，阿罗悖论是指在每个社会成员对一切可能发生的社会经济结构都各有其特定偏好的“序列”的情况下，要找出一个在逻辑上不与个人偏好序列相矛盾的全社会的偏好序列是不可能的。

[7] 朱慈蕴、沈朝晖：《类别股与中国公司法的演进》，载《中国社会科学》2013 年第 9 期。

[8] [美] 弗兰克·伊斯特布鲁克、丹尼尔·费希尔：《公司法的经济结构》，张建伟、罗培新译，北京大学出版社 2005 年版。

理问题。[1]实证研究发现，公司的市场价值伴随内部人士掌握的表决权升高而降低，却伴随其掌握的经济性权利升高而升高。[2]表决权差异架构强化管理层控制权，引发公司价值降低的潜在风险，中小投资者因承担不必要的代理成本而降低预期收益。

差异化表决权安排导致公司代理成本攀升。哥伦比亚大学 Louis Lowenstein 教授认为出于公共政策因素的考量不能出卖投票权，平等投票权的重要性不仅在于公平分配利润，还是驱使公司管理者勤勉、忠实工作维护公司整体利益的手段。[3]实施差异化表决权导致投票权无法恰当反映出投票者与投票结果的利益大小，造成投票结果与投票者的利益偏好产生偏差[4]。公司股东为避免管理层因为控制权强度与持股份额间的悬殊差距引发道德风险，怠于作出最有利于公司的决策，必须支出高昂的代理费用保证管理层公正履行职责。

特别表决权的非比例表决权造成内部与外部监督机制失灵。差异化表决权使股东大会表决程序极易受到管理层操控，多数通过成为已知结果，并成为议案合法的证明，最终中小投资者越发远离权力机关。华盛顿大学 Joel Seligman 教授认为管理层发行无投票权股或不同投票权股不但避免了敌意收购，也避开了外部市场的监督[5]。诚然，根据“商业判断规则”[6]经营能力低下的管理者难以被强行性规则淘汰，特别表决权股东高度集中的表决权对良性市场竞争转移控制权制造阻力，阻止公司治理水平优化，致使中小投资者权益长期受到损害。

三、差异化表决博弈下中小投资者保护制度检视

（一）特别表决权传统监管方式困局

1. 独立董事的独立性质疑

我国上市公司往往采用监事会与独立董事“双核心”的监督模式，独立董事应公正、中立评判决策对整体股东及公司的影响。但差异化表决权安排公司的董事会

---

〔1〕［美］佐哈·戈申、阿瑟夫·哈姆达尼：《公司控制权与特质愿景》，林少伟、许瀛彪译，载《证券法苑》2017年第21卷。

〔2〕Paul Gompers, Joy Ishi & Andrew Metrick. *Extreme Governance: An Analysis of Dual - Class Firms in the United State*, 2004, http: //ssrn. com/abstract = 562511.

〔3〕Louis Lowenstein, *Shareholder Voting Rights: A Response to SEC Rule* 19c - 4 *and to Professor Gilson*, 89 Columbia Law Review, p. 979 (1989).

〔4〕冯果：《股东异质化视角下的双层股权结构》，载《政法论坛》2016年第4期。

〔5〕Joel Seligman, *Equal Protection in Shareholder Voting Rights: The One Common Share, One Vote Controversy*, George Washington Law Review, Vol. 54, pp. 687 - 724 (1985).

〔6〕商业判断规则是指法官难以区分公司管理层的决定究竟在商业上是好是坏，因此只能原则尊重。

一般由特别表决权股东及由其投票选举的成员构成，即使《科创板上市规则》规定一股一票表决方式选任独立董事，根据《关于在上市公司建立独立董事制度的指导意见》的规定[1]，独立董事人选与持股份额直接关联，差异化表决安排公司的创始人团队凭借资本优势获得较高持股比重，轻易控制了独立董事人选。而外部投资者普遍存在“理性忽视”（Rational ignorance）[2]，于是独立董事的选任、续任、薪酬决定陷入追随创始人的集体行动困境。在独立董事独立性高度受限的制度前提下要求其反对管理层提出的牟私利或损害中小投资者利益的议案，为公司整体利益承担被解聘的风险显然不现实。最终公司事务的独立判断者臣服于特别表决权股东，沦为“花瓶独立董事”，公司意志被个人意志操纵，居于金字塔底端的中小投资者权益受到长期剥削。

2. 监事会监督效果欠佳

《科创板上市规则》授予监事会出具专项审查报告披露信息的权力制衡特别表决权股东，理论上限制了控制权的过度膨胀。然而监事会成员产生方式与董事相同，从而导致这种监事会末端式的监督形同虚设。[3]因为该规则成立的逻辑前提是：监事会能够对特别表决权股份持有人资格进行全面审查，中小投资者权利让渡的条件是否成熟的评判依据充分可靠。[4]但现行规则并未限制特别表决权股东成为监事，由特别表决权股东提名甚至选举产生的监事否定特别表决权股东资格或者指控其滥用表决权损害公司利益、中小投资者利益，甚至出具专项意见弹劾特别表决权股东资格显然难以发生。并且当特别表决权股东间发生冲突，代表不同股东利益的监事监督作用也会受到影响。另外，根据我国上市公司实践经验，监事会往往是“守门员式”的末端监督，难以在特别表决权股东滥用权力之初迅速介入并履行其职责。[5]故现行规则成立的前提条件缺陷致使监事会高效行使监督职能仍有改进空间。

---

〔1〕 该规定具体内容为：上市公司的董事会、监事会、单独或者合并持有上市公司已发行股份1%以上的股东可以提出独立董事候选人，独立董事由股东大会选举决定。

〔2〕 理性忽视是指管理层提出的议案将导致公司价值降低，损害外部投资人的利益，外部投资者也会不做调查，直接支持管理层的方案，或者不去投票。关于理性忽视的更多论述参见 Lucian Arye Bebchuk, *Limiting Contractual Freedom in Corporate Law: The Desirable Constraints on Charter Amendments*, 102 Harvard Law Review, p. 820 (1989)。

〔3〕 傅穹、卫恒志：《表决权差异安排与科创板治理》，载《现代法学》2019年第6期。

〔4〕 冯峻豪：《双层股权结构下中小投资者权益保护问题研究》，载《西部学刊》2019年第10期。

〔5〕 缪霞：《从科创板看我国双层股权结构的发展进路》，载《区域金融研究》2019年第11期。

（二）特别表决权内部制约障碍

1. “期限型日落条款”缺失

从时间与差异化表决权架构的影响维度来看，双层股权结构对企业发展的促进呈负相关。有研究表明，采用双层股权结构公司在IPO初期较之同股同权公司会产生交易溢价，但随着公司6－9年的不断成熟发展，这种公司溢价最终会消失。[1]造成溢价消失的原因之一是随着时间流逝，知识迭代，创始人的才能可能难以跟上时代步伐[2]。《科创板上市规则》欠缺对特别表决权股东人力资本不可替代性消失后特别表决权随之消逝的周全考虑，对公司的类别股东难言公平。因为特别表决权股东拥有控制权的条件是其人力资本具有不可替代性，当该条件消失，控制权长期集中很容易诱发股东篡夺公司商业利益等机会主义行径，其他管理层成员为实现行动一致而放任公司利益受损害。中小投资者无法以期限届满为由实现特别表决权转化，只能继续承担高昂的代理成本。

2. “燕尾条款”[3]适用范围狭隘

特别表决权的法理基础在于立法者对于公司战略决策、文化理念以及社会公共利益和国家安全等利益的认可，公司当中并非所有表决事项都属此类。[4]《科创板上市规则》对公司章程修改、表决权倍数改变等事项规定一股一票表决规则，防范特别表决权股东控制公司人事、财务，将私人利益前置于公司整体利益。但以上适用范围并未囊括公司日常治理中作出的直接影响甚至损害普通股东权益的议案。在控制权强化机制下，虽然传统“多数资本暴政”问题不再凸显，但由于该机制本身对控制权更有力的固化，不可避免地会导致特别表决权股东将投票表决形式化，即

---

〔1〕 Martijn Cremers, Beni Lauterbac & Anete Pajuste. *The Life Cycle of Dual Class Firms*, 2018, https://ssrn.com/abstract=3062895，最后访问时间：2020年2月14日。

〔2〕 Lucian A. Bebchuk, Kobi Kastiel, *The Untenable Case for Perpetual Dual－Class Stock*, Virginia Law Review, Vol. 103 (2017).

〔3〕 燕尾条款（Coat－tail provision）源于加拿大多伦多证券交易所要求上市公司在面临收购时回归一股一票方式表决的条款，但是后期学者扩大了该条款的范围，将适用一股一票表决的事项作为燕尾条款的范围，我国《科创板上市规则》规定的燕尾条款包括：（1）对公司章程作出修改；（2）改变特别表决权股份享有的表决权数量；（3）聘请或者解聘独立董事；（4）聘请或者解聘为上市公司定期报告出具审计意见的会计师事务所；（5）公司合并、分立、解散或者变更公司形式。关于燕尾条款的更多论述参见Daniel P. Cipollone, *Risky Business, A Review of Dual Class Share Structures in Canada and a Proposal for Reform*, 21 Dalhousie Journal of Legal Study, p. 62 (2012)。

〔4〕 冯果：《股东异质化视角下的双层股权结构》，载《政法论坛》2016年第4期。

使普通股东反对也无法产生应有效果的现象发生。[1]被侵权股东即使寻求外部救济，也会囿于决议产生程序的合法性与特别表决权股东的表决权优势而无法获得证明控制股东滥用权力牟私利的确凿证据。权利被忽视加之救济困难将极大挫伤中小投资者对投资公司的信任。

（三）司法救济现实难题

1. 股东代表诉讼实际可操作性的质疑

差异化表决制度下维护中小投资者合法权益亟须完善司法救济途径，这不仅要求立法者寻求控制股东追求特质愿景与中小股东权益维护之间的平衡，也要求司法者探索兼顾控制股东的追求控制权自治与中小股东权益保护之间的平衡。[2]而目前相对滞后的司法环境无法全面救济中小投资者受损害的权益。《最高人民法院关于为设立科创板并试点注册制改革提供司法保障的若干意见》[3]第10条明确否定特别表决权股东以公司自治方式突破科创板上市规则，侵犯普通股东合法权利行为的效力。但行为无效化需要通过诉讼判决形式确定，《公司法》第151条以连续持股一百八十日以上和单独或者合计持有公司百分之一以上的持股期限和份额设置了股东派生诉讼门槛，该限制条件对于差异化表决权公司而言，在一定程度上切断了股东派生诉讼提起的可能性。差异化表决安排公司的普通股东持股份额通常非常小且分散，即使个别股东愿意起诉也会因为难以找到足够的原告股东满足起诉条件而无法启动诉讼程序，更何况通过判决认定侵权行为无效。《证券法》（2019年修订）第94条第3款规定投资者保护机构可以为公司利益提起股东派生诉讼，突破了《公司法》的有关限制，开拓启动股东派生诉讼新路径。但投资者保护机构并非每一家差异化表决安排公司股东，并且股东派生诉讼胜诉利益归属公司股东共享，败诉的诉讼费用由原告承担的原理也消弭了中小投资者起诉的积极性，中小投资者出于经济理性不愿承担不成比例的诉讼成本挽回公司损失，反作用于普通股东的损失得不到赔偿。

2. 证券代表人诉讼具体实践障碍

证券代表人诉讼救济渠道不通畅的原因包括以下两方面：司法政策态度消极与投资者维权意愿偏低。《最高人民法院关于为设立科创板并试点注册制改革提供司

---

〔1〕 汪青松：《公司控制权强化机制下的外部投资者利益保护——以美国制度环境与中概股样本为例》，载《环球法律评论》2019年第5期。

〔2〕 傅穹、卫恒志：《表决权差异安排与科创板治理》，载《现代法学》2019年第6期。

〔3〕《最高人民法院关于为设立科创板并试点注册制改革提供司法保障的若干意见》（法发〔2019〕17号），2019年6月20日发布。

法保障的若干意见》[1]确立了民事赔偿优先于行政付款、刑事罚金的证券民事诉讼体制机制，但具体可作为追究民事责任依据的条文仅寥寥几条，与追究行政责任与刑事责任的条文相比，证券法律责任严重失衡。[2]《证券法》（2019 年修订）第 95 条第 3 款[3]以“选择退出”的方式实现集团诉讼效果优化原告范围确定方案，但中小投资者权益可能依旧无法得到及时救济。因为在证券侵权领域由于“稳定压倒一切”的社会基调和排斥集团诉讼的司法政策[4]导致证券代表人诉讼适用难度较大。[5]并且审理证券侵权诉讼案件法官需要掌握丰富的证券法专业知识，并对证券民事纠纷的特殊性有更深刻的认知，故沿袭传统民事诉讼管辖标准并不合理。[6]除此之外，《证券法》（2019 年修订）第 95 条第 3 款属于原则性规定，在具体实践中需要许多配套制度加以完善，比如代表人诉讼中的举证责任分配问题，中小投资者作为公司弱势群体，证据收集能力、诉讼能力明显弱于特别表决权股东。远离公司最终控制权的中小投资者一般无法获得侵权行为的所有细节与技术资料，因此无法证明利益受损与控制股东权力滥用行为之间的因果关系，不符合起诉条件。诉讼的高昂成本及投资者能力的限制造成投资者维权成本高于维权收益，因此投资者难以树立对证券纠纷诉讼的信心。中小投资者承担沉重的证明责任与诉讼成本和法院对证券代表人诉讼的消极态度滋长了特别表决权股东滥用表决权损害中小投资者权益，谋求个人利益的背离倾向。

四、中小投资者权益保护机制完善

差异化表决权安排赋予特别表决权股东的权力建立于普通股东部分放弃表决权基础上，所以特别表决权股东权力滥用的防范与治理需要传统监管方式与内控机制相辅相成，引入司法救济新思路，构建全面维护中小投资者权益，公平公正的法律框架。

---

[1] 《最高人民法院关于为设立科创板并试点注册制改革提供司法保障的若干意见》，第 13 条，法发〔2019〕17 号，2019 年 6 月 20 日发布。

[2] 梁上上：《论证券民事责任与股东诉讼方式》，载《复旦学报（社会科学版）》2003 年第 2 期。

[3] 该条款具体内容为：投资者保护机构受五十名以上投资者委托，可以作为代表人参加诉讼，并为经证券登记结算机构确认的权利人向人民法院登记。

[4] 该司法政策具体是指最高法院认为证券代表人诉讼提高案件审理难度，影响社会稳定。因此，应取消或减少其适用，即使偶尔适用，也应在将其放在远离最高法院的基层法院。参见章武生、杨严炎：《我国群体诉讼的立法与司法实践》，载《法学研究》2007 年第 2 期。

[5] 危钊强：《双层股权结构在香港地区的最新实践及其对内地的启示——兼评港交所最新〈上市规则〉“不同投票权”章》，载《证券市场》2018 年第 8 期。

[6] 刘云亮：《证券民事纠纷代表人诉讼制度的适用性》，载《法治研究》2013 年第 7 期。

（一）传统外部监督方式相互增益

1. 强化独立董事独立性

独立董事应当对公司事务作出独立判断，而差异化表决制度安排公司权利不对称、监督机制欠缺是特别表决权股东与中小投资者利益无法协调的主要原因。新交所上市规则规定审计委员会、提名委员会、薪酬委员会的大多数成员及其各委员会会长必须为独立董事。[1]确保独立董事在董事会中担任重要职务对把控公司发展方向，监督特别表决权股东具有积极作用。美国纳斯达克市场规则规定：公司董事会应当由过半数独立董事组成以便更有效地履行董事会职责。[2]但仅提高独立董事比重或者让独立董事身居要职而不改变独立董事来源依旧无法逃离特别表决权股东任人唯亲的循环，更根本的解决方案是保证普通股东选举独立董事的权利。众多实行差异化表决权制度的美国公司，如电话和数据系统公司（Telephone and Data Systems, Inc.）运用“日出条款”（Sunrise provisions）[3]赋予普通股东选举董事会成员的权利，特别是独立董事的权利，避免创始人为控制权集中过度剥削中小投资者的表决权，进而限制创始人的“自肥行为”[4]。鉴于此，我国科创板规则可以对普通股东权益作出倾斜保护变通。独立董事全面履行职责需要以选任续任不受特别表决权股东直接决定为支持，因此可以考虑在董事会内部与公司发展直接相关的职位设置一定数量由普通股东选举产生的独立董事席位，这些董事的续聘与解聘由普通股东投票决定，对公司整体利益负责，发挥独立董事应有的作用。

在“日出条款”董事席位尚未确定前，调动独立董事主动维护公司利益的积极性对中小投资者保护举足轻重。差异化表决安排公司中小投资者小额分散的持股状态即使按照一股一票投票规则选任独立董事也难以通过正向投票选举出代表中小投资者利益的独立董事。故可以从反向否决的角度改变独立董事选举、连任规则。给予普通股东否决的权利，即少数否决规则（The minority - veto rule），普通股东统一行使否决权达一定比例可以否决特别表决权股东作出的不合理的独立董事聘任或解

---

〔1〕 参见新加坡《证券期货法》，网站 SECURITIES AND FUTURES ACT（CHAPTER 289），网址：https：//sso. agc. gov. sg/SL/SFA2001 - S742 - 2005？ DocDate = 20181002&ViewType = Advance&Any = independent + directors + nominating + committee&WiAl = 1，最后访问时间：2020 年 2 月 14 日。

〔2〕 参见美国纳斯达克市场规则网站 NASDAQ，STOCKMKT. INC.，Marketplace Rules，R. 4350 - 4，https：//perma. cc/WWV3 - WUW5，最后访问时间：2020 年 1 月 29 日。

〔3〕 日出条款即王氏准则中关于低级表决权股股东有权选举 1/4 以上的董事的规定。

〔4〕 张群辉：《科创板双重股权结构制度研究——基于投资者保护的视角》，载《上海金融》2019 年第 9 期。

聘决议。[1]虽然普通股东无法利用表决权选举出受信任的独立董事，但是可以保护普通股东选举出的忠实勤勉的独立董事免予被特别表决权股东利用资本多数决解聘。独立董事在少数否决规则的双向否决制度约束下为任期届满获得普通股东支持会更倾向于维护公司整体利益，督促其重视中小投资者利益。反之也可以在少数否决规则的双向否决制度保护下无须担心化解控制股东利益与公司整体利益冲突中选择保护公司整体利益而被特别表决权股东解聘，从理论上化解了独立董事受特别表决权股东控制的难题。

2. 监事会监督职能归位

监事制度监督责任的悖论源于公司内部监督制度尤其是责任体系的困境。[2]故重构监事运作体系可以从以下几个维度展开：首先，从投票选举层面割裂监事与特别表决权股东的直接牵连，禁止特别表决权股东担任监事，并适用一股一票规则选举监事，解除监事对控股股东负责的关系以达成监事会监管的前提条件。其次，变革薪酬决定体制，采用股权激励机制将监事薪酬与公司治理水平相联结，鼓励其出具专项意见惩罚滥用控制权的股东，提高公司运行效率使薪酬激励最大化。受监督的特别表决权股东出于维护控制权地位稳定考虑努力履行职责，审慎行使权力，避免受到监事会惩罚。即使特别表决权股东滥用控制权损害中小投资者权益，高效运作的监事会也能及时找出问题股东，在公司内部对利益受损的股东给予私人执法补偿或者就特别表决权股东的侵权行为提起股东派生诉讼。通过事前防控与事后补偿机制相辅相成，实现董事信义义务与监事监管职责就保障中小投资者权益相互增益。

（二）改进特别表决权内控机制短板现象

1. 基于期限、投票重构期限型日落条款

差异化表决权的初衷在于满足股东不同需求，充分利用创始人的原创能力、趋势洞察力促进特质愿景实现，但长期存在表决权差异架构容易引发表决权与剩余索取权过度分离。诚然，期限型日落条款存在自身限制因素，可能无法平衡创始人股东和其他股东的利益，但通过调整转换期限或设置过渡期可以缓冲特别表决权股东控制力弱化给公司发展造成的震荡。由 Martijn Cremers 教授展开的一项调查 48 年间 667 家双重股权结构公司发展状况的研究显示：平均而言，投票权较低的公众股

---

〔1〕 Lucian A. Bebchuk & Assaf Hamdani, *Independent Directors and Controlling Shareholders*, 165 University of Pennsylvania Law Review, pp. 127 – 1315 (2017).

〔2〕 蔡伟：《公司内部监督责任体系的困境——基于对监事的再考察》，载《中外法学》2018 年第 6 期。

东可能在 IPO 后至少 5 年内受益于双层股权结构或不受其损害。[1]但随着上市年限增加，创始人出于降低风险考虑会逐渐降低持股比例，进一步降低决策成本，造成代理成本与公司成熟发展呈正相关的态势。并且，即使管理层发现公司运营效率低下，也仍然有强烈的动机去保留双层股权结构。[2]鉴于此，可以要求差异化表决制度公司在上市后第五年的股东大会讨论该公司是否拆除表决权差异架构，特别表决权股东丧失针对这一议案的投票权，由普通股东单独行使表决权决定公司未来股权结构。当普通股东权衡取舍得出特别表决权对其利益的净影响为正面的结论后，投资者会对此作出良性评价，差异化表决架构得以存续。灵活的差异化表决架构期限设置不仅是对港交所出于控制权变动对公司发展不利的考虑而对“时间日落条款”实施“一刀切”治理规则[3]的改进，还发挥着投票决定控制权是否长期存续的激励作用，鼓励特别表决权股东关注有利于增加普通股东共同福利的交易安排，构建利润最大化的商业环境，实现现金流与控制权方向同一，避免中小投资者权益受到长期侵蚀。

2. 鼓励扩充“燕尾条款”范围

新交所规定的“燕尾条款”范围相较于《科创板上市规则》更为宽泛，增加了反向收购作为平等表决的事项。一股一票表决规则能够在攸关全体股东利益的重大问题上确保每位股东享有与其持有股份相对应的投票权，从而增强普通股东话语权，防范壁垒风险及掠夺风险。[4]但无论是新交所规则还是我国规则均未将损害普通股东利益的日常经营决策纳入“燕尾条款”范围，立法原意可能在于充分尊重公司自治原则。毕竟差异化表决权安排本就是保障特别表决权股东的控制权，假如监管规则设置过多平等表决权事项，可能会妨碍该结构发挥应有的作用。[5]而中小投资者往往在公司日常经营决策中受压迫，赋予特别表决权股东悬殊的超额表决权而不限制其剥削中小投资者利益构成股东实质不平等，中小投资者因此陷入无力对抗损害自身利益议案的困境。关于该类决策达到何种程度应适用平等表决权，有学者

---

〔1〕 Martijn Cremers, Beni Lauterbac & Anete Pajuste. *The Life Cycle of Dual Class Firms*, 2018，网址：https：//ssrn. com/abstract = 3062895，最后访问时间：2020 年 2 月 15 日。

〔2〕 傅穹、杨金慧：《不同投票制度：争议中的胜出者》，载《证券法苑》2018 年第 25 卷。

〔3〕 香港联交所 2018 年 4 月公布的《新兴及创新产业公司上市制度咨询总结》认为，固定期限的“日落条款”可能引发上市发行人控制权在未来某日出现变动，而该变动可能不符合公司或其股东的最佳利益，或者可能令联交所的竞争力逊于不设“时间日落条款”的海外市场（尤其是美国及英国）。

〔4〕 夏雯雯：《新加坡上市公司双层股权结构限制性条款研究》，载《金融市场研究》2018 年第 11 期。

〔5〕 郭雳、彭雨晨：《双层股权结构国际监管经验的反思与借鉴》，载《北京大学学报（哲学社会科学版）》2019 年第 2 期。

认为应为普通股东权益受损害或有受到损害之虞[1]，也有学者提出应仅在普通股东利益受到损害之时。[2]从公司行为自由理论与均衡普通股东利益视角看来，对“燕尾条款”作出标准化的强制性扩充的弊端在于它将交易主体意思自治的空间挤压到最小的限度，导致某些公司不能根据运营环境调整制度满足需要。[3]为了发挥差异化表决权安排的制度功能，将控制权转换到能够使其价值最大化的人手中，实现交易的帕累托最优。[4]应给予市场主体一定弹性空间，在一股一票表决规则适用范围引入主动提供多重选项的模式，考虑不同公司实践特点实施以“选择”功能代偿“填空”功能的策略。[5]不同公司按照一定程序与投资者议价缔约，凝聚多数共识设计具有特定限制条件的特别表决权，中小投资者根据投资偏好进行选择。一方面保护公司行为自由与经营灵活性，[6]另一方面提高中小投资者博弈能力与治理参与度。建构多元化良性市场竞争体系，实现社会总体帕累托最优。

关于判断议案性质的前置流程，可以由召集股东大会的董事会先行投票决定，规避特别表决权股东“自己做自己案件的法官”，将“燕尾条款”架空肆意实施侵权行为。

（三）差异化表决制度下的诉讼规则再造

1. 移除股东派生诉讼障碍

我国股东派生诉讼在具体适用中存在诸多障碍可以归因于原告起诉资格难以满足与诉讼费用分配不合理。经美国《标准商事公司法》及众多判例的实践总结，美国对原告资格形成以下判断标准：第一，当时持股规则；第二，持续违法行为规则；第三，净手规则。[7]由此可见，美国派生诉讼的原告资格要求较低。减轻诉讼负担有利于积极证券诉讼氛围形成，故解决我国派生诉讼适用困境可以首先从降低原告资格角度摆脱起诉羁绊，为缺乏投资者保护机构作为股东代表的公司股东提起派生诉讼创造空间。因为中小投资者让渡表决权削弱了股东内部监督机制，简化股东派生诉讼启动要求可以运用诉讼的威慑作用减少特别表决权股东利用制度漏洞实施自利行为，确保中小投资者权益保护问题得到重视。降低的幅度需要兼顾中小投

---

〔1〕 刘连煜：《现代公司法》，新学林出版股份有限公司 2007 年版。

〔2〕 王志成：《特别股股东之权利保障》，载《月旦法学教室》2011 年 7 月。

〔3〕 张舫：《美国“一股一权”制度的兴衰及其启示》，载《现代法学》2012 年第 2 期。

〔4〕 Douglas C. Ashton, *Revisiting Dual - Class Stock* , St. John's Law Review Vol. 68, p. 4 (1994).

〔5〕 周游：《从被动填空到主动选择：公司法功能的嬗变》，载《法学》2018 年第 2 期。

〔6〕 刘胜军：《类别表决权：类别股股东与公司行为自由的衡平——兼评〈优先股试点管理办法〉第 10 条》，载《法学评论》2015 年第 1 期。

〔7〕 张民安：《公司少数股东的法律救济》，载《法制与社会发展》1995 年第 3 期。

资者的滥诉倾向与起诉门槛过高障碍的衡平，实现制度标准与投资者博弈能力相匹配，故我国原告资格的降低维度仍需进一步积累实践经验得以确定。

我国股东派生诉讼费用承担问题是阻碍“小额多数”的普通股东起诉的直接近因。美国《标准商事公司法》[1]以公司是否获得实质性利益作为支付原告诉讼合理费用的判断标准。“实质利益原则”相较于我国的胜诉标准就鼓励中小投资者提起诉讼救济权益更具可操作性，因为即使股东败诉，公司利益不能通过判决挽回，也能对实施违法行为的股东产生戒惧作用，符合公益目的，满足无因管理[2]行为的要件，也符合无因管理制度的发展趋势[3]。因为原告股东为管理公司事务而提起诉讼，非基于法定义务或约定义务，而是基于公司法的授权。该起诉行为虽然可能违背公司作为本人的意愿，但一方面对其他股东而言具有公益性质，另一方面，原告的诉讼行为对资本市场成熟以及投资环境的优化也具有显著的公益作用[4]，因此可考虑将无因管理理论作为公司对非恶意的原告股东承担费用补偿义务的法理基础。[5]若仅对胜诉结果补偿，股东缺乏胜诉的十足把握必然对诉讼望而却步，导致股东代表诉讼难以发挥维护公司利益的初衷。[6]出于进一步减轻原告诉讼费用负担考虑，可以允许原告起诉时仅需支付自己诉讼标的额对应的诉讼费用，减少因诉讼费用高昂而放弃起诉的现象发生，发挥司法救济制度在中小投资者保护体系中的最后防线作用。借鉴美国司法实践经验，有必要允许我国法院在原告败诉的情况下以无因管理为法理依据要求公司就诉讼产生的实质积极作用对原告支付的诉讼费用作出补偿。通过降低股东派生诉讼门槛及诉讼费用负担，移除公力救济障碍，转变

---

〔1〕 美国《标准商事公司法》第7.46节规定：在终止派生程序时，法院可以命令公司向原告支付在程序中发生的合理费用（包括律师费），如果法院认为该程序使公司获得实质性的利益。参见沈四宝：《最新美国标准公司法》，法律出版社2006年版。

〔2〕 民法学者王泽鉴将合法的无因管理分为两类：一类是管理事务利于本人，且不违反本人明示或可推知之意思；另一类是违反本人明示或可推知之意思而为事务之管理，但其管理系为本人尽公益上之义务，或为履行法定抚养之义务，即阻却违法。参见王泽鉴：《民法学说与判例研究》（第二册），中国政法大学出版社2005年修订版。

〔3〕 该趋势是指注重公益，重视无因管理对社会发展的积极功能。无因管理制度的功能发展经历了从偏重保护本人利益阶段，到兼顾管理人利益阶段，在保护本人利益的同时保护管理人的利益。再到注重公益阶段，无因管理对社会整体发生正面的积极功能。参见李文涛、龙翼飞：《无因管理的重新解读——法目的论解释和论证的尝试》，载《法学杂志》2010年第3期。

〔4〕 股东派生诉讼原告股东为公司利益提起诉讼具有“阻却违法”的作用，能避免损失扩大，符合公益目的，基本满足学者王泽鉴提出的后一类合法的无因管理行为的要件，故可以认为是以保护公益目的的无因管理。

〔5〕 胡宜奎：《论股东代表诉讼中的费用补偿》，载《政治与法律》2014年第2期。

〔6〕 李秀文：《我国股东代表诉讼的完善路径——基于333个案例样本的分析》，载《中国海洋大学学报（社会科学版）》2019年第6期。

中小投资者对司法救济的消极态度，促使形成积极的证券诉讼氛围。

2. 循序渐进推进证券代表人诉讼

美国双层股权结构成熟运行依赖于集团诉讼制度在事后追责层面对特别表决权股东的规制。集团诉讼与美国投资者专业化水平较高，对抗传统浓厚以及强大的司法创制文化等社会背景相契合。集团诉讼律师以风险代理的方式起诉克服了个别诉讼的风险和不经济，减少了股东对“搭便车”的顾忌，也缓和了“集体行动困境”，实现以较低的诉讼成本与双层股权结构弊端相抗衡。但是集团诉讼也存在制度本身的缺陷，证券集团诉讼及其周边机制就像一支杠杆，支起的却是快速放大的交易成本。〔1〕以胜诉酬金制度付费的集团律师存在滥诉倾向、保险公司以提高保费方式承担连带赔偿责任，胜诉获得的赔偿金被用于支付律师费用及保险费用，对原告股东而言无异于责任循环自我负担〔2〕。

我国证券市场多数中小投资者法律维权意识薄弱，只有妥善解决代表人诉讼障碍，才能发挥证券诉讼作为证券纠纷的最终解决方案、中小投资者维权的最后防线功能。因此可从以下几个方面改进以兼顾投资者维权需求与科创公司长远发展：

第一，针对代表人诉讼适用难题：首先，应从法律规范层面肯定代表人诉讼制度价值。与其他诉讼形式相比，代表人诉讼显然更能实现诉讼经济、提高司法效率〔3〕。并确保民事责任在证券侵权责任中的基础性地位，因为证券违法一般会侵犯多重法益，面临多个法律责任承担，产生责任竞合。在平衡各种责任时，应确保民事责任赔偿的优先性，〔4〕从而将中小投资者保护落到实处。其次，将证券代表人诉讼集中管辖，克服地方法院的畏难情绪与地方保护主义〔5〕。赋予上海和深圳两个证券交易所所在的中级人民法院对该类案件的初审专属管辖权。〔6〕尝试设立专门法院或由金融法院受理该类型案件，集中审判资源，考量受案法官整体素质，满足证券诉讼案件对诉讼参与人专业化程度高的需求。从而妥善处理涉及群体性事件和市场秩序案件，能动地处理平等民事主体间的争议，并对行政权形成良性制约。〔7〕避

〔1〕郭雳：《美国证券集团诉讼的制度反思》，载《北大法律评论》2009 年第 2 辑。

〔2〕郭雳：《证券集团诉讼的功用与借鉴——一个基于现实的批判性解读》，载《证券法苑》2010 年第 2 卷。

〔3〕张俊云：《借鉴美国证券集团诉讼完善我国证券诉讼制度》，载《天津法学》2016 年第 1 期。

〔4〕冯果、张阳：《证券侵权民事赔偿标准确立的内在机理与体系建构》，载《证券法苑》2018 年第 25 卷。

〔5〕缪因知：《中国证券市场法治化的道路》，载《交大法学》2013 年第 4 期。

〔6〕肖建华、陈迎宾、宋芳：《论我国证券欺诈代表人诉讼制度的完善》，载《天津法学》2012 年第 3 期。

〔7〕缪因知：《发达国家金融法院的经验与启示》，载《金融博览》2018 年第 10 期。

免案件久拖不决，提高司法效率与维护证券市场秩序。

第二，基于中小投资者维权难度高，特别表决权股东控制权约束机制收效甚微的当下样态，考虑在科创板差异化表决权实践起始阶段更侧重中小投资者权益维护，逐步落实《证券法》（2019 年修订）关于投资者维权的新举措。首先，将投资者保护机构作为代表人参加诉讼实现集团诉讼效果的初步实践优先在普通股东就特别表决权股东权力滥用行为起诉之前展开。其理由主要为以下两方面：其一，特别表决权股东不当行使控制权是差异化表决权的主要弊病，以该侵权行为作为试点能够显著改进表决权差异制度。其二，增强滥用特别表决权监管力度对于特别表决权股东利用内部监督机制缺陷，企图背弃信义义务实施损害普通股东利益的行为，具有威慑作用。其次，重构举证责任分配规则。公司治理参与消极，严重信息不对称的普通股东提起证券诉讼无可避免地会面临举证困难的窘境。刻板适用传统举证责任分配原则显然是对股东实质平等的违背，无助于投资者维权。因此可以考虑将举证责任倒置于居于公司治理核心的特别表决权股东，要求其承担证明责任。催化被告实施侵权行为前预知其行为的违法性、危害性及法律后果。[1]通过转换起诉资格、诉讼费用承担、举证责任规则，构建约束特别表决权股东权力，强化投资者保护制度框架，达成差异化表决权安排的兴利除弊。

五、结语

创新驱动发展战略下的科创板差异化表决安排是提高我国资本市场竞争力的重要工具，但该制度本身也造成中小投资者权益受侵害可能性提高。在《证券法》（2019 年修订）凸显市场化、法治化，强化投资者保护的背景下，实现表决权差异安排最大效用需要尽快制定与监管现状相匹配的中小投资者保护体系。

就《科创板上市规则》差异化表决权相关条款及配套制度而言，不足之处在于未对内外部制约监督机制作出合理设计，以及欠缺实效性的司法救济路径。因此，强化中小投资者权益保护制度应从创新监管方式出发，发挥各主体履行职责的积极性，辅之以市场主体充分博弈，形成多层次特别表决权限制框架，实现差异化表决权监管力度与市场需求相契合。积极完善司法救济途径，从股东代表诉讼和代表人诉讼角度支持事后救济，为证券市场稳定有序运行和投资者的利益提供有力保障，从而形成控制权力与权益救济相得益彰的差异化表决权制度。

---

[1] 刘云亮：《证券民事纠纷代表人诉讼制度的适用性》，载《法治研究》2013 年第 7 期。

科创板背景下差异化表决制度的进一步建构

刘学彬*

内容摘要：许多国家公司法已经逐步放弃了一股一权原则，并且世界主要资本市场纷纷修改上市规则以吸引采用差异化表决制度的公司。在此背景下，我国最近设立的科创板允许特殊表决权公司上市，并制定了相关规则的基本框架，但存在立法层级低且不完善的缺陷。根据公司自治、股东平等以及股东异质化等理论，并且结合我国差异化表决制度的实践经验对现行科创板特别表决权规则进行分析，差异化表决制度的进一步发展面临公司内部治理的弱化、代理问题的加剧以及股东信义义务问题凸显的障碍。在借鉴和总结中国香港地区和新加坡地区最新设立的相关规定，进一步建构路径要以公司法和合同法调整相结合为原则，以约束控制权为核心的公司内部治理和外部监管制度为整体思路。具体措施借鉴比较法的经验，强化独立董事职责，构建类别股股东大会，设置企业管理委员会等机构以及在细则进一步约束特别表决权，在司法领域引进集团诉讼制度。

关键词：科创板　差异化表决　种类股　类别股　双层股权结构

一、问题的缘起

差异化表决制度缘起于美国资本市场[1]，早在20世纪初，一些美国的上市公

---

* 刘学彬，中央财经大学法学院博士研究生。

〔1〕 张志坡：《优先股之无表决权质疑》，载《法学杂志》2012年第12期。

司就开始发行不具备表决权但具有较高收益的优先股来吸引投资者。[1]经过一个多世纪的发展，优先股在资本市场得到了广泛应用，到2013年6月，美国优先股清算价值接近4000亿美元。[2]但是优先股高收益率与优先清偿的特点增加了公司融资的成本。[3]为降低融资成本，一些公司开始发行收益权相同但表决权不同的股份，并最终形成了双层股权结构（dual－class share structure）制度。进入21世纪以来，世界经济发展迅速，在2017年，57家独角兽企业的总估值高达1165亿美元，其中我国入围了18家。[4]在这些初创企业中，双层股权结构受到了极大的青睐，这其中包括美国的谷歌、Facebook、Groupon和Zynga，以及中概股百度、京东以及阿里巴巴等，世界各主要资本市场也纷纷修改相应上市规则以吸引采用差异化表决制度的公司。其中港交所和新加坡交易所相继放弃了长期以来坚持的“同股同权”原则，分别于2018年4月和6月制定了新的上市规则[5]，正式接纳了双层股权结构公司上市。

面对国际资本市场的激烈竞争，我国也着手为采用差异化表决制度的企业营造更为良好的营商环境。2018年3月30日，国务院转发了证监会《关于开展创新企业境内发行股票或存托凭证试点的若干意见》。同年6月6日，证监会发布中国存托凭证（CDR）共包括9个文件在内的实施细则。[6]2018年11月，国家主席习近平正式宣布设立科创板并试点注册制，证监会随后于2019年1月发布的《关于在上海证券交易所设立科创板并试点注册制的实施意见》明确规定允许特殊股权结构企业在科创板上市。上交所在2019年3月发布的《上海证券交易所科创板股票上市规则》更是对表决权差异安排进行了详细规定。2019年9月27日，根据上交所公布的《科创板上市委2019年第27次审议会议结果公告》，优刻得成为首家具有

---

〔1〕王灏文：《美国类别股法律制度探源：背景、进程及内在逻辑》，载《证券法苑》2018年第25卷。

〔2〕李经纬、葛帮亮、李昪：《国际视野下的我国优先股政策研究：基于券商视角》，载《经济论坛》2014年第3期。

〔3〕朱慈蕴、［日］神作裕之：《差异化表决制度的引入与控制权约束机制的创新》，载《清华法学》2019年第2期。

〔4〕参见《全球再添16家“独角兽”四家中国公司上榜》，载搜狐网：hup：//www. sohu. com/a/228325147_ 222256，最后访问时间：2018年4月15日。

〔5〕4月24日，港交所发布《新兴及创新产业公司上市制度咨询总结》，决定在主板上市规则中增加生物科技章节、不同投票权章节，且该新规定已于2018年4月30日正式生效，这也是香港市场近25年来最大的一次上市机制改革。2018年6月26日，新加坡交易所推出了新的规则，允许双重类别股份的公司股票上市，这是继资本市场的主要竞争对手——中国香港证券交易所接纳此种受到科技公司青睐的融资结构之后，新加坡交易所迅速作出的反应。

〔6〕彭浩彪：《中国存托凭证（CDR）套利机制初探》，载中证网：http：//www. cs. com. cn/ sylm/zjyl_ 1/201806/t20180619_ 5825056. html，最后访问时间：2018年7月10日。

特殊表决权安排通过科创板上市申请的公司。允许采用差异化表决制度公司在科创板上市，有助于发挥科创公司创始人的人力资本的比较优势[1]，形成独特的公司文化，提升其竞争力。

虽然我国已经初步制定关于差异化表决制度的相关科创板规则，但其规范内容不完善且规则制定主体主要为证监会和上交所，以部门和行业规章为主，立法层级较低，缺少公司法和证券法等上位法的支撑，特别是围绕采用差异化表决制度的以控制权约束为核心的公司内部治理机制弱化、代理问题加剧以及股东信义义务（fiduciary duties）等问题还需要进一步展开探讨，笔者从差异化表决制度的理论和我国实践出发，结合国外的先进经验，对当前科创板背景下差异化表决制度规则的完善作出有益探索。

二、差异化表决制度理论研究

（一）本质与类型化分析

差异化表决制度，又可称为差异化表决机制、差异化表决架构、种类股、类别股等，广义上的概念是指一切与同股同权、一股一权不一致的表决机制。其类型按照设定及其内容可分为法定和意定两类：第一类为公司法等法律规定的类别股种类，这包括双层股权结构、优先股、限制表决权股、无表决权股、复数表决权股、黄金股等；第二类为通过合同约定的，例如一致行动人协议、征集委托投票权等。[2]而差异化表决制度狭义的概念则是指在公司股权结构中设置不同表决权的股份。[3]本文主要探讨的差异化表决制度主要为狭义的概念。

（二）理论依据

1. 公司自治原则

公司自治原则（the principle of corporate autonomy）是私法自治（the principle of autonomy in private law）在公司法领域的体现和延伸，具体表现为公司在法律上享有充分的意思自治和高度的行为自由，并通过科学合理的公司内部治理结构和高效

---

〔1〕 香港交易所集团行政总裁李小加曾公开表示："创新型公司与传统公司最大的不同在于，它取得成功的关键不是靠资本、资产或政策，而是靠创始人独特的梦想和远见。"参见江家岱：《合伙人根本不是问题，李小加八论"创新型公司"》，载搜狐网：http：// business，sohu. com/20131025/n388900257. shtml，最后访问时间：2019 年 10 月 15 日。

〔2〕 朱慈蕴、［日］神作裕之：《差异化表决制度的引入与控制权约束机制的创新》，载《清华法学》2019 年第 2 期。

〔3〕 任尔昕：《关于我国设置公司种类股的思考》，载《中国法学》2010 年第 6 期。

的公司决策、管理、监督等治理机构来行使，从而使公司自治建立在健全的组织保障基础上。[1]我国公司法正经历从管制型向自治型转变的过程[2]，应在组织设置上为公司提供多种选项，代替被动填补[3]，尊重股东的自由意志，促使公司自治从形式走向实质。

差异化表决制度是投融双方之间为解决代理问题与公司控制权问题创设的公司治理契约安排，初创企业创始人具有管理能力和创新能力等较高人力优势，但缺少资本优势，在避免其丧失公司的控制权基础上与投资者协商达成股权差异化表决的相关约定，形成新的公司治理安排。

2. 股东平等原则

当今世界各国公司法普遍承认股东平等原则（the principle of shareholder equality），但并非禁止所有股东间的不平等待遇，而是禁止那些不具备正当理由的不平等待遇，所以股东之间的平等应是一种相对的、实质的平等。[4]在公司的内部权利义务配置中，股东之间的平等要以股东所持有的股份性质和数量为依据，即股东按照各自缴纳的出资额或者持有不同性质股份的数额享有权利、承担义务。[5]

3. 股东异质化理论

在股东同质化理论的框架内，股东被拟定在股权权利方面具有同等偏好，例如一股一权的公司在股东同质化理论假设下，表决权行使以全体股东理性投票为基础，但实践并非如此，特别是广大中小股东更加关注自身的短期收益而非公司的长远管理[6]，特别是不同类别股东之间的风险偏好与利益取向存在明显差异，抽象的资本平等难以代替股东权利义务的实质不平等，于是股东异质化理论应运而生。偏好公司控制权的股东希望长期持有特别表决权股，而偏好经济利益的股东则可能更侧重持有优先股，因此设置差异化表决制度可以有效满足不同类型的股东的风险偏好与利益取向。

---

〔1〕参见郑云瑞：《公司法学》，北京大学出版社2016年版，第60～61页。

〔2〕参见赵万一、赵吟：《中国自治型公司法的理论证成及制度实现》，载《中国社会科学》2015年第12期。

〔3〕参见周游：《从被动填空到主动选择：公司法功能的嬗变》，载《法学》2018年第2期。

〔4〕参见郑云瑞：《公司法学》，北京大学出版社2016年版，第65～69页。

〔5〕参见朱慈蕴、沈朝晖：《类别股与中国公司法的演进》，载《中国社会科学》2013年第9期。

〔6〕参见李洪健：《同股同权规则的再释义与我国公司股权结构改革》，载《西南政法大学学报》2018年第5期。

（三）现实需求

1. 优化企业营商环境的需要

科创企业是推动我国科技进步和经济高质量发展的关键性力量，其中处于初创阶段的科创型企业发展更是需要创始人和核心技术人员的支撑。并且我国的国有企业改革特别是所有制改革正处在攻坚克难的关键时期，改革的核心就在于进一步厘清国有资本的角色定位与权利义务，关键在于保留国家对重大事项的管理权力，且避免对日常经营的过度干预，同时吸收民营资本的力量。[1]各类企业的进一步发展都离不开资本市场的支持，因此有必要为企业融资提供完善的公司治理制度供给，设置不同投票权制度，实现公司控制和融资的兼顾。

2. 与投资者利益博弈的平衡

设立公司股权的初衷之一在于分离公司的所有权与控制权，但是经过时代变迁，两者正在走向融合，并且资本市场的繁华和自由化趋势促进了机构投资者的发展，使其已经成为大宗股票的所有者，更是加剧了掌握公司控制权的大股东形成。在同股同权的框架下，实力雄厚的机构投资开始积极介入公司的治理，“经理人资本主义”开始转变为“投资人资本主义”，控制权开始依附于所有权。[2]这种实质上的不平等需要赋予公司管理层面对敌意收购时具备一定的抵御手段，避免宝万之争。

三、我国差异化表决制度的实践探索

（一）差异化表决制度的实践基础

1. 公司法之规定

我国早期《公司法》在设立股权结构的原则时严格限定为“同股同权”[3]与

---

〔1〕 参见吴高臣：《国家特殊管理股的法律性质》，载《法学杂志》2018 年第 1 期。

〔2〕 参见冯果、李安安：《金融创新视域下公司治理理论的法律重释》，载《法制与社会发展》2013 年第 6 期。

〔3〕《公司法》第 126 条，该条规定：“股份的发行，实行公平、公正的原则，同种类的每一股份应当具有同等权利。同次发行的同种类股票，每股的发行条件和价格应当相同；任何单位或者个人所认购的股份，每股应当支付相同价额。”

“一股一权（one share，one vote）”。[1]2013 年修订后，在股份公司的股权设置上仍坚持“同股同权”，而有限责任公司的股东可以通过合意来约定股东投票权。[2]但也为差异化表决制度的设立预留了空间，《公司法》第 131 条授权国务院可以规定“公司法规定股份种类以外的股份”。

2. 优先股之试点

我国的差异化表决制度也是从优先股试点改革开始兴起的，2013 年 11 月国务院出台了《国务院关于开展优先股试点的指导意见》（以下简称《指导意见》），接着 2014 年 3 月证监会颁布了《优先股试点管理办法》（以下简称《管理办法》）。考虑到市场对优先股风险收益特征的认识需要有一个过程，并且优先股涉及公司复杂的治理结构安排，因此优先股的发行主体被严格限制为两类——上市公司与非上市公众公司，且禁止优先股转化为普通股[3]，贯彻了优先权利法定的规制路径[4]。优先股试点工作开始之后，迅速得到了资本市场主体特别是商业银行的青睐，截至 2018 年年底，我国已有至少 27 家上市公司和 23 家非上市公众公司发行了优先股。[5]但从优先股试点的情况来看，其《管理办法》立法层级较低，并且对股东保护的相关规定尚不完善，例如触发优先股恢复表决权条件、情形以及时间还需进一步明确。

---

〔1〕 同股同权规则是我国股份权利比例性配置的原则性规定。《公司法》第 103 条中的“每一股份享有一表决权”是“一股一权”的法律基础，结合《公司法》第 126 条“同等权利”与《公司法》第 166 条第 4 款有关“股份有限公司按照股东持有的股份比例分配”的规定，一股一权规则之核心意义在于每一股份享有一表决权与一收益权。就字面意义而言，“一股一权”与“同股同权”的差异在于前者将“同”明确为“一”，这一变化暗含着后者乃前者上位规则的体系性含义。

〔2〕《公司法》第 34 条规定：“股东按照实缴的出资比例分取红利；公司新增资本时，股东有权优先按照实缴的出资比例认缴出资。但是，全体股东约定不按照出资比例分取红利或者不按照出资比例优先认缴出资的除外。”由此可见，《公司法》对红利的发放未做强制性规定，股东可以通过约定来决定红利的分配方式。这样，部分股东在利润分配事项方面就有可能享有特别权利，在实质上也有可能形成不同类别的股份。《公司法》第 42 条规定：“股东会会议由股东按照出资比例行使表决权，但是，公司章程另有规定的除外。”有限责任公司由于具有人合性、封闭性的特点，所以公司内部的治理结构一般是协商的结果，我国公司法并不对其做出强制性规定。而股份有限公司基于资合性和开放性的特点，我国公司法为了保护公司全部股东的利益，对股份有限公司采用双层股权结构持一种否定态度。《公司法》第 103 条第 1 款规定：“股东出席股东大会，所持每一股份有一表决权，但是，公司持有的本公司股份没有表决权。”《公司法》第 126 条第 1 款规定：“股份的发行，实行公平、公正的原则，同种类的每一股份应当具有同等权利。”该条规定明确提出了同一种类股份同等权利，也就是所谓的“同股同权”。

〔3〕 参见傅赵戎：《私募股权投资适用优先股的法律路径》，载《河北法学》2015 年第 5 期。

〔4〕 参见潘林：《优先股与普通股的利益分配》，载《法学研究》2019 年第 3 期。

〔5〕 朱慈蕴、［日］神作裕之：《差异化表决制度的引入与控制权约束机制的创新》，载《清华法学》2019 年第 2 期。

3. 独角兽企业差异化实践

我国改革开放以来，经济迅速发展，社会主义市场经济机制逐步建立和完善，作为市场主体的企业在数量和质量上均取得了长足的发展。进入 21 世纪以来，我国的一些独角兽企业选择设置了有利于创始人控制公司的差异化表决制度，并选择在以美国为代表允许同股不同权规则的资本市场上市。其采用差异化表决制度的类型可概括为两种情形：

第一类为控制董事会。具体措施包括选任董事来控制董事会，例如阿里巴巴的合伙人团队中，马云及其湖畔合伙人团队在不少于 9 人的董事会席位拥有超过半数的提名权〔1〕；或者在董事会投票表决特别是涉及公司控制权时，创始人的表决权具有关键作用或是其股份拥有更多数量的表决权。

第二类为设置不同类型表决权的股份。针对公司的创始人通常会设置具有超级表决权的股份，例如赴港上市的小米公司，就设置了以 AB 股为代表的双层股权结构，其中创始人团队持有的 B 股其表决权数量十倍于 A 股——普通股。〔2〕针对偏好经济利益且对公司管理缺乏兴趣的投资者，则通常会发行无表决权或限制表决权的股份，例如优先股等。

其中阿里巴巴的“合伙人”制度虽然本质上仍属于差异化表决制度，但有其独到之处。

首先，公司控制权实现方式不同，阿里巴巴的“合伙人”制度在股权设置上仍然不违背“一股一权”和“同股同权”原则，合伙人团队并非通过持有超级表决权股来控制公司，而是在公司股权架构之外以拥有多数董事提名权，进而实现对公司的控制。

其次，控制权集中程度不同。阿里巴巴的“合伙人”制度是以控制公司董事提名权的方式将公司控制权集中到整个合伙人团队，实现了团队的“集体领导”，而在双层股权结构下，因以特别表决权股而控制公司，将会使得控制权集中到极少数甚至个别股东手中，极易产生“个人独裁”。

最后，合伙人团队成员的选拔有严格限制，需至少满足三个条件，在阿里任职 5 年以下，具备优秀领导能力并高度认同公司文化，获得至少 75% 以上的合伙人同意，此外在任期内还需是阿里的持股股东。合伙人团队的严格选拔标准有效地保证了公司的控制人即使经过更迭也具备较高的管理能力和对公司较好地承担受信义务，避免了采用双层股权结构的公司不能有效传承和延续的问题。

---

〔1〕 参见朱德芳：《双层股权结构之分析：以上市柜公司为核心》，载《月旦法学杂志》2018 年第 3 期。

〔2〕 小米集团《招股章程》，网址：http：/www. hkex. com. hk。

（二）科创板改革之差异化表决

为科技创新企业优化营商环境，增强资本市场的包容性，我国在上海交易所设立科创板并允许特殊股权结构企业上市。证监会发布的《科创板上市公司持续监管办法（试行）》第7条对存在特别表决权股份的科创公司上市进行了概括式规定，并授权交易所对其上市条件、表决权差异的设置、存续、调整、信息披露和投资者保护事项作出详细规定。上交所的《上海证券交易所科创板股票上市规则》对此进行了专门章节的规定。

1. 法律法规之内容

（1）上市条件

企业的市值规模和营业收入达到了较高程度，这意味着具备更好的发展前景和风险抗压能力，同时也促使企业更加注重自身的信誉，吸引更多的被动投资者，因此上交所设置了两款针对具有表决权差异安排的发行人的上市条件：第一，预计市值不少于100亿元人民币；第二，预计市值不少于50亿元人民币，且最近一年营业收入不少于5亿元人民币。与一般发行人的科创板上市条件标准相比，虽然都没有设置企业盈利能力等财务指标，但在市值财务指标和选择范围规定了更高、更严格的标准。

（2）特别表决权的安排

1）特别表决权的设置

特别表决权的设置要在首次公开发行上市前并经过股东大会2/3以上表决权的通过。这其中涉及对利用采用差异化表决制度进行资本重置（Recapitalization）——换股要约（Exchange Offers）的禁止，换股要约的实质就是降低已经发行上市股份的表决权数量，将其转换为限制表决权股。[1]因为控制权和现金流的背离，在持有特别表决权股股东的主导下极易通过对其他股东不平等的决议，而股权重置的成本却主要由其他股东来承担，因此要禁止公司上市后再进行股权差异化安排，防止因其致使公众股东利益受损的情形发生。

对持有特别表决权股份的资格和比例有所要求，需是对上市公司发展或者业务增长等具有重大贡献，以及在公司上市前后持续担任董事的人员或者该等人员实际控制的持股主体。这是对持有特别表决权股股东对公司的经营管理和出资义务的特别要求，体现了其权利与义务相一致。

---

[1] Jeffrey N. Gordon, Ties That Bond: Dual Class Common Stock and The Problem of Shareholder Choice, 76Cal. L. R. 1, 40, (1988).

上市公司的章程规定每份特别表决权股的表决权数量应在普通股的表决权数量的10倍以内，并且同类特别表决权数量相同。普通股与特别表决权股除表决权差异外的其他股东权利应完全相同，防止股东出资义务与表决权利的过度背离，加剧股东间利益冲突。

公司上市后特别表决权股份比例不得通过境外发行或者股权回购等形式提高，例外情形为同比例配股、转增股本。普通股的表决权比例不低于10%，以保障股东提议召开临时股东大会和提出股东大会议案的权利。

特别表决权股份不得在二级市场进行交易，转让规定还需上交所进一步明确。其中特别表决权股份的加权表决权股因其具有更高的公司控制价值，在流转过程中会大量溢价，这会造成不同类别股之间收益权的不平等，进而会损害普通股股东的利益。因此为维护股东的平等，特别是收益权的平等，有必要对特别表决权的转让进行必要限制。

2）特别表决权的调整

在特定事项进行表决时，特别表决权股股东与普通股股东具有平等表决权，这些特定事项包括：修改公司章程和特别表决权股份的表决权数量，选任或解聘独立董事（independent director）及为上市公司定期出具审计意见的会计师事务所，公司的变更或终止。其中除转换普通股情形之外的特别表决权股份的表决权数量修改需要经过不低于2/3以上出席会议股东所持表决权的通过。

3）特别表决权的终止

特别表决权终止的规定主要有两类条款：第一类为触发型落日条款（sunset provision）[1]，主要内容为发生股东不再具备继续持有表决权股份的情形，例如，不符合规定的股东资格和最低持股要求以及丧失相应履职能力、离任或死亡，丧失对持股主体的实际控制，转让或委托他人行使特别表决权股；第二类为突破条款（breakthrough provision）[2]，主要为公司的控制权变更。该规定尚不足以防止超级表决权的永久性安排，其中未涉及继承、夫妻共同财产转让以及赠与等情形的规定，除此之外，还缺乏对期限型落日条款的规定，例如约定差异化表决机制在公司上市后的存续期限，期限经过后，差异化表决机制应当终止。

（3）信息披露

对上市公司的差异化表决权安排相关情形进行充分和详细的披露，特别是针对风险、公司治理以及保护投资者的各项措施等。具体而言，包括以下两项内容：

---

〔1〕 落日条款是引进该架构的目的已达成，或者确定无法达成等情形下，撤销该差异化表决架构。

〔2〕 突破条款是当取得公司已发行股份数的一定比例的人出现时，撤销该差异化表决架构。

1）公示公开。上市公司在定期报告中披露关于特别表决权安排的，在报告期内的实施和变化情况以及投资者保护的相关措施，当出现重大调整、变化的情况时，应当及时予以披露。在股东大会召集通知中要明确持有特别表决权的股东及其持股情况以及会议表决是否关联到无差别平等表决的特殊事项等内容。

在股东大会通知中列明持有特别表决权股份的股东、所持特别表决权股份数量及对应的表决权数量、股东大会议案是否涉及无差别平等表决的特定事项等情况。

2）外部登记。上市公司或者持有特别表决权股份的股东应当按照上交所及中国结算的有关规定，办理特别表决权股份登记和转换成普通股份登记事宜。

（4）投资者保护

持有特别表决权股份的股东应当按照法律和公司章程的规定行使权利，不得滥用或者侵害投资者的合法利益。上交所可要求其改正侵害投资者合法利益的行为。

监事会应当在年度报告中针对上市公司具有表决权差异安排出具专项意见，特别是有关投资者保护的事项。

2. 优刻得上市之实践

优刻得是我国一家专门提供云计算服务的公司，在我国 2018 年的公有云 laaS 市场份额占比 3.4%，排名第六。但因其面临产品降价、市场竞争激烈等困难，优刻得 2019 年市场份额和收入增速都面临持续下滑的风险，所以急需资本支持增强竞争实力。与此同时公司实际控制人季某华、莫某峰、华某的合计持股比例因之前的 7 轮外部融资被大幅稀释为 26.82%，面临丧失公司控制权的风险。于是优刻得采用设置差异化表决权，控制人团队通过持有 26.8347% 的股份享有公司 64.7126% 的表决权。优刻得在其招股说明书上表明了此次拟发行 12140 万股，即使按照最多可能发行的股数，控制人团队仍以持有 20% 多的股份行使 55. % 左右的表决权。

优刻得选取的上市标准为公司的预计市值不少于 50 亿元且最近一年营业收入不少于 5 亿元，并且在上交所的问询中，其差异化表决制度的相关情况受到了重点关注，其中包括其信息披露情况、公司治理稳定性以及差异表决权倍数的合理性等。而审核意见则重点关注了公司的估值及其合理性上，特别是近五年市场份额的变化。

（三）实践进一步发展的阻碍

科创板是我国资本市场上市规则首次接受同股不同权原则，必将会吸引越来越多地采用特别表决权股权结构的公司，例如，目前已经采用差异化表决制度的九号机器人有限公司正在闯关科创板，并于 10 月 9 日回复了首轮问询。[1]为采用差异化表决制度的公司营造良好资本市场的营商环境，科创板以及未来的 A 股市场还需要进一步培养成熟的投资者和发行人，构建和完善公司治理结构、监管与投资者保护制度。但现阶段我国相关的法律法规尚未完善，未来可能会出现如下风险与挑战。

1. 公司内部治理机制之弱化

在现代公司架构下，公司的所有权和经营权相分离，而差异化表决制度设立的初衷是背离现金流而进行公司控制权的争夺，而由控制权争夺所引发的公司内部治理失衡才是矛盾冲突的关键。[2]股权的内容包括收益权和表决权，股东作为投资者以资本交换股权，通过行使表决权的形式参与公司经营管理。股本平等原则在表决权方面表现为一股一权，其实质为资本平等，产生了大股东与小股东共存的局面，并形成少数大股东控制公司的结构（a controlling - minority structure, CMS）。[3]但差异化表决制度进一步加剧了所有权和经营权的分离，并且固化了公司的管理层，限制了大股东之间对公司控制权的争夺，这就会弱化公司内部治理的作用，股东更多依赖外部救济向管理层主张权利。[4]

2. 代理问题之加剧

许多学者运用代理成本分析理论研究采用差异化表决制度公司的治理问题，但对其代理成本问题具有不同的认识。例如纽约大学的 Jeffrey N. Gordon 教授认为股东的漠视和集体行动困难会导致采用差异化表决制度的公司承担代理成本[5]，然而更多的学者认为采用差异化表决制度公司的业绩和寿命会高于一股一权的公司，例如根据学者 Dimitrov 与 Jain 对 178 家资产重组并采用差异化表决制度的公司 1979 年至 1998 年经营情况统计表明其重组四年后平均超额收益率达 23.11%。[6]而 Gompers 等教授的研究表明，采用差异化表决制度公司的存续时间要比一股一权的

---

〔1〕 参见资本邦：《九号智能回复科创板首轮问询：小米关联关系、VIE 架构、红筹架构、对赌被关注》，网址：http：//www. sohu. com/a/345933504_ 223785，最后访问时间：2019 年 10 月 13 日。

〔2〕 参见傅穹、杨金慧：《不同投票权制度：争议中的胜出者》，载《证券法苑》2018 年第 2 期。

〔3〕 Bebchuk, L. , R. Kraakman and G. Triantis, Stock Pyramids, Cross - Ownership and Dual Class Equity: The Mechanisms and Agency Costs of Separating Control from Cash— Flow Rights, Harvard Law School Olin Discussion Paper No. 249, 1999.

〔4〕 参见 Andrew Hill 的发言，载 Dual - class stock: Governance at the Edge, Shareholder Value, 2012, Third Quarter，第 37 页。

〔5〕 Jeffrey N. Gordon, Ties That Bond: Dual Class Common Stock and Problem of Shareholder Choice, in Calif Law Review, 1988, 76: 3.

〔6〕 Valentin Dimitrov, Prem C. Jain, Recapitalization of One Class of Common stock into Dual - class: Growth and Long - run Stock Returns, in Journal of Corporate Finance, 2006, 12: 342 -366.

公司长三年多。

但不可否认，在差异化表决制度下，股东通过持有特别表决权来控制公司，在客观上这也可能成为其攫取私人利益的重要途径。[1]在控制权与财产权的背离程度较高且缺乏有效制约控制权机制的背景下，收益与成本以及权力与责任双重不对称，那么持特别表决权股股东因此攫取私利的可能性就会增加。[2]并且差异化表决制度对敌意收购的抵御也是一柄双刃剑，除稳固控制权的好处外，也可能使得公司管理层因高表决权股转让的限制而缺少外部竞争的监督，即使管理层经营管理的人力资本优势不再明显或肆意侵害公司或其他股东权益时也难以被其他人所替换[3]，并且普通投资者也丧失了因外部并购而获得股票溢价的机会。

3. 股东信义义务问题凸显

我国法律明确规定公司的融资渠道区分为股权融资和债权融资，形成了公司融资的内外边界。[4]但是随着金融创新的发展，两者的分解又开始被打破，优先股正是公司股份债化的具体体现。[5]如果优先股和普通股之间的利益发生冲突，那么优先股同权利的行使就可能会产生违背合同法和公司法规定的风险，造成违约和侵害其他股东的合法权益的法律后果。法院通常在审理该类案件中以合同法的规定作为裁判依据，而缺少以股东信息义务为视角的公司法裁判思路，即以民事案件审判思路审判商事案件，直接影响案件最后的审判结果。

通常来说，董事、高级管理人员一般只对公司承担信义义务，但是当其对股东侵害时也需要承担该义务。[6]例如，因为同股不同权有利于公司董事、高级管理人员控制公司决议，倘若其为追求私利而强迫中小股东接受股权重置计划而导致其利益受损，那么此时董事、高级管理人员就对中小股东承担信义义务。

四、新加坡与香港双层股权结构的借鉴

（一）香港地区“同股不同权”的构建

2017 年 12 月香港联交所公布《有关建议设立创新班的咨询总结》，紧接着在

---

〔1〕 参见卢文道、王文心：《双层股权结构及其对一股一权规则的背离——阿里上市方案中合伙人制度引起的思考》，载《证券法苑》2013 年第 2 期。

〔2〕 Michael C. Jensen and William H. Meckling, Theory of the Firm: Managerial Behavior, Agency Costs and Ownership Structure, Journal of Financial Economics, Vol. 3, 1976.

〔3〕 参见梁上上：《股东表决权：公司所有与公司控制的连接点》，载《中国法学》2005 年第 3 期。

〔4〕 参见施天涛：《公司法论》，法律出版社 2018 年版，第 163～164 页。

〔5〕 参见潘林：《优先股与普通股的利益分配》，载《法学研究》2019 年第 3 期。

〔6〕 参见施天涛：《公司法论》，法律出版社 2018 年版，第 406 页。

2018 年 2 月，又出台了《新兴与创新产业公司上市制度》的咨询文件。香港联交所出台了《香港联合交易所有限公司证券上市规则》（以下简称《联交所上市规则》），开启香港地区设置不同投票权的新篇章。

1. 双层股权结构的设立规则

（1）设立阶段

我国香港地区与美国一样明确规定双层股权结构公司的设立阶段只有 IPO 可以采用，禁止已上市采用，以尊重股东的自主选择权，保障 IPO 时的股票价格客观反映公司真实价值。

（2）市值限制

《联交所上市规则》第 8A. 06 条要求新申请人采用不同投票权架构上市的必须符合以下其中一项条件：上市时市值至少为 400 亿港元或上市时市值至少为 100 亿港元及经审计的最近一个会计年度收益至少为 10 亿港元。因为市值较大的公司风险相对较小并且内部治理会更加完善，中小股东利益可以得到诉求，所以只有满足一定的市值条件的公司，才更加具备采用双层股权结构上市的资格。

（3）行业限制

香港联交所将适用双层股权结构公司限定为“创新”。对双层股权结构的公司限定类别有助于减轻代理成本问题。创新公司面临激烈的市场竞争与资金短缺的双重挑战，因此更需要公司创始人或管理层提高竞争力和平等对待股东以吸引投资。

（4）高表决权股持有人的要求

为保障充分发挥公司人力资本优势，实现管理能力与决策权的匹配，《联交所上市规则》第 8A. 11 条规定不同投票权架构的受益人必须为申请上市时公司董事。其不再担任董事时，持有的高表决权股票按照“1:1”的比例自动转化为低表决权股票。[1]

2. 双层股权结构的运行规制

根据《上市规则》第 8A. 07 条规定，在《上市规则》第 8A. 24 条的规限下，任何不同投票权结构的不同投票权必须依附于发行人的个别股本证券类别，并只就发行人股东大会的议案赋予受益人更大的投票权。在所有其他方面，具有不同投票权的股本证券类别所附带的权利必须与发行人上市普通股票所附带的权利相同。

首先，对高表决权股份持有人设置了监督规则，高表决权股份所代表的表决权最高倍数为 10 倍[2]，第 8A. 12 条还规定不同投票权架构的受益人实益拥有其已发

---

[1] 参见《香港交易所主板上市规则》（2018 年版）第 8A. 11 条，以及第 8A. 17 条。

[2] 参见《香港交易所主板上市规则（2018 年版）》第 8A. 10 条。

行股本相关经济利益的占比必须不少于10%。并且其所占有的公司对应经济利益比例不可少于10%。[1] 而低表决权股票所代表的表决权数有最低比例限制，禁止无表决权股票的发行，同股同权股东必须持有上市发行人股东大会议案不少于10%的合资格投票权。[2]除此之外，同股同权股东必须有权召开股东特别大会及在会议及在会议议程中加入新的议案，所需的最低持股要求不得高于上市发行人股本所附投票权按“一股一票”的基准计算的10%。[3]

其次，双层股权机制的除外事项包括公司章程修改、类别股权利变动、独立董事和核数师的选任与罢免以及公司清算等。[4]根据香港联交所《上市规则》第8A.24条规定，通过下列事宜的议案时，上市发行人须不理会任何股份类别所附带的不同投票权，不同投票权受益人的投票权不得多于每股一票：（1）上述发行人组织章程文件的变动（无论以何种形式）；（2）任何类别股份所附带权利的变动；（3）委任或罢免独立非执行董事；（4）委聘或辞退核数师；及（5）上市发行人自愿清盘。

再次，不同投票权股票比例的限制。香港联交所《上市规则》对“不同投票权”的处置进行规制防止其比例失调，针对“不同投票权”股票的购买、回购、认购及转让都设置了较为严格的限制。

最后，香港地区在董事会方面，设立了新的机构，并加强独立董事的重要性，既要保障公司经营决策的效率，又要保障对高表决权股东分权制衡以便对其监督。[5]

3. 双层股权结构的退出规则

因为双层股权结构具有时效性，不宜永久设置。因此香港地区采用两种条款：

其一，针对高表决权股票的部分转让问题，设置了逐渐转换条款（conversion），高表决权股票在转让的同时自动转化成低表决权股票。[6]

其二，针对出现特定事项时全部高表决权股票要转为低表决权股票，香港地区采用落日条款（sunset provision）中的事件型落日条款，排除了可能会加剧代理问题和因公司创始人或管理层担心必然会丧失部分控制权而选择谨慎上市的时间型条

---

〔1〕参见《香港交易所主板上市规则（2018年版）》第8A.12条。

〔2〕参见《香港交易所主板上市规则（2018年版）》第8A.09条。

〔3〕参见《香港交易所主板上市规则（2018年版）》第8A.23条。

〔4〕参见《香港交易所主板上市规则（2018年版）》第8A.24条。

〔5〕参见《香港交易所主板上市规则（2018年版）》第8A.30条。

〔6〕参见《香港交易所主板上市规则（2018年版）》第8A.18（1）条。

款。[1]事件型落日条款的触发条件为出现法定或章程规定的事项，这些事项包括：第一为高表决权股票持有人发生变化引起的事项，例如其身体健康状况、丧失民事行为能力、离任、死亡等；第二为持股比例发生变化引起的事项，全部高表决权股票低于认定比例；第三为高表决权股票持有人投票表决通过公司不再采用双层股权结构；第四为部分违法行为。[2][3]

4. 风险提示要求

香港联交所《上市规则》要求“同股不同权”架构的上市公司充分提示其特殊的投票权安排，向投资者提示相关风险，如香港联交所明确要求“同股不同权”的上市公司股份代号结尾须加上 W 作为区分，所有上市文件、财报、通函、通知及公告须带有“具不同投票控制的公司”的字样，并详述相关不同投票权架构及风险提示。[4]

5. 对香港地区规则的评论

香港地区注重设立必要限制条件，降低双层股权结构引发的风险与副作用。将双层股权结构适用范围限定于高新技术企业，不仅可以促进其快速成长，也有利于降低双层股权结构的负面效应。超级表决权股东的资格限定为上市公司的董事，利用董事的信义义务制度对双层股权结构下的超级表决权股东进行约束。

在信息披露方面，流于规则形式要求的双层股权结构的一般性内容和风险提示难以为投资者提供有益参考，超级表决权股东与普通股东之间关于决策事项的利益冲突才是投资者真正需要获知的信息。

（二）新加坡

新加坡虽然从20世纪60年代靠吸引外国公司上市逐渐发展成为国际金融中心，但是此时一方面与纽约、伦敦、香港等传统国际金融中心激励竞争，另一方面又要面对中国内地、韩国、印度等亚洲新兴资本市场的挑战，其对外国上市公司的吸引

---

〔1〕 Martijn Cremers，Beni Lauterbach，Anete Pajuste，The Life Cycle of Dual Class Firms (May，2018)，European Corporate Governance Institute (ECGI) – Finance Working Paper No. 550 /2018，Available at SSRN：https：//ssrn. com/abstract = 3062895，p. 40.

〔2〕 参见香港交易所，咨询文件：不同投票权架构的概念文件（2014年8月），第42~44页。http：//www. hkex. com. hk/ – /media/HKEX – Market/News/Market – Consultations/2011 – to – 2015/August – 2014 – Weighted – Voting – Rights/Consultation – paper/cp2014082_ c. pdf.

〔3〕 参见《香港交易所主板上市规则（2018年版）》第8A. 17条。

〔4〕 参见《香港交易所主板上市规则（2018年版）》第8A. 37条。

力明显下降，IPO 融资额和股票交易额受到冲击，2014 年同比下降趋势明显。[1] 2018 年 6 月 26 日，新加坡正式全面开放双层股权结构公司在交易所上市。

1. 历史进程

虽然新加坡《公司法》第五十章规定上市公司及其子公司仅能够发行单一投票权股份（One Vote Shares，OV Shares），但其实早在 1974 年，新加坡政府既为了加强对新闻媒体公司的控制，又要对为其发展提供融资渠道，就设立了双层股权结构。新加坡的《报章及印务馆法令》第 10 条就已经规定报业公司可以设立管理股，其收益权与普通股相同，但是表决权不同。在报业公司的董事等成员的人事任免上，管理股与普通股投票权的比例为 200:1。除此之外，管理股不能随意转让，部长要书面批准，政府干预色彩浓厚。

2002 年，新加坡公司立法与监管框架委员会（CLRFC）在综合审查公司法后，认为封闭公司可以发行不同投票权的股份，这种设置有利于封闭公司采取盒子企业和战略联盟的形式。[2]

在 2003 年 5 月《公司法》采纳了 CLRFC 的建议，有条件允许封闭公司采用不同表决权股，但仍然限制上市公司发行多重投票权（Multiple Vote Shares，MV Shares）。2006 年新加坡公司法的第 64 条第 1 项再次强调了除报业公司根据《报纸和印刷出版法案》发行的管理层股票外，公司发行的任意一只普通股应授予具有在公司股东大会投票时的一票表决权，除报业公司外，其余公司只能够发行单一投票权股份。

直到 2007 年《公司法》再次准备修改，由新加坡财政部设立的公司法修改指导委员会（Steering Committee，SC）承担相应工作。[3]在参考英国、新西兰以及澳大利亚等国《公司法》关于差异化表决权的相关规定并且经过调查基础上，该委员会在 2011 年 4 月 29 日出台了《公司法修改报告》，其中指出应放弃当前坚持的“一股一权”原则，采用双侧股权结构。

2011 年，英国著名的曼联足球俱乐部拟采用双层股权结构在新交所上市，最终被否决，转而在 NYSE 上市。

在经过两轮公开咨询后，2016 年新加坡《公司法》采用了双层股权结构，其

[1] 2014 年，新加坡交易所共有 41 只新股上市，共计筹资 39 亿新元（约合 29 亿美元），筹资额同比下降 45%，日成交量为 8.29 亿美元，较去年同期下降 32%。参见高菲：《新加坡双层股权结构立法改革及其对中国的启示》，载《广西政法管理干部学院学报》2019 年第 2 期。

[2] See CLRFC：《Report of the Company Legislation and Regulatory Framework Committee》（October 2002）at p. 71.

[3] 参见陈彬：《双重股权机构制度改革评析——新加坡公司法的视角》，载《证券市场导报》2016 年第 7 期。

64A条明确规定公众公司可以发行除超级表决权股和无表决权股以外的不同类别股份。新加坡《公司法》的修改为双层股权结构公司的上市提供了前提，由交易所自行决定是否采用。此次修订后的公司法并未对公司采取双重股权结构附加任何实质性限制条件。因此，股东可以自行决定双重投票权股票的数量比例和投票权的生效期限。

但是，为了应对可能出现的滥用双重股权结构以损害公众投资者权益的情况，指导委员会在修改放宽投票权限制相关条款的同时，加入一系列的保护性措施，从而保护当前和未来公众股东的权益：

（1）公司发行包含不同投票权的股票（特别是包含高额投票权的股票）的事项必须经过股东大会不少于2/3绝对多数的表决通过批准才可以实施。

（2）在提出发行超过一种类型的普通股提案时，必须附带提供一份关于每种类型股票投票权的特别说明以供股东大会表决时参考。此规定旨在最大限度地保障公众股东对于多重投票权详情的知情权。

（3）公众公司发行股票的种类以及包含投票权的数量必须在公司章程中清晰载明以便投资者对不同的投票权充分了解。

（4）持有不含投票权（non－voting shares）股票的股东对于有关公司解散事项和改变该类股票其他权利的事项可以进行投票表决。

2. 修改的上市规则内容

新加坡交易所联合金融管理局，同样在两轮公开咨询后，于2018年6月正式宣布了允许双层股权结构的上市规则。

（1）超级表决权股的发行

1）关于拟采用双层股权结构上市的申请人的适用条件，目前交易所规则并没有相应的详细规定，只能由交易所“个案判断”。

2）在IPO之前，发行人必须明确超级表决权股的持股人组的范围，并且不得在首次公开发行之后随意扩大其范围。

3）采双层股权结构的发行人发行超级表决权股，必须经过股东大会特别决议批准。

4）采用双层股权结构的发行人只能在IPO时发行超级表决权，之后除配股、分红、股份合并或分拆等情形外不得再次发行。

（2）双层股权结构的限制

1）表决权倍数的限制。每份超级表决权股不得超过普通股的10倍，表决权倍数只能在首次公开发行时明确，之后不得增加。

2）双层股权结构转换“一股一权”的自动转换条款。在以下情形中，超级表决权股自动转化为普通股：第一，超级表决权股的出售或转让，或者当超级表决权股的持有人为获许的持股人组时，超级表决权股被出售或转让给持股人组以外的任何人；第二，超级表决权股持有人不适合担任董事时，或者在当超级表决权股的持有人为获许的持股人组时，除非另一名超级表决权股持有人成为新的董事，在超级表决权股转让或出售的投票表决中，超级表决权股的持有人、受让人以及相关的董事等关联人员应当回避，除非得到强化的投票程序（enhanced voting process）[1]批准。

3）新交所主板上市规则第 730B 条规定股东必须按照“一股一权”表决的公司事项：（a）发行人章程或者其他组织文件的变更；（b）任何类别股份的权利变更；（c）独立董事的任免；（d）委任及撤换审计机构；（e）按照交易所规则第 1015 条规定对发行人进行反向收购；（f）发行人根据交易所规则第 1307 条的规制申请退市。

4）普通股股东利益的保护。新交所主板上市规则第 210（10）（g）（h）条规定，单独持有普通股股东所占总投票权比重至少为 10%，且有权召开股东大会。

（3）信息披露的特殊要求

采用双层股权结构的上市公司，在招股说明书、发行说明书、介绍性文件和股东通知等上市文件中应当载明下列附加信息：（a）在文件首页上注明发行人为双层股权结构公司的声明；（b）双层股权结构的详情及相关风险；（c）公司采用双层股权结构的合理性；（d）受强化的投票程序影响的事项及其对普通股股东的影响；（e）公司章程或其他组织文件中有关双层股权结构的主要规定；（f）每一位超级表决权股持有人的详细信息。

3. 对新加坡规则的评论

新加坡双层股权结构规则的独到之处在于允许团体成为超级表决权的股东，超级表决权的股东应担任公司的董事，承担信义义务。团体成为超级表决权股东，其中一人担任董事，允许剩余人员可以在控制公司的共同意志的基础上扮演多个角色，但也可能进一步加剧代理人问题。

五、差异化表决制度的进一步建构

差异化表决制度设立的目的是基于公司融资和控制的实践需要，具备公司合同理论、公司自治理论、股东平等原则等理论依据，并且需要以利益平衡为视角的公

---

〔1〕 强化的投票程序是发行人股东大会上的一种投票程序，在该投票程序下，即使超级表决权股东也只有一票表决权。

司内部治理和市场约束机制来防范控制权滥用的发生。

（一）坚持公司法与合同法调整相结合

根据公司合同理论，公司的本质是由众多发起人之间“默示”和“明示”合同的结合〔1〕，其主要内容应当具备开放性，公司股东之间可以选择适用公司内部关系特别是股东权利义务配置的规则。〔2〕而公司的强制规范应当主要调整涉及第三方利益的事项。〔3〕

股份的发行具备“格式合同”的特征，关于股份购买的内容和形式均由发行公司事先拟定，普通投资者只能被动选择同意或拒绝，难以与发行人协商。〔4〕我国资本市场的投资者以中小散户为主，数量多且资本分散，代理成本极大，与发行人相比，处于信息不对称的地位，维权能力有限。如果公司与数量众多的投资者通过协议的方式安排差异化表决，在效率和投资者保护方面难以有效保障。所以差异化表决制度的法律规范调整应当以公司法为主、合同法为辅。

目前我国公司法关于类别股的规定尚属空白，首先，要将一股一权原则转化为非强制性规范，公司可以通过章程规定选择适用。其次，在股权收益权方面，明确规定允许股份公司可以根据章程规定不按照持股比例分配股息。最后，在股权表决权方面，构建差异化表决股及其金融衍生制度，划分股份公司差异化表决制度的自治边界，借鉴日本公司法将类别股种类明确为法定九种类型〔5〕，公司不可在此之外另行设立，并根据差异化表决股发行的内容分为章程应当和任意记载事项。例如，涉及盈余分配和表决权限制股比例的相关事项，非经章程记载，不发生效力。

（二）构建类别股股东大会

实现类别股股东与普通股股东之间的平等，不仅要实现形式上的平等，更要实现实质上的平等。公司发行优先股、无表决权股以及低投票权股，在一股一权以及资本多数决原则（majority rule）下，这些限制表决权股股东更加难以对公司决策产生影响。为保障股东的合法权益，有必要为其构建事先救济途径，设立类别股股东

---

〔1〕［美］道格拉斯·C. 诺斯：《不确定性世界的企业领导》，李游游、郑兴译，载《经济学家》2006年第4期。

〔2〕［美］伊斯特布鲁克、费希尔著译：《公司法的经济结构》，张健伟、罗培新，北京大学出版社2005年版。

〔3〕汪青松：《一元股东权利配置的内在缺陷与变革思路》，载《暨南学报（哲学社会科学版）》2016年第8期。

〔4〕参见李尚桦：《双层股权结构之法律评析》，载《金陵法律评论》2014年第2期。

〔5〕日本《公司法》第108条第1款但书。

大会机制，允许类别股股东在类别股股东大会上行使类别表决权。其中我国优先股试点的《指导意见》和《管理办法》都对类别表决权有所规定。从比较法上来看，一些国家和地区在保护无表决权或限制表决权股东方面也规定了类别表决的制度。例如，美国《示例公司法》第10.4节规定，某类型股票持有人可召开类别股股东会并针对涉及该类别股股东利益的公司章程修改事项进行表决。未来我国《公司法》的修改也可以以此为借鉴，明确类别股表决的事项的法定范围，同时对类别股股东大会的召开、出席与表决规则、表决方式等程序制度进行规定。

具体而言：第一，类别股股东大会的表决事项应当涉及某一类别股及其股东利益，特别是对其可能构成侵害的情形，其合理范围应以不过度干涉公司日常经营管理和充分保障类别股股东利益的有机统一为界，可适当参照《赴境外上市公司章程必备条款》第80条之内容。第二，在表决方法上则可以参照《赴境外上市公司章程必备条款》第82条之内容，一般性事项由1/2以上出席股东所持表决权通过，重大事项则由2/3以上通过。第三，类别股股东大会是普通股股东大会的补充，所以召开程序可以适用其规定。

（三）强化独立董事职责和设置企业管治委员会等机构

为了更好地实现公司内部监督，有必要强化独立董事对公司管理层的约束，平衡股权多元化的利益冲突。强化独立董事的资格限定，明确其权利义务关系，充分发挥独立董事对管理层的监督平衡作用，防止特别表决权股的滥用。

新加坡联交所要求采用差异化表决制度的公司设立由非执行董事组成的企业管治委员会，同时美国和我国香港地区也有类似规定。我国内地也可以规定同股不同权的公司设立由独立董事或非执行董事组成的公司委员会，负责监督发行人日常经营管理。并且在采用差异化表决制度的公司设置独立于董事会和监事会之外专门的审计机构，其主要职责不仅要保证差异表决权结构下的财务信息真实、公正，还要以绩效标准为依据考核差异化表决结构是否对公司的发展起到促进作用。

（四）加强对特别表决权的约束

差异化表决制度会强化对公司的控制权，符合股东异质化偏好和公司自治原则，但其适用也极可能损害中小股东权益，违背股东平等，有必要对其进行合理限制，并且目前我国科创板规则对其规制仍有不足之处，结合比较法，在以下四个方面进一步强化：

第一，进一步严格转让限制。虽然我国科创板上市规则已经规定不得随意转让差异化表决股，但是规定得过于模糊还需进一步明确。特别表决权股的出售可能会获得大量溢价，因此有必要借鉴加拿大多伦多证交所的规定，设置“燕尾保护”（coat - tail protection），要求特别表决权股的收购方同时要购买次级表决权股。管理层对公司应承担忠实义务，可借鉴法国“忠诚股份”的经验[1]，规定持有特别表决权股股东最低持股期限。

第二，进一步限定持有差异化表决权股的比例。除科创板规定公司上市不得提高差异化表决权股的比重外，还需在三个具体方面展开：其一，优化普通股的持股比例，借鉴新加坡联交所的规定，设立差异化表决权股的发行人申请上市要符合一定比例成熟投资者[2]持股数量要求，并根据市值规定设置相应的比例要求。其二，限制差异化表决权所占公司注册资本或总资产的比例，从比较法上来看，法国规定特别表决权股所占比例不高于注册资本的1/4，而意大利、日本以及德国都规定限制表决权股权占有公司资产不高于1/2。其三，在采用双层股权结构的公司中，当控制人主动持续降低持有股权比例时，这表明其在降低与公司的利益关联，如果任由其继续控制公司可能会给其他股东带来巨大风险，因此在对其动态监控的基础上设置最低持股比例要求，当控制人所持有的特别表决权股比例低于该规定时自动转换为普通股。[3]

第三，设立绩效标准进行考核。当持有特别表决权股的股东负责公司日常管理职责时，对其设定一定时期的绩效标准，考察其是否积极尽责，符合“管理人职责之准则”（Stewardship Codes），如果其未能达标，那么特别表决权股或由公司回购（claw back）或自动转换为普通股。[4]

第四，规定超级表决股股东的消极资格。科创板规则中规定了持有特别表决权股股东的积极资格，但未规定其消极资格，可以参照适用《公司法》第146条规定之情形，出现情形之一的，其所持有的特别表决权股自动转换为普通股。

（五）进一步强化信息披露

在差异化表决制度以及科创板上市不严格要求公司持续盈利能力的背景下，公众投资者更加需要了解公司的真实情况作为投资的依据。科创板的相关规定已经构建起了对采用差异化表决制度的公司上市信息披露的基本框架，在具体细节可加以补充。例如对采用同股不同权的公司设置专属股份代号和标记，以便投资者区分。

---

[1] 《法国商业守则》第L.225-124条。

[2] 成熟投资者包括机构投资者，获得投资者即关联方。

[3] 参见陈若英：《上市公司创始人的不对称控制权》，载《互联网金融与法律》2014年第3期。

[4] Tamara C. Belinfanti, “Shareholder Cultivation and New Governance”, 38 Del. J. Corp. L. 789, 847 (2014).

在所有上市披露文件、定期报告、临时通知公告的首页显眼处标示表明公司采用差异化表决权制度，以便投资者知晓。在上市申请文件等信息披露文件中要详细介绍差异化表决权的安排情况及其风险，例如特别表决权的股东及其持有股份数量以及关联交易等。

公司在信息披露中要重点对差异化表决制度的安全性进行充分说明，这其中包括两个方面：第一，详细披露公司持有特别表决权股股东是否符合积极资格和消极资格的条件要求；第二，预防投资者被侵害的保障机制，要求公司说明持有特别表决权股份或公司管理层利用差异化表决制度攫取私利、侵害其他股东权益的约束、防范和救济措施。

（六）构建集团诉讼制度

在我国，股东提起诉讼的方式有两种：第一种为股东直接诉讼，股东基于受到直接侵害而提起的诉讼；第二种为股东派生诉讼（shareholder derivative litigation）或股东代表诉讼（shareholder representative litigation），股东基于公司受到侵害且公司拒绝追究侵权行为人的责任而提起的诉讼。而在资本市场针对发生损害广大投资者利益的行为提起的是团体诉讼模式，投资者要主动申请才可被追加为原告参与诉讼。在美国的集团诉讼模式中，涉及案件的投资者被自动视为原告，并根据其意愿可选择退出，同时还实行“胜诉酬金”制度，吸引了优秀律师为投资者代理案件。因此我国可以借鉴美国的集团诉讼模式，在证券资本市场推广。

我国先行赔付制度存在的问题及其完善

孙宏涛* 裴健博**

内容摘要： 证券市场的先行赔付制度从万福生科等三起案件中逐步发展完善，作为替代性的制度安排，有力地推动了证券纠纷多元化解决机制的形成。我国新修订的《证券法》首次明文规定了先行赔付制度，但是配套细则的缺失使该制度在运行过程中仍面临诸多问题，因此亟待细化和完善。首先，应当完善先行赔付后从轻减轻处罚规则，并将其作为先行赔付的激励机制。其次，优化先行赔付制度运行的全流程。在赔付方案的制定过程中引入听证制度保障投资者参与，在赔付过程中引入示范判决机制，并且解决好先行赔付人追偿时各责任主体的责任分担问题。除此之外，扩展投保基金的适用范围和资金来源，统筹协调投资者保护机构在先行赔付中的分工。最后，完善保荐人先行赔付责任险，为先行赔付制度提供保险支持。

关键词： 先行赔付　投资者权益保护　证券市场　证券民事责任

一、问题的提出

投资者尤其是广大中小投资者由于信息不对称、持股比例小，在证券市场中处于弱势地位，因此需要得到重点保护。保障投资者的合法权益是资本市场建设的永恒主题，对投资者的保护力度决定了我国多层次资本市场的健康发展程度。[1] 2019年9月，中国证监会主席易会满先生发表署名文章指出，保护好投资者尤其是中小投资者合法权益，必须坚持法律保护、监管保护、自律保护、市场保护、自我保护

---

* 孙宏涛，华东政法大学经济法学院副院长，教授，民商法学博士，经济法学博士后。

** 裴健博，华东政法大学研究生教育院硕士研究生。

〔1〕 李东方：《证券法学》，中国政法大学出版社2012年版，第37页。

的大投保理念，进一步完善投资者保护的法律制度体系。[1]在大投保理念下，监管部门和有关各方积极推进与市场情况相适应的投资者保护制度体系建设。在投资者享有的众多合法权益中，投资者最为关心的就是受偿权。即当投资者因发行人等责任主体实施欺诈发行、虚假陈述等不当行为而受损失时，能够得到及时、公平的民事赔偿。为了保障法律责任竞合的情况下投资者能够优先受偿，我国《证券法》确立了民事赔偿责任优先原则，即违法行为人因同一违法行为需要同时承担民事赔偿责任和行政、刑事责任，而其财产不足以支付的，优先承担民事赔偿责任。

但是《关于审理证券市场因虚假陈述引发的民事赔偿案件的若干规定》〔法释(2003) 2 号〕第 6 条却对投资者提起虚假陈述民事赔偿诉讼规定了行政处罚或刑事判决的前置程序，虽然前置程序的规定有助于取证困难的投资者获得有利的诉讼依据，但在无形中提高了起诉门槛。[2]2015 年立案登记制改革后，虽然最高人民法院取消了前置程序的限制，但是法院在实际操作中要么先予立案但以不符合起诉条件为由裁定驳回起诉，要么仍然坚持前置程序的做法，使得民事赔偿诉讼的前置程序并未实质性取消。[3]这大大增加了投资者的起诉成本，拖延了投资者获取损失赔偿的时间。如果相关赔偿责任主体财产有限，极有可能在缴纳完行政罚款或刑事判决的罚金后无力再为民事赔偿。以上情况事实上架空了证券法的民事赔偿优先原则。

针对上述问题，立法者在借鉴了万福生科案、海联讯案以及欣泰电气案中各证券市场主体对先行赔付制度的有益探索并采纳了学者的倡议后，在新修订的《证券法》第 93 条规定了我国的先行赔付制度："发行人因欺诈发行、虚假陈述或者其他重大违法行为给投资者造成损失的，发行人的控股股东、实际控制人、相关的证券公司可以委托投资者保护机构，就赔偿事宜与受到损失的投资者达成协议，予以先行赔付。先行赔付后，可以依法向发行人以及其他连带责任人追偿。"该制度建构了我国证券市场民事赔偿的新模式，弥补了我国当前证券民事赔偿责任实施机制的不足，通过诉讼外和解的模式克服了通过民事诉讼寻求救济带来的耗时长、成本

---

〔1〕《新证券法夯实投资者保护法治根基》，载证券日报网，http：//www. zqrb. cn/review/hongguan-shiping/2020 -01 -23/A1579701050669. html，最后访问时间：2020 年 2 月 10 日。

〔2〕参见朱林：《证券发行注册制：制度机理、实践与建议》，载《证券法苑》2015 年第 1 期。

〔3〕参见史留芳、张录发：《新〈证券法〉"投资者保护"专章系列研读之一：先行赔付制度的理解与思考》，载金杜律师事务所网，https：//www. chinalawinsight. com/2020/01/articles/law - popularity/%E6%96%B0%E3%80%8A%E8%AF%81%E5%88%B8%E6%B3%95%E3%80%8B%E6%8A%95%E8%B5%84%E8%80%85%E4%BF%9D%E6%8A%A4%E4%B8%93%E7%AB%A0%E7%B3%BB%E5%88%97%E7%A0%94%E8%AF%BB%E4%B9%8B%E4%B8%80%EF%BC%9A/，最后访问时间：2020 年 1 月 23 日。

高、举证难等问题，有利于证券纠纷多元化解决机制的建立。但由于规定较为笼统，学界和实务界对先行赔付制度的责任主体和适用的类型、先行赔付的激励性问题、先行赔付方案的制定和赔付后的责任分担、如何统筹发挥投资者保护机构的作用等问题没有具体的实施细则。因此本文将对该制度进行系统的分析，细化有关制度的设计，希望能更好地实现其制度效能。

二、先行赔付制度之功效分析

从实践中逐步发展起来的先行赔付制度之所以能够被立法机关所接受，主要得益于其独特的制度功效。对其功效进行归纳和分析有助于使我们了解该制度的正当性基础，并指导我们在实践中积极地适用并完善先行赔付制度。笔者认为先行赔付制度的功效主要有以下两点：

（一）先行赔付制度有利于及时、便捷、充分地保障投资者的受偿权

制度优势是通过比较体现出来的。在传统的证券民事赔偿机制中，众多投资者基于与实施违法行为的多个行为人之间的证券侵权法律关系，各自提起诉讼或者申请仲裁来获得赔偿，那么投资者们与可能的赔偿责任人之间就属于“多对多”的纠纷。而在引入先行赔付制度以后，先行赔付人通过与确定的适格受偿投资者签订先行赔付协议，将损失迅速地赔偿给投资者，然后再由先行赔付人向其他可能的责任主体追偿。从投资者获偿的角度看，先行赔付制度就将“多对多”的纠纷转化为了“多对一”的纠纷，从而避免赔付责任人之间互相推诿、扯皮的情况发生，还能够有效减少沟通成本，减轻投资者的诉累。其次，投资者还可以规避证券民事诉讼中规定的前置程序要求，无须等待行政处罚和刑事判决的作出，只需将其购买的股票信息输入到证券交易所的申报系统中登记确认为适格的受偿人，就可以在较短的时间内得到先行赔付人的支付。除此之外，由于先行赔付制度属于诉讼外和解机制，投资者与先行赔付人之间通过协商、自愿的方式达成并履行协议，避免了众多投资者与赔付责任人之间通过漫长诉讼的方式实现求偿权，不仅能够加深投资者对赔付责任人的谅解，还能够化解社会矛盾，避免证券市场失序，有效地降低群体性社会事件发生的可能性。

（二）先行赔付制度可以促使相关主体依规尽责、良性竞争

证券注册制发行的核心运营逻辑是“卖者尽责、买者自负”。这要求发行人要向投资者清晰披露财务报表信息及业务发展潜力的理由，以及企业控制各种风险的能力；投资者要依据发行人披露的信息，判断其发展潜力和控制风险的能力。

信息披露是证券市场赖以生存发展的基石，而先行赔付制度恰恰给有关信息披露违法主体提供了补救的机会。

对于发行人、发行人的控股股东和实际控制人来说。如果其实施的虚假陈述等行为被揭露并对投资者造成损失，其自然会积极主动地成为先行赔付的主体并与投资者协商赔偿事宜，因为在一个充满竞争的市场上，如果曾经出现过发行人及控股股东、实际控制人成功先行赔付的示范案例，那么之后当类似的情况出现时，其他主体会纷纷效仿。这是由于如果其怠于行动，这家公司就会因未尽职履责而不被广大投资者所信任，投资者们就会“用脚投票”离开这家公司，最终造成公司股价暴跌。除此之外，涉案公司主动出资设立专项补偿基金赔付投资者的行为，是一种积极改正错误，主动承担责任的行为，是责任自负原则的应有之义，客观上也能起到减轻违法行为危害后果的作用。

对于保荐机构来说。在事前，为了不承担虚假陈述或欺诈发行而引发的先行赔付责任，其会在发行和上市过程中更加尽心地履行监督和辅导的责任，依法依规防范将会导致先行赔付的各类重大违法行为的发生。在事后，如果保荐机构督导的公司被查明实施了重大违法行为并导致投资人利益受损，基于挽回声誉、减免处罚、保留资质等考虑，其会积极地运用掌握的专业知识与受损投资者进行谈判，调动巨额的自有资金来设立专项赔付基金积极赔偿，利用庞大而有影响力的关系网络与其他赔付责任人协商赔付后的责任分担并行使追偿权。可见，先行赔付制度不仅能够督促相关证券市场主体依法依规履行责任，还有助于提高整个业界处理重大违法案件的专业化能力，实现证券市场的良性竞争。

（三）先行赔付制度的功能缺失

再精妙的制度设计都无法做到面面俱到。先行赔付制度在发挥积极作用的同时，也存在外部性问题，可能对证券市场产生不良影响。

1. 成本转嫁问题。在当前先行赔付实践中，往往是保荐机构承担先行赔付义务。如果保荐机构预料到可能会因为虚假陈述、欺诈发行等不当行为成为先行赔付责任人，进而需要先行垫资赔付给投资者，那么保荐人在与发行人签订保荐协议的时候会收取高额的保荐费用，或者向商业保险机构购买“保荐机构先行赔付责任险”将赔付费用通过保险转移给保险公司承担。无论是约定高额的保荐费用还是购买保险，保荐机构增加的成本都会毫无疑问地转嫁给发行人，最终这些费用会反映为发行人股价的构成因素。[1]简而言之，广大的投资者最终承担了这项制度的运行

〔1〕 参见陈洁：《证券市场先期赔付制度的引入及适用》，载《法律适用》2015年第8期。

费用。

2. 道德风险问题。先行赔付制度似乎在告诉投资者，只要相关主体实施了虚假陈述等不当行为，那么总有人会扮演先行赔付人的角色，迅速而又充分地赔偿投资者所受的损失，这有可能使投资者无法理性地评估目标公司的风险。法律对投资者的救济应当是适度的，不能成为投资者滥用的手段和工具。[1]如果投资者将该制度误解为刚性兑付条款，使投资者对自身的风险承担能力产生误判，进而形成不当依赖证券违法行为的道德风险，就与证券市场“买者自负，风险自担”的原则相悖。[2]

三、我国证券市场先行赔付制度之实践运行检视

到目前为止，我国证券市场前后共发生过三起先行赔付投资者的案例，分别是2013年公告的万福生科案、2014年公告的海联讯案以及2017年公告的欣泰电气案。上述三个先行赔付案例中，投资者参与接受比率、金额申报率均超过94%，基本实现了制度效能。

万福生科案案是法律法规尚未明确规定保荐机构应当承担欺诈发行先行赔付义务时，涉案保荐机构自愿采取先行赔付的方式对受损投资者进行赔偿的首次尝试。该案作为证券市场先行赔付第一案对后续类似案件影响深远。[3]

海联讯案与以往专项补偿案例由中介机构主动出资先行赔付投资者损失本质不同的是，专项补偿基金由控股股东主动自行出资设立，是中国资本市场上由大股东主动出资运用市场机制补偿投资者的首例，对市场上类似案件发生后当事人主动消除后果的做法起到了示范作用。除此之外，海联讯专项补偿基金运作贯彻了“充分补偿”和“便捷操作”两大基本要求。[4]赔付方案充分考虑了海联讯上市以来的二级市场走势，按照与股票买入时点最接近的揭露日或更正日及其所对应的基准日来计算补偿金额，按照该算法，结合海联讯先跌后涨的走势，部分跨期持有的投资者有可能获得高于实际亏损金额的补偿金额。投资者通过深交所股东大会网络投票系统进行申报，即可成功与基金出资人达成和解，手续简化，提高了补偿效率。

欣泰电气案是证监会新股发行制度改革引入保荐机构先行赔付制度以来的首个

---

〔1〕刘珂：《证券投资者民事救济制度研究》，西南政法大学2015年博士学位论文。

〔2〕参见陈洁：《证券市场先期赔付制度的引入及适用》，载《法律适用》2015年第8期。

〔3〕《万福生科案：试水先行赔付 投资者主动维权》，载中国证监会网，http://www.csrc.gov.cn/pub/newsite/tzzbh1/tbtzzjy/tbfxff/201508/t20150803_282336.html，最后访问时间：2020年2月12日。

〔4〕中国证券投资者保护基金有限责任公司：《海联讯案：大股东主动赔偿 责任主体应有担当》，载《证券日报》2015年9月16日第2版。

券商先行赔付案例。欣泰电气案也暴露出了先行赔付人在行使追偿权时存在的问题。在将款项如数赔偿给投资人后，兴业证券认为其向投资者赔付的金额超出自己应赔的数额，与各方协商后无法达成一致意见遂将欣泰电气、北京兴华会计师事务所及直接主管人员、北京市东易律师事务所及直接主管人员、欣泰电气相关责任人、欣泰电气控股股东辽宁欣泰股份有限公司等26名被告诉至法院，追索2.27亿元。[1]但是其他赔付义务人则对兴业证券提出的先行赔付方案中确定的赔付范围和赔付金额提出了质疑。

这体现出先行赔付制度虽然在保护投资者权益上有积极作用，但这项制度仍有改进之处。先行赔付制度实行保荐人先赔后追方式，并无司法介入，没有厘清发行人、上市公司、证券承销商、证券上市推荐人、专业中介服务机构及负有责任的董事、监事和经理等高级管理人员等各自应负的法律责任。多方有责，但先行赔付人先行承担全部赔偿责任，对其是否公平，有待商榷。

四、先行赔付实践之评析

（一）先行赔付制度的实践效能

1. 赔付充分、高效、透明

在实践中三个成功案例均采取“先赔后追”的赔付模式，由先行赔付人设立专项基金与适格投资者达成和解协议，将赔偿款打到投资者账户中后先行赔付人再向其他责任人追偿。这样就可以搁置复杂的责任界定问题，与传统的民事诉讼的方式相比，更为高效地保障了投资者受偿权的实现。除此之外，赔付过程的公开透明也是上述案例所追求的目标。在专项赔付基金设立后，基金管理人即建立起专设网站，旨在为投资者提供便捷的信息获知及联系沟通渠道，以更好地实现基金设立之目的。通过这种形式，不仅做到了赔付全流程信息透明公开，还提升了投资者的参与度。从数据来看，万福生科案和海联讯案中先行赔付人从设立专项赔偿基金到完成赔付仅仅耗时2个月，欣泰电气案将赔付分为两个阶段，总共耗时不到5个月。另外，三起案件的赔付率和赔付金额也都很高，获得先行赔付的投资者比例高达全部适格投资者的95%左右，赔付金额占全部赔偿额的比例更是高达99%。[2]

2. 先行赔付制度促使保荐功能的回归

在上述三个案例中，万福生科和欣泰电气的保荐人平安证券和兴业证券都在先

---

〔1〕《兴业证券2017年年度报告》，载新浪财经网，http://vip.stock.finance.sina.com.cn/corp/view/vCB_AllBulletinDetail.php?id=4181187，最后访问时间：2020年1月31日。

〔2〕参见肖宇、黄辉：《证券市场先行赔付：法理辨析与制度构建》，载《法学》2019年第8期。

行赔付中发挥了重要作用，这说明先行赔付制度能使保荐机构回归“保荐”本源，使保荐机构对发行上市的真实性背书。

保荐机构在发行、上市过程中起到保证和推荐的作用。《证券法》第10条规定：保荐人应当遵守业务规范和行业规范，诚实守信，勤勉尽责，对发行人的申请文件和信息披露资料进行审慎核查，督导发行人规范运作。该条规定了保荐人应当承担保证发行人信息披露真实性的义务。〔1〕同时，《证券法》第85条规定保荐人应当对虚假陈述承担过错推定的连带赔偿责任。然而在市场快速发展过程中，保荐机构在业绩和利益的驱使下，存在“跑马圈地”，相互攀比，大干快上、仓促上马的浮躁风气。业绩至上、利益至上成为不少保荐机构的首要甚至唯一目标，只看到将客户推荐过会后给自己带来的巨额利润，但缺少风险控制的责任意识。〔2〕

但是在“强监管”的大环境下，保荐机构承担的责任使得保荐机构在发行人、上市公司虚假陈述时必然会被认定存在过错，从而遭受行政处罚，并应当对投资者承担民事赔偿责任。先行赔付制度促使保荐机构积极垫资赔付，以期获得证监会的减免处罚决定。可见，先行赔付制度实现了保荐机构“保荐”功能的回归，在很大程度上消除保荐机构“只荐不保”的痼疾，促使其通过拒绝提供服务支持的方式来阻止市场不当行为。〔3〕强化了保荐机构等中介机构在二级市场中“看门人”的地位。

3. 充分发挥了投资者保护机构的作用

中国证券投资者保护基金有限责任公司（以下简称投保基金公司）和中证中小投资者服务中心（以下简称投保中心）是国务院批准设立的证券投资者保护专门机构，接受出资人委托担任赔付基金管理人，是职责所在。在先行赔付过程中，投保基金公司以公益性和中立性原则为前提作为专项赔付基金的管理人，开展专项补偿基金日常管理及运作，勤勉尽责履行管理人职责。

投保基金公司还通过创造性地运用上市公司股东大会网络投票系统和结算系统实现补偿权便捷申报、确认以及派发补偿金，方便、快捷地实现了违法责任主体和绝大多数投资者的集体和解。经过实践检验，没有一个接受补偿的适格投资者向虚假陈述事件违法责任主体再行提起诉讼请求赔偿，也没有一个接受补偿投资者的补偿金额发生错误，确保赔付过程安全、便捷。可见，专项补偿基金由投保基金公司

---

〔1〕 彭冰：《中国证券法》，高等教育出版社2007年版，第97页。

〔2〕《万福生科事件有望推动投行“通道化”模式改革》，载人民网，http：//finance. people. com. cn/stock/n/2013/0416/c67815－21159402. html，最后访问时间：2020年2月6日。

〔3〕 Reinier H. Kraakman, *Corporate Liability Strategies and the Costs of Legal Controls* , Yale Law Journal, V01. 93, pp. 857－890 (1984).

担任管理人，充分运用市场化方式补偿投资者，兼顾了公信力与补偿效率，是一种可复制推广的模式。[1]

（二）先行赔付实践暴露出的问题

第一，先行赔付主体的激励性问题。虽然先行赔付制度为探索证券市场多元化纠纷解决机制有重要的作用，对保障众多投资者受偿权的实现和确保资本市场持续健康发展有较大的优势，但是通过何种制度安排激励责任主体积极承担先行赔付义务是实务界较为关注的话题。由于《证券法》对先行赔付人的激励机制并没有系统的规定，导致有能力先行赔付的主体缺乏足够的动力扮演先行赔付人的角色，这有可能使《证券法》第93条的规定沦为一纸空文。因此，解决先行赔付主体的激励性问题刻不容缓。

第二，先行赔付制度的适用范围问题。新修订的《证券法》将先行赔付制度适用的范围表述为“欺诈发行、虚假陈述或者其他重大违法行为”，这实际上将先行赔付制度的适用范围重点放在发行人的欺诈发行、虚假陈述行为上，其他违法行为作为兜底性规定。那么值得我们思考的是，证券市场上常见的内幕交易和操纵证券市场是否属于先行赔付制度的适用范围？

第三，先行赔付的主体是实际需要承担先行赔付责任的证券市场主体，在一起案件中，往往包括发行人、发行人的控股股东和实际控制人、证券公司、证券服务机构等参与主体，这些主体拥有的资力、扮演的角色和责任大小都不同，能否将其都纳入先行赔付主体呢？《证券法》修订草案一审稿中将先行赔付主体表述为“发行人的控股股东、实际控制人、相关的证券经营机构、证券服务机构以及国务院证券监督管理机构认可的投资者保护机构”；二审稿将投资者保护机构从先行赔付主体中剔除；三审稿的相关表述为“发行人的控股股东、实际控制人、相关的证券公司、证券服务机构”；而《证券法》正式稿第93条将先行赔付的主体明确为“发行人的控股股东、实际控制人、相关的证券公司”，那么发行人的控股股东、实际控制人、相关的证券公司作为先行赔付主体的正当性究竟如何？

第四，赔付方案的制定程序缺少他方参与。在欣泰电气赔付案中，16名证券律师联名发函至证监会，律师们一致认为兴业证券一手制定的先行赔付方案，缺少必要的投资者保护理念，先行赔付方案部分内容甚至涉嫌违法。可见，在缺少具体实施细则的情况下，如果赔付方案的制定权掌握在先行赔付人手里，那么先行赔付

---

[1] 《投保基金公司：创新调解机制推动违法责任主体先行赔付投资者》，载证券日报网，http://epaper.zqrb.cn/html/2016-07/15/content_192423.htm，最后访问时间：2020年2月9日。

人必然会制定出有利于自身的条款，从而侵犯投资者或其他赔付主体的权益。因此必须确保投资者和其他赔付责任主体在第三方机构的主持下参与到先行赔付方案的制定程序中去，切实保障有关主体的参与权和发言权。

第五，先行赔付后的责任分担问题。在先行赔付人赔付完毕行使追偿权的时候，其他责任主体很有可能不认可先行赔付中的赔付方案，主张先行赔付人实际赔付的金额超过应当赔付的金额，对于超过的部分不予承担赔付责任。譬如，在欣泰电气案中，欣泰电气、欣泰电气的控股股东、律师事务所、会计师事务所针对赔付方案确定的赔付范围、赔付金额与保荐人兴业证券产生了很大的争议，并提出了"超额赔偿的抗辩"，主张对多赔的部分不予承担赔付责任。那么这种主张能否获得法院的支持呢？除此之外，先行赔付人赔付完成后对其他责任主体享有的债权在涉案的发行人或上市公司进入破产程序后能否获得优先受偿的问题也引发学界广泛讨论。

第六，在实践过程中，以投保基金公司为代表的投资者保护机构在先行赔付制度中发挥的重要作用已经得到了初步验证。新修订的《证券法》也规定发行人的控股股东、实际控制人、相关的证券公司可以委托投资者保护机构，就赔偿事宜与受到损失的投资者达成协议。如何更好地发挥投资者保护机构的作用，为先行赔付制度保驾护航成了值得我们讨论的问题。

五、我国先行赔付制度之检讨与重构

在《证券法》设立投资者保护专章的背景下，对先行赔付制度进行规则重构，因应了投资者保护的市场化逻辑和法治化逻辑。[1]只有全方位夯实先行赔付制度的运行基础，才能提升和保障制度的适用性和可行性。首先，《证券法》第 93 条赋予了发行人的控股股东、实际控制人、相关的证券公司主动先行赔付的权利，因此如何激励相关责任主体积极主动地实施先行赔付决定了该制度能否永葆活力。其次，重新审视先行赔付制度的适用范围与责任主体有利于重构制度适用的边界。除此之外，还应当从优化制度实施流程、对先行赔付基金制度进行规则再造等方面入手，以期能够多角度地填补现有规则的漏洞，确保先行赔付制度的预设效果得以实现。

（一）建立系统、具体的激励机制

在实践中，实施欺诈发行、虚假陈述行为的主体在事后主动进行先行赔付的直

---

〔1〕 参见张东昌：《证券市场先行赔付制度的法律构造——以投资者保护基金为中心》，载《证券市场导报》2015 年第 2 期。

接目的是希望监管部门或司法机关在后续处罚中将此种行为认定为从轻、减轻处罚情节。可见从轻、减轻处罚规则已成为先行赔付的主要激励机制。综观我国现有法律体系，从轻、减轻处罚的规则在《行政处罚法》、证监会制订的行政规章以及《刑法》中有较为笼统的规定，但是《证券法》对于先行赔付人从轻、减轻处罚的幅度以及适用何种种类的处罚没有具体的规定。

首先，从轻、减轻处罚规则在以下条文中有规定。《行政处罚法》第 27 条规定，当事人主动消除或者减轻违法行为危害后果的，应当依法从轻或者减轻行政处罚。在海联讯案中，平安证券负责保荐工作的保荐代表人韩某风、霍某涛在证监会调查期间就以此为依据，向证监会提出如下申辩意见："二人主动配合证监会的调查取证工作，提议并推动海联讯主要股东设立专项补偿基金赔偿投资者，促使海联讯主要股东承诺补偿无法收回的应收账款，积极消除海联讯违法行为的危害后果，请求对其免予采取证券市场禁入措施。"但是，证监会认为平安证券、韩某风、霍某涛等配合调查和推动海联讯主要股东赔偿投资者等情节只是酌定情节，由于减轻处理的请求并没有明确的法律依据，所以认为申辩理由不能成立。[1]

其次，证监会颁布的《关于改革完善并严格实施上市公司退市制度的若干意见》（2018 年修正）中也规定："涉嫌欺诈发行的公司或其控股股东、实际控制人，在受到证监会行政处罚前，按照公开承诺回购或者收购全部新股，赔偿中小投资者经济损失，及时申请其股票退出市场交易的，可以从轻或者减轻处罚。"除此之外，欺诈发行、虚假陈述也有可能涉及刑事责任，在《关于在部分地区开展刑事案件认罪认罚从宽制度试点工作的办法》中，也将犯罪嫌疑人、被告人是否与被害人达成和解协议或者赔偿被害人损失、取得被害人谅解，作为从轻减轻量刑的重要考量因素。[2]

但是修订后的《证券法》及相关规则对从轻减轻处罚的幅度没有具体规定，导致监管部门或司法机关在行使自由裁量权时缺乏具体规范的指引。在证监会作出的行政处罚中，财产罚和资格罚是两种最为常见的处罚形式。财产罚是指强制违法者承担一定金钱给付义务。《证券法》第 193 条第 2 款规定：违反本法第五十六条第二款的规定，在证券交易活动中作出虚假陈述或者信息误导的，责令改正，处以二十万元以上二百万元以下的罚款；属于国家工作人员的，还应当依法给予处分。针对保荐人，《证券法》第 182 条规定：保荐人出具有虚假记载、误导性陈述或者重大遗漏的保荐书，或者不履行其他法定职责的，责令改正，给予警告，没收业务收

---

〔1〕 参见《中国证监会市场禁入决定书》（〔2014〕18 号）、《中国证监会行政处罚决定书》（〔2014〕103 号）。

〔2〕 参见孙道萃：《认罪认罚从宽制度中的被害人权益保障机制》，载《南都学坛》2018 年第 3 期。

人，并处以业务收入一倍以上十倍以下的罚款；没有业务收入或者业务收入不足一百万元的，处以一百万元以上一千万元以下的罚款……关于财产罚，过去证监会对先行赔付人处以了较轻的处罚，比如对保荐人处以的罚款金额为非法所得的 1－2 倍。[1]但是，新修订的《证券法》将过去对保荐人处以业务收入一倍以上五倍以下的罚款修改为处以业务收入一倍以上十倍以下的罚款。由于总体的罚款上限提高了，那么也应当出台相应细则对先行赔付人适用从轻、减轻处罚后的罚款数额作出相应的调整。资格罚通常表现为剥夺有关主体特别是保荐人的经营资质，因此成为这些主体最为忌惮的处罚形式。从当前案例看，欣泰电气的保荐人兴业证券的业务受理并未被证监会中止，而同样作为先行赔付人的万福生科案中的保荐人平安证券却被暂停受理业务达 3 个月。[2]笔者认为这种差异要归咎于缺乏统一、具体、可量化的从轻、减轻处罚规则体系。

因此在制定配套规则的时候需要明确先行赔付行为可以适用从轻、减轻处罚规则并且对从轻、减轻处罚的力度作出统一、具体的规定。

（二）明确先行赔付制度的适用范围与责任主体

1. 明确先行赔付制度的适用范围。新修订的《证券法》第 93 条通过列举加兜底规定的方式将先行赔付的适用范围限定为发行人的欺诈发行、虚假陈述或其他重大违法行为。如何理解“其他重大违法行为”成为解释该条文的重点。从法条结构上来看，这里的其他重大违法行为是与欺诈发行、虚假陈述并列的行为，因此，该类行为对证券市场造成的危害和对投资者造成的损害必须与欺诈发行、虚假陈述行为造成的危害相当。内幕交易和操纵证券市场的违法行为也有可能造成投资者的重大损失，其负面影响与欺诈发行、虚假陈述行为相当，那么它们是否属于《证券法》第 93 条的适用范围？

首先，内幕交易行为的责任主体是内幕人员，一种是《证券法》规定的内幕信息知情人，包括发行人董监高，持股 5% 以上股东及其董监高，实际控制人及其董监高，发行人控股的公司及其董监高，因职务便利获取内幕信息的人员，证券监督管理机构、证券交易所、证券登记结算公司、保荐人、承销的证券公司等机构的工作人员和相关人员；另一种则是通过非法途径获取内幕信息的知情人。显然发行人属于内幕交易行为中监管机构所要规制的主体。而且，内幕交易违反证券市场“公平、公正、公开”原则，打击广大投资者信心，影响证券价格客观性，严重扰乱证

---

〔1〕《证监会通报海联讯骗取发行核准和信息披露违法案》，载中国证券业协会网站，https：//www.sac.net.cn/hyfw/hydt/201411/t20141113_109690.html，最后访问时间：2020 年 2 月 8 日。

〔2〕参见肖宇、黄辉：《证券市场先行赔付：法理辨析与制度构建》，载《法学》2019 年第 8 期。

券市场秩序，其危害程度与欺诈发行、虚假陈述相当。因此可以纳入先行赔付制度的适用范围。

其次，操纵证券市场是指行为人以谋取利益或减少损失为目的，利用资金、信息等优势，以各种不正当手段，故意通过交易扭曲证券交易价格或交易量，制造证券市场假象，诱使投资者对证券价值产生错误判断，诱导其跟进买入或卖出的行为。[1]可见，只要发行人实施了上述行为，对投资者产生误导，那就有可能成为被规制的对象。由于操纵证券市场的行为人通过人为哄抬或者压低证券价格，虚构市场供求关系，制造证券市场假象，误导投资者作出错误判断，诱导或致使投资者基于错误认识进行证券交易，使投资者利益遭受严重损失，破坏了证券市场定价机制和竞争机制，具有严重的危害程度，也可以被纳入先行赔付制度的适用范围。

综上，内幕交易和操纵证券市场的行为可以被纳入“其他重大违法行为”这一兜底表述之内，在适用先行赔付制度上不存在障碍。

2. 先行赔付主体的正当性分析。如何确定先行赔付的主体是本次《证券法》修订过程中极具争议的问题，多位学者发表了不同的观点，草案也对先行赔付主体的表述进行了反复修改。《证券法》修订草案一审稿将先行赔付主体表述为“发行人的控股股东、实际控制人、相关的证券经营机构、证券服务机构以及国务院证券监督管理机构认可的投资者保护机构”[2]；《证券法》修订草案二审稿中则不再将国务院证券监督管理机构认可的投资者保护机构列为先行赔付主体，而是修改为可受委托就赔偿事宜与投资者达成协议的主体[3]；《证券法》修订草案三审稿的相关表述为“发行人的控股股东、实际控制人、相关的证券公司、证券服务机构”；《证券法》正式稿第93条将先行赔付的主体明确为“发行人的控股股东、实际控制人、相关的证券公司”，相比于三审稿删除了证券服务机构。可见，最终立法机构将先行赔付的主体限定为发行人的控股股东、实际控制人、相关的证券公司，舍弃了投资者保护机构、证券服务机构和发行人。首先，有学者认为，我国《证券法》和《虚假陈述若干规定》都对虚假陈述的责任主体作出了规定，先行赔付制度应当与这些法律规定保持一致，将所有可能承担虚假陈述赔偿责任的主体均纳入先行赔付的主体范畴。但是还有学者认为，理论上虚假陈述的法定责任人都可以自愿成为先行赔付人，但从实践的层面来看，在已有的三起案件中，保荐人和大股东在先行

---

〔1〕参见鄢梦萱：《论证券犯罪中的“操纵”行为》，载《中国人民公安大学学报》2007年第2期。

〔2〕《中华人民共和国证券法（修订草案）》，载中国金融服务法治网，http：//www.financialservicelaw.com.cn/article/default.asp?id=4777，最后访问时间：2020年2月15日。

〔3〕《证券法修订草案二审》，载中证网，http：//www.cs.com.cn/xwzx/201704/t20170425_5255930.html，最后访问时间：2020年2月16日。

赔付中发挥了核心作用，在所有责任主体中，保荐人更有意愿进行先行赔付，以减少违法行为对其后续业务受理的影响。保荐人在证券市场中扮演看门人的重要角色，声誉资本是其开展业务和长远发展的基础，而先行赔付有利于其维护声誉资本。〔1〕从证监会行政罚款的缴纳来看，若处罚对象是保荐机构，行政罚款基本都及时足额缴纳，若处罚对象是不特定的个人或其他主体，则更可能出现拖欠罚款的情形 。因此，将先行赔付主体确定为发行人的控股股东、实际控制人和相关的证券公司有正当性依据。另外，先行赔付专项基金的规模很大，一般的市场参与者如会计师事务所和律师事务所通常很难在短时间内提前筹集大量的赔偿金，没有进行先行赔付的经济实力，因此证券服务机构未被列为赔付主体。至于为何正式稿将投资者保护机构从先行赔付主体中剔除，不排除是考虑到投保基金公司的设立旨在解决证券公司破产或被撤销、接管、托管时的赔付问题，其资金来源于交易手续费、会员上缴、投资收益等，更多地体现为政策性，用以解决市场自身不能妥善处理的问题，而不应当为个别市场主体的错误行为买单。〔2〕因此，不宜把投资者保护机构纳入先行赔付的主体。

在正式稿中，发行人并没有被纳入先行赔付主体。但是笔者认为，在欺诈发行、虚假陈述案件中，由于发行人必定会承担无过错的赔偿责任，如果将发行人纳入先行赔付主体，不仅可以促使其在第一时间赔偿投资者的损失，实现责任自负，还能够尽快消除不良影响，化解社会矛盾，避免证券市场失序。因此，虽然《证券法》第 93 条并未将发行人列为先行赔付的主体，但如果发行人具有一定的赔付能力，其仍然可以自行启动或者主动参与先行赔付。

（三）优化制度实施流程

《证券法》第 93 条的先行赔付制度仅为原则性规定，具体实施细则的缺失使得该条文无法解决实务中发生的诸多问题。笔者建议在赔付前引入听证制度充分保障其他主体参与赔付方案的制定程序，在赔付过程中引入示范判决机制明确赔付标准和责任分担问题，同时解决先行赔付人赔付完毕后的责任分担问题以提高制度效能。

首先，应当将听证制度引入赔付方案制定程序。在现有实践中，由于缺乏规范先行赔付方案制定程序的实施细则，在大多数情况下先行赔付方案都是由先行赔付

〔1〕 参见［美］约翰·C. 科菲：《看门人机制：市场中介与公司治理》，黄辉、王长河等译，北京大学出版社 2011 年版，第 3 页。

〔2〕 参见赵吟：《证券市场先行赔付的理论疏解与规则进路》，载《中南大学学报（社会科学版）》2018 年第 3 期。

人一手制定的，赔付方案的公正性和公平性易受质疑。[1]赔付方案往往会包含有利于先行赔付人的减免责条款。譬如，在欣泰电气案中，证券维权律师就认为保荐人兴业证券公布的先行赔付方案，在投资者差额损失方面均注明了需要扣减市场风险因素造成的损失，兴业证券此举明显违反了《证券法》及虚假陈述司法解释，损害投资者利益。在这种情况下，广大投资者要么只能被动接受先行赔付人制定的赔付方案，要么退出先行赔付程序转而向法院提起民事诉讼。多数情况下，投资者基于诉讼成本的考量会被动地接受先行赔付协议，这就导致投资者利益受损，对其造成了二次伤害。为了解决这一问题，学界和实务界都认为有必要将听证制度引入到先行赔付中来，通过听证使先行赔付协议制定程序公开透明化，并且在听证过程中可以引入专家学者等第三方机构。[2]依申请启动听证和行政机关依职权主动启动听证是行政法中听证程序的两种启动方式。由于先行赔付方案涉及众多投资者的利益，因此投资者保护机构应当主动主持召开听证程序，接受权益受损的中小投资者、中小投资者委托的证券维权律师申请参加听证，就先行赔付制定的先行赔付方案及其标准进行质询与听证。听证会可设立专家组提供专业意见，然后根据听证会结果与其他征求意见反馈，由投资者保护机构裁定通过修订后的赔付方案并实施。[3]

其次，可以尝试将示范判决机制引入先行赔付制度。2018 年 11 月 13 日，最高院和证监会联合印发了《关于全面推进证券期货纠纷多元化解机制建设的意见》(以下简称《意见》)，《意见》第 13 条明确提出要建立示范判决机制。笔者认为将该机制引入先行赔付制度有现实需要。一方面，先行赔付人能够参考示范案例中对赔付范围、赔付标准、责任分担等案件争议焦点的说理部分，制定赔付方案，大大提高了赔付方案的科学性和客观性，更易获得投资者的认可。另一方面，示范判决对各违法责任主体的责任也进行了明确的划分，这为先行赔付人事后就超出其应当承担投资者损失赔偿的部分向其他连带责任人追偿提供了支持。除此之外，示范判决也可以引导投资者对后续案件形成司法预期，让投资者自行比较诉讼结果与先行赔付方案的赔付标准，引导其通过证券纠纷多元化解机制理性地作出决策，提高矛盾化解效率。[4]

---

[1] 参见虞琦楠：《证券市场先行赔付制度的法律逻辑和制度完善——以投资者保护为视角》，载《海南金融》2018 年第 7 期。

[2] 参见田春雷、朱珊珊：《论证券市场先行赔付法律制度的完善》，载《证券法律评论（2018 年卷）》，中国法制出版社 2018 年版，第 374 页。

[3] 《16 位律师连署致函证监会 建议先行赔付实施听证机制》，载 21 世纪经济报道网，http：//m. 21jingji. com/article/20160711/herald/9f0bcc6c7d79f146985779db8788212e. html，最后访问时间：2020 年 2 月 15 日。

[4] 陈洋：《保荐机构先行赔付制度研究》，南京大学 2019 年硕士学位论文。

在实际赔付过程中，先行赔付人可能基于获得投资者谅解的考虑给予投资者更充分的赔偿。譬如在海联讯案中，先行赔付人设立的专项补偿基金在算法上做了更加合理、可为投资者带来更优补偿结果的安排，更符合“充分补偿”原则。考虑了海联讯上市以来的二级市场走势，按照与股票买入时点最接近的揭露日或更正日及其所对应的基准日来计算补偿金额。按照该算法，结合海联讯先跌后涨的走势，部分跨期持有的投资者有可能获得高于实际亏损金额的补偿金额。[1]那么，在先行赔付人行使追偿权的时候，其他连带责任人能否以实际赔付的金额超过应当赔付的金额，对超过的部分不予承担赔付责任呢？对此，有观点认为，先行赔付作为一种和解机制，为了促成和解的成功，给予相对优惠的条件无可厚非，除非先行赔付人对于超额赔付结果的形成具有故意或者重大过失，否则有权就该部分金额向其他主体追偿。[2]

笔者认为，其他责任主体提出的“超额赔偿的抗辩”主张能否得到支持需要在个案中具体分析。如果先行赔付人能够证明赔付方案中超额赔付的金额有正当性依据，并且事后可以通过一定的算法量化，那么就应当支持先行赔付人就超额赔付部分向其他连带责任人追偿。但是如果没有特殊情况，原则上连带责任人之间的责任份额应当依据各主体主观过错程序和违法行为的原因力加以确定。[3]否则各连带责任主体会因责任划分问题陷入旷日持久的诉讼混战之中，使得连带责任人之间内部的责任划分问题演变成最终由先行赔付人独自承担所有的民事赔偿责任。这将会严重打击先行赔付人在后续类似案件中先行赔付的积极性。[4]

（四）完善先行赔付基金制度

《证券法》语境中的先行赔付制度作为授权性规范，并没有给相关的责任主体施加强制性义务。也就是说发生欺诈发行、虚假陈述等违法事件后，相关责任主体可以自行抉择是否先行赔付，加上赔付金额巨大，导致许多没有赔付能力的主体往往无法在第一时间设立先行赔付基金补偿适格投资者。因此，为了使《证券法》保障广大投资者尤其是中小投资者的立法目的得以实现，必须改变现有的先行赔付基金资金筹措模式，建立违法责任主体自律性赔偿与投资者保护基金保障性赔偿相结

---

〔1〕《〈深圳海联讯科技股份有限公司股东章某、孔某、邢某飚、杨某广关于设立海联讯虚假陈述事件投资者利益补偿专项基金的公告〉问答》，载和讯网，http：//stock. hexun. com/2014 - 07 - 18/166772287. html，最后访问时间：2020年2月17日。

〔2〕参见陈洁：《证券市场先期赔付制度的引入及适用》，载《法律适用》2015年第8期。

〔3〕李国光、贾纬：《证券市场虚假陈述民事赔偿制度》，法律出版社2003年版，第134～135页。

〔4〕陈洋：《保荐机构先行赔付制度研究》，南京大学2019年硕士学位论文，第26页。

合的双轨赔付模式。[1]

扩展投资者保护基金的使用范围，扩充先行赔付基金的资金来源。证券投资者保护基金是国家金融安全网的重要组成部分，防范和处置证券公司风险是该制度建立之初的首要职能，但是投资权益保护工作是多方位的，投保基金不应仅仅定位于在证券公司发生破产风险时对证券公司债权人予以偿付的行业性保障基金。[2]因此，有必要扩展投保基金的适用范围。当发生欺诈发行、虚假陈述等案件时，如果相关责任主体没有主动先行赔付投资者的损失，则由投保基金先行偿付投资者的部分或全部损失，之后再由投保基金公司代表投保基金对相关责任主体进行追偿。这样就建立起了违法责任主体自律性赔偿与投资者保护基金保障性赔偿相结合的双轨赔付模式。

为了更好地发挥投保基金在先行赔付中发挥的作用，就必须想方设法地扩充投保基金的资金池。域外发达国家的探索或许能给我们提供新的思路。国外证券市场发展程度比较高的国家大都成立了以赔偿投资者利益为目的的投资者保护基金公司，这些公司的资金来源分为两大类，一类是基础性资金来源，另一类是扩展性资金来源。基础性资金来源主要是会员单位定期缴纳的会费，而扩展性资金来源不同国家作出了不同的规定，美国证券投资者保护公司（SIPC）获得扩展性资金来源方式有以下几种：第一，政府借款。美国 1970 年《证券投资者保护法》规定，在 SIPC 急需时，美国证券交易委员会在紧急情况下，利用其信用背书可以向美国财政部申请额度高达 10 亿美元的信用借款，然后再免息出借给 SIPC。后来，美国国会通过《多德－弗兰克法案》将联邦证券借款信誉额度在原有基础上扩展到 25 亿美元。第二，市场罚金。《多德－弗兰克法案》规定，美国证券交易委员会有权对涉嫌证券违法行为的会员处以罚金，并将罚金所得归入保护基金。第三，基金投资收益。根据美国 SIPC 的报告，目前美国所有在证券交易所注册的券商都加入了 SIPC，并缴纳盈利毛利 5% 作为会费。[3]美国 SIPC 的投资收益占到美国 SIPC 总收入的绝大部分，远远超过了其会员会费收入，但保护基金多投资于美国政府债券等稳妥型投资工具。[4]而加拿大投资者保护基金（CIPF）的扩展性资金来源则主要由保险公司给付的保险金和行业自律组织按盈收比例捐赠的资金构成。

因此，笔者认为可以借鉴域外国家的经验，将投资者保护基金池的资金来源分

---

〔1〕 白洁：《证券市场先行赔付制度研究》，华东政法大学 2017 年硕士学位论文。

〔2〕 参见巩海滨、王旭：《证券市场先行赔付制度研究》，载《财经法学》2018 年第 6 期。

〔3〕 参见陈红：《设立我国证券投资者保护基金法律制度的思考》，载《法学》2005 年第 7 期。

〔4〕 刘洪菊：《化解我国证券纠纷的新方式：证券投资者赔偿基金制度》，苏州大学 2016 年硕士学位论文。

为基础性资金来源和扩展性资金来源，在扩展性资金来源端可以考虑将基金投资收益和证券违法案件中的行政、刑事罚没收入纳入基金池，用于赔付证券市场中因违法行为而遭受经济损失的投资者。

（五）加强投资者保护机构之间的统筹协调

应当统筹发挥好中国证券投资者保护基金公司（投保基金公司）和中证中小投资者保护服务中心（投服中心）有限责任公司等投资者保护机构的作用，敦促其发挥专业优势，同时秉持客观、中立的原则，辅助和监督先行赔付制度的运行。

投服中心在证据核定方面有独特的优势，其研发的虚假陈述损失计算软件已于 2019 年 2 月投入使用，能够进行“海量”的投资者损失计算。[1]在上海金融法院审理的方正科技全国首单示范案件中，投服中心在投资者损失核定方面就与上海金融法院开展了良好合作，产生了较好的示范效果。因此，投服中心可以充分利用其优势先期介入先行赔付程序，在主持制定赔付方案、确定适格投资者的范围、计算赔付金额等方面发挥积极作用。[2]

投保基金公司则可以作为专项赔付基金的管理人，负责运营专项赔付基金。为了形成全方位立体的管理人制约和监督机制，首先，笔者建议除了引入银行作为基金财产的托管人，对于基金的监管还可以准用《证券投资者保护基金管理办法》第 24 条的规定，即强化证监会的监督管理职能。证监会组织专门的监管人员对中投保公司开展定期非现场检查和不定期现场检查，定期对中投保公司的董事、监事、高管开展风险管控培训，严密防控基金管理人员实施挪用、侵占或骗取基金的违法行为，对于实施侵害投资者利益的行为严厉惩处。其次，中投保公司内部建立风险防控机制。严格遵守独立、公益性，定期开展自律性检查。对中投保公司内部人员定期展开培训，增强风险意识。成立专门审计工作小组，严密监控内部人员假冒受侵害投资者身份违法骗取专项赔付资金，防范内部人员违规挪用专项赔付基金的资金。最后，中投保公司要让先行赔付基金资金流向透明化，及时向社会各界公布先行赔付基金资金现状，接受社会各界的监督。[3]

（六）完善保荐人先行赔付责任保险制度

为了满足保荐人先行赔付的需求，平安产险、人保产险、太平洋产险以及大地

---

〔1〕 周松林：《投服中心：依据〈证券法〉推动证券群体性诉讼机制落地》，载中证网，http：// www. cs. com. cn/tj/02/01/201912/t20191230_ 6012839. html，最后访问时间：2020 年 2 月 20 日。

〔2〕 参见肖宇、黄辉：《证券市场先行赔付：法理辨析与制度构建》，载《法学》2019 年第 8 期。

〔3〕 朱珊珊：《证券市场先行赔付法律制度研究》，辽宁大学 2018 年硕士学位论文，第 31 页。

产险首次以共保体方式在业内推出了“保荐机构先行赔付责任保险”[1]。这不仅有效解决了保荐人偿付能力有限的问题，缓解了投资者索赔无果局面，同时起到了监督保荐机构内部经营管理、提升整个证券市场环境之功效。但从该险种的运行现状来看，进行大规模的推广尚存一定困难。

首先，如何合理设计保荐人先行赔付责任险保单的问题。作为一种新兴险种，如何评估风险并精确计算出保险费率，对于保险公司来说是个艰巨任务。保险公司的精算师在设计险种时，需要对历史数据进行统计、分析，计算出保险公司赔付的概率，但是对于保荐人工作可能违规的概率，则无前例可循。

其次，发行人和保荐机构合谋欺诈的问题。近年来，发行人和保荐机构在发行和披露报表的过程中合谋进行财务造价的现象频发。这将会使保险公司陷入非常被动的局面。对于保险公司来说，赔偿数额较大是其一，其二则是难以查证。尽管保险公司可将保荐人联合欺诈此种故意行为作为免责事由，但故意抑或过失全为内心活动，大多时候无以为证，因此需有相应的制度或保险公司需要制定相应的保险条款来制约这一现象，保障保险公司的利益。

针对以上问题，笔者提出如下建议：

第一，保单费率的设计应采取适度盈利原则。由于先行赔付险会将巨额赔付的风险转移到保险公司身上，为了提高保险公司承保的积极性，在设计投保费率的时候，应当在做好风险评估的基础上保证保险公司适度盈利，同时将利益控制在一定范围之内。对于积极承保先行赔付险的保险公司，应当适当减少其责任准备金的提取比例。

第二，加强保荐人信用能力评分制度建设，实行差别费率机制。《证券发行上市保荐业务管理办法》（2017 年修订）第 59 条规定了中国证监会对保荐机构及其相关人员进行持续动态的跟踪管理，记录其业务资格、执业情况、违法违规行为、其他不良行为以及对其采取的监管措施。且信用监管系统已经正式登录中国证监会官网信息平台。笔者建议在信用监管系统中整合保荐人信用能力评分机制。在保荐人资格年检的时候对保荐人经手项目质量、公司上市后经营能力、保荐人专业能力及其职业道德水准等进行打分测评，并组织跟踪考核。保险公司在承保时可以参考信用能力评分系统实行差别费率机制，对于信用级别高的可以按较低的基本保险费率购买保单，反之，只能购得很小金额的此类保单，且保险费率也高于基本保险费

---

[1] 《平安产险首推先行赔付责任险 最高保额可达 3 亿元》，载中国网，http://finance.china.com.cn/news/20160919/3909791.shtml，最后访问时间：2020 年 3 月 1 日。

率。[1]这样不仅能够有效管控保险公司的承保风险，还可以促使整个保荐行业良性发展。

第三，限制免责条款。如果在保险条款中强加过多免责条款，不仅会打击投保人的积极性，还可能给该制度的发展造成阻碍。基于此，保险公司在该险种发展初期，为了让投保人切身体会该险种所带来的利益，应尽量减少免责条款的设置，可考虑仅将法律上的抗辩事由作为保险中免责条款的法律依据。[2]

六、结语

先行赔付制度作为证券纠纷多元化解机制的重要组成部分，不仅具有减轻投资者诉累、降低维权成本、保障投资者快速受偿的制度功能，还能够促使证券市场参与主体依法依规履责，推动证券业良性竞争。新修订的《证券法》在总结万福生科案、海联讯案、欣泰电气案等实践经验的基础上，明文规定了先行赔付制度。但是实施细则的缺失使该制度在运行过程中仍面临诸多问题。相关完善建议包括：明确先行赔付制度的适用范围；构建具体、系统的从轻减轻处罚规则，并将其作为先行赔付人的激励机制；优化先行赔付制度实施的全过程，在赔付方案的制定过程中引入听证制度保障投资者参与，在赔付过程中引入示范判决机制，并解决好先行赔付人追偿过程中各责任主体的责任分担问题；扩展投保基金的适用范围和资金来源，统筹协调投资者保护机构在先行赔付中的分工，鼓励监管部门加强对专项基金运营的监督；从实行差别费率、限制免责条款等方面入手，完善保荐人先行赔付责任险，为先行赔付制度提供保险支持。

---

〔1〕参见孙宏涛、刘梦：《保荐人“先行赔付险”研究》，载中国银行保险报网，http：//chsh.sinoins.com/2018－11/15/content_276343.htm，最后访问时间：2020年3月1日。

〔2〕参见孙宏涛、刘梦：《保荐人“先行赔付险”研究》，载中国银行保险报网，http：//chsh.sinoins.com/2018－11/15/content_276343.htm，最后访问时间：2020年3月1日。

信息披露视阈下中国存托凭证（CDR）投资者法律保护的完善路径

任妍姣 *

内容摘要：我国在中国存托凭证（CDR）范畴内业已基本形成由法律、部门规章及其配套规范性文件共同构成的中国存托凭证（CDR）信息披露法律制度。然而，中国存托凭证（CDR）投资者的信息知情权、公平交易权以及司法救济权仍有遭受现实损害的可能。中国存托凭证（CDR）投资者陷入上述维权迷思的根源在于中国存托凭证（CDR）的信息披露法律制度依旧在信息披露法定义务主体范围、重大事件临时披露规则、虚假陈述民事诉讼制度等方面留有若干瑕疵。其实，中国存托凭证（CDR）信息披露法律制度的建设情况间接反映中国存托凭证（CDR）投资者的保护状况。为完善中国存托凭证（CDR）的信息披露法律制度以维护其投资者权益，需要研究践行投资者保护理念的 ADR 监管立法经验，进而建立具有中国特色且能够保障中国存托凭证（CDR）投资者权益的信息披露法律制度。

关键词：中国存托凭证（CDR）　美国存托凭证（ADR）　信息披露义务人　信息披露重大性标准　证券虚假陈述代表人诉讼

存托凭证（Depositary Receipt，DR）属于金融衍生工具，是“在一国证券市场上流通的代表投资者对境外证券拥有所有权的可转让凭证”[1]。中国存托凭证（Chinese Depository Receipt，CDR）目前均是由境外基础证券发行人（以下简称基础证券发行人）发起且存托人签发的，[2]不同于其启蒙者——区分基础证券发行人

---

* 任妍姣，中央财经大学法学院金融服务法专业 2019 级硕士研究生。

[1] 张劲松、董立：《中国存托凭证法律论析》，载《现代法学》2001 年第 2 期。

[2] 薛晗：《中国存托凭证制度的规制逻辑与完善路径》，载《中国政法大学学报》2019 年第 2 期。

是否参与发行的美国存托凭证（American Depository Receipts，ADR）。[1]为规范CDR业务活动并保护CDR投资者的合法权益，必须监管存托人、托管人和基础证券发行人等主体的行为，这是CDR监管法律制度的建构目的。

在推进证券市场注册制改革的现实背景下，信息披露已然成为CDR监管法律制度的核心要义，CDR信息披露法律制度的建设情况一定程度上折射出CDR投资者的保护状况。我国初步构建了包括《证券法》、《全国法院民商事审判工作会议纪要》（以下简称《九民纪要》）、《存托凭证发行与交易管理办法（试行）》（以下简称《管理办法》）及其配套规范性文件的CDR信息披露相关法律制度。然而，狭隘的信息披露法定义务主体是否侵犯了CDR投资者的信息知情权？笼统的重大事件临时披露规则是否损害了CDR投资者的公平交易权？虚假陈述民事诉讼制度是否具有漏洞？其是否冲击了CDR投资者的司法救济权？上述问题的答案均是肯定的，CDR信息披露法律制度的现有瑕疵对CDR投资者的若干权益皆具有一定的消极影响。

本文借由CDR的运行流程与法律关系结构总结CDR的信息披露活动及投资者法律地位，继而探讨CDR信息披露立法瑕疵所透露的CDR投资者维权困境，借鉴贯彻投资者保护理念的ADR监管立法经验，最终以立法完善的理念寻觅信息披露视阈下CDR投资者法律保护的完善路径。

一、中国存托凭证（CDR）运行流程与法律关系结构

厘清CDR的运行过程及法律关系结构，是探讨如何借助信息披露法律制度保护CDR投资者合法权益的逻辑前提。

（一）中国存托凭证（CDR）的发行与交易过程

《证券法》第2条将存托凭证纳入其适用范围，且其亦有发行市场与交易市场之分，[2]CDR的运行机制借由其发行和交易过程得以展现。证监会权衡我国证券市场发展阶段及运营惯例，将《存托凭证发行与交易管理办法》（以下简称《管理办法》）的规范对象限定为由基础证券发行人参与发行的存托凭证。[3]换言之，《管

---

〔1〕黄勇、严文斌：《CDR视角下的风险探究——从ADR到CDR如何更为稳健》，载《河北法学》2019年第4期。

〔2〕参见《证券法》（2019年修订）第2条："在中华人民共和国境内，股票、公司债券、存托凭证和国务院依法认定的其他证券的发行和交易，适用本法……"

〔3〕蒋辉宇：《论我国融资参与型存托凭证信息披露模式的合理选择与制度完善——兼评〈存托凭证发行与交易管理办法（试行）中的信息披露规则》，载《政治与法律》2019年第1期。

理办法》第 2 条的存托凭证概念专指参与型存托凭证，我国现阶段只发展出参与型 CDR，暂且应当在参与型存托凭证范畴内研究 CDR 的发行与交易过程。笔者依据参与型存托凭证的运作机制，结合《管理办法》《证券法》的若干规定绘制图 1，对此须注意两点细节。

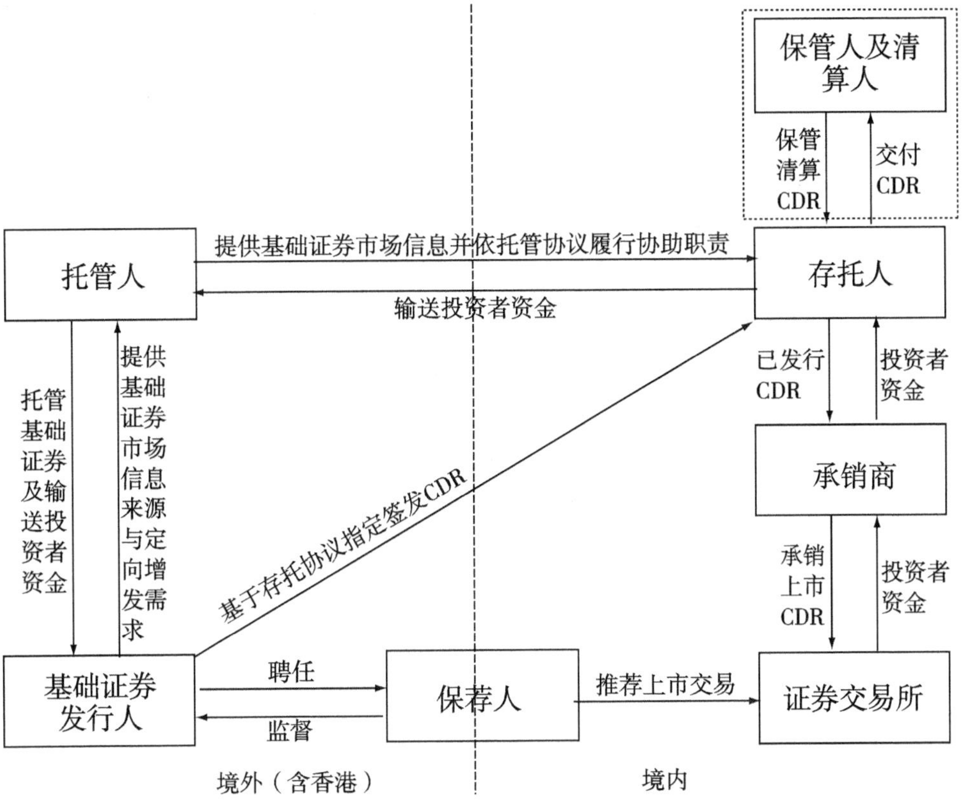

图 1　中国存托凭证（CDR）发行与交易流程图

其一，CDR 的保管与清算活动可能由存托人一并完成。《管理办法》第 26 条第 1 款将有存托人主体资格的机构限定为证券公司、符合条件的商业银行、中国证券登记结算有限责任公司与其子公司，[1]第 15 条第 1 款将存托凭证的存管结算业务委任给中国证券登记结算有限责任公司，[2]其负有保管并清算 CDR 的职责。概

---

〔1〕 参见《存托凭证发行与交易管理办法（试行）》第 26 条第 1 款："下列机构可以依法担任存托人：（一）中国证券登记结算有限责任公司及其子公司；（二）经国务院银行业监督管理机构批准的商业银行；（三）证券公司。"

〔2〕 参见《存托凭证发行与交易管理办法（试行）》第 15 条第 1 款："存托凭证应当在中国证券登记结算有限责任公司集中登记、存管和结算。"

而言之，CDR 的存托人与保管人及清算人局部重合，中国证券登记结算有限责任公司既应当担任 CDR 的保管人与清算人，又可以成为签发 CDR 的存托人。

其二，CDR 保荐申请的接收方改为证券交易所。最新修订的《证券法》在第 46 条取缔了发行审核委员会（以下简称发审委）所主导的注册制改革，发审委把关证券交易的时代已然终结，我国的证券交易所应当为证券的审核与交易提供一站式服务。同理，CDR 的发行审核部门应当从发审委变为证券交易所，基础证券发行人聘任的保荐人无须再向发审委推荐 CDR 的公开发行申请。证券交易所既审核 CDR 的公开发行申请是否具备形式要件，又为 CDR 的上市交易提供相应活动场所。

（二）中国存托凭证（CDR）的法律关系结构

图 1 揭示了存托协议、托管协议是 CDR 业务活动中最主要的两类合同，也可以说，两类合同所涉法律关系是存托凭证法律关系的重要组成部分，各主体间的权义之争大多以存托协议与托管协议为中心，且主要围绕基础证券发行人、存托人、托管人以及投资者进行。然而，上述主体范围须进一步服务于 CDR 投资者群体维权，在存托凭证法律关系的构成要件中，内容与客体要素仍有较大的研究空间。应当重点把握存托协议、托管协议所涉法律关系，进而谙习 CDR 的法律关系构造。

1. 存托协议当事人间的法律关系

存托协议的订立主体为基础证券发行人与存托人，此外《管理办法》第 28 条第 1 款允许 CDR 投资者通过持有事实变成存托协议一方当事人。[1]在以上三类主体中，CDR 投资者是存托协议信息的最终接收者，存托人、基础证券发行人同其相比天然地具有信息优势。基于存托协议当事人信息优劣地位的差异，应当分别讨论存托人与基础证券发行人间、投资者与这两者间的法律关系。

基础证券发行人和存托人存在与委托关系近似的协作关系。由于 CDR 目前均属于参与型存托凭证，基础证券发行人不可避免地需借助存托协议指定存托人在我国证券市场签发 CDR。笔者不认为二者签订的存托协议属于委托合同，不同于委托合同由受托人独立完成委托事务，《管理办法》第 2 条第 2 款要求存托人与基础证券发行人共同参与发行 CDR。[2] 订立存托协议需要基础证券发行人与存托人就 CDR 签发事宜达成合意，所以也不构成单方授权即告成立的代理关系。事实上，基础证券发行人与存托人应当是共同发行 CDR 的协作关系。

---

〔1〕参见《存托凭证发行与交易管理办法（试行）》第 28 条第 1 款："……投资者持有存托凭证即成为存托协议当事人……"

〔2〕参见《存托凭证发行与交易管理办法（试行）》第 2 条第 2 款："……存托凭证的境外基础证券发行人应当参与存托凭证发行……"

基础证券发行人、存托人和投资者间关系性质的讨论主要有两种观点：薛晗（2019）等人的“代持股权说”认为三者依次是公司、名义股东与实际股东，[1]翟世浩（2019）等人的“信托说”认为三者分别是委托人、受托人和受益人。[2]笔者认为“信托说”对相关主体身份的认定更加妥当：第一，信托的忠实标准与存托协议的成立条件内核一致。英美法对忠实的三种判断标准殊途同归地强调“当事人应当承认并尊重对方利益”[3]。存托协议成立条件是基础证券发行人和存托人的合意，二者在存托协议订立过程中不断让步自身利益以认可对方利益，与忠实标准的核心内涵相契合；第二，“代持股权说”的要求与存托协议的实际情况不一致。若采用“代持股权说”，那么存托人和投资者作为名义股东与实际股东应当是存托协议的订立主体，显然同仅基础证券发行人和存托人有权签订并修改存托协议的事实不符。

2. 托管协议当事人间的法律关系

存托人与托管人是托管协议的订立主体，持有 CDR 的投资者无法成为托管协议当事人，这点显著区别于存托协议，故而只有存托人、托管人是托管协议当事人。托管人托管存托人委任其管理的基础财产并因而获取一定报酬，存托人应当对托管人过错造成的存托凭证基础财产损失承担连带赔偿责任。[4]基于以上行为模式，笔者将存托人与托管人内部间的关系视作委托关系，但二者对外与基础证券发行人形成复代理关系，托管人实际上是基础证券发行人的复代理人。纵然 CDR 投资者不具托管协议的主体资格，托管协议当事人仍不应当借托管协议的条款侵害其合法权益，隐性关联关系等特殊情形是严厉禁止的。

（三）中国存托凭证（CDR）的信息披露活动及投资者法律地位

CDR 的运行机制是 CDR 信息传递过程的基础，CDR 的信息传递过程则是 CDR 信息披露的本质。分析 CDR 的法律关系构成，则有助于阐明 CDR 投资者的法律地

---

〔1〕 薛晗：《中国存托凭证投资者保护机制的完善路径》，载《中国法律评论》2019 年第 2 期。

〔2〕 翟世浩：《CDR 投资者保护机制的完善路径——商业信托法律关系》，载《北方金融》2019 年第 9 期。

〔3〕 赵磊：《信托受托人的角色定位及其制度实现》，载《中国法学》2013 年第 4 期。

〔4〕 关于存托人委任托管人管理基础财产并就托管人行为承担责任，参见《存托凭证发行与交易管理办法（试行）》第 27 条第 2 项：“存托人应当承担以下职责……（二）安排存放存托凭证基础财产，可以委托具有相应业务资质、能力和良好信誉的托管人管理存托凭证基础财产，并与其签订托管协议，督促其履行基础财产的托管职责。存托凭证基础财产因托管人过错受到损害的，存托人承担连带赔偿责任……”；关于托管人有偿托管，参见《存托凭证发行与交易管理办法（试行）》第 30 条第 5 项：“存托人与托管人签订的托管协议，应当包括下列条款……（五）托管人的报酬计算方法与支付方式……”

位。研究CDR的信息传递过程与投资者法律地位，为后文思索我国信息披露法律制度漏洞对CDR投资者权益的消极影响奠定基础。

信息流通于信息源、信息栈及信息用户三方主体间即为信息传递过程，[1]借由义务主体的信息披露行为获取信息则是《证券法》第五章信息披露概念的要义，CDR的信息披露活动是该行业范畴内若干信息传递过程的集合。CDR信息披露内容涵括存托协议、托管协议以及招股说明书等未由存托协议载明的基础证券市场信息。[2]就基础证券市场信息的传递过程而言，基础证券发行人、存托人与托管人、投资者与证监会及证券交易所分别是信息源、信息栈和信息用户；就存托协议所涉信息的传递过程而言，基础证券发行人和存托人、投资者与证监会及证券交易所分别是信息源与信息用户；就托管协议所涉信息的传递过程而言，存托人与托管人、投资者与证监会和证券交易所分别是信息源与信息用户。概而言之，基础证券发行人、存托人以及托管人皆具有CDR信息源的主体资格。

在存托协议和托管协议所涉法律关系中，CDR投资者或是一方参与主体或是其保护对象。CDR投资者虽不是托管协议当事人，却可鉴于持有CDR的事实成为存托协议的一方当事人。对于CDR投资者的存托协议当事人地位，笔者主张其因与存托人、基础证券发行人间构成的信托关系而具有受益人身份。另外，CDR投资者亦是托管协议所涉法律关系的重点保护对象。尽管投资者并非托管协议的订立主体，其却仍能在参考托管协议所涉信息的情况下作出投资决策。基础证券发行人应《管理办法》第30条第2款的要求向证监会披露托管协议的内容及其变更状况，继而由证监会将之作为政务公开内容公布于官网以便投资者获取。一言以蔽之，从存托凭证法律关系入手，即可窥见CDR投资者的法律地位与保护CDR投资者的必要性。

二、中国存托凭证（CDR）信息披露立法与投资者维权窘境

为说明CDR信息披露法律制度漏洞造成的CDR投资者维权困境，笔者将涉及信息披露常见问题的CDR相关法律规范、规定及文件归纳汇总见表1。

---

〔1〕莫祖英：《基于过程分析的信息质量影响因素研究》，载《情报科学》2014年第7期。

〔2〕参见《存托凭证发行与交易管理办法（试行）》第17条第1款：“境外基础证券发行人应当按照中国证监会、证券交易所的规定编制并披露招股说明书、上市公告书，披露存托协议、托管协议等文件。”

表1 CDR信息披露常见问题适用的规范及规定

效力级别	法律法规名称	与信息披露相关的规定及其内容
法律	《中华人民共和国证券法》	因第2条将存托凭证纳入适用范围，故存托凭证的信息披露问题适用该法第五章“信息披露”的规定，且适用第197条关于信息披露法律责任的规定
部门规章	《存托凭证发行与交易管理办法（试行）》	设置第四章“存托凭证的信息披露”，第47条第4项规定存托凭证信息披露的法律责任
国务院规范性文件	《国务院办公厅转发关于开展创新企业境内发行股票或存托凭证试点若干意见的通知》	“七、信息披露”的第一段是《存托凭证发行与交易管理办法（试行）》第16条、第22条、第24条的雏形，第二段要求试点红筹企业披露财务信息并提供参照标准
部门规范性文件	《公开发行证券的公司信息披露编报规则第23号——试点红筹企业公开发行存托凭证招股说明书内容与格式指引》	细化我国试点红筹企业在公开发行存托凭证编制招股说明书时，需遵循的招股说明书内容与格式方面的具体要求
	《公开发行证券的公司信息披露内容与格式准则第40号——试点红筹企业公开发行存托凭证并上市申请文件》	细化我国试点红筹企业在公开发行存托凭证并上市时，制作、报送的相关申请文件于内容与格式方面的具体要求
	《试点创新企业境内发行股票或存托凭证并上市监管工作实施办法》	第17条规定试点创新企业进行信息披露的原则性要求，以及信息披露的具体依据
	《创新企业境内发行股票或存托凭证并上市后持续监管实施办法（试行）》	第三章在重申《存托凭证发行与交易管理办法（试行）》部分规定的同时，新增披露时间标准、可调整或简化的披露事项、暂不披露的条件、事务管理制度与自查要求
	《存托凭证存托协议内容与格式指引（试行）》	第二章第三节“当事人及权利义务”中，第15条第6项要求存托协议列明发行人“履行信息披露义务人职责和义务，并承担相应的法律责任”，第17条第10项规定存托人有协助发行人信息披露的义务，第19条第5项要求存托协议应列明存托凭证持有人特定情形的信息披露义务，第25条规定存托协议需具体列明的信息披露要求
	《关于商业银行担任存托凭证试点存托人的有关事项规定》	第6点规定担任存托人的商业银行不是存托凭证信息披露的法定义务主体
	《关于上海证券交易所与伦敦证券交易所互联互通存托凭证业务的监管规定（试行）》	第1条将信息披露作为互联互通存托凭证业务的重点业务之一

续表

效力级别	法律法规名称	与信息披露相关的规定及其内容
司法解释性质文件	《全国法院民商事审判工作会议纪要》	第六部分为“关于证券纠纷案件的审理”，共9条
行业规定	《上海证券交易所科创板股票上市规则》	第1.4条规定“股东或存托凭证持有人……应当遵守法律法规、本规则以及本所其他规定，履行信息披露义务”

（一）过窄的信息披露义务主体法定范围侵犯CDR投资者的信息知情权

尽管正如前文所述，存托人与托管人亦分别是存托协议与托管协议的信息源。然而CDR当下采用以基础证券发行人为主的信息披露法定责任主体模式：基础证券发行人目前是唯一负担强制性信息披露义务的CDR信息源，该结论源于《管理办法》仅要求其承担法定的信息披露义务并规定其信息披露违法行为的行刑责任；[1] CDR投资者负有一定的信息披露义务。对于表1中《上海证券交易所科创板股票上市规则》第1.4条要求存托凭证持有人履行信息披露义务，《管理办法》第27条第6—7项暗指存托凭证持有人是CDR投资者而非存托人，存托人是CDR投资者行使自身权益的工具；[2]存托人具有法定的信息披露协助义务而非信息披露义务。《存托凭证存托协议内容与格式指引（试行）》规定存托人的信息披露协助义务在于其应当及时通知托管人与托管协议的变更情形，[3]且表1显示《关于商业银行担任存托凭证试点存托人有关事项规定》第6点规定存托人不是CDR信息披露法定义务主体；尚无立法明确托管人的信息披露义务情况。综上可知，即便存托人、托管人和基础证券发行人均为CDR信息披露内容的信息源，但目前只有基础证券发

[1] CDR信息披露法定义务主体的规定，参见《存托凭证发行与交易管理办法（试行）》第16条第1款：“境外基础证券发行人及其控股股东、实际控制人等信息披露义务人……及时、公平地履行信息披露义务……”；CDR信息披露违法情形的法律责任，指拒不陈述行为与虚假陈述行为的行刑责任，参见《存托凭证发行与交易管理办法（试行）》第47条第4项：“有下列行为的，中国证监会依据《证券法》相关规定进行行政处罚；构成犯罪的，依法追究刑事责任：……（四）境外基础证券发行人或者其他信息披露义务人未按照规定披露信息、报送有关报告，或者所披露的信息、报送的报告有虚假记载、误导性陈述或者重大遗漏……”，“《证券法》相关规定”指《证券法》第197条规定的信息披露违法责任。

[2] 参见《存托凭证发行与交易管理办法（试行）》第27条第6—7项：“存托人应当承担以下职责……（六）按照存托协议约定，向存托凭证持有人派发红利、股息等权益，根据存托凭证持有人意愿行使表决权等权利；（七）境外基础证券发行人股东大会审议有关存托凭证持有人权利义务的议案时，存托人应当参加股东大会并为存托凭证持有人权益行使表决权……”

[3] 参见《存托凭证存托协议内容与格式指引（试行）》第17条第10项：“根据《办法》及其他有关规定，存托协议应列明存托人的义务，包括但不限于……（十）在变更托管人或者调整、修改托管协议时，应当及时告知发行人，以便发行人履行信息披露义务……”

行人应当遵循 CDR 信息披露的法定要求并承担相应的信息披露违法责任，现行立法在 CDR 信息披露法定义务主体的设置上仍待改进。

削减 CDR 投资者的信息获取渠道，是信息披露法定义务主体不完整对 CDR 投资者权益最直接的负面影响，从权利视角来看侵犯了 CDR 投资者享有的信息知情权。《证券法》第 2 条内藏 CDR 与股票、债券等有价证券的法律适用关联，CDR 投资者的信息知情权与证券投资者的知情权也有着异曲同工之妙，后者指“证券投资者在进行证券契约签订之前、之中及之后所享有的要求发行人、上市公司以及证券公司等向其全面、及时、准确披露有关证券产品本身及其相关信息的权利”[1]，从这一定义即可总结全面性、及时性、准确性是 CDR 投资者信息知情权的应有之义。其中，全面性要求既指信息披露时段应当贯彻 CDR 发行与交易的全过程，又指信息披露义务主体应当穷尽 CDR 发行交易信息披露活动中的所有信息源。由此观之，将存托人、托管人排斥在 CDR 信息披露义务主体的法定范围之外，让基础证券发行人一方负荷本应由三者共同承担的强制性信息披露义务，触犯了未顾及 CDR 信息披露内容由存托协议、托管协议与基础证券市场信息共同组成的错误，违背了 CDR 投资者信息知情权固有的全面性要求。

（二）模糊的重大事件临时披露规则损害 CDR 投资者的公平交易权

在强制基础证券发行人报送《证券法》第 67 条[2]与《上市公司信息披露管理办法》第 30 条所载重大事件之后，《管理办法》又于第 21 条以列举及概括的方式额外规定了一些合乎 CDR 业务特色、一旦发生便亟须信息披露义务人及时披露的重大事件。不过备感遗憾的是，《管理办法》第 21 条第 3—6 项涉及的信息披露重大性标准因条款措辞过于笼统而在操作方向上甚是模糊，且其他的 CDR 法律规范也未对上述重大性标准作出具有实践操作性的界定与解释。具体言之，《管理办法》第 21 条第 3 项未解析存托协议重大变更的判别标准；第 4 项同样未解答证监会要求披露的托管协议重大变更认定条件；第 5 项未回应如何确定基础证券发行人的调整举措对其经营管理事务产生重大影响；第 6 项未围绕前款若干重大事件共同指向的信息披露重大性标准设置兜底条款。[3]简略地讲，《管理办法》第 21 条第 3—6

---

[1] 刘志伟：《金融创新中证券投资者知情权的法律保护》，载《西南金融》2014 年第 3 期。

[2] 须注意《存托凭证发行与交易管理办法（试行）》的公布时间（2018 年 6 月 6 日）先于《证券法》的最新修订时间（2019 年 12 月 28 日），此处应指《证券法》（2019 年修订）第 80 条。

[3] 参见《存托凭证发行与交易管理办法（试行）》第 21 条第 3—5 项：“发生以下情形之一的，境外基础证券发行人应当及时进行披露：……（三）对存托协议作出重大修改；（四）对托管协议作出重大修改；（五）对股东投票权差异、企业协议控制架构或者类似特殊安排作出重大调整；（六）中国证监会规定的其他情形。”

项为应当临时披露的重大事件设计了颇具抽象性反而实操性较弱的信息披露重大性标准，由此树立的 CDR 重大事件临时披露规则因未详解重大性标准的内涵及外延而留有模糊地带，难以确保信息披露义务主体能够准确且恰当地实时观测、描述临时发生且须及时披露的重大事件。

《管理办法》第 21 条第 3—6 项为若干重大事件笼统设定信息披露重大性标准的做法，系属背离了投资者适当性规则的精神，从权利视角来看损害了 CDR 投资者拥有的公平交易权。投资者适当性规则的含义是“让适当的投资者参与适当的金融交易，包括买卖适当的金融产品和使用适当的投资手段”〔1〕，蕴含着“风险提示下的自主选择”〔2〕精神。投资者适当性规则的精神要求 CDR 投资者理应获得与该业务相关的投资风险提示，而 CDR 投资风险提示的充分程度与 CDR 信息披露内容的公开程度直接挂钩。换言之，公开披露 CDR 信息的目的是向投资者充分提示 CDR 的风险可能性，若信用品质较差的信息披露义务人利用尚存瑕疵的 CDR 重大事件临时披露规则，以不完整的披露内容规避及时公开增加 CDR 投资风险的重大事件的信息披露义务，便难以肯定 CDR 投资者业已了解理应知晓的 CDR 风险可能性，难以确定有关 CDR 的投资决策皆是在充分提示投资风险的先决条件下作出的。公平交易权由投资者适当性规则的精神衍化而来，CDR 投资者有权在完全了解理应公开披露的全部信息之后自主决定是否买入持有 CDR，这是 CDR 投资者公平交易权的内在要求。不详解信息披露重大性标准的弊端在于，无法帮助信息披露义务人正确理解临时披露在内容、程度、比例等方面的细节要求，由此确立的 CDR 重大事件临时披露规则未翔实到足以让 CDR 投资者全方位了解理应公开披露的 CDR 信息，致使 CDR 投资者的公平交易权因内在要求无从落实而遭受潜在损害。

（三）存有漏洞的虚假陈述民事诉讼制度冲击 CDR 投资者的司法救济权

虚假陈述问题起源于信息披露活动，证券市场虚假陈述的实质是信息披露义务人不实、不当披露重大事件以欺瞒投资者，〔3〕最高人民法院将其类型化处理为虚假记载、误导性陈述、重大遗漏以及不正当披露。〔4〕参照证券市场虚假陈述的概念，类似的 CDR 信息披露违法行为可统称为 CDR 虚假陈述行为。目前判断 CDR 虚假陈

---

〔1〕 曾洋：《投资者适当性制度：解读、比较与评析》，载《南京大学学报（哲学·人文科学·社会科学版）》2012 年第 2 期。

〔2〕 刘志伟：《权利视角下证券投资者适当规则的拓展适用》，载《财经法学》2019 年第 6 期。

〔3〕 邢会强主编：《证券法学》，中国人民大学出版社 2019 年版，第 133 页。

〔4〕 参见《最高人民法院关于审理证券市场因虚假陈述引发的民事赔偿案件的若干规定》第 17 条：“证券市场虚假陈述，是指信息披露义务人违反证券法律规定，在证券发行或者交易过程中，对重大事件作出违背事实真相的虚假记载、误导性陈述，或者在披露信息时发生重大遗漏、不正当披露信息的行为。”

述行为的行刑责任完全适用股票、债券等有价证券的规定。同理，当《管理办法》未对CDR虚假陈述民事诉讼制度作特别规定时，证券市场虚假陈述的相关规定可用于追究CDR虚假陈述行为的民事责任。纵然《九民纪要》与2019年修订的《证券法》对虚假陈述民事诉讼制度有所创新，但某些规定仍与CDR投资者背后投资者群体的维权需求不甚匹配，从权利视角来看会对其司法救济权的行使产生一定冲击。

第一，代表人诉讼公告前的实质审查未思虑CDR投资者的参诉初衷。《九民纪要》第82条命令法院在代表人诉讼公告发出前审查虚假陈述案件的若干基本事实，〔1〕《证券法》第95条第2款要求法院公告与诉讼请求有关的案件情况。〔2〕这些规定的问题在于，审查被告行为的虚假陈述性质本就令人怀疑法院已于庭前实质审查虚假陈述案件的核心争议并作出结论，公告案件情况更会让人联想法院借由公布公告前对案件事实的审查情况向公众预透裁判结果并暗示无开庭审理必要。辩论权的精髓是当事人“陈述自己的主张和根据，互相进行反驳和答辩”〔3〕，对于参与代表人诉讼的投资者来说，若法院于正式庭审前先入为主地断定不成立虚假陈述，便难以保证诉讼结果的公正性，且与其积极行使辩论权以谋求程序公正的初衷背道而驰。〔4〕

第二，信息披露义务人的抽象归责原则未酌量CDR投资者的参诉劣势。《证券法》第85条实行过错责任原则，把所受损失与信息披露义务人虚假陈述行为因果关系的举证责任分配给投资者，〔5〕却未对投资者的举证责任事项予以明确，低估了证券市场的信息不对称常态及其对投资者的消极诉讼影响。“证券市场最显著的特点在于证券市场上信息的分布是典型的不对称，这种信息分布的不同对于投资者的决策以及证券价格的形成产生了非常明显的影响”〔6〕，信息劣势本就让投资者难以

〔1〕参见《全国法院民商事审判工作九民纪要》第82条：“人民法院决定采用《民事诉讼法》第54条规定的方式审理案件的，在发出公告前，应当先行就被告的行为是否构成虚假陈述，投资者的交易方向与诱多、诱空的虚假陈述是否一致，以及虚假陈述的实施日、揭露日或者更正日等案件基本事实进行审查。”

〔2〕参见《证券法》（2019年修订）第95条第2款：“对按照前款规定提起的诉讼，可能存在有相同诉讼请求的其他众多投资者的，人民法院可以发出公告，说明该诉讼请求的案件情况……”

〔3〕常怡主编：《民事诉讼法学》，中国政法大学出版社2002年版，第113页。

〔4〕邵明、曹文华：《论民事诉讼当事人程序基本权》，载《中国人民大学学报》2017年第5期。

〔5〕参见《证券法》（2019年修订）第85条：“信息披露义务人未按照规定披露信息，或者公告的证券发行文件、定期报告、临时报告及其他信息披露资料存在虚假记载、误导性陈述或者重大遗漏，致使投资者在证券交易中遭受损失的，信息披露义务人应当承担赔偿责任……”

〔6〕刘凤根：《信息、信念、偏好与新兴大国证券市场投资者的行为偏差 基于中国证券市场的分析》，上海人民出版社2013年版，第54页。

佐证所受损失源于对不实披露的信赖，基础证券市场信息的跨境披露特性更是为国内 CDR 投资者的证据收集活动增设空间障碍。当虚假陈述事实因证券市场信息不对称陷入真伪不明状态时，亦会间接加重 CDR 投资者的败诉可能致使其承担结果责任。

三、美国存托凭证（ADR）投资者保护理念与监管立法经验

为使美国投资者能够成功购买英国公司的股票，J. P. Morgen 于 1927 年发明了 ADR。[1]存托凭证发源地的美国已构建以保护 ADR 投资者为核心理念、以强制性信息披露为监管要义的 ADR 监管法律体系。CDR 以 ADR 为蓝本，美国《1933 年证券法》第 2 条将存托凭证归为证券范畴，[2]证券相关立法得以被用于规范 ADR 的发行与交易活动，这也是我国将存托凭证纳入《证券法》适用范围的原因之一。研习 ADR 的监管法律体系，对构建维护投资者权益的 CDR 信息披露法律制度大有裨益。笔者针对前文已述的 CDR 投资者维权窘境，整理归纳如下 ADR 监管立法经验，让其服务于完善 CDR 信息披露法律制度。

（一）非保荐型 ADR 的信息披露模式对 CDR 投资者信息知情权的启示

ADR 监管法律体系携有分级监管的特点，而分级监管依赖 ADR 分级制度。美国将 ADR 大体分为保荐型 ADR（又名“参与型 ADR”“发行人设立的 ADR”）和非保荐型 ADR（又名“非参与型 ADR” “非发行人设立的 ADR”），又将保荐型 ADR 分为Ⅰ级 ADR、Ⅱ级 ADR 以及Ⅲ级 ADR，封闭性最强的非保荐型 ADR 负担最宽松的信息披露要求，保荐型 ADR 的级别与信息披露的严苛程度成正比。[3]有别于我国完全豁免存托人信息披露义务的做法，非保荐型 ADR 的存托人应当依据投资者意愿履行相应的信息披露要求。具体而言，Rule 144A 只允许非保荐型 ADR 在私募市场发行且仅由合格机构投资者买卖，因而对其免除证券交易委员会（Securities and Exchange Commission，SEC）强制性公共披露的限制，[4]但规定投资者

---

〔1〕 谢永添：《从美国存托凭证（ADR）到中国存托凭证（CDR）——运作机制与中国特色》，载《武汉金融》2003 年第 10 期。

〔2〕 Securities Act of 1933 § 2，15 U. S. C. § 77b（2018）.

〔3〕 黄勇、严文斌：《CDR 视角下的风险探究——从 ADR 到 CDR 如何更为稳健》，载《河北法学》2019 年第 4 期。

〔4〕 Asbill R. Brandon，*Securities Regulation – Great Expectations and the Reality of Rule* 144A *and Regulation S*；*The SEC's Approach to the Internationalization of the Financial Marketplace*，Georgia Journal of International & Comparative Law，Vol. 21：145，pp. 146 – 147（2014）.

有权要求承销商“向证券发行人索取基本财务信息”[1]。然而非保荐型ADR的存托协议通常是由基础证券发行人的大股东以个人名义与存托人订立的，基础证券发行人自身并不参与发行非保荐型ADR，非保荐型ADR的信息披露义务实际上是存托人基于ADR投资者的信息披露需求而负担并以承销商为媒介向ADR投资者间接履行的。

笔者认为，即使我国因尚未发展非参与型存托凭证而不具备分级监管的制度基础，非保荐型ADR促使存托人实质负担信息披露义务的做法也值得我国学习并强化，该结论并非完全基于存托人是CDR信息披露内容的信息源，还是出于ADR与CDR监管权限的实质差异以及我国注册制改革过渡阶段的现实需要：其一，SEC与证监会对存托人的监管权限不同。美国自始仅由不受SEC监管的商业银行担任ADR的存托人。[2]与之不同的是，纵然是经银保监会批准的商业银行，其担任CDR存托人也需遵循证监会发布的《关于商业银行担任存托凭证试点存托人有关事项规定》，且其他具有存托人主体资格的机构始终在证监会的监管范围内。CDR具备强制存托人负担信息披露义务的体制基础，而这是ADR无法实现的。其二，中美两国处于注册制的不同实施阶段。2019年修订的《证券法》第46条暗示我国拉开注册制改革的序幕，而美国早已通过《1934年证券交易法》第12条实行注册登记制。[3]在我国注册制改革道阻且长的当下，势必无法于短期内打破证券市场的信息不对称常态以贯彻落实注册制的市场化原则，最终导致CDR投资者在此种局面下持续处于信息劣势地位。强制存托人乃至托管人对CDR投资者履行法定的信息披露义务，无疑有助于平衡CDR交易各方掌握的信息数量，从而改善上述局面以保护CDR投资者的信息知情权。

（二）ADR适用的信息披露重大性标准对CDR投资者公平交易权的启迪

《1933年证券法》第10（b）条将“出于公共利益或者保护投资者的需要”作为招股说明书须列明重大事件（material fact）的筛选原则；[4]《1934年证券交易法》纳入SEC制定的Rule 14a－9，要求“投票委托不得虚假陈述或误导性陈述重大事件，不得不披露有关陈述真实性、正确性及其变动的重大事件”[5]。由此，美

---

〔1〕许小年：《144A法案：美国非上市证券管理规则》，载《经济导刊》1994年第5期。

〔2〕参见蒋辉宇：《论我国融资参与型存托凭证信息披露模式的合理选择与制度完善》，载《政治与法律》2019年第1期。

〔3〕Securities Exchange Act of 1934 § 12, 15 U. S. C. §78l (2018).

〔4〕Securities Act of 1933 § 10, 15 U. S. C. §77j (2018).

〔5〕Securities Exchange Act of 1934 § 14, 15 U. S. C. §78n (2018).

国于制定法层面初步确定了信息披露重大性标准（Materiality），对此 ADR 亦可适用。值得一提的是，《1934 年证券交易法》为 ADR 配置了携有具象化与多元化特点的信息披露规则：非保荐型 ADR 无需向 SEC 完全披露，但需应投资者的要求进行信息披露；保荐型 ADR 中的 Ⅰ 级 ADR 同样无须完全披露信息；保荐型 ADR 中的Ⅱ级 ADR 与Ⅲ级 ADR 皆需提供注册说明书、符合 GAPP 要求的财务报表以及翔实记载相关信息的年度报告，但后者的信息披露具体要求较前者更为严格。[1]上述信息披露规则基本涵括了对 ADR 价格产生实质影响的全部重大事件，信息披露重大性标准的抽象内涵被初步转化为肉眼可见的实操性标准。

然而在 20 世纪 70 年代，Gerstle v. Gamble - Skogmo，Inc.[2]案与 Smallwood v. Pearl Brewing Co[3]案先后以 Rule 14a -9 设置的责任承担门槛过低为由拒绝采用其隐含的重大性标准。在 TSC Industries，Inc. v. Northway，Inc. 案中，上诉法院认为重大事件是“理性投资者可能认为重要的所有事实”的观点，美国最高法院以该定义有违重大事件“必定影响理性投资者的确定性程度”为由予以明确反对，并重新制定与 Rule 14a -9 内在精神最为契合的信息披露重大性标准：“若理性股东很有可能认为被遗漏事实对确定投票方式而言是重要的，那么被遗漏事实属于重大事件。”[4]至此，美国最终于判例法层面再度树立更为明确的信息披露重大性标准。

与《管理办法》第 21 条映射的 CDR 重大事件临时披露规则相比，美国的立法设计更为深入地挖掘信息披露重大性标准的适用价值：第一，以理性投资者视角界定信息披露重大性标准的内涵。不同于《管理办法》第 21 条第 6 项围绕证监会设置兜底条款的做法，美国始终把信息披露重大性标准的立足点集中于理性投资者。美国最高法院借由相关事实与理性投资者主观决策的联系界定信息披露重大性标准的内涵，是 ADR 监管法律体系践行投资者保护理念的生动范例。第二，系统性整合信息披露重大性标准的外延。与《管理办法》第 21 条第 3—5 项简要列举须临时披露的重大事件相比，《1934 年证券交易法》的诸多实操性信息披露内容是证券行业在业务具体实践中落实投资者保护理念的媒介。以Ⅱ级 ADR 与Ⅲ级 ADR 的信息披露内容为例，《1934 年证券交易法》自第 12（d）条起共用 9 款详细解剖注册说明书的注册登记及信息披露规定，第 10A 条根据 GAPP 要求设计含财务报表在内的

---

〔1〕 张天行：《中美存托凭证的比较与启示——基于 ADR 的运行与监管》，载《金融发展评论》2018 年第 7 期。

〔2〕 Gerstle *v.* Gamble - Skogmo，Inc.，478 F. 2d 1281（CA2 1973）.

〔3〕 Smallwood *v.* Pearl Brewing Co.，489 F. 2d 579（CA5 1974）.

〔4〕 TSC Industries，Inc. *v*. Northway，Inc.，426 U. S. 438（1976）.

诸多审计要求，[1]第4（g）（6）条与第4（j）（6）条分别对年度报告的具体类别及各类别的信息披露规定予以说明。[2]总而言之，投资者保护理念是美国信息披露重大性标准的精粹，若该理念渗透于CDR重大事件临时披露规则的修缮过程中，CDR投资者公平交易权的保护问题便有望迎刃而解。

（三）美国证券虚假陈述集团诉讼制度对CDR投资者司法救济权的启发

判例法与制定法兼重的立法特色，同样渗透于ADR所适用的美国证券虚假陈述集团诉讼制度：《1933年证券法》第27条与《1934年证券交易法》第21D条共同确立了美国证券集团诉讼法律制度，后者又树立了若干证券虚假陈述诉讼规则，上述规定又不断被从先例判决中提炼得出且沿袭运用的审判理念推翻、解释或补充。鉴于借鉴美国经验修正我国虚假陈述民事诉讼制度瑕疵的本意，笔者仅遴选与前文提及的我国虚假陈述民事诉讼制度漏洞高度相关的成文规定与先例实践，希冀收获有助捍卫CDR投资者司法救济权的成功经验。

《1934年证券交易法》在第21D（a）（3）（A）条直接回应了证券集团诉讼的公告问题。对照该条规定与我国《九民纪要》《证券法》等立法，不难发现美国的证券集团诉讼与我国的证券虚假陈述代表人诉讼在公告的实体及程序规定上略有区别：一是公告发布主体不同。前者由原告发布公告，后者由人民法院发布公告。二是公告发布媒介不同。前者要求公告发布于面向全国公开发行的商业出版物或电信服务中，后者则采用《人民法院报》刊登为主、直接张贴为辅的方式。三是公告前置程序设立情况不同。前者无公告前置程序，后者则须于公告前审查案件基本事实。四是公告内容不同。前者包括诉讼请求、未决事项及集团诉讼的参与期限，后者包含与诉讼请求相关的案件情况及代表人诉讼的登记期限。[3]尽管中美两国所属法系及诉讼模式致使两类诉讼在公告发布主体、媒介及前置程序设置上有所差异，然而不可否认的是，《1934年证券交易法》对证券集团诉讼公告内容的处理，既照顾证券集团诉讼公开审理制度的需要，又避免证券集团诉讼庭审活动浮于表面的可能。笔者认为，我国证券虚假陈述代表人诉讼的公告前审查程序本身不存在合理性争议，审查内容及公告内容的不合理性才是该类诉讼侵犯投资者司法救济权质疑的产生根源，《1934年证券交易法》第21D（a）（3）（A）条为此提供了新的解决

[1] Securities Exchange Act of 1934 § 10A, 15 U. S. C. § 78j-1 (2018).

[2] Securities Exchange Act of 1934 § 4, 15 U. S. C. § 78d (2018).

[3] Securities Exchange Act of 1934 § 21D, 15 U. S. C. § 78u-4 (2018)；参见《最高人民法院办公厅关于改进人民法院公告发布工作的通知》："……人民法院公告除部分采取直接张贴的方式外，法律文书的送达、催告、宣告死亡、失踪、破产等法院公告，均采取在报纸上刊登的方式……"

思路。

欺诈市场理论（Fraud - on - the - Market Theory）与上文谈到的信息披露重大性标准一脉相承，是美国减轻证券投资者在虚假陈述诉讼中所负担举证责任的得力举措。它由美国最高法院于 1988 年在 Basic, Inc. v. Levinson 案中确立，主张当证券价格因存在虚假陈述而偏离内在真实价值时即告虚假陈述因果关系成立，作为原告的投资者无须证明其对虚假陈述的直接信赖，[1] Mills v. Electric Auto - Lite Co. 案"重大性标准可以替代信赖或可能信赖"的观点即其缘由所在。[2]但投资者必须举证存在如下四项事实，即被告公开进行虚假陈述；虚假陈述内容符合重大性标准；涉案股票在有效的证券市场上交易；原告在虚假陈述作出之日至本人发现真相之日期间买入或卖出涉案股票。[3]被告相应地应当围绕其虚假陈述行为未使证券的市场价格偏离真实价值进行辩护。[4]相较我国《证券法》第 85 条确立的过错责任原则，欺诈市场理论不仅免除投资者对直接信赖的举证责任，而且将证明成立虚假陈述因果关系所需的各项事实具体化，投资者在证券虚假陈述诉讼中须负担的证明要求大量减少，多因一果、多因多果等复杂因果关系构成对投资者举证责任的不利后果可能性随之降低，投资者司法救济权的功用得以真正发挥。欺诈市场理论的有益经验对保障 CDR 投资者的合法权益具有积极意义。

四、中国存托凭证（CDR）信息披露法律制度之优化

（一）拓展信息披露法定义务主体范围以保护 CDR 投资者的信息知情权

信息披露法定义务主体范围与 CDR 投资者信息知情权的权利内容直接相关，拓展信息披露法定义务主体范围能够更为全面地保护 CDR 投资者的信息知情权。为推动 CDR 信息披露的法定责任主体模式从较为单一化向实质多元化转变，以立法手段强制存托人与托管人履行信息披露义务不失为一种妥当之举，应当在科学立法原则的指引下将二者的信息披露义务法定化。科学立法原则体现于《立法法》第 6 条，其要求法律规范应当兼具针对性与实操性，从客观实际出发且合理配置规范

---

〔1〕 Rosemary J. Thomas, *The Fraud on the Market Theory: A "Basic" ally Good Idea Whose Time Has Arrived, Basic Inc. v. Levinson*, Indiana Law Review Archive, Vol. 22: 1061, p. 1063 (1989).

〔2〕 Mills *v.* Electric Auto - Lite Co. , 375 U. S. 396 (1970).

〔3〕 Jonathan R. Macey, *Fraud on the Market Theory: Some Preliminary Issues*, Cornell Law Review, Vol. 74: 923, pp. 923 - 924 (1990).

〔4〕［美］罗伯特·C. 克拉克：《公司法则》，工商出版社 1999 年版，第 263 ~ 264 页。

对象的权义与权责。[1] 把科学立法原则的精神与拓展 CDR 信息披露法定义务主体范围的需求相结合，强制所有 CDR 信息源实施信息披露行为以遵守 CDR 投资者信息知情权的全面性要求，须做到以下三点。

第一，应当关注 CDR 投资者信息获取渠道的相关状况。正如前文所述，目前主要由基础证券发行人承担强制性信息披露义务，可见 CDR 的信息披露法定责任主体模式呈现出较为单一且不甚均衡的特点。尽管投资者一直能够从证监会官网处了解作为政务公开内容的 CDR 相关信息，但他们实际上仅拥有由基础证券发行人披露信息的唯一信息获取渠道。为增加 CDR 投资者的信息获取渠道继而维护其所享有的信息知情权，应当让存托人与存在特殊情况的托管人分摊基础证券发行人的信息披露法定义务负担，托管人的特殊情况指影响 CDR 投资者权益的相关事宜，如托管人与基础证券发行人或存托人存在显性或隐性关联关系等。另外，存托人与托管人在履行信息披露义务时应当遵循“真实、准确、全面、易得、易解、规范”[2] 等信息披露原则，它们是证券法意义上的信息披露的实质要件，由此得以明确存托人与托管人强制性信息披露义务的履行要求：以法律应允的方式真实地描述、评价、预测信息披露内容；及时且悉数披露 CDR 与基础证券所在市场当前和潜在可能发生的、对 CDR 投资者权益产生影响的所有信息，以不致 CDR 投资者产生歧义的方式准确披露相关信息，依《管理办法》第 28 条的存托协议条款与第 30 条的托管协议条款局部明确二者定期披露的内容范围，参照《证券法》第 79 条确定二者定期披露的时间标准，让 CDR 投资者易于获取并理解二者所披露的 CDR 相关信息。

第二，理应正视《管理办法》在 CDR 信息披露义务分配规则上的瑕疵。《管理办法》在信息披露义务分配规则方面的疏忽，有违科学立法原则合理配置规范对象权利与义务的要求：《管理办法》第 17 条与第 21 条第 3—4 项仅强制基础证券发行人披露存托协议、托管协议及二者的重大修改，但存托人、托管人分别同为存托协议、托管协议的订立主体，基于披露信息完整性与准确性的考量，应当强制存托人与托管人披露各自签订的协议和协议的重大修改情况。《管理办法》第 20 条第 1 款强制基础证券发行人报送《证券法》第 67 条与《上市公司信息披露管理办法》第 30 条载明的若干重大事件，这些重大事件因符合《关于上海证券市场信息传播管

---

〔1〕 参见《立法法》第 6 条：“立法应当从实际出发，适应经济社会发展和全面深化改革的要求，科学合理地规定公民、法人和其他组织的权利与义务、国家机关的权力与责任。法律规范应当明确、具体，具有针对性和可执行性。”

〔2〕 王艳梅：《我国证券市场信息披露制度研究》，对外经济贸易大学 2007 年硕士论文，第 3 ~ 6 页。

理的若干规定》对证券市场信息的定义[1]而属于基础证券市场信息。而《管理办法》第 29 条第 3 项规定托管人的职责之一便是向存托人披露基础证券的市场信息，所以存托人与托管人也会掌握上述重大事件的具体情况。同样基于披露信息完整性与准确性的要求，应当增设二者为《管理办法》第 20 条第 1 款的法定义务主体。综上，《管理办法》应当对上述规定的内容予以相应修正，从而为 CDR 投资者行使信息知情权提供全方位保障。

第三，部分列举并概括规定存托人和托管人的信息披露法定情形。将法律条文作为存托人与托管人信息披露法定情形的载体时，应当思考如何明确且具体地规定相关内容。列举加概括不仅是我国立法者设定法律规范的常用方式，而且已有经验表明其能够在便于操作的同时尽量穷尽规定情形，契合科学立法原则的针对性与实操性要求。

（二）优化重大事件临时披露规则以维护 CDR 投资者的公平交易权

重大事件临时披露规则的优化不仅依赖如何贯彻理性投资者保护理念，而且倚仗如何评估 CDR 及其基础证券所处市场的稳定性。一言以蔽之，优化 CDR 重大事件临时披露规则，既应当从理性投资者角度明确新规则的内涵与外延，又应当借助 CDR 及其基础证券所处市场稳定性检验新规则的准确性与合理性，最终以如上双重路径维护 CDR 投资者的公平交易权。

首先需要注意的是，CDR 重大事件临时披露规则应当只保护理性的 CDR 投资者。公平交易权不只是 CDR 投资者的权利，亦是基础证券发行人、存托人等其他存托凭证法律关系主体的权利。换句话讲，法律应当只应允理性投资者参与公平交易权的双向互动。至于如何确定 CDR 投资者具有理性特征，“CAPM 和 EMH 作为经典的资本市场理论，对投资者行为的解释是建立在理性预期、风险回避、效用最大化和投资者根据情况的变化不断更新充实自身的知识存量，以及有效市场竞争基础上”[2]，经典资本市场理论的上述内容实际上确立了理性投资者的通说判断标准，真正的理性投资者应当具有自我充实以适应有效市场竞争的品质。

关于如何运用理性投资者保护理念厘清 CDR 重大事件临时披露规则的内涵与外延，笔者结合《管理规定》第 21 条第 3—6 项的相关规定予以说明：在 CDR 重

---

〔1〕 参见《关于上海证券市场信息传播管理的若干规定》：“三、本规定所称证券市场信息，是指证券主管部门、证券交易所、上市公司或其他法定机构按照法定程序发布的有关证券的发行、交易及其相关活动的信息……”

〔2〕 文淑惠：《理性与非理性：证券市场投资者行为分析》，载《四川大学学报（哲学社会科学版）》2001 年第 2 期，第 53 页。

大事件临时披露规则内涵界定方面，《管理规定》第21条第6项应当摒弃以证监会为立足点的兜底条款设置方式，选择将兜底条款的内容变更为CDR重大事件临时披露规则之内涵——重大事件与理性投资者决策的主观联系，即理性的CDR投资者认为对其决策过程及结果具有重要作用的所有事实皆应当被视作重大事件；在CDR重大事件临时披露规则外延整合方面，《管理规定》第21条第3—5项应当依次补充存托协议与托管协议重大变更的内容，以及投票权、控制权等经营管理权限构成重大调整的比例或程度要求，令原本笼统列举的重大事件逐渐具有可操作性。细致地讲，上述事宜应当在风险提示的基础上得以补充，风险提示以公开信息披露为前提，又恰恰是投资者适当性规则精神的前提。当CDR的投资风险已上升至理性投资者不再适宜买入、卖出或继续持有CDR时，若该局面的形成涉及存托协议、托管协议的重大变更以及经营管理权限的重大调整，那么导致该局面形成的若干具体原因即为《管理规定》第21条第3—5项有待补充的内容、比例或者程度。

为了验证以上结论的准确性以及合理性，必须把握CDR及其基础证券市场稳定性的评价标准，对此应当从CDR的发行目的与交易目的入手。证券发行市场与证券交易市场是证券市场的法定分类，同理亦可以按照CDR进入证券市场的先后位序，根据发行与交易活动的差异将CDR所在的证券市场一分为二。由此观之，影响CDR及其基础证券所处市场稳定性的重大事件，等于致使CDR与其基础证券的发行市场与交易市场出现较大波动的重大事件的集合，这种较大波动反映为CDR与基础证券的市场价格异常得与其内在价值相偏离。根据《证券法》掌握证券发行、证券交易的目的，并模仿该操作推理CDR发行与交易的目的，便可确定何为能够影响CDR及其基础证券所处市场稳定性的重大事件。筹集资金是证券发行的目的，[1]相应地应当基于交易双方的身份把证券交易的目的一体两面地归纳为获取资金或证券权利。存托凭证的发行与交易适用《证券法》相关规定，佐证CDR发行和交易的目的与证券有异曲同工之妙。换言之，较大程度地左右筹集、获取资金以及转移证券权利与存托凭证权利的事件，均应当被视作影响CDR及其基础证券市场稳定性的重大事件。理性的CDR投资者基于持有事实取得拥有并主张存托凭证权利的主体资格，故而对存托凭证权利变动情况产生较大影响无异于对理性的CDR投资者之权益造成较大影响，而参与决策过程并作出决策结果是理性的CDR投资者行使存托凭证权利最重要的方式，决策结果具体表现为理性的CDR投资者

---

〔1〕 股票与债券是证券市场最常见的证券产品，也是《证券法》第二章具体涉及的证券产品，《证券法》第14条与第15条第2款提到公司公开发行股票与债券的目的是筹集资金，故笔者将之作为证券发行的目的。参见《证券法》第14条：“公司对公开发行股票所募集资金……”与《证券法》第15条第2款：“公开发行公司债券筹集的资金……”

决定买入、卖出或继续持有 CDR。综上可知，把理性投资者保护理念用于 CDR 重大事件临时披露规则的内涵界定与外延整合，兼具正当性与合理性。

（三）完善虚假陈述民事诉讼制度以保障 CDR 投资者的司法救济权

公告前的疑似实质审查与 CDR 投资者参与虚假陈述代表人诉讼的初衷相抵触，抽象的信息披露义务人归责原则没有照顾到 CDR 投资者因证券市场信息不对称而在虚假陈述民事诉讼中实质处于劣势地位。对于如何完善现行虚假陈述民事诉讼制度以确保 CDR 投资者司法救济权的行使取得良好效果，笔者认为，不仅应当取消 CDR 虚假陈述代表人诉讼对案件基本事实的公告前审查，而且应当具体规定 CDR 投资者在虚假陈述民事诉讼中的举证责任事项。

CDR 虚假陈述代表人诉讼的公告前审查程序，是由法官主导案件审判的职权主义诉讼模式对我国各类代表人诉讼最为直观的影响之一。公告前审查程序本身并无合理性之争议，真正的争议在于审查内容与公告内容是否存在实质关联，即法院是否把公告前对虚假陈述案件基本事实的审查情况作为公告内容，由于公告前审查内容包括被告行为是否具有虚假陈述性质这一虚假陈述案件的核心问题，审查内容与公告内容的关联便会产生未审先判的质疑。简言之，未审先判质疑的根源在于公告前实质审查虚假陈述案件基本事实对公告内容的不利影响。取消法院对被告行为虚假陈述性质等 CDR 虚假陈述案件基本事实的公告前审查，只要求法院将投资者的诉讼请求、该案未决事项以及代表人诉讼的权利登记期限作为公告内容，不仅能够直接打消社会公众对公告内容预透审判结果的疑虑，而且是最为节省司法资源且有助提升司法效率的改善举措。

明确 CDR 投资者在虚假陈述民事诉讼中的举证事项，有助于作为原告的 CDR 投资者参悟《证券法》第 85 条极为抽象的信息披露义务人规则原则，从而知晓如何举证其所受损失与被告虚假陈述行为的因果关系。关于投资者举证事项的设置问题，美国虚假陈述民事诉讼所采用的欺诈市场理论诚然给予我国一定的灵感，且以理性投资者为中心的 CDR 重大事件临时披露规则为投资者举证事项的具体化奠定基础。具体而言，CDR 投资者作为虚假陈述民事诉讼的原告，首先应当举证其具有不断充实 CDR 相关知识以适应 CDR 所处证券市场有效竞争的理性品质，该品质可以凭借 CDR 投资者投资经验、学习内容等证明材料予以佐证，无法证明自身理性品质的 CDR 投资者相应地须负担败诉后果；其次应当举证欺诈市场理论要求的原告证明的四项事实同时存在，即被告公开进行虚假陈述，虚假陈述内容符合重大性标准，涉案股票在有效的证券市场上交易，以及原告买入或卖出涉案股票是在虚假陈述作出之日至本人发现真相之日期间进行的，[1]该做法实际上规避了 CDR 投资者对其信赖虚假陈述行为的举证责任。已证实自身具有理性品质的 CDR 投资者之所以无须证明其对虚假陈述行为的信赖，是因为深化完毕的 CDR 重大事件临时披露规则实际上已将无理性品质投资者的无理需求排除在外，易于被实践佐证的理性品质是主观意义上的信赖最直接且更加客观的替代品。综上，CDR 投资者在虚假陈述民事诉讼中应当证明上述五种举证事项之存在。

〔1〕 Jonathan R. Macey, *Fraud on the Market Theory: Some Preliminary Issues*, Cornell Law Review, Vol. 74: 923, pp. 923 - 924 (1990).

【监管措施与法律责任制度的解释与实施】

证券监管机构权力配置之评析与反思

李　敏*

内容摘要： 证券监管权的配置包括证券监管权的分配，以及为权力的实现匹配保障措施，最终致力于证券市场的有效监管。《证券法》（2019年修订）对我国证券监督管理机构原有规定内容做出了不同程度的调整、新增或维持；修法的合理性与缺憾并存。一方面，在证券监管机构权力扩张的同时，未能同步推出保障权力不被滥用的约束措施；另一方面，保障证券监管权有效行使的配套措施或制度亦不充分。前者集中体现在新增的证券监管措施规定上，后者则从证券行政和解制度的规定中可见一斑。证券监管权的有效行使是证券监管机构权力配置的核心，以此为视角来审视我国《证券法》修订内容，可发现证券监管机构本身的独立性和问责性，及其与证券自律监管主体之间的权力合理分配等方面的问题，也是证券法治未来完善的着力点。

关键词：《证券法》（2019年修订）　证券监管权　证券监管措施　证券行政和解

监管制度是否科学、完善，证券监管机构的监管权力配置是否合理、有效，权力行使是否正当、合法，对于我国证券市场管理、证券市场秩序维护和证券市场风险防范至关重要。[1]《证券法》（2019年修订）第十二章“证券监督管理机构”对国务院证券监督管理机构（中国证监会）的目标、职责权力、监管措施，以及证监会行使监管权的保障或制度（如证券执法行政和解）等予以规定，在原有内容基础之上有着不同程度删减和新增。本文对前述修订作出解读和评价，以期厘清修改的

---

* 李敏，中央财经大学法学院讲师。

〔1〕 高西庆：《论证券监管权——中国证券监管权的依法行使及其机制性制约》，载《中国法学》2002年第5期。

内容及其合理性，并明晰尚存的完善空间，进而全面认识本次《证券法》修订在证券监管机构权力配置问题上的进退得失。

证券监管权配置可拆解为两个面向：一是证券监管权的分配，包括在证券监督管理机构内部各层级之间的纵向权力分配，以及与自律监管机构之间的横向权力分配；二是证券监督管理机构本身所拥有的权力需要匹配何种保障才能有效行使，最终实现证券监管目标。当然，这两个层面相互影响。分配给证券监督管理机构的权力一定程度上已经预设了需要匹配保障权力实现的措施和制度，但证券监管权能否有效行使的结果又会反向促使人们反思初始的权力分配是否恰当。本文拟从政府证券监管权有效行使的视角来分析和审视《证券法》（2019 年修订）关于证券监管机构权力配置问题。

一、证券监管权修法概览

2019 年 12 月 28 日，第十三届全国人大常委会修订通过了《证券法》（2019 年修订），其中，第十二章用了 12 个条文（自第 168 条至第 179 条）对我国证券监督管理机构的监管目标、职责、权力、监管措施、行政和解、行政程序、证券执法其他保障措施（如信息共享、举报奖励和跨境证券监管合作），以及监管人员的职业操守等事项作了相应的规定。相较于 2014 年 8 月 31 日发布并实施的《证券法》，《证券法》（2019 年修订）对原有内容做出了不同程度的调整、新增或维持，具体梳理如下：

表 1　《证券法》（2019 年修订）“证券监督管理机构”规定内容修改总览

修改	法条和内容	对应修改
调整	第 168 条：证券监管目标	新增：维护证券市场公开、公平、公正，防范系统性风险，维护投资者合法权益，促进证券市场健康发展。
	第 169 条：证监会职责	（1）第一项区分审批、核准、注册和办理备案；（2）第四项删除了证券业务人员的资格标准；（3）新增对于防范处置证券市场风险和开展投资者教育两项职能。
	第 170 条：证监会权力及证券监管措施	（1）增加要求被调查人报送有关文件和资料的权力；（2）增加扣押有关交易记录等文件和资料的权力；（3）扩大查询账户类型（除资金、证券、银行账户，新增具有支付、托管、结算等功能的账户），有权复印文件和资料，明确冻结查封期限（6 个月至 2 年）；（4）将限制被调查当事人证券交易的期限从 15 个交易日扩展到 3 个月（复杂案件可延长 3 个月）；（5）增加限制涉嫌违法人员或责任人出境的权力；（6）明确授权了几种类型的监管措施：责令改正；监管谈话；出具警示函等。

续表

修改	法条和内容	对应修改
	第 178 条：刑事案件移送处理	除证券违法行为涉嫌犯罪应移送司法机关处理，新增发现公职人员涉嫌职务违法或犯罪的，应依法移送检察机关处理。
新增	第 171 条：证券行政和解	（1）实施条件：证监会对涉嫌证券违法的单位或者个人进行调查期间，被调查的当事人书面申请，承诺在国务院证券监督管理机构认可的期限内纠正涉嫌违法行为，赔偿有关投资者损失，消除损害或者不良影响的，监管者可以决定中止调查；（2）终止调查：被调查的当事人履行承诺后；（3）透明度要求：监管者中止或者终止调查，应当按照规定公开相关信息。
	第 176 条：举报奖励	任何单位和个人有权向证监会举报涉嫌证券违法、违规的行为；对重大违法违规行为实名举报线索查证属实的，可给予举报人奖励；对举报人身份信息应保密。
	第 177 条：跨境监管合作	证监会与境外证券监管者建立监管合作机制；禁止境外监管者在中国境内开展证券执法；未经同意，境内单位和人员不得擅自向境外提供与证券业务活动有关的文件和资料。
维持	第 172 条：监督检查或调查的程序	工作人员不得少于二人，并应出示合法证件和执法文书；否则相对人有权拒绝。
	第 173 条：执法相对人配合义务	被检查、调查的单位和个人应配合，如实提供有关文件和资料，不得拒绝、阻碍和隐瞒。
	第 174 条：证券监管执法公开	公开的内容包括：（1）依法制定的规章、规则和监督管理工作制度；（2）依据调查结果，对证券违法行为作出的处罚决定。
	第 175 条：信息共享及监管协调	与其他金融监管者构建信息共享机制；证监会依法监督检查或调查时，有关部门应予配合。
	第 179 条：监管人员履职约束	保留职业道德要求，对“不得在被监管机构中任职”予以细化拓展：监管人员在任职期间或离职后依《公务员法》规定期限内，不得到与原工作业务直接相关的企业或其他营利性组织任职，不得从事与原工作业务直接相关的营利性活动。

总体上，除完善证券监管目标这一具有“灯塔”效应的变动之外，主要围绕证监会的“扩权”及配套实施保障制度展开。修法的基础源于对过往监管教训总结、域外发达国家经验借鉴，以及有效监管的现实需求，具备合理性。但同时，缺憾并

存。一方面，在证券监管机构权力扩张的同时，未能同步推出保障权力不被滥用的约束措施；另一方面，保障证券监管权有效行使的配套措施或制度亦不充分。具体阐述如下：

第一，证券监管目标中增加了“防范系统性风险”和“保护投资者合法权益”，是有效控制金融风险和实现证券监管核心之所在。首先，“保护投资者合法权益”是证券监管的题中之意。[1]监管者保证合法的证券发行和交易活动，督促证券经营机构依法经营，禁止违法交易行为，防止少数机构垄断操纵和扰乱证券市场等，最终均致力于投资者权益的保护，这也是证券市场持续发展的根基所在。其次，“防范系统性风险”是对过往监管教训的总结，也是防控金融风险的必需。在原有的监管分工中，防范金融系统性风险的职能主要由中国人民银行承担，作为证券监督管理机构的证监会对整体的金融系统性安全没有监管职责，更缺乏应对这种风险冲击的手段和资金来源。2015 年6 月的股灾，彻底暴露了在混业经营趋势下证监会缺乏防范系统性风险这一监管职权，会带来何种尴尬与局限。届时，股灾所引发的证券市场系统性风险，证监会因缺乏对证券市场整体风险状况的有效信息，也没有调度央行资金及时干预危机，致使风险不断发酵、外溢。随后，在国务院协调下通过中国证券金融公司引入央行的资金救市，以及要求金融机构动用资本金参与稳定市场等各种救市措施，最终使得危机消除。但部分救市举措因有违《证券法》和既定的监管规则，抑或根本不在《证券法》对证监会的合法、合理授权之内，而备受诟病。[2]所以，本次修法增加证监会“防范系统性风险”这一监管目标，具有合理性。

第二，证券市场有序发展离不开证券监管机构在权力集中基础上的必要“扩权”及履职的配套保障措施。随着证券市场的发展以及证券业专业性的增强，许多国家都纷纷赋予其监管机构除执法权外的一定准立法权和准司法权；[3]毫不例外，我国的证监会也是“三权合一”的“超级”监管机构。证监会可以在职权范围内制定有关证券业的规章、规则。证监会有权对大多数证券市场主体（证券发行人、证券公司、证券服务机构、证券交易场所、证券登记结算机构、交易者）的所有活动（发行、上市、交易、登记、存管、结算）进行监管；有权制定证券业务人员的行为准则并监督实施；监督检查信息披露情况；对证券违法行为进行查处。在此基础上，《证券法》（2019 年修订）对证监会的既有权限予以扩张，新增防范处置证

〔1〕 参见李东方：《证券监管法的理论基础》，载《政法论坛》2019 年第 3 期。

〔2〕 参见洪艳蓉：《我国证券监管独立性的检讨与制度完善》，载《法律适用》2018 年第 3 期。

〔3〕 中国政法大学课题组：《证券监督管理机构法律制度完善研究》，载《证券法苑（第十卷）》，法律出版社 2014 年版，第 437 ~ 480 页。

券市场风险和开展投资者教育两项职能。此外，证监会有广泛的现场检查、调查、取证、询问、查阅、复制、冻结、查封、限制证券买卖等权力。

法律赋予证券监督管理机构一定职责和权力后，就涉及具体行使问题。在放松管制的背景下，证券执法取代市场准入管理成为监管者的工作重心。在简政放权、放松管制的时代背景下，我国资本市场监管势必将“主营业务”从审核审批向监管执法转型，将“运营重心”从事前把关向事中、事后监管转移，证券执法将责无旁贷地担负起最重要的监管职责，这一进程在《证券法》修改和科创板注册制的推行下，实施步伐大大加快。与监管者制定证券行政规章、行使市场准入审批或者注册的权力不同，证券执法主要通过查处证券违法违规行为，运用监管者掌握的公权力恢复被扭曲的市场秩序，并借助执法成效威慑潜在违法者，为投资者提供安全的交易环境，以及通过执法追回违法所得资金或者处以罚款，补偿给受损投资者而发挥作用。[1]《证券法》(2019年修订）第170条增加的“证券监管措施”授权、第176条“举报奖励制度”设计，与第177条“跨境监管合作制度”构建，均为证监会证券执法的有效保障措施。此外，证券行政和解是监管者纾解膨胀的执法需求与有限的监管资源之间紧张关系的必由之路。我国证券市场具有新兴加转型的特点，又处于迈向金融混业经营和对外开放的特定时期，证券市场的复杂状况及其对证券执法的挑战空前艰巨，其与有限的监管资源之间的紧张关系必将更加突出和激烈。本次《证券法》修订第171条引入证券行政和解制度，正当其时。

第三，权力的有效行使依赖于制度设计上的合理“限权”，及体系化视角下的权力实现保障机制配套。首先，《证券法》（2019年修订）有关监管权限行使的程序性规定未做任何修改，仍过于简陋。例如，有关证券监管执法的程序性规定，仅仅是第172条有关证券监管机构进行监督检查调查的规定，这与证券法授予的监管权限极不相称，无法对监管权力的行使形成有效约束。另外，《证券法》（2019年修订）中规定的证监会权限行使及其结果涉及相对人的重大利益，如第170条新增的“证券监管措施”和“限制出境权力”，但并未规定行使此类监管措施和权力的正当程序和救济手段，与法治要求恐怕不符。其次，证券监管权的配套规定或保障措施某种程度上并不充分。比如，一套完备的证券行政和解机制需要实体内容与程序规定并举，前者主要规定证券行政和解适用的条件、申请与启动的主体、执法机关的权限等问题，后者则规定证券行政和解谈判方式、期限、实施步骤等问题。[2]

---

〔1〕 参见洪艳蓉：《证券执法的制度价值及其实现——来自美国的经验借鉴》，载《北大法律评论》2016年第17卷第1辑。

〔2〕 参见李东方：《论证券行政执法和解制度——兼评中国证监会〈行政和解试点实施办法〉》，载《中国政法大学学报》2015年第3期（总第47期）。

反观《证券法》(2019 年修订) 第 171 条，仅规定了证券行政和解的实施条件、终止调查及信息公开要求，远未能承担起保障证券行政和解有效运用的制度功能。再比如，《证券法》(2019 年修订) 第 173 条、第 175 条和第 178 条，只是对原有的“执法相对人配合义务”、“信息共享及监管协调” 和 “刑事案件移送处理” 规定予以保留。然而，过往的监管实践表明，《证券法》关于被调查人不配合调查工作时法律责任规定缺失，及其他有关部门的配合不力，[1]已反向制约证券监管检查或调查的工作开展。而且，行政执法与刑事司法的衔接体制并不顺畅。《证券法》规定，证券监督管理机构发现证券违法行为涉嫌犯罪的应当将案件移送司法机关处理。但由于互异的机构领导及设置体制，一方面，无法保障证券监管派出机构所在地区都有对应的证券犯罪侦查局，这使得地方证券监督管理机构与公安机关配合时容易造成脱节；另一方面，证券犯罪案件移交公安部门后变成了地方事权，容易受到地方保护主义影响。[2]这些因素增大了行政执法、刑事执法衔接协调的难度，影响证券监管执法效率。所以，应在总结过往证券监管实践经验和教训的基础上，以体系化视角审视现有规定的疏漏，以期未来完善相应的证券监管权力保障机制。

二、重点条文解读及评析

如果说本文第一部分是“全景”式地展现本次《证券法》修订关于证券监管权分配的内容，那么本部分则属于“聚焦”式地呈现对新增的“证券监管措施”和“证券行政和解”之评析，以求对修法内容的认识兼备广度和深度。

(一) 证券监管措施

证券监管措施并非被法律明确界定的术语，学术界对其界定也更多的是描述性的，[3]

---

[1] 如查询通信记录、工商资料、户籍信息、IP 地址定位等需要有关部门大力配合，但实践中查询权的行使往往没有得到有关部门应有的协调与配合。参见中国政法大学课题组：《证券监督管理机构法律制度完善研究》，载《证券法苑（第十卷)》，法律出版社 2014 年版，第 437 ~480 页。

[2] 中国政法大学课题组：《证券监督管理机构法律制度完善研究》，载《证券法苑（第十卷)》，法律出版社 2014 年版，第 437 ~480 页。

[3] 比如，张红老师将“证券监管措施”界定为：证券期货市场监督管理措施，是指我国证券监督管理机构发展和规范证券期货市场，保护投资者的合法权益，维护社会经济秩序和社会公共利益，针对证券期货市场各类主体存在的各类违法或不当行为，依法所采取的监督管理措施的总称。参见张红：《证券监管措施：挑战与应对》，载《政法论坛》2015 年第 4 期。以黄进教授和李东方教授为负责人的中国政法大学课题组认为，证券监管措施是指我国证券监管机构为了规范证券市场秩序保障其职责和权力的运行而采取的监管手段的总称。参见中国政法大学课题组：《证券监督管理机构法律制度完善研究》，载《证券法苑（第十卷)》，法律出版社 2014 年版，第 437 ~480 页。

但这不妨碍监管者和学者在本质层面上对其认知，即证券监管措施本质上是证券监管机构行使证券监管权所采取的措施，是证券监管的具体手段或形式。在基本法层面，1998 年《证券法》并未直接使用“监管措施”一词，首次直接使用“监管措施”一词是在 2005 年修订后的《证券法》第 153 条[1]的规定之中。证券监管措施最初是基于证券业监管特殊的专业性和复杂性，借鉴银行业监管经验，根据实际需要而产生的监管手段。[2]发展至今，我国现行法律法规和规范性文件中规定了上百种证券监管措施，证券监管机构日益频繁地使用证券监管措施。这些证券监管措施对我国行政行为型式化理论、行政程序以及司法审查均构成挑战。[3]尽管本次《证券法》（2019 年修订）第 170 条明确授权了责令改正、监管谈话和出具警示函这三类监管措施，然而仅仅是将原来以“规章”规定的部分证券监管措施上升至“法律”层面，对于实施证券监管措施的行政程序并没有规定，遑论解决长久以来备受诟病的监管措施法律定性及司法审查监督缺失顽疾。本部分在对证券监管措施的现状、分类予以介绍的基础上，分析其实施引发的挑战并提出应对挑战之策，助力《证券法》监管措施内容的进一步完善。

1. 证券监管措施的现状及分类

考察现有的证券监管措施，依其规范可分为三个位阶：法律位阶；行政法规位阶；中国证监会规章（规范性文件）位阶规定的证券监督管理措施。[4]我国现行有效的法律规定中，规定证券监管措施的法律包括《证券法》和《证券投资基金法》两部，行政法规包括《期货交易管理条例》和《证券公司监督管理条例》两部，还有《上市公司收购管理办法》等 43 部证监会规章对证券监管措施进行了规定。[5]

中国证监会于 2008 年 12 月 12 日发布的《证券期货市场监督管理措施实施办

---

〔1〕 即证券公司违法经营或者出现重大风险，严重危害证券市场秩序、损害投资者利益的，国务院证券监督管理机构可以对该证券公司采取责令停业整顿、指定其他机构托管、接管或者撤销等监管措施。

〔2〕 2005 年 4 月 24 日全国人大财政经济委员会副主任委员周正庆在第十届全国人民代表大会常务委员会第十五次会议上所做《关于〈中华人民共和国证券法（修订草案）〉的说明》中得到解答，该“说明”指出：“现行证券法对证券经营机构监管的特殊性考虑不够，监管手段不足，影响监管效率和效果。修订草案参照《银行业监督管理法》规定，补充和完善了监管措施，要求证券公司及其股东、实际控制人向国务院证券监督管理机构报送有关信息、资料；可以委托会计师事务所、资产评估机构对证券公司进行审计或者评估；对风险控制指标不符合规定的限期改正或限制其业务、限制分配红利；对虚假出资、抽逃出资的股东限期改正并可责令转让股权；对违法违规的证券公司高级管理人员取消任职资格；对严重违法违规的证券公司责令停业整顿、指定其他机构托管、接管或者撤销；在证券公司清算时，优先偿付挪用的客户资产。”转引自李东方：《证券监管执法类型及其规范研究》，载《行政法学研究》2018 年第 6 期。

〔3〕 张红：《证券监管措施：挑战与应对》，载《政法论坛》2015 年第 4 期。

〔4〕 李东方：《证券监管执法类型及其规范研究》，载《行政法学研究》2018 年第 6 期。

〔5〕 刘一玮：《证券监管机构对证券违法行为的调查、处理与救济》，载彭冰主编：《规训资本市场——证券违法行为处罚研究》，法律出版社 2018 年版，第 3 ~ 29 页。

法（试行）》（以下简称《证券监管措施实施办法》）第 8 条，将监管措施分为法律、行政法规规定的监督管理措施和中国证监会规章规定的监督管理措施。前者包括“责令增加内部合规检查的次数”等 10 种，后者包括“责令改正”等 8 种。[1] 除了前述 18 种监管措施外，还存在其他名称、内容的监管措施。2008－2012 年四年间，中国证监会制定或修改了多部规章，新增了大量证券监管措施。有学者对设定证券监管措施的 47 部法律、行政法规和部门规章进行梳理发现，截至 2012 年年底，我国证券监管措施多达 114 种。根据这些监管措施对监管对象权利、资格或者行为的限制或者影响进行分类，可将其划分为申诫类监管措施[2]、限制财产权类监管措施[3]、限制行为类监管措施[4]、限制资格类监管措施[5]。

证券监管措施的使用是为了回应证券市场监管本身的特殊性以及中国证券市场的个性特质。证券监管措施内容上多为预防或及时制止证券市场违法行为而由监管者依职权主动实施某些监管行为；从实施方式看，既包括带有强制性色彩的行政强制和行政命令，也不乏不具强制力以便监管者灵活采用的行政指导和行政事实行为。证券监管措施主要是对行政处罚进行补充，及时矫正违法行为，防范风险的蔓延与危害后果的扩散，提高监管工作的时效性。通常，行政处罚是在违法行为和损

〔1〕 具体包括：责令改正；监管谈话；出具警示函；责令公开说明；责令参加培训；责令定期报告；认定为不适当人选；暂不受理与行政许可有关的文件；责令增加内部合规检查的次数；公开谴责；责令处分有关人员；责令停止职权者解除职务；责令更换董事、监事、高级管理人员或者限制其权利；撤销任职资格；暂停核准新业务或者增设、收购营业性分支机构申请；限制证券期货经营机构业务活动；限制股东权利或者责令转让股权；临时接管。其中，前述第 1 项至第 8 项属于中国证监会规章规定的监管措施，第 9 项至第 18 项属于法律、行政法规规定的监管措施。

〔2〕 申诫类证券监管措施是比照行政处罚法中的申诫罚而设定的一种证券监管措施。申诫罚是行政机关对违法行为人的名誉、荣誉、信誉或精神上的利益造成一定损害以示警诫的行政处罚。又称为声誉罚或精神罚。其主要形式有警告、通报批评等。申诫类证券监管措施，共有 11 种：监管谈话；出具警示函；谈话提醒；询问；出具监管关注函；提示；予以重点关注；要求证券交易所对发行人证券的交易实施特别提示；记入信用记录；记入诚信档案并公布；通报批评。参见李东方：《证券监管执法类型及其规范研究》，载《行政法学研究》2018 年第 6 期。

〔3〕 限制财产权的监管措施，是指证券监管机构对监管对象的财产或某种财产权利进行限制或者剥夺的措施。参见李东方：《证券监管执法类型及其规范研究》，载《行政法学研究》2018 年第 6 期。

〔4〕 限制行为类监管措施，是指证券监管机构限制或者剥夺监管对象特定行为能力的措施。这类措施最为常见，共有 78 种，例如：责令限期改正；公开谴责；责令更换董监高人员或者限制其权利等等。参见李东方：《证券监管执法类型及其规范研究》，载《行政法学研究》2018 年第 6 期。

〔5〕 限制资格类监管措施，是指证券监管机构剥夺或者限制监管对象从事特定行为的资格的措施。共有 14 种：资格年检；暂停任职资格；撤销任职资格；取消任职资格；认定为不适当人选；暂停基金托管资格；不得再次申请基金托管资格；吊销任职资格；取消客户资产管理业务资格；取消从事证券交易结算资金存管业务资格；取消基金管理资格；吊销基金托管资格；取消基金托管资格；取消托管人资格。参见李东方：《证券监管执法类型及其规范研究》，载《行政法学研究》2018 年第 6 期。

害后果发生后进行的责任追究，而监管措施的运用领域相对广泛，可用于制止违法行为的发生、进行，防止损害后果的出现或扩大。再者，证券监管措施的丰富性和弹性，更有助于在证券违法行为的性质及情节轻重互异的情况下，实现过罚相当。证券监管措施在处理可能违规、尚未达到行政处罚标准或者情节轻微的违法行为时，可以有的放矢，更好地维护证券市场秩序。[1]

2. 证券监管措施带来的挑战及应对之策

证券监管措施对于预防市场风险、防止风险扩大虽然必要，但由于我国《证券法》没有对证券监管措施的性质、效力以及行使程序做出明确规定，引发了理论与实践上问题。具体包括：

首先，法律定位不清。针对数量繁多的监管措施，亟待解决的问题就是如何对其进行分类定位，使不同性质的监管措施能够经过应有的行政程序做出，从而防止监管权力的滥用，保护监管对象的合法权益和证券市场的有序发展。然而，并非所有的证券监管措施都能纳入行政行为的既有分类中，诸如监管谈话、谈话提醒、出具警示函、出具监管关注函、认定为不适当人选等，既无法纳入行政强制法，也无法纳入行政处罚法的规范与制约，于是处于脱离行政程序的状态。[2] 因此，证券监管措施行政行为型式化的过程给行政法学理论和实践带来了挑战。

其次，行政程序缺失。中国证监会发布的《证券监管措施实施办法》是实施证券监管措施的"程序基本法"，其在第三章"监督管理措施的实施程序"对监管措施的程序作出了规定，并规定了回避、监管文书的格式、监管措施的公开等问题。但由于程序规定内容较为简单，仅规定实施监管措施要作出书面决定、监管对象履行监管措施所规定义务应当遵守的时限等；[3]而且，各种监管措施的程序中没有体现监管对象的程序参与权，其只能被动地接受处理；显然这与行政正当程序的要求存在着差距。

最后，司法审查乏力。证券监管措施是一种行使公权力的行为，监管措施的相对人对其不服，应当可以提起行政诉讼。然而，诸多因素制约着针对证券监管措施的司法审查开展。其一，大量证券监管措施没有进入司法审查的轨道，目前只有零星几个相对人针对中国证监会的监管措施提起了行政诉讼，这与中国证监会所采取

---

[1] 刘一玮：《证券监管机构对证券违法行为的调查、处理与救济》，载彭冰主编：《规训资本市场——证券违法行为处罚研究》，法律出版社2018年版，第3~29页。

[2] 李东方：《证券监管执法类型及其规范研究》，载《行政法学研究》2018年第6期。

[3] 《证券监管措施实施办法》共罗列了18种监管措施及其程序要求，并规定此外的其他监督管理措施可以参照该办法的有关程序。《证券监管措施实施办法》对监管措施的实施程序基本采取了相同的规范模式，比如第27条规定："责令改正的，实施机构应当向当事人发出书面决定，责令其限期改正并提交书面报告。决定书应当载明改正事项、时限和要求。"其他的17个条文都是与这种规定模式类似。

的大量证券监管措施数量形成强烈反差。其二，承载着大量监管措施的法律规定，缺乏司法可操作性；在证券监管措施行政诉讼案件中，司法机关往往陷入“无法可依”的境地。其三，证券监管行政案件的复杂性，加剧了司法权的自我克制。[1]

诚然，我国证券监管措施行政行为型式化的困难与程序性规范的欠缺，源于证券法治“洋为中用”与我国行政法学理论传统的“大陆法系基因”的互斥。具言之，我国的证券监管制度借鉴蓝本为普通法系的代表——美国，从发行管理到交易管理再到对券商的管理与处罚，我国证券监管措施大多与美国证券交易委员会（SEC）监管执法措施相似。而美国并不受行政行为型式化理论的影响，其对行政行为的认识和处理有自己的逻辑和方法——所有的行政行为被归类为“规章制定”或“裁决”，平等地受到《联邦行政程序法》及其确立的“可受审查假定”原则的约束，从而为 SEC 的证券监管权行使构筑了权力制衡和程序约束的严密体系。然而，我国的行政法属大陆法系，是将行政行为型式化并分别立法进行法律约束，而“证券监管措施”这一特定概念，正是在行政处罚法出台后、其他行政行为的专门规范法出台前这一立法空缺期间内出现的，因此导致了多数证券监管措施很难归入传统的行政行为型式之中，从而逃脱法律的规范，导致行政权力的滥用。[2]正如全国人大常委会法工委副主任信春鹰早在 2013 年所指出的：“未来《证券法》修改过程中不可回避的问题之一，就包括如何平衡我国的行政法律制度，特别是行政强制制度的一般性规定和证券市场监管法律制度的特殊性的关系。”[3]

逻辑上，应对证券监管措施挑战的策略与挑战本身的内容相对应。其中，证券监管措施的法律定位不清与程序规范欠缺，具有关联性，证券监管措施的定性会影响其对应的程序性约束。因此，需要明确证券监管措施的性质，并对证券监管机构实施监管措施规定基本的程序。此外，虽然将监管措施行政行为型式化存在现实的挑战，但证券业的特殊性不能成为其游离于既有行政执法体制、行政救济途径的挡箭牌，应当尊重现行的行政行为理论，将监管措施中与行政处罚、行政强制措施性质相当的监管措施按照行政处罚、行政强制的相应程序进行处理，防止监管机关通过规避正当程序的方式侵害被监管人的合法权益。将剥离了行政处罚、行政强制措施所剩的监管措施统一作为一个类别，由证券监管机关制定其适用的具体程序性规

〔1〕张红：《证券监管措施：挑战与应对》，载《政法论坛》2015 年第 4 期。

〔2〕张红：《证券监管措施：挑战与应对》，载《政法论坛》2015 年第 4 期。

〔3〕全国人大常委会法工委副主任信春鹰于 2013 年 11 月 28 日在“上证法治论坛”发表题为“我国《证券法》的发展历程及其修改完善”的讲话内容。

定。[1]最后，针对证券监管措施司法审查乏力问题，一方面，《证券法》应提升对证券监管措施的规定内容的司法可操作性；另一方面，则有赖于整个行政诉讼司法环境的改善，同时需要法院在审理证券类案件时畏难情绪的消除和相关专业知识的提升。

（二）证券行政和解

证券行政和解制度是指在证券执法过程中，证券监管机构通过与被监管者协商，就特定的被调查行为达成和解，以被监管者自愿的作为或不作为代替形式上的行政处罚，从而终结案件的一种执法机制。[2]行政自由裁量权的行使是证券行政执法和解获得正当性的根本原因。中国证监会在大量学习和借鉴域外国家和地区相关制度和立法经验，并结合我国实际，于 2015 年一季度发布并实施《行政和解试点实施办法》（以下简称《实施办法》），以规范试点相关工作。由于《实施办法》为部门规章、立法层级低，且属于“试点”性质，本次《证券法》修订试图对证券行政执法和解制度在基本法层面予以规定。然而，《证券法》（2019 年修订）仅用一个条文对证券行政和解制度进行规范，为使该制度实效充分发挥，需要充实完善其内容。

1. 证券行政和解制度的功能定位

证券行政和解是在社会干预基础之上，以社会公共利益优先为口号的更深层次的干预，是保证行政管理效率和民主化的有效措施。首先，证券行政和解有助于证券执法资源的有效配置。证券监管者在有限的执法资源面前始终无法逃脱“心有余而力不足”的束缚，因此需要自由裁量权的智慧行使来有效配置执法资源。面对证券行为的日益复杂化、专业化以及证券执法资源有限性的挑战，证券行政和解是证券监管机构更快捷、高效的执法方式；它以自愿和解代替行政处罚为本质，能够使监管者集中精力处理严重性、影响性较大的其他案件，从而更有效地配置证券执法资源。[3]其次，证券行政和解可以丰富证券执法手段，在双方平等协商的基础上及时解决问题，实现制裁和惩戒目的。[4]在证券行政和解机制中，民事领域中的平等协商理念被引入证券执法实践，并转化为证券监管机构与被监管者之间通过自愿协

---

〔1〕刘一玮：《证券监管机构对证券违法行为的调查、处理与救济》，载彭冰主编：《规训资本市场——证券违法行为处罚研究》，法律出版社 2018 年版，第 3－29 页。

〔2〕叶林、张辉、张昊：《证券行政和解制度的比较研究》，载《西部法学评论》2009 年第 4 期。

〔3〕叶林、张辉、张昊：《证券行政和解制度的比较研究》，载《西部法学评论》2009 年第 4 期。

〔4〕李东方：《论证券行政执法和解制度——兼评中国证监会〈行政和解试点实施办法〉》，载《中国政法大学学报》2015 年第 3 期（总第 47 期）。

商而就被调查之证券市场行为达成和解，以此代替行政处罚或者取得等同于或超越行政处罚之效果，并因和解的达成和执行而终结案件。这种以柔克刚、以退为进的执法，不仅不损害执法的惩罚（其与守法者相比并未因此获益，同时还需交纳不菲的和解金）和威慑（要求特定案件当事人承认错误事实，警示潜在行为人）效果，反而有利于及时解决问题，维护证券市场的和谐稳定关系。〔1〕

2. 证券行政和解制度的正当性解释

在《证券法》修改过程中人为增设一项证券行政和解制度，就必然产生创设这项制度正当性的问题。表面上，证券行政和解制度的最大障碍在于行政权的非处分性，因为行政权的非处分性与以协商、妥协为内容的契约式和解是根本对立的。然而，行政权包含的自由裁量权的授权或性质提供了以和解方式解决纠纷的空间，也为证券行政和解制度提供了合法性依据。〔2〕从理论与实践的角度分析，行政权力不可处分不能成为禁止行政执法和解的理由；相反，行政执法和解其实是行政自由裁量的表现形式。首先，行政权力不可处分中的“处分”指的是权力的转让、委托、抛弃、分割等，这种处分的效果只涉及权力本身，而未及于权力行使所指向的对象。其次，行政权力的不可处分性并不妨碍行政机关在行政执法过程中享有日常处理权，这种处理权并非对行政权力的任意抛弃，而正是行使行政权力的表现。〔3〕因此，行政机关完全可以在行政执法过程中在与相对人进行协商，达成合意后签署执法和解协议，并据此终止执法程序。所以，行政自由裁量权的行使是证券行政和解获得正当性的根本原因。

3. 我国行政和解试点及《证券法》（2019 年修订）回应

2013 年国务院办公厅发布《关于进一步加强资本市场中小投资者合法权益保护工作的意见》，提出“探索建立证券期货领域行政和解制度，开展行政和解试点”。此后，中国证监会对在证券期货领域如何开展行政和解试点工作认真研究，并联合相关单位予以专门论证，于 2014 年向国务院正式请示在证券期货行政执法领域进行行政执法和解试点；随后于 2015 年 2 月制定并发布《实施办法》以规范试点相关工作。《实施办法》共 39 条，分为五章：“总则”、“行政和解的适用范围与条件”、“行政和解的实施程序”、“行政和解金的管理和使用”和“附则”。

为发挥证券行政和解制度在执法资源配置和执法手段包容性功能，有必要参照

---

〔1〕 洪艳蓉：《证券执法的制度价值及其实现——来自美国的经验借鉴》，载《北大法律评论》2016 年第 17 卷第 1 辑。

〔2〕 叶林、张辉、张昊：《证券行政和解制度的比较研究》，载《西部法学评论》2009 年第 4 期。

〔3〕 李东方：《论证券行政执法和解制度——兼评中国证监会〈行政和解试点实施办法〉》，载《中国政法大学学报》2015 年第 3 期（总第 47 期）。

《实施办法》中规定的证券行政和解制度，将其在立法层级上提升至《证券法》并予以内容完善。尽管《实施办法》是在大量学习和借鉴域外证券市场发达国家和地区相关制度和立法经验，并结合我国的实际所制定的部门规章，对证券行政和解制度的精髓和核心内容都予以了体现，但其毕竟为部门规章，而且属于“试点”性质。此外，证券行政和解制度是包括实体内容和程序规定在内的体系化制度，而《证券法》（2019 年修订）仅用一条规定了证券行政和解的实施条件、终止调查及信息公开要求，远未能承担起保障证券行政和解有效运用的制度功能。必须承认，全面展开证券行政和解制度如何在《证券法》修订中予以完善规范，确为本文力所不逮，更何况已有学者进行过此方面的深入研究[1]。本部分仅在学习比较域外证券行政和解制度内容的基础上，结合《证券法》（2019 年修订）在构建该制度时的参考蓝本（《实施办法》），分析其不足之处。

首先，和解程序中应考虑增加“征询和听证”环节。《实施办法》对于证券行政和解程序的规定涵盖了申请和受理、和解协商、行政和解协议的签订与执行以及行政和解程序的终止等几个环节；《证券法》（2019 年修订）对和解的信息公开作出了规定；仍有缺憾的是，未能对证券行政和解的“征询和听证”环节作出规定。证券违法行为所侵害的客体有可能是证券市场秩序，也有可能是诸如证券投资者、其他证券中介机构等具体的证券市场参与者。当证券和解协议的内容会影响第三方利害关系人的利益时，后者如何参与到和解程序中来是证券行政和解制度中必须顾及的问题，那么在和解谈判过程中安排征询与听证程序则为必要。[2]

其次，和解协议内容中应强化对当事人的制裁，使得惩罚落在“具体个人身上”，以实现证券执法的惩戒与威慑效应。《实施办法》对和解协议内容的规定主要集中在以下方面：和解的事由；行政相对人交纳行政和解金的数额、方式；承诺采取具体措施以及消除、减轻涉嫌违法行为所造成危害后果；和解协议履行期限等。然而，证券执法机构接受和解的目的在于确保和解制度依然能够实现对当事人的制裁，即真正能对违法者本人产生“切肤之痛”，而非最终转嫁于当事人所属企业组织的业务成本之上。因此，和解协议的内容除采取一般的行政处罚措施（如罚

---

〔1〕比如，中国政法大学的李东方教授认为，特别需要抓住《证券法》大幅度修改的机会在基本法中创设证券行政执法和解制度。对此，可考虑在现有的“证券监督管理机构?”一章中单设一节专门规范证券行政执法和解，这一节的主要内容包括：对证券行政执法和解的界定；确立证券行政执法和解的原则；证券行政执法和解的适用条件；行政和解程序；和解协议的内容；行政执法和解金的管理和使用。并对前述各项内容予以充分说明和论证。参见李东方：《证券行政执法和解制度比较研究》，载《证券法律评论（2015 年卷）》，中国法制出版社 2015 年版，第 225 ~ 239 页。

〔2〕李东方：《证券行政执法和解制度比较研究》，载《证券法律评论（2015 年卷）》，中国法制出版社 2015 年版，第 225 ~ 239 页。

款、禁止或限制从业资格等）之外，还应包括对违法行为受害者的赔偿、放弃其他诉讼权利、保险补偿或者税收扣减等，[1]因为“板子打在具体个人身上才痛且有效”。

三、反思：证券监管权有效行使视角

晚近以来，证券市场发生系统性风险的威胁和对证券市场更高效率的追求，证券监管有效性成为共识。[2]这更多地涉及证券监管权实现的保障机制，即证券监管权配置的第二个面向。运用证券监管机构建制的独立性与问责性来审视我国的证券监管权行使实践，监管目标多元冲突、监管主体法律定位与实际的背离，以及缺乏司法审查监督的证券监管集权，暴露了问题所在也彰显了未来完善的方向。与此同时，日益膨胀的证券监管执法需求与有限的证券监管资源之间的张力，除了引入证券行政和解制度予以缓释，亦促使人们将视野回放，反思初始的证券监管权力在政府与自律监管主体之间分配是否妥当。

（一）证监会的独立性及权力监督

金融监管有效性有赖于良好的监管治理，后者又需以监管独立性为前提。如前所述，证券监管机构“三权合一”，这种专门服务于特定领域监管事务的超然地位和享有综合性权力而呈现的强大监管者面貌，需要通过特定的组织制度安排和权能设置，使之能够最大化地发挥功用而又不会因这些优势戕害其他权利主体的合法权益。其中，独立性是监管机构设计的核心要素，问责性是配套的必要保障，二者不可偏废。[3]

1. 证券监管权有效行使机制：监管机构的独立性与问责性

所谓证券监管独立性是指将证券监管的功能赋予特定的证券监管机构（部门）行使，任何人不得强迫或者干预其违背证券监管目标行事，其包含了监管目标独立性和监管手段独立性，根本目的是避免金融监管组织受到政治干预或者行业捕获，能够以监管目标为指导，在法律授权范围内自主行事，取得证券监管效益的最大化。从证券监管独立性的根本内容来看，包括了监管机构的独立性，行业立规权的独立性、行业监督权的独立性和预算安排的独立性；四大要素各有所侧重，又存在彼此的联系，相辅相成。[4]

---

〔1〕 叶林、张辉、张昊：《证券行政和解制度的比较研究》，载《西部法学评论》2009 年第 4 期。

〔2〕 洪艳蓉：《我国证券监管独立性的检讨与制度完善》，载《法律适用》2018 年第 3 期。

〔3〕 洪艳蓉：《证券监管的独立性与监管治理研究》，载《金融监管研究》2017 年第 12 期。

〔4〕 洪艳蓉：《我国证券监管独立性的检讨与制度完善》，载《法律适用》2018 年第 3 期。

证券监管机构建制的另一个理念是可问责性，即要求证券监管组织完全为其行为负责。证券监管机构享有过大的独立性，可能导致监管机构对被监管行业的过度监管，造成金融压抑并阻碍金融创新；也可能导致监管机构与传统政府部门或者被监管行业共谋，滋生监管宽容、监管寻租和道德风险，造成过度自由化，这二者都不利于证券监管效用的发挥。而且，不受监督的行政权也在事实上挑战宪政制度与法治理念。[1]因此，证券监管机构的问责性应与独立性配套，不可偏废。

对金融监管机构适用问责性，应讲究方式方法，既可以使用传统的基于宪政的制衡机制，[2]也可以使用基于市场安排的监督机制；既可以使用内部、过程中进行监督的制衡机制，也可以使用外部的，基于事中或者事后进行监督的制衡机制[3]。晚近以来，控权机制的一个发展趋势是逐渐从注重法院的司法实体审查，强调制约权力滥用、保护投资者的合法权益的消极控权，向注重监管组织的正当法律程序，强调更好地运用权力服务与执法目标，提高执法效率的积极控权转变。[4]

2. 我国证券监管机构独立性与问责性的再审视及完善

证券市场的有序运行离不开证券监管的保驾护航，后者功能的发挥以监管独立性为基础。证券监管独立性使监管者独立于政治干预和商业利益的捕获，专注于监管目标的实现；同时需要施予问责制以避免滥用独立性。以此标准检讨我国的证券监管机制，可以发现我国证券监管在独立性和问责性上存在着一些显著的缺失和不足，需要在未来通过构建具有独立性和问责性的制度予以完善，才能促进我国证券市场的健康发展。

（1）监管部门身兼多元目标，需统筹协调

受我国处于新兴证券市场和经济转轨时期的影响，我国的证券监管目标“纸面”与实践存在距离。虽然证监会名义上以证券监督管理为唯一使命，但实际上其

---

〔1〕 黎四奇：《对我国证券监管理念的批判与反思——一个监管者角色定位的问题》，载漆多俊主编：《经济法论丛（2009年下卷）》，中国方正出版社2009年版，第314~334页。

〔2〕 宪政理论的核心在于规范政府权力的行使，具体到证券监管领域则为：政府证券监管权必须要受到宪法和法律的制约，依法规范运行并受到监督，以保护个体权利，尤其是保护被监管主体和投资者的权利不受侵害。参见马洪雨：《政府证券监管权制度设计的理论基础研究》，载《经济与管理》2010年第10期。

〔3〕 为防止证券监督管理机构滥用职权的发生，各国都采用了多重方式对证券监督管理机构行使职权进行监督，主要分为事中监督和事后救济。事中监督可以最大限度地缩小证券监督管理机构的自由裁量权，证券监督管理机构可以采取听证会、赋予当事人陈述权等多种方式规范自己的行为；事后救济是指在证券监管机构作出认定或者处罚决定等具体法律行为时，当事人对此结果不满有权进行抗辩，包括行政复议和司法救济。参见中国政法大学课题组：《证券监督管理机构法律制度完善研究》，载《证券法苑（第十卷）》，法律出版社2014年版，第437~480页。

〔4〕 洪艳蓉：《我国证券监管独立性的检讨与制度完善》，载《法律适用》2018年第3期。

还多少扮演着证券市场的主管者、发展者、保护者的角色。[1]尽管我国《证券法》所规定的证券监管目标与流行的国际证券监管目标所差无几，但在监管实践中，证监会落实几项监管目标的权重与优先顺序并不一致，更多地体现为监管配合金融宏观调控政策与全国资金调度需要，为国企融资脱困和维护国家经济秩序稳定提供服务，保护投资者合法权益更多地从维护社会稳定和处置市场危机的角度予以考虑，未能成为证券监管的头号目标。[2]

早在2010年年底，时任证监会山东证券监管局副局长坦言："尽管国际证券委员会组织等提出了通行的证券监管目标和原则只包括：保护投资者，维护公平、高效、透明的市场和减少风险。但在我国，维护社会稳定，培育发展市场，支持经济发展，支持国家新兴产业等都是监管目标，目标多了势必会给执法带来难度。"[3]监管目标多元化所内含的冲突有可能最终使得监管者陷入失衡的困境，因此，需明确证监会金融监管目标的优先次序，将投资者保护放在金融监管的首要位置，处理好金融监管与经济宏观调控、短期经济发展目标之间的关系，使之可以避免为迎合政府短期的经济增长目标而降低监管标准，而应始终秉持审慎性的风险管理标准进行金融监管，减少政治性因素对金融监管的过度干预。[4]

（2）名不副实的组织性质及其重构

证券监管独立性首先要求监管机构应具有独立性，享有相应的制度保障并能够进行内部事务的自治。美国国会为保障SEC执法独立性设计了诸多安排，主要包括：人员独立；决策民主化；职能分离；经费独立。[5]反观我国，受独立规制理念影响而定性为国务院直属事业单位的中国证监会，则显然不符合独立规制机构的基本特征。

证监会作为国务院直属事业单位其独立性一直受到质疑。一方面，证监会的事业单位属性与其享有的监管权力并不匹配。尽管根据国务院办公厅1998年8月发布的《中国证券监督管理委员会职能配置、内设机构和人员编制规定》（1998年《证监会三定方案》），中国证监会为国务院直属正部级事业单位，但观察法律实践可以发现，中国证监会的行政管理权力"比普通行政机关的权力还要大，中国证监会拥有规章制定权，可以创设一定的行政处罚，可以有较多的现场检查权，而且还

〔1〕 黎四奇：《对我国证券监管理念的批判与反思》，载漆多俊主编：《经济法论丛（2009年下卷）》，中国方正出版社2009年版，第318页。

〔2〕 洪艳蓉：《我国证券监管独立性的检讨与制度完善》，载《法律适用》2018年第3期。

〔3〕 周荣祥：《陆泽峰：证券监管执法面临三大困境》，载《证券时报》2010年12月6日。

〔4〕 洪艳蓉：《我国证券监管独立性的检讨与制度完善》，载《法律适用》2018年第3期。

〔5〕 洪艳蓉：《证券执法的制度价值及其实现——来自美国的经验借鉴》，载《北大法律评论》第17卷第1辑。

拥有对其自身行为的复议权”[1]。这就与其事业单位的法律性质相矛盾，因为事业单位区别于行政机构的主要地方在于其目的为提供社会服务，而非行使行政管理职能。另一方面，作为国务院直属部门，中国证监会在经费来源、人事管理等方面与其他政府机构无实质差异。目前，中国证监会的经费开支主要来源于国务院财政部门的拨款与市场征费，但罚没收入全部上缴国库。因此，从经费的角度看，中国证监会不具有独立规制模式下应有的独立性。作为国务院的组成部门之一，中国证监会不仅主席等职位须由国务院任命，而且编制方案亦由国务院编制委员会确定，因而根本未能形成独立运作机制。因此，中国证监会实质上仍属于标准的政府行政机关，远未达到独立机构的标准，只不过采用了事业单位的概念而已。[2]

证监会作为监管者，缺乏足够的独立性，不利于有效地展开执法工作。因此，对中国证券监管机构的法律变革势在必行，应重点解决证监会事业单位属性与其行使行政监管权的不协调，明确证监会的定位，树立其专业而权威的金融监管者地位。对于证监会这类性质上为事业单位，但实质上承担着行政职能的单位，应该使之名至实归，真正作为一个行政机构受到对待，享有相应的权力，并接受行政权力行使的相应约束。此外，应重视证监会执法地位的建设，在组织、人事、决策、经费和程序方面确保其对内对外具备独立性的配套制度。[3]

（3）金融监管治理机制不完善，应完善问责机制

在我国，“谁来监管执法者”还是个新鲜的话题，尚未建立起系统的证券监管监督与问责机制。在过往短短二三十年的证券市场发展历程中，我国的证券监管者担负着重要的市场发展任务；发展阶段决定了总是赋予监管者以权威，并由其主导证券市场的建设，在观念和必要性上还未达到置评金融监管，要求其建立高标准的金融监管治理机制的阶段。[4]与法治发达国家的证券监督管理机构所拥有的权力相比，证监会的行政权受到的法律约束明显更少。一是不受立法机关的定期检查、不需要向立法机关定期报告。二是受到的司法审查也极少；无论是从行政诉讼的案件数量而言，还是从证监会及其派出机构的败诉率来看，现阶段法院未能充分发挥监督证券监管行为的作用。[5]三是已有的法律对其规制也较少。不仅《证券法》本身

[1] 沈朝晖：《证券法执行的政治分析——以上市融资的中国式监管为素材》，载《中国商法年刊》2012年00期。

[2] 王建文：《中国证监会的主体属性与职能定位：解读与反思》，载《法学杂志》2009年第12期。

[3] 洪艳蓉：《证券执法的制度价值及其实现——来自美国的经验借鉴》，载《北大法律评论》第17卷第1辑。

[4] 洪艳蓉：《我国证券监管独立性的检讨与制度完善》，载《法律适用》2018年第3期。

[5] 刘一玮：《证券监管机构对证券违法行为的调查、处理与救济》，载彭冰主编：《规训资本市场——证券违法行为处罚研究》，法律出版社2018年版，第3～29页。

对证监会权力的行使方式与程序没有作出太多限制，甚至在一些场合中，证监会还会通过变换行为名称等方式来进一步摆脱一般行政程序法的约束。如为了不履行《行政处罚法》的程序要求，证监会把很多带有处罚性质的行为称为“监管措施”，包括责令整改、通报批评、责令暂停履行职责、暂缓受理申请等。由于权力运作透明度和问责性有限、受到外部审查的可能性也较低，证监会往往不需要对自己的行为作出必要和合理的解释，而可径行为之。〔1〕

因此，需要在理性认识权力制衡的必要性和政府出现失灵的可能性基础上，建立起独立性与问责制相配套的金融监管体制。一方面，实施以权力制约权力的控权机制。控权机制的最近趋势是逐渐从注重通过法院的司法实体审查的消极控权，向注重监管组织的正当法律程序，强调更好地运用权力服务于执法目标，提高执法效率和效用的积极控权转变。后者以透明度、问责制和公众参与等外部制衡，构成制约的鼎足之势。〔2〕这可以通过建立证券监管的正当法律程序要求（形成规范化、透明化和程序化的监管流程）、监管过程公开以及公众参与等制度制约监管权力的暗箱操作和自主权的滥用。〔3〕另一方面，完善以权力制约权力的控权机制。我国《证券法》明确规定了当事人对证券监管机构的处罚决定不服的，可依法申请行政复议，或者依法直接向人民法院提起诉讼。尽管行政复议具有高效率、低成本、专业性强等特点，但是有时也会存在复议形同虚设的情形，对本国证券监管职权的监督造成不良影响。〔4〕而司法权监督作为独立于行政权之外的监督，其地位更加超脱，所以司法监督的效果会更为明显。司法权的行使有严格的程序保障，其稳定性、原则性强，公开程度高；司法还要尽量做到类似个案处理的结果基本保持一致性，以实现社会公正。所以，司法权的程序性、公开性和公平性一定程度上可以弥补行政权任意性的不足，促进行政权依法合理行使。具体的配套制度包括：明确司法审查的范围和深度；逐步完善司法权介入证券业监管的各种诉讼程序，如取消将行政机构的处罚作为证券民事诉讼前置条件的规定，完善证券民事诉讼的集中管辖和集团诉讼规定等；最终实现司法权与行政权的良性互动。〔5〕

---

〔1〕 缪因知：《中国证券法律实施机制研究》，北京大学出版社 2017 年版，第 91 ~95 页。

〔2〕 洪艳蓉：《证券监管的独立性与监管治理研究》，载《金融监管研究》2017 年第 12 期。

〔3〕 洪艳蓉：《我国证券监管独立性的检讨与制度完善》，载《法律适用》2018 年第 3 期。

〔4〕 中国政法大学课题组：《证券监督管理机构法律制度完善研究》，载《证券法苑（第十卷）》，法律出版社 2014 年版，第 437 -480 页。

〔5〕 李东方、王爱宾：《证券业监管中司法权的介入及其与行政权的互动》，载《西南政法大学学报》2009 年第 2 期。

（二）证券监管权在政府与自律监管组织之间的重置

一个富有效率与效果的证券监管体制自始至终应是政府监管与自律管理的有机结合，这是世界市场经济成熟国家证券监管的历史、实践及经验的共同指向。世界范围内证券监管权的配置主要有政府主导型、灵活型和合作型三种模式，由于政府监管与自律管理各具优弊，因此决定了二者之间相互依赖和补充的辩证关系。

1. 现实：我国证券监管权高度集中

目前，我国证券市场监管模式属于政府主导型监管模式，采取集中统一监管与自律监管并行的方式。中国证监会的职能定位为证券市场的统一监督管理主体，享有全面的监管权。具言之，证监会有权对大多数证券市场主体（证券发行人、证券公司、证券服务机构、证券交易场所、证券登记结算机构、交易者）的所有活动（发行、上市、交易、登记、存管、结算）进行监管；有权制定证券业务人员的行为准则并监督实施；监督检查信息披露情况；对证券违法行为进行查处。同时，证券交易所和证券业协会实行自律性管理，承担自律监管执法工作，权力来源于《证券法》和证监会所制定规章和规范性文件的授权。与中国证监会相比，我国自律机构享有的监管权总体呈“碎片化”特征，其仅行使法律或中国证监会明确授予的少数特定权力。而且，中国证监会对自律机构的权力行使有最终监督权。证监会对证券交易所的经营和监管行为进行全面干预，并掌握了对证券交易所的人事任免权，证券交易所和证券业协会的监管职能受到了严格的限制。[1]

我国证券监管存在权力“失配”。首先，中国证监会和自律监管机构的定位存在偏差。中国证监会作为中国证券市场的最高监管机构，应当承担的是对证券市场的宏观层面的监管职能，比如其监管重心本应放在规划和引导证券市场发展、管理和监控证券市场的重大事项以及对重大证券违法行为予以处理上，而其他一些日常的监管事项应由交易所等自律机构进行“一线”监管，以发挥其监管优势。[2]但目前中国证监会行使的职权却不分巨细，过于宽泛而失去重心，既包括一些宏观、重大的事项（如依法制定相关规则、全面开展注册制之前的股票发行审核、核准证券公司的设立、对重大证券违法行为予以惩处等），又包括一些日常性细节性的事项（如监管上市公司的日常信息披露）。定位的不清晰必然会导致监管的低效。其次，自律机构异化为中国证监会的附属执行机构。目前，自律机构的日常监管基本上是

〔1〕 柯湘：《中国证券市场监管权配置——基于不同监管模式的比较》，载《中南财经政法大学学报》2014年第4期。

〔2〕 中国政法大学课题组：《证券监督管理机构法律制度完善研究》，载《证券法苑（第十卷）》，法律出版社2014年版，第437～480页。

执行法定和中国证监会授予或委托的权限，其监管权中能归属于自律监管的很少；加之受证监会对自律监管机构的人事控制权的影响，自律机构基本上异化为中国证监会的附属执行机构。[1]

2. 我国证券监管权“失配”的成因分析

现实总是与过往的历史息息相关，不仅仅是因为路径依赖，更因为促成历史成形的沉淀因素包含着太多难以改变的制度基因。

首先，我国证券市场的演变进程和历史使命是问题形成的根本原因。我国股票市场的监管经历了监管缺位的自发性股票发行交易—地方政府介入监管—中央政府建立集中统一监管体系的历程。中央集中统一监管体系建立前中国证券市场的混乱局面，直接决定了中央证券监管机构被定位为证券市场的全面、强势监管机构，被赋予了广泛的监管职能。此外，客观来看，中国证券市场的诞生及高歌猛进是“全能型政府”治理模式转轨中的一个缩影。中国证券市场自其诞生之日起就背负有强烈的时代色彩，政府的大力支持同时也意味着其不可能脱离政府治理模式变革的大背景。中国证券市场自设立之日起就肩负了特殊的政治与经济史命——为国企“解困”；为此，就必须让证券监管者通过大包大揽的方式对垄断的稀缺资源进行倾向性的分配，并且让政府的权力密布于证券市场运营中的每一个环节。在此背景下，监管权的分配与行使难免向证监会集中，从而表现为“大到游戏规则的制定，小到市场准入审批、公司市场行为与行政运作、机构负责人的任免甚至日常思想教化、知识培训等都不惜余力地被证监会承揽”[2]。在我国证券市场建立并发展至今的时间里，证券监管权力的配置整体格局并未发生太大的变动，中国证监会的证券监管权力集中，交易所、证券业协会的监管权限相当有限，且仍然被置于附属的地位。

其次，产权结构的先天不足加剧了问题的严重性。由于交易所的产权属于中央政府所有，因此，在日常监管中交易所实际上成为中国证监会的附属机构也就不难理解和不可避免了。交易所地位的附属性模糊化了中国证监会和交易所本应存在的监管分工，从而加剧了中国证监会定位不清晰、中国证监会与交易所监管职能交叉等问题。

最后，自治基础的缺失亦不可忽视。任何自律组织的产生前提必然是该组织的成员有着共同的利益需求，自律组织的建立是其自律组织实现其利益诉求的一种途径。然而，我国证券市场与西方国家证券市场的产生和发展路径迥异，后者是自然

---

〔1〕 柯湘：《中国证券市场监管权配置——基于不同监管模式的比较》，载《中南财经政法大学学报》2014 年第 4 期。

〔2〕 黎四奇：《对我国证券监管理念的批判与反思——一个监管者角色定位的问题》，载漆多俊主编：《经济法论丛（2009 年下卷）》，中国方正出版社 2009 年版，第 314～334 页。

发育而形成的，而我国则是在政府主导作用下的“人造”市场。相应地，这也形成了我国证券监管体制中行政监管机构与自律监管机构的行政隶属性，造成自律监管的畸形。同时，前述依附关系，使得自律监管组织所能掌控的资源与其成员的利益需求关联性弱化。这样，一方面，自律组织的成员就缺乏动力去建立一些自治规则，从而导致自律组织监管权中能归属于自律监管的很少；另一方面，自律组织也没有动力去廓清与中国证监会之间的监管权力划分或争取某些更适合由交易所行使的监管权，从而使得自律组织与中国证监会之间的职能存在严重交叉这一问题缺乏解决的动力。[1]

3. 证券监管权在政府与自律组织之间重新配置

在我国证券市场发展初期，强调政府的集中管制是一种共识，但这并不能作为虚置自律监管永恒的借口。[2]我国证券市场监管权配置改革的方向应由政府主导型迈向合作监管模式，在保留政府监管者广泛监管权的同时充分发挥自律机构的监管资源及优势，通过监管权的重新配置实现高效监管。

一是正确定位证监会和自律监管组织监管职能。我国目前的证券监管模式由政府主导，自律监管机构主要是政府监管机构政策的执行者。实际上，交易所和证券业协会对会员和市场的监管，体现了会员之间的相互信任，往往可以提出高于法律规定的基于协议的道德标准，因而可以对市场进行具体而细微的第一线监管。将这部分具体操作的属于“划桨”职能的社会领域的权力通过法律或者行政授权交由自律组织完成是完全合理且高效的。政府证券监管机构应该着力于“掌舵”的职能，更多地作为证券市场监管法律和政策的支持者出现，通过监管证券交易所、证券业协会，对证券市场进行宏观层面的监管。[3]具言之，证监会的监管权应定位于制定规章、监管自律监管组织、查处违法行为方面。对于上市公司、证券公司和证券交易的日常监管主要由交易所负责，但证监会保留对上述主体的直接监管权以使自己不身陷于日常监管。从而确保当自律监管机构因利益冲突或者监管权效力的局限性而无法有效监管时，由政府监管机构进行与最终监管目标和国家经济宏观运行方向相一致的高效监管。

二是尊重自律监管。从资本市场发达国家和地区经验看，自律监管组织同样受到政府监管。但政府对自律监管组织的控制并非通过上下级行政隶属关系实现，而

[1] 柯湘：《中国证券市场监管权配置——基于不同监管模式的比较》，载《中南财经政法大学学报》2014年第4期。

[2] 黎四奇：《对我国证券监管理念的批判与反思——一个监管者角色定位的问题》，载漆多俊主编：《经济法论丛（2009年下卷）》，中国方正出版社2009年版，第314～334页。

[3] 马洪雨：《政府证券监管权制度设计的理论基础研究》，载《经济与管理》2010年第10期。

是仅限于监管，这体现在两个方面：第一行政监管机关对自律监管组织制定的自律规则的监管。自律监管组织制定的自律规则需要报证监会批准或者备案。第二行政监管机关对自律监管组织行使自律监管权的监管。当自律监管组织行使自律监管权违反法律法规，证监会有权进行纠正并予以处罚。[1]因此，我国应在立法上确认自律监管机构具有独立地位和自治地位，其享有独立的权力能力、行为能力与责任能力；并在监管实践中尊重自律监管，从而使自律监管组织摆脱其作为行政监管附属物的弱势地位。

四、结论

本次修订的《证券法》（2019 年修订）对于“证券监管机构”一章的内容增删变动，主要围绕证监会的“扩权”及配套实施保障制度展开，侧重于证券监管权配置的第二个面向。修法的合理性离不开对过往监管教训总结、域外发达国家经验借鉴，以及有效监管的现实需求。然若仔细审视分析，仍能发现缺憾尚存，比如新增的证券监管措施，尽管对于预防市场风险、防止风险扩大为必要，但由于《证券法》（2019 年修订）没有对证券监管措施的性质、效力以及行使程序做出明确规定，必将引发理论与实践上问题，未来应予完善。此外，证券行政和解制度是包括实体内容和程序规定在内的体系化制度，而《证券法》（2019 年修订）仅用一条规定了证券行政和解的实施条件、终止调查及信息公开要求，远未能承担起保障证券行政和解有效运用的制度功能。因此，需要参照《实施办法》的内容并反思其不足，从而在证券业基本法层面建立证券行政和解制度。

评判问题，难免关涉评价的标准，而这进一步与评价视角相关。证券监管权的有效行使是证券监管机构权力配置的核心。《证券法》执行机制包括：政府性证券监管、法院民事诉讼和交易所自律监管；在我国，政府性证券监管处于主导地位。这划定了我国证券监管权的横向分配问题，那么下一步的问题就是匹配证券监管者权力实现的保障制度。参照域外发达国家证券监管经验，证券监管权有效行使的保障包括：监管主体的独立性、充分的执法权力、相对充足的执法资源。此外，由于综合现代行政事务管理的需要，证券监管者集立法、行政与司法“三权合一”；权力集中所带来的被滥用可能使得探讨如何提高监管效能和绩效从而克服监管失灵也成为重要命题。因此，证券监管权的有效行使离不开权力约束机制，这包括以权力约束权力的监督（司法审查）和以权利制约权力的监督（程序控权）。

---

〔1〕 中国政法大学课题组：《证券监督管理机构法律制度完善研究》，载《证券法苑（第十卷）》，中国方正出版社 2009 年版，第 437 ~ 480 页。

与此同时，有限的执法资源与不断增长的证券市场监管需求之间的矛盾，使得诸如行政和解制度有了合理存在的空间，也促使人们退回原点来思考证券监管权该如何在政府与自律监管主体之间合理分配。证监会作为我国证券期货市场的监管者包揽了监管领域的大小事宜，使本应其履行的职责不能有效完成，导致监管效率低下、监管执法效果被削弱。而本应该发挥重要作用的自律性组织却只能在证监会的全面领导监督之下成为监管执法活动的执行者，丧失了自律监管权，不利于自律性组织作用的发挥。因此，我国证券市场监管权配置改革的方向应由政府主导型迈向合作监管模式，实现路径包括正确定位证监会和自律监管组织监管职能，并且尊重自律监管，使自律监管组织摆脱其作为行政监管附属物的弱势地位。

证券监管措施及其适用正当程序的路径初探*

薛智胜** 王 悦***

内容摘要： 证券市场的稳定发展离不开证券监管措施的有效实施，而目前我国证券监管措施的法律性质尚不明朗，其实施程序也备受诟病。从实体看，证券监管措施具有类行政行为本质，在主体和内容上都与行政行为有一定相关性，同时又独具特色；从正当程序看，我国证券监管措施的实施面临缺少正当程序约束、权力缺少制衡、过程存在偏倚等问题，需要在未来的立法中完善证券监管措施实施的具体程序，同时规范证券监管机构行使监管权的合法性基础和制约机制，期冀在不损害监管相对人合法权利的前提下提高证券市场的监管效率，实现证券市场监管的法治化。

关键词： 证券监管机构　证券监管措施　类行政行为　正当程序

随着新修改《证券法》的实施，势必对我国既有证券市场监管手段及其实现机制提出新的挑战，对证券监管提出更高的法治化要求。证券监管措施作为监管手段之一，从既往经验看，能够及时制止违法违规行为，预防风险并防止危害扩大，对保障证券市场平稳运行发挥了重要作用，但现有的证券监管措施也存在法律地位相对模糊、正当程序缺失等弊端，易引发监管机构“监管过度”“监管妄为”，导致监管相对人的权利无法得到有效保护。因此，本文运用行政行为相关理论，分析证

---

* 本文系国家社科基金重大项目“社会主义核心价值观与我国商事立法完善”（项目编号：17VHJ001）阶段性研究成果。

** 薛智胜，天津工业大学法学院教授，法学博士，主要从事金融法学和商法研究。

*** 王悦，天津工业大学法学院2018级经济法学研究生，主要从事经济法学研究。

券监管措施的法律性质，并探索证券监管措施实施的正当程序及其依据，对于明确证券监管措施的定位，妥善处理监管权力和相对人权利冲突问题，促进监管效率和监管公正的统一，推进证券市场法治化进程具有重要意义。

一、证券监管措施的本质：类行政行为

证券监管措施一般是指证券监管机构为有效治理证券期货市场，防范市场风险和不良后果，针对违法违规主体所采取的监督管理措施的总称。有关证券监管措施的规定散见于《中华人民共和国证券法》《证券公司监督管理条例》《期货公司监督管理办法》等法律文件中，其表征类似于行政行为，但是又区别于行政行为，因此，本文拟从证券监管措施与行政法理论契合度、证券监管措施与行政行为相关性和证券监管措施的独立价值三方面论证证券监管措施特殊的类行政行为本质。

（一）证券监管措施与行政法理论的契合度

行政法理论基础是行政法存在的依据和发展的基石，在内容上包括概念厘定、原则解读、核心观点展示以及重要问题阐释；在价值上支撑行政法律框架、指导行政法律实践以及引领行政法学发展，彰显行政法区别于其他法学学科的独立本质，体现行政法特殊逻辑体系和发展规律。因此，证券监管措施是否切合行政法范围，是否贴合行政行为，还要看其是否与行政法相关理论相契合及其契合度。

1. 公共利益本位论

行政法的理论基础经历了“管理论”“控权论”“平衡论”三个重要发展阶段，对我国行政法学的成长产生较大影响。其一，“管理论”形式上侧重行政管理，手段上强调强制或命令，宗旨上着重保障国家和社会公共利益。其二，“控权论”目的在于以个人权利规范行政主体行使行政权力，避免滥权渎职，体现个人利益与国家利益的对弈。其三，“平衡论”既要突出行政管理有效性又要制约行政权力行使，期冀达到公权与私权的利益平衡。而近年来，学界关于新行政法理论的探讨日益增多，“管理论”、“控权论”和“平衡论”的局限性凸显，公共利益本位论逐渐有所造就，并从公共利益的角度解释行政法的内在本质。[1]上述三种理论观点的根源均是利益关系的博弈，而公共利益本位论直接将利益关系作为论证工具，强调公共利益作为行政法的中心思想，同时统筹国家利益与个人利益，体现行政法的出发点与落脚点的统一，夯实行政法的理论基础；同时行政法是公法，公法以保障公共利益为根本目的，而行政主体正是践行主体，行政行为是实现公共利益最大化的过程，

[1] 参见卫江波：《行政法理论基础之重构》，载《山西省政法干部学院学报》2018年第1期。

行政复议或诉讼则是检验行政主体的行政行为是否符合公共利益的有效途径。

行政法以公共利益为主导构建的逻辑框架适应现阶段行政法律体系和行政法治环境，并成为行政行为存在和发展强有力的奠基。若将证券监管措施归类于行政行为，还应考究证券监管措施是否有维护公共利益的依据和基础。

证券监管措施是确保证券活动安全有序开展的关键手段，是维护证券参与主体利益的必要举措，也是多数投资者聚集而成的公共利益得到保护的有效保证，从根本意义上，证券监管措施就是公权力干预下对公共利益的保护：其一，作为证券市场根本大法的《证券法》，对于证券监管措施有明确规定，这些监管措施依托《证券法》存在，则更是承继保护投资者、维护公共利益的根本目的而存在；其二，证券监管措施在阶段上更靠近于事中监管，不同于证券发行阶段通过证券发行注册制度和证券发行注册信息披露制度的事前准入监管，而是承接事前监管对证券市场主体进行后续和持续的合法合规监管，对于违法违规的市场主体及时采取证券监管措施，以实现监管无缝衔接，在较长时间内发挥监管作用，可以说证券市场持续稳定得益于事中监管的有效运行，是对金融秩序、经济环境等公共利益的有力保障。[1]

由上分析可知，证券监管措施内含维护公共利益的实质，可视为对行政法理论基础——公共利益本位论的回应，但这并不意味着证券监管措施完全属于行政法范畴，对其本质还需结合行政行为进一步研究。

2. 行政行为形式选择自由理论

法律天然的滞后性以及信息社会的深化变革，现有法定行政行为难以囊括所有行政活动，因此在学理上行政行为形式选择自由理论应运而生，它是指，除非法律明文规定行政主体应以法定形式采取行政行为，则行政主体为实现公共行政目的，可选择相宜得当的行政行为，完成行政任务。但是这种选择只是有限自由，还需满足行政法上比例原则和平等原则的要求。一般来说，行政行为形式选择自由分为四层级：第一层级选择自由禁地，即法律明文规定行政主体应以法定形式采取行政行为，并明确规定行使行政行为的前提、标准、形式与程序，应严格遵守法律规定，不得适用选择自由理论。第二层级选择自由宗旨，即行政主体为实现行政目标，完成行政任务，在合理时间内解决问题，达到评价指标，是行政管理活动或行政行为的起点和终点。第三层级选择自由分类，行政行为形式的自由选择可在已型化行政行为间选择、已型化与未型化行政行为间选择或在公法形式与私法形式间选择。[2]第四层级选择自由限度，即行政主体不可享有无限的自由，否则会导致权力肆意，

〔1〕 参见李东方：《证券监管法的理论基础》，载《政法论坛》2019 年第 3 期。

〔2〕 参见章志远：《当代中国行政行为法理论发展的新任务》，载《学习与探索》2018 年第 2 期。

只有在行政法基本原则、行政裁量规则的指导下，才能行使选择自由，以便有效实施行政管理，满足多元化、高效性的社会经济生活发展。在我国传统行政行为主导下，行政行为形式选择自由理论尚未占绝对优势，但在行政执法领域中，行政行为形式选择自由已得到实践认可，例如环境保护制度中兴起的约谈制度，作为一种预防为主的环境治理措施，逐渐被公众认可并展现出优越的价值，起到良好的作用。

从行为形式选择角度看，证券监管措施分为审诫类、行为限制类、财产限制类和资格限制类四大类别，每个类别均有多种形式的监管措施，例如审诫类监管措施包含有监管谈话、出具警示函、记入诚信档案并公布、通报批评等形式；行为限制类监管措施包含有临时监管、限制业务活动、责令暂停部分业务、限制证券买卖等形式；财产限制类监管措施包含有限制分配红利、限制转让财产或者在财产上设定其他权利、责令控股股东转让股权、责令转让所持证券公司的股权等形式；资格限制类包含有认定为不适当人选、暂停任职资格、撤销任职资格、暂停基金托管资格等形式。〔1〕监管主体为维护证券市场秩序，根据实际情形和违法违规程度选择具体形式作用于监管对象，这样的运作模式略微贴合行政行为形式选择自由理论，进一步补充了证券监管措施类行政行为的特性。

（二）证券监管措施与行政行为的相关性

关于将证券监管措施归于现有行政行为还是创设一种新的行政行为，学界尚未有统一观点，但应当看到证券监管措施与行政行为具有直接的相关性，从执行主体到具体内容，证券监管措施与行政行为都有一定联系，也正因于此，证券监管措施的定位才相对模糊。

1. 监管主体相关性

在行政法中，行政主体作为行政行为的实施者，主要包括两类，一类是行使法定职权的行政机关，另一类是法律、法规或规章授权的组织。

在我国证券市场中，国务院证券监督管理机构即中国证券监督管理委员会（简称证监会），其属于国务院直属事业单位，但又承担监督管理证券市场的职责，是证券监管措施的实施者，则其监督管理的权力只能来源于法律、法规的授权，因此在行政法中，证监会属于行政主体，分属第二类法律、法规或规章授权的组织。

2. 监管内容相关性

基于对每一种监管措施分析定性，不难发现有些证券监管措施与行政处罚、行政强制措施和行政检查有极大的相关性，其中界限也较为模糊。

---

〔1〕 参见张红：《证券监管措施：挑战与应对》，载《政法论坛》2015 年第 4 期。

我国《行政处罚法》以列举及兜底的方式规定了六类行政处罚，而《证券法》第180条至第223条规定了具体情形下证监会对违法违规主体采取行政处罚的权限，此外，除了明确规定的行政处罚，还有一些监管措施在形式上不属于行政处罚，但也具备行政处罚制裁性和终局性的实质性要件。如《证券法》第140条第1款规定的监管措施“责令更换董事、监事、高级管理人员或者限制其权利”，从表面上看这项措施并不属于行政处罚六类中的任一类，然而一旦实施这项措施，被更换的董事、监事、高级管理人员与原形成的风险相脱离，并且不会再次恢复原有的职位和权利，可以说是终局性措施，况且原形成的风险或投资者权益损害并不会单纯因为更换董事、监事、高级管理人员不复存在或权利恢复到圆满状态，这对于被更换的董事、监事、高级管理人员来说更是一种惩罚性、制裁性的措施。[1]相类似的证券监管措施还包括责令股东转让股份、撤销证券公司、证券市场禁入等皆具备行政处罚的实质性要件。

证券监管措施与行政强制措施同样存在一定相关性。从概念上看，行政强制措施是指行政主体为实现行政管理目的，依法对公民人身自由或对公民、法人及其他组织的财物实施暂时性限制或控制的措施，其特点是强制性、限制性、暂时性以及试图恢复权利义务的原始状态。与行政强制措施具有相关性的证券监管措施，例如《证券法》第140条第1款规定的限制业务活动，责令暂停部分业务，停止核准新业务；限制分配红利，限制向董事、监事、高级管理人员支付报酬、提供福利；限制转让财产或者在财产上设定其他权利。再如《证券法》第170条新增证券监管机构可阻止涉嫌违法人员出境的监管措施。从强制性看，阻止出境是对人身自由的限制，限制支付报酬提供福利是对财产的限制，禁止处分财产是对所有权的限制，这些证券监管措施导致相对人的人身、财产或权利受到限制后果，是强制性的表现。另外，从相关法律条文中所表达出的暂停、停止或限制等语词均不涉及永久性含义，也说明了这些监管措施具有临时性的特点，一旦实施监管措施的违法违规情形或风险不复存在，监管措施也将随之调整。故而证券监管措施与行政强制措施在具体内容上具有一定的相关性，但是仍有学者提出证券监管措施难以与行政强制措施相提并论，认为应当慎重理解《行政强制法》中行政强制措施的含义，例如“限制分配红利，限制向董事、监事、高级管理人员支付报酬、提供福利”事实上是针对“公民、法人及其他组织的财物”的监管措施，但并不属于法条规定的“实施暂时性控制”，只能算是限制，不能达到控制的程度。[2]此种观点显示了证券监管

---

〔1〕 参见柯湘：《中国证监会非行政处罚性监管措施研究》，载《政法学刊》2008年第2期。

〔2〕 参见邢会强：《金融监管措施是一种新的行政行为类型吗?》，载《中外法学》2014年第3期。

措施与行政强制措施在“限制”与“控制”上的差异，并拒绝将证券监管措施归类于行政强制措施。但是在证券监管措施与行政强制措施相关性讨论中，“限制”与“控制”既相似又有区别，反而印证了证券监管措施的类行政行为本质。

证券监管措施与行政检查也有一定程度的重叠。基于行政检查在行政法领域有许多不同的认识和观点，在与证券监管措施的比较讨论中，多数学者将行政检查定义为行政主体依职权对行政相对人合法性、合规性的检查，并作出合法性评价以督促其积极履行义务。《证券法》第 170 条规定可采取的检查类措施有：“对证券发行人、证券公司、证券服务机构、证券交易场所、证券登记结算机构进行现场检查”“进入涉嫌违法行为发生场所调查取证”。由此可见，证券监管机构有权采取类似于行政检查的检查或调查措施，以实现对证券市场参与主体的有效监管，及时查处违法违规行为，便于进一步采取更严厉的监管措施，维护证券市场秩序。

（三）证券监管措施的独立价值

证券监管措施是监管体系中不可或缺的一部分，极大提升了证券市场监管的效率，及时化解了市场风险，维护证券市场秩序，保护投资者权益，充分体现了证券监管措施的独立价值，对我国证券业发展和金融监管机制完善有至关重要的意义。

1. 证券监管措施有效防范市场风险

我国证券市场正处在改革的转轨期，机遇与风险并存，而证券监管措施的设立能够直击市场的风险源，有效防范和化解市场风险，保护投资者利益。首先，证券监管措施具有及时矫正功能。监管机构一旦发现市场主体的违法违规行为，必将“事无巨细”“对症下药”，及时扼杀风险，防止危害扩大。其次，证券监管措施形式多样，能够满足监管机构对监管力度和准确度的需求，对于违法主体和违规主体不同处罚力度，实现精准监管。最后，证券监管措施弥补行政处罚的不足，与行政处罚共同成为监管证券市场的法治保障，完善我国证券监管体系。

2. 证券监管措施促进秩序效益统一

我国新修改的《证券法》将股票发行核准制改为注册制，由实质审查过渡为形式审查，虽然审查的形式发生改变，但是在注册制下，监管者保护投资者权益，维护市场秩序的使命和宗旨没有变，同时注册制更加凸显了效益价值的理念，对事后的证券监管措施提出了更多的要求。证券监管措施就是监管机构的有力武器：其一，证券监管措施的存在为各类证券市场主体提供行为预判的根据，除了发挥对合法行为的指引，还使得各类主体对自己违法行为的后果有清晰的认识，并能够激发各类主体作出合法的行为，共同构建规范有序的证券市场。其二，《证券法》第 140 条新增“治理结构”“合规管理”作为采取监管措施的理由，也就是说证券监管措施的实施能够促进治理结构、合规管理或风险控制指标不符合规定的证券公司积极整改，防止证券公司遭遇更大的损失，相应地防止了危害蔓延，客观上保护了投资者权益，提升了社会整体效益。从整体上看，实施证券监管措施实现了证券市场秩序与效益的统一，提高了证券监管的有效性，维护了证券发行与交易的安全，彰显了独特的监管价值。

二、证券监管措施适用正当程序的困窘

证券监管措施与行政行为相关，具有类行政行为的本质特性，理应佐以正当程序，既确保证券监管措施有效落实、监管权力公开透明，又保护监管相对人合法权利，实现效率与公正的统一。证券监管措施适用正当程序：首先要求正当程序所依据的法律法规是确定的、完备的，做到“有法可依”“于法有据”；其次实施证券监管措施的主体即证券监管机构，应当有明确的法律地位，能够独立行使监管权力，独立承担责任；最后证券监管措施实施过程应当公开、公正，遵守公开、公正的原则是正当程序的应有之义。综观我国现阶段的证券监管措施，对正当程序的贯彻仍有缺憾之处，以下分述之。

（一）证券监管措施适用正当程序之依据缺失

我国证券市场快速发展，但仍是新兴加转型的市场，《证券法》（2019 年修订）的出台很大程度推进了证券法治的进步，尤其全面实施注册制改革，客观上放宽了前端监管，更加凸显事中和事后监管的重要性，强调证券监管措施的针对性和有效性，而证券监管措施适用正当程序尚未引起广泛关注，在法律依据层面仍存在漏洞。

1. 正当程序的法律依据缺失

从广义的法律层面来看，我国目前规定证券监管措施的法律文件数量庞大，法律效力级别的有《证券法》和《证券投资基金法》；行政法规效力级别的有《股票发行与交易管理暂行条例》《期货交易管理条例》《证券公司监督管理条例》；部门规章效力级别的有《证券发行与承销管理办法》《证券公司风险控制指标管理办法》《证券期货市场诚信监督管理办法》等，这些证券监管法律规范对于证券监管措施都有相关规定，但对于监管程序方面极少涉及，也未有专门证券监管措施实施程序立法。有学者提出我国证券监管措施忽视正当程序有两方面的缘由，一是市场主体的声誉顾虑，一旦声誉受损将导致公众信任危机，形成证券市场波动，对市场主体来说是较大的打击；二是措施的紧迫性，由于证券市场瞬息万变的特殊性，违

法违规行为如不及时采取措施可能导致不可估计的损失。[1]事实上，即使证券监管措施背负及时矫正违法违规行为的功能，也应加之正当程序的束缚，避免“监管随意”、“监管俘获”以及监管成本的消耗，以实现监管公正。如新修改《证券法》第24条第2款规定若证券发行文件中存在虚假陈述，已发行并上市的，可责令发行人或有责任的控股股东、实际控制人回购或买回证券。这应当属于证券监管机构可实施的新的证券监管措施，但是对于如何实施的具体程序没有规定，该条款在实践中的操作性值得探究：第一，关于时间问题，如果上市多年之后发现虚假陈述、欺诈发行的问题，是否还需要发行人或控股股东回购或买回证券？第二，关于价格问题，发行人应当以什么价格回购证券才能实现公平公正，对此应当出台具体的价格标准。第三，关于相关主体能力和意愿问题，若发行人回购能力不足，是否应当有替代性措施？另外若投资者不同意回购，或对回购价格有不同意见时，又该如何协商处理？第四，如果责任人不履行或积极履行回购义务，如何让其承担责任？这些问题均需要细化相关程序规定才能具有可操作性，真正实现监管目的。

此外，为弥补证券市场监管的法律法规体系不完善，监管机构往往颁布大量的规章、通知和指引，甚至通过行政政策来规范证券市场，尤其在证券监管措施实施程序方面的行政政策，未吸纳不同利益主体的诉求，不能充分考量证券参与主体的个体利益以及证券市场的整体经济效益，导致正当程序缺失保障，证券市场不稳定性增强。

2. 正当程序缺失的司法认定评析

以证券监管措施为案由在北大法宝网站检索出的一个案例是江苏期望期货经纪有限公司诉中国证券监督管理委员会证券监管措施案。基本案情是2005年4月江苏省证券监督管理局（以下简称江苏监管局）检查出江苏期望期货经纪有限公司（以下简称江苏期望）结算准备金不足，遂于5月致《监管意见函》要求江苏期望积极整改，又于6月向上海期货交易所、大连商品交易所、郑州商品交易所致94号函要求三个交易所立即停止江苏期望开设新仓，于是江苏期望提交了《退出交易席位申请》宣布进入停业整顿状态。直至2008年证监会作出〔2008〕4号《中国证监会行政监管措施告知书》（以下简称《告知书》），注销了江苏期望《期货经纪业务许可证》，江苏期望对此提起行政诉讼。江苏期望认为94号函是导致其停业的正当理由，并且注销许可证理应属于行政处罚行为，却未履行相应调查、听证的程序，损害其程序利益。经过庭审，一审法院判决驳回江苏期望诉讼请求。江苏期望

〔1〕参见邢会强：《金融监管措施是一种新的行政行为类型吗?》，载《中外法学》2014年第3期。

遂提起上诉。二审法院作出驳回上诉，维持一审判决的终审判决。[1]

该案的争议焦点：一是证监会作出〔2008〕4号《告知书》注销江苏期望《期货经纪业务许可证》的措施性质认定，二是该措施程序合法性的认定。法院经过审理认为：其一，江苏期望从未向其在交易所的账户注入资金，因此其停业是由于自身尚未解决结算准备金不足的问题，而非94号函导致；其二，根据《期货交易管理条例》第21条第1款的规定，《告知书》是证监会针对江苏期望出现不符合持续性经营条件的事实状态后作出的监管措施；其三，关于《告知书》应当履行听证程序缺乏法律依据，不予支持。

该案法院的判决，一方面肯定了证券监管措施的实践效能，对于不符合法律规定的监管相对人采取监管措施的合法性，有助于化解了证券或期货市场潜在的风险；另一方面也折射出证券监管措施程序规定的不足，监管相对人只能被动接受管制处罚，而无任何程序参与权，面对司法裁判没有直接的法律依据可循，直接导致监管相对人在程序上的权益被忽视，这明显与法律上正当程序要求相去甚远。

（二）证券监管措施适用正当程序之监管机构面临挑战

证券监管机构肩负促进证券市场发展和监管证券市场的双重任务，主导证券市场的建设，因而被赋予越来越多的监管权力和权威。然而就实践效果来看，证券监管机构权力配置仍有不足之处。此外，我国金融监管体制由传统计划经济下政府管制演变而来，路径依赖作祟，难免留下“无限政府”的烙印，监管主体本身的内外制衡并未得到应有的重视。证券监管机构是证券监管措施的实施主体，同时也是正当程序的守护者，只有正确认识在权力配置、主体定位上存在的问题，才能建立针对证券监管机构的监管约束机制，增加监管透明度和精准度，确保正当程序中的主体适格。

1. 监管权力配置问题

现阶段，我国证券监管机构主要为证监会及其分支机构，其是证券监管机构的具体外化，承担了大部分监管职责，对我国金融秩序稳定发挥至关重要的作用。

在权力配置上，以《证券法》为代表的法律授予证券监管机构的权力越来越大，权力范围涉及证券的发行、上市、交易、登记、存管、结算等各个阶段，监管相对人包括证券发行人、证券公司、证券服务机构、证券交易场所、证券登记结算机构、从事证券业务人员、证券业协会等主体，监管权力内容包括根据监管相对人

---

〔1〕 参见江苏期望期货经纪有限公司不服中国证券江都管理委员会证券监管措施案，北京市高级人民法院（2010）高行终字第303号。

不同的违法违规行为采取相应的诸如责令改正、监管谈话、出具警示函等较轻微措施，以及限制业务活动，责令暂停部分业务，停止核准新业务等较严重措施。〔1〕总体上证券监管机构的权力分配较为全面，但是仍有不足之处：其一，证券监管机构的权力多来自授权，基于证券市场的敏感性和变化性，一旦出现新问题将出现与之对应新的具体的监管职责，尚未授权之时，证券监管机构面对新问题将无法采取对应的措施导致监管缺位；其二，证券监管机构的权力过于集中，导致自律机构的权力配置受到疏忽。自律机构例如证券业协会、证券交易所，都是与证券市场运行密切相关的主体，并且证券交易所能够在第一时间发现违法违规行为，但受其权力所限只能先采取临时措施再向证券监管机构报告，很可能会消磨对违法违规行为最佳的调查时机，即使证券监管机构采取措施，对于已产生的损失和危害也难以补救，增加了监管成本。

2. 针对监管机构的监管约束机制缺位

如上所言，证券监管机构在证券市场拥有越来越广泛的权力，能够采取越来越多的证券监管措施，但是由于权力自身的特性，证券监管机构往往注重监管措施的及时到位反而容易忽略自身行使权力的程序合法性、合规性和合理性，正所谓"反观自己难全是"，只有及时审视权力行使的正当程序，才能避免监管权滥用。另外，即使证券监管机构注意反省自身，也难免会造成"一言堂"的局面。正当程序要求"任何人不能做自己的法官"，谁来监管证券监管机构则成了亟须解决的现实问题。其一，现行法律规范针对证券监管机构自身行为的监管约束规定较少；其二，缺少对证券监管机构一旦行为有误的问责机制安排，从监管机构采取具体证券监管措施来看，其原因正当性、程序正当性和结果正当性均缺少监督。〔2〕

新修改后的《证券法》对证券监管机构的职权划分、履职程序以及任职限制都有所规定，例如《证券法》第169条规定了证券监管机构所享有的职责，同时在第140条也明确了监管证券公司时可实施的权力范围，可以看作从正面授权的角度对其予以权力制约。此外《证券法》第172条规定调查程序、第174条规定透明执法信息公开、第179条规定监管人员就职规范……这些规定均是对证券监管机构自身的权力约束和监督。〔3〕然而与证券监管机构拥有的权力相比，数条象征性约束条款还显单薄和零散，相关内容不够细化，可操作性不强，缺少对证券监管工作的具体人员要求，缺少证券监管措施实施过程各个具体环节标准化成条理的程序规则体

〔1〕参见《证券法》第十二章第169条、第170条。

〔2〕参见洪艳蓉：《我国证券监管独立性的检讨与制度完善》，载《法律适用》2018年第3期。

〔3〕参见张金艳：《论对我国证券市场监管者再监管的机制构建——以〈证券法〉的修订为视角》，载《西南金融》2017年第11期。

系，缺少约束证券监管机构权力的主体和可行方式。

此外，新修改后《证券法》中加大了对证券市场违法违规行为的处罚力度，同时赋予证券监管机构更多的监管责任和采取监管措施的权力，强化行政执法，授权证券监管机构对证券公司经营活动实施全面监管，一旦发现其违法违规的行为，可独立认定违法违规行为的性质，并采取相应的处罚措施，以营造严肃的执法环境。而对证券监管机构违法违规行为的处理并未详细规定，与证券监管机构拥有的权力相比，对其程序的约束、违法违规的处罚略显苍白无力之感。证券监管机构具有高度集中的执法权力，一方面提高了证券市场的监管效率，在一定程度上维持了证券市场的秩序；另一方面权力集中、缺少制衡往往也会形成负面效应，存在内部利益输送和权力腐败的风险。在《证券法》“法律责任”专章中多是对被监管对象违法违规行为的处罚规定，而针对监管者的规定只有第216条“给予处分”和第217条“追究法律责任”，由此可见被监管者和监管者的违法成本有极大反差，立法的不均衡很难对监管者形成束缚，极易诱发监管者滥权渎职。

从司法角度看，因监管执法或证券监管措施的实施使得证券监管机构作为被告的案例并不多见，新修改后《证券法》对证券监管机构的问责也仅有第223条规定的情形可提起行政复议或诉讼，也就是说以行政诉讼方式监督证券监管机构的执法行为在实践中并不理想。以前述江苏期望的案例来看，由于现有法律对证券监管措施性质和程序的模糊规定，使得原告在行政诉讼中不占优势，再加上原被告之间的特殊监管关系，原告取得有效证据也十分困难，在司法实践中证券监管机构往往会得到有利的诉讼结果。如此一来，即使证券监管机构在程序上出现瑕疵错误，问责机制的缺失，也很难通过诉讼予以监督救济。

证券市场先天的高风险性、高技术性和我国投资者的不成熟性，以及证券市场信息的敏感性和管理的严格性，使得投资者乃至社会公众对于证券监管机构的监管更易产生依赖，因此，通过社会公众及其社会舆论对证券监管机构的监督作用也极其有限。总之，我国针对证券监管机构尚未形成有效制约机制，具体制度还有待建设完善。

（三）证券监管措施适用正当程序之过程偏倚

由于证券监管措施适用正当程序的依据不足和监管机构本身面临的挑战，极易导致证券监管措施实施过程中缺少正当程序所要求的信息公开和公正处理，造成监管过程偏倚。

证券市场的运转离不开信息公开。一方面在证券的发行与交易中，证券发行人应当依法披露相关信息，对此新修改《证券法》专设单独一章对信息披露制度加以系统化，完善了披露义务人、披露内容等相关规定。[1]另一方面应当要求证券监管机构在监管中披露监管措施实施的原因、过程和结果。这不仅有效地促进监管机构的监管行为合理合法，还能有助于监管相对人及其投资者作出正确的理性的行为，避免其损失。目前我国新修改的《证券法》关于监管信息的披露只是较为简单地规定在第 171 条和第 174 条，而对于信息公开的法律依据、应公开的详细信息、具体执法过程以及公开渠道等并未明确，粗略的一带而过的规定往往在实践中得不到有效的贯彻落实，被监管者和广大投资者以及其他社会公众对于监管过程中是否存在任性监管、懈怠监管、过分监管等问题不得而知，这种不公开不透明正是正当程序运行中存在的痼疾，客观上也影响了证券监管机构的权威性。

此外，监管公正也是正当程序的要求。监管公正包括监管目的公正、监管依据公正、监管程序公正和监管结果公正，这是实现整个监管过程不偏不倚的重要保证。其一，监管目的公正，即为了证券市场的稳定、投资者的权益和社会整体公共利益而采取监管措施；其二，监管依据公正，即适用法律的合法性，具体问题应运用与之相对应的具体法律加以分析判断；其三，监管程序公正，程序是看得见的正义，也是公正的保证；其四，监管结果公正，结果公正反过来依赖于程序公正，因此，要实现结果公正的终局性意义，需要我国相关实体法和程序法保证证券监管措施的正确实施，以防止监管过程出现偏倚，正当程序遭到破坏。

三、促进证券监管措施有效运作的完善路径

证券监管措施作为证券监管的表现形式，是打击证券违法行为的利器，是保护投资者的重要法器，因此，对前述证券监管措施实施中存在的问题，决不可忽视，应当从监管程序、监管主体、监管相对人寻找根源性的解决办法，以真正实现证券监管措施的有效运作与公平正义的统一。

（一）完善证券监管措施法定程序

证券监管措施具有类行政行为的本质，但是将其一概归入任一类行政行为都难以涵盖所有监管措施，有的监管措施属于类行政处罚性质，而有的监管措施属于类行政强制措施性质，因此，现有行政行为类别难以囊括证券监管措施。另外鉴于目前我国行政法律框架，新设一种行政行为来满足证券监管措施存在的需求并不具有现实可行性。况且证券监管措施也只是具有类行政行为的性质，二者虽具有一定相关性，但在主体及内容方面还是有一些区别的。若创设新的行政行为还需行政法作

〔1〕参见《证券法》第五章第 78 条至第 87 条。

出更多的回应，反而可能限制了证券监管措施的发展。证券监管措施规定在证券法律中，属于金融法概念，形成于证券市场特殊领域，作用于参与证券活动的特殊主体，在对其进行法律定位时，应视其为独立的特殊的证券领域监管措施，辅之以正当程序制度和权力制约衔接制度，从而保证证券监管措施的有效实施和监管相对人权利合理救济的统一，实现实体正义和程序正义的完美结合。

证券监管措施备受诟病的原因之一就是缺少法定的实施程序，而法定的实施程序又是监管系统长期、高效、严谨运转的必要条件之一，尤其在监管系统中公权力具有压倒性优势时，只有通过监管程序对公权力形成形式上制约，才能在一定程度上保证实质公平。基于证券市场高风险和高技术含量的特殊性，建立证券监管措施的正当程序机制建议注意以下几点：首先，对于证券监管程序，建议在《证券法》中进一步完善或者制定专门性的证券监管措施程序立法，以弥补现有程序规定不足。但是笔者不赞成由证券监管机构出台规章或规范性文件来制定监管程序，其理由为：一方面这样制定的法律文件位阶较低，所产生的规制能力以及后续执行能力有限；另一方面类似法律文件制定程序较为简化，相应的公众参与度较低。而若将监管程序规定在法律法规中，法律法规严谨的制定过程，能够更好地吸收社会公众意见，能够充分考虑衡量不同市场主体的利益诉求，所制定出的监管程序可能更切合证券市场实际，尤其是便于司法监督。鉴于目前证券监管措施有 100 多种，应当对其加以类型化，根据不同类别措施的不同特性设定专门的程序，以实现程序公正，防止以偏概全。其次，对于证据规则、听证规则等基本程序可考虑证券监管措施的特殊性作出特别规定。如对可听证的案件范围，可将对监管相对人有较大影响的措施纳入，对主持听证人员的独立性以及作出最终裁决意见的独立性细化相关规定，切实保障监管相对人的申辩权和程序权益。

系统的程序立法，可为正当程序原则提供依托，能够填补监管程序的缺位或漏洞，并保障监管相对人的合法权益。如上述江苏期望案，一旦有法定的监管措施程序，就不必为了寻求程序上的权益而强加行政处罚的外壳，只需根据法律规定具体措施的具体程序来约束监管机构，以实现自身合法权益。基于此，证券监管中程序立法十分必要，不仅能缓解证券监管措施定位不清的困顿，还能有效保证监管相对人权利，防止证券监管机构肆意监管，对于证券市场的发展以及证券市场的法治建设具有突破性的现实意义，建议由全国人大常委会或国务院推动相关证券监管程序立法工作。

（二）规范证券监管措施实施主体

国务院证券监督管理机构作为《证券法》中的总括性概念，在现实中主要具体体现为证监会行使《证券法》赋予的监管权力和实施具体证券监管措施，因此，进一步明确证监会法律定位，规范监管权力的运行机制，可为证券监管措施正确实施提供组织保障。

从法律地位上来说，证监会应当褪去事业单位的属性，明确定位为行政机关。只有这样，证监会成为名正言顺的行政执法机关，它在证券市场的监管地位和监管权力才有正当的依据，证券监管措施适用正当程序才有合法理由。有学者认为应当将“中国证监会”的名称、法律性质、组织机构以及监管职能全部明确载入《证券法》以实现证监会法定地位，[1]但是综观新修改的《证券法》尚未实现证监会入法，仍是以“国务院证券监督管理机构”来代替具体的机构名称。虽然这种做法提高了法律的包容性，且能够涵盖除证监会以外其他具有证券监管权的机构，同时避免日后出现新的监管机构而无法将其容纳的问题，但是证监会作为主要的证券监管机构，应当由证券市场的基本法《证券法》为其正名定分，赋予其行政机关的资格，可以进一步夯实监管权力配置的合法基础，避免权力因授权而有所限制，附以对证监会的法律责任详细规定，明确指出证监会违法违规的处罚后果，形成权责一致的行政机关。

从内部组织管理体系来看，证监会应当成为独立的专门的行政监管机关。首先，证监会虽被定位为行政机关，但也是不同于一般行政机关的特殊存在。证监会在省、自治区、直辖市和计划单列市设立证监局，作为派出机构在各个地区监管证券活动，基于地域因素，地方政府往往为了本地区的金融业发展与派出机构关系密切，长此以往派出机构的监管执法将受为地方政府服务的影响，失去独立监管有效性，因此证监会及其派出机构只有保持独立的特殊性地位，隔离政府行政层级的干扰，才能严守中立的监管立场。其次，证监会虽名为“监督管理委员会”，但实际上沿袭行政机关的“主席负责制”，使得证监会仍然保留强烈的行政格局，对此证监会应当适时参照“委员会制”作出改革，可吸纳监管相对人、自律机构人员或证券业学者组成证监会的特设机构，当证监会出台规章制度或作出证券监管措施时，此类特设机构可参与全程并发表意见，不仅能广泛集合各个利益集团的诉求，而且最大限度体现证券领域的专业性，减少证券市场上的纠纷和失误，维护证券市场秩序。[2]

从外部监督制约机制看，2017年我国设立国务院金融稳定发展委员会（以下

---

[1] 参见李东方：《证券监管机构及其监管权的独立性研究——兼论中国证券监管机构的法律变革》，载《政法论坛》2017年第1期。

[2] 参见中国政法大学课题组、黄进、李东方：《证券监督管理机构法律制度研究》，载《证券法苑》2014年第1期。

简称金稳委），旨在加强金融监管协调和补齐监管短板。对于证券市场而言，金稳委的成立能够指导、协调证监会的监管，客观上形成对证监会宏观层面的制衡；就微观层面而言，应当尽快建立对证监会的监管问责制度，并与监管措施正当程序协同，从具体证券监管措施的开始启动、执行过程和最终结果，在正当程序的限制下，形成环环相扣的责任链条，做到每一步都有直接责任人对接，促使参与的执法人员依法依程序履行应尽的监管职责，在工作中形成适当分工、相互制约的机制，避免滥用权力造成对监管相对人的放纵或苛刻。

同时，证监会应当与自律机构形成监管协调模式，发挥自律机构身处证券市场一线的积极作用，合理分担监管权限，形成打击证券违法违规行为的合力。首先，建议证监会依据证券法的有关规定，出台专门规章，明确交易所一线监管和行业协会自律监管可采取的监管措施，形成自下而上、相互协调、逐步升级的监管措施体系，提高证券监管效率，降低监管成本；其次，建议对交易所、行业协会等自律机构采取激励措施，调动其积极性，主动及时发现问题，积极采取应对措施，防范风险扩大；最后，建议明确自律机构的“负面清单”以及“责任清单”，防止自律机构在拥有权力的同时滥用权力，损害监管相对人和投资者的利益。

（三）保障监管相对人权利

监管相对人一般是证券监管机构采取证券监管措施作用的对象，是涉嫌证券违法违规的主体，他们的权利保障在执法过程中容易被忽视。对证券监管措施实施程序、实施主体的规范客观上都是对监管相对人权利的保障，除此之外，一是要重点保护监管相对人的参与权：建议证券监管机构制定部门规章等规范性文件时，不仅要通过其内部系统征集意见，还应广泛征集来自上市公司、投资者等社会意见，适当延长征集时限，实现政务公开；同时进一步优化完善听证程序，听证程序是保障监管相对人参与权的重要渠道，在实践中应当注重听证程序的落实，监管机构要充分展示据以拟处罚的证据，充分听取监管相对人的意见，避免听证程序走过场，增加证券监管措施实施的透明度。二是要进一步保障监管相对人的救济权，在畅通行政复议和行政诉讼等途径的基础上，鉴于证券纠纷的专业性，由金融法庭审理涉及证券监管措施的行政诉讼。三是要在监管过程以及履行证券监管程序中注重信息公开，保护监管相对人的知情权。建议证券监管机构对监管信息公开专门规定，将信息公开的主要内容和体例要求统一标准，划定各类监管机构的监管职责，以及明确违反监管信息公开应承担的责任，促进监管机构积极开展信息公开。针对具体案件，建议将监管措施实施的原因、过程和结果通过线上与线下相结合的方式公开，方便公众知晓和查询。目前在证监会网站上，只能搜索到对监管相对人采取措施的决定，对于监管相对人后续是否积极整改以及整改后的结果均未公开，这可能造成投资者和社会公众信息闭塞，还会使已积极整改的相对人信誉受损，因此，有必要建立监管措施案件信息持续披露系统，不仅有效践行监管信息公开，还能帮助已整改合法的监管相对人重树市场信誉。

此外，修改的《证券法》从法律上肯定了证券行政和解的合法性，在行政和解中如何保护监管相对人合法权益也值得关注。证监会于2015年制定《行政和解试点实施办法》需要在新修改的《证券法》实施后进行修改完善，对于证券监管措施是否适用和解程序以及哪些措施可适用和解程序需要进一步明确，进一步优化证券和解程序，保证行政和解公平、自愿和协商原则得以落实，防止强迫和解，避免损害监管相对人权益和社会公共利益事件的发生。

综上，证券监管措施有效实施需要正当程序的保证，修改后《证券法》正式实施为重新认识梳理证券监管措施本质、合理定位监管实施主体、完善监管措施实施程序及保障监管相对人权利提供了契机，需要从立法、执法和司法等方面对此做出回应保障，才能实现监管效率和监管公正的统一，促进我国证券市场健康稳定发展。

美国证券欺诈案件中“损失因果关系”的证明责任

龙　非[*]

内容摘要： 在美国，证券欺诈发行案件中适用交易因果关系和损失因果关系的一并推定，但在持续信息披露违法案件中，“推定信赖原则”仅适用于交易因果关系，损失因果关系不能直接推定，仍然由原告承担证明责任。厘清美国损失因果关系的证明标准，有助于重新审视我国证券虚假陈述案件中损失证明责任的分配规则。现行司法解释关于损失计算方法的设定，以及对系统风险等因素采取证明责任倒置等规定，在损失因果关系的重新思考的背景下，均有待进一步讨论和研究。

关键词： 证券欺诈　损失因果关系　证明责任　推定信赖原则　损失计算

在我国证券虚假陈述民事赔偿案件中，投资者的损失因果关系采取推定的原则，根据《最高人民法院关于审理证券市场因虚假陈述引发的民事赔偿案件的若干规定》（以下简称司法解释）第 18 条、第 19 条的规定，针对关联证券符合买入、卖出时点且发生亏损的投资者，就推定该损失是由于虚假陈述行为所导致，而被告则承担推翻这一推定的证明责任。被告可以抗辩的理由除了买入、卖出时点以及投资者个人的主观过错外，还包括由被告来证明投资者“损失或者部分损失是由证券市场系统风险等其他因素所导致”。

根据司法解释的起草者的说明，损失推定原则来自于美国法上的“推定信赖原则”，或者称为“可抗辩的推定信赖”（rebuttable presumption of reliance）原则。借鉴这一原则，司法解释“推定在虚假陈述对市场产生影响的时段内进行相关股票交

---

* 龙非，中国证券投资者保护基金有限责任公司，法学博士。

易的投资人，是基于对虚假陈述的信赖而进行的交易，因此产生的损失与该虚假陈述之间存在因果关系”。[1] 但是，美国证券欺诈案件中首先需要区分欺诈发行和持续信息披露阶段的欺诈行为，在此基础上还需要区分“交易因果关系”（transaction causation）和“损失因果关系”（loss causation）。[2]对于欺诈发行案件，“交易因果关系”和“损失因果关系”采取一体推定原则，由被告来承担推翻推定的证明责任。[3]但在持续信息披露阶段，推定原则只适用于交易因果关系而不适用于损失因果关系。原告因证券欺诈行为而购买股票，不能当然推定原告的损失就来自于证券欺诈行为，原告仍然应当对其损失是由虚假陈述行为所导致承担证明责任。[4]

对损失因果关系证明责任的分配标准，不仅会深刻影响双方当事人的诉讼地位和案件事实的查明，还将进一步影响损失计算方法的确定。因此，有必要对美国证券欺诈民事案件中损失因果关系的证明责任问题予以研究，以期对证券民事案件未来的审判提供更为扎实的理论基础。

一、《私人证券诉讼改革法》——证券发行与证券交易的证明责任分野

美国有两部重要的证券法典，一部是《1933 年证券法》，一部是《1934 年证券交易法》。这两部法的调整内容各有不同，《1933 年证券法》主要调整证券发行，而《1934 年证券交易法》则主要调整证券发行之后的证券交易。这两部法中均有明确的反欺诈条款规定，分别是《1933 年证券法》的第 11e 条、第 12 条，以及《1934 年证券交易法》著名的第 10b 条。

（一）《私人证券诉讼改革法》前的证明责任分配

在 1995 年《私人证券诉讼改革法》（The Private Securities Litigation Reform Act of 1995，PSLRA）实施之前，《1933 年证券法》第 11e 条就已经有了关于欺诈民事赔偿证明责任较为明确的规定，该条规定，原告可以基于第 11a 条提起诉讼并获得赔偿，同时规定了一个但书条款，即“除非，被告能够证明该损失中的任何一部分并不反映该证券因注册材料的虚假陈述而带来的价值贬损，而被告因该处虚假陈述

---

〔1〕 李国光主编、最高人民法院民事审判第二庭编著：《最高人民法院关于审理证券市场虚假陈述案件司法解释的理解与适用》，人民法院出版社 2015 年版，第 251 页。

〔2〕 Basic Inc. v. Levinson, 485 U. S. 224, 248 – 49 (1988).

〔3〕 Securities Act of 1933, § 11e, § 12.

〔4〕 Supra note 2, at 338.

情形被指控承担责任，则上述损失不应予以赔偿”。上述规定非常明确地体现了损失因果关系的证明责任倒置，美国法院将其称为“因果关系确认的否定性抗辩”（negative causation affirmative defensive），[1]实际上就是先推定原告的损失源于欺诈发行行为，然后再由被告来举证推翻这一推定。不过，由于《1933年证券法》主要调整证券发行，因此上述证明责任的分配原则并不当然适用于上市公司在持续信息披露阶段的虚假陈述行为。

关于持续信息披露阶段的虚假陈述民事责任，在《私人证券诉讼改革法》之前，《1934年证券交易法》第10b条对于证明责任的规定比较模糊。[2]该条只是规定了禁止任何人在购买或者销售证券时，采用任何操纵或者欺诈的手段，但并未像《1933年证券法》第11e条那样规定明确的民事赔偿责任和证明分配原则。这为后来欺诈发行和持续信息披露阶段证明责任的分野埋下了伏笔。关于这一时期的司法裁判标准，本文将在第二部分予以评述。

（二）《私人证券诉讼改革法》实施之后的证明责任分配

面对滥诉现象严重的证券集团诉讼，美国国会于1995年出台了《私人证券诉讼改革法》予以规范。该法不仅对证券集团诉讼予以了较为全面的规定，对于证券集团诉讼中损失因果关系也予以了明确规定。但是，《私人证券诉讼改革法》对于《1933年证券法》和《1934年证券交易法》中损失因果关系证明责任的规定，却明显地采取了两种不同的路径。

针对《1933年证券法》第12条，《私人证券诉讼改革法》增加了b款“损失因果关系”，[3]该条关于损失因果关系的证明责任分配与《1933年证券法》第11e条类似，即仍然适用证明责任倒置原则。该条规定，针对通过招股说明书或者口头交流而发行或者出售证券的行为，若发售或销售该证券的人证明依据该条a款2项要求的补偿并非是基于其被指控的招股说明书或口头交流中存在不实、遗漏陈述重大或者确保陈述不会产生误导的重大事实所造成的证券价值的贬值，则根据具体情况，对该部分或金额不应予以赔偿。

对于欺诈发行案件采取损失因果关系证明责任倒置的原则，美国法院的立场也

---

〔1〕 较早提出这个概念的是联邦第五巡回上诉法院，在1981年的Huddleston案件中，第五巡回上诉法院认为，“在所有涉及10b-5规则的案件中都有信赖问题。而虚假陈述案件之间的差别仅在于将证明存在信赖作为获赔的前提条件还是将证明不具有信赖作为确定抗辩”。See，“Huddleston v. Herman & MacLean, 640 F. 2d 534（1981）。

〔2〕 Securities Exchange Act of 1934，§ 10b.

〔3〕 PSLRA Sec. 105.

比较明确。比如在2009年第五巡回上诉法院审理的Flowserve案中，第五巡回上诉法院就强调了在证券发行环节应当严格适用损失因果关系的推定原则，由被告承担否定性抗辩的义务。[1]在该案中，Flowserve公司为了收购另外一家公司融资，先后于2001年和2002年两次发行股票。在2001年的财务报告和2002年的财务报告中，对公司的财务情况均存在严重的虚假陈述。第五巡回上诉法院认为，原告能够提供表面事实上的诉因，就能够推定损失因果关系成立。《1933年证券法》第11e条明确规定了推翻上述推定的方法。法院认为，尽管该条规定给被告施加的否定性抗辩义务确实比较重，但是体现了立法者将损失因果关系的不确定性分配给被告的立法目的。[2]

《私人证券诉讼改革法》对《1934年证券交易法》的10b条款也进行了修改，并同时增加了损失因果关系的规定。然而，《私人证券诉讼改革法》对证券交易环节的损失因果关系的证明责任分配，采取了与《1933年证券法》截然不同的立场。在该法第21D（b）（4）条“损失因果关系”中规定，“在基于本章所提起的任何私人诉讼中，原告应当承担证明责任，证明被告涉嫌违反本章规定的行为或者隐瞒导致了原告诉请赔偿的损失”。[3]这一规定明确地将损失因果关系的证明责任分配给了原告。

尽管如此，关于上市公司在持续信息披露阶段虚假陈述损失因果关系的证明责任分配，即使在《私人证券诉讼改革法》之后美国法院的立场也未能完全统一，本文将予以进一步详细评析。为便于行文简洁，除特别说明，本文下文中的分析均仅针对持续信息披露中的损失因果关系问题，不再涉及欺诈发行环节的损失因果关系问题。

二、美国法院损失因果关系证明责任标准概览

《私人证券诉讼改革法》实施之后，关于损失因果关系的证明责任各个巡回法庭未能完全统一，尤其是第九巡回法庭与其他巡回法庭的标准迥异，对损失因果关系也仍然采取推定的原则。为统一各巡回法庭的裁判标准，美国联邦最高法院又通过2005年的Dura案进一步予以明确，即损失因果关系的证明责任在原告而非被告。自此，关于损失因果关系证明责任的分配原则基本得到统一，不过在证明标准的严格程度上各个巡回法庭仍然存在较大的差异。由于美国证券集团诉讼几乎都采

---

[1] Alaska Electrical Pension Fund v. Flowserve Corp, 572 F. 3d 221 (2009).

[2] Id. at 223.

[3] PSLRA, § 21D (b) (4).

取和解方式结案，因此难以完整地梳理出各个巡回上诉法院的明确标准，[1]但是基于部分巡回上诉法院在程序审查阶段的一些意见，能够大致勾勒出一个证明标准的谱系，可以分为初步证明标准、相当可能性证明标准和有说服力证明标准三种。

（一）初步证明标准

第九巡回上诉法院是这一标准的主要代表法院。第九巡回上诉法院是各巡回上诉法院中的自由派，素来对于投资者的证明责任要求不高，在 2005 年联邦最高法院 Dura 案之前，是极少数采取损失因果关系推定标准的巡回上诉法院。[2]在 2005 年联邦最高法院作出 Dura 案判决后，将其裁判标准调整为由原告对损失因果关系承担证明责任，但对原告方的证明标准仍然要求较为宽松。

比如在 2008 年的 Gilead 案[3]中，第九巡回上诉法院认为，如果原告能够通过展示事实，表明进一步的审查有可能证明损失因果关系是存在的，至少在诉答阶段（pleading stage）就不宜驳回原告的起诉。不过，Gilead 案只涉及诉答阶段的证明责任，如果法院要在简易判断阶段（summary judgement stage）[4]就案件事实作出认定，显然上述证明标准是不够的，但由于第九巡回上诉法院尚缺少此类案件的实体裁判，因此在实体审查阶段原告的证明标准如何确定仍不明确。

（二）相当可能性证明标准

第七巡回上诉法院是采用这一标准的代表法院。第七巡回上诉法院是较早明确反对仅仅基于原告购买股票就直接推定存在损失的法院，但与第五巡回上诉法院等

---

[1] 即使美国学者也感到较为困难，由于集团诉讼大多和解结案，大部分案件甚至都没有进入到简易判断阶段（summary judgement），因此对于法院的观点难以形成完整的谱系，而只能进行片断化的梳理。关于各巡回法庭的裁判观点梳理，可参见 Elizabeth Skey, The Private Securities Fraud Claim: What Has Dura's Effect been on the Standard for Loss Causation at Summary Judgment, 49 Santa Clara L. Rev. 565 (2009); Ann Morales Olazdbalt, Loss Causation in Fraud - on - the - Market Cases Post - Dura PharmaceuticalsBerkeley Business Law Journal, Vol. 3.2, 2006.

[2] Elizabeth Skey, The Private Securities Fraud Claim: What Has Dura's Effect been on the Standard for Loss Causation at Summary Judgment, 49 Santa Clara L. Rev. 565 (2009).

[3] In re Gilead sciences securities litigation, 536 F.3d 1049 (9th Cir. 2008).

[4] 在英美法系的审判程序中，法院受理案件之后就会进入双方当事人的诉辩交换阶段，即“诉答阶段”。诉答阶段常常历经多轮，在诉答程序之后，如果按照标准的审判程序，双方当事人最终需要在审判程序（trial）中向法官呈明证据，并由法官或者陪审团对案件事实作出认定。如果在诉答阶段，一方当事人认为案件事实已经比较清楚，无须经过正式的审判程序即可确认，这种情况下可以向法官提出动议（motion），请求法庭就特定的法律问题径行作出裁决。如果法官接受当事人的动议就特定法律问题作出裁决，则称为“简易裁决”（summary judgement）。在美国，简易裁决程序只适用于民事案件，不适用于刑事案件，而且在大多数情况下，请求简易裁决的当事人都是民事案件的被告。

其他法庭相比，其对原告证明标准的要求又相对适中。

在2007 年第七巡回上诉法院辖区的伊利诺伊州地区法院审理的 Motorola 案中[1]，伊州地区法院比较详细地阐述了在第七巡回上诉法院的裁判标准之下，损失因果关系的分配方式。伊州地区法院认为，原告的证明责任在于提供充分的证据足以使理性的陪审团能够认定股价的下跌是由于虚假陈述被揭露所导致的，而被告的证明责任则在此基础上提出反证，证明股价的下跌不是由于虚假陈述被揭露所导致的，因此只要原告能够整体性地证明股价的下跌与虚假陈述揭露有关即可，而无须具体到其损失与虚假陈述被揭露因素之间的比例关系。[2]

（三）严格证明标准

包括第二、三、四、五、十一巡回上诉法院等大部分巡回上诉法院均对原告采取比较严格的证明标准，其中最具代表性的是第五巡回上诉法院和第十一巡回上诉法院。

第五巡回上诉法院的证明标准最为严格，[3]不仅要求原告能够说明其损失就是由于虚假陈述行为所导致，而且要求原告提供相当具体的证据予以佐证。在 2007 年的 Oscar 案中，[4]第五巡回上诉法院就明确否定了理性人评估这种“玄而又玄”的判断方式，而是要求原告提供明确的“实验性证据”证明其损失确实是由于虚假陈述行为所导致的。[5]在该案中，被告是一家电信运营商，原告认为被告在部分季度报告中虚报了线路设施的安装数量。在确定该案能否认可原告的集团资格过程中，第五巡回上诉法院认为原告没有完成其证明责任。法庭认为，原告的论据只是一种推测，而原告提供的专家证言没有足够的经济学分析基础，原告的专家还需要提供更为深入的分析论证。法庭还指出，并不是要求原告必须精确地证明到虚假陈述行为对股价影响的百分比，但原告应当提供实验性的证据能够证明股价的下跌与虚假陈述被揭露之间不是一种偶然巧合（just present at the scene）。法庭特别强调，损失因果关系涉及两造当事人的权益，其判断过程必须符合正当程序，而实验性的分析（empirical inquiry）显然要比“玄之又玄”的“理性人评估”方法要更符合这一要求。[6]

---

〔1〕 In re Motorola Securities Litigation, 505 F. Supp. 2d 501 (2007).

〔2〕 In re Motorola Securities Litigation, 505 F. Supp. 2d 501 (2007).

〔3〕 See, Elizabeth Skey, The Private Securities Fraud Claim: What Has Dura's Effect been on the Standard for Loss Causation at Summary Judgment, 49 SANTA CLARA L. REV. 565 (2009), P580.

〔4〕 See, Oscar Private Equity Invs. V. Allegiance Telecom, 487 F. 3d 261 (2007).

〔5〕 See, Oscar Private Equity Invs. V. Allegiance Telecom, 487 F. 3d 261 (2007).

〔6〕 See, Oscar Private Equity Invs. V. Allegiance Telecom, 487 F. 3d 261 (2007).

与第五巡回上诉法院相类似，第三巡回上诉法院也采取相当严格的审查标准。在2007年的McCabe一案中，[1]第三巡回上诉法院指出，要满足10b5-1规则的要求，必须要同时满足交易因果关系和损失因果关系，而且二者不能混同。法庭认为，如果原告试图在简易裁决阶段获得胜诉，就必须能够建立一个真正值得审查的问题，即被告的虚假陈述行为是否是原告损失的实质性因素。[2]对此需要综合分析虚假陈述行为与原告损失之间关系的重大性、直接性、可预见性以及其他干预因素的影响等等因素。法院在分析了原告提供的专家证言之后认为，相关专家证言没有分析虚假陈述行为是否相当可能地导致了股价的下跌，原告不能证明存在损失因果关系。

在Dura案之前，第十一巡回上诉法院就已经明确了损失因果关系的证明责任应当在原告。在1997年Robbins案中，[3]第十一巡回上诉法院指出，其认同第五巡回上诉法院在Huddleston案中关于原告应当证明虚假陈述行为与股票价值下跌具有关联性的要求，因为这种“温和的路径能够在赔偿因虚假陈述行为而遭受损失的投资者与避免10-5规则沦为投资者的投资保险之间取得平衡”，[4]而在本案中虽然原告可能提供了一定的证据证明在集团期间（class action）[5]公司的虚假陈述行为导致了公司股价的非正常上涨，但上述证据还不足以达到证明损失因果关系的要求。[6]

同样采取严格审查标准的还有第二巡回上诉法院。比如在2005年的Lentell案中，[7]法庭提出判断原告损失因果关系的证明标准，原告应当证明：第一，提供相应事实证明是被告的欺诈行为，而非其他明显的影响因素导致了原告的损失；第二，提供充分的事实，从而能够在那些导致投资失败的风险之间，按照公开和未公开的风险因素对损失进行分配。[8]可见，第二巡回上诉法院对于损失因果关系证明标准的要求同样十分严格。

---

[1] McCabe v. Ernst & Young, LLP, 494 F. 3d 418 (3rd Cir. 2007).

[2] McCabe v. Ernst & Young, LLP, 494 F. 3d 418 (3rd Cir. 2007).

[3] Robbins v. Koger Properties, Inc., 116 F. 3d 1441 (1997).

[4] Robbins v. Koger Properties, Inc., 116 F. 3d 1441 (1997). at 1447.

[5] 在美国证券虚假陈述民事诉讼，由于虚假陈述的实施日到揭露日就是具有索赔资格的集团诉讼原告的范围，因此这段时间就被称为“集团期间”（class action）。

[6] Robbins v. Koger Properties, Inc., 116 F. 3d 1441 (1997). at 1447.

[7] Lentell v. Merrill Lynch & Co., 396 F. 3d 161 (2005).

[8] Lentell v. Merrill Lynch & Co., 396 F. 3d 161 (2005).

三、“推定信赖原则”的演进历史

在传统英美侵权法中，欺诈侵权法律关系中受害者“信赖”（reliance）被告的虚假陈述内容是侵权损害赔偿的构成要件之一。比如在 1789 年 Pasley and Another v Freeman 一案中，[1]被告明知第三人已经破产，却仍然告知原告可以信赖第三人，原告借钱给第三人而遭受损失。原告针对被告提起诉讼，法官认为被告有意取得原告的信任，是被告承担侵权责任的重要原因。证券欺诈案件作为欺诈案件的一种亚类，同样应当遵循侵权责任法的一般构成要件。由于“信赖”是一种主观意志，因此往往只能通过客观行为来反推受害者是否存在这种信赖，在证券欺诈案件中，这种判断存在两个难点：第一，投资决策的考量因素往往比较复杂；第二，证券欺诈案件中原告数量庞大，逐案审查难度就更大。因此，美国法院一直在探索如何在证券虚假案件中判断“信赖”要件是否成立。

（一）1972 年 Ute 案——推定信赖原则的初步尝试

1972 年的 Ute 案[2]是较早涉及因果关系认定标准的证券欺诈案件。该案是因 20 世纪 60 年代美国犹他州一个名为 Ute 的印第安部落资产移交而产生的纠纷。该部落涉及 1 千 7 百余名成员，其中部分是印第安混血，部分是纯种印第安人。该部落的资产本来由政府托管，后来政府决定终止托管，将所有资产全部移交给纯种印第安人管理。为此成立的资产管理公司将属于混血成员的资产以股份的形式发放，但要求如果在十年内转让的，在同等条件下纯种印第安成员享有优先购买权。

涉案的原告为 12 名混血成员，而第一被告则是犹他州第一证券银行，其为股票过户的代理商。在规定的期限内，这 12 名成员都将自己的股份卖给了部落以外的人，其中也包括被告。原告认为被告作为股票代理商，其明知存在优先购买权的规定却没有告知原告。如果原告当时知晓这样的规定，显然就会对包括被告在内的非优先购买权人设定更高的卖价，原告遂以被告构成欺诈侵权为由提起诉讼。地区法院和第十巡回上诉法院都作出了基本有利于被告的判决，案件上诉至美国联邦最高法院。

美国联邦最高法院推翻了第十巡回上诉法院的判决，认为如果存在重大的虚假陈述，那么关于信赖要件的正面证据就不是必需的了。最重要的就是被隐瞒的事实

---

〔1〕 100 E. R. 450 (1789).

〔2〕 Affiliated Ute Citizens V. United States, 431 F. 2d 1349 (1972).

具有重要性，以致投资者在作出投资决策时会将其作为重要的考量因素。[1]法院的这一论述采取了推定的逻辑，即如果虚假陈述涉及的信息足够重要，以致理性的投资者会将其作为决策的重要考量因素，那么即使没有关于信赖要件的正面证据，也可以推定原告存在信赖。但从其分析的角度也能够看出，联邦最高法院更偏向于从投资者参与交易的原因这一层面上讨论信赖推定，而并未涉及损失的证明责任问题。在本案中，联邦最高法院关于损失证明责任基本没有涉及，而只是简单地论述了损失的计算标准，法院认为正确的计算方法应当是“混血卖出者获得的公允价值与如果没有欺诈行为所可能获得的公允价值之间的差额”。[2]

（二）1974 年 Schlick 案——因果关系两分法的开端

交易因果关系与损失因果关系的分野，是损失因果关系证明责任独立于交易因果关系的前提，在美国早期的证券诉讼中，其实并不区分交易因果关系和损失因果关系。虽然联邦最高法院在 Ute 案中主要是从投资决策的角度分析信赖要件，但也没有明确区分交易因果关系和损失因果关系。最早明确提出这种区分方式的，是1974 年第二巡回上诉法院所审理的 Schlick 案。[3]

在该案中，法庭明确采用了交易因果关系和损失因果关系的两分法，并指出所谓交易因果关系就是用以确定投资者是因为系争的欺诈违法行为而参与到相关证券的交易之中，而损失因果关系则是基于欺诈行为投资者受有损失。[4]但是由于该案与 Ute 案相隔不久，推定信赖原则还只是处于探索阶段，因此法庭区分交易因果关系和损失因果关系的主要考虑并不是解决损失因果关系的判定问题，而是解决交易因果关系的判定问题。在法庭看来，交易因果关系的认定难度要比损失因果关系大得多，因为损失因果关系只需要原告提供经济损失的证据即可。[5]如果欺诈行为被揭露，投资者可能获得了更为公允的交易价格与实际交易价格之间的比较。

从这一案例可以看出，区分交易因果关系和损失因果关系的最初目的是为了解决交易因果关系的认定标准问题，法院并没有将主要精力关注于损失因果关系。但是，交易因果关系与损失因果关系两分法的发展背景确实容易产生一种误解，即只要推定了交易因果关系，就可以当然推定损失因果关系。

---

〔1〕 Affiliated Ute Citizens V. United States, 431 F. 2d 1349 (1972).

〔2〕 Affiliated Ute Citizens V. United States, 431 F. 2d 1349 (1972).

〔3〕 Schlick v. Penn - Dixie Cement Corporation, 507 F. 2d 374 (1974).

〔4〕 Affiliated Ute Citizens V. United States, 431 F. 2d 1349 (1972).

〔5〕 Affiliated Ute Citizens V. United States, 431 F. 2d 1349 (1972).

（三）1981年Huddleston案——因果关系两分法的确立

1981年，第五巡回上诉法院在Huddleston v. Herman & Maclean一案[1]中，再一次明确区分交易因果关系与损失因果关系，由此也正式在司法裁判标准层面确立了两分法。但是该案更为重要的意义在于，法庭在区分交易因果关系和损失因果关系的基础上，进一步提出原告应当证明其经济损失很可能是由于虚假陈述行为所导致的，即更为明确地将损失因果关系的证明责任分配给原告。

该案中，德州国际赛道公司于1969年申请公开发行股票用于汽车拉力赛道建设的融资。但这家公司经营不善，仅一年时间，1970年这家公司就申请破产。原告认为公司在招股说明书中涉及赛道建设成本的部分存在虚假陈述，遂针对该公司的高管及审计机构提起诉讼。第五巡回上诉法院认为，（损失）因果关系与信赖是两个不同的问题，信赖是“不可缺少的条件”，即“如果没有”（but for）条件，如果投资者知道真实的情况，就不会这样投资。而（损失）因果关系则进一步要求对投资行为作出分析，即使投资者不会这样投资，虚假陈述行为还能否是造成损失的原因。法庭认为，原告不仅应当证明如果他知道真实情况就不会采取这样的投资行为，而且还需要进一步证明虚假信息合乎情理地直接或者相当可能地造成了投资者的实际损失。只有当虚假陈述“涉及”（touch upon）到投资价值贬损的原因时，10b-5规则所要求的因果关系条件才能得到满足。如果投资行为可能是受到虚假陈述行为的诱导并基于对虚假陈述行为的信赖，但并不是原告实际损失的原因所在，原告仍然无权获得赔偿。[2]法庭还特别指出，如果对于损失因果关系不提出要求，那么10b-5规则就有可能沦为任何一个因为基于对虚假陈述行为的信赖而购买股票者的“投资保险”。

（四）1988年Basic案[3]——“推定信赖原则”的确立

1988年的Basic案，是联邦最高法院在1972年Ute案的基础上正式确立“推定信赖原则”。被告Basic公司是一家为钢铁行业提供化学阻燃材料的企业。Combustion公司一直意图收购Basic公司，但一直因为反垄断法律的问题未能实施。直到1976年监管规则修改，combustion公司决定以3000万美元的价格收购Basic公司。从1976年9月开始，Combustion公司的高管就与Basic公司接洽收购事宜。在1977年到1978年之间，Basic公司连续发布了三份公告，均明确否认其与Combustion公

---

〔1〕 Huddleston v. Herman & MacLean, 640 F. 2d 534 (1981).

〔2〕 Huddleston v. Herman & MacLean, 640 F. 2d 534 (1981). at 549.

〔3〕 Basic Inc. v. Levinson, 485 US 224 (1988).

司之间正在进行收购谈判。到 1978 年 11 月 18 日，Basic 公司向纽交所申请停牌，并公告称正与一家公司讨论收购事宜。同月 19 日 Basic 公司与 Combustion 公司签署了收购价为 46 美元/每股的收购协议，并于次日公告。原告 Levinson 等人诉称，其原为 Basic 公司的股东，在看到 Basic 公司的三份否认收购公告后将其手中的股票卖出，而 Basic 公司的三份公告内容是虚假和带有误导性的，原告因以人为压低价格卖出股票而受到损害。Basic 公司则抗辩称，其在发布公告时，其与 Combustion 公司之间尚未进入实质性谈判（negotiation）阶段，而只是预备性收购商谈（preliminary merger discussion），并不具有“重大性”（materiality）。[1]

一审地区法院运用“推定信赖原则”确认了投资者集团的原告资格，但认为基于“主要协议原则”，预备性收购商谈还无法确定能够达成收购的主要协议，因此认为相关公告的虚假陈述不具有重大性。二审联邦第六巡回上诉法院也确认了投资者集团的原告资格，但认为对于收购商谈情况的信息，对于市场主体而言明确存在这样的商谈就可能影响其正确的投资决策。至于在假设没有否认的情况下，这样的收购商谈信息能否构成必须披露的重大事项，再所不论。被告不服，上诉至美国联邦最高法院。美国联邦最高法院的多数意见一方面认可了一、二审法院采用的“欺诈市场理论”以及“推定信赖原则”，但认为关于重大性的审查标准不当，最终判决发回重审。[2]

联邦最高法院主要分析了两个问题：第一，如何判断信息的重大性；第二，能否基于“欺诈市场理论”确立“推定信赖原则”。关于第二个问题，联邦最高法院认为可以运用“欺诈市场理论”确立“推定信赖原则”。法院认可对欺诈行为的信赖是 10b－5 规则的要件之一，而在本案中原告主张其是信赖 Basic 公司的三份公告而卖出股票。如果要求每个原告逐一地证明其是基于这一信赖而卖出的股票，则可能导致集团诉讼无法正常进行。基于“欺诈市场理论”而导出的“推定信赖原则”有效地解决了 10b－5 规则所要求的这一信赖要求。现在证券市场每个交易日都会涉及数以百万计的股票交易，已经与“面对面交易”的时代相去甚远，因此在理解 10b－5 规则时应当拥抱时代的变化。基于公平、公共政策、举证可能性、司法效率等因素的考量，推定原则是一种有效的在当事人之间分配证明责任的工具。推定信赖原则与 10b－5 规则是相符的，也能够对欺诈诉讼起到促进作用，体现 1934 年证券法所秉持的立法精神。[3]同时，从实践经验的角度观察，投资者通常也会在信赖股票价格对信息反映完整性的基础上去购买或者卖出股票，由于绝大部分可公开

[1] Basic Inc. v. Levinson, 485 US 224 (1988), at 229.

[2] Basic Inc. v. Levinson, 485 US 224 (1988), at 230.

[3] Basic Inc. v. Levinson, 485 US 224 (1988), at 244.

的信息都能够反映到股票价格之中，因此投资者也会信赖公开的具有重大性的虚假陈述，因此推定信赖也是符合 10b－5 规则的目的。

四、“推定信赖原则”适用范围之分析

虽然联邦最高法院在 Basic 案判决中没有明确区分交易因果关系和损失因果关系，但不能因此认为 Basic 案中法院认可对损失因果关系也一体适用推定原则。对此可以从 Basic 案本身的审理范围、“信赖”要件与“损失”要件的关系以及“推定信赖原则”的理论基础等方面予以分析。

（一）Basic 案的审理范围不涉及损失因果关系问题

首先，在 Basic 案的审理范围并没有涉及案件损失认定这个层面，损失的因果关系并未纳入到联邦最高法院的审理范围。关于“推定信赖原则”的分析是源于原告的卖出行为是否基于对被告虚假陈述行为的信赖，并不涉及损失因果关系问题。

其次，从法院的论述来看，关于推定信赖原则的分析也是在交易因果关系层面上展开。比如法院援引第三巡回上诉法院 Peil v. Speiser 案中的论述，认为“误导性的陈述由此会对股票的购买者产生欺诈，即使购买者并非直接基于虚假陈述。在这样的案件中，被告的欺诈行为与原告购买股票行为之间的因果联系与直接基于虚假陈述而购买股票的案件一样具有重要性”，以及“在一个开放和发展的市场中，具有重要性的虚假陈述的散布或者隐瞒重要信息都可能会影响股票的价格，而购买者通常是基于股票价格是对其价值的反映而购买股票”，[1]上述论述显然针对的都是虚假陈述与交易行为的因果关系，而非损失的因果关系。

（二）“信赖”与“损失”是不同的侵权责任要件

“推定信赖原则”实际上是对英美法上侵权责任要件中“信赖”要件证明责任分配在证券法领域的调整。但是侵权法上的“信赖”要件本来就与受害者是否受有损失无关。美国著名的侵权法专家 William Prosser 在其《侵权法手册》中，将欺诈侵权责任的要件归纳为五个，分别为：1. 被告实施了虚假的陈述行为；2. 被告方能够知悉或者相信其陈述的内容是虚假的，或者明知其陈述内容欠缺必要的依据（称为主观意图）；3. 被告具有诱使原告基于虚假陈述的信息作为或者不作为的目的；4. 原告作为或者不作为是基于对被告虚假陈述的合理信赖；5. 因为这样的信

---

〔1〕 Basic Inc. v. Levinson, 485 US 224 (1988), at 242.

赖而使原告遭受损失。[1]因此，推定信赖原则只是解决上述要件中的第 4 个要件，推定信赖不等于推定损失。

（三）“欺诈市场理论”并不涉及损失的认定

“欺诈市场理论”的基础是经济学理论中的“半强有效市场理论”，其核心观点即假设股票的价格会根据所有当前公开的市场信息进行及时的调整，因此在特定时间和充分流动的市场，股票价格完全反映所有公开的市场信息。[2]基于这个理论，投资者会信赖现有市场价格是全部公开市场的信息反映，并由此作出投资决策。正如 Basic 案中联邦最高法院援引下级法院的论述，认为市场可以在买卖双方之间，通过价格形成的过程向投资者传递信息。现代市场在一定程度上从事了“面对面市场”中投资者所做的价格评估工作，市场扮演了投资者免费代理人的角色，告知投资者鉴于所有的市场信息均可获取，因此股票的市场价格能够反映其价值。[3]

因此，如果虚假陈述的信息对于股票的价格波动具有重大性，那么基于这一假设，投资者在作出投资决策时也当然会将其纳入到考量因素之中，从而可以推定投资者在作出投资决策时是基于对虚假陈述的信赖。但是，这是对投资者的交易决策与虚假陈述行为之间关联性的推定，不是对后续损失因果关系的推定。对此，第十一巡回上诉法院在 1997 年 Robbins 案中已经有明确的论述，法院认为，“正如联邦最高法院所明确阐述的，欺诈市场理论是用以支持信赖的推定，而不是（损失）因果关系的推定……它更接近于是对交易因果关系的推定”。[4]联邦最高法院在 Dura 案中明确指出，投资者购买了因虚假陈述行为而价格上涨的股票，不等于就一定会因此而遭受损失，因此“欺诈市场理论”也不能作为推定损失因果关系的理论基础。

五、损失因果关系证明责任标准的统一

虽然 Basic 案所确立的“推定信赖原则”并不适用于损失因果关系，但遗憾的是裁判文书中未能明确指明其适用范围，以至于留下了一个巨大的尾巴，客观上造成 Basic 案之后，各联邦巡回上诉法院对于损失因果关系是否一并适用推定信赖原

---

〔1〕 W. Prosser, Handbook of The Law of Torts, West Pub. Co; 4th edition (1971), § 105, P685 ~ 686.

〔2〕 https: //www. investopedia. com/terms/s/semistrongform. asp，最后访问日期 2019 年 6 月 22 日。

〔3〕 Supra note 37, at 244.

〔4〕 Supra note 23, at 1447.

则产生了不同的裁判标准。虽然1995年的《私人证券诉讼改革法》从法律上明确规定了损失因果关系及其证明责任的分配原则，但以第九巡回上诉法院为代表的个别巡回上诉法院仍然坚持两种因果关系的一体推定的观点，混乱的裁判标准给当事人和市场都带来了极大的困扰。在这一背景之下，联邦最高法院于2005年审理了Dura案，在肯定交易因果关系和损失因果关系两分法的基础上，将损失因果关系的证明责任明确地分配给了原告方。

（一）前Dura案时代的证明责任分配

在Dura案之前，美国各巡回上诉法院关于损失因果关系证明责任的分配标准，基本上可以划分为“价格上涨路径”和“价格下跌路径”两种不同的裁判标准，〔1〕或者可以划分为“第九巡回上诉法院标准”和“其他巡回上诉法院标准”。

“价格上涨路径”（price inflation approach）主要为第九巡回上诉法院所采用，第八巡回上诉法院也基本一致。这一标准比较接近于我国司法解释所确定的推定标准，即只要投资者能够说明其买入时的股票价格因虚假陈述行为而上涨，则推定投资者在揭露日之后卖出所产生的差额损失就是由于虚假陈述行为所导致，除非上市公司能够提供相反的证据证明股价的下跌是由于其他因素所导致。比如在1996年的Provenz案中，〔2〕第九巡回上诉法院就认为原告只要能够说明虚假陈述行为是导致股价下跌并造成原告损失的“可能因素”即可，而被告则应当提供充分的相反的证据予以抗辩。在1991年第八巡回上诉法院审理的Control Data案中，〔3〕法院也认为，本案是一件涉及欺诈市场的案件，在这种案件中，因果关系并不需要建立在原告与被告之间特定交易行为的基础上，也不需要证明原告关注到了虚假陈述行为。只要相关事实表明原告是将股票价格作为其未来价值的指标加以信赖，在被告的虚假陈述欺骗市场并改变股票价格的层面上，因果关系就应当被推定成立。〔4〕

“价格下跌路径”（price decline approach）则是其他巡回法庭的主流裁判标准，即认为原告应当承担证明责任，证明其因揭露日后的价格下跌而产生的损失，就是直接因为虚假陈述行为而导致的。采用这一标准的巡回上诉法院包括第二巡回上诉法院、第三巡回上诉法院、第五巡回上诉法院、第七巡回上诉法院、第十一巡回上诉法院等。

---

〔1〕 See, Elizabeth Skey, The Private Securities Fraud Claim: What Has Dura's Effect been on the Standard for Loss Causation at Summary Judgment, 49 SANTA CLARA L. REV. 565 (2009).

〔2〕 Provenz v. Miller, 102 F. 3d 1478 (1996).

〔3〕 In re Control Data Corp. Securities Litigation, 933 F. 2d 616 (1991).

〔4〕 In re Control Data Corp. Securities Litigation, 933 F. 2d 616 (1991). at 619.

这两种不同的路径举证责任完全相反，“价格下跌路径”是传统的侵权责任举证分配方式，由原告对损失承担举证责任，而“价格上涨路径”则是举证责任倒置给被告。各个巡回上诉法院在损失因果关系证明责任分配上的强烈反差促使了联邦最高法院受理 Dura 以统一裁判标准，而联邦最高法院将裁判标准统一为由原告承担证明责任，由此产生了后 Dura 案阶段。

（二）2005 年 Dura 案——损失因果关系证明责任分配的统一

Dura 案是近年来美国联邦最高法院审理的证券虚假陈述案件中影响最大的案件之一，由于联邦最高法院九名大法官在本案中是一致意见，因此该案判决也代表美国司法机关对于证券虚假陈述案件损失因果关系判断标准的权威意见。

Broudo 等人是本案原告，其起诉本案被告 Dura 药物公司以及部分高管对于该公司的哮喘喷雾制剂将会得到美国食品药品监管部门的批准存在虚假陈述，原告因上述虚假陈述而购买了被告公司的股票。但后来上述制剂并未获得批准，上述信息公开后被告股价大幅下跌，给原告造成损失。地区法院驳回了原告的诉讼请求，理由是认为原告没有提供充分证据证明其损失与虚假陈述行为之间存在因果关系。其后联邦第九巡回上诉法院撤销了地区法院的判决，认为虚假陈述行为导致股价上涨，而原告因信赖虚假陈述并购买股票就已经形成经济上的损失。被告不服又继续上诉至联邦最高法院，联邦最高法院于 2005 年作出判决，撤销了联邦第九巡回上诉法院的判决，认定原告没有提供足够的证据证明其因被告的虚假陈述行为实际遭受损失。

联邦最高法院在裁判理由中援引并力挺了第五巡回上诉法院和第七巡回上诉法院的裁判标准。布雷耶大法官撰写了法院的一致意见，法院开宗明义指出，在证券虚假陈述索赔案件中，原告应当证明被告的欺诈行为造成其经济上的损失。而第九巡回上诉法院认为原告购买了因为虚假陈述而价格上涨的股票就已经构成损失的观点是错误的。

“上涨的购买价格本身不能构成或者导致原告所应主张的相关经济损失，也不能证明存在损失因果关系（loss causation）……在原告购买股票的时候，原告并没有遭受任何损失，其因虚假陈述上涨的价格所支付的对价，也因其持有股票所获得的价值而对抵掉了。”[1]

联邦最高法院认为，即使投资者在虚假陈述被揭露之后的下跌过程中卖出股票，因此所受到的损失也未必与虚假陈述行为之间存在因果关系。因为股价的下跌

---

〔1〕 Dura Pharmaceuticals, Inc. v. Broudo, 544 US 336 (2005), at 336.

未必是由于虚假陈述行为所导致的，而是由于经济环境、投资者预期的调整、行业或者公司本身的新变化或者其他因素，单独或者共同导致的下跌。法院认为，证券虚假陈述案件包含6个问题：1. 一个重大的虚假陈述或者遗漏；2. 虚假陈述的主观意图；3. 买入与卖出证券的关系性；4. 依赖，亦即“交易因果关系”；5. 经济损失；6. 损失因果关系，即重大虚假陈述与投资者实际损失之间的关联性。[1]

关于“信赖”与“损失”之间的关系，法院认为投资者基于信赖虚假陈述行为而购买股票，只是导致后续可能遭受损失，但二者没有必然联系。法院指出：

“鉴于影响股票价格因素的复杂性，最符合逻辑的说法是，（投资者）以更高的价格买入股票在有的情况下可能会对未来的损失产生影响。（虚假陈述）有可能被证明是此种损失产生的必要条件，在此层面上也许可以认为上浮的购买价格意味着虚假陈述可能涉及后续的损失。但是，即便如此也是不充分的。‘可能涉及’（touch upon）损失并不一定实际造成损失，而‘实际造成损失’才是法律所要求的。”[2]

基于上述论述，法院确定的因果关系包括两个层次：第一，原告是因为信赖被告的虚假陈述行为而购买股票，即交易因果关系；第二，原告因为虚假陈述行为而实际遭受损失，即损失因果关系。按照联邦最高法院的观点，Basic案中的“推定信赖”只是解决第一层因果关系的判定，不能推导出第二个层次的因果关系。联邦最高法院认为，《私人证券诉讼改革法》已经明确地赋予了原告对其诉请的损害赔偿承担证明责任，第九巡回上诉法院以购买推定损失的观点与法律的要求不相符合。[3]

对于推定损失因果关系和由原告承担证明责任之间的利益平衡问题，联邦最高法院指出，证券法的确旨在维护资本市场的公众信心，也的确意图通过虚假陈述诉讼案件在一定程度上起到阻却欺诈行为的作用。但是，法律允许投资者提起虚假陈述的索赔诉讼，不是给投资者的投资损失提供宽泛的保险，而是为直接因虚假陈述行为而遭受的实际损失提供保护。

（三）2014年Halliburton案——原告证明责任的再次强化

在2014年的Halliburton案[4]中，联邦最高法院再次明确了推定信赖原则的适用范围，即“任何购买或者卖出股票的投资者都应当被认为是基于对虚假陈述行为

---

[1] Dura Pharmaceuticals, Inc. v. Broudo, 544 US 336 (2005), at 336, at 341 ~ 342.

[2] Dura Pharmaceuticals, Inc. v. Broudo, 544 US 336 (2005), at 336, at 343.

[3] Dura Pharmaceuticals, Inc. v. Broudo, 544 US 336 (2005), at 336, at 346.

[4] Halliburton Co. v. Erica P. John Fund, Inc., 134 S. Ct. 2398 (2014).

的信赖”。不仅如此，联邦最高法院还专门就推定信赖原则与损失因果关系之间的关系进行了论述，并进一步明确了二者的适用区别，即损失因果关系是与是否推定投资者在购买或者卖出股票时信赖虚假陈述行为完全不同的两件事。[1]

六、损失因果关系证明责任对损失计算的影响

损失因果关系证明责任分配，不仅影响到双方当事人的诉讼地位，还进一步影响到损失计算标准的确定。损失计算的方法都存在一个假定的经济以及法律逻辑。我国司法解释所采取的损失计算方法，实际上是参考了美国的“不变真实价值法”。[2]其基本经济逻辑就是先推定虚假陈述实施日之后的股价波动都是由于虚假陈述的实施以及被揭露所导致的，由此推定原告在实施日之后买入成本与揭露日之后的卖出成本的差额都是原告因虚假陈述行为而导致的损失（见下图）。被告则应当承担推翻上述推定的证明责任，包括系统风险的扣除、原告主观责任的证明等。

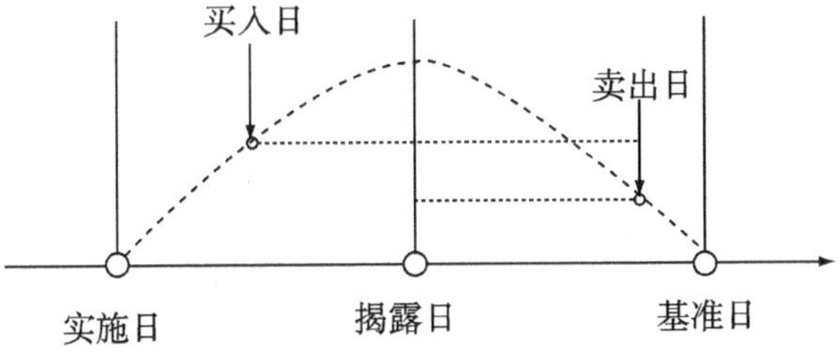

但是，如果参照 Dura 案关于损失因果关系判定的裁判标准，那么这样的推定能否成立，损失计算标准、系统风险的扣除等一系列问题都将面临挑战。

（一）美国法律实践中的损失计算方法

美国司法实践中关于损失的计算方法并不统一，但最为常见的有三种：一种称为“不变货币价值法”（constant dollar value method）；另一种称为“不变比例价值法”（constant percentage value method）；还有一种称为“不变真实价值法”（constant true value method）。[3]

所谓“不变货币价值法”，又称为“回溯不变货币价值法”（back - casting con-

[1] Halliburton Co. v. Erica P. John Fund, Inc., 134 S. Ct. 2398 (2014), at 2406.

[2] 参见郭锋：《虚假陈述侵权的认定及赔偿》，载《中国法学》2003 年 2 期。

[3] See, Allen Ferrell; Atanu Saha, Forward - Casting 10b - 5 Damages: A Comparison to Other Methods, 37 J. Corp. L. 365 (2012); and, David Tabak & Chudozie Okongwu, Inflation Methodologies in Securities Fraud Cases: Theory and Practice, NERA Working Paper, Jul 2002.

stant dollar value method）。其基本计算原理是先算出揭露日每股下跌幅度中因为虚假陈述被揭露而导致下跌的价格，然后推定在整个集团期间虚假陈述行为所导致的每股上涨幅度均是这个价格，再以这个价格乘以每个投资者在揭露日前的余股数量就是损失数额。[1]比如，假设一个投资者在集团期间以30美元买入100股，揭露日前一日的收盘价为25美元，而揭露日股票价格跌到20美元，该投资者则是在下跌至22美元时卖出。通过测算出下跌的5美元中有4美元是由于虚假陈述行为所导致的，那么每个投资者的损失数额就是其持股的数量乘以4美元。虽然该投资者的实际每股损失为8美元，但是其中只有4美元可以获得赔偿。

所谓"不变比例价值法"，又称为"回溯不变比例价值法"（back - casting constant percentage value method）。其基本原理与不变货币价值法相近，但要计算虚假陈述所导致的下跌幅度的占比，再推定这个比例在整个集团期间是不变的，然后用这个比例乘以每个投资者的买入价格，算出投资者因虚假陈述行为而多支付的价格。[2]比如，假设一个投资者在集团期间以30美元买入100股，揭露日前一日的收盘价为25美元，而揭露日股票价格跌到20美元，该投资者则是在下跌至22美元时卖出。通过测算出下跌的5美元中有4美元是由于虚假陈述行为所导致的，那么因虚假陈述行为而导致的下跌占比为4美元/25美元＝16%。推定在整个集团期间虚假陈述行为所导致的浮涨比例均为16%，那么该投资者的每股损失数额为：30×0.16＝4.8美元。

所谓"不变真实价值法"，则与我国的投资差额法较为接近。其基本逻辑是推定公司的基本价值是不变的，而虚假陈述导致股票价格浮涨，在虚假陈述被揭露之后，股票价格回归至公司真实价值，这期间的价差就是投资者的损失。[3]具体到单个投资者时，其损失数额就是其在集团期间买入的价格－揭露日后卖出的价格。与

[1] See, Allen Ferrell; Atanu Saha, Forward - Casting 10b - 5 Damages: A Comparison to Other Methods, 37 J. Corp. L. 365 (2012), at 368.

[2] See, David Tabak & Chudozie Okongwu, Inflation Methodologies in Securities Fraud Cases: Theory and Practice, NERA Working Paper, Jul 2002, at 2.

[3] See, David Tabak & Chudozie Okongwu, Inflation Methodologies in Securities Fraud Cases: Theory and Practice, NERA Working Paper, Jul 2002, at 5.

我国投资差额法最大的不同在于美国不设基准日，[1]原则上仅以揭露日收盘价作为计算基础。

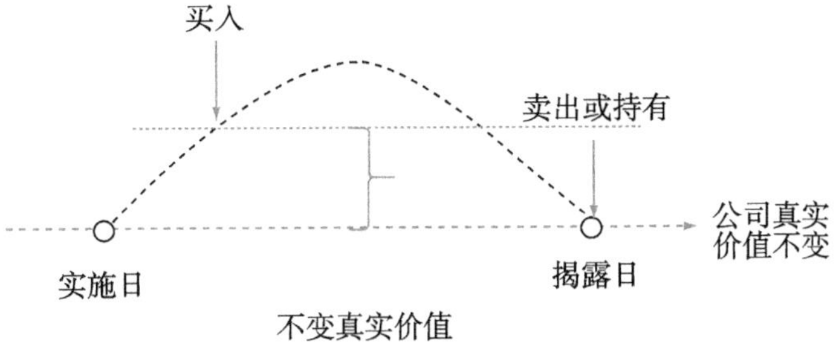

（二）美国对不同计算方法的评价

由于美国的集团诉讼几乎都是以和解方式结案，因此关于损失的计算方式主要取决于双方当事人的博弈。按照美国学者的统计数据，三种计算方式在和解案件中基本上各占不到三分之一，还有一小部分案件采取其他非典型的计算方法。但实践中采用不等于合理或者合法，尤其是在 Dura 案之后，越来越多的美国学者认为不变比例价值法和不变真实价值法不具有法理逻辑上的合理性。

首先被否定的就是我国司法解释所借鉴的不变真实价值法。即使不考虑损失因果关系能否推定问题，这种计算方式本身的推定合理性就一直受到质疑。因为这种计算方式的逻辑基础实际上是推定在实施日之后影响股价波动的所有因素都来自于虚假陈述行为，除非被告能够提供相反证据证明还有其他因素存在。但是，基于一般常识也能发现，无论被告能否举出相反的证据，一个上市公司股票的价格波动一定是市场环境、公司自身经营状况等一系列因素综合作用的结果，即使推定虚假陈述行为会对股价产生影响，将其作为唯一的影响因素也明显有悖基本的经济逻辑。正如有的美国学者所指出的，“不变真实价值法”唯一可以适用的场景，就是一家公司彻头彻尾就是虚假的，其所有的股价波动都来自于其完全虚假的对外陈述，但

[1] 国内有观点认为美国的损失计算中也有基准日，其法律依据是《私人证券诉讼改革法》第 21D（e）条，这是一个误解。该法第 21D（e）条规定原告获赔的数额原则上不能超过其买入价格与揭露日之后 90 日内的平均股价的价差，这一条规定虽然也设定了一个揭露日后的最长计算期限，但与我国司法解释所规定的“基准日”完全是两码事。该条规定只是对原告获赔数额设定上限的一个原则性标准，并不是对具体计算方法的规定，更不是要求在具体案件中都要确定一个 90 日内的平均价格作为“基准价”来计算原告损失。而我国司法解释所规定的“基准日”，则是在每个案件中都需要在揭露日后按照换手率 100% 来确定一个基准日，并以基准价来计算持有至基准日的股票的损失数额。

这种场景在实践当中几乎不可能发生。[1]

在 Dura 案后，不变比例价值法也逐渐被认为存在违法之虞。[2] 按照 Dura 案所确定的损失因果关系标准，投资者在集团期间买入“浮涨”的股票本身不构成损失，而是必须包含在虚假陈述被揭露而导致的下跌当中才能构成损失。而按照基本的经济逻辑，虚假陈述行为揭露所导致的股价波动是整体性的，对于任何投资者应当是相同的，但由于不变比例价值法还需要考虑单个投资者的具体买入成本，因此就会出现不同的投资者的损失幅度不同的现象。

仍假设 A 投资者以 30 美元的价格买入，虚假陈述行为所导致的下跌幅度为 4 美元，而“浮涨”比例为 16%，那么 A 投资者的每股损失就是 4.8 美元。A 投资者因此每股多获赔 0.8 美元。但是，这多出的 0.8 美元仅仅是因为 A 投资者的买入价格更高。而按照 Dura 案的标准，多支付的买入价格并非是原告当然的损失，而是要取决于这部分成本是否在揭露日后因为虚假陈述所导致的下跌而受到损失，但是不变比例价值法在没有考虑这 0.8 美元与虚假陈述所导致的下跌是否有关的情况下，径行计入了原告的应获赔损失之中。事实上这 0.8 美元的损失完全可能是因为揭露日前其他因素所导致的下跌所产生，而与虚假陈述被揭露无关。

2007 年，美国奥克拉荷巴州地区法院在审理一起证券欺诈赔偿案件时，就注意到了不变比例价值法存在的这一问题。[3] 在该案中，原告的律师试图说服法院用不变比例价值法计算原告损失，法院在判决书中明确指出，不变比例法的结果就是在揭露日当天或者之后按照价格计算的损失会变成更大金额的每股赔偿数额。在揭露日前一天卖出的投资者一分钱赔偿也得不到，而揭露日之后卖出的投资者就可以获得全额的赔偿，而事实上在揭露日前股价就已经下跌了，因此这一赔偿部分在很大程度上是由于揭露日前的股价下跌所导致的。将上述损失部分予以赔偿，显然与 Dura 案的裁判标准不一致。

不过，迄今为止尚无联邦巡回上诉法院对于不变比例法作出裁判的评价，因此联邦巡回上诉法院或者联邦最高法院对于不变比例法的态度仍然有待进一步观察。

七、结语

美国对于证券欺诈案件损失因果关系证明责任的分配标准，可以概括为：首

---

〔1〕 See, David Tabak & Chudozie Okongwu, Inflation Methodologies in Securities Fraud Cases: Theory and Practice, NERA Working Paper, Jul 2002, at 5.

〔2〕 See, Jeff G. Hammel, B. John Casey, Sizing Securities Fraud Damages: 'Constant Percentage' on Way Out? New York Law Journal, January 21, 2009.

〔3〕 In re Williams Securities Litigation, 496 F. Supp. 2d 1195 (N. D. Okla. 2007).

先，对于欺诈发行案件适用交易因果关系和损失因果关系的一并推定，对于持续信息披露违法案件，则推定原则仅适用于交易因果关系，损失因果关系仍然由原告承担证明责任。其次，基于证明责任的分配原则，原告损失的计算方式也需要与之相契合，那些先行推定原告的损失就是由虚假陈述所导致的计算逻辑，可能会被认定为不符合证明责任的分配原则。

虽然美国做法未必当然正确，但我国司法解释毕竟也是在相当程度上参考借鉴了美国的经验，因此进一步厘清美国司法实践中损失因果关系的证明标准，有助于重新审视我国证券虚假陈述案件中证明责任的分配以及损失计算方法的确定。

比如，基于信赖虚假陈述而买入股票的投资者，是否当然可以推定其在揭露日后受到损失，仍然值得进一步讨论。在损失计算方法方面，采用目前的投资差额法，将虚假陈述实施日后的股票涨跌全部推定是由于虚假陈述行为所导致，可能既不符合基本的经济原理，在损失因果关系重新审视的背景下，也值得商榷。

系统风险扣除的逻辑也值得重新反思。在计算市场系统风险时，常常面临基本的经济逻辑与司法解释的推定逻辑矛盾的困境。比如，通常一只股票的价格在中长期来看都会与其相关的板块指数保持较高的相关性。即使在虚假陈述行为被揭露之后，股票的价格可能偏离这种相关性，也可能继续保持这种相关性。如果虚假陈述行为被揭露之后仍然与相关板块指数保持稳定的相关性，则应当认为虚假陈述行为实际上并未对股价造成明显的影响；即使在揭露日后股价波动发生偏离的情况下，也不可能完全与市场因素无关，仍然包含有大量的市场因素所导致的波动。如果从正向分析因果关系，那么几乎在所有的案件中都会涉及相当比例的市场因素的扣除。但是，司法解释仅仅将内涵并不明确“系统风险”作为反向扣除因素，按照这种逻辑，即使个股在揭露日后的走势完全符合其与相关板块的相关性，只要被告不能提供相反的证据，证明存在导致系统性下跌的特殊事件，那么所有的下跌仍然应当推定是由于虚假陈述所导致。

显然，目前司法解释的损失计算方法以及免责情形的规定逻辑与基本的经济逻辑不符，其根源就在于对损失因果关系采取了一刀切的推定原则。这种因果关系的推定方式是否具有合理的经济基础，损失计算的基本逻辑究竟应当是先从正向的角度计算虚假陈述及揭露对股价的影响，还是继续采用目前司法解释反向扣除模式，上述一系列问题均值得在司法解释修改的过程中进一步反思和研究。

证券虚假陈述责任纠纷中董事民事责任边界探析

——以两则上市公司董事免责抗辩成功案例为引入

张保生[*]　朱媛媛[**]

内容摘要：我国《证券法》对证券虚假陈述责任纠纷中上市公司董事民事责任的认定采“过错推定”原则，但由于法律和相关司法解释未明确“过错”的衡量标准，在司法实践中人民法院往往直接判定被行政处罚的董事承担民事赔偿责任。行政责任与民事责任所欲保护的法益不同，对“过错”内涵的理解也有所区别，人民法院在证券虚假陈述责任纠纷审理中应当对董事是否具有侵权法意义上的过错进行独立的司法审查。在判断董事是否存在“过失”时，应以一般注意义务为抽象标准，以法律对董事履职范围的规定为具体标准，一并考虑虚假信息来源、性质等特殊性因素。在《证券法》(2019 年修订) 全面强化信息披露监管、开创全新证券民事诉讼机制的当前情势下，应当合理限定董事责任边界，在惩戒资本市场违法行为的同时，避免董事过高的履职风险引发寒蝉效应，挫伤董事经营管理的积极性，降低上市公司运作效率，并最终损害广大投资者的合法权益。

关键词：证券虚假陈述　董事责任　过错　勤勉尽责　注意义务

引言

在证券虚假陈述责任民事纠纷中，不同于上市公司应承担的无过错责任，上市

* 张保生，系北京市中伦律师事务所合伙人。

** 朱媛媛，系北京市中伦律师事务所律师。

公司董事承担的是过错推定责任，即董事在证明自己没有过错的情况下可以免责。然而，由于《证券法》[1]和《最高人民法院关于审理证券市场因虚假陈述引发的民事赔偿案件的若干规定》（以下简称《虚假陈述若干规定》）均未对董事的“过错”规定明确的认定标准，故在以往的司法实践中，被行政处罚的董事很难证明自己“无过错”，从而直接被认定为存在民事上的“过错”而判决承担民事责任。

近期，在我们代理的江苏保千里视像科技股份有限公司证券虚假陈述责任纠纷案（以下简称保千里案）[2]和鞍山重型矿山机器股份有限公司证券虚假陈述责任纠纷案（以下简称鞍重股份案）[3]中，审理法院在董事过错问题的认定上取得重大突破。在这两起案件中，因上市公司重大资产重组的重组对象提供的财务数据虚假，上市公司被认定构成信息披露违法，上市公司及其董事一并被行政处罚。但在此后的证券虚假陈述民事诉讼中，审理法院结合被处罚董事的答辩和举证，对虚假信息的来源，董事是否勤勉尽责、是否具有民事责任上的“过错”等问题进行了充分的审查和分析论证，最终判决被处罚董事不承担民事赔偿责任。

深圳市中级人民法院在保千里案、沈阳市中级人民法院在鞍重股份案判决的说理部分强调，民事侵权责任构成要件中损害他人利益的过错与行政处罚责任构成要件中违反管理秩序的过错，虽有关联却并不完全相同，董事被行政处罚并不必然导致其在民事纠纷中存在过错。在考量董事是否履行忠实、勤勉义务时，应区分不同的信息来源，注意虚假信息源于上市公司本身还是公司外部。此外，董事不能单纯依据专业机构的专业意见免责，而应根据其职责分工、专业技能、客观行为及主观心理状况等因素综合分析；在保千里案中，董事在重组期间频繁往来于上市公司所在地和标的公司所在地，履行了应尽职责，标的公司提供虚假信息的行为隐蔽，经各证券服务机构审核亦不能发现，综合全案的情况法院认定涉案董事不具有民事侵权责任上的过错；在鞍重股份案中，涉案董事积极督促各专业证券服务机构出具意见，认真审阅后未发现异常，且在董事会讨论通过交易报告书时作为关联董事回避表决，并未行使表决权，因此不具有过错。

保千里案和鞍重股份案的判决体现出人民法院对于证券虚假陈述责任纠纷中关于董事责任认定的思考与进步，为今后类似案件的审理提供了参考方向。在我国立

---

[1] 如无特殊说明，本文所称“《证券法》”“我国《证券法》”“新《证券法》”均指2019年12月28日发布、2020年3月1日实施的《中华人民共和国证券法》；“原《证券法》”系指根据2014年8月31日《全国人民代表大会常务委员会关于修改〈中华人民共和国保险法〉等五部法律的决定（含证券法、注册会计师法、政府采购法、气象法）》修正并实施的《中华人民共和国证券法》。

[2] 参见深圳市中级人民法院（2018）粤03民初第2493号民事判决书。

[3] 参见沈阳市中级人民法院（2017）辽01民初第418号民事判决书。

法规定模糊、司法认定相对简单的情况下，本文借由上述两案对证券虚假陈述责任纠纷中董事民事责任问题进行深入探讨，尝试厘清多年来司法实践中存在的困惑，为董事的民事责任确立一个合理的边界。

一、我国证券虚假陈述责任纠纷中董事民事责任的规范和司法实践现状

（一）立法规定过于笼统，归责原则难以落地

我国关于证券虚假陈述董事民事责任的规定主要集中在《证券法》与《虚假陈述若干规定》当中。根据《证券法》第 85 条规定，如果信息披露义务人未按照规定披露信息，或者公告的证券发行文件、定期报告、临时报告及其他信息披露资料存在虚假陈述，发行人的董事等应当与发行人承担连带赔偿责任，但是能够证明自己没有过错的除外。[1]《虚假陈述若干规定》第 21 条也作了类似规定，要求发行人、上市公司负有责任的董事等对发行人、上市公司虚假陈述给投资者造成的损失承担连带赔偿责任，但规定有证据证明自己无过错的应予免责。[2]

以上就是目前我国法律和司法解释对证券虚假陈述责任纠纷中董事民事责任问题的全部规定。可以看出，寥寥数语只是确立了董事民事责任的过错推定原则，但并未涉及“过错”的内涵与外延。对于何谓董事的“过错”、董事举证达到怎样的程度就可以证明自身“无过错”从而免予承担连带赔偿责任，司法解释也未作出指导性规定，由此导致董事的过错推定原则规定近乎“僵尸条款”，在司法实践中难以适用。

（二）人民法院在民事司法审查中过度依赖行政处罚认定，适用免责规定主动性不足

当某个问题在立法层面的规定比较简单粗疏时，往往需要司法机关在案例中发展出具体的认定标准、形成有借鉴意义的指导规则。然而，在证券虚假陈述责任纠

---

〔1〕《证券法》第 85 条：“信息披露义务人未按照规定披露信息，或者公告的证券发行文件、定期报告、临时报告及其他信息披露资料存在虚假记载、误导性陈述或者重大遗漏，致使投资者在证券交易中遭受损失的，信息披露义务人应当承担赔偿责任；发行人的控股股东、实际控制人、董事、监事、高级管理人员和其他直接责任人员以及保荐人、承销的证券公司及其直接责任人员，应当与发行人承担连带赔偿责任，但是能够证明自己没有过错的除外。”

〔2〕《虚假陈述若干规定》第 21 条：“发起人、发行人或者上市公司对其虚假陈述给投资人造成的损失承担民事赔偿责任。发行人、上市公司负有责任的董事、监事和经理等高级管理人员对前款的损失承担连带赔偿责任。但有证据证明无过错的，应予免责。”

纷的董事民事责任问题上，过往案例并没有很好地发挥拾查漏缺的功能。

长期以来，由于人民法院受理证券虚假陈述责任民事诉讼受制于行政处罚或刑事裁判的前置程序，故其在审理证券虚假陈述责任民事赔偿案件时，往往过分依赖行政处罚决定或刑事裁判的认定。但是，前置程序的设立目的只是在于将侵权责任的构成要件之一——“侵权行为”（即信息披露违法行为）——的认定交给专业的行政机关或刑事司法审判人员，制度初衷是在证券市场不成熟及司法审判经验不足的情况下，增加对“信息披露违法行为”这一复杂、专业问题认定结果的权威性。而对于侵权责任的其他构成要件，即“过错”、“因果关系”和“损害结果”，还是应当由民事案件中的法官进行独立的司法审查。

然而遗憾的是，或许是受上市公司无过错责任的影响，司法机关在此类案件中已经习惯于不对虚假陈述行为人“过错”这一要件进行审查，故在董事责任的认定上，人民法院通常既不对董事的主观状态和履职行为进行审查，也不对董事是否具有民事上的过错进行论证，而是直接根据证券监管部门对被诉董事作出的行政处罚，径行认定被诉董事具有“过错”，从而判决董事对上市公司的虚假陈述赔偿责任承担连带赔偿责任。

例如，在匹凸匹证券虚假陈述责任纠纷案中，上海市第一中级人民法院判决被诉董事承担民事责任的理由是，被诉董事是“被告匹凸匹公司时任董事、财务总监，系涉讼《行政处罚决定书》中认定的在涉及2013年3月2日《担保函》这一虚假陈述行为中的其他直接责任人员”，因此应当承担连带责任；[1]又如，在紫鑫药业证券虚假陈述责任纠纷案中，长春市中级人民法院判决上市公司的董事、高管承担连带赔偿责任的理由是，被诉高管因上市公司的虚假陈述受到了证监会的行政处罚，因其不能证明本人不存在过错，所以应当对原告的投资损失承担连带赔偿责任；[2]再如，在山东墨龙证券虚假陈述责任纠纷案中，济南市中级人民法院也直接以上市公司董事长、总经理未提交证据证明自身无过错为由，判决其承担连带赔偿责任。[3]

可见，在上述案件中，审理法院都未对董事的过错问题进行详细论述，而只是根据监管部门的处罚决定对董事的过错认定一笔带过，从而得出董事需要承担民事责任的结论。当然，上述案件的判决文书也显示，被诉董事并未积极举证证明自身无过错，这在一定程度上也说明，司法实践中疏于对董事“过错”进行考察的惯例导致受到行政处罚的董事在诉讼中缺乏积极举证无过错的动力。

---

[1] 参见上海市第一中级人民法院（2016）沪01民初第166号民事判决书。

[2] 参见长春市中级人民法院（2015）长民四初字第74号民事判决书。

[3] 参见济南市中级人民法院（2017）鲁01民初第1412号民事判决书。

（三）规则与实践缺少有效互动，董事执业千钧重负

立法层面的规定过于宽泛导致司法实践难以“激活”规则，司法实践只充当行政监管的“背书”角色又导致规则难以被赋予生命，在法律已经明确规定董事证券虚假陈述侵权责任的构成要件包括“过错”的情况下，人民法院过分依赖行政处罚决定的认定而几乎不在民事审判程序中作出审查，不免有悖法理，使董事责任归责条款沦为一纸具文。

更隐蔽却深远的影响是，在规则与实践脱节的情况下，司法的“不作为”极有可能导致个案中董事承担畸重的赔偿责任，由此释放出“不论主体、一律同罪”的错误信息，严重打击上市公司董事的任职、履职积极性。上市公司的董事多数并非法律专业人员，我国法律、法规和规章对上市公司董事的执业能力也缺乏相对统一的标准，在我国以散户投资者为主的证券市场环境下，分散持股的众多股东难以经常聚集决定公司事务，故日常大量经营管理事务都交由董事会审议决策。在董事水平参差、执业环境复杂、决议事项繁重的情况下，如果不问情由，一律苛以董事和上市公司同样的民事责任，董事必将成为人人避之不及的“高危”职业。随着现代经营活动日益专业化和复杂化，商事行为将具有更大的风险性和不确定性，作为公司经营管理的核心主体，上市公司董事权责关系的失衡，终将导致公司发展停滞、股东收益落空、资本市场丧失活力、经济发展受到制约。

二、董事在信息披露行政违法案件中的行政责任与在证券虚假陈述责任纠纷中的民事责任的差异

（一）文义解释：董事民事责任在行政责任之外的独立考察空间

就我国《证券法》和《虚假陈述若干规定》对董事在信息披露行政违法案件中的行政责任与在证券虚假陈述责任纠纷中的民事责任的规定本身，已经能够体现出两者之间的差异。上市公司董事被监管机关行政处罚，并不等同于其具有证券虚假陈述民事责任上的过错，在董事需要承担行政责任的情况下，人民法院在民事诉讼中完全有独立审查董事是否具有民事过错的空间。

《虚假陈述若干规定》第21条规定，“发行人、上市公司负有责任的董事、监事和经理等高级管理人员对前款的损失承担连带赔偿责任。但有证据证明无过错的，应予免责”。由于对上市公司董事进行行政处罚的依据是《证券法》第197条（原《证券法》第193条），故此处“负有责任的董事”，指的正是《证券法》第197条对信息披露义务人的信息披露违法行为“直接负责的主管人员和其他直接责

任人员”。在此情况下，《虚假陈述若干规定》第21条仍然为负有行政责任的董事提供了民事赔偿的免责路径，即“有证据证明无过错的，应予免责”。通过对上述规定的文义解释，可以得出结论，董事在信息披露行政违法案件中承担行政责任并不等同于一定要在证券虚假陈述责任纠纷中承担民事责任。

当然，仅根据上述规定难以抽象出二者“差异”的内容，本文认为，法律责任的目的在于保障法律上的权利在受到侵害时得到救济并减少未来被侵害的可能性，因此，要明晰董事行政责任与民事责任的不同，可以从二者意图保护的利益和所欲惩罚的行为为切入点，来确定二者的核心差异。

（二）法益保护：行政监管旨在维护管理秩序，民事审判着眼于个体合法利益

行政处罚的目的在于对违反行政管理秩序的行为进行惩罚，维护公共利益和社会秩序，从而保护公民、法人或者其他组织的合法权益。在证券监管领域，监管机构对包括信息披露违法的各类证券市场违法违规行为施以行政处罚，是为了维护证券市场的行政管理秩序，保障证券市场稳定有序，构建稳固健康的证券市场环境，并由此保护投资者利益。而证券虚假陈述责任民事赔偿的司法裁判则旨在使个案中因欺诈而遭受损失的投资者获得合理的救济，并保证救济的公平性。

基于此，在对违法行为人施以行政责任时，考察的重点是其是否存在有损行政管理秩序的违法违规行为，至于违法违规行为是否损害了个体利益，则并非监管部门行政处罚时的必要考量因素，也不构成行政责任的归责要件。不同于行政监管逻辑，虚假陈述责任纠纷民事审判重在保护个体投资者的合法权益，解决具体投资者的损害赔偿问题，除了应当考察信息披露违法行为在侵权法视角下的意义，还应当考察行为人是否具有侵权法上的“过错”（非无过错责任的情况下），投资者是否产生损失以及侵权行为与损害结果之间是否存在法定因果关系，从而使投资者在个案中获得公平的赔偿。

可见，由于行政监管与民事审判所欲保护的法益不同，因此二者的审查视角、规制重心也完全不同，行政监管上的“可罚性”并不等同于民事赔偿上的“可责性”。

（三）过错构成：“对整体秩序损害”之过错和“对个别利益损害”之过错

1. 董事行政责任之“过错”要件的有无之争

在探讨行政责任之“过错构成”这一问题前，首先需要澄清的是，我国行政法学界很多观点认为，行政处罚的作出以违反行政管理秩序为要件，并不需要考虑行

政相对人是否具有主观过错，即行政处罚以客观归责为原则。[1]确立客观归责原则的主要原因是，其一，不同于刑事责任需要根据主观恶性定罪量刑、民事责任亦需要根据故意或过失在平等主体之间进行责任划分，“行政违法尚没有犯罪对社会的危害程度严重、处罚也相对较轻，因此在行政法律责任中一般不必对违法主体的主观心理状态作过于烦琐的分析和确认。而且，行政处罚责任是行政机关施加给相对一方的单方法律责任，不像民事责任那样是法院在平等主体双方分配的法律责任，因此在行政法律责任中基本不存在主体双方分担责任的问题、违法主体的主观心理状态就显得不太重要”。[2]其二，行政处罚案件数量大、任务重、涉及面广，很多案件更是需要当场处罚，在每个案件中都对相对人的主观过错进行考察不具有现实可操作性，也将极大影响执法效率，“行政管理具有范围广泛性、规则复杂性、违法主体一般性的特点，这些特点导致对行政违法行为以不考虑行为人的主观状态为基本原则，除非法律另有规定”[3]。

也有学者主张，主观过错是决定行政处罚时应当考虑的具体因素，理由则主要包括：“从法律哲学而言，任何公正、理性的制裁制度都必须以被制裁行为具有可谴责性为基础”，从法律责任理论而言，主观过错是法律责任的一般构成要件；[4]有学者基于“行政处罚是违法但尚未构成犯罪”的语境，认为“行政违法行为构成对主观过错的要求和犯罪行为构成对主观过错的要求是一样的”；[5]还有学者指出，“客观归责不得人心，不能实现行政处罚教育和预防违法行为发生的目的”；[6]甚至有学者在承认主观过错并非行政责任构成要件的前提下，坚持“行政机关实施行政处罚时应当考虑的受处罚人的主观心态”[7]。

从法律规定来看，《证券法》第 197 条与《行政处罚法》第 3 条第 1 款“有违法行为则给予处罚”的逻辑一脉相承，上市公司董事因信息披露违法被行政处罚时，“主观不存在过错”并非其免责事由，似乎可据此得出信息披露违法的行政责任采客观归责原则，即监管机关仅考察信息披露行为是否违法，一旦有信息披露违

---

[1] 参见汪永清主编：《行政处罚运作原理》，中国政法大学出版社 1994 年版，第 169～170 页；何建贵：《行政处罚法律问题研究》，中国法制出版社 1996 年版，第 195～198 页。

[2] 参见袁曙宏：《论行政处罚的实施》，载《法学研究》1993 年第 4 期。

[3] 参见孙百昌：《再论行政处罚适用“不问主观状态”原则》，载《工商行政管理》2006 年第 8 期。

[4] 参见李孝猛：《主观过错与行政处罚归责原则：学说与实践》，载《华东政法大学学报》2007 年第 6 期。

[5] 参见姜明安：《行政违法行为与行政处罚》，载《中国法学》1992 年第 6 期。

[6] 参见江必新：《论应受行政处罚行为的构成要件》，载《法律适用》1996 年第 6 期。

[7] 参见杨解君：《受罚性行政违法行为的认定》，载《法学杂志》1996 年第 1 期。

法行为发生就可以作出行政处罚，至于行为人对违法行为是否存在故意或过失，则在所不问。但是，在中国证监会制定的《信息披露违法行为行政责任认定规则》中，则明确“信息披露义务人行为构成信息披露违法的，应当根据其违法行为的客观方面和主观方面等综合审查认定其责任”，并从行为人是否存在故意或过失、是否经单位内部决策、违法后的补救态度、与监管机构的配合程度等角度列举了主观方面的通常考虑情形。在信息披露违规的行政处罚实践中，考虑到处罚后果对上市公司影响巨大、行为人常以主观不具有过错为由抗辩等因素，监管机构也不会一律排除对“主观过错”的考察。[1]鉴于此，本文基于《信息披露违法行为行政责任认定规则》的“另有规定”，在行政处罚确已考虑到行为人“主观过错”的情况下，对董事信息披露违法行政责任中的“过错”和董事虚假陈述民事责任中的“过错”之内涵做一区分和甄别。

2. 董事行政责任与民事责任的过错内涵之辨

基于前文所述行政处罚所欲保护的法益，行政处罚对行为人过错的考量应在于违反行政管理秩序的过错。在证监会对信息披露违法行为进行行政责任认定时，通常以董事对认定的信息披露违法事项提出具体异议记载于董事会会议记录并投反对票作为认定董事免责的理由。就此，《证券法》（2019 年修订）第 82 条第 4 款也增加了董事对信息披露内容提出异议并予以公开的权利。可见，从行政处罚实践看，董事主要应通过自己“对不合规行为”的反对，来证明自己不存在“违反规范及秩序的过错”。

证券虚假陈述民事赔偿责任认定试图保护的则是投资者的个别利益，故民事赔偿责任的过错在性质上应当是针对个体损害结果的过错，即虚假陈述行为人因其虚假陈述行为给投资者在特定证券交易中所造成损害的过错，该过错并不是针对整体的证券法秩序的损害，而是针对个别的民事权益的影响，不是一般的、抽象的过错，而是具体的、可归属至个别投资者所受损害的过错。而信息披露违法行为是否给投资者造成损害以及行为人对这一具体的损害结果是否具有过错，均与行政责任的认定无关，监管实践也从未援引过《证券法》第 85 条（原《证券法》第 69 条）。因此，行政处罚与民事赔偿对“过错”内涵的理解上有所不同，信息披露违法行为行政责任之“过错”，并不等同于证券虚假陈述民事赔偿责任中的“过错”。

---

〔1〕 例如《中国证监会行政处罚决定书〔2019〕9 号》《中国证监会行政处罚决定书〔2017〕33 号》《中国证监会行政处罚决定书〔2017〕32 号》。

（四）小结：人民法院在证券虚假陈述责任纠纷中应对董事是否具有民事过错进行独立审查

基于信息披露违法案件的行政处罚与证券虚假陈述责任民事裁判意图保护的法益不同、对过错的具体认定不同，人民法院在证券虚假陈述责任纠纷中应当纠正目前将证券民事赔偿的裁判逻辑与行政监管逻辑混为一谈的现状，不能当然地认为董事等相关责任人员因上市公司信息披露违法而受到行政处罚，就等同于其具有证券虚假陈述民事侵权责任上的过错，而应坚持对董事是否具有民事过错进行独立审查，以董事的行为状态而非其行为后果来评判其行为，避免过分倚重行政监管判断，导致发生“司法惰性”现象。

三、证券虚假陈述责任纠纷中董事民事责任的认定尺度

（一）董事民事责任的归责原则

根据《证券法》第85条和《虚假陈述若干规定》第21条的规定，我国董事的证券虚假陈述民事赔偿责任适用过错推定的归责原则，即在诉讼伊始即推定被诉的董事存在过错，再由董事承担证明自身无过错的举证责任。

从域外法规定来看，在证券虚假陈述民事责任领域，对于董事民事责任也多采取过错推定原则。例如，1993年的美国证券法规定，在发生虚假陈述时，发行人的董事、高管等应当承担责任，除非能够举出法律明确列举的三类抗辩事由；[1]在德国法下，被诉董事如果能够证明其不知道招股说明书中的陈述是虚假的或者不完整的且此种不知并非由于重大过失所致，则无须承担虚假陈述的民事赔偿责任；[2]在日本法下，如果发行人的高级职员（包括董事）能够证明其不知晓或者经过相当注意也不能知晓有价证券申报书、说明书或报告书中存在虚假陈述，则可以不承担责任；[3]在我国台湾地区，在包含虚假陈述信息的财务报告或财务文件上签名或盖章的董事、高管应负赔偿责任，但如能证明已尽相当注意，且有正当理由可合理确信其内容真实完整者，免予承担赔偿责任；[4]在我国香港地区，被诉董事可通过证明规定明确列举的免责事由而避免被指责存在市场失当行为。[5]

---

〔1〕 Securities Act of 1933, Article 11.

〔2〕 德国《交易所法》第45条。

〔3〕 日本《证券交易法》第21条第1项第1号、第22条第2项、第23条之12第6项、第24条之4。

〔4〕 我国台湾地区“证券及期货管理条例”第20条。

〔5〕 我国香港地区“证券及期货管理条例”第277条

借鉴比较法经验可知，我国证券虚假陈述董事民事责任的归责原则符合一般趋势，具有合理性。但如何在司法实践中真正落实这一归责原则，给被诉董事充分的举证空间，下文将做进一步探讨。

（二）董事民事责任的认定标准

1. 抽象标准：普通人的一般注意义务

虽然《侵权责任法》、《证券法》和《虚假陈述若干规定》都没有对“过错”给出具体的定义，但无论是根据理论界还是实务界的观点，过错都体现为故意和过失两种形式。[1]在公司法上，董事因违反信义义务侵权的案件中，违反忠实义务的案件通常是故意侵权，违反勤勉义务的案件则常常涉及疏忽大意的过失侵权。在信息披露违法案件中，除非被诉董事对信息披露违法事项有组织或参与的情形，一般而言都是类似于引言案例，董事因涉嫌违反“勤勉义务”而被诉，即可能存在过失。故本文也将重点研究董事“过失”的评价标准。

侵权法中的过失是指行为人对注意义务的违反，民事过失的核心不在于行为人是出于疏忽或懈怠而使其对行为结果未能预见或未加注意，关键在于行为人违反对他人的注意义务并造成对他人的损害。行为人对受害人应负的注意义务的违反，是行为人负过失责任的根据。[2]过失侵权中的大部分问题都可以归结为注意义务的问题。因此，要解决董事在证券虚假陈述责任纠纷中的民事责任问题，核心是对董事注意义务判断标准的确定。

不同的侵权行为、不同的侵权主体所适用的注意义务标准也不相同。注意义务包括一般注意义务和特殊注意义务。判断行为人是否具有特殊注意义务时，首先，应考察行为人从事的职业活动，对于从事较高专业性、技术性活动的行为，必须按照专业技术人员通常应有的注意标准提出要求。如果行为人从事的活动属危险性活动，极易造成危害他人的后果，行为人应保持更高的注意义务和高度谨慎的态度以避免造成对他人的损害。其次，特殊的注意义务要根据行为人的行为所影响的对象来决定。如果受行为人行为影响的人缺乏自我保护能力（如年幼者、残疾人等），不能采取积极措施避免损害的发生，则行为人应具有更重的注意义务。再者，行为人的年龄、受教育程度、专业知识、工作经验、技术水平等也会在一定程度上影响

[1] 参见王利明：《侵权行为法归责原则研究》，中国政法大学出版社2003年版，第219页~222页；参见南京市中级人民法院（2018）苏01民终第646号民事裁定书，鄂州市中级人民法院（2018）鄂07民终第532号民事判决书。

[2] 参见王利明：《侵权行为法归责原则研究》，中国政法大学出版社2003年版，第253页。

到其是否应负有特殊注意义务及其注意程度。[1]董事的职业本身与所影响的对象并不具有特殊注意义务所对应的特征，因此董事的注意义务宜确定为一般注意义务。

也有观点认为，民法理论上将注意义务分为三个层面：一是普通人的注意义务，以一般人在通常情况下是否能够注意为标准，一般人难以注意而没有注意不能认定行为人存在过失；一般人能够注意而没有注意，行为人即存在过失，且为重大过失。二是与处理自己事务相同的注意义务，该注意义务较普通人的注意义务要求要高，它要求行为人在行为过程中尽到与处理自己的事务一样的注意义务，违反该注意义务称具体轻过失，也即一般过失。三是善良管理人的注意义务，该注意义务不以行为人的主观意志为标准，而是以客观上应否做到某一程度为标准，是特定人依其特定职业的要求所应负的注意义务，其程度又高于前两种注意义务，违反该注意义务为抽象轻过失，也即轻微过失。董事所负义务应该属于第一种，原则上讲，他们仅对其严重、重大的过失和故意行为负责，对普通过失不承担责任。[2]

此外，我国董事自身的教育背景、知识水平、能力偏向等各不相同，而且实践中公司业务性质、规模体量、商业模式、运营环境千差万别，可见上市公司董事自身条件和执业情形均较为复杂。为充分体谅公司董事迅速处理繁杂的公司业务的艰难，平衡董事决策的时效性与准确性，兼顾公司、中小股东、债权人和公司决策者之间的利益，人民法院不应对董事苛以过重的责任。结合公司董事在经营管理公司事务的过程中通常会积累的商人经验，本文认为，董事的注意义务应当以一个一般商人应尽的注意义务为标准。

2. 具体标准：个案中法律对董事履职范围的规定

在判断董事是否具有民事过错时，一般商人应尽的注意义务仍然是一个较为抽象的标准，个案中判断董事是否勤勉尽责时，需要根据法律对董事履职范围的规定，结合案件具体情况进行综合分析。以保千里案和鞍重股份案所涉及的重大资产重组事项为例，在标的公司财务造假、专业中介机构也未审查出问题的情况下，董事是否有违注意义务、是否足够勤勉尽责，需要结合法律的相关规定以及董事的具体行为进行判断。

在上市公司重大资产重组中，《上市公司重大资产重组管理办法》《中国证券监督管理委员会关于规范上市公司重大资产重组若干问题的规定》等规定已经明确了董事会的审议内容，具体而言，包括：交易是否已取得相应的许可证书或有关主管部门的批复文件；资产出售方是否已经合法拥有标的资产的完整权利；上市公司

---

〔1〕 参见王利明：《侵权行为法归责原则研究》，中国政法大学出版社2003年版，第253~254页。

〔2〕 参见邹海林、陈洁主编：《公司资本制度的现代化》，社会科学文献出版社2014年版，第154~168页。

购买资产是否有利于提高上市公司资产的完整性，有利于上市公司在人员、采购、生产、销售、知识产权等方面保持独立；交易是否有利于上市公司改善财务状况、增强持续盈利能力；是否构成关联交易；重大资产重组中相关资产以资产评估结果作为定价依据的，上市公司董事会应当对评估机构的独立性、评估假设前提的合理性、评估方法与评估目的的相关性以及评估定价的公允性发表明确意见；调查收购或重组的意图，关注收购方或重组交易对方的资信状况和财务状况，交易价格是否公允、合理，收购或重组是否符合公司的整体利益，审慎评估收购或重组对公司财务状况和长远发展的影响。[1]

上述规定明确了重大资产重组中董事应审查的内容，因此，如果董事已经按照法律的规定审查了上述内容，督促公司聘请专业的中介机构在各自的专业和职责范围内谨慎行事，在与中介机构保持沟通、听取中介机构专业意见的同时，对重组标的进行调研、审阅交易文件和各中介机构报告之间具备内在逻辑和合理性，在各自专业领域和知识技能范围内进行分析评估后，确未发现疑点或异常并据此做出了自己的判断，没有其他不当行为，那么应当认为董事达到了重大资产重组中勤勉尽责的要求，已经尽到对上市公司投资者权利进行合理关注的审慎注意义务，不存在侵害投资者权益的过失，即使最终未能识别和发现案涉信息披露违法事项，也不应认定其具有证券虚假陈述民事责任中的“过错”。

（三）影响董事民事责任认定的特殊因素

1. 虚假信息的来源：外部信息与内部信息

在证券虚假陈述责任纠纷中，当虚假陈述的信息来源不同时，董事过错的认定标准也应有所不同。由上市公司自身制作、来源于公司内部的信息与他方提供、来源于公司外部的信息对董事的意义不同。上市公司在信息披露时，虽然公司董事对这两类信息都要审查，但当披露的是外部信息时，上市公司更多承担的是一个信息披露平台或通道的作用，作为上市公司董事，一方面很难获得外部公司的内部资料，另一方面对所在公司和外部公司的了解程度也必然存在差异，故对于上市公司董事而言，外部信息的虚假要比内部信息的虚假更难以识别和发现。可见，公司外部信息相较于公司内部信息具有一定的特殊性，在涉及不同类型信息的证券虚假陈述责任纠纷中，对董事过错的认定标准，也应有所不同。

在并购重组等交易中，由他方制作、来源于公司外部的信息并非上市公司自身

---

〔1〕《上市公司重大资产重组管理办法（2016 修订）》第 20 条、《中国证券监督管理委员会关于规范上市公司重大资产重组若干问题的规定（2016 修订）》第 4 条。

经营的信息。对于上市公司自身的信息，上市公司董事可以基于对公司经营情况的了解而对此类信息的真伪和准确性进行识别和判断，但是对于公司外部信息，上市公司董事难以完全掌握外部公司的具体情况，对重组标的公司的了解程度也无法与自身任职公司相比，在对此不具有特殊信息优势的情况下，实难仅仅基于其任职而对此类信息的真伪作出判断。外部信息的真实性应由提供方负责，非经函证、访谈等专业调查程序甚至亲自任职，上市公司董事根本无法对外部信息的真伪逐一作出判断，苛责其对外部信息的真实、准确、完整性承担保证义务，不仅没有法律依据，明显超出上市公司董事应当承担和能够承担的义务范围，也将极大减损上市公司的运行效率，没有任何现实可操作性。因此，上市公司董事对于此类外部信息的审查标准应当低于对上市公司自身信息的审查标准。

鉴于此，为避免上市公司作为通道在披露外部信息时出现违法违规的问题，证券监管机构出台了相关规定对信息提供人的真实保证义务、各类证券服务机构的专业审查义务、董事在此类交易中的履职内容和程序进行了明确，从而避免上市公司董事陷入“无从查起”的困境。对于他人提供的第三方信息，当董事在实体上确实难以保证其真实性时，董事的过错标准应更侧重于程序方面，在上市公司并非财务造假方且提供外部虚假信息的行为具有高隐蔽性的情况下，如果董事已经勤勉尽责地履行了相关职责，则即使客观上涉案董事未能发现虚假信息，也不应当认定其具有民事侵权责任上的过错。

2. 虚假信息的性质：专业信息与普通信息

与涉及公司基本资料的普通信息不同，专业中介机构经审计、评估等专业核查程序形成的信息为专家定价信息，披露信息性质的不同决定了作为非专业人士的董事在合理范围内信任、依赖专家意见并无不妥。正如美国法上的规定，对于专业人士出具的专业文件，如果董事能够证明其没有合理理由相信而且确实不相信该部分是虚假的或者遗漏了重大事实，就可以免责；[1]英国法同样指出，对于专家作出的陈述，则非专家董事只要能向法院证明其有正当理由相信身为专家的另一人有能力作出某陈述就可以免责。[2]

允许董事在合理程度上信赖专业的中介机构，主要是因为专业机构出具的信息具有较高的专业性，董事作为非专业人士，在未经专业训练的情况下确难作出与专业人士同等程度的判断甚至高于专业人士的判断。如果忽视信息的专业性程度而要求董事对所有的信息都了然于胸、完全掌握，不具有合理性；法定义务的苛义，必

---

〔1〕 Securities Act of 1933, Article 11 (b).

〔2〕 参见李国光主编、最高人民法院民事审判第二庭编著：《最高人民法院关于审理证券市场虚假陈述案件司法解释的理解与适用》，人民法院出版社 2015 年版，第 271 页。

须以义务承担人具备履行义务之可能性为前提，在专业机构都未能识别出专业文件中的异常数据时，要求非专业董事审查出专业文件中包含的所有问题，不具有可行性。

退一步讲，即使董事通过对专家报告基础文件的审核能够发现蛛丝马迹，要求非专业董事对专业机构所有专业报告的工作底稿都进行再次核查也是荒谬的，不仅会大大降低董事会的工作效率，减少董事审查重要事项的时间，也使得董事的义务宽广无边，并使得证券服务机构制度形同虚设。证券法的各项制度以及确立的运行架构需要上市公司、董监高等责任人员、各类证券服务机构等主体各司其职、各尽其责，在法律没有要求上市公司董事对专业机构出具文件的工作底稿一一核查的情况下，如果司法裁判苛以相应义务，无疑会突破各方责任边界，损害证券服务机构专业意见的公信力，不当增加证券市场交易成本，降低证券市场交易效率。

四、关于证券虚假陈述责任纠纷中董事民事责任边界合理化的建议

在我国证券虚假陈述责任纠纷中，董事民事责任有待进一步界定和厘清。通过前文分析，结合笔者在引言案例代理过程中的实务经验，本文提出以下三个方面的建议，以期能够促进该问题的解决，为上市公司董事确立合理的民事责任边界。

（一）通过立法或司法解释明确董事民事责任的认定标准

我国目前对董事在证券虚假陈述责任纠纷中的民事责任规定仅确立了过错推定原则，而未进一步明确过错的具体含义，导致司法实践中出现认定不统一、认定不合理甚至不做认定的现象，给上市公司董事带来近乎“刑不可知则威不可测”的震慑效果。在最高人民法院对证券虚假陈述司法解释进一步修订时，可以考虑完善对董事民事责任的具体规定，对董事民事责任中的“过错”给出具体的认定标准或适用情形，比如采用“列举＋兜底”的方式。只有明确董事责任在立法层面的标准，才能给董事以及证券市场各方主体以稳定的预期，促进证券市场的稳定与发展。

（二）强化人民法院对董事过错问题的审查

1. 转变司法审查过度依赖监管结论的审判观念

虽然引言两则案例体现了审理法院在证券虚假陈述责任纠纷中对董事责任问题

的独立审查，具有开创性意义，但此种现象仍属个例。[1]在今后的司法实践中，应当摒弃依据行政处罚直接认定董事具有民事责任的裁判思路，在被诉董事被行政处罚的情况下，坚持对董事的民事责任问题进行独立审查。

2. 认可外部信息与专业信息的特殊性

在确定董事在证券虚假陈述纠纷中的民事责任时，应注意考量虚假信息的来源与性质。对于来源于公司外部、由他方制作的信息，董事的注意义务标准与勤勉尽责要求应不同于公司内部信息。董事对外部信息真实性的审查和保证非属其正常履职范围之内，在他人对外部信息造假并蓄意隐瞒的情况下，董事即使已经履行了应尽的工作职责也很难察觉，因此在认定董事是否具有过错时应当考虑到二者的差异。对于专业机构出具的专业文件中包含的虚假陈述，人民法院应当考虑到证券市场各类机构的职责分工与责任边界，考虑到董事的技能水平与工作效率，允许董事对专业中介机构的合理信赖。

特别值得关注的是，《证券法》（2019年修订）对信息披露义务主体进行了根本性的革新。原《证券法》第63条确立的是以“发行人、上市公司”为信息披露第一责任人的信息披露责任主体制度，这种制度设计虽然强化了发行人、上市公司的责任，却弱化了上市公司收购方、交易对手等相关主体的信息披露责任，一定程度上也导致司法实践产生“董事应对上市公司披露的一切信息担责”的误解。《证券法》（2019年修订）第78条从根本上突破了“发行人、上市公司”为第一责任人的规范逻辑，确立了以“信息披露义务人”为中心的监管原则。这意味着我国证券市场对信息披露主体的监管进入“大一统时代”，各领域、各主体的信息披露标准被全面统一，无论是法律、法规、规章还是证监会规定性文件，只要是被施以信息披露义务的主体，就都应负有直接的信息披露义务和责任。应当注意到，外部信息来源主体、专业机构与上市公司是站在“同一责任红线”上的，不能因为上市公司是信息披露通道，就要求上市公司董事为各个源头的信息进行背书。

---

〔1〕 除引言案例外，在云南省高级人民法院、昆明市中级人民法院审理的绿大地虚假陈述所涉追偿权纠纷案中，审理法院参考了相关刑事和行政处罚的认定，对不同责任人的责任大小进行了划分，但该案确定责任分摊比例的依据主要是是否受到刑事追责和行政处罚，与根据侵权法意义上的“过错”大小划分责任有所不同，具体参见（2017）云民终第401号民事判决书。在南京市中级人民法院审理的海润光伏虚假陈述案、协鑫集成虚假陈述案中，对于被诉独立董事的民事责任，审理法院经综合考量其身份角色、知情程度和主观态度、职责相关性、专业知识背景、担任独立董事的获益金额等因素，酌定涉案独立董事对投资者损失在10%的范围内承担补充赔偿责任，具体参见（2016）苏01民初第539号民事判决书、（2016）苏01民初第2066号民事判决书；对于上市公司独立董事的虚假陈述民事责任，我国司法实践领域已经出现相对成熟的思考，具体参见周成：《独立董事的虚假陈述责任》，载《人民司法（应用）》2019年第19期。

3. 在个案中对董事过错问题进行综合认定

董事是否勤勉尽责需要在每个具体案件中综合多种情况进行个性化判断。人民法院在审查董事是否具有过错时，应关注在案涉事项下相关法律法规对董事的具体要求，并结合董事举证，考察被诉董事的职责分工、专业技能、客观行为、主观心理等多个方面，在全方位审查各种因素后做出综合判断，不能一刀切地认为凡是董事受到行政处罚就具有民事上的过错、应在虚假陈述民事赔偿诉讼中承担连带赔偿责任。

（三）推动董事责任保险制度的发展

董事责任保险制度是一种由公司或公司与董事共同出资购买的，为在履职过程中因行为不当（不包括违反忠实义务、故意违反法律的行为）而被追究个人责任的董事，由保险人担负董事在进行责任抗辩中所支出的相关费用以及代为承担民事赔偿责任。[1]

董事责任保险发端并成熟，现在欧洲、新加坡、我国香港地区等发达经济体中已经十分普遍。美国的董事责任保险的发展与证券集团诉讼的增加具有直接关联，由于集团诉讼规模庞大、索赔金额高昂，董事仅凭个人力量难以应对，亦难以承担可能的责任赔偿，因此董事责任保险应运而生。美国目前有 50 个州都已经立法明文规定了公司可以为董事购买董事责任保险，有超过 96% 的公司为董事购买了董事责任保险，保费收入已经超过 30 亿美元。[2]

董事责任保险制度作为一种董事风险的转移机制，它允许公司在法律许可的范围内，对董事、经理经营中的某些过失责任运用保险机制分散其风险，从而最大限度激励优秀的经营者从事管理活动。一方面，董事责任保险能够分散风险。证券虚假陈述责任纠纷索赔体量巨大，《证券法》新增的“人数不确定的代表人诉讼制度”和“默示加入、明示退出的集团诉讼制度”或将引发未来的天价索赔，董事个人根本无力承担，而在投保董事责任险的情况下，只要索赔额不超过保险金额，投资者即能获得足额赔偿，从而从整体上提高了董事的赔偿能力和受害人的受偿比例。[3]另一方面，通过董事责任保险可以降低董事管理风险、免予个人责任的承担，为公司吸引更具有开创性、更优秀的人才进入公司担任董事职务，并激励在职

---

〔1〕 参见宋一欣、孙宏涛：《董事责任保险与投资者权益保护》，法律出版社 2016 年版，第 87 页。

〔2〕 参见孙莉婷：《德国董事责任保险制度设计及运行研究》，吉林大学 2013 年博士学位论文，第 1 页。

〔3〕 参见孙宏涛、王静元：《董事责任保险制度利于证券期货纠纷多元化解机制的构建》，载《人民法院报》2017 年 5 月 10 日第 7 版。

的董事积极工作、施展才华抓住商机、做出果断的经营决策，从而促进公司的发展。[1]

抛开立法规定与司法裁判的不足而言，我国内地目前的董事责任保险制度亟须建立。尽管我国已经出现了专门为董事设计的职业责任保险，但保险条款还有待成熟，投保率更有待提高，需要进一步完善并推广董事责任保险制度，增加普及率。

五、结语

资本市场和司法实践长期忽略的一个问题是，在民事审判中不考虑或仅在形式上考虑董事过错，是在法律未规定的情况下，直接对董事适用“严格责任原则”，长此以往，将倒逼上市公司董事奉行鸵鸟政策，不求有功、但求无过，公司发展止步不前，终将是广大中小投资者买单。

鉴于此，在未来的证券虚假陈述责任诉讼中，被罚董事应当在专业律师的帮助下积极举证证明勤勉尽责、不具有过错，争取免予承担民事责任，或者至少仅承担与过错大小相匹配的民事责任；人民法院在审理过程中也不应简单地认定被罚董事均需承担赔偿责任，而是综合全案情况对董事是否具有民事上的过错进行精细化认定。此外，本文虽然对于外部信息和专业信息多有着墨，强调了对于外部信息的审查应侧重于程序规范性、认可社会的专业分工和中介服务机构的公信力，但本文并不认同董事等责任人员只要满足了程序规范、完全依照专业机构的专业意见作出决策就视为无过错。上市公司董事应积极履职，除按照规定对专业机构进行谨慎考察与选取外，还应尽到一个合理的董事应尽的注意义务，勤勉谨慎，不可成为甩手掌柜，将一切责任推给交易对手、一切风险交给专业机构。

我国对董事过错的认定在立法上有细化空间，在理论上也存在探讨空间，只有从立法、司法与职业保险等角度多管齐下，才能有效地为董事的义务和责任确立合理边界，在保障董事合法利益、解除其精神负担的情况下激发董事的创造性与活力，从而与各方主体共同打造一个规范、透明、开放、有活力、有韧性的资本市场。

---

〔1〕参见彭韶兵、王玉、唐嘉尉：《董事高管责任保险与投资效率——基于合同条款的实证检验》，载《保险研究》2018年第3期。

双层股权结构中独立董事勤勉义务标准研究

王　波[*]　董振南[**]

内容摘要： 独立董事制度在我国实行多年以来褒贬不一。独董勤勉义务标准仅能从司法判例中略窥一二，其责任边界与处罚标准均存在不同见解。随着科创板注册制的实施，不同表决权股份（通常表现为双层股权结构）在境内得以试点。相较于"一股一权"，在双层股权结构中创始人股东掌握大量表决权，而其他股东掌握着更多的普通股，因此中小股东保护问题亦更为突出。与此相应，其独立董事是否应承担更多法定的勤勉义务才能有效制约创始人股东的权利扩张？通过分析双层股权结构中独立董事应承担的职责，我们认为，其独立董事应参与公司决策，并对董事会决议承担责任；知悉并持续关注公司生产经营情况、财务状况和重大事件，主动调查并积极履职；应对上市公司信息披露承担保证责任，确保其所披露的信息真实、准确与完整。

关键词： 独立董事　双层股权结构　勤勉义务

独立董事制度在促进完善上市公司法人治理，提高规范化经营水平，保护投资者特别是中小投资者的合法权益方面发挥着积极作用。自 2001 年起，在公司对重要事项做出决策前，征求独立董事的意见业已成为必要过程和惯例。根据中国上市公司协会 2014 年的调查[1]，包括投资者、上市公司经理、独立董事、专家学者和监管机构在内的近 60% 的受访者认为独立董事很好地改善了上市公司的治理情况；

---

* 王波，西安财经大学法学院教授，法学博士后。

** 董振南，西安财经大学法学院，硕士研究生。

〔1〕 参见中国上市公司协会：《上市公司独立董事履职情况报告》。

52.4%的人认为独立董事在对中小股东利益保护方面发挥着效用；而55%的人认为独立董事群体整体上对上市公司治理具有正向影响。这表明，大多数人对独立董事制度的认可和适应业已成为该制度持续发展的社会基础。

2019年第一季度，上交所率先拓展采用不同表决权股上市的试点工作，境内首次允许采用双层股权结构安排的公司上市，更好地满足了我国股权安排多元化与股东需求异质化的现实关切。双层股权结构通过分离普通股所附带的表决权，把"一股一权""同股同权"变为可选择的"同股不同权""一股多权"，使得创始人股东及其团队在内的内部股东拥有少量普通股的同时，把握着公司大量的表决权，从而轻松控制公司而不担心敌意收购的外部威胁。学者们多围绕采用双层股权结构的公司探讨其发挥的控制权效力与负面影响，包括公司控制权的过度集中，中小股东代理成本攀升、易受大股东利益侵害等问题，鲜有关注独立董事在双层股权结构公司中勤勉义务"侧重"问题。勤勉义务标准在双层股权结构下是否有所改变以及如何改变是本文将要回答的问题。

一、独立董事的勤勉义务标准考证

现代公司与独立董事之间的聘用关系是不必然的，甚至可不从公司领取薪酬。其能够与公司订立某种协议，但二者之间仍不存在从属关系，无法以劳务关系或一般行为人的注意义务约束为准。故各国公司法设置忠慎义务或忠实义务、信义义务以规范其履职行为。审查独立董事的勤勉义务履行状况，首要保证其独立性。独立董事引入我国至今已近20年，然未能摘掉"花瓶董事"的称谓，背后隐藏的则是独立董事们十余年不能摆脱的"独立性悖论"（石英、蒋亚男，2014）〔1〕。或许是因为"独立董事"制度本身源自英美法系，我国作为大陆法系国家并未由此形成整套体系。现行独立董事制度特征主要有：经由董事会提名、股东大会表决通过以聘任；不参与公司经营、依赖董事会提供信息做出独立意见；领取公司报酬。上述条件无法因证监会与交易所规定［《关于在上市公司建立独立董事制度的指导意见》、《深圳证券交易所独立董事备案办法》（2017年修订）与《上海证券交易所上市公司独立董事备案及培训工作指引》］的独立董事独立性要求而保证独董的独立性，此为"独立性悖论"。为尽量避免此影响，对独立董事的任职条件、聘任产生机制、薪酬发放机制和独董占董事会席位等都应重新考量（武彬，2018）〔2〕。只有在解决

〔1〕石英、蒋亚男：《独立董事摆脱"独立性悖论"路径探究》，载《中国证券报》2014年9月11日第A15版。

〔2〕武彬：《董事违背信义义务的责任限制研究》，华东政法大学2018年博士学位论文。

独立性的根本问题之后，才可进行独董勤勉义务标准的审视。

（一）独立董事勤勉义务考证

勤勉义务来自社会细化分工与权力制衡。独立董事勤勉义务另可称注意义务、审慎义务，在我国《公司法》中与忠实义务合并构成公司董事和高管法律义务的两大种类，而独立董事的价值源自其付出专业技能知识带来的独立客观意见。虽然不参与日常经营，独立董事仍应参与对其提供专业意见有决定作用或有帮助的公司事务，但我国《公司法》未明确区别董事与独立董事负有的勤勉义务，那么客观标准就应当统一适用于普通董事和独立董事，独立董事必须达到与上市公司所属行业普通董事相当的一般勤勉程度，还应具备专业领域内相当的能力水平（陈新城，2017）[1]。虽然这一标准对独立董事提出的高于普通董事的要求，导致独立董事的付出和收益不对等，但实践中独董的履职更多地就公司行政管理和其他管理问题向CEO和高级管理者提供咨询建议，以及作为公司与外界环境连接的桥梁，凭借其声誉帮助公司获得必要的资源。而这种利用独董社会属性远大于专业属性的聘任倾向，其实对独立董事履职边界的划定有一定意义。例如企业的出口贸易受到政府贸易政策的影响时，企业中常常会出现很多具备政府背景的独立董事；如果企业由于环境污染或者垄断问题而同政府存在较多分歧时，企业中具有律师背景的独立董事就会增多。由此从侧面反映了独立董事应尽的勤勉义务总体包括监督、辅助和关系三种。

首先，独立董事的监督职能来自代理理论，监督是独立董事的核心职能。Jensen 和 Meckling（1976）[2]认为，股东和经理之间存在代理问题，即董事和高管可以在一定限度内追求自己的私人利益，这导致公司价值偏离了实现所有者权益最大化的目标。在股权多元化的大公司中，经理和股东的风险不一致，经理可能比所有者承担更大的风险，因为此时所有者可以通过分散投资来降低自身风险，相比人力资本仅投资于一家公司的公司管理人员，转移成本更低。独立董事致力于最大限度地实现股东利益，并承担重要的监督管理职能。在所有权和经营管理权分离的情况下，当股东和公司管理人员的利益（尤其以股东长期利益与管理层短期利益）相冲突时，缺乏有效监督的管理层通常以牺牲股东利益为代价来满足自己的利益。因此，为了有效解决代理问题，法律规定股东可引入独立董事，对管理人员进行有效

---

〔1〕 陈新城：《论上市公司独立董事的勤勉义务》，浙江大学 2017 年硕士学位论文。

〔2〕 Michael C. Jensen & William H. Meckling, Theory of the firm: Managerial behavior, agency costs and ownership structure, 3 Journal of Financial Economics 305 – 360 (1976). 转引自刘诚：《董事会的功用及其社会性：灰色董事研究评述》，载《财经问题研究》2015 年第 12 期。

监督，对内部董事进行有效制衡，以防止管理人员将公司资源不合理地分配在低回报或追求短期收益但带来巨大不稳定因素的项目中。

其次，独立董事的辅助（或应称：建议）职能是独董参与公司决策最常见也是最基础的职能。从理论上来说，在董事会中引入独立董事，可以通过给董事会的战略决策提供有益的建议和更好地监控公司管理层的决策行为两个方面来增强董事会的职能，进而提升公司绩效。唐清泉（2008）[1]通过开展问卷调查发现，65%的独立董事在面对不合理的建议或方案时会提出异议，而41%的独立董事更进一步地提出了修改意见甚至拒绝意见。这表明仍有相当数量的独立董事能够对公司的重大事项，以及可能侵犯中小股东利益的事项或决策提出自己的意见。然而，当公司卷入财务欺诈诉讼时，独立董事面临的真正困境并不是在现有董事会中被无因解聘，而是大幅减少他们将来在其他公司董事会中占据席位的可能。

最后，独立董事的关系职能并不应作为勤勉义务的范畴，也即法定的勤勉义务只限于监督和建议两方面。但实践中以独立董事专业背景或职业背景为选聘条件的公司不在少数，本文选择将其归于勤勉义务中，有利于证实勤勉义务边界与标准是否应向人格化的隐性收益拓展。董事会的主要贡献是建立和加强互利组织之间的关系。独立董事利用其不同职业背景，不仅加强了与其他公司的关系，而且确保了公司之间的合理交易。这些活动的最终结果是加强组织之间的合作，降低交易成本，并扩大对关键信息和资源的获取机会（Bazerman&Schoorman，1983）[2]。例如，上市公司聘请具有证券公司工作背景的独立董事后，该证券公司自营机构的投资者所持股份在此类公司中的比例显著增加（何贤杰等，2014）；而拥有具有财务职业背景的独立董事且董事会中独董比例较高的，那么上市公司的盈余信息质量就很高（胡奕明和唐松莲，2008）[3]；并且由于政府对公司的发展有一定的影响，具有政治关系的独立董事可以通过个人关系获得积极的帮助来提升公司价值（高楠，2014）。

（二）勤勉义务标准考证

法律未对勤勉义务的具体行为进行划分，但在勤勉义务标准上可谓“严进宽出”——对独董日常行为标准较高，在报酬、责任认定及处罚力度方面相对董监高

[1] 注：问卷共计500份，有效问卷122份。唐清泉：《我国设立独立董事的动机与效果——国家自然科学基金项目课题组〈研究报告〉》，载《当代经济管理》2008年第12期。

[2] Max H. Bazerman & F. David Schoorman, A Limited Rationality Model of Interlocking Directorates, 8 The Academy of Management Review 206－217（1983）. 转引自高楠：《境外背景独立董事的有效性研究》，人民邮电出版社2014年版。

[3] 胡奕明、唐松莲：《独立董事与上市公司盈余信息质量》，载《管理世界》2008年第9期。

较为宽容，这或许是对权利义务事实不对等的独立董事的变相激励〔1〕。认定勤勉义务标准应包含三个构成要件：主客观结合的认定方式、不同勤勉义务类型和举证责任倒置。

第一，应以客观上独立董事可做到的原则性标准为主要依据，对董事的类型不作区分，所有董事都必须达到“尽力而为”的标准（牛禹萱，2019）〔2〕。而在主观上以独立董事个人职业特征与专业特征在公司章程中规定，具有某一特征的独董应当能够尽到的义务。例如财务特征独董应对财务报表真实性负责，券商背景独董应对公司内幕交易问题负责等。“尽力而为”的义务本质意味着，一方面很难通过事前的法律规则穷尽所有情况，应以个案处理为主，立法上仅体现为宣示性的法律规范；另一方面违反义务界定法律责任范围时，只能通过事后的证据判断董事注意不足导致公司利益受损的范围。立法者并不能在事前规定适合所有情境的判断标准，法官也没有能力在事后对董事行为与公司损失之间的因果关系作出完美判断，直接采用客观的损失结果去衡量董事决策并追究董事责任，显然不利于激励董事为公司利益最大化进行风险决策。

第二，勤勉义务的类型主要是监督和建议两种，这也是担任独立董事须具备的两个基本条件：具有独立的地位，具备比较丰富的相关专业知识。就前文言及的关系职能是否应适用于勤勉义务，本文认为不应引入。独立董事的价值来源于独立性和自身专业知识技能，而独董的社会关系只“作为一种潜在的收益，凭借其声誉帮助公司获得必要的资源”〔3〕。国内这一现象较为明显，具有在办事的过程中乐于依靠关系的文化偏好。基于外部董事比例对公司绩效影响的研究来看，独立董事的社会关系可明显提高用销售增长率衡量的公司绩效（Peng，2004）〔4〕。判断独董的社会关系是否可构成未尽勤勉义务——与判断其职业特征或专业特征相同，都具有鲜明的个案特征，无论是举证过程还是庭辩中主观判断多于客观标准，这里应将此关系职能置于公司章程中，并以独立董事的独立性为主要的判断标准。

第三，我国《公司法》《证券法》采用过错推定原则，对于公司的违法行为，推定独立董事未尽勤勉义务，应当承担未勤勉尽责法律责任。此时当独立董事作为

---

〔1〕同样身为董事，所要承担的义务却是不同的。当某一董事的知识、能力、技能明显高于其他普通董事时，他就需要贡献他所有的能力，否则就会被认定为不称职。能力高的董事虽承担的义务更高，但是也会相应地在报酬上、权利上有所优待，付出和回报是成正比的。

〔2〕牛禹萱：《我国董事勤勉义务判断标准研究》，吉林大学2019年硕士研究生学位论文。

〔3〕D. R. Dalton, C. M. Daily, I. F. Kesner, Executive severance agreements: Benefit or burglary?, 7 Academy of Management Perspectives 69 -76 (1993).

〔4〕Mike W. Peng, Outside Directors and Firm Performance During Institutional Transitions, 25 Strategic Management Journal, 453 -471 (2004).

被告时，则不应由原告方举证独立董事未尽勤勉义务的证据，而应由独立董事证明自己基于独立判断，尽到了应尽的注意义务。不同于财产所有人自己管理自己的财产，独立董事是受公司聘请，参与公司决策、监督公司尤其是公司管理层依法经营，应当维护公司、股东、中小投资者利益方可认定为尽责。对于公司欺诈发行，或管理层隐瞒财务造假的行为独董不知情时，重点关注独立董事对于公司业务情况、财务状况等是否进行了充分尽职的调查。对于独立董事已经发现公司存在异常事件或者可能舞弊的，重点关注独立董事是否采取了积极措施去予以阻止、纠正，但不以起到了阻止、纠正的后果为限，而是关注是否采取了积极措施（张婷婷，2020）[1]。对于采用双层股权结构的公司而言，董事会以及管理层的权力随着创始人股东权力的增长而扩大，代理成本亦水涨船高，要判断这一类公司中，独立董事勤勉义务标准中的变化，需要探讨其主要的公司治理特征。

二、采用双层股权结构公司的治理特征

我国上市公司普遍具有“一股独大”的特点，即财产性权利与表决权成正比，从而形成资本多数决。这种一股一权的模式演变至今，对股东收益权利与投票权利公平公正的运行起到非常重要的作用。但随着互联网经济的发展，轻资产类型公司走在发展前列，因融资行为导致公司控制权旁落的事例层出不穷，这对一些新经济企业打击巨大。同时，不同投资人对企业的不同追求也开始凸显，股东异质化需求得以体现，这要求能够使投票权与收益权各取所需的制度出现。双层股权结构既能保护创始人对公司的控制，又解决了异质化股东的不同需求，保障了中小股东的利益不受损害。本质上，双层股权结构是针对普通股的类别化，其使普通股分为两类，其中，一类股份与另一类股份数额相等，但附着的权利却数倍于后者。而现行的上交所《科创板上市规则》对于不同表决权安排的试点，除高倍数的表决权外，与普通表决权股没有区别。但就是这表决权的变化，带来了创始人、公众股东、董事会与管理层各方权利义务的扩张与收缩。

（一）异质化股东权利平衡

有学者认为可以将股权众筹公司的投资者分为具有管理与发展欲望的创业者，和不具管理倾向的投资人，本文认为所有企业都存在这样不同目标的异质化股东。这为双层股权结构的发展奠定了良好的契机。因为控制权与所有权相分离是现代公

---

〔1〕 张婷婷：《独立董事勤勉义务的边界与追责标准——基于 15 件独立董事未尽勤勉义务行政处罚案的分析》，载《法律适用》2020 年第 2 期。

司治理的发展趋势，原则上应使持有不同投资目的的投资者向着预先设计的结果前进，在如今多轮投资盛行的市场环境中，一个上市企业的资金来源更加复杂，大体可分为通过公司长远发展来获取长期利益的长期股东，和谋求短期投资收益的短期股东。对于短期股东来说，长期股东持有的每一份股权，都对应着更多的表决权。然而在此框架内，虽然大多数股东都只拥有普通表决权的 B 类股，却能通过“股息优待法”[1]享受到近乎优先股的股利回报，这也正是短期股东所期望的投资前景——快速而安全地回笼资金，并产生预期收益。投资者做出的低投票权投资行为，正是希望当下的经理人永远在其岗位上创造收益，这是出于对人和制度的双重信任。遗憾的是，我国现行试点并未考虑以“股息优待法”策略给予中小投资者更多利益倾斜。

（二）内部股东的主观性扩张

由于董事会地位的巩固以及对外部董事与股东的信息不对称，内部股东在行使对公司控制权时的道德风险增大，滥用权力，以牺牲外部股东的利益为代价来攫取控制权私利，如通过控制董事进行自我交易的方式获取私利。这些自我交易行为既有合法的也有完全非法的。创始人可以利用自己的控制权提名董事、凭着裙带关系选择一个高成本的供应商、任人唯亲并享受额外收益，也可以以低于市场的价格将产品销售给他们自己、家人或朋友开设的公司。而创始人所承担的成本则是他所持有的附着在股权上的现金流权的比例，这个比例在双层股权企业是很低的。Masulis, et al.（2012）研究发现随着投票权与现金流量权份额的差距越大，公司现金持有量对企业价值的贡献越低、CEO 的薪酬越高、管理者进行低效率的收购越高、资本支出的效率越低[2]，从而支持了投票权大于现金流量权的股东会牺牲外部股东利益来获取自身私利的假说。

（三）中小股东管理层约束力削弱

双层股权结构大部分股东尤其是中小股东的投票权相对被削弱。虽然，敌意收购措施对采纳双层股权结构公司的威胁因为大股东及其选任的董事把持公司控制权而大为削弱，但本就对董事会与管理层控制力不足的中小股东也将面临权力被剥夺与被代表的风险。在公司具有平等投票权属性时，不仅对利润分配要求公平合理，也是因股东权力法定范围相同，而对管理层勤勉、尽责的监督相对平衡。但处于双

---

〔1〕 在公司资产重组时给予现持股股东一种可转换的次等投票权股份，但其可获得最优的股息分配，从而使得中小股东自愿交出控制权获取更高的股息与清算价值。

〔2〕 Ronald W. Masulis, Christian A. Ruzzier, Sheng Xiao, et al., Do Independent Directors Matter?, SSRN Electronic Journal (2012).

层股权结构中时若无其他制约措施，即使公司大股东、董事未尽信义义务或忠慎义务，中小股东仅能采用“用脚投票”的方式做以对抗。

（四）尊重意思自治

以发展的眼光来看，允许公司采用双层股权结构显然更契合公司自治需要。作为商事领域内的基本法，公司法本质上当属私法无疑。故而，私法自治对公司法领域同样适用，公司自治便是私法自治在公司法中的具体体现。公司采纳何种股权结构是公司的自由。基于公司自治的考虑，公司的股权结构即便不能自由设置，至少也应该是可以选择性的。但是，一股一权使公司在股权结构问题上毫无自治可言。设若允许设立双层股权结构公司，则赋予了不同利益需求的股东选择公司股权结构的机会。这种股东自治与公司自治的契合无疑会产生个性化的公司治理模式，为股东利益、公司利益乃至社会利益的兼顾找到平衡点。一股一权并不能切实保护中小股东利益，因为一股一权归根结底是资本的平等，而非股东的平等。

三、双层股权结构中独立董事勤勉义务的标准——董事会中心主义

采用董事会中心主义而非股东会中心主义来审视独董勤勉义务标准，是因双层股权结构特征限制。股东大会是公司的最高权力机关，能够参与股东大会的股东享有公司的各种权利，凡与公司经营有关的事务无不包含其中。而对于双层股权结构而言，创始人股东的权力根据高级表决权已享有了最大限度的公司控制权，只有“日落条款”[1]可造成创始人股东控制权的实质损失。股东会中心主义只会带给创始人及其团队更多便利来控制董事会，故应以董事会作为处理公司事务的中心。不同类型的董事为各自代表的股东争取利益的同时，外部的独立董事也可发挥制衡双层股权结构权利不平衡的价值。

我国法律规定，独立董事对公司的违法行为承担的责任是一种过错推定责任，董事会中心主义要求公司应该由董事会或是在董事会的指导之下进行管理。而过错推定意味着，对于公司的违法行为，推定独立董事未尽勤勉义务，应当承担未勤勉尽责法律责任。对于独立董事而言，对相关董事会决议进行表决、对上市公司披露的报告签字确认等，是对公司相关行为明确表示认可、确认的法律行为。独立董事进行该履职行为，理应是基于自己的独立判断，并应当承担相应的法律责任。

---

〔1〕持有特别表决权股份的股东如不再符合规则规定的资格和最低持股要求，即，或者丧失相应履职能力、离任、死亡，或者转让所持有特别表决权股份的，必须将特别表决权股份转换为普通股股份。

关于独立董事承担的注意义务是何种程度注意义务，对独立董事勤勉义务的责任认定至为重要。独立董事的勤勉义务并未做详细的履职要求规定，但是对其义务本身的定义进行了明确。例如我国台湾地区的“公司法”中董事的注意义务为“善良管理人之注意义务”：董事应当以执行同类事务有经验之人，本着诚实态度，细心负责，以其能力与经验来履行职责。若该董事具有特别的专业知识或能力，则其在履行职责过程中，还应尽到该专业知识或能力所应有的注意能力〔1〕，但此项应归为公司章程自治的范畴中。而在双层股权结构，若专业能力和知识在履职过程中有能够产生因果关系的要素，但独立董事无法给出适当的证据证明自身的独立性，应当接受处罚。由此来看，独董所承担的应当是较高标准的勤勉义务。

独立董事对审计机构与管理层提供的信息与数据不应完全依赖。双层股权结构的公司中，拥有控制权的股东因自身权力的扩大而具有摄取私利的倾向，公司管理层人员就有可能成为其获取私利的手段与工具，相较同股同权的公司操作更隐秘，而危害的范围更广。此时对于独立董事可以信赖第三方所提供的资料和信息，须以“有正当理由相信”为前提〔2〕。但此“正当理由”不应只以申请审计机构并已出具审计报告为免责事由，更应对公司的经营情况适时进行了充分调查了解与核实，并举证证明调查的结论，方达到勤勉义务要求的履职情况。

四、双层股权结构中独立董事勤勉义务标准的适用

双层股权结构仅仅改变了各股东与管理层的权力关系，对于独立董事的勤勉义务与其他股权结构安排的原则应属一致。绝大多数审理外部董事违规案例中都采用适度的标准，即董事应当善意、合理、审慎地履行自己的职责，尽到处于相似位置上的普通谨慎的人在相同或类似情况下所需要的注意义务，而且当董事会决议违反法律法规规定的时候，董事如果认为自己尽到了勤勉尽责义务，应当就自己善意、合理、审慎地履行职责承担相应的举证责任。

举出何种证据才能证明自己的履职尽责，非“签字责任”一项可概论。勤勉义务是一种过程性义务〔3〕和积极的注意义务〔4〕，而一般认为勤勉义务认定的标准为

〔1〕 洪秀芬：《董事会独立经营权与董事注意义务》，载《政大法学评论》2006 年第 94 期。

〔2〕 洪秀芬：《董事会独立经营权与董事注意义务》，载《政大法学评论》2006 年第 94 期。

〔3〕 勤勉义务应当体现出过程导向而非结果导向的特征，其注重法律法规、公司章程所规定的职责是否妥善完成，而完成结果即便导致公司利益受损，也不应直接认定为未尽勤勉义务，而应关注独董的履职情况。潘玮璘、戴红兵：《董事高管勤勉义务的豁免功能与责任构成》，载《中国应用法学》2019 年第 4 期。

〔4〕 积极的注意义务另有一说：勤勉义务从反面上强调独董不得消极履行职责，应尽力并慎重地履行。潘玮璘、戴红兵：《董事高管勤勉义务的豁免功能与责任构成》，载《中国应用法学》2019 年第 4 期。

“签字责任”——是否在违法决议上签字。但在双层股权结构的公司中，“签字”仅仅代表一个时点的行为，在代理成本问题更加突出的公司中，独立董事有义务就降低这一问题的风险采取合理的措施，更积极地履行独董甚至董事的一部分职责。

然而实践中独立董事通常面临着“有责无权”的尴尬处境，在双层股权结构中这种内部股东及其管理层的封闭性似乎更明显。独立董事以其对公司经营状况、财务状况无法了解，或薪酬无法被保证为由主张勤勉义务标准过高。但法律规定了独董的监督权，不履行权利并非逃避履行义务的托词。反而对勤勉义务而言，相对遵循“程序正义”的原则。如果独立董事能够证明自己依照公司章程规定，在宣布召开董事会或股东大会前，有意识地通过公司不同利益面收集特定信息，并依据自身能力总结出相应结论，在召开会议和表决时以既有结论为基础积极质疑和投票，在会议后整理出代表自身立场的独立意见并签字。即便在日后产生经济损失，只要独董不涉及徇私不忠并合理履职（公司利益最大化），其应受到法律的保护。独立董事的专业、职业背景虽千差万别，除非其个人背景对造成的经济损失确有决定性作用（如财务背景独董对财务信息的不实披露），理应一视同仁地就其履职情况进行调查。

关于双层股权结构下的勤勉义务内容，要求独立董事至少做到（1）善管义务：作为一个善意的管理人勤奋谨慎履职；（2）尽责监督义务：应当如正常人的常规反应或类似情境下稳妥处理和注意自身履职行为；（3）保证义务：遵守法令和公司规定、决议，但以公司利益最大化为最首要目标[1]。具体而言：参与公司决策，并对董事会决议承担责任；了解并持续关注公司生产经营情况、财务状况和重大事件，主动调查，积极履职；对上市公司信息披露承担保证责任，保证上市公司所披露的信息真实、准确、完整。

首先，独立董事参与公司决策，但并非事无巨细到公司每一个经营事项和环节，而重在公司生产经营情况、财务状况、重大事件上。法律赋予了独立董事参与公司经营决策的权利，同时也赋予了独立监督的职责。对于关涉公司正常经营与发展的生产、投资、交易行为，独立董事应当站在监督者的角度，施以持续关注和了解，比如对于公司重大投资的进展、收益风险。而实践判例中独董以主张自己就相关事项询问了公司相关人员并得到了合理解释、对相关问题提出了改进建议等，或未参加特定董事会、股东大会为已履行职责或事由具有不可归责性等，如果独董未能就不知情、不参与经营，保证确信审计机构出具的财务报告与其独立性，在双层

---

〔1〕美国《示范公司法（修订本）》第830条第1款规定、［日］龙田节《商法略说》（谢次昌译）第52页。

股权结构中应认定为无效。

其次，独立董事一般不直接参与公司的日常经营，而在双层股权结构公司中，就算不直接参与经营管理，也应保证公司重大数据来源的真实性，因此要求独立董事确保足够的履职时间、关注上市公司相关信息、对上市公司及相关主体进行监督和调查。在实践判例中，独立董事主张自己未参与相关违法行为，甚至以未参与公司日常经营，未领取薪酬，不具有主观过错的事由，在双层股权结构公司中完全不应适用这一类不具有可归责性的事由，应判定此无效。

最后，虽然我国现行法律法规未对非上市公司设置强制性信息披露的要求，但作为公司、股东、投资者间最重要的交流媒介之一，信息披露在双层股权结构下必不可少。独立董事担任审计委员会等专门委员会的召集人，审议并督促公司依法开展相关报告的编制和披露，对关联交易等的事先认可、提议召开董事会及临时股东会，独立聘请外部审计机构等事务在其职责范围内，而做到积极地履行勤勉义务的重要表现在于：对于公司经营情况、财务状况、重大事件是否符合公司和全体股东的整体利益、是否合法合规，独立董事应当予以积极关注，审慎地调查核实，并在调查核实的基础上，作出独立判断。在认定勤勉义务标准上，双层股权结构下更依赖独立董事，同时对其积极履职的要求更强烈，在降低代理成本，阻止大股东权力扩张，维护中小股东权益等方面发挥更多作用。

独立董事非普通管理层员工，其具备公司运作的基本知识与相关技能，所承担的勤勉义务是基于其担任上市公司独立董事这一职务以及其岗位职责而产生，与一般过失责任中要求的注意义务有很大区别，后者的首要目标是避开损害发生或最大限度减低损害风险，但勤勉义务则遵循程序正义，保证公司利益的最大化，在妥善履行相关勤勉义务的前提下甚至无须主动避开损害。同样地，不同股权结构安排公司的要求有所不同，双层股权结构强化了勤勉义务的标准，虽然源自对代理成本问题负面效应的平衡，但这种牺牲可以带来公司治理效率提升，满足股东多样化利益偏好以及公司自治的深化，对于公司来说，双层股权结构具有积极的驱动意义，而独立董事制度的完善则是保障双层股权结构制度顺利实施的不二法门。

投资者保护视野下
债券虚假陈述责任纠纷研究

周　伟[*]　肖　强[**]　付　强[***]

内容摘要：债券投资者因相较于公司普通债权人的特殊性和相对股东的弱势地位，法律应给予其特殊保护。在债券违约频发、发行人信息披露违法愈演愈烈的当下，《证券法》（2019年修订）也加强了对于债券信息披露的要求。由此，提起债券虚假陈述责任纠纷就成了投资者一种可行的自我保护路径，但目前来看，债券虚假陈述责任纠纷的具体规则仍不明确。为此，有必要构建一个统一的债券虚假陈述责任纠纷机制，在取消前置程序的基础上，吸取实践中因果关系认定的审判经验、完善损失计算及其他主体责任承担的相关规则，从而便于投资者提起债券虚假陈述责任纠纷以维护自身权益。

关键词：投资者保护　债券　信息披露　虚假陈述责任纠纷　合理化建议

自2014年"11超日债"宣告违约以来，我国债券市场违约事件层出不穷，据不完全统计，仅2019年一年就有177只债券违约，涉及金额达1435.28亿元，[1]频频爆出的债券违约新闻似乎说明违约已经是债券市场上的一种常态。事实上，债券作为一种投资工具，本身就具有一定的风险。投资者在选择债券进行投资时就理应

---

* 周伟，北京市中伦律师事务所合伙人。

** 肖强，北京市中伦律师事务所律师助理。

*** 付强，北京市中伦律师事务所实习生。

〔1〕 参见《2019年债券市场不平静，违约金额超1400亿元》，载中国金融新闻网，http://www.financialnews.com.cn/sc/zq/202001/t20200102_174587.html，最后访问时间：2020年3月5日。

认识到这种风险，并承担该种风险导致的损失，这就是所谓的“买者自负”原则。[1]

但需要指出的是，“买者自负”的前提是“卖者尽责”，[2]纯粹市场原因导致的债券违约及由此带来的损失当然属于债券投资者自担的范畴。但在债券发行或承销的过程中，若债券发行人或其他信息披露义务主体履行信息披露义务时存在虚假记载、误导性陈述或者重大遗漏，由此给债券投资者造成损失的，法律必须也应当进行干预，以此保护债券投资者的合法权益。

但一直以来，我国《证券法》语境下债券投资者保护制度对发行人或其他主体在信息披露存在虚假记载时提供的规则供给略显不足，债券投资者能不能提起、如何提起债券虚假陈述责任纠纷也存在争议。究其原因，一方面，我国债券市场仍处于扩张阶段，打破“刚性兑付”的思想尚未深入人心，部分投资者甚至债券发行人都还抱有“政府兜底”的期待，从而使得法治意义上的债券投资者保护成为空谈，更少有投资者在面临发行人信息披露虚假违法时提起诉讼；另一方面，长期以来“重股轻债”的立法模式使得《证券法》（2014 修订）中的债券规则大多依附于股票规则从而处于一种边缘化的状态，难以满足债券市场不断发展的需要，[3]更遑论设计债券投资者虚假陈述诉讼制度。除此之外，当下我国存在三种并行的公司债券发行规则和监管体系，[4]不同种类公司债券的法律规则也不尽相同，进一步加大了债券投资者维权的难度。

2019 年 12 月 28 日，《证券法》（2019 年修订）经全国人民代表大会常务委员会 4 次审议，终于公布，并于 2020 年 3 月 1 日起开始实施。相较于以往，《证券法》（2019 年修订）根据当下我国资本市场发展的实际情况，设立了信息披露和投资者保护专章，并大幅提高了对信息披露违法行为的处罚；同时，针对债券信息披露规则长期依附于股票规则的缺陷，《证券法》（2019 年修订）专门就公司债券的临时公告增设了相应的条文，从法律层面对这一问题予以明确。

毋庸置疑，《证券法》（2019 年修订）的颁布和实行，势必会给债券虚假陈述责任纠纷乃至整个债券市场上的投资者保护带来新的变化。但究竟这些新规内容，能否契合我国债券市场发展的现状，回应当下债券虚假陈述责任纠纷机制构建的需

---

〔1〕 徐明、卢文道：《证券交易“买者自负”原则的司法适用及法制化初探》，载《证券法苑》2011 年第 4 卷。

〔2〕 南玉梅：《债券交易人卖者责任探析——以信息披露义务与诚信义务为核心》，载《中国政法大学学报》2017 年第 1 期。

〔3〕 参见洪艳蓉：《〈证券法〉债券规则的批判与重构》，载《中国政法大学学报》2015 年第 3 期。

〔4〕 即在中国证券监督管理委员会监管下的公司债券，中国人民银行、银行间交易商协会监管下的非金融企业债务融资工具，以及国家发展和改革委员会监管下的企业债券。

求，有赖进一步的分析和实践检验。有鉴于此，本文将在厘清债券投资者保护的必要性、检视新《证券法》债券信息披露规则的基础上，结合我们多年在证券虚假陈述责任纠纷领域的办案经验，就债券虚假陈述责任纠纷的制度构建及投资者如何在纠纷中最大限度维护自身权益提出合理化建议。

一、债券投资者保护的必要性

公司债券投资者与公司普通债权人相比，原本具有一定特殊性，同时与股东相比基于股东有限责任又处于一定弱势地位，因此有必要对其进行特殊保护。

（一）债券投资者相较于公司普通债权人存在特殊性

从法律关系上看，债券投资者与公司的普通债权人具有基本相同的法律属性和利益追求，对公司均享有债权，并期待公司按照约定按时还本付息。但债券投资者相较于公司普通债权人仍存在如下特殊之处：

1. 获取公司信息能力更低

一般来讲，公司普通债权人大多与公司有着常年的业务和财务上的往来，对公司的情况更为了解，尤其是地位较为强势的银行等金融机构，能够较为便利地获取公司的相关信息；与此相比，债券投资者对公司的了解主要源于债券发行人主动进行的信息披露，除此之外绝大多数债券投资者没有更多获取公司信息的渠道。

尤其值得注意的是，实践中部分发行人基于自身利益因素考虑有选择性地披露信息，甚至尽量迟延利空信息的披露时点，客观上也会造成债券投资者与公司普通债权人之间的信息不对称。

当债券发行人存在不能够完全清偿债务甚至破产的重大风险时，公司的普通债权人往往能够先于债券投资者知悉，并迅速通过查封、冻结等司法途径实现最大限度的债务清偿；而当债券投资者通过发行人的信息披露等途径得知相关情况后则为时已晚。

实践中对不少公司债券违约事件风险处置时，发现发行人资产已经被提前知悉信息的普通公司债权人查封、冻结甚至偿付完毕，债券投资者只能轮候，处于较为不利的地位。[1]

2. 格式化的债券契约使其处于不利地位

债券投资者对公司享有债权的依据，是包括一系列专业报告、募集说明书、担

---

〔1〕参见《上海华信所持股份轮候冻结近18轮 连续四笔债券违约》，载新浪财经，https://finance.sina.com.cn/roll/2018-08-04/doc-ihhhczfa0555876.shtml，最后访问时间：2020年3月6日。

保契约等在内的债券契约。[1]债券契约对债券投资者而言是典型的格式条款，债券投资者虽然身为该契约的当事人，但却从未参与债券契约的拟定，无法在契约中增加体现自身利益的条款，只能选择“接受”或“走开”。虽然我国债券发行制度基于债券投资者保护的需要规定了募集说明书部分必备条款，[2]但法律规定无法面面俱到，中介机构亦不会完全站在债券投资者的立场，在全面推行注册制的背景下监管机构也很难逐一审查。

受限于债券投资者在债券契约拟定时的天然不利地位，发行人很有可能在债券契约中约定不利于债券投资者的条款，例如约定仲裁条款以避免债券投资者向法院提起诉讼等。

与此相比，公司普通债权人在与公司签订协议时，往往能逐一针对合同条款展开谈判，甚至争取到较为有利的条款。特别是类似银行等金融机构在与公司的博弈之中处于强势地位，放出的贷款也大都带有抵押或者其他担保，且贷款合同也一般为银行方面提供的格式版本，相对而言能够最大限度保护自身合法权益。

3. 债券投资者的分散性提高了其维权难度

同一期公司债券中债券投资者主体众多，彼此互不相识。并且一般每个债券投资者持有债券数量相对较少，对于其中部分主体而言，其维权成本远远不及其因债券违约导致的损失数额，因此往往存在着“搭便车”的心里，主动维权的意愿并不十分强烈。

另外，对于积极进行维权的投资者而言，人数众多增加了召开会议和讨论表决的程序，降低了行动效率，实践中债券投资者可能已经花费大量时间成本与经济成本，但表决仍然难以通过，此即所谓的“集体行动困境”[3]。

与此相比，公司普通债权人为单一主体，不存在通过繁复的程序形成集中意志的问题，其决策效率更高，维权成本也相对更低。

（二）债券投资者相较于公司股东处于不利地位

公司股东与公司债券人虽都扩充了公司的资本，但二者在公司中的身份截然不同：前者基于身份在公司的经营管理地位，对公司享有所有权；后者却仅因合同关系对公司享有债权，不得随意干涉公司经营管理。具体而言，公司债券投资者相较

---

[1] 张媛：《论债券持有人弱势地位与持有人会议制度的完善》，载《证券法苑》2018 年第 24 卷。

[2] 例如中国证券监督管理委员会公布的《公开发行证券的公司信息披露内容与格式准则第 23 号——公开发行公司债券募集说明书》（2015 年修订）就对公司公开发行公司债券的募集说明书的条款和必备内容进行了规定。

[3] 刘迎霜：《论公司债券投资者的权益保护》，载《社会科学研究》2010 年第 4 期。

于股东基于如下原因处于不利地位：

1. 有限责任下股东偏好风险更易给债券投资者带来损失

有限责任公司的股东偏好风险，但债券投资者偏好保守。正所谓“高风险，高收益”，仅以自身出资为限承担责任的公司股东往往倾向于通过各种方式尽可能多地向公司融入资金，并投资于高风险行业，以期攫取超额收益。

但是，即使投资成功，公司股东固然可以从公司获取丰厚回报，但债券投资者却没有由此收获任何额外收入，反倒平白承担了更多风险；并且，高风险的投资失败的可能性更大，若投资真的失败则可能导致公司不再具备债务清偿能力，甚至走向破产，此时公司股东仅以出资为限承担有限责任，而债券投资者却面临公司不能还本付息的巨大风险。

对于债券投资者来说，公司的经营管理权实际掌握在公司股东手中，其仅基于合同对公司享有债权，无法实际干涉公司的经营方向和投资策略。此种债券投资者与公司的利益密切紧密相关但决策权限较弱之间的矛盾，以及公司股东过度负债和投资高风险业务的偏好加剧债券投资者债券不能清偿的风险，也即经济学中的“负外部性效应——股东影响他人权利实现”[1]。

2. 负债代理成本理论下债券投资者要付出额外成本

对于前述由于股东有限责任引起的股东与债权人之间的冲突，各种类型的债权人受限于交易成本、信息不对称、乐观气氛等因素的影响，并非总能够在与公司签订合同时予以应对和完全防范，债券投资者亦不能避免。

经济学中由此产生了股东有限责任制下债券持有人对发行人的负债代理成本，即因请求权与所有权分离而形成的债券投资者负债代理问题，包括：抑制公司投资的机会成本、债券持有人对公司股东和经营者的监督与担保成本，为执行监督所付出的成本，设计及执行限制条款成本，公司获利降低的成本以及破产及重整的成本等。[2]负债代理成本理论列举了包括债券投资者在内的债权人为维护自身合法权益，需额外付出监督、遏制公司投资等各类高经济成本，从经济学角度说明了债券投资者相较于发行人股东的弱势地位和特殊性。[3]

---

〔1〕［美］弗兰克·伊斯特布鲁克、丹尼尔·费希尔：《公司法的经济结构》，罗培新、张建伟译，北京大学出版社2014年版，第50~55页。

〔2〕参见李圆圆：《公司债券持有人利益保护研究》，中国政法大学2007年博士学位论文，第12页。

〔3〕张媛：《论债券持有人弱势地位与持有人会议制度的完善》，载《证券法苑》2018年第24卷。

二、债券信息披露规则检视

在证成债券投资者保护必要性的基础上，有必要对既有债券信息披露规则进行逐一检视，进而分析当下债券信息披露规则的特点。这是债券虚假陈述责任纠纷机制构建的前提和基础。

（一）《证券法》（2019年修订）颁布前债券信息披露规则的问题

1. 上位法缺乏契合债券属性的信息披露规则

《证券法》（2014年修订）的信息披露规则集中在第三章第三节“持续信息公开”，共计10个条文，其中第65条和第66条虽然要求债券发行人履行披露中期报告和年度报告的义务，但并没有体现出对债券特有的对发行人偿还能力的关注；并且第65条和第66条的披露义务细究之下也仅应适用于在交易所上市的债券，对于非公开发行的债券和在银行间交易市场等场外交易的债券信息披露规则《证券法》（2014年修订）并未涉及，不得不说原有《证券法》在债券信息披露规则立法时存在一定的疏漏。

2. 下位法债券信息披露规则各行其是

在本应成为债券信息披露规则“母法”的《证券法》规则缺失的情况下，由于监管部门的差异，本质类似的企业债、公司债和非金融企业债务融资工具适用的信息披露规则却各有差异。[1]企业债适用国家发改委制定的《关于进一步加强企业债券存续期监管工作有关规定的通知》，公司债适用中国证券监督管理委员会（以下简称证监会）制订的《公司债券发行与交易管理办法》（以下简称《管理办法》），而非金融企业债务融资工具则适用银行间交易商协会颁布的《银行间债券市场非金融企业债务融资工具信息披露规则》。以上位法缺失的“重大事件”临时信息披露公告为例，公司债和非金融企业债务融资工具根据监管机构的要求涉及履行临时信息披露义务的公告分别有13项和15项，而企业债仅有6项且并无兜底条款。[2]这种根据监管机构不同对应不同信息披露规则的做法无疑大幅增加了债券投资者的识别成本，也留下了发行人进行“监管投机”的隐患。

---

[1] 张阳：《公司信用类债券信息披露制度的统合建构——以偿债能力为中心展开》，载《证券法苑（第十九卷）》，法律出版社2017年版，第458页。

[2] 详情请分别参见《管理办法》第45条、《银行间债券市场非金融企业债务融资工具信息披露规则》第9条以及《关于进一步加强企业债券存续期监管工作有关规定的通知》第3条的规定。

3. 信息披露多头平台增加投资者获取信息难度

发达的证券市场离不开完善的市场基础设施的支持，因技术进步带来的市场设施更新换代，往往改变资本市场的构建和相关制度规则。[1]当下，由于上位法的缺失和多头监管导致的不同种类债券信息披露规则各行其是，目前已经建立信息披露平台中，“证券交易所网”主要披露证监会主管的公司债和在交易所发行交易的企业债，而中国人民银行主管的“上海清算所”则主要披露非金融企业债务融资工具和在银行间市场发行交易的企业债的相关信息，不同信息披露平台之间并不互通，增大了投资者获取信息的难度。[2]

（二）《证券法》（2019 年修订）债券信息披露规则评析

1. 《证券法》（2019 年修订）债券信息披露规则的亮点

一方面，《证券法》（2019 年修订）第 81 条新增了债券发行人在发生可能影响上市交易公司债券交易价格时的重大事件应履行临时信息披露义务的规定，弥补了原有规定的缺失。就具体构成重大事项的情形而言，与《管理办法》第 45 条相比，《证券法》（2019 年修订）第 81 条删除了“发行人主要资产被查封、扣押、冻结”、“保证人、担保物或者其他偿债保障措施发生重大变化”和“发行人情况发生重大变化导致可能不符合公司债券上市条件”三项情形。虽然有所删减，但删除项也可通过对该条兜底条款“国务院证券监督管理机构规定的其他事项”进行体系解释的方式得以补足；同时该条还新增了“公司重大资产抵押、质押、出售、转让、报废”作为重大事项的情形。[3]

另一方面，《证券法》（2019 年修订）相较于《证券法》（2014 年修订）大幅提高了信息披露违法行为的法律责任。根据《证券法》（2019 年修订）第 197 条的规定，债券发行人披露的信息存在虚假记载、误导性陈述或者重大遗漏的，除责令改正、给予警告之外，还会并处 100 万元以上 1000 万元以下的罚款，与《证券法》（2014 年修订）第 193 条最多 60 万元的罚款相比，债券发行人信息披露违法的法律责任变得更重。除此之外，新法还明确了发行人的控股股东、实际控制人组织、指使从事上述违法行为或者隐瞒相关情况导致发生上述情形的，同样会面临 100 万以上 1000 万以下的罚款，此举有利于遏制债券发行人的控股股东、实际控制人从事

---

〔1〕 洪艳蓉：《公司债券制度的实然与应然——兼谈〈证券法〉的修改》，载《证券法苑（第四卷）》，法律出版社 2011 年版，第 780 页。

〔2〕 张阳：《公司信用类债券信息披露制度的统合建构——以偿债能力为中心展开》，载《证券法苑（第十九卷）》，法律出版社 2017 年版，第 465 页。

〔3〕 详情请参见新《证券法》第 81 条。

组织或者默许从事信息披露违法行为。

2.《证券法》（2019 年修订）债券信息披露规则的不足

虽然《证券法》（2019 年修订）新增债券发行人发生重大事件应进行临时公告，值得肯定。但该规定仍存在些许遗憾，对影响债券交易价格的认定欠缺核心的偿债能力标准。债券是基于发行人的信用而发行，到期时自需还本付息，清偿能力是判断债券到期时发行人能否还本付息的重要指标，也是影响债券交易价格的重要因素，抓住清偿能力这一基本指标更能督促发行人履行临时信息披露义务和利于债券投资者获取信息。并且，对于重大事件部分情形的列举仍然难以摆脱股票临时信息披露的色彩。[1]

除此之外，《证券法》（2019 年修订）仍未解决债券市场领域一直以来的多头监管问题，从第 79 条有关债券定期报告的规定和第 81 条关于债券临时公告的规定均将信息披露的主体限定为“公司债券上市交易的公司”来看，目前《证券法》构建的债券信息披露规则仍然主要限于证监会监管的公开发行的公司债券，对于非公开发行的私募债券与银行间交易市场交易的非金融企业融资工具等的信息披露规则仍未涉及，投资不同类型债券的投资者提起债券虚假陈述责任纠纷的法律适用问题仍然存在。

（三）小结

承前所述，目前我国证券法体系内已经对债券发行公司提出了更高的信息披露要求，也更加重视投资者的权益保护。这势必导致债券发行人在信息披露中存在误导性陈述或虚假记载时，更多投资者以虚假陈述为由诉至法院请求赔偿。

但令人遗憾的是，目前债券虚假陈述责任纠纷的相关法律规定却尚付阙如，司法实践对于此种纠纷类型的法律适用问题也莫衷一是。

目前投资者提起证券虚假陈述责任纠纷所依据的主要是《证券法》中关于信息披露行为人存在虚假记载、误导性陈述或重大遗漏，给投资者造成损失应承担赔偿责任的相关条文。由于条文内容过于简略，最高人民法院曾在 2003 年颁布了《关于审理证券市场因虚假陈述引发的民事赔偿案件的若干规定》（以下简称《虚假陈述若干规定》），对证券虚假陈述案件的前置程序、重大性和因果关系认定等问题予以明确，很大程度上缓解了证券虚假陈述纠纷案件法律适用的难题。不过上述规范同样存在《证券法》立法上一直以来的“重股轻债”的问题，债券虚假陈述责任纠纷能否适用、如何适用存在争议。

---

[1] 参见洪艳蓉：《〈证券法（三审稿）〉债券规则评析》，载《中国法律评论》2019 年第 4 期。

2019年12月24日，最高人民法院邀请证监会、中国人民银行等单位召开了审理债券纠纷的座谈会，并印发《关于审理债券纠纷相关案件的座谈会纪要（征求意见稿）》［以下简称《债券纪要（征求意见稿）》］，该纪要对债券虚假陈述纠纷处理的相应问题进行了明确，引起市场高度关注。

三、债券虚假陈述责任纠纷问题探析及制度构想

下面，我们将根据多年在证券虚假陈述责任纠纷案件领域的办案经验，结合《证券法》（2019年修订）、《虚假陈述若干规定》、《债券纪要（征求意见稿）》和《全国民商事审判工作会议纪要》（以下简称《九民纪要》）等规范，从债券虚假陈述责任纠纷的法律适用、前置程序取消、因果关系认定、损失计算和发行人以外其他主体责任承担的角度，就债券虚假陈述责任纠纷的具体制度建构展开分析，并就投资者如何最大限度维护自身合法权益给出合理化建议。

（一）关于债券虚假陈述责任纠纷的法律适用问题

1. 投资者提起债券虚假陈述责任纠纷法律适用的难题

一直以来，对于债券发行人存在虚假陈述行为，投资者能否依《虚假陈述若干规定》主张提起债券虚假陈述责任纠纷，实务界和学术界一直对此抱有疑问。

在“11超日债”虚假陈述责任纠纷案中，被告一方即以此为由抗辩，主张公司债券投资者并非《虚假陈述若干规定》第2条中的“投资人”，公司债券发生的虚假陈述民事赔偿纠纷也不应适用该司法解释，因此“11超日债”的投资者诉请的因被告虚假陈述造成的损失没有法律依据。对此，江苏省高级人民法院在二审判决中认为，《虚假陈述若干规定》系对《证券法》的完善和补充，其调整证券市场虚假陈述行为引起的民事赔偿法律关系，“11超日债”系在证券交易所上市竞价交易，不属于《虚假陈述若干规定》明示排除的对象，应属于该司法解释调整的范围。[1]一定程度上解答了债券虚假陈述责任纠纷法律适用的疑问。

但需要注意的是，依据《虚假陈述若干规定》第2条第2款的规定，该司法解释所称的“证券市场”，是指“发行人向社会公开募集股份的发行市场，通过证券交易所报价系统进行证券交易的市场，证券公司代办股份转让市场以及国家批准设立的其他证券市场”。从文义解释的角度来看，其适用范围应仅局限于在场内证券交易所上市并公开发行的公司债券，因此对于同样在交易所挂牌的非公开发行债券、在银行间交易市场的非金融企业债务融资工具，如若发生债券发行人虚假陈述

---

〔1〕参见江苏省高级人民法院（2018）苏民终第789号民事判决书。

的情形，投资者不能直接依据《虚假陈述若干规定》主张赔偿。

2. 债券投资者提起虚假陈述诉讼的法律适用构想

2018年12月3日，中国人民银行、证监会和发展改革委联合发布了《关于进一步加强债券市场执法工作的意见》，其中旗帜鲜明地提出要“强化监管执法，建立统一的债券市场执法机制”[1]。虽然最终颁布施行的《证券法》（2019年修订）没有类似安排，但该意见已经体现了监管部门统一债券市场执法的决心，那么一个统一法律适用的债券市场投资者虚假陈述诉讼机制也理应被提上日程。

对此，《债券纪要（征求意见稿）》提到“要根据法律和行政法规规定的基本原理，对具有还本付息这一共同属性的公司债券、企业债券、非金融企业债务融资工具适用相同的法律标准”，并且应“统筹兼顾公募与私募、场内与场外等不同市场发展的实际情况，妥善合理弥补部门规章、行政规范性文件和自律监管规则的模糊地带，确保案件审理的法律效果和社会效果相统一”，强调“对于债券欺诈发行、虚假陈述等侵权民事案件的审理，要立足《证券法》和相关监管规则”。

从该纪要的规定和要求来看，未来银行间交易市场的非金融企业债务融资工具和私募债券的发行人存在虚假陈述行为，投资者基于《证券法》或相关监管规则主张索赔是大势所趋，这也是平等保护不同类型债券投资者的应有之义。

具体该制度如何落地，我们认为，未来有必要由最高人民法院颁布更新虚假陈述纠纷司法解释，将各类债券虚假陈述责任均纳入规制范围，并针对不同债券的特殊问题进行细化规定。

（二）关于债券虚假陈述纠纷前置程序的问题

1. 不以行为人被行政处罚或判处刑罚为前置程序

《虚假陈述若干规定》第6条规定，“投资人以自己受到虚假陈述侵害为由，依据有关机关的行政处罚决定或者人民法院的刑事裁判文书，对虚假陈述行为人提起的民事赔偿诉讼，符合民事诉讼法第一百零八条规定的，人民法院应当受理”。

根据上述规定，投资者提起虚假陈述诉讼的前提和基础是行为人被有关机关行政处罚或者人民法院判处刑罚，因为这事实上设置了虚假陈述纠纷的前置程序，提高了投资者维权的门槛，实践中饱受诟病。[2]

---

[1] 参见《中国人民银行、证监会、发展改革委关于进一步加强债券市场执法工作的意见》，载中国证券监督管理委员会官网，http：//www. csrc. gov. cn/newsite/jczd/flfg/201906/t20190627_ 358174. html，最后访问时间：2020年3月7日。

[2] 参见陈谊军：《证券市场虚假陈述民事赔偿程序若干问题探讨》，载《政治与法律》2003年第2期。

虽然最高人民法院在2015年12月24日发布的《关于当前商事审判工作中的若干具体问题》中提出“根据立案登记司法解释规定，因虚假陈述、内幕交易和市场操纵行为引发的民事赔偿案件，立案受理时不再以监管部门的行政处罚和生效的刑事判决认定为前置条件”，但事实上，大多数法院虽然不再将行政处罚和刑事判决作为立案前置要求，但仍认为没有行政处罚或刑事判决，不符合此类案件的起诉条件。最高人民法院在近期作出戴某平、锐奇控股股份有限公司证券虚假陈述责任纠纷案的裁判中，仍表示，“《虚假陈述规定》有关前置条件的规定目前仍然有效，在其未被废止或修订之前，法院应继续适用”[1]。至今，司法实践中仍没有一例在没有行政处罚或刑事判决的情况下作出实体判决的证券虚假陈述案件。

在实质取消证券虚假陈述纠纷前置程序的强烈呼声中，《债券纪要（征求意见稿）》明确取消前置程序不失为大胆突破。该纪要第9条规定“欺诈发行、虚假陈述行为人以债券持有人、债券投资者主张的欺诈发行、虚假陈述行为未经有关机关行政处罚或者生效刑事裁判文书认定为由请求不予受理或者驳回起诉的，人民法院不予支持”，直接降低了债券投资者提起诉讼的门槛，无疑具有积极意义。

2. 前置程序取消可能引发的问题

前置程序取消无疑有利于鼓励债券投资者积极提起债券虚假陈述纠纷，维护自身合法权益，但仍存在下列问题值得注意：

其一，前置程序取消引发的债券投资者、维权律师滥诉问题。前置程序取消确实加强了投资者权益的保护，但任何权利的行使都应当存在边界。前置程序的取消也意味着投资者起诉的门槛不复存在，那么如何避免债券发行人疲于应对虚假陈述责任纠纷就成了值得考虑的问题。

其二，前置程序取消后的债券投资者的举证责任问题。前置程序取消后，是否意味着债券投资者无须在提供任何证据的情况下即可提起债券虚假陈述诉讼？答案显然是否定的，事实上，前置程序的取消恰恰对债券投资者的举证提出了更高的要求，在部分法院不要求前置程序的证券虚假陈述案件中投资者均因未尽到举证责任而败诉。[2]

其三，前置程序取消后导致的重大性认定问题。依据《九民纪要》第85条的规定，虚假陈述被监管部门行政处罚的，应当认定为是具有重大性的违法行为。[3]

---

[1] 详情请参见最高人民法院（2018）最高法民申3428号民事判决书。

[2] 参见杭州市中级人民法院（2017）浙01民初第367号、（2017）浙01民初第368号民事判决书。

[3] 事实上就《九民纪要》该条款的理解，实践中存在不同的观点，有实务人士认为该条款实际强调的是被处罚的行政违法行为具有重大性。本文限于讨论问题的范畴，对此不作过多展开。

但若取消了前置程序，长期以来对监管部门形成依赖的法院应如何判断虚假陈述是否具有重大性?《债券纪要（征求意见稿)》提出了“发行人偿债能力的相关内容”是否等同于重大性？重大性问题必将成为诉讼中最为核心的争议焦点之一，也对司法机关的司法审查提出了更高的要求。

其四，债券投资者与股票投资者平等保护的问题。若未来“债券纪要”正式颁行，则在“债券纪要”颁布到《虚假陈述若干规定》条文修订之前的一段时间内，是否意味着债券投资者已无须遵守前置程序的要求，但股票投资者仍然面临该问题？如何解决上市公司因同一虚假陈述行为同时被投资者提起诉讼时，债券投资者优先保护的问题?

3. 对前置程序取消后的制度构想

针对上述问题，我们认为，在制度落地时可以考虑如下几点：

首先，虽然前置程序取消，但这并不意味着债券投资者起诉就并不需要任何门槛，其最起码应举示行为人存在虚假陈述行为的初步证据，比如被证监会立案调查、采取监管措施或权威媒体揭露其虚假陈述行为等证据；

其次，就重大性的认定而言，结合司法实践和《虚假陈述若干规定》，除“发行人偿债能力”相关内容之外，可以明确规定应结合《证券法》中债券信息披露的有关规定、行为人虚假陈述对债券价格的客观影响程度等因素综合认定；

最后，为了避免出现债券投资者与股票投资者不平等保护的问题，本文建议，“债券纪要”的颁布应与《虚假陈述若干规定》的修订联动，以便于未来构建一个真正统一的证券投资者虚假陈述纠纷制度。

（三）关于因果关系认定和损失计算问题

1. 因果关系认定规则应吸取已有审判经验

因果关系的认定关系到投资者最终能否获得赔偿。一般认为，证券虚假陈述诉讼中的因果关系包括两个维度：一为投资者买入或卖出证券是否与信息披露违法行为之间存在因果关系，即交易因果关系；二为投资者的损失是否与信息披露违法行为之间存在因果关系，即损失因果关系。[1]

就交易因果关系而言，《虚假陈述若干规定》第 18 条、第 19 条是基于“推定信赖”原则，推定在虚假陈述对市场产生影响的时段内（实施日到揭露日）进行

---

〔1〕 虽然《虚假陈述若干规定》第 18 条、第 19 条没有对此进行明确区分，但这已基本是学界共识。参见郭峰：《证券市场虚假陈述及其民事赔偿责任—兼评最高法院关于虚假陈述民事赔偿的司法解释》，载《法学家》2003 年第 2 期；叶承芳：《证券市场虚假陈述侵权因果关系的认定》，载《北京青年研究》2010 年 10 月。

相关股票交易的投资人，是基于对虚假陈述的信赖，受到虚假陈述的诱导而进行的交易。但是，这种“推定信赖”属于“可抗辩的信赖”，即允许行为人提出反证。《债券纪要（征求意见稿）》同样采用了“推定信赖”原则，认为债券投资者在虚假陈述实施日之后到揭露日之前买入债券的行为与行为人的信息披露违法行为有关。

就损失因果关系而言，《虚假陈述若干规定》第19条规定的不具有损失因果关系抗辩事由，包括系统性风险因素和非系统性风险因素等。而《债券纪要（征求意见稿）》第23条关于损失因果关系的抗辩规定，发行人及其他责任主体能够证明债券持有人、债券投资者的损失部分或者全部是由于利率风险、政策风险等与欺诈发行、虚假陈述内容无关的其他因素造成的，人民法院在确定损失赔偿范围时，应当根据原因力的大小相应减轻或免除赔偿责任的范围。

实践中，随着司法审判逐步精细化，法院对因果关系的认定理解开始逐步加深。更多法院开始将“交易因果关系”纳入审判视野；〔1〕同时对于系统性风险和非系统性风险的认定也逐渐开始根据个案进行衡量。〔2〕

因此，我们认为，从保障投资者的权益角度出发，未来的纪要应当吸取已有的证券虚假陈述案件审判经验，对如何判断是否存在交易因果关系和损失因果关系、如何认定是否存在系统性风险和非系统性风险作出更详尽的规定，以便于投资者在诉前准确衡量诉讼风险，免于因无谓的诉讼白白耗费精力。

此外，与股票有所不同的是，债券市场存在大量的机构投资者。一般认为，机构投资者具有相对丰富的经验和专业的研究能力，其投资决策逻辑和程序与普通投资者不同，〔3〕故而债券虚假陈述责任纠纷中对此也应特别予以关注。

2. 损失计算规则有待进一步明确

根据《虚假陈述若干规定》第31条、第32条的规定，投资人因行为人虚假陈述的损失＝（平均买入价－平均卖出价）×揭露日至基准日卖出证券数＋（平均

---

〔1〕例如，在游久游戏案中，上海金融法院认为，如果所涉信息不会对投资者的投资决策、股票价格产生实质影响致投资人损失，那么该行政违法行为与投资者的损失之间即缺乏因果关系。在顺灏股份再审案中，最高人民法院再审裁定认定，原审判决未全面考量顺灏股份实施的两项虚假陈述行为与投资者交易决定之间的因果关系，属于认定基本事实不清，裁定撤销原判，发回重审。详情请分别参见上海金融法院（2018）沪74民初第1185号民事判决书和（2018）最高法民再第339号民事裁定书。

〔2〕例如方正科技证券虚假陈述责任纠纷案和方正证券虚假陈述责任纠纷案，详情请参见上海市高级人民法院（2019）沪民终第263号民事判决书、湖南省高级人民法院（2018）湘民终第519－522号民事判决书。

〔3〕详见浙江省高级人民法院（2019）浙民终第1414号民事判决书。

买入价－基准价）×基准日后继续持有或卖出证券数＋佣金和印花税＋利息。[1]在“11超日债”虚假陈述责任纠纷案中，法院在裁判时就采用了该算法计算债券投资者因虚假陈述行为产生的损失。

由此产生了一个问题，即对于债券投资者而言，在其主张虚假陈述赔偿责任后，若继续持有该债券，能否在债券到期时要求发行人还本付息？若仍能主张，则不符合侵权责任法中基本的“填平原则”。此外，前述司法解释对于发行人已经偿还的部分本金应作如何处理前述规定亦未涉及。

对此，《债券纪要（征求意见稿）》第22条在规定债券虚假陈述责任纠纷损失计算方法时有所回应，其具体计算方法如下：

表1　债券虚假陈述责任纠纷损失计算方法

投资人持有债券情况	到期还本付息	分期还付本息
债券于基准日前已经卖出	购买债券支付金额－卖出债券所得金额＋利息（实际损失确定之日至实际清偿之日）	购买债券所支付金额－卖出该债券所得金额－已收取的分期偿付本金＋利息（实际损失确定之日至实际清偿之日）
债券于基准日后卖出或继续持有	（购买债券支付平均价－揭露日至基准日该债券有效估值的平均值）×持有张数	（购买债券支付平均价－已收取的分期偿付本金－揭露日至基准日该债券有效估值的平均值）×持有张数

此外，《债券纪要（征求意见稿）》第22条还规定同一债券投资者在已经获得债券虚假陈述胜诉判决的情形下，若继续起诉请求还本付息，则应相应调减偿付金额。

上述规定较好地考虑到了债券的特殊性，有助于精准地确定债券投资者因虚假陈述而产生的损失。但仍有如下问题需要特别关注：

其一，购买债券平均支付价应如何确定？在债券虚假陈述责任纠纷案件中，采用不同的计算方法所得的平均买入价存在一定区别，导致最终投资者可获赔的损失也大相径庭。另外，债券有效估值的设计应是参考了《虚假陈述若干规定》中基准价的设计，但具体每个有效估值应如何确定？我们认为为了给投资者行使诉权提供指引，上述问题应当进一步明确。

其二，若债券投资者在基准日前将债券卖出并取得赔偿，相应债券受让人能否继续向发行人主张还本付息？就这一问题，我们认为，从最大限度保护投资者的角

[1] 实践中法院在确定平均买入价时存在多种算法，常见的算法有先进先出加权平均法、投资成本法、移动加权平均法等，此处受限于讨论篇幅不做过多展开。

度出发，应保护受让人向发行人继续求偿的权利，除非债券受让人明知发行人存在虚假陈述行为而继续进行投资。

（四）关于其他主体责任承担的问题

1. 关于发行人控股股东、实际控制人及董监高的责任承担

依据《虚假陈述若干规定》和《证券法》（2014 年修订）的规定，对于发行人信息披露违法给投资者造成损失的，发行人的控股股东、实际控制人承担过错责任，发行人的董事、监事及高级管理人员承担过错推定责任。

《证券法》（2019 年修订）对此作出了修改，根据该法第 85 条之规定，信息披露义务人存在信息披露违法行为的，发行人控股股东、实际控制人和董事、监事及高级管理人员均承担过错推定责任，《债券纪要（征求意见稿）》也同样明确上述人员应承担过错推定责任。这有助于对发行人的控股股东、实际控制人及董事、监事和高级管理人员形成威慑，督促其履行自身职责，从而保护债券投资者的利益。

除此之外，《债券纪要（征求意见稿）》还对发行人董事、监事、高级管理人员及具有相同职责的人员、债券承销商和其他服务机构给出了更为细致的过错认定标准，规定应结合其在公司中的实际地位、在信息披露文件中发挥的实际作用等综合认定其过错。我们认为此举也呼应了司法实践中一些法院在认定上市公司董监高责任时的审慎态度。[1]

2. 关于债券承销商的责任承担

债券承销商的责任承担历来是各方关注的重点，实践中也不乏债券投资者主张债券承销商应与发行人承担连带责任的案例。[2]《证券法》（2019 年修订）和《债券纪要（征求意见稿）》均规定承销商应对发行人的信息披露违法行为承担过错推定责任，但《债券纪要（征求意见稿）》第 28 条、第 29 条进一步细化了认定债券承销商存在过错的标准和其免责事由。

尤其需要指出的是，《债券纪要（征求意见稿）》第 28 条第 2 款第 4 项规定的

---

〔1〕 例如保千里案和鞍重股份案，参见深圳市中级人民法院（2018）粤 03 民初第 561 号、第 566 号、第 567 号民事判决书，沈阳市中级人民法院（2017）辽 01 民初第 418 号民事判决书。

〔2〕 例如，在“15 五洋债”欺诈发行、“14 吉粮债”、“13 圣达威”私募债欺诈发行案中，投资者均诉请债券承销商承担连带责任，并已有部分案件一审判决债券承销商承担责任。详情请分别参见：

（1）《五洋债欺诈发行民事赔偿开审 承销商德邦证券等遭诉》，载新浪财经，https：//finance. sina. com. cn/roll/2019 - 05 - 15/doc - ihvhiqax8971924. shtml，最后访问时间：2020 年 3 月 8 日；

（2）《债券承销把关不严 广州证券承担连带责任》，载中国经营网，http：//www. cb. com. cn/index/show/bzyc/cv/cv13420311641，最后访问时间：2020 年 3 月 8 日；

（3）华创阳安 2019 年 9 月 6 日、10 月 14 日公告的《关于华创证券有限责任公司诉讼事项进展公告》。

认定过错标准为“对信息披露文件中相关债券服务机构出具专业意见的内容已经产生了合理怀疑，却并未进行审慎核查和必要的调查、复核工作”，同时第 29 条第 2 款第 4 项规定的免责事由为“对信息披露文件中相关债券服务机构出具专业意见的重要内容，在履行了审慎核查和必要的调查、复核工作的基础上，排除了合理怀疑”，这意味着债券承销商对其他中介机构出具的专业意见负有审慎审查义务，提高了对债券承销商的要求，有利于其真正做好债券市场的“守门人”。

此外，《债券纪要（征求意见稿）》第 28 条第 2 款第 5 项规定将“其他严重违反规范性文件、执业规范和自律监管规则中关于尽职调查要求的行为”作为认定债券承销商过错的兜底条款，同时第 29 条第 2 款第 1 项也将已经按照证监会规范性文件、执业规范和自律监管规则的要求进行合理的尽职调查作为免责事由，这表明类似中国证券业协会颁布的《公司债券承销业务尽职调查指引》等行业规范也成了判断债券承销商是否具有过错的依据，强化了对债券承销商的约束。

3. 关于其他中介机构的责任承担

《证券法》（2019 年修订）第 163 条规定了为证券的发行、上市、交易等制作、出具审计报告、资产评估报告和法律意见书等文件的中介机构对行为人信息披露违法行为应承担过错推定责任，《债券纪要（征求意见稿）》第 30 条也再次重申了其他债券服务机构承担的是过错推定责任。

同样地，在《债券纪要（征求意见稿）》第 30 条第 1 款也明确了判断中介机构是否勤勉尽责、是否有过错的标准不仅包括法律、行政法规、部门规章，还包括行业执业规范和职业道德。我们认为，此举一方面有利于督促中介机构勤勉尽责，避免债券投资者因发行人信息披露违法行为受损；但另一方面有关“职业道德”的要求过于宽泛，实践中难免导致扩张解释“职业道德”含义的问题。

此外，《债券纪要（征求意见稿）》第 30 条第 2 款规定会计师事务所的过错认定和责任承担，应根据最高人民法院《关于审理涉及会计师事务所在审计业务活动中民事侵权赔偿案件的若干规定》处理。该司法解释第 6 条规定了会计师事务所因过失出具审计报告的，应按其过错程度承担相应的责任。我们认为这体现了人民法院在认定中介机构承担责任时相对保守的态度，与司法实践相吻合。[1]

4. 小结

结合上述分析，不论是《证券法》（2019 年修订）还是《债券纪要（征求意

〔1〕 根据我们的了解，目前仅有立信会计师事务所在大智慧、金亚科技案被判决承担连带责任和瑞华会计师事务所在华泽钴镍案被判处在 60% 范围内承担连带责任。详情请参见上海市高级人民法院（2019）沪民终第 101 号民事判决书、成都市中级人民法院（2019）川 01 民初第 3673 号民事判决书和华泽钴镍 2020 年 1 月 10 日《关于收到成都市中级人民法院民事判决书的公告》。

见稿)》，都对除债券发行人之外的其他主体免责提出了更高的要求，从债券投资者保护的角度看显然是一个好消息。但所谓“法律的生命在于实践”，前述条文效果如何，又能否为债券投资者提起债券虚假陈述责任纠纷提供足够的指引，还有赖于在司法实践中予以检验。

四、结论

债券投资者因其相较于公司普通债权人的特殊性和相对于公司股东的弱势地位，有必要给予其特殊保护。在当下《证券法》（2019 年修订）颁布，债券信息披露规则不断完善的大背景下，投资者提起债券虚假陈述责任纠纷逐渐成为一种维护自身权益，破除发行人等主体信息披露违法给其造成侵害困境的可行路径。结合《证券法》（2019 年修订）和《债券纪要（征求意见稿)》的有关规定，我们认为未来应构建一个统一各类不同类型债券，乃至整个证券市场的虚假陈述责任纠纷诉讼机制，以明确其法律适用；同时应在取消前置程序的基础上，吸取对因果关系认定的审判经验；完善损失计算和其他主体责任承担的规则，以期最大限度地保护债券投资者的合法权益。

上市公司权益披露制度：实证研究与政策建议

黄 辉[*] 王 超[**]

内容摘要：《证券法》（2019 年修订）提高了上市公司权益披露要求和罚款上限，增设了表决权排除处罚措施。本文梳理了我国上市公司权益披露制度的历史和现状，分析了《证券法》修订的改革进路，并考察了中国证监会及地方证监局对披露规则的执行情况。实践中，中国证监会在执法中广泛行使了自由裁量权，根据违规者的交易方式等对其进行不同程度的处罚；地方证监局近年来分担了中国证监会的执法工作，但出现了标准不统一和地方保护倾向。本文对研究结果从我国政治经济环境角度进行了解释，评价了《证券法》（2019 年修订）的各项改革举措，并提出了相关政策建议。

关键词：持股权益披露 违规举牌 慢走规则 责令改正 表决权排除

一、引言

美国 1934 年《证券交易法》第 13（d）条规定了大额持有人[1]的持股信息披

---

* 黄辉，香港中文大学法学院教授，博士生导师，金融规管与经济发展研究中心主任。

** 王超，香港中文大学法学院博士，研究助理。

〔1〕 大额持有人是权益披露制度的规制对象，是指在一家上市公司的持股比例达到和超过披露门槛的投资者。披露门槛在美国和我国都是5%。

露规则。[1] 该制度被移植到我国后并没有真正解决违规举牌等问题。[2] 近年来“上海新梅”“宝万之争”等案例成为市场热点话题。已有研究对披露要求、慢走规则、表决权排除等理论和实践难题缺乏令人满意的解释和解决方案。2020年生效的修订版《证券法》出台背景下，本文对我国权益披露制度进行全面深入研究，文章结构如下：第二部分考察了我国2006年《证券法》权益披露制度的披露+慢走模式，分析了2019年年底完成修订的《证券法》带来的变化；第三部分实证分析了中国证监会及其地方分支机构实施权益披露规则的方式，包括行政处罚的法律依据和类别、可使用的监管武器、地方案例地理分布等；第四部分从我国政治经济环境角度解释了实证数据，深入分析了2020年《证券法》（2019年修订）各项改革举措的合理性，并提出了相关完善建议；第五部分是结论。

二、我国权益披露制度立法与改革进路

权益披露制度最早被1993年《股票发行与交易管理暂行条例》移植到我国，随后被1999年《证券法》和2002年《上市公司股东持股变动信息披露管理办法》吸收继承。2006年修订的《证券法》（简称2006年《证券法》）[3]和《上市公司收购管理办法》（简称2006年《收购办法》）对披露+慢走模式进行了改革和完善。《证券法》（2019年修订）经历了多次审议于2019年年底完成修订，2020年3月正式生效，对持股权益披露制度进行了重大调整。

（一）《证券法》的披露+慢走模式

2006年《证券法》简短地规定了持股信息公开义务、持股变动公开义务和慢走规则。[4] 2006年《证券法》第86条第1款规定，通过场内交易，投资者持有目标公司股份达5%时，应在3日内向证监会、证交所和上市公司披露，并且在披露期限内不得买卖目标公司股票。第86条第2款规定，大额持有人所持股份比例每增加或减少5%，应当进行披露，在披露期间和披露后2日内不得买卖该公司股票。

---

[1] JAMES D. COX, ROBERT HILLMAN & DONALD C. LANGEVOORT, SECURITY REGULATION, CASES AND MATERIALS, at 992 (Wolters Kluwer, 2013).

[2] 1934年《证券交易法》第13（d）条。

[3] 2005年修订的《证券法》于2006年生效后，于2013年和2014年被部分修正，权益披露制度的相关条款没有大的变化。

[4] 叶林：《证券法》，中国人民大学出版社2013年版，第257页。

有学者认为其适用于所有方式的证券交易。[1] 本文认为从体系解释角度，第86条第2款和第1款一样只适用于场内交易。[2] 持股信息公开义务和持股变动公开义务对应了不同的慢走规则：持股信息公开义务的交易锁定期仅限于披露窗口期间，而持股变动公开义务的锁定期是披露窗口期间加上此后的2天。

违反权益披露规则的主要法律后果规定在2006年《证券法》第193条，违法行为人将被责令改正，给予警告，并处以30万元至60万元的罚款。第193条被批评为处罚手段过于有限，行政罚款数额过低，不能有效阻止违法行为。[3] 违反权益披露的行为往往也同时违反了慢走规则，适用2006年《证券法》第204条规定的法律后果：责令改正，给予警告，处以不超过交易证券等值的罚款。[4] 第204条的处罚威力比第193条要严厉得多：首先，交易证券等值罚款实践中往往远大于60万元罚款上限。其次，两个条款下的责令改正有不同的含义。第193条的责令改正是指监管者责令违法者补充披露，提交补充报告；第204条的责令改正是指监管者责令违法者出卖或者购回非法购买或出售的股票。[5]

违规行为是否还有其他法律后果存在许多理论和实践困惑。2006年《证券法》第213条规定，在做出更正前买受人不得行使所取得股份的表决权，因此有学者支持援引第213条来排除违规者的表决权。[6] 有学者主张类推适用内幕交易规则。持股比例超过5%的大额持有人构成2006年《证券法》第67条的上市公司内幕人员，

---

〔1〕 吴建忠：《上市公司权益披露规则与“慢走规则”法律适用——从〈证券法〉第86条和〈上市公司收购管理办法〉谈起》，载《证券市场导报》2013年第1期。

〔2〕 如果理解为适用于证券交易所有方式，则第86条第2款将与2006年《收购办法》第14条相抵触。

〔3〕 吴飞飞：《违规举牌相关争点回应与规制路径探寻》，载《证券市场导报》2017年第9期。

〔4〕 2006年《证券法》第38条规定了相关股票交易的锁定期，违反规定的，应按照第204条进行处罚。

〔5〕 徐聪：《违反慢走规则买卖股票若干争议法律问题研究》，载《法律适用》2015年第12期。因此，有学者反对第204条的责令改正解释。陈功：《违反大额持股披露制度法律思考》，载《合作经济与科技》2017年第6期；姚瑶：《公司收购中违反大额持股申报义务的法律责任——基于“上海新梅案”的分析例证》，载《河北法学》2017年第35（2）期。

〔6〕 李振涛：《我国上市公司大额持股变动的法律责任探析》，载《法律适用》2016年第1期；陈功：《违反大额持股披露制度法律思考》，载《合作经济与科技》2017年第6期。但第213条仅适用于收购人，参见钟洪明：《证券法大宗持股权益变动法律责任研究——以非合意并购为视角》，载《证券法律评论（2017年卷）》，中国法制出版社2017年版。有学者认为披露规则是规定在《收购办法》里面的，因此表明我国立法者将披露规则视为收购法的一部分。参见陈功：《违反大额持股披露制度法律思考》，载《合作经济与科技》2017年第6期。

应根据第76条对其内幕交易行为予以处罚。[1] 该主张的主要障碍是2006年《证券法》第76条第2款明确排除了披露违规案件的适用，最高院司法解释也将内幕交易排除在披露规则适用范围之外，[2] 香港也明文排除这种情况适用内幕交易法律。[3]本文的实证研究也表明，没有执法案例援引第76条和第213条，说明证监会没有采纳类推适用内幕交易责任和表决权排除的建议。

证监会2006年修订了《收购办法》，对2006年《证券法》进行了补充和完善。2006年《收购办法》规定了三种证券交易方式，即场内交易、协议转让和其他方式转让。[4] 首先，2006年《收购办法》减轻了协议转让交易的披露负担。协议转让的慢走规则变得更宽松了，锁定期相对较短，仅限于披露窗口期间。[5] 协议转让当事人只需要一次而不需要多次披露，转让大宗股份变得更加方便高效。其次，2006年《收购办法》第75条、第76条完善了监督措施。投资人不履行义务的，证监会可以责令投资者改正，采取监管措施。监管措施包括监管谈话、警告函、责令暂停或停止收购。改正前，投资人不得行使股份的表决权。

（二）2019年《证券法》修订

《证券法》（2019年修订）在2019年被大规模修订，于2020年3月正式生效。在本次《证券法》修订之前，沪深交易所就已经于2018年分别发布《上市公司收购及股份权益变动信息披露业务指引（征求意见稿）》（以下简称《业务指引》）。《业务指引》将披露区间从5%降低为1%（披露前后无须暂停交易），披露窗口期降为1天，持股比例未达到5%的第一大股东也被纳入信息披露义务人范围。[6]《证券法》修订审议过程中，三读稿第71条部分采纳了《业务指引》的改革倡议。投资者持有一个上市公司已发行的有表决权股份达到5%后，其所持股份比例每增

---

〔1〕 陈洁：《违规大规模增减持股票行为的定性及惩处机制的完善》，载《法学》2016年第9期；李振涛：《我国上市公司大额持股变动的法律责任探析》，载《法律适用》2016年第1期；吴英霞：《投资者违反慢走规则法律责任体系的构建》，载《南方金融》2018年第2期。有学者认为该建议混淆了披露规则和内幕交易规则的立法目的，参见吴飞飞：《违规举牌相关争点回应与规制路径探寻》，载《证券市场导报》2017年第9期。

〔2〕《关于办理内幕交易、泄露内幕信息刑事案件具体应用法律若干问题的解释》第4条。

〔3〕 2012年《证券及期货条例》第271（8）条。

〔4〕 2006年《收购办法》第13条、第14条、第15条。其他方式转让主要包括行政划转、法院裁决等。其他方式转让与协议转让具有共同点，都是股权的一次性大宗转让。

〔5〕 2006年《收购办法》第14条、第15条。

〔6〕 上交所《业务指引》第6条；深交所《业务指引》第8条。更多信息参见上交所2018年《上市公司收购及股份权益变动信息披露业务指引（征求意见稿）》起草说明。

加或者减少 1%，应当在该事实发生的次日通知该公司并予公告。[1] 有学者认为降低持股变动披露比例的改革策略是不可取的，因为权益披露制度的理念应是在增加市场透明度和促进公司收购之间保持平衡。[2]

《证券法》（2019 年修订）大体上采用了三读稿的改革模式，对持股权益披露制度进行了调整。权益披露制度的行为模式条文从 2006 年《证券法》第 86 条变成了《证券法》（2019 年修订）第 63 条。《证券法》（2019 年修订）依然只规定了场内交易触发的权益披露义务，忽略了协议转让交易这一最具影响力的交易形式。通过证券交易所的证券交易，投资者持有一个上市公司已发行的有表决权股份达到 5% 时，应当在该事实发生之日起三日内向证监会、交易所作出书面报告，通知上市公司并予公告，在此期限内不得再行买卖该公司股票。大额持有人所持股份比例每增加或者减少 5%，应当以同样方式进行报告和公告。在该事实发生之日起至公告后三日内，不得再行买卖该公司股票。证监会对以上两种披露义务可以规定除外情形。[3] 投资者持有上市公司已发行有表决权股份达到 5% 后，所持股份比例每增加或者减少 1% 的，应当在该事实发生次日通知该公司并予公告，但不必暂停股票交易。[4]

权益披露规则"慢走规则"的法律后果条文分别从 2006 年《证券法》第 193 条/第 204 条变成了《证券法》（2019 年修订）第 197 条/第 186 条。信息披露义务人未履行披露义务的，证监会可以责令违规人改正，给予警告，并处以 50 万元到 500 万元罚款；直接责任人员将被警告，并处以 20 万元到 200 万元罚款。发行人的控股股东、实际控制人从事组织、指使或隐瞒行为的，处以 50 万元到 500 万元罚款，其直接责任人员处以 20 万元到 200 万元罚款。信息披露义务人披露的信息有虚假记载、误导性陈述或者重大遗漏的，证监会可以责令改正，给予警告，并处以 100 万元到 1000 万元罚款；直接责任人员将被给予警告，并处以 50 万元到 500 万元罚款。发行人的控股股东、实际控制人从事组织、指使或隐瞒行为的，处以 100 万元到 1000 万元罚款，其直接责任人员处以 50 万元到 500 万元罚款。[5] 在限制转让期内转让证券，或者转让股票不符合法律法规和证监会规定的，证监会可以责令违规者改正，给予警告，没收违法所得，并处以买卖证券等值以下的罚款。[6]

---

[1] 《证券法修订草案》三读稿，第 71 条。

[2] 伍坚：《论我国大额持股披露制度的完善》，载《法学》2018 年第 5 期。

[3] 2020 年《证券法》第 63 条第 1 款、第 63 条第 2 款。

[4] 2020 年《证券法》第 63 条第 3 款。

[5] 2020 年《证券法》第 197 条。

[6] 2020 年《证券法》第 186 条。

总而言之，《证券法》（2019 年修订）最大的改革之处是将 5% 的披露区间降为 1%，增加了违规者的表决权排除处罚措施，且大幅度提高了罚款水平。一般来说，发达国家的权益披露制度一般要比发展中国家更为严厉，且权益披露制度的严厉程度与上市公司的股权分散程度呈正相关。[1] 然而，我国披露规则经过多次改革，在行为模式和法律后果上比美国更加严厉。[2] 首先，投资者持有上市公司已发行有表决权股份达到 5% 后，所持股份比例每增加或者减少 1% 的，应当在该事实发生次日通知该公司并予公告。[3] 这使得我国上市公司权益披露的门槛/区间与美国达成了趋同，即 5%/1%，且增减 1% 不需要暂停交易。投资者只有持股增减幅度达到 5% 的时候才需要遵守慢走规则。改革的主要动机是提升市场透明度，避免宝万之争等案例中出现的违规举牌和市场不透明等现象。其次，投资者违反权益披露义务买入上市公司有表决权股份的，在买入后的 36 个月内不得行使违规超额持有股份的表决权。[4] 剥夺违规者表决权的代表性立法模式是韩国《资本市场法》。大额持有人未及时作出纠正报告的，对违规持有的股票不得行使表决权。[5] 相比之下，我国《证券法》（2019 年修订）的规定更进了一步，违规者不管是否已改正，在 36 个月内一律不得行使表决权。最后，相比 2006 年《证券法》第 193 条，《证券法》（2019 年修订）第 197 条大幅度提高了信息披露违规的罚款数额。违规者及从事组织、指使或隐瞒行为的发行人控股股东、实控人的罚款上限被提高到了 500 万元，直接责任人员的罚款上限提高到了 200 万元。前述主体如果存在虚假记载、误导性陈述或者重大遗漏行为，其最高罚款数额甚至翻倍到了 1000 万元和 500 万元。[6] 这一改革具有很强的现实意义，因为 2006 年《证券法》第 193 条罚款数额早已达不到处罚目的。60 万元罚款的制裁效果在很大程度上被多年来的通货膨胀所稀释。

---

〔1〕 Michael C. Schouten & Mathias. M. Siems, *The Evolution of Ownership Disclosure Rules Across Countries*, 10. 2 Journal of Corporate Law Studies 451, 483 (2010).

〔2〕 王超：《中国持股权益披露制度：法律移植与比较研究》，载《投资者》2019 年第 5 期。

〔3〕 2020 年《证券法》第 63 条第 3 款。

〔4〕 2020 年《证券法》第 63 条第 4 款。

〔5〕 2008 年《资本市场法》第 150 条第 1 款。

〔6〕 2020 年《证券法》第 197 条。

三、我国权益披露制度行政执法案例研究

表 1　证监会系统央地案件管辖分布（件）

年份 机构	2006	2007	2008	2009	2010	2011	2012	2013	2014	2015	总共
证监会	0	0	1	8	4	6	11	6	3	33	72
证监局	0	0	0	0	0	1	1	2	11	26	41
共计	0	0	1	8	4	7	12	8	14	59	113

本文研究时间区间为 2006 年《证券法》修订生效后的 2006 年 1 月 1 日至 2015 年 12 月 31 日。研究使用了证监会官网等权威来源的案例数据，共收集了 113 个行政执法案例。2006 年和 2007 年没有案件，反映了证监会有时查处力度偏小且速度迟缓。[1] 2011 年以来地方证监局开始分担证监会的执法工作，案件数年年猛增，在 2014 年超过了证监会。2015 年股灾期间二者案件数量均达高峰。

表 2　地方证监局案件地理分布（件）

年份 地区	2011	2012	2013	2014	2015	共计
深圳	1	1	0	1	2	5
上海	0	0	1	1	1	3
广东	0	0	1	1	2	4
四川	0	0	0	1	1	2
广西	0	0	0	2	4	6
江苏	0	0	0	1	2	3
湖南	0	0	0	2	1	3
福建	0	0	0	2	0	2
内蒙古	0	0	0	0	1	1
宁波	0	0	0	0	1	1
安徽	0	0	0	0	1	1
山西	0	0	0	0	2	2
河南	0	0	0	0	2	2

〔1〕缪因知：《政府性证券监管批判及与民事诉讼之权衡》，载《交大法学》2015 年第 1 期。

续表

年份 地区	2011	2012	2013	2014	2015	共计
浙江	0	0	0	0	1	1
湖北	0	0	0	0	3	3
陕西	0	0	0	0	2	2
共计	1	1	2	11	26	41

地方证监局案例最多的地区是广西、深圳、广东、上海、江苏、湖北和湖南。珠江三角洲地区总共有 9 个案例，这与其经济发展程度和金融中心地位一致。广西发展相对落后，且境内没有特别多上市公司。这种现象可以用地方保护主义来解释。违规减持行为会对本地上市公司的股价产生潜在负面影响。

（一）违规交易方式

表 3　违规交易方式案件数量（件）

年份 方式	2006	2007	2008	2009	2010	2011	2012	2013	2014	2015	共计
场内交易	0	0	1	8	4	5(1)	11(1)	6(1)	3(11)	33(23)	71(37)
协议转让	0	0	0	0	0	0(0)	0(0)	0(1)	0(0)	0(3)	0(4)
其他方式转让	0	0	0	0	0	1(1)	0(0)	0(0)	0(0)	0(0)	1(1)
共计	0	0	1	8	4	6(1)	11(1)	7(2)	3(11)	33(26)	72(41)

上面表格中，括号外数字为证监会裁决的案件数量，括号中数字为各个地方证监局裁决的案件数量总和。证监会案件中，场内交易引发了 71 个案件，其中 1 个案例同时由协议转让引发，但证监会只按照场内交易进行了处罚，因此算入场内交易案例。〔1〕其他方式转让引发了 1 起案件。〔2〕场内交易是证监会监管重点，而各证监局的执法方式与证监会类似。证监局执法的违规交易案例中，场内交易行为是最常见的，协议转让和其他方式转让只有极少案件。违规行为有时涉及了多种交易方式，例如深圳证监局 2011 年裁决的张某文案中，违规者通过场内交易和其他方

〔1〕中国证监会行政处罚决定书（上海仪电控股（集团）有限公司）〔2013〕33 号。

〔2〕中国证监会行政处罚决定书（天津大通、逯某、贾某忠、霍某）〔2011〕5 号。

式转让进行了证券交易。[1]

（二）违规持股比例

表4 违规持股比例

持股＼年份	2006	2007	2008	2009	2010	2011	2012	2013	2014	2015	共计
达到5%	0	0	1	7	2	6(1)	11(1)	6(1)	3(6)	1(12)	37(21)
增持5%	0	0	0	1	0	0(0)	0(0)	0(0)	0(0)	1(0)	2(0)
减持5%	0	0	0	0	2	0(0)	0(0)	0(0)	0(5)	31(11)	33(16)
共计	0	0	1	8	4	6(1)	11(1)	6(1)	3(11)	33(23)	72(37)

证监会案件中，投资人持股达到5%的案例最多，反映了证监会重视大额持有人的产生。大额持有人减持达5%的案例略低于半数，但在2015年股市崩盘中几乎代表了所有案例，说明证监会对股灾期间的违规减持行为非常敏感。大额持有人增持5%的案例占比最低，间接说明了证监会鼓励投资人购买股票、促进证券市场发展的态度。一些案例同时涉及违规增持5%和减持5%，例如2010年上海中润案。[2]

括号中的案例为地方证监局案例，主要涉及投资者持股达到5%门槛和违规减持超过5%。这反映了地方保护主义，地方证监局关注大额持有人的形成，特别是来自其管辖行政区之外的大额持有人。尤其是在2015年，证监局将违规减持行为列为监管工作重心，以稳定股票市场价格。相比之下，大额持有人违规增持超过5%股份的行为相对较少被关注。

（三）处罚法律依据

表5 处罚法律依据

依据＼年份	2006	2007	2008	2009	2010	2011	2012	2013	2014	2015	共计
第193条	0	0	1	8	4	6(1)	11(1)	6(1)	3(6)	33(14)	72(23)
第204条	0	0	0	1	0	1(0)	0(0)	0(0)	0(0)	32(3)	34(3)
《收购办法》	0	0	0	0	1	2(1)	1(0)	0(1)	0(5)	0(9)	4(15)

〔1〕 中国证券监督管理委员会深圳监管局行政处罚决定书（张某文）〔2011〕1号。

〔2〕 中国证监会行政处罚决定书（上海中润、汤某军等5名责任人员）〔2010〕24号。

全部证监会案例援引了2006年《证券法》第193条，仅4个案例援引了2006年《收购办法》的相关条文。2006年《证券法》第204条的援引比例占接近一半，尤其在2015年几乎占据全部案例。括号中的案例为地方证监局案例，第193条尽管被大多数案例援引，但已并不占绝对多数。相比证监会，各证监局较少引用第204条。更重要的是，证监局在几个案件中对《收购办法》第14条、第15条规定的协议转让和其他方式转让的违规行为进行了监管。[1] 这说明了各证监局更具创造力和开放性，且更多地依赖2006年《收购办法》的可操作性和明确性。

（四）处罚种类数额

表6 处罚种类

种类＼年份	2008	2009	2010	2011	2012	2013	2014	2015	共计
罚款	1	8	3	6(1)	11(1)	5(2)	3(6)	33(14)	70(24)
责令改正	0	0	0	1(1)	5(1)	1(1)	1(5)	32(6)	40(14)
警告	1	8	3	6(1)	11(1)	6(2)	3(9)	33(22)	71(35)
公开道歉	0	0	0	0	0	0	0	28	28
监管谈话	0	0	0	0	0	0	0(1)	0(2)	0(3)

警告和罚款最常用，大多一起适用。责令改正要求违规人做出补充披露即可，这说明证监会的执法依据是2006年《证券法》第193条规定的保守型责令改正措施。公开道歉是2015年股灾中兴起的新制裁手段，充当一种声誉惩罚和威慑机制。[2] 括号中的地方证监局案例最常用的惩罚也是警告[3]和罚款。与证监会一样，各证监局也以保守的方式实施了责令改正。[4] 证监局根据2006年《收购办法》第75条、第76条的规定，在一些案件中采用了监管谈话措施。这证明了证监局与市场的互动更加紧密。

---

〔1〕 典型案例是李某鸿、鲜某处罚案，参见上海监管局行政处罚决定书（李某鸿、鲜某）沪〔2013〕1号。

〔2〕 Benjamin L. Liebman & Curtis J. Milhaupt, *Reputational Sanctions in China's Securities Market*, Vol. 108 Issue 4 Columbia Law Review 929, 983 (2008).

〔3〕 统计的"警告"包括《证券法》第193条下的"警告"和《收购办法》第75条下的"警示函"。

〔4〕 统计的"责令改正"包括《证券法》第193条下的"责令更正"和《收购办法》第75条下的"责令更正"。

表 7 行政罚款水平（千元）

罚款 \ 年份	2006	2007	2008	2009	2010	2011	2012	2013	2014	2015
最高	0	0	300	1000	500	1600（600）	600（600）	600（600）	400（600）	30400（3200）
最低	0	0	300	300	300	300（600）	300（600）	300（300）	300（300）	300（300）
平均	0	0	300	400	400	533（600）	422（600）	360（410）	367（468）	7276（769）

2008 年到 2014 年，证监会的罚款根据大多数只是 2006 年《证券法》第 193 条。罚款数额上限为 60 万元人民币，平均罚款数额约为 40 万元，其中部分案例附加引用了 2006 年《证券法》第 204 条因而拉高了整体平均罚款水平。2015 年证监会的罚款依据大多数同时增加了第 204 条，最高为 3040 万元，平均为 727.6 万元，创下了历史新高。相比之下，地方证监局的最高罚款纪录是 320 万元，且平均罚款水平比证监会略高。但在 2015 年，由于较少引用第 204 条，证监局的最高和平均罚款数额仅是证监会的 1/10。[1] 这造成了极大的执法标准不统一和不确定性。

四、《证券法》（2019 年修订）改革路径的分析评价

（一）改革措施之一：披露区间

权益披露规则的制定需考虑在现任董事和外部投资人之间取得平衡，以及我国的经济发展水平、文化规范和法律渊源等因素。2012 年，埃默里克（Emmerich）等法律实务人士向美国证交会请愿将披露窗口期从 10 天缩至 1 天。[2] 哈佛大学拜伯切克（Bebchuk）教授等对这一改革提议提出了反对，认为收紧权益披露规则会妨碍大额持有人发挥提高市场效率和监督管理层的功能，而法律改革的原则应是寻求现任董事和外部大额持有人之间的最优权力平衡。[3] 这一主张非常具有说服力，使得美国证交会重新审视了收紧权益披露规则的改革倡议。对于我国而言，政策制定者不仅应考虑现任董事和外部投资人之间的力量平衡，也应采用符合经济发展阶段的披露门槛。权益披露制度应遵循的理念是“增加市场透明度和促进公司收购之

---

〔1〕 这可能是因为中央机构比地方机构承受着更大的救市压力。本次统计的证监局罚款案例去除了多个没有施加罚款责任的案例，仅统计了各个证监局根据权益披露规则而施加罚款的案例。

〔2〕 Adam O. Emmerich et al., *Fair Markets and Fair Disclosure: Some Thoughts on the Law and Economics of Blockholder Disclosure, and the Use and Abuse of Shareholder Power*, Social Science Electronic Publishing (2012).

〔3〕 Lucian A. Bebchuk & Robert J. Jackson, *The Law and Economics of Blockholder Disclosure*, Vol. 2 No. 1 Harvard Business Law Review 40, 60 (2011).

间保持平衡，适度加重法律责任以兼顾规范与发展”[1]。

根据以上原则，本文认为《证券法》（2019 年修订）1% 的披露区间过于严厉，不符合我国目前的经济发展阶段与国情，因此《证券法》（2019 年修订）的这一改革举措值得商榷。有学者也建议现有条件下应当对继续买卖采取相对宽松的态度，[2]《证券法》（2019 年修订）降低持股变动披露比例是不可取的。[3] 第一，相对于成熟市场，我国上市公司的控制权市场极其欠发达，公司外部大额持有人对于上市公司治理的监督作用很有限。即使披露前后无须暂停交易，1% 的披露区间也会加重大额持有人的负担，进一步削弱其监督上市公司管理层和控股股东的力量。采用宽松披露规则和严厉的违规处罚规则可以避免挫伤投资者的持股积极性，同时促使其严格遵守披露要求，维护证券市场的效率与秩序。第二，照搬美国的 1% 披露区间忽视了我国证券市场发展阶段、上市公司股权集中和市场流动性差的国情。由于上市公司控股股东持股比例很高，外部投资者持股达到 5% 的时候，很难对上市公司的内部人进行制衡。为了符合经济发展的国情需要，我国应适度调整披露门槛和披露区间。[4] 第三，我国新《证券法》（2019 年修订）都缺乏系统的权益披露豁免机制，过于严厉的权益披露制度会阻碍机构投资者的发展。立法者应尽快完善机构投资者的披露豁免，使得机构投资者不必频繁地披露在各个上市公司的持股信息。《业务指引》规定社保基金等持有同一上市公司的股份数量不合并计算，是值得鼓励的改革方向。[5]

（二）改革措施之二：罚款数额

《证券法》（2019 年修订）第 197 条大幅度提高了信息披露违规的罚款数额，这具有很大的进步意义。2006 年《证券法》第 193 条的 60 万元罚款上限早已不足以威慑投资者的违规交易行为，而证监会越来越多地依赖第 204 条巨额罚款的震慑作用。《证券法》（2019 年修订）第 197 条可以部分替代慢走规则的罚款功能。

慢走规则具有很多优点和缺点。根据上海兴盛诉王某忠案中法官裁判文书的说理，慢走规则的合理性在于其有利于监管机构和上市公司及时了解股权变更，保障

---

[1] 伍坚：《论我国大额持股披露制度的完善》，载《法学》2018 年第 5 期。

[2] 叶林：《证券法》，中国人民大学出版社 2013 年版，第 257 页。

[3] 伍坚：《论我国大额持股披露制度的完善》，载《法学》2018 年第 5 期。

[4] 我国收紧权益披露制度的赶英超美的做法并不符合现在经济发展阶段和证券市场成熟度。已有研究表明，股权集中的发展中国家的权益披露制度往往比股权分散的发达国家更宽松。参见 Michael C. Schouten & Mathias. M. Siems, *The Evolution of Ownership Disclosure Rules Across Countries*, 10. 2 Journal of Corporate Law Studies 451, 483 (2010)。

[5] 上交所《业务指引》第 4 条。

证券市场公平交易，保护投资者知情权和投资决策权等。[1] 但另一方面，慢走规则也会降低外部投资者积累股票的速度，提高交易成本，威胁股票市场流动性，阻碍公司控制权市场形成和繁荣，损害公司治理。窗口期的天数越长意味着锁定期越长，外部投资者财务和时间负担也会越重。因此，有学者主张取消慢走规则，[2] 反对适用2006年《证券法》第204条［即《证券法》（2019年修订）第186条］来惩治披露违规人。[3] 实践中证监会对于第204条援引缺乏明确标准，导致了在听证会上收到当事人的申诉。[4]

本文认为循序渐进地取消慢走规则应是今后改革的大方向。在此之前，应将慢走规则灵活适用于所有同时违反披露规则和慢走规则的案件。第204条有很长的罚款区间，证监会应该对更严重违法行为实施更高层次罚款，这才是合理的自由裁量权行使方式。酌情决定是否援引第204条是不合理的，过大的行政权会妨碍市场自律机制。实证研究表明，酌情援引第204条造成了证监会和证监局的处罚程度不统一，以及相似案件的处罚标准不统一。第204条的罚款额比第193条高很多倍，部分违规人受到不成比例的惩罚。[5] 此外，酌情决定是否援引第204条的做法缺乏明确的可预测性，易受到政策局势的影响。例如，在2015年之前很少有案例援引第204条，而在2015年股灾期间证监会的绝大多数案例援引了第204条。

（三）改革措施之三：表决权排除

我国2006年《证券法》第213条采用了类似于韩国的规定，大额持有人未及时作出纠正报告的，对违规持有的股票不得行使表决权。[6]《证券法》（2019年修订）规定违规者不管是否已改正，在买入后的36个月内不得行使违规超额持有股份的表决权。[7] 在本次《证券法》修订之前，违规者的表决权排除责任是否被广泛适用？适用的主体是证监会系统还是法院？

本文的案例实证研究表明，从2006年到2015年证监会和地方证监局的裁决文

---

〔1〕上海市第一中级人民法院民事判决书（2015）沪一中民六（商）初字第66号上海兴盛实业发展（集团）有限公司诉王某忠证券欺诈责任纠纷案。

〔2〕伍坚：《论我国大额持股披露制度的完善》，载《法学》2018年第5期。

〔3〕徐聪：《违反慢走规则买卖股票若干争议法律问题研究》，载《法律适用》2015年第12期；张子学：《完善我国大额持股披露制度的若干问题》，载《证券法苑》2011年第2期；李振涛：《我国上市公司大额持股变动的法律责任探析》，载《法律适用》2016年第1期。

〔4〕中国证监会行政处罚决定书（王某华）〔2015〕48号。

〔5〕《行政处罚法》第4条规定行政处罚应当符合违法行为的严重性和对社会造成的损害。

〔6〕2008年《资本市场法》第150条第1款。

〔7〕2020年《证券法》第63条第4款。

件没有涉及违规人表决权的处罚。通过案例分析，本文发现这是证监会对于“责令改正”的保守理解所导致的。在 2006 年《证券法》下，如何理解违规处罚措施中的“责令改正”决定了是否可以剥夺违规者的表决权。实证研究表明，证监会不想依照 2006 年《证券法》第 204 条过分解释“责令改正”而强制违规人处置非法持有的股票。“责令改正”仅意味着违法者按照 2006 年《证券法》第 193 条做出补充性披露即可。一旦作出了补充性披露报告，违规人将不再被限制股东权利，不用担心会被强制出售手中的上市公司股票。这使得违规人的违法收益远远大于违法成本，因而导致证监会无法剥夺违规者的表决权，使 2006 年《证券法》第 213 条成为纸上谈兵。

法院是否可以承担施加表决权排除责任的功能？本文搜索了我国法院系统从 2006 年到 2015 年的官方数据库，仅发现两个涉及披露违规的表决权争议案例。一个案例是上海兴盛诉王某忠案，另一个案例是刘某秋诉深圳长城汇理资产管理有限公司案。在这两个案件中，被告违反披露规则，增加了对上市公司的持股比例，上市公司控股股东作为原告请求法院根据 2006 年《证券法》第 213 条对违规人进行表决权排除，但法院都拒绝了原告的请求。违规者表决权排除的司法案件具有稀缺性和低胜诉率，反映了我国法院在处理证券民事案件方面尚有很大发展空间。〔1〕

我国《证券法》（2019 年修订）学习了新加坡的经验，规定不论违规人是否已改正，法院都有权做出表决权排除裁决。〔2〕这一改革做法是值得肯定的，使得恶意收购人不能得逞，有利于减少恶意收购上市公司的行为。我国法官在审判公司法纠纷中积累了大量经验。〔3〕对于抽象宽泛的公司法规则，法院可以详细了解争端的事实背景。〔4〕随着司法制度的完善，我国司法力量也在不断发展，法律教育迅速扩大。〔5〕另外，我国今后的《证券法》修改可以学习新加坡、韩国关于责令出售违规持有股票的规定，以遏制恶意违规举牌行为。〔6〕《证券法》和《收购办法》可以制定详细规则，限定责令改正的适用范围和事项，以督促证监会和法院谨慎地

---

〔1〕 Hui Huang, *Private Enforcement of Securities Law in China: A Ten - Year Retrospective and Empirical Assessment*, Vol. 61 American Journal of Comparative Law 757, 798 (2013).

〔2〕 2006 年《证券与期货法》第 137E 条。

〔3〕 Shaowei Lin, *Private Enforcement of Chinese Company Law: Shareholder Litigation and Judicial Discretion*, Vol. 4 Issue 3 China Legal Science 73, 97 (May 2016).

〔4〕 Donald C. Clarke, *Law Without Order in Chinese Corporate Governance Institutions*, 1 Social Science Electronic Publishing 131, 199 (2010). 在有些领域法院比行政机关更合适进行干预。参见 Katharina Pistor & Chenggang Xu, *Incomplete Law*, 35 N. Y. U. J. INT'L L. & POL. 931 (2003)。

〔5〕 Yuwen Li, The Judicial System and Reform in Post - Mao China: Stumbling Towards Justice, London: Routledge 109 (2014).

〔6〕 2006 年《证券与期货法》第 137E (e) 条；2008 年《资本市场法》第 150 条第 3 款。

行使权力。这种严厉的违规处罚规则与宽松的披露规则不但不矛盾，反而相得益彰。

（四）协议转让案件和地方案件

本文建议立法者将协议转让交易的披露规则升级为更高层次的立法，即国家证券法。2006 年《证券法》和 2019 年《证券法》忽略了协议转让交易这一最具影响力的交易形式，将破坏披露规则在证券市场监管中的作用。实践中，其他方式转让引发的证监会案件只有 2011 年的天津大通案。〔1〕在该案中，违规人并非没有披露协议转让股权的事实，而是因为详式权益变动报告书的披露瑕疵而被处罚。2007 年 1 月 8 日，天津大通承诺在 2007 年 6 月 30 日前向 ST 筑信注入不少于 5 亿元优质资产，以此获取了竞拍 ST 筑信法人股的资格，但之后在详式权益变动报告书中未披露“2007 年 6 月 30 日前”这一重大信息。证监会认为天津大通违反了 2006 年《证券法》第 86 条及 2006 年《收购办法》第 17 条，对其进行了处罚。相比之下，地方证监局处理了更多的协议转让和其他方式转让的案件，但数量仍然很稀缺。〔2〕

协议转让和其他方式转让案件的现实稀缺，不符合我国上市公司股权高度集中和协议转让普遍存在的国情。这在一定程度上证明了证监会对这类案件的消极态度。可能的原因是：首先，2006 年《证券法》没有规定协议转让交易，表明全国人大也对其持放任态度。证监会和证监局没有强烈动机来规范超出 2006 年《证券法》范围的违规行为。其次，协议转让交易行为往往涉及地方政府参与股权转让活动，上市公司股票卖方通常是代表中央和地方政府履行国有资产处置权的部门。出资人和监管者的双重身份会使政企关系难以厘定。〔3〕与政府进行股权交易的大额持有人也往往与政府机构人员有着各种潜在联系，〔4〕不仅可以对法律制定产生很大影响，也会影响着具体规则的实施。〔5〕最后，我国政府更倾向于促进上市公司股票的场内集中竞价交易，因为我国资本市场是相对的新兴转轨市场，集中竞价交

---

〔1〕 中国证监会行政处罚决定书（天津大通、逯某、贾某忠、霍某）〔2011〕5 号。其他方式转让与协议转让具有共同点，都是股权的一次性大宗转让，因此也可以说是广义的协议转让。

〔2〕 典型案例是李某鸿、鲜某处罚案，参见上海监管局行政处罚决定书（李某鸿、鲜某）沪〔2013〕1 号。

〔3〕 顾功耘、胡改蓉：《国企改革的政府定位及制度重构》，载《现代法学》2014 年第 36（3）期。

〔4〕 Lin Li – Wen, *State Ownership and Corporate Governance in China: An Executive Career Approach* 3 Columbia Business Law Review 743, 800 (2013).

〔5〕 关于更多有关法律的政治经济分析，参见 Mark J. Roe, *Political Preconditions to Separating Ownership from Corporate Control*, Vol. 53 Issue 3 Stanford Law Review 539, 606 (2000)。

易更易于监管市场活动。[1]

本文的实证研究表明，地方证监局在执法过程中可能偏离中国证监会的执法标准。[2] 另外，地方证监局的执法活动产生了一些地方保护倾向。例如，广西证监局是处理全国最多案例的地方证监局之一，这与其当前经济发展水平和上市公司数量是不一致的。投资人违规持股的六家上市公司都与广西壮族自治区有密切关联，要么在名字中包括“广西”字样，要么上市前在广西创办和发展壮大。另外，大多数地方证监局案例主要涉及投资者违规持股达到5%披露门槛和违规减持超过5%，这反映了地方证监局关注大额持有人的形成和交易活动给当地市场带来的影响，特别是来自其管辖区之外的大额持有人。

虽然各个证监局的地方执法标准和保护主义倾向尚未构成大的威胁，但如何应对这些利益冲突是一个棘手的问题。必须承认，地方证监局在证券执法方面发挥着越来越重要的监管作用，缓解了证监会执法资源不足的问题。[3] 另外，如果没有适当的标准统一机制和管辖权协调机制，中央和各个地方的监管冲突是不可避免的。地方证监局对于本管辖区上市公司的紧密保护反映了其作为监管者的利益冲突。[4]

本文建议立法者完善中国证监会的中央与地方机构分权的具体规定，统一执法标准，解决各种潜在的利益冲突。只有中央层面的权力划分才能避免地方证监局自行裁决有潜在利益冲突的案件。条件成熟的时候，可以进行央地管辖权改革，扩大证券交易所和公司上市地证监局的管辖范围。这两者与国内大多数上市公司存在较少利益冲突，且执法人员更熟悉证券业务，配套的证券纠纷解决机制也更发达完善。上交所《业务指引》规定交易所可以对违规人采取监管措施或予以纪律处分，是值得鼓励的发展方向。[5] 沪深交易所对于上市公司监管具有丰富的一手经验，然而在权益披露违规领域并没有发挥像证监会和地方证监局一样的监管功能。随着注册制等改革的推进，证券交易所的规则制定与实施功能将会更加重要。

---

〔1〕 David C. Donald, *Development Considerations for a Chinese National Securities Market*, Centre for Financial Regulation and Economic Development Working Paper No. 7 (2011).

〔2〕 例如在2015年，由于较少引用第204条，地方证监局的平均罚款数额仅是证监会的几分之一。这说明了各个省的地方证监局和中国证监会的执法标准不统一。

〔3〕 证监会在行政执法上处于投入不足状态。参见蒋大兴：《隐退中的“权力型”证监会——注册制改革与证券监管权之重整》，载《法学评论》2014年第2期。

〔4〕 地方机构行使本地上市公司的控股权，同时监管涉及本地上市公司的市场行为，这种双重角色使得其很难超然中立地履行法定职权。地方政府需要保护本地上市公司的股价稳定与控制权安全，因此很难防止其干预地方证监局的执法工作。

〔5〕 上交所《业务指引》第28条。

五、结语

上市公司持股权益披露制度在1993年移植到我国后，直到2006年《证券法》修订生效才开始大规模执行。2020年的《证券法》（2019年修订）进一步提高了披露要求。为探寻权益披露制度的实施效果，本文实证研究了2006年至2015年间的113个行政执法案例，包括72个中国证监会案例和41个地方证监局案例。研究发现2011年以后各个地方证监局开始帮助中国证监会进行执法工作，最多案例发生在广西、深圳和广东，部分显示了地方保护倾向；2015年股灾期间，中国证监会和地方证监局的案件数量均达到高潮；证监会和证监局的监管重点是场内交易行为，且更重视大额持有人的产生及其违规减持行为；证监会广泛适用了《证券法》第193条而基本不援引《收购办法》，只有各个证监局在少数案例中援引了《收购办法》的规制措施；《证券法》第204条规定的违反慢走规则的巨额罚款经常被证监会选择性适用，但较少被证监局援引；2015年股灾期间，公开道歉作为一种新处罚手段被证监会频繁适用，证监会的平均罚款数额比证监局高数倍；证监会和证监局没有剥夺违规人表决权的案例，法院一般也不支持排除违规者表决权的请求，原因在于责令改正条款被保守解读，违规人只需做出补充性披露。本文认为权益披露制度改革的总原则应是平衡上市公司现任董事和外部投资人的力量，以及考量我国的经济发展阶段等因素。针对各项具体改革措施，本文提出如下建议：（1）应对权益披露采取相对宽松态度，《证券法》（2019年修订）将披露区间降为1%的改革举措值得商榷；（2）《证券法》（2019年修订）提高信息披露违规罚款数额具有进步意义，可以部分替代慢走规则的罚款功能；循序渐进地取消慢走规则应是今后改革的大方向，而在此之前应将其公平灵活地适用于所有同类案件；（3）《证券法》（2019年修订）关于表决权排除的规定是值得肯定的；（4）应将协议转让交易纳入《证券法》的规制范围；应完善证监会央地分权具体规定，统一执法标准，防止利益冲突。

欧盟反内幕交易制度的立法变革及启示

刘春彦[*]　张景琨[**]

内容摘要：2016年7月3日起适用于所有欧盟成员国的《反市场滥用条例》(MAR)及其实施细则对欧盟反内幕交易制度进行了重大革新，一是更明确地界定内幕信息定义中的两个关键要素——重大性和确切性，并将内幕信息划分为具体的法律类型，提高了立法的精细化水平；二是将持有内幕信息的人建议或诱导他人进行内幕交易纳入内幕交易的监管范围，有助于增强投资者信心；三是对内幕交易的安全港规则进行了列举式规定，更具有可操作性；四是对内幕人主体要件予以重构，行为人的身份特征对于内幕交易的认定并无实质意义；五是明确邀标询价本身不应被认为是市场滥用，并明确了有关邀标询价的适当安排、系统和程序的监管性技术标准。欧盟反内幕交易制度可以为我国进一步完善监管提供有益启发。

关键词：《反市场滥用条例》　内幕交易　内幕信息　内幕人主体　监管范围

内幕交易（insider dealing）是指持有内幕信息的人利用该信息进入市场交易，以自己或第三方名义，直接或间接地收购或处置、企图收购或处置与该信息有关的金融工具或取消或修改、企图取消或修改与该信息有关的金融工具的收购或处置指令，从而不公平地利用从该信息中获得的利益的情况。当指令是在有关的人掌握内幕信息之前做出的，那么通过取消或修改与该信息有关的金融工具交易的指令来利用内幕信息也被认为是内幕交易。内幕交易背离了市场自由竞争和公平原则，严重损害了投资者的合法权益和市场信心。为了应对这种不法行为，各国和国际组织均建立了相应的反内幕交易制度。

---

* 刘春彦，同济大学法学院副教授，硕士生导师。

** 张景琨，同济大学法学院硕士研究生。

欧盟反内幕交易制度发端于20世纪70年代，至21世纪初期趋于成熟。近年来，为促进金融监管一体化深入发展，欧盟对原有金融监管立法进行了重大革新。2016年7月3日起适用于所有欧盟成员国的《反市场滥用条例》（Market Abuse Regulation，MAR）[1]及相关配套立法对原有的反内幕交易制度进行了全面推进，立法的系统性、及时性和精细化都走在了世界前列，形成了一套独具特色的反内幕交易制度。本文将对欧盟反内幕交易制度立法进行简要回溯，并着重对欧盟反内幕交易制度立法革新中的立法层级、监管范围、内幕信息的界定、内幕人主体、内幕交易的安全港规则以及邀标询价六个方面的最新内容进行评析，为我国更好地规制内幕交易行为提供有益参考。

一、欧盟反内幕交易制度立法演进

20世纪80年代末，欧共体开始建立反市场滥用制度，制定了反内幕交易的1989年《内幕交易监管协调指令》[2]（Insider Dealing Directive，以下简称《反内幕交易指令》），但未制定反市场操纵的指令。《反内幕交易指令》对内幕信息、内幕人主体、禁止的内幕交易行为以及禁止内幕交易的例外（“安全港”）作出了明确的规定，是欧盟成员国进行国内立法禁止内幕交易应当遵守的最低的立法标准，也是欧盟法院对其成员国提请的内幕交易案进行初裁的法律依据。1993年11月欧盟正式成立，欧洲一体化进程不断加快，日渐频繁的跨境、跨市场内幕交易由于缺乏欧盟层面上统一的监管，严重阻碍了欧盟内部市场一体化且损害了投资者信心。1999年欧盟《金融服务行动计划》（Financial Services Action Plan，FSAP）提出了包括“完善反市场滥用欧盟立法”在内的42项议案。在立法过程中，欧盟认为制定反内幕交易指令和反市场操纵指令在维护市场完整性和增强投资者信心方面具有一致性，因此需对这两种行为实行统一监管以避免可能出现的混乱和监管漏洞。[3]

2000年7月，欧盟委员会主席亚历山大·拉姆法鲁西（Alexandre Lamfalussy）提议成立关于欧洲证券市场监管的专家委员会，并于次年2月发布《专家委员会欧洲证券市场监管最终报告》[4]（又称《拉姆法鲁西报告》），提出对欧盟立法和监管体制进行改革。《拉姆法鲁西报告》确立的“四级立法程序”构建的欧盟一体化监

[1] Market Abuse Regulation No 596/2014 (OJ L 173, 12.6.2014, p.1).

[2] Council Directive 85/592/EEC, OJ L 334 , 1989.

[3] 主力军：《欧盟禁止内幕交易制度的立法实践及启示》，载《政治与法律》2009年第5期。

[4] Final Report of the Committee of Wise men on the Regulation of European Securities Market, Brussels, 15.2.2001.

管框架，显著提高了欧盟立法的质量和效率[1]。“四级立法程序”也为落实 FSAP 和促进监管趋同起到了巨大的作用，加速了一系列欧盟指令的出台，其中就包括 2003 年 1 月颁布的《反市场滥用指令》[2]（Market Abuse Directive，MAD）。MAD 作为市场滥用的综合监管指令，将内幕交易纳入市场滥用范畴，并将内幕交易与市场操纵行为进行统一监管。随后，欧盟委员会制定了 MAD 的一系列实施细则，与内幕交易行为有关的包括 3 项：《关于内幕信息定义和公开披露以及市场操纵定义的指令》（2003/124/EC）[3]、《关于公认市场惯例的指令》（2004/72/EC）和《关于豁免股份回购计划和稳定措施的条例》（2273/2003）[4]。其中，第 2003/124/EC 号指令取代了 1989 年的《反内幕交易指令》，将禁止内幕交易的范围由证券市场扩大到了金融市场的整个领域，但在基本概念和具体规则的立法方面并未对《反内幕交易指令》进行原则性的改变。至此，欧盟通过 MAD 及其实施细则构建了内幕交易和市场操纵（合称为“市场滥用”）的综合监管框架，形成了以 MAD 为主的反内幕交易法律制度。

以 MAD 为主的反内幕交易法律制度为欧盟有效打击内幕交易发挥了重要作用，但对于进一步推动欧盟金融监管一体化以有效打击跨境、跨市场滥用行为发挥的作用有限。基于“最低限度协调原则”，欧盟指令在立法目的上对所涉及的成员国具有约束力，但在达到目的的方式和手段上却赋予了成员国较多的选择权和自由裁量权，因而无法确保成员国监管的趋同。2005 年欧盟委员会提出的《2005 - 2010 年金融服务政策绿皮书》[Green Paper on Financial Services Policy（2005 - 2010）] 确立了欧盟金融市场一体化的政策目标，并且意图通过消除监管框架中共同体间法律的不一致性、进一步明确监管者的责任和角色以及监管趋同三项行动来实现该政策目标。[5]

2008 年国际金融危机重挫了欧盟金融市场一体化进程，暴露出欧盟在金融监管方面存在的缺陷，但也迫使欧盟进行更深层次的改革。2009 年 2 月，由雅克·德·拉罗西埃（Jacques de Larosière）主持的欧盟金融监管高级小组发布《德·拉罗西埃报告》，就欧盟金融监管体制改革提出了一系列意见和建议：一方面提出了建立统一规则、厘清关键概念和形成单一法律文本的金融监管立法目标；另一方面

---

〔1〕 齐绍洲：《欧盟金融市场一体化及其相关法律的演进》，人民出版社 2012 年版，第 210 ~ 223 页。

〔2〕 Directive 2003/6/EC on insider dealing and market manipulation（market abuse），OJ L 96，12.4.2003.

〔3〕 Commission Directive 2003/124/EC，OJL 339，24.12.2003.

〔4〕 Commission Regulation（EC）No 2273/2003，OJL 336，23.12.2003.

〔5〕 齐绍洲：《欧盟金融市场一体化及其相关法律的演进》，人民出版社 2012 年版，第 210 ~ 223 页。

提出设立新的金融监管机构[1]以强化宏观审慎和微观审慎监管。2010 年设立的欧洲证券与市场管理局（European Securities and Markets Authority，ESMA）承担起反市场滥用的职责，主要包括起草适用于全欧盟的监管性技术标准（Regulatory Technical Standards，RTS）和实施性技术标准（Implementing Technical Standards，ITS）草案、促进欧盟法律的统一和有效实施并解决不同成员国间监管分歧等职责。[2]

二、欧盟反内幕交易制度立法变革

随着市场、交易场所和技术的发展，以 MAD 为框架的欧盟反内幕制度面临新的挑战。一是市场结构发生重大变化，现有立法对新型交易平台和场外市场的监管缺失损害了市场完整性；二是商品市场与其对应的衍生品市场以及更为广泛的金融市场相互交织，内幕交易范围扩大化及危害蔓延的趋势日益严峻；[3]三是金融创新和新技术使得操纵日益技术化、复杂化和隐蔽化，现有立法不足以应对；四是成员国间法律和监管差异引发的严重竞争扭曲削弱了跨境、跨市场监管的有效性，亟待欧盟建立统一的规则。

（一）“四级立法程序”

在 2009 年 9 月二十国集团（G20）匹兹堡峰会和《德·拉罗西埃报告》要求强化金融监管的背景下，欧盟开始对以 MAD 为主的反内幕交易制度进行立法变革，以促进成员国监管趋同、填补监管漏洞、增强市场完整性和投资者保护。新的反内幕交易制度立法沿用了“四级立法程序”，即框架原则、实施细则、成员国的执行与适用、检查监督。

第一级立法是欧洲议会与欧盟理事会根据《欧洲联盟运行条约》（TFEU）第 114 条通过的框架原则，即《反市场滥用条例》（MAR）。2011 年 10 月，欧盟委员会提出了《〈反市场滥用条例〉草案》并将其传送给各国议会进行充分咨询；随后在参考欧洲中央银行（European Central Bank，ECB）、欧洲经济和社会委员会

---

〔1〕 新设立的机构是欧洲系统性风险委员会（ESRB）和欧洲金融监管机构体系（ESFS），两者分别负责欧盟范围内的宏观审慎监管和微观审慎监管。其中，ESFS 由成员国金融监管机构和新设的欧洲金融监管机构组成，后者包括欧洲银行业管理局（EBA）、欧洲保险与职业养老金管理局（EIOPA）以及欧洲证券与市场管理局（ESMA）。

〔2〕 中国证券监督管理委员会编译：《欧盟金融监管体制改革法律汇编》，法律出版社 2013 年版，第 3 页。

〔3〕 李明良、李虹：《欧盟市场滥用监管框架修订草案述评——兼论金融犯罪罪责认定的客观化与社会化趋势》，载《证券市场导报》2012 年第 11 期。

（European Economic and Social Committee，EESC）等机构的意见基础上，欧盟委员会将其修改完善并呈送欧洲议会与欧盟理事会。2014年4月16日，欧洲议会与欧盟理事会表决通过了MAR。MAR于2014年7月2日起正式生效，并于2016年7月3日起适用于所有成员国。在两年缓冲期内，成员国需要修改国内法使其与MAR保持一致，欧盟委员会也需要制定MAR的配套实施细则（即第二级立法）。MAR包括立法理由、正文以及附件三个部分，计有7章共计39条，确立了针对包括内幕交易、非法披露内幕信息和市场操纵行为在内的市场滥用行为的统一监管框架。MAR的立法宗旨是“增强市场完整性和投资者保护，构建单一的规则（a single rulebook）和公平的竞争环境，以提高证券市场的融资能力”，立法目标是“在欧盟范围内构建一个更加统一和强有力的监管框架，以保护欧盟内部市场的完整性和稳定性，避免潜在的监管套利，增强市场的透明度，并且给市场参与者提供更多的法律确定性和更少的监管复杂性”。

第二级立法是欧盟委员会受权制定的用以细化MAR的实施细则，包括委员会授权条例（Commission Delegated Regulation）和技术标准（Technical Standards）两类。技术标准采用了授权条例和实施条例两种形式。在欧洲证券委员会（European Securities Commission，ESC）、ESMA等部门的协助下，欧盟委员会在2016年7月3日之前陆续颁布了14项技术标准，其中与内幕交易有关的包括6项：《关于回购计划与稳定措施适用条件的授权条例》（2016/1052）〔1〕、《关于公认市场惯例的授权条例》（2016/908）〔2〕、《关于披露市场参与者使用的邀标询价系统和通知模板以及记录格式的实施条例》（2016/959）〔3〕、《关于将要披露信息的市场参与者进行邀标询价的适当安排、系统和程序的授权条例》（2016/960）〔4〕、《关于适当公开披露内幕信息和迟延公开披露内幕信息技术手段的实施条例》（2016/1055）〔5〕以及《关于内幕信息知情人名单及其更新的确切格式的实施条例》（2016/347）〔6〕。

第三级立法是欧盟金融监管机构（例如ESMA）制定的指引〔7〕、标准或建议，用以监督和促使成员国积极遵守和有效转化欧盟层面上的第一级、第二级立法。其

---

〔1〕 Commission Delegated Regulation（EU）2016/1052，OJL 173，30. 6. 2016.

〔2〕 Commission Delegated Regulation（EU）2016/908，OJL 153，10. 6. 2016.

〔3〕 Commission Implementing Regulation（EU）2016/959，OJL 160，17. 6. 2016.

〔4〕 Commission Delegated Regulation（EU）2016/960，OJL 160，17. 6. 2016.

〔5〕 Commission Implementing Regulation（EU）2016/1055，OJL 173，30. 6. 2016.

〔6〕 Commission Implementing Regulation（EU）2016/347，OJL 65，11. 3. 2016.

〔7〕 ESMA目前颁布了《关于披露延迟内幕信息的MAR指引》（2016年11月20日）、《关于用于商品衍生产品的内幕信息定义的与商品衍生产品市场或相关现货市场相关的信息的MAR指引》（2017年1月10日）以及《关于接受邀标询价的人的MAR指引》（2017年5月17日）。

目的在于保障第一级、第二级立法在实践中得到统一协调的适用。[1]

第四级立法是欧盟委员会及相关机构对成员国遵守条例、履行转换义务的情况做出的检查监督建议[2]，其目的在于保障各级立法在实践中“落到实处”。

（二）欧盟最新立法的内容

1. 立法层级的进阶

欧盟法的立法层级由高至低分别为条例、指令、决定、建议和意见。条例是欧盟最重要的法律形式，其对欧洲经济区（European Economic Area，EEA）内法律主体具有普遍的适用效力，可以直接约束成员国和欧盟机构且不依赖成员国转换立法而自动成为成员国国内法的一部分；指令具有协调性质，层级仅次于条例，但需要转化为成员国国内法才得以真正适用，而且成员国具有选择转化的方式和手段的权利；决定不具有一般约束力，仅对所涉及的主体具有效力；建议和意见则不具有法律约束力。

在反内幕交易制度一级立法层面，MAD 的立法层级为指令，当某个成员国的国内法与指令的规定不相符时，其虽有义务通过法律修订或通过新法案转换该欧盟指令，但欧盟对成员国转化欧盟指令的监督十分有限，因而无法确保各成员国真正遵守。MAR 将立法层级提升至条例层级，实现了立法层级的进阶，通过减少成员国适用欧盟法的选择权和自由裁量权，确保所有法律主体在欧盟范围内均适用相同的规则，从而有助于消除国家之间法律的分歧而引起的严重竞争扭曲、推进金融监管一体化。

2. 监管范围的扩张

（1）将新型交易场所纳入监管范围

MAD 的监管范围侧重于 1993 年《投资服务指令》（ISD）[3]所定义的受监管市场（Regulated Market，RM）。2007 年《欧洲金融市场工具指令》（MiFID）[4]取代 ISD，引入了多边交易设施（Multilateral Trading Facilities，MTF）和内部交易系统（Systematic Internalisers，SI），构建了欧盟金融工具市场综合监管框架。随着市场不断发展，场外市场（OTC）逐渐具有场内特征，加强 OTC 监管的必要性日益增

---

[1] 张磊、韩露：《欧盟证券投资服务监管》，湘潭大学出版社 2011 年版，第 28 页。

[2] 程卫东、李靖堃：《欧盟法律创新》，社会科学文献出版社 2008 年版，第 136 页。

[3] Council Directive 93/22/EEC, OJ L 141, 11. 6. 1993.

[4] 多边交易设施是指由投资公司或市场经营者运营的，以非歧视性规则为多个第三方买卖金融工具的意向提供撮合功能的多边系统。

加。[1]在G20峰会要求将所有标准化场外衍生品合约转入场内市场交易的背景下，2014年出台的《欧洲金融工具市场指令Ⅱ》（MiFID Ⅱ）[2]对MiFID进行了修订，引入了组织化交易设施（Organized Trading Facility，OTF），为机构交易和标准化衍生品交易构建了一个受监管的新型场内交易场所。至此MiFID Ⅱ监管的交易场所包括RM、MTF、OTF和SI。这些新型交易场所吸引了越来越多的金融工具在其上进行交易，为市场提供了更多竞争和流动性，但MAD的监管范围却无法有效涵盖这些基础市场（underlying market）。为与监管金融工具市场的MiFID Ⅱ保持一致，MAR将市场滥用的监管范围拓展至新型交易场所MTF和OTF，弥补了监管缺失。

（2）将排放配额和场外交易的金融工具纳入监管范围

排放配额是在特定时间内允许向大气中排放的二氧化碳当量，以有权向大气中排放一吨二氧化碳为单位，是欧盟碳排放交易体系[3]的重要工具。欧盟对于排放总量的限制（CAP）造成排放配额成为稀缺的市场资源，并且因其市场价值基于供求关系而被纳入到规制内幕交易的监管范围内。[4]MiFID Ⅱ将排放配额衍生品视为金融工具，并将其纳入金融工具市场综合监管框架之中。为使排放配额的监管与市场滥用监管相衔接，增强排放配额市场的透明度，MAR构建了一个适用于整个排放配额一级市场和二级市场的单一市场滥用监管制度，将排放配额或基于排放配额的其他拍卖产品（包括不属于金融工具的产品）的拍卖平台作为场内市场进行监管。对于该平台上举行的拍卖，MAR将包括报价在内与拍卖有关的交易或行为纳入监管范围。

MAR所调整的金融工具不仅包括在RM、MTF或OTF上交易的金融工具，还包括部分场外交易的金融工具，例如信用违约互换（CDS）或金融工具差价合约（CFD）等。这类场外交易的金融工具对MAR监管的场内市场具有影响，其特点是：其价格或价值取决于或影响了在场内交易的金融工具；或者其交易对在场内交易的其他金融工具的价格或价值产生了影响。前者的具体例子是与股票或债券有关的可用于购买该股票或债券的衍生品的内幕信息，或与价值取决于该股票或债券的指数有关的内幕信息。后者的具体例子是计划发行的新一批不在MAR调整范围内

---

〔1〕益言：《欧洲金融工具市场指令（MiFID Ⅱ）的影响分析》，载《中国货币市场》2017年第11期。

〔2〕Directive 2014/65/EU, OJ L 173, 12. 6. 2014. Regulation (EU) No 600/2014, OJ L 173, 12. 6. 2014.

〔3〕2003年《建立欧共体内部温室气体排放交易框架指令》确立了欧盟碳排放交易体系。2009年欧盟对碳排放交易体系进行改革，拍卖替代政府免费分配成为发放排放配额的主要方式。2010年《排放配额拍卖实施条例》确定了拍卖排放配额的原则、具体规则和监管要求，并且在欧盟范围内为企业购买排放配额建立了一个“共同拍卖平台”。

〔4〕熊灵、齐绍洲：《欧盟碳排放交易体系的结构缺陷、制度变革及其影响》，载《欧洲研究》2012年第1期。

的证券，但这些证券的交易可能影响在 MAR 调整范围内的现有上市证券的价格或价值。

(3) 将与金融工具相关的现货商品合约纳入监管范围

由于现货市场与相关衍生品市场高度互联且呈全球化，跨市场及跨境的市场滥用可能导致重大的系统性风险，来自现货市场的内幕信息可以使交易金融工具的人受益，但 MAD 的监管并不及于现货市场。因此，MAR 将可能涉及内幕信息的现货商品合约纳入监管之列，包括价格基于衍生品价格的现货商品合约和交易金融工具所参照的现货商品合约等。但同时，MAR 也强调应当把握现货商品合约与金融工具之间的关联程度，而不应将监管范围过分扩张至不涉及金融工具的交易，例如不应禁止仅影响现货市场的现货商品合约的交易。因为严格意义上在现货市场上进行的交易或行为并不在 MAR 的监管范围内，例如涉及批发能源产品（wholesale energy products）现货商品合约的交易或行为。[1]

(4) 将持有内幕信息的人建议或诱导他人进行内幕交易纳入监管范围

内幕交易是指当持有内幕信息的人利用该信息进入市场交易，以自己或第三方名义，直接或间接地收购或处置、企图收购或处置与该信息有关的金融工具或取消或修改、企图取消或修改与该信息有关的金融工具的收购或处置指令，从而不公平地利用从该信息中获得的利益（优势）的情况。因此，内幕交易的本质特征在于从内幕信息中获取不公平的优势，损害不了解此类信息的第三方，从而损害了金融市场的完整性和投资者的信心。根据 MAR 规定，建议或诱导他人进行内幕交易应当认定为内幕交易，具体表现为当持有内幕信息的人在该信息的基础上，建议或诱导他人收购或处置与该信息有关的金融工具[2]以及建议或诱导他人取消或修改与该信息有关的金融工具的指令[3]均构成内幕交易行为。当接受建议或诱导的人知道或应该知道该建议或诱导是基于内幕信息的，那么利用前述的建议或诱导等同于 MAR 规定的内幕交易。因此，MAR 明确禁止持有内幕信息的人建议或诱导他人进行内幕交易，从而扩大了反内幕交易的监管范围，有利于增强市场完整性和投资者保护。

3. 内幕信息的类型化

《反内幕交易指令》将内幕信息定义为非公开的、直接或者间接与证券的发行人或者证券本身有关的信息，这类信息的公开能够对该证券的市场价格产生重大性的影响。根据 MAD 规定，内幕信息是指任何明确的、尚未公开的、直接或者间接

---

[1] 应注意的是，MAR 并非直接监管现货市场，其仅监管在现货市场上进行的与金融和衍生品市场相关并且对其具有影响的交易或行为。

[2] MAR Article 8.2 (a).

[3] MAR Article 8.2 (b).

地与一家或几家金融工具的发行人或者与一项或多项金融工具有关的信息。如果该信息被公开，则可能对金融工具的价格或相关的金融衍生产品的价格产生重大影响。该指令对有关衍生工具的内幕信息也进行了规定，即其是指公众不知晓的确切信息，与直接或间接地在被规范的市场中交易的一个或多个衍生工具相关。因此，根据 MAR 的规定，内幕信息应当具备重大性、未公开性、相关性和确切性（precise nature）四大要素。

为了提高市场参与者对于法律确定性的认识，需要更明确地界定内幕信息定义中的两个关键要素，即这类信息的确切性及其对金融工具、相关现货商品合约或基于排放配额的拍卖产品的价格潜在影响的重要性。根据 MAR 的规定，内幕信息的确切性是指若信息表明已经存在、可以合理预期将要存在的一系列情形或者已经发生、可以合理预期将要发生的事件，若该信息足以得出该情形或事件可能对金融工具或相关衍生金融工具、相关现货商品合约或基于排放配额的拍卖产品的价格产生影响的结论，那么该信息应被认为具有确切性。同时，若发布的信息可能会对金融工具、衍生金融工具、相关现货商品合约或基于排放配额的拍卖产品的价格产生重大影响，则意味理性的投资者可能将该信息作为其投资决策的基础部分。同时，MAR 将内幕信息予以类型化，具体为：

第一，尚未被公开的、直接或间接地与一个或多个发行人或金融工具有关的、一旦公开将可能对此类金融工具的价格或相关衍生金融工具的价格产生重大影响的确切信息。

第二，尚未被公开的、直接或间接地与一个或多个此类衍生品有关或直接与相关现货商品合约有关的、一旦公开将可能对此类衍生品或相关现货商品合约的价格产生重大影响的关于商品衍生品的确切信息。而且根据欧盟或国家层面的法律或监管规定、市场规则、合同、做法或惯例，在相关商品衍生品市场或现货市场上，将合理预期披露或要求披露此类信息。

第三，尚未被公开的、直接或间接地与一项或多项此类金融工具有关的、一旦公开将可能对此类金融工具的价格或相关衍生金融工具的价格产生重大影响的、与排放配额或基于排放配额的拍卖产品有关的确切信息。因此，MAR 将利用内幕信息的情况扩大至包括排放配额及其衍生品交易以及在根据欧盟委员会第 1031/2010 号（欧盟）条例[1]举办的拍卖中排放配额、基于排放配额的拍卖产品的报价。

---

〔1〕 Commission Regulation (EU) No 1031/2010 of 12 November 2010 on the timing, administration and other aspects of auctioning of greenhouse gas emission allowances pursuant to Directive 2003/87/EC of the European Parliament and of the Council establishing a scheme for greenhouse gas emission allowances trading within the Community (OJ L 302, 18. 11. 2010, p. 1).

第四，对于负责执行金融工具指令的人而言，直接或间接地与一个或多个发行人或金融工具有关的、一旦公开将可能会对此类金融工具的价格、相关现货商品合约的价格或相关衍生金融工具的价格产生重大影响的确切信息。这些信息由客户发出并且与客户在金融工具中的挂单（pending ordering）有关。

同时，现货市场和相关衍生品市场高度互联且全球化，跨市场及跨境的市场滥用可能导致重大的系统性风险（内幕交易和市场操纵都是如此）。特别是来自现货市场的内幕信息可以使交易金融工具的人受益。因此，与商品衍生品有关的内幕信息的定义，不仅应当符合金融市场内幕信息的一般定义，而且根据与商品衍生品或现货市场有关的欧盟或国家层面的法律、监管规定、市场条例、合约或习惯，该信息应当被要求公开。这些规则的典型例子包括与能源市场的第 1227/2011 号（欧盟）条例和联合组织数据库石油数据库［the Joint Organisations Database Initiative (JODI) database for oil］有关的倡议。例如，根据第 1227/2011 号（欧盟）条例[1]要求披露的与批发能源产品（wholesale energy products）衍生品有关的信息应被认为是内幕信息。此类信息可作为市场参与者决定缔结商品衍生品或相关现货商品合约的基础，而且可能对此类衍生品或相关的现货商品合约价格产生重大影响，因此应当构成要求公开的内幕信息。

4. 内幕人主体的重构

《反内幕交易指令》是 MAR 出台前欧盟禁止内幕交易的核心立法文件。其中，在内幕人主体的认定方面，《反内幕交易指令》分别在第 2 条和第 4 条以列举和描述相结合的方式对内幕人主体的范围进行了界定。其中，第 2 条规定的“insider”是指“任何利用担任发行人的行政、管理及监督机关成员，持有发行人股份，或因履行雇佣、专业或其他义务而持有内幕信息之人”；第 4 条同时规定“直接或间接从第 2 条所规定主体处获得内幕信息之人”。因此，该指令将内幕人主体分为第一内幕人（primary insider）和第二内幕人（secondary insider）。第一内幕人是指知悉内幕信息，并且利用内幕信息为自己或者他人直接或者间接买卖或者试图买卖内幕信息所涉及的证券的人，主要包括证券发行人的管理机构、董事会和监事会的成员、发行人的股东、通过任职或履行职责等行为获悉内幕信息的人，其不需要借助其他人就可以直接接触到发行人的内幕信息，因此也被欧盟学者称为基本内幕人。但是，金融市场的参与人并不只是限于上述这些特殊主体范围，其他参与人通过基本内幕人同样也可能了解到内幕信息。为了比较完善的规定内幕交易的主体范围，

---

〔1〕 Regulation (EU) No 1227/2011 of the European Parliament and of the Council of 25 October 2011 on wholesale energy market integrity and Transparency (OJ L 326, 8. 12. 2011, p. 1).

弥补可能存在的法律漏洞，欧盟立法者在该指令里面还将通过工作获得内幕信息的人列入内幕人主体范畴，即第二内幕人，这被欧盟学者称为派生内幕人。[1]

禁止内幕交易的本质是禁止内幕信息的滥用，而不在于知情人身份的滥用。因此，MAD 在《反内幕交易指令》基础上增加“利用犯罪行为而持有内幕信息之人”，删除了《反内幕交易指令》第 4 条的规定。MAD 对派生内幕人信息来源的限制，不再要求信息来源于基本内幕人，同时将对派生内幕人主观状态的规定修改为“知道或者应当知道该内幕信息”，不再考虑获取信息的手段和过程，意将所有知悉内幕信息的人都作为监管的对象进行规制。MAR 则在 MAD 的基础上对内幕人主体的规定予以完善，以概括性条款将排放配额市场参与者纳入规制范围，即内幕交易的规定适用于因以下原因持有内幕信息的任何人，包括作为发行人或排放配额市场参与者的行政、管理或监督机构的成员，持有发行人或排放配额市场参与者资本的人，履行雇佣合同、职业或职责而接触信息的人以及参与犯罪活动的人。同时，当某人知道或应当知道该信息属于内幕信息时，也适用于除以上所列情形以外持有内幕信息的人。[2]如果符合前述规定情况的是法人，根据国内法，以上情形也适用于以有关法人名义参与收购、处分、撤销或者变更指令决策的自然人。由此，可以看出欧盟反内幕交易制度所规范的主体类型已经涵盖所有人，对行为人的主体要件和主观想法不甚注重。欧盟这一修改意在将所有拥有内幕信息之人均纳入规范，很快得到了丹麦、荷兰等国的响应。[3]欧盟规制内幕交易的体系着眼于宏观层面的证券市场健全发展，并以促进信息流通、资源合理配置及提升效率为目标，主张投资者享有平等获得信息的权利，以维持证券市场的公平，因此任何可能对市场公平性构成威胁的不当使用内幕信息的行为皆应当被认定为内幕交易，这种内幕交易的立法规制体系在学界被称为市场公平路径。[4]

5. 安全港规则的明确化

金融市场是一个比较特殊的信用市场，这一市场主要是建立在信息披露制度上

---

〔1〕“派生内幕人”包括那些通过发行证券工作而接触内幕信息的人，也包括公司收购场合中收购公司的员工和目标公司的员工，以及一些律师、审计师和会计师。他们虽然不是相关公司的员工，但是通过工作上的合作能够得到与股票价值直接相关的信息。但是，根据该指令第 4 条规定，第二内幕人要具备“对自己知悉的内幕信息的事实有全面了解”和“该内幕信息是直接或间接来源于第二条规定的第一内幕人而不是其他人”两个条件。可以看出，此种规定存在一个显著的问题：第二内幕人再次将内幕信息的事实泄露给第三人，则难以将第三人纳入内幕交易主体的规制范围，因为该第三人知悉的信息不是来源于第一内幕人。

〔2〕MAR Article 8. 4.

〔3〕曾洋：《证券内幕交易主体识别的理论基础及逻辑展开》，载《中国法学》2014 年第 2 期。

〔4〕傅穹、曹理：《内幕交易规制的立法体系进路：域外比较与中国选择》，载《环球法律评论》2011 年第 5 期。

的，为了保障金融市场的透明度，法律对参与这一市场的主体设定了许多禁止性的披露信息义务（消极的不作为义务）的同时，也同时规定了一系列的告知义务（积极的作为义务）。为了避免无意中禁止金融活动的合法性，即在不存在市场滥用影响的情况下，有必要承认某些合法行为。欧盟立法者在《反内幕交易指令》第3条第1款和第2003/124/EC号指令第3条第1款都赋予了内幕人将内幕信息再披露给他人的正当权利（可免责原因），即获知内幕信息的人出于履行职务或职责的需要而向他人再披露内幕信息的行为可以免责。[1]

相较于《反内幕交易指令》和第2003/124/EC号指令，MAR则对内幕交易的安全港规则即合法行为进行了列举式的详细规定[2]，更具有可操作性：

首先，当法人已建立、实施和维持充分有效的内部安排和程序，有效确保代表该法人做出收购或处置与内幕信息有关的金融工具决定的自然人或可能对该决定产生影响的其他人均未持有内幕信息，或者没有怂恿、劝诱、诱导或影响代表法人交易与该信息有关的金融工具的自然人，则不能仅凭法人持有或曾经持有内幕信息这一事实而认为该法人已经利用了该信息并在收购或处置的基础上进行了内幕交易。

其次，对于与该信息有关的金融工具而言，当该人是做市商或被授权作为对手方的人，并且收购或处置与该信息有关的金融工具是在该人履行该金融工具的做市商或对手方的职能的正常过程中合法进行的，或者当该人被授权代表第三方执行指令，并且收购或处置与该指令有关的金融工具是在该人履行雇佣合同、职业或职责的正常过程中合法进行的，则不能仅凭一个人持有内幕信息这一事实而认为该人已经利用了该信息并在收购或处置的基础上进行了内幕交易。

再次，当某人进行购买或处置金融工具的交易而该交易是为了履行善意到期义务进行的、不会规避内幕交易的禁止性规定，该项义务是在有关的人持有内幕信息之前做出的指令或达成的协议所带来的，且该交易是为了履行有关的人持有内幕信息之前产生的法律或监管义务，则不能仅凭一个人持有内幕信息这一事实而认为该人已经利用了该信息并在收购或处置的基础上进行了内幕交易。

最后，当该人在进行公开收购或与公司合并时获得了内幕信息并仅将该内幕信息用于进行合并或公开收购，但在公司股东同意合并或接受要约时，该信息已公开或不再构成内幕信息，则不能仅凭一个人持有内幕信息这一事实而认为该人已经利用了该信息并因此进行了内幕交易。同时，一个人利用其知识经验在收购或处置这些金融工具时决定收购或处置金融工具这一事实本身并不构成利用内幕信息。

---

[1] 主力军：《欧盟禁止内幕交易制度的立法实践及启示》，载《政治与法律》2009年第5期。

[2] MAR Article 9.

6. 邀标询价规则的确立

邀标询价（market soundings）是指发生在金融工具的卖方和一个或多个潜在投资者之间的互动（interactions），该互动发生在交易被公布之前，目的是评估潜在投资者对可能的交易及其定价、规模和结构的利益。MAR 对邀标询价的主体进行了规定，同时第 2016/960 号（欧盟）授权条例［Commission Delegated Regulation（EU）2016/960］是针对 MAR 第 11 条第 9 款第三段关于将要披露信息的市场参与者进行邀标询价的适当安排、系统和程序的监管性技术标准，第 2016/959 号（欧盟）实施条例［Commission Implementing Regulation（EU）2016/959］是针对 MAR 第 11 条第 10 款第三段关于披露市场参与者使用的邀标询价系统和通知模板以及记录格式的实施技术标准。

根据 MAR 的规定，邀标询价的主体包括发行人、金融工具的次级要约人（该交易在数量或价值方面不同于一般交易，并涉及一种基于对潜在投资者潜在利益的事先评估的销售方法）、排放配额市场参与者及以前三种所述人的名义行事的第三方。[1]邀标询价与普通交易不同，它可能涉及相关证券的首次或二次发行。邀标询价是评估潜在投资者的意见、加强股东对话、确保交易顺利进行以及促进发行人、现存股东和潜在新投资者之间达成一致意见的非常有价值的工具。当市场缺乏信心或相关基准时，或者市场波动较大时，它们将特别有益。因此，进行邀标询价的能力对于金融市场的正常运作是重要的，邀标询价本身不应被认为是市场滥用行为。

三、欧盟反内幕交易制度立法对我国的启示

鼓励正当证券交易与禁止内幕交易，是维护金融市场的健全发展及增强投资者对市场信心的全球性共识。内幕交易行为本身高度的隐蔽性难以被证实，导致防止和打击内幕交易成为“全世界监管部门面临的挑战”。[2]欧盟关于反内幕交易的立法规制体系、内幕交易主体、内幕信息的类型化及关键要素认定、安全港规则等一系列的立法实践，能够为我国在《证券法》（2019 年修订）施行后监管机关制定可操作性强、精细化的内幕交易认定规范提供有益启发。随着金融市场化的不断发展和更注重投资者保护的趋势，欧盟市场公平路径下的反内幕交易规制体系与我国证

---

〔1〕 MAR Article 11. 1.

〔2〕 傅穹、曹理：《内幕交易规制的立法体系进路：域外比较与中国选择》，载《环球法律评论》2011 年第 5 期。

券市场发展实际相契合。同时，根据我国新修订的《证券法》第3条[1]、第4条[2]的规定，《证券法》的立法目的也更倾向于维护证券市场的公平，市场公平路径符合我国规制内幕交易行为的立法目的。因此，我国规制内幕交易的立法体系可以借鉴欧盟的做法，立足我国证券市场发展实际，采取市场公平路径下的内幕交易规制体系着眼于宏观层面的证券市场健全发展，注重保障投资者享有平等获得信息的权利，提高市场透明度，以维护证券市场公平的竞争环境。值新修订的《证券法》施行之际，结合欧盟反内幕交易的规制体系，为完善我国监管内幕交易行为的立法规范提供几点建议：

首先，在内幕交易主体方面，新修订的《证券法》第50条将内幕交易的行为主体界定为“内幕信息知情人与非法获取内幕信息的人”（《证券市场内幕交易行为认定指引（试行)》将二者合称为“内幕人”），并对前者的范围予以明确列举。通过考察我国内幕交易的规制体系，关于内幕交易主体的界定混论，并无统一的用语。同时，实践中也存在不在法定知情人之列亦不属于非法获取内幕信息之人实施了内幕交易行为应当如何认定其性质的情况，而现行法对此却未给出明确回复。我国《证券法》禁止内幕交易的本质是禁止内幕信息的滥用，而不在于知情人身份的滥用。因此，在选择市场公平路径的内幕交易规制体系下，对任何可能破坏市场公平的不当使用内幕信息的行为予以规制，不再局限于内幕交易主体的身份状态，同时统一内幕交易主体的用语，保持立法用语的一致性。

其次，在内幕信息的判定方面，新修订的《证券法》第52条则采取了概括与列举相结合的方式对内幕信息进行了界定，对于其核心特征——未公开性和重大性的判断标准却尚未提供的具体指引，需要在配套法律中予以明确，否则在实践中缺乏可操作性；同时，内幕信息的重大性应当是针对“上市公司证券的价格”而言的，因此内幕信息必须是涉及发行人自身的信息。且从文义解释的角度看，《证券法》仅将重大性、未公开性和相关性列为内幕信息的要素，并未将确切性规定为内幕信息的要素。[3]根据MAR的规定，内幕信息应当具备重大性、未公开性、相关性和确切性四大要素，并且立法明确了上述要素的判断标准，提高市场参与者对于法律确定性的认识。因此，我国需要明确地界定内幕信息定义中的关键要素，并明确内幕信息应当具备确切性这一要素，规定并完善内幕信息各要素的判断标准，避免将不属于内幕信息的无关信息误作为内幕信息，准确提高内幕信息识别的有

---

〔1〕《证券法》第3条规定，证券的发行、交易活动，必须遵循公开、公平、公正的原则。

〔2〕《证券法》第4条规定，证券发行、交易活动的当事人具有平等的法律地位，应当遵守自愿、有偿、诚实信用的原则。

〔3〕陈洁、曾洋：《对8·16光大事件内幕交易定性之质疑》，载《法学评论》2014年第1期。

效性。

最后，增加安全港规则，即内幕交易认定的豁免情形。在坚持市场公平路径的反内幕交易规制体系的前提下，反内幕交易制度的规制范围已经涵盖任何不当使用内幕信息的行为类型，能够有利确保证券市场的公平交易和增强投资者信心；但实践中也有可能存在某些在形式上符合内幕交易的构成要件，但实质上却对证券市场并无损害的正当行为，对于此种正当行为应予以豁免，而不是被认定为内幕交易。因此，我国可以借鉴欧盟有关内幕交易安全港制度的规定，进一步完善我国在内幕交易认定方面的制度，促进证券市场的健全发展和增强投资者信心。

操纵证券市场行为的金融机理与法律规制

——《证券法》(2019年修订)及市场操纵司法解释实践适用疑难问题解析

谢 杰*

内容摘要：《证券法》(2019年修订)有关操纵证券市场行为的禁止性规定，以及之前发布的市场操纵犯罪司法解释，对于依法规制证券市场欺诈行为，保障投资者权益，促进资本市场稳定健康发展，具有十分重要的意义。有必要针对实际控制账户认定、特定市场操纵模式的判断、市场操纵定罪量刑的数量标准、违法所得计算等重大疑难问题，就《证券法》(2019年修订)、司法解释的相关条款进行反思性审视，并提出规则优化、细化建议。以法律与金融的双面向视角解析操纵证券市场行为的金融机理与法律实质，有助于推进证券监管、刑事司法实践规制市场操纵行为的效率，而且能够在《证券法》完成大修并贯彻执行、加快推进《期货法》制定的关键时刻、《刑法》市场操纵犯罪条款协调修正的重要节点，提出针对性建议。

关键词：操纵证券市场　实际控制账户　操纵模式　违法所得

一、问题意识

2020年3月1日正式实施的《证券法》(2019年修订)对操纵证券市场行为的

---

* 谢杰，上海交通大学凯原法学院副教授、硕士生导师，法学博士、博士后。

认定规则进行了重大修改。[1]在此之前，最高人民法院、最高人民检察院于 2019 年 6 月 28 日联合发布《关于办理操纵证券、期货市场刑事案件适用法律若干问题的解释》（以下简称《市场操纵解释》）。市场操纵是证券市场欺诈行为中结构最为复杂、理论解释与实践认定最为疑难的违法犯罪类型之一。《证券法》（2019 年修订）有关操纵证券市场行为的禁止性规定，有利于推进证券监管与司法实务部门更为公正且有效地认定市场操纵行为，更为准确地适用《证券法》第 55 条“兜底条款”中的“利用在其他相关市场的活动操纵证券市场”、《刑法》第 182 条操纵证券、期货市场罪“兜底条款”中的“以其他方法操纵证券、期货市场”，从而有效规制各种新型市场操纵行为。同时，《市场操纵解释》的实施对于依法惩治证券欺诈违法犯罪行为，防范化解金融风险，维护投资者合法权益，促进资本市场稳定健康发展，具有十分重要的意义和作用。[2]

然而，由于法律与金融跨学科知识的交叉性与纵深性、金融市场机制的创新性与技术的前沿性、市场操纵证券监管与司法实践问题固有的复杂性与特殊性、科创板试点注册制的探索性与改革性[3]，实际上已经明显超越了单一学科框架下证券监管与证券犯罪刑法理论的预期以及传统司法解释的逻辑准备与技术能力。因此，有必要针对实际控制账户的认定、特定市场操纵模式的判断规则、市场操纵定罪量刑的数量标准、违法所得的计算方法等重大且疑难法律实践问题，就《证券法》（2019 年修订）及《市场操纵解释》中的反市场操纵相关条款进行反思性审视与规则优化、细化。

对《证券法》（2019 年修订）及《市场操纵解释》中的反市场操纵相关条款进行深刻反思与细致解构，不仅有助于推动证券监管与证券犯罪理论研究范式的转换与升级，而且有利于为正在推进的科创板试点注册制提供坚实且具体的司法保障

---

〔1〕 新《证券法》第 55 条规定：禁止任何人以下列手段操纵证券市场，影响或者意图影响证券交易价格或者证券交易量：（一）单独或者通过合谋，集中资金优势、持股优势或者利用信息优势联合或者连续买卖；（二）与他人串通，以事先约定的时间、价格和方式相互进行证券交易；（三）在自己实际控制的账户之间进行证券交易；（四）不以成交为目的，频繁或者大量申报并撤销申报；（五）利用虚假或者不确定的重大信息，诱导投资者进行证券交易；（六）对证券、发行人公开作出评价、预测或者投资建议，并进行反向证券交易；（七）利用在其他相关市场的活动操纵证券市场；（八）操纵证券市场的其他手段。操纵证券市场行为给投资者造成损失的，应当依法承担赔偿责任。

〔2〕 参见姜佩杉：《“两高”公布关于证券期货犯罪司法解释　为打好防范化解重大金融风险攻坚战提供有力司法保障》，载《人民法院报》2019 年 6 月 29 日第 1 版。

〔3〕 参见侯捷宁、苏诗钰：《易会满：在新的起点上全面深化资本市场改革》，载《证券日报》2019 年 6 月 14 日第 A2 版。

措施。[1]更具价值的是，以法律与金融的双面向视角解析操纵证券市场行为的金融机理与法律实质，有助于推进证券监管、刑事司法实践规制市场操纵行为的效率，而且能够在《证券法》完成大修并贯彻执行、加快推进《期货法》制定的关键时刻、《刑法》市场操纵犯罪条款协调修正的重要节点，提出针对性建议。

基于此，本文尝试解构《证券法》（2019 年修订）及《市场操纵解释》中反市场操纵条款在实践中存在的问题并提出规则优化建议，以期对金融立法与司法及时应对法律适用疑难问题有所裨益，同时希望通过精细化的制度安排更好地实现资本市场效率与投资者权益的协调和统一。

二、操纵证券市场实际控制账户问题

实际控制账户的认定是市场操纵案件适用法律首先需要解决的问题。只有明确可以归属于特定行为主体的账户范围，才能将之作为潜在的操纵主体及其操纵行为进行法律评价。《市场操纵解释》第五条所设置的核心标准是：（1）区分本人账户与他人账户。（2）实际控制他人账户表现为：控制资金流动并承担损益；行使管理权、支配权或者使用权；基于投资或者协议方式行使交易决策权；基于其他方式行使交易决策权。（3）以没有交易决策权作为免责事由。[2]可见，司法解释在吸收证券监管文件相关条款[3]的基础上，进一步提出实际控制账户的核心判断依据是对他人账户的交易行为具有决策权。这确实能够在很大程度上基于刑法实质判断规则，将普遍认为具有隐蔽性的操纵交易关联账户予以有效且全面的规制，并通过例外规则允许辩方提供排除交易决策权法律属性的证据进行反驳。实践中比较典型的

---

〔1〕 最高人民法院于2019 年6 月20 日出台的《关于为设立科创板并试点注册制改革提供司法保障的若干意见》，提出了审理证券期货犯罪刑事案件的政策导向：依法从严惩治违规披露、不披露重要信息、内幕交易、利用未公开信息交易、操纵证券市场等金融犯罪分子，严格控制缓刑适用，依法加大罚金刑等经济制裁力度。

〔2〕《市场操纵解释》第 5 条规定：下列账户应当认定为刑法第一百八十二条中规定的“自己实际控制的账户”：（一）行为人以自己名义开户并使用的实名账户；（二）行为人向账户转入或者从账户转出资金，并承担实际损益的他人账户；（三）行为人通过第一项、第二项以外的方式管理、支配或者使用的他人账户；（四）行为人通过投资关系、协议等方式对账户内资产行使交易决策权的他人账户；（五）其他有证据证明行为人具有交易决策权的账户。有证据证明行为人对前款第一项至第三项账户内资产没有交易决策权的除外。

〔3〕 参见中国证券监督管理委员会《证券市场操纵行为认定指引（试行）》（证监稽查字〔2007〕1 号）（以下简称《操纵认定指引》）第 8 条规定：利用他人账户操纵证券市场的，利用人为操纵行为人。具有下列情形之一的，可认定为前款所称利用他人账户：（一）直接或间接提供证券或资金给他人购买证券，且该他人所持有证券之利益或损失，全部或部分归属于本人；（二）对他人持有的证券具有管理、使用和处分的权益。

控股关系、投资关系、代持关系、融资关系、委托代理关系、近亲属或者关系密切人的身份关系等，在司法解释做出了上述规定之后，基本不会出现较大争议。但上述司法解释仍不乏重大疑问。

（一）“交易决策权”标准的困境

司法解释不仅没有对“其他有证据证明行为人具有交易决策权的账户”“有证据证明行为人对前款第一项至第三项账户内资产没有交易决策权”中的“有证据证明”提供方向性的证据规格指引，而且并未就证券、期货市场中交易结构相对复杂的账户类型提供明确的判断指引：

一是信托计划项下的证券账户。在典型的证券投资集合资金信托计划的交易结构中，投资者委托信托公司担任管理人并从事相关证券交易，信托公司进一步委托各类专注于二级市场交易的私募机构担任投资顾问。在具体交易时，投资顾问通过软件向管理人下达投资建议指令，信托公司基于风控指标、管理人职责等选择接受或者拒绝投资顾问的建议；接受建议的，信托公司根据建议指令，在信托计划对应的证券账户下达交易指令。如果相关证券账户中特定交易行为构成市场操纵——投资者虽然是信托计划受益人，对于账户资产享有投资权益，但显然不是账户实际控制人。信托计划管理人（信托公司）尽管是证券账户的客观交易主体，但交易策略并非由其制定，很难将证券账户中的操纵性交易归责为信托公司的实际控制行为。根据《市场操纵解释》第5条的“交易决策权”标准，真正形成并提出操纵性交易策略与建议的投资顾问，能否构成对案涉账户的实际控制，实际上存在极大争议。投资顾问的行为性质是投资建议，权利属性是交易建议权，所以，将信托计划投资顾问认定为对信托公司管理的、投资者享有财产权的账户具有“交易决策权”，不无疑问。

二是各类场外衍生工具挂钩的自营账户。在场外个股期权〔1〕、股票收益权互换〔2〕等各类场外衍生工具交易中，证券公司通过场外交易专用的自营账户进行个股风险对冲交易。以实践中常见的股票收益权互换交易为例，客户向证券公司就其收益权互换账户的交易发出指令（买入或者卖出挂钩股票标的），证券公司有权根

---

〔1〕 关于证券公司场外期权业务的内容及其监管标准，参见中国证监会《关于进一步加强证券公司场外期权业务监管的通知》（证监办发〔2018〕40号）、《关于进一步规范证券基金经营机构参与场外衍生品交易的通知》（证监办发〔2016〕81号）等监管文件。

〔2〕 股票收益互换通常是指客户与证券公司互为对手方，双方通过合同约定，在未来特定期限内，就特定股票的收益表现与名义本金的固定利息进行现金流交换。See John C. Hull, Options, Futures, and Other Derivatives (6th Edition), Prentice Hall, 2006, p. 1.

据风控指标、合规要求或者其他全权自主认定的因素，决定接受还是拒绝互换交易指令；证券公司选择接受并执行指令的，互换交易双方采用现金净额进行结算；证券公司有权根据互换交易指令决定是否在自营账户中进行对冲交易，如进行对冲交易的，互换交易成交价格以甲方对冲交易实际成交结果为准。可见，在客户与证券公司互为对手方的场外衍生工具交易中，客户在系统中下达的是互换要约、买入或者卖出期权要约等衍生交易指令，证券公司针对挂钩股票在其自营账户中进行对冲交易。从法律关系上分析，似乎是归属于券商独立决策下的自营交易行为。但实践中确实存在且已经查处了部分客户利用场外衍生工具交易作为“通道”实施市场操纵等违法行为的情况。[1]如果客户下达的收益互换、期权交易等衍生交易策略具有操纵性，而证券公司又根据衍生交易指令在其自营账户中对挂钩股票标的进行实时完全对冲交易[2]，根据《市场操纵解释》第5条的“交易决策权”标准，由于自营账户的交易决策、盈亏风险等均归属证券公司，能否认定客户对于终端买入或者卖出股票的证券公司自营账户形成实际控制，值得商榷。

《市场操纵解释》第五条将实际控制账户的核心依据定位于“交易决策权”，其内部逻辑进路是稳定且自洽的，即尝试在“隐蔽”的操纵性交易中，基于主观意图与实行行为相统一的“决策”概念来锁定异常账户之间的实质关联。但在法律适用过程中，一旦遭遇结构复杂且合约设计精细的金融交易，司法解释所设立的规则便容易陷入困境——对下达投资建议或者衍生交易指令的客户不予认定其实际控制证券账户，存在市场操纵法律规制不力的风险；基于“其他有证据证明行为人具有交易决策权的账户”的“兜底条款”认定其实际控制相关账户，又与显而易见的部分证据[3]相矛盾。

（二）解锁困境与排解矛盾的具体路径

有必要还原真实的证券市场交易逻辑、场景与机理，在厘清复杂金融交易民事法律关系的基础上完善认定实际控制账户的证据规格，回归实控关系的“行为”本质而非“权利”依据，针对金融行为做出实质判断。

第一，通过交易所大数据分析系统监控异常证券账户组，据此调取证券公司等

---

〔1〕参见蔡奕：《证券创新交易模式对市场监管的挑战及法律应对》，载《证券法苑（第十一卷）》，法律出版社2014年版，第43页。

〔2〕实时完全对冲策略在场外衍生工具交易实践中通常是指，客户通过互换交易操作终端发出互换交易申请，并通过证券公司风控审核，证券公司在其专用的自营对冲账户中买入或者卖出相同数量的标的股票，将标的股票的交易收益按照合同约定的现金交割模式与客户进行结算。

〔3〕投资顾问建议权通常不能直接解释为信托计划项下对证券账户的决策权，客户的互换交易指令权通常也不能直接解释为对证券公司进行对冲的自营账户的决策权。

金融机构留存的客户交易数据，以客观的金融交易及其账户信息将“隐蔽”还原为“透明”。

信托计划、场外衍生工具等复杂金融交易确实具有隐蔽交易主体与持仓规模的金融功能。[1]例如，股票收益互换交易只对收益进行现金流交换，不需要进行股票实物交割，股票实物交易的实施、股票的投资者权益均归属于证券公司，作为交易对手方的客户表面上是“隐蔽”的。尤其是我国证券、期货市场充斥着类型繁多的通道业务，券商、保险、信托等都可成为各种资金进出股市、债市、期市的管道。尽管“资管新规”执行一年多以来通道业务明显收紧、收缩，[2]但毕竟层层嵌套的金融交易结构并未全面禁绝，通道业务的客观存在进一步加深了操纵性交易形式上的隐蔽性。

然而，当前我国交易所的自律监管模式与技术能力，已经足以将看似“隐蔽”的账户及其操纵性交易还原为透明的客观数据。一方面，看穿式监管切实提高了市场监察效率、加强了市场风险监测，能够有效识别特定投资者对应的不同账户的交易、持股等信息。[3]另一方面，随着交易所大数据分析已经提升至每秒百万笔以上的信息处理水平，数据监测在对象、手段、模式、管理、资源等方面均实现了重大转变，违规监测模型更加智能化，能够支持不同金融产品的差异化监察、跨市场监察。[4]交易所自律监察、证券行政监管、刑事司法有必要在线索信息共享的基础上实现案件移送与证据移交，以交易所移送异常交易数据与调取金融机构客户交易信息为核心，还原交易者、各类通道、证券账户客观且透明的金融数据，尤其是将以投资顾问、场外衍生交易等间接形式参与证券、期货交易的IP地址、MAC地址、投资建议指令、场外衍生交易指令等数据与对应的金融机构账户信息进行比对，供司法机关进行法律判断。如果投资顾问建议指令、场外衍生交易指令在网络协议、时间、价格等数据均与金融机构实际交易证券、期货的账户数据高度一致，或者金融机构接受客户指令、账户执行交易比率极高，则可以作为投资顾问、场外衍生交易对手方等行为主体实际控制他人账户的初步证据。

---

〔1〕 Henry T. C. Hu & Bernard Black, The New Vote Buying: Empty Voting and Hidden (Morphable) Ownership, South California Law Review, 79 (4), 2006, p. 825.

〔2〕 中国人民银行、中国银行保险监督管理委员会、中国证券监督管理委员会、国家外汇管理局《关于规范金融机构资产管理业务的指导意见》（银发〔2018〕106号）明确规定：金融机构不得为其他金融机构的资产管理产品提供规避投资范围、杠杆约束等监管要求的通道服务。

〔3〕 参见皮六一、薛中文、刘苏：《看穿式监管的国际实践及主要模式研究》，载《证券市场导报》2019年第1期。

〔4〕 参见深交所综合研究所：《丰富监管手段，加强交易监控和风险管理》，载《证券时报》2018年9月18日。

第二，复杂金融交易结构所内含的民事法律关系是市场操纵案件法律适用的基础，可以将民事法律关系背后所隐藏的异常要素作为补强证据方向，但不宜以“权利”依据为导向设定实际控制账户的核心判断规则。

无论是普通市场参与者还是涉嫌市场操纵的主体，其实施相关金融行为都必须借助于一系列合约安排。证券监管部门或者司法机关分析相关账户是否受到特定行为主体控制，还是需要依托于民事法律对基础法律关系、权利义务要素等进行判断。对于操纵证券市场行为的评价，不宜直接超越或者打破民事法律框架，否则会造成证券监管与刑事司法过度介入证券、期货市场，妨碍金融市场优化资源配置效率，继而导致证券监管与刑事司法反倒成了制约进一步深化金融改革的制度成本。因此，就前述信托计划、股票收益互换等复杂金融交易所内含的民事法律关系而言，信托账户、证券公司自营账户中的权益都不可能在民事法律层面归属于信托计划投资顾问、券商场外衍生交易业务对手方。

以股票收益互换为例——在金融交易的法律属性上，收益权互换交易与股票交易完全不同，场外衍生工具交易主体根本不可能对证券账户行使任何形式的“交易决策权”；在账户的区分层面，客户的收益权互换账户显然独立于证券公司用于风险对冲的自营账户，客户的控制权限仅限于针对收益互换账户发出交易指令，且该账户并不交易实物股票；从交易策略角度分析，客户制定的是收益权互换策略，自营账户的风险对冲策略由证券公司全权制定并执行；在投资权益上，自营账户如果买入实物股票，其股权均由证券公司行使。

上述完整的“权利”解释决定了证券监管与刑事司法不能跨过民事法律判断，直接将客户在收益权互换账户下达指令、证券公司在自营账户中实时且完全按照客户指令进行对冲交易的情形，认定为客户实际控制自营账户。相反，刑法评价应当尊重民事法律关系下的金融交易逻辑，从中发现针对偏离标准民事权利义务模型的“异常”交易的查证方向：（1）客户与证券公司在订立收益权互换时，是否明知所有收益互换指令均会基于完全风险对冲转化为自营账户交易实物股票；（2）自营账户买卖股票所产生的交易成本是否均由客户承担；（3）客户提交的收益互换指令经由证券公司风控审核（主要是排除超额交易、ST 股票等禁止交易标的等指标）后，是否以极低的时间损耗快速传递至自营账户下达股票交易指令。如果上述查证方向下与金融交易权利义务有关的问题，均能得出肯定性的回答，则可以作为客户实际控制证券公司收益权互换专用自营账户的补强证据。

同时，民事法律关系的“权利”解释逻辑不能成为限定实质解释边界的桎梏。尤其是在操纵证券市场涉嫌证券犯罪的情况下，《市场操纵解释》第 5 条将实际控制他人账户的核心判断标准确立为“交易决策权”，显然是受到了民事法律解释的过度影响。民法是调整平等主体之间人身关系与财产关系的法律，其看待问题的出发点与落脚点，自始至终都会回归至对当事人之间民事权利义务关系的确定、恢复和补偿上；刑法与民法有着截然不同的宗旨与视角，刑法在于惩罚行为人破坏法益的行为。[1]民事法律关系的核心是权利（义务），管理权、使用权、决策权等以"权利"为导向的判断标准完全契合民法判断的逻辑基础。但是，刑事法律关系的核心是行为，刑法判断必须针对行为的实质做出评价。《市场操纵解释》第5条所规定的"交易决策权"实际上是在刑法判断问题上混用了民法判断标准，容易出现刑法规制不力的风险、刑法判断与法律属性矛盾的困惑。

第三，从实际控制账户的行为本质出发进行法律评价，《市场操纵解释》第5条规定的"交易决策权"标准有必要调整为特定行为人对案涉账户交易实施"决定或者重大影响行为"，并针对《证券法》与《刑法》的不同法律标准进行适用性区分。

信托计划中投资顾问交易建议权与管理人交易决策权的分离，场外衍生工具中客户衍生交易决策权与金融机构自营账户交易决策权的分离，深刻揭示了没有账户"交易决策权"的行为主体，仍然可能存在实际控制从事操纵性交易账户的重大风险。这就要求实务部门需要考察复杂金融交易结构中的投资建议、间接作用于证券、期货合约买卖的衍生工具交易等，是否构成针对案涉账户的"决定或者重大影响行为"，即行为人是否实质上决定了账户的交易或者对之施加了重大影响。

所谓决定行为，是指账户中的具体交易可能由金融机构或者其他市场参与者实施，但交易时间、方式、价格、策略、损益等均按照特定行为主体的指令予以确定并执行。例如，在信托计划中，终端投资者的资金来源、信托参与股票二级市场买卖的交易结构、证券交易策略与指令、超额收益的分配等均由投资顾问操作，信托公司仅作为资金进入股票市场的管道收取"通道费"，投资顾问虽然在合同层面没有限定于管理人的交易决策权，但其投资顾问建议指令均由名义上的管理人全盘采纳并在信托账户中执行相关交易。在此情形下，行为主体对于案涉账户的交易实施了决定行为，可以认定为实际控制账户。

所谓重大影响行为，是指虽然没有达到全部决定的程度，但案涉账户的交易时间、方式、价格、策略、损益等指标与行为主体的指令高度一致。例如，在股票收益互换中，客户与证券公司知道或者应当知道该场外衍生交易的实质，是为客户提供交易杠杆、双方原则上并非互为交易对手方进行"对赌"、证券公司有权根据客户的收益互换指令在自营账户中进行实时且完全对冲交易，尽管部分收益互换指令

[1] 参见刘宪权：《网络侵财犯罪刑法规制与定性问题》，载《中外法学》2017年第4期。

因为风控审核被拒绝，或者证券公司发现成为交易对手方的套利机会而没有在自营账户中进行完全对冲，但绝大部分收益互换指令被直接转化为自营账户中的股票实物交易。在此情形下，虽然证券公司自营账户不可能由客户行使交易决策权，但确实构成了对自营账户的交易施加了重大影响，也可以认定为实际控制账户。

同时，由于决定行为与重大影响行为毕竟存在控制力强度上的差异，故有必要进一步区分《证券法》操纵证券市场违法行为与《刑法》操纵证券市场犯罪行为这两种不同性质行为层面上的实控账户判断标准。构成决定行为的，属于《刑法》意义上的实控账户；构成重大影响或者决定行为的，都可以认定为属于《证券法》意义上的实控账户。

三、市场操纵行为模式问题

《证券法》（2019 年修订）第 55 条除了保留原有的连续交易操纵、洗售操纵、相对委托三种行为模式之外，还进一步明示性规定了虚假申报操纵、蛊惑交易操纵、抢帽子交易操纵、跨市场操纵四种行为模式，同时以“操纵证券市场的其他手段”兜底条款前瞻性地为其他新型操纵预留空间。在《证券法》（2019 年修订）之前发布的《市场操纵解释》第 1 条明确了六种操纵证券、期货市场的“其他方法”，可谓司法解释最为重要的条款及亮点之一。[1]《市场操纵解释》第 1 条具体规定的六种行为模式是：（1）蛊惑交易操纵；（2）抢帽子交易操纵；（3）重大事件操纵，主要是指“编故事、画大饼”的操纵行为；（4）利用信息优势操纵；（5）虚假申报操纵；（6）跨期、现货市场操纵。[2]

《证券法》（2019 年修订）、《市场操纵解释》新增了蛊惑交易操纵、跨市场操纵的判断规则，而且对抢帽子交易操纵、信息操纵、虚假申报操纵的构成要素进行了重大调整。上述规则显然有利于实务部门准确操纵证券市场行为，但有关市场操纵模式的具体判断规则，仍然存在诸多值得商榷、反思、补充与完善的空间。

《市场操纵解释》第 1 条第三项、第四项分别规定了重大事件操纵、利用信息优势操纵两种行为模式的具体判断规则。根据《证券法》（2019 年修订）第 52 条、第 80 条、第 81 条的规定，《市场操纵解释》第 1 条第三项中的资产收购或者重组、投资新业务、股权转让、上市公司收购等“重大事项”在未公开之前，实际上就是

---

〔1〕 参见戴佳、徐日丹：《“两高”出台两部关于证券期货犯罪司法解释 7 月 1 日起施行　操纵证券、期货市场罪立案追诉标准有六方面修改》，载《检察日报》2019 年 6 月 29 日。

〔2〕 参见姜佩杉：《依法惩治证券期货犯罪 促进资本市场稳定健康发展——“两高”有关部门负责人就关于办理操纵证券、期货市场、利用未公开信息交易刑事案件适用法律问题司法解释答记者问》，载《人民法院报》2019 年 6 月 29 日。

对证券市场交易价格具有显著影响的重要信息，即内幕信息。故重大事件操纵、利用信息优势操纵都是基于信息对于金融商品市场价格的重大影响而实施的市场操纵行为模式，可以统称为信息操纵。广受关注的徐翔操纵证券市场案就是典型的信息操纵模式，即行为人与上市公司董事长或实际控制人合谋后形成信息优势及其炒作股价优势，控制上市公司发布“高送转”信息生成及信息披露的节奏、内容等，引发投资者大量跟风交易并推动股价、交易量异常波动。〔1〕

《证券法》（2019年修订）、《市场操纵解释》的上述规定，对于解决信息操纵司法实践争议问题提供了有效的判断规则，但随之也产生了如何认定策划、实施虚假重大事项、误导投资者作出投资决策等全新疑难问题，有必要进一步予以概念澄清、具体分析、细化阐释。

第一，“策划、实施资产收购或者重组、投资新业务、股权转让、上市公司收购等虚假重大事项”，并不意味着其要求与此类重大事项有关的信息与内容全面造假或者纯属无中生有。这里的虚假性内涵应当是策划、实施相关事项并无执行的客观基础，行为人不以并购、重组、交易、业务等内容的达成为目的，而是以配合影响价格、交易量为目的。

有的操纵者在控制上市公司经营活动与重大资产交易时，股权收购、业务拓展、技术研发、资产置换等基础交易关系及其磋商过程本身是真实存在的。例如，交易双方就并购重组问题进行了初步磋商、实质谈判等多轮会谈；相关重大交易签署了股权转让协议、重大项目订单等。但该重大交易客观上并不具备兑现条件，行为人主观上也没有完成重大事项的主观心态，行为人筹划、实施此类重大事项的意图在于制造并发布重大信息，从信息所引发的股价变动中谋取交易利润（例如，高位减持）或者其他相关利益（例如，维持股价高位运行使得大股东或者实际控制人的股票质押处于平仓线之上）。实践中将此类操控并购重组等重大事项的行为称为“忽悠式”重组。〔2〕在此类情况下，行为人不能以其策划、实施的重大交易是真实推进的为由，抗辩其不属于策划、实施资产收购或者重组、投资新业务、股权转让、上市公司收购等“虚假”重大事项。

《市场操纵解释》第1条第三项尽管使用了“虚假重大事项”的概念，但虚假性标准并不要求证明与重大事项推进有关的一系列事项是否真实发生，而是需要重点考察以下内容：（1）与重大事项有关的财务文件是否存在虚假记载。以证监会查处的浙江九好办公服务集团有限公司（现更名为九好网络科技集团有限公司，以下

〔1〕参见山东省青岛市中级人民法院（2016）鲁02刑初第148号刑事判决书。

〔2〕参见孙华：《执法升级“忽悠式”重组难逃监管法眼》，载《证券日报》2017年5月3日。

简称九好集团）等“忽悠式”重组案为例，九好集团以虚增收入、虚构银行资产为手段，将自己包装成价值数十亿的“优质”资产。[1]尽管行为人执行的重大事项行为本身是客观存在的，但其在信息披露文件中进行虚假记载，可以认定为策划、实施虚假的重大事项。(2) 重大事项进程及其结果是否依法披露信息。与重大事项有关的公告信息不符合《证券法》以及信息披露监管规则，公告的信息内容与实际事件的起因、筹备、策划、合约签署、执行、具体实施、结果等存在明显不一致的，可以认定为策划、实施虚假的重大事项。(3) 策划、实施相关事项是否具有不正当目的。在上市公司收购资产、投资新业务中，经过完整的筹备、磋商、尽职调查、合同签订等环节，但资产估值水平明显不符合行业、市场规律，最后项目无法执行或者投资失败，而股价已经因为前期的信息披露波动，可以认定为不以重大事项执行为目的，构成策划、实施虚假重大事项。在重大资产重组中，虽然签署了协议，但其实际执行往往具有先决条件（例如主管部门审批）或者需要很高的履行能力（例如交易金额巨大而必须通过融资获取充足资金），行为人在不可能满足此类条件、具备相关能力的情况下，签署合同并进行信息披露，引发股价波动的，可以认定为不宜实际执行合同为目的，构成策划、实施虚假重大事项。

第二，《证券法》(2019 年修订) 第 55 条、《市场操纵解释》第 1 条等规定的“诱导投资者”作出投资决策、进行证券交易，本质上是对重大事件操纵、利用信息优势操纵等条款[2]中所描述的异常行为与投资者受到误导性影响之间关联性的推定，证券监管部门或者刑事诉讼中的控方，并不需要证明操纵行为与投资者受引诱从事的金融交易具有直接对应的因果关系。

市场欺诈理论对此进行了比较充分的阐释：基于证券、期货市场当时的交易价格以及市场信息从事相关金融交易，同期存在涉嫌证券欺诈的行为，且投资者出现损失的，无须证明投资决策与证券欺诈行为之间的特定因果关系。[3]误导性陈述、操纵性交易等欺诈行为向证券、期货市场传递了扭曲的价格信息，可以据此推定误导性、操纵性行为期间的投资者的决策与证券欺诈行为之间存在“交易关联”[4]，不需要提供直接证据证明投资者基于误导性陈述、操纵性交易而做出资本配置决

---

〔1〕参见中国证监会行政处罚决定书（浙江九好办公服务集团有限公司、郭丛军、宋荣生等 4 名责任人员）〔2017〕32 号。

〔2〕《市场操纵解释》第 1 条第 1 项至第 5 项都规定了“诱导投资者作出投资决策”。

〔3〕See Basic v. Levinson, 485 US 224, 244 (1988).

〔4〕W. Scott Laseter & Phillip E. Friduss, 10b-5 Reliance Requirement in the Eleventh Circuit After Kirkpatrick v. J. C. Bradford & Co., Mercer Law Review, 40 (3), 1989, p. 752.

策。[1]因为由竞争性交易与各类信息汇集所形成的市场价格，不仅是对基础资产内在价值、外在供求关系的准确体现，也是对介入市场的操纵性行为做出的失灵反应，投资者的金融交易以当时的市场价格成交，其做出资本配置决策可以认为受到了失灵、虚假或者错误的价格信号影响。[2]

所以，重大事件操纵、利用信息优势操纵等以其他方法操纵证券市场的行为模式都配置了“诱导投资者作出投资决策”这一构成要素，但“诱导投资者作出投资决策”并不要求查证，在操纵性行为实施期间从事交易的投资者，进行决策时其主观心态是否受到误导。行为人实施了“策划、实施资产收购或者重组、投资新业务、股权转让、上市公司收购等虚假重大事项”“控制发行人、上市公司信息的生成或者控制信息披露的内容、时点、节奏”等可能对证券、期货市场价格信号产生重大影响的行为，即从客观角度通过行为特征上明显的操纵性与异常性，嫁接起了其与投资者决策受到影响之间的关联性。

四、市场操纵量化标准问题

《证券法》（2019 年修订）没有对操纵证券市场行为的量化标准问题进行规定，但一种严重危害证券市场效率的操纵行为构成违法犯罪的前提条件，显然是符合一定的危害性量化判断标准，尤其是操纵证券市场犯罪行为。针对近年来证券、期货市场环境发生的明显变化，以及证券期货违法犯罪活动出现的新情况新问题，《市场操纵解释》运用了成熟的司法解释技术，对《刑法》第 182 条操纵证券、期货市场罪的定罪量刑标准进行完善。《市场操纵解释》第 2 条针对《刑法》第 182 条第 1 款规定的三种以及本解释规定的六种操纵证券、期货市场的情形，明确了七种“情节严重”的认定标准。同时，为更加有力、有效地惩治操纵证券、期货市场犯罪，结合此类犯罪的特点，《市场操纵解释》第 3 条又规定了七种“数额 + 情节”的“情节严重”的情形。在此基础上，《市场操纵解释》第 4 条明确了六种“情节特别严重”的认定标准，其中按照证券交易成交额的五倍、违法所得数额的十倍确定“情节特别严重”的数额标准，并规定了七种“数额 + 情节”的“情节特别严重”的情形。应当看到，《市场操纵解释》设定的定罪量刑数量标准，无论是在条文结构还是在条款内容层面，都属于司法解释中比较复杂的，有必要就其中的重大

---

〔1〕 See Louis Loss, Joel Seligman & Troy Paredes, Fundamentals of Securities Regulation (5th Edition), Aspen Publishers, 2003, p. 845.

〔2〕 See William W. Bratton & Michael L. Wachter, The Political Economy of Fraud on the Market, University of Pennsylvania Law Review, 160 (1), 2011, p. 83.

适用问题进行深度阐释。

（一）交易量标准的规范定位

市场操纵犯罪性质的确定是“定性”与“定量”的结合。其中，“定性”是基于《刑法》第182条及《市场操纵解释》的规定，对案涉行为模式的市场操纵法律性质予以确认；“定量”是根据《市场操纵解释》第2条、第3条的规定，确定市场操纵是否构成“情节严重”。由于不管是之前的立案追诉标准，还是现在的《市场操纵解释》，都将交易量指标设定为最重要的定罪量化标准之一。尤其是连续交易、相对委托、洗售、虚假申报四种市场操纵行为模式，行为人的交易量是对其进行定罪的核心数量标准。相应地，实践中出现了一种倾向性认识，即涉案行为符合市场操纵行为模式的特征（定性），同时符合司法解释规定的交易量标准（定量），就构成相应的市场操纵犯罪。上述意见似乎在定罪逻辑上严丝合缝，但实际上代表了市场操纵刑事司法实践的典型误区。司法解释规定的交易量标准的连续交易、相对委托、洗售、虚假申报行为直接认定为市场操纵犯罪，并不符合《刑法》第182条操纵证券、期货市场罪的解释规则。

其一，连续交易、相对委托、洗售、虚假申报等行为达到《市场操纵解释》第2条所规定的交易量标准，只是满足了《刑法》第182条操纵证券、期货市场罪的犯罪构成体系中的部分内容，不一定符合市场操纵犯罪的实质，更没有齐备市场操纵的犯罪构成。

《刑法》第182条操纵证券、期货市场罪的文本内容和罪状结构清晰地呈现了犯罪构成前后递进的三个层次——第一层次，行为模式，即对操纵性行为的样态、特征、情形的具体规范描述。市场操纵行为模式具体包括：（1）连续交易，即独立、联合其他行为主体，实施连续性的证券交易行为，操纵证券的市场价格、交易量。（2）相对委托，即复数行为主体在交易价格等核心要素约定的情况下，相互买卖证券，影响证券、期货合约的市场价格或者交易量。（3）洗售，即独立行为主体在实际控制证券、期货合约交易账户中买卖证券，影响证券、期货合约的市场价格或者交易量。（4）“影响证券、期货交易价格或者证券、期货交易量”[1]的其他方法。第二层次，刑事违法性实质，即对符合刑法及其司法解释既定行为模式所具体描述的各类操纵性行为，在刑事违法性层面的实质内涵。符合第一层次的行为模式之后，必须能够被评价为“操纵证券、期货市场”，才能在刑法上具备操纵证券、

[1] 《市场操纵解释》第1条对每项“以其他方法操纵证券、期货市场”的行为模式都将价量影响要素，即“影响证券、期货交易价格或者证券、期货交易量”，作为构成要件之一。

期货市场的法律属性。第三层次，刑事处罚标准。“情节严重”是刑法介入的具体数量标准；“情节特别严重”是提升至第二档法定刑的具体数量标准。对于连续交易、相对委托、洗售、虚假申报等行为模式而言，《市场操纵解释》第 2 条所规定的交易量指标，实际上只解决了刑事处罚标准中的定量问题，并没有解决行为模式中亦需要解决的定量问题，即如何认定“影响证券、期货交易价格或者证券、期货交易量”。

其二，连续交易、相对委托、洗售、虚假申报等涉嫌操纵的行为是否“影响证券、期货交易价格或者证券、期货交易量”，应当在行为模式判断环节就价量形成机制是否受到扭曲进行独立评估，并且不能重复使用司法解释规定的“情节严重”中的交易量标准。

《市场操纵解释》第 2 条明确规定，连续交易、相对委托、洗售、虚假申报等行为模式的交易量，属于判断其是否可以认定为“情节严重”的量化标准。同时，《市场操纵解释》第 1 条明确规定了“影响证券、期货交易价格或者证券、期货交易量”的独立构成要素。所以，作为“情节严重”判断尺度的交易量标准不能重复用以直接证明是否存在影响证券、期货交易量。从经济机理与法律属性的双重角度分析，任何交易行为介入市场之后都会对交易量产生影响，因为在一定交易日期间内实际控制一定数量的证券或者超出持仓限额的期货合约，行为人的交易量客观上占据到市场总量中的一定比例，这就是一种经济上的影响，但并不能直接等同于法律意义上的影响交易量。作为法律标准的影响交易量更侧重强调的是对交易量的扭曲。

更深入一层分析，市场操纵犯罪是一个包括了行为、结果以及因果关系等完整构成要素的法律概念。《刑法》第 182 条及《市场操纵解释》第 1 条所规定的“影响证券、期货交易价格或者证券、期货交易量”，明显是对结果性内容的罪状描述。达到司法解释规定交易标准的连续交易、洗售、相对委托、虚假申报等，都只能是市场操纵犯罪构成体系中的行为概念。这种疑似具有操纵属性的交易行为，必须在证券、期货市场中形成具有可责性的结果——价量形成机制受到扭曲——才能将交易行为与危害结果联系起来认定为市场操纵犯罪。价量形成机制受到扭曲的核心内涵是证券、期货合约的价格或者交易量处于明显异常水平，可比数据的选择标准应当根据不同的市场操纵犯罪行为类型的特征进行相应调整。例如，对于连续交易、相对委托、洗售等操作期间相对更长的操纵行为类型，可以选取同期行业指数、盘块指数、大盘指数、同类个股价格或交易量数据、境外相同期货交易品种的价格或交易量数据等；对于虚假申报操纵等明显具有短线或者超短线特征的操纵行为类型，可以选取该证券、期货交易品种日内、开盘或收盘集合竞价时段、行为介入前的极短区间（以分、秒为单位，对于通过程序化交易下单的操纵行为不排除使用微秒、毫秒等时间单位）的价格或者交易量数据。如果连续交易、洗售、相对委托、虚假申报等所指向的特定证券、期货交易品种的市场价格或者交易量，并没有偏离能够合理推论或者计算的、资本市场正常或者自然竞争所形成的价格或者交易量，即使行为人本身的交易量超标，只能根据《证券法》、《期货交易管理条例》以及交易所规则等，认定为信息披露违规、违反超仓限额等证券期货违法行为，并不能构成市场操纵犯罪。

（二）违法所得的计算方法

根据《证券法》（2019 年修订）第 192 条的规定，违法所得数额是操纵证券市场罚款的计算基准。根据《市场操纵解释》第 2 条至第 4 条的规定，违法所得构成了市场操纵定罪量刑非常重要的量化指标：（1）操纵证券、期货市场违法所得数额在一百万元以上的，或者违法所得数额在五十万元以上，具有《市场操纵解释》第 3 条规定的七种情形之一的，构成“情节严重”；（2）操纵证券、期货市场违法所得数额在一千万元以上的，或者违法所得数额在五百万元以上，并具有《市场操纵解释》第 3 条规定的七种情形之一的，构成“情节特别严重”。实践中，有的行为人“风控水平”与“操纵技术”较强，可以在交易量不超标的情况下实现相当惊人的非正常收益率。此时，通过违法所得的量化标准将具有严重市场危害的行为纳入刑法规制就显得尤为关键。可见，公正、有效且科学地对违法所得予以认定，对于市场操纵定罪量刑具有极为重大的意义。然而，《市场操纵解释》第 9 条[1]仅就操纵证券、期货市场的违法所得概念进行了界定，并没有提供计算方法与认定规则，而该问题在证券监管与刑事司法实践中往往争议极大。因此，亟须以契合刑事法律规则与数量金融逻辑的双重视角，就市场操纵违法所得的计算方法与认定问题进行细化阐释。

实践中，市场操纵违法所得的基本认定规则是：（1）计算违法所得的时间区间为市场操纵行为发生时至实施终了之时；（2）证券、期货合约全部平仓的，以累计平仓收入减去累计建仓金额，同时扣除证券、期货合约的交易成本（税费、交易佣金、手续费等合理费用）；（3）尚未全部平仓的，核定收入部分还应当加入市场操

[1] 《市场操纵解释》第 9 条规定：本解释所称“违法所得”，是指通过操纵证券、期货市场所获利益或者避免的损失。

纵实施终了时所持有证券、期货合约的市值。[1]可见，市场操纵行为发生时与终了时是违法所得计算最为重要的时间基准，但这两项时间节点的确立规则应根据不同市场操纵类型的特征而进行针对性调整。

对于连续交易、相对委托、洗售等交易型操纵而言，其作为一种金融交易行为，在交易过程中需要一定周期，市场操纵行为发生时、终了时应当分别以交易量超标的最初交易日与最末交易日为准。对于蛊惑交易、抢帽子交易、重大事件操纵、利用信息优势操纵等信息型操纵而言，其在作用于金融市场的具体机制上，完全可能存在操纵性信息传播行为与交易行为并存的情况，应当将先出现的操纵性信息行为或者交易行为认定为操纵行为发生时，将后出现的信息对市场的影响消除或者交易行为结束认定为操纵行为终了时。对于虚假申报操纵，其核心行为机理表现为短期内频繁或者大额申报并撤回，应当首先确立其操纵行为终了时间。由于虚假申报操纵具有非常显著的短线或者超短线特征——（1）对于发生在开盘集中竞价或者盘中阶段的，应当将操纵行为影响的程度界定为日内影响。实践中需要首先确立操纵行为终了时间并对操纵行为发生时进行倒推，即实施虚假申报当日最后一笔平仓行为发生的时间为终了时，然后计算日内平仓总交易量，以此交易量数额等值确认前期建仓总数额，并以该等持仓量中最先成交的时间为操纵行为发生时。（2）对于发生在收盘集中竞价阶段的，其操纵意图显然是控制收盘价，原则上应当将操纵行为影响的程度界定为翌日影响。实践中应当将收盘价形成后一个交易日最后一笔平仓行为发生的时间为终了时，然后计算日内平仓总交易量，以此交易量数额等值确认前期建仓总数额，并以该等持仓量中最先成交的时间为操纵行为发生时。

---

〔1〕《操纵认定指引》第50条规定：违法所得的计算，应以操纵行为的发生为起点，以操纵行为终止、操纵影响消除、行政调查终结或其他适当时点为终点。第51条规定：在计算违法所得的数额时，可参考下列公式或专家委员会认定的其他公式：违法所得＝终点日持有证券的市值＋累计卖出金额＋累计派现金额－累计买入金额－配股金额－交易费用。

证券市场操纵行为认定与界限的制度逻辑

白牧蓉[*]　李　煜[**]

内容摘要：证券市场操纵行为存在多样化、复杂化的特点，在执法与司法领域面临难以认定的困境，但仍不可怠于通过梳理制度逻辑厘清其在具体事实中的本质和构成。2019 年《证券法》对该行为的禁止性规定进行了修改，以此为引领，阐述操纵市场行为认定的制度沿革与实践现状，追溯该行为涉及的基本理论，可明确规制目标，剖析行为构成的基本要素在于利用市场的信息不对称与非理性特征，而主观故意与正当性依据是区分合法与非法的基本界限。以此为基础对法律文本进行深入解释，探索不同责任形式下市场操纵行为认定的层次化方案，从而避免对模糊领域的错误认定，在打击不法行为的同时构建有益于市场发展的合理定价机制，保护资本市场正常秩序和投资者合法权益。

关键词：操纵市场　行为认定　行为界限　制度逻辑

证券市场不断出现的多样化、复杂化操纵行为，给法律的适用带来了挑战。2019 年《证券法》（2019 年修订）对“操纵市场行为”相关条文进行了部分修改，有明显变化和进步，但该行为在行政执法、刑事定罪与民事司法之中的认定仍存在有待完善之处，需要梳理其制度逻辑，从而实现对法律文本的深入解释与妥善适用。

---

* 白牧蓉，兰州大学法学院，副教授，法学博士，主要研究方向：证券法学，信托法学，科技法学。

** 李煜，兰州大学法学院硕士研究生。

一、市场操纵行为认定难题

操纵市场是证券市场中较为复杂的一类行为。从市场现象讲，该行为就是凭借各类手段操纵证券价格与交易量。但从行为规制角度出发，执法与司法领域对于市场操纵行为及其界限的认定仍在探索之中。

（一）制度沿革

从 1998 年《证券法》出台至今，中国《证券法》二十年内历经三次修正和两次修订。在此期间，不只是《证券法》对操纵市场行为的认定标准进行了两次修改，《刑法》、司法解释及其他规范性文件等均对该内容作出了规定。

表 1　我国对操纵市场行为认定的主要规定及沿革

<table>
<tr><th>《证券法》规定沿革</th><th>《刑法》规定沿革及 2019 年两高《操纵市场司法解释》[1]</th><th>《证券市场操纵行为认定指引（试行）》(2007)</th></tr>
<tr><td>1998 年《证券法》——
强调“获取不正当利益或转嫁风险”；列举行为方式包括联合或连续交易、串通交易、洗售、自我交易、其他方式</td><td>1999 年《刑法》[2]——
强调“获取不正当利益或者转嫁风险”；定罪标准为“情节严重”；列举行为方式包括联合或连续交易、串通交易、洗售、自我交易、其他方式</td><td rowspan="3">强调“不正当手段”；
明确操纵结果“影响证券交易价格或证券交易量”及“扰乱证券市场秩序”；
列举操纵手段：联合或连续交易、串通交易、洗售、蛊惑交易、抢帽子交易、虚假申报、特定时间价格或价值操纵、尾市交易操纵、证监会认定的其他操纵行为；
指明“法律、行政法规或者规章对其他手段另有规定的，适用其规定”</td></tr>
<tr><td>2005 年《证券法》——
删除“获取不正当利益或转嫁风险”；明确“操纵证券交易价格或证券交易量”；界定自我交易多账户手段；规定民事赔偿责任</td><td>2006 年《刑法》——
删除“获取不正当利益或转嫁风险”[3]；明确联合或连续交易“操纵交易价格或交易量”；界定自我交易的多个账户手段</td></tr>
<tr><td>2019 年《证券法》——
增加“影响或者意图影响”证券交易价格或者证券交易量；增加几种操纵方式：虚假申报、信息诱导、预测建议与反向交易、跨市场操纵</td><td>2019 年两高《司法解释》——
明确刑法第 182 条的“其他方法”，即蛊惑交易、抢帽子、重大事件、利用信息优势、虚假申报操纵、跨市场操纵六种方式</td></tr>
</table>

〔1〕《最高人民法院、最高人民检察院关于办理操纵证券、期货市场刑事案件适用法律若干问题的解释》（法释〔2019〕9 号），2019 年 6 月 27 日发布，表格中采用简称。

〔2〕 1997 年《刑法》第 182 条仅规定了操纵证券交易价格罪，1999 年在证券基础上增加期货。

〔3〕 2001 年最高人民检察院、公安部发布《关于经济犯罪案件追诉标准的规定》第 32 条曾对操纵市场的认定进行“获取不正当利益或者转嫁风险”的标准规定，该文件于 2010 年失效。

根据表1可见我国相关制度的发展脉络，以《证券法》为引领的市场操纵行为认定规定呈现以下变化：一是立法者对于行为内涵认识的深入。早期关于操纵市场行为判断标准的基本规定之一为获取不当利益或转嫁风险，但事实证明该限制不利于发现和规制广泛存在的违法操纵行为，经历数年探索，立法删除了该项限制，并逐步形成标准和更为广泛的立法框架。2019年《证券法》修订增加“影响或意图影响”的表述，从文义看似乎表明在客观行为成立的基础上，行为后果与主观意图之中只需符合一项即构成市场操纵，如何解释适用，有待研究。二是民事责任的明确。操纵市场行为扭曲和破坏证券价格，造成的实际损害难免由投资者承担。2005年起，立法增加了民事赔偿责任规定。三是对操纵市场行为表现形式的界定日益明确。《证券法》的行为列举从1998年的四项扩展到2019年的八项，大致可归纳为真实交易型、虚假交易型与信息披露型操纵行为，〔1〕并包含了另一语境下涉及多种方式的跨市场操纵行为，与证监会《认定指引》及近年案例比照可知，法律的修订中大量融入了监管者在实践中的认知收获。与之相契合的是，2019年6月两高《司法解释》中对《刑法》规定的“以其他方法操纵证券、期货市场”的犯罪行为进行了七项列举式规定。然而，案件事实不会以法律条文为模板而发生，在新法适用过程中仍需对其认定标准进行分类解释。

（二）实践现状

由于难以做出准确、严谨的法律概括性定义，实务中对操纵市场行为的认定亦处于不断发展的状态。通过对证监会行政执法、司法机关案件实务的分析，可管窥实践现状及问题所在。

表2　证监会对操纵市场行为的认定情况（2019年部分案例）

案情简介	认定理由	认定结果
案例一〔2〕：吕某控制14个证券账户，陈某控制“叶某昌”账户，两人利用各自账户大量交易3只股票，抬高股价并反向卖出获利。	1. 两人合谋操纵，承认交易目的是拉升价格。 2. 两人具有资金优势，依据是交易数据和日成交占比。 3. 交易行为对股价造成影响。	合谋连续交易操纵；自我交易操纵

〔1〕张小妮、张包山：《市场操纵行为的法律界定与规制比较研究》，载《西安交通大学学报（社会科学版）》2013年第3期。

〔2〕〔2019〕125号中国证监会行政处罚决定书，载中国证券监督管理委员会网站，http://www.csrc.gov.cn/pub/zjhpublic/。

续表

案情简介	认定理由	认定结果
案例二[1]：赵某、楼某、朱某共控制112个证券账户，采取在控制的账户间连续交易，盘中拉抬，利用信息优势等形式，操纵涉案股票价格、交易量。	1. 行为客观符合操纵市场标准。 2. 当事人作为涉案股票公司实际控制人，利用信息优势连续交易。 3. 基于当事人对信息披露时点的控制、异于正常交易的行为认定其操纵市场的意图。	合谋连续交易操纵；自我交易操纵；其他手段操纵（特定时间的价格或价值操纵）
案例三[2]：吴某控制账户组，先后集中资金优势，连续买卖5只股票，并实施自我交易、对倒交易，拉抬股价并反向卖出。	1. 操作手法异于正常交易行为。 2. 频繁采用各类操作手法，据此认定操纵意图。 3. 行为对涉案股票价格产生影响。	合谋连续交易操纵；自我交易操纵
案例四[3]：郑某初持涉案股票零股，后通过盘中拉抬、虚假申报操纵涉案股票价格，并对多只股票采用相同手段获利。	1. 多种异常交易方式证明操纵意图。 2. 涨跌停板时频繁报单撤单，属于不当行为。 3. 实际不当获利数额巨大。	其他手段操纵（虚假申报操纵）

以表2列举为例，证监会对操纵市场行为的认定往往考虑三个方面：一是主观意图。当事人是否具备操纵市场的主观意图不能完全依靠当事人承认（如案例一），实践中的证明是一大难题。一般而言，在无正当理由（如案例二）、交易行为反复（如案例三）、多种交易行为异常（如案例四）等情况下，证监会推定当事人具有操纵市场的主观意图。2019年《证券法》第55条增加这一表述，是实践助推立法的实例。二是客观行为。个案行为认定中需要结合具体行为表现将其进行操纵行为归类，难以归类但符合操纵行为基本要件者适用兜底条款（如案例二、四）。三是行为结果。证券价格、交易量变化及当事人获利（如案例四）等方面的数据是行为结果的体现，但前者的判断中需排除市场其他因素的影响，既要避免当事人以此为借口进行抗辩，也不能忽视该理由的正当性而造成误罚。

---

[1]〔2019〕128号中国证监会行政处罚决定书，载中国证券监督管理委员会网站，http://www.csrc.gov.cn/pub/zjhpublic/。

[2]〔2019〕68号中国证监会行政处罚决定书，载中国证券监督管理委员会网站，http://www.csrc.gov.cn/pub/zjhpublic/。

[3]〔2018〕127号中国证监会行政处罚决定书，载中国证券监督管理委员会网站，http://www.csrc.gov.cn/pub/zjhpublic/。

表3 人民法院对操纵市场行为的认定情况（部分案例）

案情简介	认定理由	认定结果
案例五[1]：恒康医疗控股股东、实际控制人阙某、蝶彩资产及谢某合谋借市值管理之名行操纵市场之实，投资者杨某借助中小投服的支持诉讼方式提起民事赔偿诉讼。	1. 合谋通过“市值管理”拉升股价，从而高价减持涉案股票。 2. 披露收购“市值管理”的“利好”信息，影响投资者决策。 3. 抬升股价，高价减持。[2]	合谋操纵；其他手段操纵
案例六[3]：林某持有大量涉案股票，由于股票跌停，遂与项某达成协议，出资1100万元由项某购买涉案股票打开跌停板，林某要求项某返还炒保证金而产生诉讼。	1. 两人合谋，具有操纵故意。 2. 集中资金优势实施操纵市场行为。 3. 当事人行为导致市场交易价格变化。	合谋交易操纵行为；两人协议无效
案例七[4]：北京大观以投资建议形式取得涉案账户的投资决策权，连续交易涉案股票，并在收盘前三分钟内以大幅高于市场价连续申报买入以及拉高股价后反向卖出，不服监管机构行政处罚而产生诉讼。	1. 主观具有操纵故意。 2. 客观行为构成连续买卖。 3. 行为后果是影响了证券交易价格或证券交易量。	连续交易操纵；其他手段操纵（特定时间的价格或价值操纵）
案例八[5]：北八道公司控制301个账户的账户组，集中资金优势和持股优势连续买卖、自我交易涉案股票，不服行政处罚产生诉讼。	1. 实际控制账户组，有交易行为。 2. 在一定期间内以大额成交量频繁交易，拉抬估价意图明显。 3. 行为导致涉案估价上涨109%，实际影响交易价格。	连续交易操纵；自我交易操纵
案例九[6]：吴某在任投资管理顾问期间，使用他人证券账户建仓，再利用公司名义在电视节目推荐相关股票，价格上涨后抛售获利。	1. 违背从业禁止规定，买卖相关证券。 2. 通过投资建议等方式抬升股价。 3. 利用他人身份证开立账户交易，非法获利数额巨大。	抢帽子操纵；情节严重（定罪）

[1] 《恒康医疗案一审判决 原告胜诉相关实控人担责》，载《金融界》，https：//baijiahao.baidu. com/s？ id = 1656238031416854203&wfr = spider&for = pc。

[2] 司法裁判文书尚未公开，见〔2017〕80号中国证监会行政处罚决定书，载中国证券监督管理委员会网站，http：//www. csrc. gov. cn/pub/zjhpublic/。

[3] 项某彬与林某宏合同纠纷案，金华市中级人民法院（2019）浙07民终6054号民事判决书。

[4] 徐某霖诉中国证券监督管理委员会上海监管局所作沪〔2018〕第52号行政处罚决定书及中国证券监督管理委员会所作〔2019〕第17号行政复议决定书，北京市第二人民法院（2019）京02行终第1850号行政判决书。

[5] 北八道集团有限公司诉中国证券监督管理委员会〔2018〕第29号行政处罚决定书中对其做出的处罚决定及〔2018〕第99号行政复议决定书，北京市高级人民法院（2019）京行终第4194号行政判决书。

[6] 吴某昌操纵证券、期货市场罪案，南京市中级人民法院（2017）苏01刑初第31号刑事判决书。

据表3所示，司法实践中的认定基本也围绕主观意图、客观行为、行为结果的标准。基于案件性质的不同，认定逻辑存在差异。民事诉讼中，同样作为证券违法行为的虚假陈述引发的投资者损失赔偿至今需以证监会行政处罚为基础，[1]设置前置屏障一方面在于过滤法院案件数量，另一方面也考虑到了司法机关审理资本市场案件的裁判经验不足以在没有专业“行政处罚决定书”的情况下做出稳定的裁判结果。而操纵市场案件中，由于民事责任构成要件特别是行为造成的投资者损失难以计量，关于民事赔偿的相关规定长期呈现具文状态，直至案例五即“操纵市场民事赔偿第一案”才实现了投资者权益的救济，且该案民事裁决也毫无意外地在行政处罚之后，可以推断司法机关参考了证监会对该案行为性质的认定结论。案例六中，当事人双方基于合同纠纷引发诉讼，司法机关并不关注操纵市场行为的危害性，只以解决纠纷为目的，认定中未特别释明量化内容等细节。行政诉讼中，当事人因不服监管机构的行政处罚措施诉至法院，司法机关需检验监管机构对操纵市场行为的认定是否正确。然而实践中，证监会对操纵市场行为的认识往往比司法机关更为专业，出台的《认定指引》也长期为司法机关所参考（如案例七），司法机关的认定难免无法脱离证监会的认定标准（如案例八）。根据前述证监会处理的部分案件，证监会认定操纵市场行为虽未明确量化标准，但从监管层面考虑到了操纵市场行为的危害性，司法机关的认定亦不会超出这一范畴。刑事案件中，结合《刑法》与两高《司法解释》，司法机关对操纵行为的认定不仅要考虑危害性，还要明确交易量、成交额等要素的量化标准，据此定罪量刑（如案例九）。

理论上，民事纠纷、行政执法、刑事定罪中的操纵市场行为所危害的法益与权益不同，应当采用多层次的认定方法，但行为本质应符合统一的基本标准。实际上，当前各领域的协调衔接尚未达到较为完善的状态。如案例六这一类民事案件中，司法判决认定双方行为构成操纵市场，但证监会未进行行政处罚，此类行为究竟是否危害公共利益及市场秩序？操纵市场行为形式多样，难以全面列举，司法与监管领域对操纵市场行为的认定要真正实现在同一底线基础上的层次划分，需要回溯相应的理论根源，并探讨其行为边界。

二、市场操纵行为及其规制的理论溯源

根据上文阐释，操纵市场行为的认定标准在实践中逐步完善。要对其制度逻辑

---

〔1〕《关于审理证券市场因虚假陈述引发的民事赔偿案件的若干规定》（法释〔2003〕2号），2002年12月26日公布。

进行梳理，明晰其中的模糊之处，需要从理论角度追溯规制该行为的基本理念与操纵行为的本质特征。

（一）规制操纵市场行为的基本理念

1814 年发生于英格兰的第一起市场操纵案件与 1892 年另一起案件的判决中，市场操纵行为的认定基础被判例法归纳为操纵者破坏了“自由而开放的市场”秩序，也由此奠定了“自由而开放的公众市场理论”（Free - and - open - public market doctrine）。[1]我国证券市场发展时间不长，早期的 1998 年《证券法》曾以“禁止获取不当利益或转嫁风险”来定义操纵行为的规制目标，认为操纵行为获取了不被法律所容忍的不正当利益，或将本该由自身承担的市场风险通过不正当行为转嫁于其他交易主体承担，仅进行了基本描述与禁止性规定，并未涉及由市场经济基础理论推断的行为实质，且法律责任尤其是民事责任并未得到明确。随着以资本自由流动为关键因素的供需关系不断深化，学者与立法者越来越深入地认识到，作为独立存在的证券违法行为，操纵市场行为必然会对市场的有效性、公平性及参与者的权益造成破坏，此后数次对相关规定的修改大多基于对行为性质的实践推断与对规制目标的理论探索。从可能遭遇侵害的权益保护与制度设置的价值导向出发，能够更好地明确规制市场操纵行为的主旨。

市场有效性的实现是规制市场操纵行为的根本目标。根据 Eugene F. Fama 提出的有效市场假说，[2]金融市场又被进一步划分为三类，一是弱式有效，即市场证券价格的走势具有一定随机性，投资者无法通过历史价格序列的分析获得超额利润。二是次强式有效，即市场证券价格充分反映了历史价格和对证券价值有影响的信息，这些信息已得到公开，投资者无法通过分析这些信息而获得超额利润。三是强式有效，即公开和未公开的信息全面反映在证券价格上。该假说的理论背景下，证券市场价格应当全面准确地反映证券的实际价值。[3]价格与一切信息的融合，将导致投资者即便利用非公开内幕信息也无法获得超额利润，突发事件不会影响证券价格自动调整恢复到均衡状态。然而在现实中，交易成本为零、信息完全对称、参与者完全理性的完美市场并不存在，且市场存在记忆效应，历史数据与走势具有不容

---

〔1〕 马江河：《美国证券市场操纵认定标准研究》，载《证券市场导报》2005 年第 8 期。

〔2〕 法国数学家 Louis Bachelier（1900）首次提出金融资产价格服从对数正态分布、股票价格服从布朗运动的假设。以此为源头，Eugene F. Fama（1965）正式提出有效市场假说（Efficient Market Hypothesis，EMH），认为在理性人制定价格及信息完全对称的假设下，市场价格总是正确的。

〔3〕 邓子来、胡健：《市场有效理论及我国股票市场有效性的实证检验》，载《金融论坛》2001 年第 10 期。

忽视的研究价值，市场价格不会完全随机变化。现代经济学发展中，针对现实世界和真实市场的研究诞生了以新制度经济学为代表的一系列理论，Mancur Lloyd Olson，Jr（2000）认为无论个人如何追逐利益，社会与市场的理性结果不会自动发现，必须借助制度安排。[1]制度的意义不仅在于减少交易成本，也包括对于破坏市场行为的约束。证券市场制度对市场操纵等行为的规制，旨在通过制度的干预尽可能推动市场自身力量在定价过程中的有效发挥。

中小投资者权益保护是规制市场操纵行为的核心宗旨。证券法基本原理在于通过公开的手段达到保护投资者的目的，而被保护的投资者重点指相对弱势的中小投资者。他们获取信息能力较弱，缺乏投资经验，理性程度不足，风险承受能力偏低。具有欺诈性的市场操纵很容易使这些投资者盲目买入或在极度恐慌下轻易卖出，从而遭受损失。成文法国家多以政府主导模式介入经济活动。[2]中国证券市场不是市场自由发展的产物，而是基于特殊因素由行政手段推行而建立，从诞生之日起就倾向于市场秩序的维护与各类活动的管控。《证券法》关于操纵市场规定的最初立法意图并未充分考虑投资者保护，而是随着市场和制度的发展才逐步重视。需要明确，投资者权益保护应当从私权自由的角度被重视，而不应作为公权规制市场行为的附带品。同时，证券市场发展有赖于投资者的生存环境，倘若投资者权益无法得到保障，在人为风险显著高于收益时，投资者失去信心，必然严重影响市场的存在和发展，自然也无法实现促进经济的目的。

对于公平的追求是规制市场操纵行为的价值导向。金融最残酷的地方在于货币只向最有效率的方向集中，可能导致公民丧失获取财富的公平起点，[3]而这个起点才是社会的希望。至今，梭伦改革的六字核心“抑强、扶贫、强中”，仍可作为以伦理学规制金融市场的价值追求。金融市场法制的变革完善中，公平应当与安全和效率共同作为价值目标，配合制衡，良性互动，才能促进经济平稳健康发展。[4]市场操纵行为中，行为人凭借资金优势和信息优势影响市场价格，本质是一种不公平的行为，可能损害其他投资者利益，破坏市场秩序。因此，对公平价值的追求亦是规制操纵市场行为的伦理基础与价值导向。具体包括几个方面：一是投资主体的公平性。商事活动中，交易双方由于经济实力、专业水平与信息获取能力的差距打破

---

〔1〕 Mancur Lloyd Olson，Jr，Power and Prosperity：Outgrowing Communist and Capitalist Dictatorships，Oxford University Press，2000.

〔2〕 尹海员、李忠民：《我国证券市场投资者保护——一个法律保障的分析视角》，载《经济问题探索》2011 年第 8 期。

〔3〕 陈雨露、杨栋：《世界是部金融史》，江西教育出版社 2016 年版，第 3 页。

〔4〕 冯果：《金融法的“三足定理”及中国金融法制的变革》，载《法学》2011 年第 9 期。

了传统私法理念下的平等性。[1]在证券市场，这些差距更为明显，因此需要构建并加强维护公平的规则。二是投资机会的公平性。投资者享有获取公开信息的权利以发掘投资机会来完成决策。规制操纵市场行为力求排除误导性信息等不当干扰因素，保证不具备信息优势的投资者获得公平机会。三是投资结果的公平性。买者自负是证券交易的基本理念，[2]规制操纵市场行为既防止行为人获取不当利益，同时保障投资者的投资损益是其自身决策与真实市场行情共同作用后的结果，不应受到不当行为的影响而有损公平。

（二）市场操纵行为的基本要素

诚如上文所述，囿于市场的不完美，需要法律制度对市场的运行加以干预，从而构建让市场趋于有效的秩序并实现私权保护与适当的价值追求。实践中，也正是市场的种种不完美使其有了被操纵的可能。

首先，市场被操纵的基本条件在于信息不对称。信息不对称和消费者的非理性是经济学家论证市场失灵的重要例证，也是20世纪70年代至今经济学最重要的研究成果。无论是商品还是服务，都具有多种属性，人们对这些属性及其层次的衡量不可能全面而精确，且参与者之间的信息存在差距。交易中的卖方比买方拥有更多有价值的产品信息，同时前者还可能故意隐瞒这些信息甚至欺骗对方从而获利。George Akerlof的“柠檬市场”理论与人寿保险中的逆向选择行为导致的两难问题、交易中的道德风险都由此而生。[3]普通商品市场的消费者可以通过对产品效果的尝试决定下次是否购买，且政府对于标准化商品都有行之有效的质量检验和保证机制。但金融产品尤其是证券类产品则因为其个体的差异性与价值的不可知性，投资者也难以通过一般商品的检验方法和市场制度得到保护。信息获取是投资者决策的基本条件，但无论多么专业细致的尽职调查都无法让投融资双方掌握的信息完全一致，何况大多数投资者并不具备完成尽职调查的能力。故而，强制信息披露制度成为各个国家保护投资者权益的核心。实际上，大多数的证券违法行为都是行为人利用信息优势进行欺诈和交易从而攫取不法利益，操纵市场行为更为复杂，但也脱离不了信息不对称的基本前提，以大部分投资者的信息弱势地位为基础，或利用资金优势营造行情，或利用信息优势编造故事，将正常的市场信息披上一层伪装的外衣，导致原本就难以知晓企业真实情况的大量投资者做出错误判断。这一过程中，无论信息的掌握、制造、传播都存在严重的不公平，不仅基于买卖双方信息不对

---

〔1〕徐卫东：《论商事法律对行为人意思自治的合理限制》，载《中国商法年刊》2011年。

〔2〕陈洁：《投资者到金融消费者的角色嬗变》，载《法学研究》2011年第5期。

〔3〕赵凌云主编：《经济学通论》，北京大学出版社2007年版，第446页。

称，同时作为优势买方的行为人与普通投资者之间产生了新的信息不对称。

其次，市场被操纵的关键要素在于非理性的投资者群体。从交易成本经济学理论出发，世间一切风险都可以归纳到有限理性与机会主义这两大行为假设之下。市场信息纷繁复杂，精明的经营者会利用消费者过度自信的心理弱点和错误理解的认知偏差获取利益。[1]情感、惯例、经验等非理性因素具有“活法”的优势地位，[2]而这些因素作为人类社会与群体的内在联系必然通过投资者的决策思维影响市场。由于集合竞价的股票定价机制，我国股票市场历史上，几次严重“股灾”都与个人投资者的羊群行为、过度自信、代表偏差等[3]非理性心理和行为有关。操纵市场行为的直接结果就是集合竞价市场中证券价格和交易量的变化，初期的价格增长能够吸引大量非理性投资者跟进，让标的证券价格大幅度上涨到超过公允价值，而操纵行为人的高位减持能够使其下跌到基本价值甚至更低，这是一个典型的泡沫形成与破灭过程。[4]反向操纵时，行为人通过大笔减持或信息传播使证券价格降低，许多投资者特别是个人投资者会由于恐慌导致情绪效应被放大，忽略了低买高卖的基本投资理念，在心理偏差下卖出手中的证券，[5]导致价格越发下跌，操纵行为人选择低位买入实现获利。这种情况下，投资者的损失并不只是因为操纵市场行为导致的错误的市场价格信号，还有自身非理性的驱使。根据调查，投资者尤其是个人投资者亏损的主观原因来自自身投资经验、知识不足等因素，客观原因主要包括频繁交易、过度集中持股、追涨杀跌甚至盲目跟风等投资行为偏差，[6]这些非理性因素正是市场能够被操纵的核心要素。

由此，市场的不完美让具有资金和信息优势的主体有了操纵市场的可能性。在这样的背景下，广义的“市场操纵”即借助市场因素影响证券价格及交易量的行为可被视为中性，既可能用于获取利益，也可能用于弥补市场运行的缺憾从而推动市场健康发展。目前法律语境下对“操纵市场”进行了狭义的违法行为定性，因此我们所探讨的操纵市场往往仅指其狭义内涵，即除了利用上述要素影响市场价格之外，行为必须具备“不正当”特质。不正当行为来自英美的普通法原则——“不洁之手”，该原则反对任何欺诈或不诚信行为，并拒绝向实施这些行为的主体提供

〔1〕 应飞虎：《论结果导向的信息披露》，载《中国社会科学》2019 年第 5 期。

〔2〕 朱羿锟：《董事会运行中非理性因素的法律规制》，载《中国社会科学》2015 年第 8 期。

〔3〕 李竹薇：《基于投资者结构的中国股票投资者交易行为实证研究》，经济科学出版社 2013 年版，第 183 页。

〔4〕［美］詹姆斯·蒙蒂尔：《行为投资学手册》，王汀汀译，中国青年出版社 2017 年版，第 151 页。

〔5〕［美］约翰·R. 诺夫辛格：《投资心理学》，郑磊译，机械工业出版社 2016 年版，第 140 页。

〔6〕 资料来源：《深圳证券交易所 2018 年个人投资者状况调查情况》，载雪球网，https：//xueqiu.com/1743464723/123074808，最后访问时间：2019 年 3 月 21 日。

救济。[1]2019 年《证券法》第 55 条规定了操纵市场行为的禁止，将主体设定为“任何人”，将行为与结果明确为以所列举的方式“影响或意图影响”证券价格，此中既包括产生客观结果的操纵，又包括存在主观意图的操纵。无论归属于哪种类型，法律禁止的操纵行为都应隐含不正当性的基本特征，否则难以排除影响市场证券价格和交易量的正当行为，可能造成冤假错案，后文将对这一点展开分析。对“不正当”的认识应与欺诈相结合，行为经济学的论断认为被欺骗者包括心理型与信息型两种，前者指感性超越理性，或是对现实的认知存在障碍导致自身受损。而信息型则纯粹是欺骗者设计圈套，通过传递虚假信息误导被欺骗者，即法律中一般意义上的欺骗或欺诈。[2]狭义的操纵行为正是通过各种方式欺骗市场参与者，从中获取自身利益。

三、证券市场操纵行为的认定边界

诚如前文所言，影响证券价格及交易量的行为本身属于中性，一些有益于市场发展和投资者权益保护的行为也可能符合该行为的大部分要件，而法律禁止的是具有不正当性的操纵市场。为此，有必要明确合法与非法的界限，避免合法行为被认定为操纵市场的同时，也要防止利用合法性外衣进行监管套利的操纵行为。

（一）合法的“市场操纵”行为

不完美的市场环境下，为了实现增强市场流动性、提高市场合理定价的能力，应对市场风险等正当目标，一些特殊主体需要依法采取各类手段对证券价格及交易量产生影响。随着资本市场的发展与制度推进，这样的行为类型日益丰富，需要与法律条文意义上的操纵市场行为予以界分。

做市交易是做市商采用的双向报价、储存买卖的市场行为，通常在市场不活跃、证券价格不能充分反映公允价值的背景下运行，为保证交易在合理价格发现的基础上更为流畅，以此吸引投资者，避免交易清淡或发生中断，[3]是发达资本市场增强流动性的常用方式。我国新三板市场 2014 年引入做市商制度，一定程度上改

---

[1] See Kevin Mack, Reforming Inequitable Conduct to Improve Patent Quality: Cleansing Unclean Hands, 21 BERKELEY TECH. L. J. 150 (2006).

[2] [美] 乔治·阿克洛夫、罗伯特·席勒：《钓愚：操纵与欺骗的经济学》，张军译，中信出版社 2016 年版，第 14 页。

[3] 张晓君、王鑫：《做市商制度与我国证券市场的完善》，载《西南政法大学学报》2003 年第 1 期。

善了交易规模和相对流动性。〔1〕然而，做市交易的表现却疑似违反了《证券法》关于“禁止连续买卖”的规定。2017年12月，证监会做出针对新三板市场做市商行为的行政处罚，认定“中泰证券”和“易所试”两家公司构成合谋操纵市场行为。〔2〕认定理由为有证据证明双方在连续买卖之前存在意思联络，且做市交易量和价格远高于其他投资者。该认定引发了学界对操纵行为与做市交易边界的探讨，其中包括做市交易与法律所禁止的操纵市场行为逻辑是否一致的问题，认为直接以约定交易证明操纵意图未免牵强，其他的合法交易如大宗交易也存在类似意思联络。〔3〕做市商制度的妥善构建与运行对于市场的健康发展有积极影响和重要意义，〔4〕为保障证券市场监管的公正性和该制度目标的实现，必须厘清做市交易与操纵市场行为的区分标准。两者在行为方式及影响市场价格、交易量的直接结果等层面的确存在相似之处，需要从主观和长期效果判断是稳定市场的“良药”，还是破坏市场秩序的“毒药”。具体实践中，可以通过市场环境、主体资格、行为模式与行为效果来分析定性主观意图及正当性。

证券发行中超额配售选择权运用模式由美国绿鞋公司开创，因而被称为“绿鞋”机制。市场行情瞬息万变，且承销商在发行之前可能对其所探测的市场深浅无完全把握，需事先做好应对市场需求的准备。该机制中，发行人可以通过承销协议授予承销商超额配售选择权。证券公开发行时若遭遇“市场静默期”导致跌破发行价，或由于供不应求使得价格暴涨，承销商即可行使此项权利。市场价格高于发行价时，有权增加发行量；若跌破发行价，可以从二级市场购买股票向客户销售，由此拉近一二级市场价格从而稳定股价。〔5〕该机制由发行人和承销商共同运行，直接影响市场的价格和交易量，其行为本质与操纵市场无异，为此各国对其适用都非常谨慎。参鉴海外制度，我国证监会发布《超额配售选择权试点意见》，在超额配售比例和期限等方面进行了严格限制。该机制中，可以认为法律法规对发行人与承销商赋予了相应授权，使之通过增加发行量及回购出售影响证券价格的行为因其“正当性”而区别于操纵市场。在2019年《证券法》推行注册制改革背景下，承销商

---

〔1〕马琳娜、李政、林建军：《做市商制度对我国新三板市场的影响》，载《技术经济与管理研究》2015年第8期。

〔2〕〔2017〕100号中国证监会行政处罚决定书。

〔3〕萧鑫：《证券做市交易与市场操纵的界分》，载《比较法研究》2019年第1期。

〔4〕陈辉、顾乃康：《新三板做市商制度、股票流动性与证券价值》，载《金融研究》2017年第4期。

〔5〕朱锦清：《证券法学》，北京大学出版社2019年版，第65页。

依据该机制授权进行护盘式股票购买及扩大发行量等行为可能越来越常见，[1]无论监管层和司法机关都应加强对此类行为的认识。

上市公司通过股份回购能够在短期内集中巨量资金买入自身股票，能够从流通股数量减少及信号传递两个角度发挥作用，对提升公司股价构成重大利好，一贯被视为提升个股价格和稳定整个资本市场的利器[2]。基于市场需求与各国发展趋势，2018 年 10 月我国《公司法》第五次修改时，新增"上市公司为维护公司价值及股东权益所必需"情形下的回购权利，不论是从市场表现还是立法者的解释说明来看，本次修法在我国证券市场整体表现疲软、上市公司股价持续下挫的大背景下进行，修法目的有着浓厚的"救市"色彩。修法后市场反应迅速，多家上市公司进行回购操作，确实使我国资本市场增加了活力。然而，此类行为也具有市场操纵的特征，需要通过证明其正当性与违法操纵进行区分。

此外，在市场受到各种因素影响导致下跌甚至萧条时，监管层可能采用其他的救市手段。如 2015 年 6 月至 7 月上旬"股灾"期间，我国证监会指挥中国证券金融股份有限公司（简称证金公司）为主力的国内 21 家券商组成救市团队进入证券市场展开维稳行动，最终实现了股市信心的提升。以此例为代表，多种形式的救市行为都可能触及操纵市场的法律红线，而《证券法》并未明确排除这些行为，有待通过规章、司法解释、指导性案例等方式进一步明晰。

（二）信息传播产生市场影响

如果说操纵市场是证券违法行为中最具认定难度的类型，那么信息型操纵市场的辨认就是其中最大的难题。随着市场发展与监管经验增加，监管规章中关于信息型操纵的规定逐步完善，2019 年《证券法》修订也进行了专门列举。其中，"抢帽子"等操纵形式的行为人身份、客观行为相对容易证明，但更多新型手段则存在辨识和证明中的困境。同时，信息型操纵市场与其他类似行为存在区别或竞合之处，须予以明确。

例如，信息型操纵市场与一般信息转播导致市场价格变化存在差异。一方面需通过主体身份、客观行为考量信息传播的正当性，另一方面则可以通过信息的特质和市场甄别情况进行判断。又如，部分案例中信息型操纵市场可能与虚假陈述行为发生竞合。在内部人通过信息传递方式诱导市场交易从而影响市场价格时，需要基

---

〔1〕 张超、甘培忠：《市场操纵的规范解构和分析框架维度构建》，载《暨南学报（哲学社会科学版）》2019 年第 9 期。

〔2〕 冯辉：《"维护公司价值及股东权益所必需"而回购的法律规制》，载《东方法学》2019 年第 6 期。

于行为人是否属于信息披露义务人、主观方面的故意或过失、行为后果等要件对其行为性质进行辨别，若行为人是信息披露义务人，行为符合虚假陈述各项要件，无证据证明具有操纵市场的意图，应当以虚假陈述行为进行认定。若同时符合操纵市场与虚假陈述的全部要件，则需根据具体行为及危害后果的严重性依法判断是否需进行两种违法行为的同时认定。

另外值得注意的是，与信息型操纵市场类似的还有“利用信息扰乱市场秩序的行为”。2019 年《证券法》第 55 条第 1 款第五项规定了蛊惑交易操纵市场的行为类型，第 56 条同时禁止了任何单位和个人编造、传播虚假信息或者误导性信息，扰乱证券市场。第 56 条的规定相较于原法大幅度扩大了行为主体范畴，并增加了“误导性信息”。该条文对“利用信息扰乱市场秩序行为”进行了单独禁止性规定，该行为与操纵市场的区别何在？从文义看，蛊惑交易操纵亦是通过不真实、不准确的信息诱导投资者做出投资决策，相较于第 56 条的“误导”，似乎前者行为更加恶劣。从行为看，蛊惑交易操纵市场将信息行为作为手段，需具有影响或意图影响市场证券价格、交易量的核心要件，而第 56 条规定中编造、传播虚假或误导性信息行为本身就具有可罚性。从利用对象看，蛊惑交易操纵利用的是普通投资者的非理性心理因素，2019 年《证券法》修订之前对于“利用信息扰乱市场秩序行为”的禁止性规定进行了行为人的特定身份限制，其行为利用的是投资者对于受信人主体的信赖，能够较为明确地与操纵市场行为进行区分。然而此次修法之后，该禁止性规定的行为人扩展至全部自然人和机构，普通主体难以识别虚假信息，且其编造、传播虚假信息或误导性信息的影响力无法与修法前所限定的受信人相比，这一修订可能导致该行为与操纵市场行为的界分更加模糊，且存在抑制有效信息形成的不合理之处。由此，操纵市场行为的定性需更为慎重，不能将任何编造、传播虚假信息或误导性信息的行为苛责为操纵市场行为，需确保责罚法定。

（三）监管套利操纵市场

根据前文分析，做市交易等特殊行为在基于合法因素而具有正当性的情况下不会被认定为操纵市场而受到法律规制。也正因如此，这些特殊行为可能被利用作为合法性外衣，实施真正的市场操纵或其他违法行为，通过监管套利逃避制裁。

如前文所举 2015 年救市案例，券商救市资金体量虽大，但与市场的总市值相比仍然有限。救援对象主要是主板权重股，非权重股只能等待市场整体行情的复苏。既然有限的资金无法做到救援对象全覆盖，如何保证选择被救援对象的公正性？又如何避免救市过程中利用信息与资金优势进行内幕交易和操纵市场的行为？“一些机构几乎放弃了对基本面的研究分析，转而把心思放在赚国家用于稳定市场的钱上”[1]的说法引发了多方注意，21 家参与救市的券商中有一部分被证监会立案调查。最后，多家券商因违法违规问题被处罚，相关负责人因涉嫌内幕交易等违法行为被采取刑事强制措施。总之，券商救市因国家行为的允许而排除了影响市场证券价格和交易量的不正当性，但仍出现了违法行为及行政处罚，原因在于行为人在享有“豁免缘由”的前提下，仍持有恶性主观意图并进行了不正当行为，其行为结果必然受到法律的惩罚。可见，官方主导的救市活动常常体现为大量资金进场及利好信息的传播，可能产生给不法分子创造行为空间的负外部性，而辨别和责难违法行为的关键仍在于主观意图恶性与行为不正当性的认定。

再以上市公司“市值管理”为例，早在 2007 年的《认定指引》中就对上市公司及相关主体进行特定市值管理行为赋予了不同于操纵市场的正当性。[2]前文提及我国 2018 年修正《公司法》第 142 条第 1 款新增第六项对上市公司通过自行回购股份实现市值管理再次进行了较为宽松的授权。不可否认股份回购可能在短期内实现股价提升的效果，但该项授权仍存在较为明显的风险。股份回购可由董事会做出决定，董事会大多由大股东控制，难免存在滥用股份回购牟取私利的可能。“为维护公司价值及股东权益所必需”的模糊性表述使得上市公司及其内部人可能利用该条款的授权进行先回购提升股价再大量减持等市场操纵行为，因此上交所与深交所通过实施细则对其做出了进一步的限制。此外还需明确的是，上市公司股份回购的本质是资本运作工具，实现的是短期效益，对公司实际价值的长期成长并无真正意义，且不利于中小投资者和债权人权益保护，在监管与司法实践中必须谨慎对待。

注册制的全面推行背景使市场不确定性增强，风险有所提升，依法被排除“不正当性”的发行人与承销商护盘等行为也会伴随市场变化而出现，监管与司法部门必须透过形式化面具，看到其中真正的意图，明确这些具有合法外壳的行为究竟是“救市的天使”还是“收割的恶魔”。对于拥有合法身份的市值管理等行为，监管亦不可掉以轻心，前文提及的案例五即我国“操纵市场民事赔偿第一案”就是以“市值管理”为名，行操纵市场之实。

---

〔1〕《摧毁中国股市信心将危及整体改革》，载人民网，http：//finance. people. com. cn/stock/n/2015/0825/c67815 – 27512038. html。

〔2〕《证券市场操纵行为认定指引（试行）》第 48 条：上市公司、上市公司控股股东或其他市场参与人，依据法律、行政法规和规章的规定，进行下列市场操作的，不构成操纵行为：（一）上市公司回购股份；（二）上市公司控股股东及相关股东为履行法定或约定的义务而交易上市公司股份；（三）经中国证监会许可的其他市场操作。

四、制度路径展望

基于市场操纵行为认定的难题，通过对理论根源与行为边界的逻辑剖析，我国未来在实践过程和制度完善中仍需解决一些细节问题，并对法律在不同领域的解释与层次化适用予以充分关注。

（一）不正当行为的确认与证明

此次《证券法》修订中“影响或意图影响”的描述既指向行为后果，又指向主观意图，似乎规制了广义“市场操纵”的全部行为，而前述具有正当性的回购、救市、做市交易等行为也很容易落入该条文的禁止范畴。要对这些行为进行合法性认定，需适用证监会的监管规章及其他规范性文件，且个案认定的核心仍然在于行为正当与否的证明。首先，操纵市场行为的结果是影响证券价格或交易量，影响不仅是客观上的表现，还要有主观上的故意，[1]且需判断行为是否具有可以排除不正当性的法律授权、特殊职责等豁免因素。其次，在具体案件中，绝大多数行为人不会承认自己具有操纵市场的意图，同时会提出各式各样的抗辩理由，若抗辩理由得以排除，行为不正当性依然推定成立。随着市场的发展，操纵市场行为类型不可能被法律法规全面列举，适用兜底条款认定时，需要基于资本市场的抽象风险进行判断，即以一般投资者的视角是否会实施此类行为，异常、重复的交易行为可排除抗辩理由。此外，长期以来我国操纵市场行为的认定主要涉及行政责任和刑事责任的承担，但投资者权益保护与救济的需求旺盛，目前已有案例五这类民事救济裁判结论。同时正如前文所列举的案例六显示，司法机关可能在合同纠纷等案件处理中认定操纵市场行为以定分止争，既不以行政处罚为前提，亦未引起相应的监管举措，各界对证券违法行为民事诉讼前置屏障诟病已久，目前仅有虚假陈述案件尚保留前置屏障，司法机关也日益关注金融案件裁判专业能力的提升，在民事案件中不以行政处罚为依据而独立认定操纵市场行为并做出裁决的机制构建指日可待，对于行为不正当性的判断与边界也应引起司法机关及裁判人员的充分重视。

（二）执法与司法的分层认定标准

出于法律调整对象、调整手段及价值导向的区别，不同类型的案件对市场操纵行为存在差异化的判断与处理方式。通过对部分案例的分析，操纵市场行为的认定

---

〔1〕 汤欣、高海涛：《证券市场操纵行为认定研究——行政处罚案例的视角》，载《当代法学》2016年第4期。

存在两方面问题：一是行政执法和司法裁判法律适用的偏差；二是责任形式的区别导致认定逻辑的差异。未来的实践中，主观故意与行为正当性的判断应当成为行政执法、刑事定罪、民事纠纷解决中市场操纵行为的认定基础。再基于不同领域法律适用及责任形式的考量，可以从两个角度出发构建分层次的市场操纵行为认定与归责标准。一是价值导向。监管部门对操纵市场行为的责任追究以市场秩序的维护为导向，辨别行为的危害程度是否影响市场运行，而尚未达到刑法所保护法益的底线，理论上也可以不考虑个案中投资者权益受到的实际损害。民事案件中，操纵市场民事赔偿的裁决以投资者权益保护和救济为导向，需由专业评估人员排除其他市场因素影响，判断违法行为引起市场价格变化与投资者经济损失的程度。至于合同纠纷等其他民事案件若需判断行为性质，则以解决纠纷和保护私权为导向，以行为正当性的基础标准进行认定。二是量化标准。前文已对不正当行为的基本证明逻辑进行阐释，不同类型的责任承担则需要量化标准来体现其层次差异。2019 年两高《司法解释》已明确操纵市场行为构成刑事犯罪的量化标准，涉及交易量、交易数额、违法所得数额等内容。行政监管部门亦可考虑从量化标准出发，对 2007 年《认定指引》所涉内容做进一步细化。若行政责任的标准得以明确，在达不到行政责任量化标准的情况下，民事裁决认定操纵市场行为仅需考虑行为形式、不正当性两项内容，并根据案件性质计算投资者权益损失。不同机关对《证券法》同一条文的适用而得出差异化结果确实有失公正，未来的制度建设需要重视这一问题。以统一原则为底线，依据价值导向进行层次化安排，并完善量化标准，同时提高司法机关裁判金融案件的专业能力，加强金融专家、资产评估专家在司法领域的参与程度，可有效推动执法和司法在操纵市场案件中的协调衔接。

（三）信息型操纵的限缩解释

信息型市场操纵手段在判断时存在难度，且不应过度扩张至所有的信息传播造成市场影响的行为。为此，对于信息型操纵行为可以进行相对限缩的解释和适用，严格界分信息型操纵市场与不具操纵要件的信息传播扰乱市场行为以及虚假陈述等其他违法行为。根据现有研究，信息型操纵可以划分为两大类，即编造传播虚假信息型操纵与利用信息优势操纵。实践中，编造传播虚假信息的行为人存在扰乱市场的故意或过失，但不一定具有通过信息诱导其他投资者进行交易或希望由此获利的主观因素，不一定意图操纵市场以实现其牟利目的，故而只能说编造传播虚假信息行为中具有主观操纵意图的那一部分构成信息型操纵市场，[1]其证明从行为主体的

---

〔1〕 缪因知：《信息型操纵市场行为执法标准研究》，载《清华法学》2019 年第 6 期。

身份出发，结合信息影响力及是否存在反向交易等因素展开。而不具主观因素的编造传播行为可适用《证券法》第 56 条的禁止性规定，至于该规定的合理性及其指向的法律责任有待另文研究。利用信息优势操纵尤其是连续操纵行为更为复杂，常常涉及公司内部人与证券服务机构等主体，认定关键在于以直接或间接证据证明其操纵故意。

（四）受信人行为的严格限制

从信义义务出发，首先，上市公司控股股东、大股东、董监高等内部人是债权人及中小投资者、潜在投资者的受信人，这些主体在具有信息优势的同时，还有利用股份回购等制度以市值管理名义进行市场操纵为自身牟利的便利。鉴于回购及其他市值管理手段的风险，上市公司在采用这些举措时应当能够披露充分的理由证明其目的在于公司价值和股东权益，且回购等行为具有必要性，否则需承担相应法律责任。其次，内部人的受信人属性及由此产生的信义义务应在一定程度上覆盖其关联方。关联方对标的公司证券的交易活动及标的公司与关联方之间的各类交易都应引起市场及监管者的重视。证券市场相较于一般市场信息化程度高，在认定不正当行为过程中，不仅需要排除正当性因素，还要对内部人与关联方之间的联系进行固证，实际情况更为困难。因此，对内部人及其关联方的交易行为进行回避性限制，亦是一种解决方案。此外，根据衡平法信托理念，证券服务机构及其人员由于其职责与专业性也可能拥有强大的信息优势，因而具有受信人特质，相对于普通主体，这些主体的信息发布、传播与交易活动应当受到更为严格的约束，且需有明确的法律责任进行回应。

（五）市场定价机制的完善

要对市场操纵行为进行明确和规制，不仅需要概念的辨析及禁止性规定在各领域的妥当适用，还需从根源上逐步降低该行为发生的可能性，最终有赖于定价机制的完善及有效市场的构建。一是针对多层次资本市场的特点适用并不断完善差异化的定价机制。其中不仅包括旨在提高流动性、以储存买卖为本质特征的做市商制度，还包括以信托关系为核心的证券商报价制度。后者与做市商制度存在相似之处又有所差异，指证券商作为特许注册经纪人派其代表进场向买卖双方提供证券的双向报价的机制，在此过程中证券商需尽量掌握更多更全面的市场信息，运用其专业和经验，在履行忠实义务与勤勉义务服务于客户的同时，发挥为市场提供公正合理报价的重要功能。[1]发达资本市场的证券业务无不建立在多样化的交易制度之上，前述定价机制的完善不仅有助于市场健康运行，也是促进证券行业竞争力提升及资本市场对外开放的重要条件。[2]二是注册制改革中信息披露制度的完善。2019年《证券法》专门规定了“信息披露”一节，充分体现出立法者和监管层对注册制推行与强制信息披露制度的重视。具体落实中需要充分结合注册制的需求对信息披露要求予以完善，提高招股说明书及持续披露文件的质量，加强重大事项披露规范，并完善信息披露义务主体的法律责任。同时，市场交易的实现离不开投资者的决策，完善由监管机构、证券交易所、投资者权益保护组织及相关市场机构共同构成的投资者教育体系，加大力度培育成熟理性的投资者，也是减少违法行为及其负面影响，更好地推动市场构建的重要路径。

---

〔1〕 董安生、何以：《多层次资本市场法律问题研究》，北京大学出版社2013年版，第65页。

〔2〕 白牧蓉：《我国资本项目开放进程中证券市场的发展与制度应对》，载《甘肃行政学院学报》2017年第1期。

【大数据、区块链、人工智能与证券法实施】

法定数字货币的法律性质界定

袁达松[*]　刘梦圆[**]

内容摘要：由中国人民银行研发的法定数字货币 Digital Currency Electronic Payment（以下简称DC/EP）采用双层运营体系，支持双离线支付，在功能定位上DC/EP不是简单的纸钞数字化，而是要替代流通中的现金（M_0），改变基础货币的形态。虽然法定数字货币与虚拟资产有诸多相似之处，但仍不可将二者等同对待，前者的设计思路完全遵循国家货币制度，发行与流通覆盖在法定货币——人民币的范围之内。因此，尽管在目前的货币法体系下，DC/EP的法定货币地位并没有得到明确，但DC/EP在诞生之初即是作为人民币全集的子集，可被定义为是涵盖在人民币之下的新型法定货币形态。出于保障金融稳定与安全的目的，DC/EP的法律地位有待在后续的立法工作中得以明确，现行法律体系中与之不相适应的部分也应得到进一步修改和完善。

关键词：法定数字货币　法定货币　虚拟资产

法定数字货币正被视为货币形态的又一次重大革命，将成为数字经济时代发展的重要基石，其发展备受央行、学术界和产业界的关注。从未来发展趋势看，当前的纸币信息技术含量低、安全性低且发行、流通成本高，被新技术、新产品取代是大势所趋。随着信息科技的发展以及移动互联网、可信可控云计算、终端安全存储、区块链等技术的演进，全球范围内支付方式更是发生了巨大的变化，各种电子货币、虚拟货币、数字货币产品及其支付结算服务的创新实验层出不穷，为中央银行的货币发行创新带来了新的挑战和机遇。

---

* 袁达松，北京师范大学法学院教授，博士生导师。

** 刘梦圆，北京师范大学法学院硕士研究生。

目前由中国人民银行研发的法定数字货币 DC/EP 即将进入试水阶段，所谓 DC/EP，即数字货币电子支付。在经济定位上，DC/EP 可以独立执行交换媒介和价值尺度两个通货的职能，扮演着一定的法定货币角色，但目前我国现行法律框架除了硬币和纸币外没有规定任何法定货币。

按照国际上通用的反洗钱/反恐怖主义融资的规定，合法化的加密货币应被定性为虚拟资产（virtual asset）加以规制，[1]2018 年 10 月反洗钱金融行动特别工作组（Financial Action Task Force on Money Laundering，FATF）更新了《FATF 建议书》，增添了虚拟资产的定义及其监管建议，其中虚拟资产的定义是“价值的数字化表达，可进行数字化的交易和转账，可用于支付或投资，包括用作交易媒介、记账单位和/或价值存储”[2]。该机构强调虚拟资产与法定货币不同，并表示会继续进行评估，以确定是否有必要再次更新虚拟资产的标准。FATF 的建议书适用于所有形式的金融活动，包括利用虚拟资产的活动，因此该建议书中对虚拟资产的定义可被认定为国际通用参照。

但 DC/EP 与普通的私人加密货币多有不同之处，因此 DC/EP 的法律性质也备受关注。DC/EP 由中国人民银行发行，以国家信用做背书，受货币政策调控，其功能定位更接近于对法定货币中“流通中现金”的替代，因此 DC/EP 更倾向于具有法定货币的法律性质。

与其他关于法定数字货币的制度安排一样，法律框架也会因法定数字货币法律性质的不同而有所区别。法定数字货币法律性质的界定关系到《中国人民银行法》《刑法》《民法》等多部法律的修改和完善。目前的当务之急是对 DC/EP 的法律属性进行甄别，即 DC/EP 究竟是数字化的法定货币（即法律承认的履行财务义务的支付工具）还是合法化的数字货币，这是解决后续立法和制度完善问题的先决条件。

一、DC/EP 设计特点

DC/EP 的完整字面意思就是数字货币电子支付，全称是 Digital Currency Elec-

---

〔1〕 反洗钱金融行动特别工作组（Financial Action Task Force on Money Laundering，FATF）是西方七国为专门研究洗钱的危害、预防洗钱并协调反洗钱国际行动而成立的政府间国际组织，是目前世界上最具影响力的国际反洗钱和反恐融资领域最具权威性的国际组织之一。2018 年该组织更新了它的建议以及术语表，明确定义了“虚拟资产”这一概念。

〔2〕 FATF（2018），*Guidance for a Risk – Based Approach for the Life Insurance Sector*，FATF，Paris. www. fatf – gafi. org/publications/fatfrecommendations/documents/Guidance – RBA – virtual – assets. html，last visit on Oct 2nd，2019.

tronic Payment，DC 指的是数字货币，EP 指的是电子支付，即数字货币和电子支付工具。其功能属性与纸钞完全一样，只不过是数字化形态，本质上就是一种数字支付工具。

（一）采用双层运营体系

DC/EP 的一个重要特征是采用双层运营体系，[1]一层是中国人民银行对商业银行，另一层是商业银行或商业机构对社会公众。也就是说，DC/EP 的发行方式是，由中国人民银行将 DC/EP 发行至商业银行业务库，商业银行直接面向社会公众提供 DC/EP 的存取流通服务，与中国人民银行一起维护数字货币的正常运行。

（二）支持双离线支付

DC/EP 另一个重要特征是双离线支付。DC/EP 基于特殊的设计，可以不依赖于网络进行点对点的交易，简单来说，与目前的电子支付不同，即便是收支双方的手机都处于离线（断网）状态，双方仍然可以利用 DC/EP 进行转账支付。

双离线支付使得 DC/EP 在使用上更加接近现钞。在电子支付日益普及的今天，断网成了困扰移动支付的主要原因之一，比如在地铁、地下超市等网络信号覆盖盲区，用户很可能出现因无法联网进而无法进行交易的情况。即使支付宝和微信支付近些年进行过离线支付的尝试，但目前为止也只是支付方的单离线模式，收款方仍然需要联网扫码才能最终完成支付动作。

（三）功能定位：替代流通中的现金

在功能定位方面，法定数字货币 DC/EP 不是简单的纸钞数字化，而是要替代 M_0，即改变基础货币的形态。[2] M_0 指的是流通中的现金，即银行体系以外各个单位的库存现金和居民的手持现金之和，而纸钞数字化一般指的是线上代替线下，但无论线上还是线下，都需要账户支持，比如支付宝和微信支付都需要绑定银行卡才能支付。DC/EP 没有此类限制，也就是说，在使用 DC/EP 进行支付的时候，不需要绑定任何银行账户。[3] DC/EP 与支付宝和微信支付也不是同一个范畴里的概念，

---

〔1〕 选择双层运营体系的主要原因有三：一是降低央行压力，避免风险过度集中；二是充分发挥商业银行等机构在资源、人才和技术等方面的优势，同时避免了另起炉灶的巨大浪费；三是避免发生金融脱媒现象。

〔2〕 杜川：《央行穆长春谈法定数字货币：研究了五年，现“呼之欲出”》，载微信公众号“第一财经”，2019 年 8 月 11 日。

〔3〕 盘和林：《数字货币 DCEP 即将试点 央行为什么要发行数字货币》，载同花顺财经，https：//baijiahao. baidu. com/s？ id = 1655236628674250109&wfr = spider&for = pc，最后访问时间：2020 年 2 月 12 日。

后两者相较于现金支付而言是一种支付手段，即电子支付，但它们所支付的仍然是人民币，本质上还是用商业银行存款货币进行支付。DC/EP 推出后，支付宝和微信作为支付手段的功能没有发生改变，只是改为用 DC/EP 而不是原来的商业银行存款货币进行支付了。

（四）经济定位：完成货币各项职能

现代货币包含着有形态的实体现钞货币和无形态的转账支付清算货币两大类型。[1]DC/EP 能否被称为通货，主要取决于 DC/EP 能否独立地执行通货的职能。也就是说，法定数字货币必须能独立地执行通货的两个基本职能，即交换媒介和价值尺度，才能被称为经济学意义上的通货。

通过信息的传输可以实现商品与 DC/EP 的交换，这正体现了无实体形态的数字货币的流动和流通领域中商品与货币的交换媒介作用。与此同时 DC/EP 以一定单位及倍数显示出商品价格总额，这种显示也广泛地拓展到非商品价值领域，一笔商品价款、一项债权债务等资料均可简单无误地通过 DC/EP 单位得以体现，[2]说明 DC/EP 也可以独立执行价值尺度职能。

由此可知，法定数字货币采用中心化，双层运营体系，由央行发行，受央行调控，流通中区别于现有的电子支付。双离线支付特征使 DC/EP 拥有更低的使用门槛和更广泛的一般可接受性，使用上更加接近现钞。因此从本质上讲，DC/EP 仍是商品交换的一般等价物，是真实货币的代表或符号，是传统货币形式的变革，能够以全新的形式完成货币的各项职能。

二、DC/EP 设计与其他通货的比较分析

要对我国法定数字货币的法律性质作出界定，除了要分析其自身特征外，还可与目前已经定性的其他具有相似特征的通货进行比较分析，以期在其中获得借鉴与启发。

（一）DC/EP 与私人数字货币

1. 发行主体不同

依据数字货币的发行主体是不是政府依托国家信用统一发行，可以将数字货币划分为两类：私人数字货币与法定数字货币。前者是由私人部门发行，没有国家信

〔1〕 陈宝山：《现钞货币学》，高等教育出版社 2004 年版。
〔2〕 帅青红：《电子支付》，重庆大学出版社 2016 年版。

用背书；后者则由政府授权相应的银行或其他金融机构发行，所发行的数字货币由国家信用担保。[1]私人数字货币本质上是在寻求替代中央银行作为结算代理人，而法定数字货币可能导致中央银行扩大他们作为可信赖的第三方的角色。

2. 一般可接受性不同

私人数字货币由于无政府的信用背书，存在种类过多，货币属性不足，无具体法律定性及使用场景有限等问题。私人数字货币的发行相对容易，导致其种类过多，应用场景及使用范围有限，例如，进行小额交易时，在接受比特币付款的商店购物只能使用比特币，在以太坊合作的商家消费时又需要换成以太坊；而且目前接受私人数字货币支付的商家仅仅是极少数的咖啡厅、餐厅及国际学校等。正是因为认可度和流通范围有限，使得私人数字货币的货币属性非常低。

法定数字货币的一般可接受性较高，主要原因在于：一是使用场景多元化，在央行对 DC/EP 的功能定位是流通中货币的替代品，也就是数字版的纸钞，那纸钞所涉及的支付场景，原则上 DC/EP 也能够实现；[2]二是便利程度高，DC/EP 可以在无网络连接的状态下完成交易，使用门槛低；三是资产稳定性高，现有的电子支付均是通过商业银行存款货币进行结算，而 DC/EP 以央行货币进行结算，具有更高的资产安全性和稳定性，因此也必将具有更高的一般可接受度；四是安全性高，DC/EP 发行与流通环节流程甚至不需要一个人运输，不需要一个人走出室外，人员流动为零，与目前疫情期间的货币调控效果不谋而合，必将进一步扩大 DC/EP 的一般可接受度。

3. 可调控性不同

私人数字货币是以去中心化的点对点网络而闻名，[3]缺少中央调节机制，是基于特定算法随机生成，任何人都可以开采、购买或出售，[4]导致其与现代信用货币体系不相适应。然而，以货币当局为核心的中央调节机制正是现代信用货币体系正常运行的基本保证。私人数字货币没有集中发行方，容易被过度炒作，引起价格大幅波动，而且货币当局也不可能通过改变比特币的供应来调节宏观经济，[5]因此私人数字货币无法满足现代信用货币体系的基本要求。

---

[1] Ben Broadbent：Central Banks and Digital Currencies，Bank of England（March 2nd，2016）https：//www. bankofengland. co. uk/speech/2016/central – banks – and – digital – currencies.

[2] 黄奇帆在首届外滩金融峰会上详细阐述了 DC/EP 的四个特点：一是 DC/EP 的价值只与人民币挂钩；二是 DC/EP 具有无限法偿性；三是 DC/EP 不需要账户就能实现价值转移；四是资产的高度安全性。

[3] [美] 布莱恩·凯利：《数字货币时代——区块链技术的应用与未来》，廖翔译，中国人民大学出版社 2017 年版。

[4] 王渡、愚公、韩晓明：《数字货币》，中国商业出版社 2016 年版。

[5] 盛松成、翟春：《货币非国家化理念与比特币的乌托邦》，载《中国金融》2014 年第 7 期。

而法定数字货币则大概率采用“管控中心化，技术架构分布式”的模式。币值稳定是法定数字货币最基本的属性，也是央行发行数字货币的关键逻辑，因此必须由中心机构来强制约束。中心化管控可以获取货币发行全方位的信息，有利于货币管理。同时，法定数字货币的数字化、智能化属性，更有利于政策评估，提升货币政策的精准性。

4. 稳定性不同

法定数字货币币值更加稳定。比特币等私人数字货币是人们通过特定程序（如“挖矿”）获得的，而随着参与“挖矿”的人数越来越多，比特币也显得越来越难得到，因此价格不断攀升。除此之外，由于私人数字货币实用性还有待提高，人们持有比特币等私人数字货币主要是为了投机升值，因此导致价格高低起伏波动较大。

综上，比特币等私人数字货币的价格是受市场供求关系影响，而法定数字货币发行量是可控的，与宏观经济形势相关，这可以使得法定数字货币的币值更加稳定，成为投机工具的风险较低。

表 1　法定数字货币与私人货币的区别

	法定数字货币	私人数字货币
是否有中央发行机构	有	无
是否央行负债	是	否
一般可接受性	高	低
合法性	合法	不同国家认可度不同
稳定性	高	低

5. 两者法律性质应有所区别

由此可知，以比特币为代表的私人数字货币本身并不具备货币属性，仅限于合法持有，并在法律未禁止的领域使用。[1]美国国家税务局（IRS）曾发布文件，正式对比特币征税，从美国联邦政府以及各州政府的态度看，比特币被认为是一种金融工具或者证券，具有投资价值，但不能视为等同于美元的货币使用。私人数字货币的法定属性更接近于是一种虚拟商品或投资工具。巴塞尔银行监管委员会（BCBS）认为此类加密货币并不能可靠地提供货币的标准功能，将虚拟资产（cryptoassets）作为交易媒介或价值储存手段都是不安全的。虚拟资产不是法定货币，也

〔1〕潘婷：《数字货币在我国的法律性质》，载简书网，https：//www.jianshu.com/p/62f504467717，最后访问时间：2019 年 12 月 22 日。

不受任何政府或公共机构的支持。因此，如果银行获得授权并决定购买虚拟资产或提供相关业务，BCBS认为银行应对此类敞口采取保守、审慎的处理方式，特别是对高风险的虚拟资产。[1]尽管私人数字货币和法定数字货币会使用相似的底层技术、使用同样的名字，但它们是完全不同的。私人数字货币与法定数字货币采用不同的发行和流通框架，在一般可接受性、可调控性和稳定性等方面也有很大区别。法定数字货币由央行发行，央行将采用一系列的技术手段、机制设计和法律法规，来确保法定数字货币运行体系的安全。因此，DC/EP一开始就与私人数字货币的设计思想有区别，归于同一法律属性明显不妥。

（二）DC/EP与委内瑞拉石油币

委内瑞拉是全球首个发行法定数字货币的国家，[2]其法定数字货币——石油币（Petro Crypto Currency，PTR）流通范围相当有限，根据国际清算银行对于央行数字货币的分类，[3]PTR可被划分为央行定向数字代币［CB digital tokens（whosale only）］，[4]属于央行负债，具有一定的法偿性，但由于缺乏一般可接受性，货币属性大为削减。

1. 发行担保不同

委内瑞拉是全球重要的原油生产与出口国之一，其境内的奥里诺科重油带阿亚库乔区块（Ayacucho）1号油田的全部石油储量即为“石油币”的物质基础（即抵押物），该油田的石油储量超过50亿桶，设定一个PTR约合52美元（其含义应是每桶52美元）。[5]PTR属于锚定该国石油资源的主权加密资产，被业界认为是委内瑞拉摆脱美国金融制裁，解决国内恶性通货膨胀的“救命稻草”。[6]而DC/EP发行的基础是与国家主权、GDP、财政收入相挂钩的国家信用，因此具有更强的资产安全性和稳定性。

---

〔1〕 Pablo Hernández de Cos, *Chair of the Basel Committee on Banking Supervision and Governor of the Bank of Spain*, Frankfurt, November 19th, 2019. https://www.bis.org/speeches/sp191119.htm.

〔2〕 周炎炎：《委内瑞拉首推石油币 多国法定数字货币酝酿中》，载《中国矿业报》2018年3月2日。

〔3〕 在支付和市场基础设施委员会（CPMI）和市场委员会（MC）提交的2018年年报中，央行数字货币被定义为中央银行货币的新变体，不同于现金或中央银行准备金/结算账户。基于货币的四个关键属性，上述报告提供了货币分类（“货币花”），描述了两种央行数字货币类型：通用型和定向型。

〔4〕 Christian Barontini and Henry Holden, *Proceeding with caution - a survey on central bank digital currency*, BIS Papers, No 101, January 8th, 2019, https://www.bis.org/publ/bppdf/bispap101.htm.

〔5〕 TeleSUR English, *Venezuela Formalizes its Oil-Backed Crypto Currency, Petro*, Venezuelanalysis (Oct 2nd 2018), https://venezuelanalysis.com/news/14078.

〔6〕 冯跃威：《石油币的前世今生》，载《能源》2019年第1期。

2. 一般可接受性不同

PTR 流通范围狭小，只能在委内瑞拉境内税费和公共服务等少量无形产品上有衡量功能，无法计价则更无法流通，除委内瑞拉政府要求的一些特定项目必须接受 PTR 作为支付方式外，几乎没有商家自愿承认 PTR 的货币地位。PTR 在国际上的流通更是已经受到美国的明令禁止，占世界货币主导地位的美元与 PTR 间不形成汇率。美国财政部发布通告禁止美国公民购买 PTR 等行为也阻断了 PTR 的国际货币之路。[1]此外，PTR 的持有者更注重于援助或投机而非储藏，因此 PTR 无法履行价值尺度、流通手段、价值储藏、支付手段和世界货币五大货币基本职能。而 DC/EP 的一般可接受程度较高，主要原因和表现前文已作详细说明，现不再赘述。

综上，PTR 不同于比特币的无国界和市场化，也没有完全做到去中心化，对照货币的种类和基础职能来看，它甚至都不能被称为货币。作为联结数字网络市场和现实金融市场的媒介，PTR 在现实金融市场中起到了投融资作用，所以该类央行定向数字货币在本质上应该被定义为一种主要用于融资的数字产品、国债型的投融资工具或以中央银行负债为信用基础的合法化的数字货币，具有虚拟资产的法律属性。同属于央行数字货币的 DC/EP，在研发初衷、发行主体、底层技术等方面与石油币有很多相似之处，但在设计特点上又采用了不同的运营模式，进而导致两者稳定性、可调控性、一般可接受性等方面产生了较大差异，若将两者的法律性质简单归为一类实属不妥。

（三）DC/EP 与人民币

法定货币是由国家通过法律规定在偿还国家或私人债务中必须被接受的某种特定货币，它位于财产权利体系的核心，是财产的价值尺度。[2]人民币作为我国唯一的法定货币，和 DC/EP 的区别与联系主要在于：

1. 发行机制高度相似

人民币发行有广义和狭义之分：广义的人民币发行是指中国人民银行作为国家发行货币的机关，代表国家发行、投放、回笼、调拨、销毁、保管以及调节各地人民币流通等业务活动的总称；狭义上的货币发行是中国人民银行制作并向市场投放

---

〔1〕 孙月、孙竹、王立峰：《委内瑞拉“石油数字货币”的本质及其对国际金融秩序的影响》，载《国际经济合作》2018 年第 11 期。

〔2〕 以我国为例，今日所谓法币，始于民国二十四年，财政部颁布命令，定中央、中国、交通三家银行钞票为法币，禁止银币流通。后又加入中国农民银行，所以政府四家银行钞票已经代替了银圆，成为无限法偿。在 19 世纪，纸币虽亦可为法币，但在发行银行不能禁止兑换，而在欧战以后，各国都以纸币本身为法偿，不再兑现，中国也采取同样政策。

人民币的行为，是一种法律行为，本质上是代表国家承认社会总产品并向市场给付社会产品之代表物——货币的行为。〔1〕人民币由中国人民银行统一发行，发行原则为集中统一发行原则、经济发行原则、计划发行原则。未经中国人民银行批准，任何单位和个人不得对外提供印刷人民币的特殊材料、技术工艺、专用设备等事项。中国人民银行对人民币发行的管理是通过划分发行库与业务库来组织实施的，人民银行的人民币钞票发行程序如图 1〔2〕所示。

图 1　人民银行人民币发行程序

与之相较，在 2017 年初，中国人民银行就法定数字货币的发行进行了特定票据交易平台上的流通试验，DC/EP 的发行机制依旧采取“央行—商业银行—公众”的二元结构，坚持中心化的管理模式。DC/EP 之所以采用传统货币发行结构是考虑到传统模式的基础较为成熟稳定，在现有基础上进行开发具有成本效应，也进一步降低了监管风险。〔3〕DC/EP 仍然是中央银行对社会公众的负债，商业机构向央行全额、100% 缴纳准备金，央行在投放过程中处于中心地位，央行的宏观审慎和货币调控职能以及原有的货币政策传导方式并未改变，〔4〕同时，指定运营机构来进行货币兑换，必须要进行中心化的管理，以避免机构货币超发。

2. 法定性尚不明确

从发行与流通机制来看，我国传统法定货币与法定数字货币之间具有高度相似性：一是均由中国人民银行发行，属于中央银行负债；二是均采用双层运营体系和中心化管理模式。但同时二者在法定性上有所不同，人民币是《中国人民银行法》明确规定的唯一法定货币，其无限法偿性亦有明确的立法保护，而立法层面对 DC/EP 作何应对尚未可知。

---

〔1〕 张宇润：《货币的法本质》，中国检察出版社 2010 年版。

〔2〕 万解秋：《货币银行学通论》，复旦大学出版社 2015 年版。

〔3〕 张怡超、于沐清：《数字货币未来在我国发行的必要性与可行性探究》，载《对外经贸》2019 年第 2 期。

〔4〕 徐贝贝：《详解央行数字货币：双层运营体系 中心化管理 注重 Mo 替代》，载中国金融新闻网，http：//www. financialnews. com. cn/kj/qkl/201908/t20190812_ 165827. html，最后访问时间：2020 年 3 月 1 日。

3. 二者存在替代效应

现阶段的DC/EP设计，是对M_0的替代。相比已经实现电子化、数字化的M_1、M_2，M_0（纸钞和硬币）容易匿名伪造，存在用于洗钱、恐怖主义融资等风险。另外，电子支付工具基于现有银行账户紧耦合的模式，不能完全满足公众对匿名支付的需求，无法完全替代M_0。DC/EP在设计上既保持了现钞的属性和主要特征，也满足了便携和匿名的需求，是替代现钞比较好的工具。若DC/EP是对M_0的替代，对于现钞不计付利息，不会引发金融脱媒，也不会对现有的实体经济产生大的冲击，交易环节对账户依赖程度将大为降低，有利于人民币的流通和国际化。同时DC/EP可以实现货币创造、记账、流动等数据的实时采集，为货币的投放、货币政策的制定与实施提供有益的参考。

由此可知，DC/EP在发行机制、货币职能、可调控性和稳定性等方面与人民币高度相似。通过梳理目前DC/EP科研与未来的发行流通环节，可以发现，其设计思路完全遵循国家货币制度，发行与流通覆盖在法定货币——人民币的范围之内。但与传统法定货币相比，DC/EP的法律地位尚待明确。

三、法定货币的评判标准

货币（money，也指货币供给）是指人们广为接受的、用于购买商品和服务的支付活动或者用于偿付债务的任何事物。[1]法定货币是由国家通过法律规定在偿还国家或私人债务中必须被接受的某种特定货币，它位于财产权利体系的核心，是财产的价值尺度。

（一）以国家信用做背书

从货币的本质看，在现代信用货币体系中，只有国家发行的货币才是真正的货币。[2]现代法定信用货币一般由中央银行代表国家发行，属于中央银行负债，以国家信用做背书。中央银行是货币公共意志的代表，在法律上它不追求利润，是以实现货币的公众意志为目的。而一般数字货币发行主体，集中代表者为商业银行或其他金融机构，其价值基础为特定标的物。以追求利润为目的，不断扩张自己的财产支配空间。[3]信用货币的价值不决定于任何商品的价值，而主要取决于通货发行方

〔1〕赵磊：《比特币可能具有什么法律性质》，载《经济参考报》2018年5月2日。

〔2〕盛松成、蒋一乐：《央行数字货币才是真正货币》，载《中国金融》2016年第14期。

〔3〕张宇润：《货币的法本质》，中国检察出版社2010年版。

的信用。[1]本位币以国家信用为支撑，具有法偿性和强制性，这是本位币履行货币职能的价值基础。

（二）具有法偿性

现在，现金（纸钞及硬币）和存款（民间银行存款）作为货币在经济社会广泛使用，在这种情况下，“法币”一般是指依法给予强制通用力的货币。强制通用力的意义在于，在法币没有以该票面额通用和消除法币对金钱债务的偿还特约的情况下，债务人可以使用法币，债权人必须接收该特约。目前我国的法定货币是人民币，除此之外，不存在认可其他法定货币的规定。

（三）具有可调控性

从货币发展的历史看，货币的支付手段职能源于人们对货币的普遍接受性，法定货币只不过是在此基础上用国家公权力赋予某种货币在一国范围内通行的强制通用力。法定货币普遍接受性的基础是通过金融政策稳定物价，通过钞票的便利性、稳定性等维持钞票的“信用与认可”。[2]法定货币稳定性主要通过各项货币政策来维护，即中央银行为实现既定的经济目标（稳定物价、促进经济增长、实现充分就业和平衡国际收支），运用各种工具调节货币供应量和利率，进而影响宏观经济。货币政策中最重要的手段是控制货币发行，这项措施的作用是，钞票可以整齐划一，防止币制混乱；中央银行可以掌握资金来源，作为控制商业银行信贷活动的基础；中央银行可以利用货币发行权调节和控制货币供应量。也就是说法定货币的供应量由中央机构调控，以便充分保证币值稳定和经济社会平稳运行。而游离于法定货币体系之外的各类数字货币难以作为货币政策工具调节宏观经济。[3]目前市场上存在的数字货币一般由私人企业开发，以“去中心化”的方式发行，各国央行无法直接参与其流通和管理，也就没有能力通过干预这些“货币”的供应量和价格来调节经济。

若想准确对 DC/EP 的法律性质作出界定，必须明确法定货币的评判标准。法定货币以国家信用做背书，以实现货币的公众意志为目的，具有法律规定的强制通用力，并通过各项货币政策来维护其币值稳定。通过上文对 DC/EP 设计特点的梳理和 DC/EP 与其他通货的比较分析可知，DC/EP 除法偿性尚不明确外，基本符合

---

〔1〕 盛松成、翟春：《货币非国家化理念与比特币的乌托邦》，载《中国金融》2014 年第 7 期。

〔2〕《「中央銀行テ" シ" タル通貨に関する法律問題研究会」報告書》による。

〔3〕 宋爽：《你不知道的法定数字货币与网络虚拟货币的四大区别》，载中新经纬，http：//www.chinanews.com/jingwei/10 -09/90846.shtml，最后访问时间：2020 年 3 月 1 日。

上述标准。

四、DC/EP 的法律性质

DC/EP 从设计特点来看既保持了现金的属性和主要特征，也满足了便携和匿名的需求，是比较好的法币替代工具，但法律地位尚未通过立法得以确定，法偿性没有得到保障。因此其法律性质究竟是虚拟资产还是法定货币需要通过立法回应方能一锤定音。

（一）DC/EP 的法定货币属性应予明确

DC/EP 与加密货币依托相似的底层技术，且立法上尚未明确其法币属性，因此其法律性质与虚拟资产十分相似。根据 FATF 的建议，各国应将虚拟资产视为“财产”、“收益”、“基金”、“基金或其他资产”或其他“相应价值”。各国应根据金融行动特别工作组的建议，对虚拟资产和虚拟资产服务提供者适用相关措施。[1]但需要注意的是，法定数字货币与虚拟资产有诸多相似之处，但仍不可将二者等同对待。[2]虚拟资产是在网络环境下以数字化形式存在的信息资源，其价值基础为具有物理形态的特定标的物。[3]2017 年 10 月正式施行的《中华人民共和国民法总则》第 127 条规定以法律保护数据、网络虚拟财产安全，“法律对数据、网络虚拟财产的保护有规定的，依照其规定”。法定数字货币虽同样是一种以数字化形式存在的信息资源，但其价值基础为国家信用而非物理形态，此外，DC/EP 的中间运营机构需要向中国人民银行以 100% 的比例缴存准备金，使得发行数额受到严格的限制，其保证了 DC/EP 的可调控性。[4]因此，DC/EP 本质上仍然是法定货币。可以说 DC/EP 在诞生之初既是作为人民币全集的子集，可被定义为是涵盖在人民币之下的新型法定货币形态。

因此，若想实现 DC/EP 的设计初衷，使其更好地发挥在货币体系中的作用，在确保 DC/EP 币值稳定和资产安全性的基础之上，还应在 DC/EP 正式发行之前，对我国相关货币法作出修改，将法定数字货币 DC/EP 定性为法定现钞或硬币的替

---

〔1〕 FATF (2019), *Guidance for a Risk-Based Approach to Virtual Assets and Virtual Asset Service Providers*, FATF, Paris, http: //www. fatf-gafi. org/publications/fatfrecommendations/documents/Guidance-RBA-virtual-assets. html, last visit on March 2nd, 2020.

〔2〕 陈甦:《民法总则评注》，法律出版社 2017 年版。

〔3〕 柯达:《论我国法定数字货币的法律属性》，载《科技与法律》2019 年第 4 期。

〔4〕 宝山、文武:《法定数字货币》，中国金融出版社 2018 年版。

代形式，赋予其与法定现钞或硬币具有共同的法律属性。[1]届时DC/EP将成为中国人民银行负债，并构成货币基础的组成部分，同时还将保持货币政策和金融稳定的有效性，并确保货币创新的前瞻性。

（二）相关立法跟进

我国目前正在全面推进金融市场化改革，按照市场化、功能化、系统化、整体化的新型经营与监管体制机制的要求，必须对全部金融法规进行全面的修订和完善。[2]在此过程中必须为法定数字货币的发行与流通保留足够的法规空间。通过央行近期的表态不难看出，DC/EP的设计初衷是对流通中现金的替代。因此应对法定数字货币如何获得“法币”身份以及此后发行与流通环节涉及的法律问题提前做出预判，进一步讨论相关法制进路。

综观我国关于货币发行与保护的法律法规，主要有《中国人民银行法》（第一章第4条、第三章等）、《刑法》（第171条、第172条、第191条等）、《反洗钱法》和由国务院制定发布的《国家货币出入境管理办法》《人民币管理条例》《现金管理暂行条例》等，此外还有中国人民银行作为我国货币发行的唯一行政主管部门发布的《残损人民币销毁管理办法》《人民币发行库管理办法》《假币收缴、鉴定管理办法》《中国人民银行反假币奖励办法》等。我国货币立法呈现碎片化，这些法律法规所构成的我国货币发行与保护制度以传统货币为调整和保护对象，完全无法应对法定数字货币发行与保护问题。

法律规定的人民币范畴不包括法定数字货币。现行《人民币管理条例》明确规定人民币包括纸币和硬币。因此央行若发行DC/EP，需在法律规章上调整对人民币的定义，将DC/EP纳入人民币范畴。在法定货币的结构体系中，应明确规定法定货币的种类包括法定证券货币和央行数字货币，它们是法定货币的基本形式。[3]在货币法体系中应明确规定货币的概念，构成货币的法定条件，货币在财产体系中的性质，法定货币的结构体系，约定货币的结构体系，以及不同货币各方当事人的基本权利（力）与义务。

由于数字货币的技术性特征，货币的法偿性会受到影响，DC/EP的使用需要特定设备和网络的支持，在实际应用中可能会出现因缺少特定设备配合等客观原因而

---

〔1〕 日本银行金融研究院（2019）在数字法币法律问题报告中指出日本现行法律框架除了纸币和硬币外没有规定任何法定货币。因此需要通过立法来使央行数字货币成为法定货币。这项立法能否自动保证央行数字货币作为货币被普遍接受，主要取决于央行数字货币的信誉。

〔2〕“全国第五次金融工作会议”的相关决定，以及我国金融法治工作的核心任务。

〔3〕 刘少军：《法定数字货币的法理与权义分配研究》，载《中国政法大学学报》2018年第3期。

无法使用的问题，这势必会影响到法偿性的权威。[1]从维护法定货币的权威性和立法稳定性的角度考虑，不宜设置法偿性条款的例外性条款，为兼顾实际需求，可对特定情形下拒收 DC/EP 的行为免予处罚。

综上，为进一步明确法定数字货币 DC/EP 的法律性质，在正式发行流通之前相关立法工作必须进一步跟进：一是要赋予央行发行法定数字货币的权力；二是在法律规章上调整对人民币的定义，将 DC/EP 纳入人民币范畴；三是针对 DC/EP 的设计特征，进一步明确其法偿能力。

五、结语

法定数字货币有可能是货币衍化过程中下一个里程碑级别的变革，在启动 DC/EP 之前，需要更详细地讨论，进一步明确其法律性质。

DC/EP 本质上就是一种数字支付工具，属于央行负债，发行量受央行控制和支配，同时具有较强的一般可接受性，在经济定位上 DC/EP 能独立执行通货职能，可作为流通中现金的替代。虽然与私人数字货币采用相同的底层技术，但两者的发行、流通框架迥然不同，在一般可接受性、可调控性和稳定性等方面也有很大区别，因此法律性质也不能同一而论。央行定向代币与 DC/EP 具有不同的设计特点，应用场景限定性较强，进而导致两者稳定性、可调控性、一般可接受性等方面产生了较大差异，其法律性质也应有所区别。

因此，DC/EP 作为人民币全集的子集，可被定义为是涵盖在人民币之下的新型法定货币形态。在正式发行 DC/EP 之前，货币法应作出相应的修改，将法定数字货币 DC/EP 定性为人民币现钞或硬币的替代形式，赋予其与人民币现钞或硬币共同的法律属性。在明确 DC/EP 法律性质的前提下，相关立法和制度完善工作亦应着手准备。

---

[1] 刘向民：《央行发行数字货币的法律问题》，载《中国金融》2016 年第 17 期。

大数据时代证券投资者个人信息保护问题研究

赵晓钧[*]　李雪楠[**]

内容摘要：近年来，随着现代信息技术在证券市场广泛运用，作为证券市场大数据信息重要来源的投资者个人信息，其价值，尤其是经济价值受到高度关注。为切实保护好投资者个人信息权益，落实《证券法》（2019 年修订）关于个人信息保护的相关规定，有必要在借鉴境外市场有效经验的基础上，结合境内市场发展现状，持续细化投资者个人信息保护法律体系，明确投资者对其个人信息依法享有的权利，以及证券经营机构承担的合理使用和保护投资者个人信息的法律义务和责任，打造安全可靠的证券市场环境，为深化市场改革，建设规范、透明、开放、有活力、有韧性的证券市场持续提供有效制度供给。

关键词：投资者个人信息　个人信息权利　适当性管理　大数据　欧盟通用数据保护条例

随着现代信息科技不断发展，大数据时代已经来临。在证券市场，投资者个人信息不仅是重要的数据资源和财富，也是运用大数据技术深化证券市场数据应用的基础性资源，对其实施有效管理和保护不仅关系到投资者人身和财产等合法权益保障，也关乎证券市场稳定发展和国家安全，是全球市场共同面临的问题和挑战。

---

* 赵晓钧，上海证券交易所投资者服务部总监助理，民商法学博士。

** 李雪楠，上海证券交易所投资者服务部经理，法理学硕士。

一、境内投资者个人信息保护法律制度

当前，以互联网，尤其是移动互联网为代表的现代信息科技与证券市场深度融合，证券交易等数据信息呈现海量聚集、爆发式增长。在数据驱动下，境内证券市场超过1.5亿投资者的个人信息保护受到高度关注。[1]为有效应对投资者个人信息保护面临的新情况、新问题，打造安全可靠的证券市场环境，境内已在近年来初步构建起法律保护制度框架。

（一）关于个人信息保护的法律规范

总体上，境内关于证券投资者个人信息保护的法律框架构成如下：

一是针对侵犯个人信息权益的行为，《民法总则》明确“自然人的个人信息受法律保护”，适用民事法律加以认定和调整。2013年修正后的《消费者权益保护法》规定消费者在购买、使用商品和接受服务时，享有个人信息依法得到保护的权利。《侵权责任法》则分别从作为民事权益的隐私权保护和网络侵权责任作出相关规定。[2]

二是关于刑事法律责任，2009年《刑法修正案（七）》规定了出售、非法提供公民个人信息罪和非法获取公民个人信息罪，严厉打击侵害公民个人信息的违法犯罪行为。2015年，为应对因数据信息技术应用持续发展而出现的犯罪行为，《刑法修正案（九）》进一步整合形成了侵犯公民个人信息罪，规定了相应的刑事法律责任。2017年，最高法与最高检联合发布了《关于办理侵犯公民个人信息刑事案件适用法律若干问题的解释》，对侵犯公民个人信息犯罪的定罪量刑标准和有关法律适用作出更细致、全面的规定，为追究和惩治侵犯个人信息犯罪提供了有力的法律武器。

（二）《证券法》（2019年修订）关于投资者个人信息保护

《证券法》（2019年修订）主要从以下几方面进一步完善了加强证券投资者个人信息保护的法律规定：

一是在适当性管理方面，明确证券公司“了解你的客户”（Know Your Customer，KYC）义务，即在向投资者销售证券、提供服务时，应按规定充分了解投资者

---

〔1〕 根据中国结算数据统计显示，截至2019年12月，自然人投资者为1.594亿，http://www.chinaclear.cn/zdjs/tjyb2/center_tjbg.shtml，最后访问时间：2020年2月12日。

〔2〕 参见《中华人民共和国侵权责任法》第2条和第36条。

的基本情况、财产状况、金融资产状况、投资知识和经验、专业能力等信息。投资者在购买证券或者接受服务时，应按照证券公司明示的要求提供上述真实信息。

二是在开立账户环节，证券公司应坚持实名制的要求，按规定对投资者提供的身份信息进行核对，否则应承担责令改正、警告，并处以罚款等法律责任。

三是关于客户信息的管理与查询，一方面，证券公司应妥善保存客户开户资料、委托记录、交易记录和与内部管理、业务经营有关的各项信息不少于二十年，任何人不得隐匿、伪造、篡改或者毁损；另一方面，证券公司应建立查询制度，确保客户能查询其账户信息、委托记录、交易记录以及其他与接受服务或者购买产品有关的重要信息。

此外，《证券法》（2019 年修订）也明确规定了国务院证券监督管理机构依法履行职责，有权查阅、复制当事人和与被调查事件有关的单位和个人的证券交易记录、登记过户记录，或查询当事人和与被调查事件有关的单位和个人的资金账户、证券账户、银行账户以及其他具有支付、托管、结算等功能的账户信息，可对有关文件和资料进行复制。

（三）证券市场关于投资者个人信息保护的多层次规范体系

在证券法修订前，境内市场已基本形成了由行政法规、部门规章和自律性规范等组成的投资者个人信息保护规范体系，并具体调整以下内容：

一是在适当性管理方面，2017 年实施的《证券期货投资者适当性管理办法》规定：1. 向投资者销售证券期货产品或提供证券期货服务机构应承担 KYC 义务。[1] 2. 在普通投资者申请成为专业投资者的过程中，证券期货服务机构应增加了解信息等方式对投资者进行谨慎评估。3. 证券期货服务机构应妥善保管投资者的信息资料（其中，对匹配方案、告知警示资料、录音录像资料、自查报告等的保存期限不少于20 年），防止泄露或被不当利用，接受中国证监会及其派出机构和自律组织的检查。4. 投资者在购买产品或接受服务，按规定需要提供信息的，所提供的信息应当真实、准确、完整；当所提供的信息发生重要变化、可能影响其分类的，应及时告知经营机构。对投资者不按照规定提供相关信息，提供信息不真实、不准确、不完整的，应当依法承担相应法律责任，经营机构应告知其后果，并拒绝向其销售产品或者提供服务。

---

〔1〕 具体包括：1. 在销售产品或提供服务的过程中，全面了解投资者的姓名、财务状况、投资经验、投资目标等相关信息；2. 建立投资者评估数据库并及时更新，充分使用已了解的信息和已有评估结果，避免重复采集，提高评估效率；3. 根据投资者等信息变化情况，主动调整投资者分类等意见，并告知投资者上述情况。

二是在开立账户环节，为保护投资者个人信息，证券公司作为证券经营机构，一方面应按照证券账户管理规则，对客户申报的姓名或者名称、身份的真实性进行审查；[1]另一方面，应建立健全证券经纪业务客户管理制度，对客户姓名或名称、身份的真实性进行审查，登记客户身份等基本信息。[2]

三是在投资者个人信息管理与查询方面，证券公司一方面应建立健全客户资料管理制度，按照安全、可靠、可用的原则，建立完善客户账户开户相关信息系统，保证客户资料安全完整，并妥善保管客户档案和资料，为客户保密；[3]另一方面，应建立信息查询制度，保证客户在证券公司营业时间内能够随时查询其委托记录、交易记录、证券和资金余额等信息。[4]客户认为有关信息记录与实际情况不符的，可以向证券公司或者国务院证券监督管理机构投诉。

上述内容与新施行的证券法相关规定共同形成了当前证券投资者个人信息保护的多层次规范，并在一定程度上规范市场各主体的行为。

二、境内投资者个人信息保护的实践和面临的主要问题

长期以来，境内证券市场以个人投资者，尤其是中小投资者为主。这在相当程度上决定了投资者个人信息是证券市场大数据的主要来源和重要组成部分。为切实保护好投资者的合法权益，在贯彻落实《证券法》（2019 年修订）的工作中，应注重强化对于投资者个人信息及相关权益的保护，细化制度规范，不断提升保护意识和保护手段的有效性。

（一）投资者个人信息保护纠纷的主要类型

近年来，随着现代信息技术在证券市场应用的快速发展，投资者个人信息的财产属性和价值愈加凸显。在此背景下，因受经济利益等诱惑，非法利用、泄露投资者个人信息引发的纠纷等情形受到较多关注：

一是投资者个人信息遭到泄露。投资者个人信息具有典型的私的属性。证券经营机构应按照规定对客户个人信息承担保密义务，除法定情形外，不得对外泄露。但在市场实践中，由于证券经营机构安全防护意识不强，防护能力不足等问题，投

[1] 《证券公司监督管理条例》第 28 条；中国证券业协会《证券公司开立客户账户规范》（2013 年发布的）第 3 条、第 6 条；中国结算《证券账户业务指南》第 2.3.3 条和第 2.4.4 条。

[2] 中国证监会《关于加强证券经纪业务管理的规定》第 3 条第（1）项。

[3] 参见中国证监会《关于加强证券经纪业务管理的规定》和中国结算《证券公司开立客户账户规范》。

[4] 《证券公司监督管理条例》第 32 条。

资者个人信息存储不安全等风险较高，投资者因其开户、交易信息泄露等向证券经营机构或监管机构投诉等情形时有发生，也是投资者个人信息纠纷的主要类型。2015 年，广东证监局[1]曾就部分证券公司工作人员在担任客户服务岗等工作期间，利用其可查询客户账户部分信息的权限，受人委托查询投资者的账号、账户资产等信息泄露给他人等行为违反《证券经纪人管理暂行规定》《证券业从业人员执业行为准则》规定，出具了 4 份警示函。2018 年 11 月，北京证监局也对某证券公司营业部违规为他人打印客户对账单，泄露客户资料，出示了警示函。[2]相关事件一定程度上暴露出证券经营机构在客户个人信息保密意识、保护措施等方面的缺失，以及相关内部管理制度上的不完善和风险管理能力薄弱等问题。

二是投资者个人信息被不当收集。实践中，个人信息被不当收集的情形主要有非法经营机构收集并获取投资者个人信息，以及证券经营机构不当收集投资者个人信息两种。其中，作为证券经营机构的证券公司接受投资者委托从事证券交易，在根据法律规定和监管要求，做到 KYC 的同时，不得不当诱导或使用欺骗的手段收集或处理与证券投资无关的投资者个人信息。但是，在近年，随着金融科技的快速发展和在证券市场的广泛应用，投资者在线反馈个人信息并完成证券账户开立或交易权限开通已逐渐成为主流方式，在便捷、高效获取服务的同时，投资者也可能面临证券经营机构在收集其个人信息时，未向其明示所收集个人信息的目的、方式、范围，所收集个人信息是否为办理相关业务功能所必要，以及投资者不同意收集相关信息是否可能导致被拒绝提供相关业务功能或服务等问题。2019 年 8 月，广东公安机关在持续开展手机应用程序（以下称 APP）清理整治专项行动中，通过监测即发现有证券公司 APP 存在超范围收集用户位置信息、允许应用随时使用麦克风进行录音、允许应用程序直接拨打电话号码，以及无用户协议及隐私政策等问题。[3]

三是投资者个人信息被不当处理和使用。在现代信息科技广泛运用于证券市场的背景下，对投资者个人数据信息进行分析已逐渐成为证券经营机构营业活动中必不可少的工具或者方法。作为原始数据来源，通过对基于不同目的而收集的投资者个人信息进行再分析和处理将产生更高价值的信息。与此同时，作为投资者个人信息的控制者、处理者，证券经营机构等主体应承担对上述信息按照约定用途正当使

---

〔1〕参见广东证监局网站：http：//www. csrc. gov. cn/pub/guangdong/gdjjgcs/index_ 18. html，最后访问时间：2020 年 1 月 2 日。

〔2〕参见北京证监局网站：http：//www. csrc. gov. cn/pub/beijing/bjxyzl/bjxzjgcs/201811/t20181108_ 346424. htm，最后访问时间：2020 年 1 月 2 日。

〔3〕来自新浪财经：http：//finance. sina. com. cn/stock/s/2019 - 09 - 05/doc - iicezzrq3772786. shtml，最后访问时间：2020 年 1 月 19 日。

用和保密等义务，包括提示和告知投资者收集其个人信息的目的、用途或适用范围，以及投资者享有对其个人信息进行更正或删除等权利。如果证券经营机构超出法定或者与投资者约定的范围使用所收集的个人信息，那么，应当获得投资者的授权同意，并采取可靠、安全的手段和技术措施保障相关信息的安全使用，否则应当就违法或违规处理、使用投资者个人信息的行为给投资者造成的损失承担相应的法律责任。

（二）投资者个人信息保护法律制度待持续完善

如上文所述，目前，境内已基本形成了投资者个人信息保护法律制度，但仍存在信息收集和使用等规则不清、收集行为不合理以及个人信息数据随意共享等问题。在大数据时代，为应对金融科技在证券市场广泛应用而引发的投资者个人信息保护的实践需求，应对境内相关制度规范加以进一步深入分析和评估，持续完善。

一方面，结合大数据时代信息技术的特点，关于投资者个人信息保护的法律规范体系有待适时调整，进一步细化。目前，关于投资者个人信息保护的相关规定散见于不同层级和部门制定的制度规范中，保护范围相对有限，各规定在体系、内容的衔接上相对分离，协调性和一致性有待进一步提升。此外，更多具体规定主要体现在证监会部门规章和自律组织规则中，相应地，以行政法律责任或自律监管措施或纪律处分为主，关于民事责任，尤其是民事赔偿责任相对欠缺。基于此，有必要进一步提升投资者个人信息保护制度规范的体系化，全面构建涵盖各效力层级，综合民事、刑事、行政法律责任的制度规范体系。

另一方面，在贯彻实施《证券法》（2019 年修订），提升投资者权益保护的同时，不仅要强化市场各主体对投资者个人信息的保护，还需进一步引导投资者提升个人信息权利意识。当前，有关投资者个人信息保护的制度主要在于调整和规范证券经营机构的行为，较少涉及投资者享有的权利或权益。比如，《侵权责任法》规定了侵犯个人信息权利应当承担法律责任，但在民事法律体系中并未明确个人信息权，尚未形成对投资者个人信息的直接保护。此外，随着金融技术发展和广泛应用，投资者个人数据信息经过分析、使用所产生的价值，尤其是财产价值受到高度关注，相应地，相关纠纷也有所增加。当然，投资者可以将其个人数据信息交由智能软件工具代为行使，[1]或者授权证券经营机构行使，但是，在此过程中，不仅应适度规范证券经营机构使用、处理信息的行为，也有必要通过制度设计、宣传引导

〔1〕 Litman, Jessica, Information Privacy/Information Property. Available at SSRN: http://ssrn.com/abstract=218274 or http://dx.doi.org/10.2139/ssrn.218274, pp.6-7，最后访问时间：2019 年 12 月 28 日。

等方式，引导投资者提升对其个人信息的权利意识。

三、完善境内投资者个人信息保护的若干建议

大数据时代，随着信息技术快速发展，证券经营机构对数据分析和挖掘技术的使用不断深入，投资者个人信息作为可以被存储、分析和使用的市场运行数据，已成为证券市场和经营机构快速发展的重要战略性资产，价值得以凸显。在此背景之下，强化投资者个人信息保护以及保护投资者个人信息安全受到更多市场关注。为有效规范和引导大数据信息在证券市场的分析使用，妥善处理投资者个人信息纠纷，建议在分析借鉴境外成熟经验的基础上，从以下方面逐步完善相关制度设计，应对大数据时代投资者个人信息安全与保护的新机遇和挑战：

（一）完善投资者个人信息保护法律规范，细化配套规则

当前，《民法总则》《网络安全法》等法律出台，基本构建起境内投资者等个人信息保护的制度基础，但在证券市场中，证券经营机构、监管机构以及投资者等主体间协作共治个人信息保护的法律体系尚未完全形成，关于投资者个人信息采集、使用和管理、监管、执法等规范和界定还有待进一步明确和细化。为贯彻落实《证券法》（2019 年修订）的规定，还需在全面理解和掌握投资者个人信息保护相关规定和措施的基础上，进一步加快细化、完善相关配套制度规则，持续健全证券市场投资者保护制度规范。其一，针对当前境内相关规定散见于各法律规范且效力层级普遍不高等问题，建议在明确投资者个人信息权利的基础上，形成投资者个人信息保护专门规范，通过统筹规划、系统调整、组织指导、监督检查等，进一步提升协作治理能力和强化证券经营机构内部建立关于投资者个人信息管理的制度规定和系统。其二，在合理确定“投资者个人信息”内涵和范围等的基础上，严格规范收集、加工、转移、使用、删除以及管理投资者个人信息的主要环节，兼顾不同市场利益主体关系的平衡、对投资者个人信息实施有效保护与对个人信息实施开发利用间的平衡，以及投资者权益保护与证券市场有序发展间的平衡。其三，在证券经营机构行为规范设计上，坚持合法、正当以及必要等原则，也就是必须基于法律法规规定或投资者与证券经营机构间约定，收集、处理或使用投资者个人信息，所收集使用的个人信息应基于合理目的，且限于在合理范围，通过合理的方式使用，同时，所收集使用的投资者个人信息也应坚持“最少且够用”的准则，避免过度。

（二）构建投资者信息权利体系，明确对个人信息享有权利

投资者个人信息具有私法属性，通过民事权益的方式赋予投资者对其个人信息

享有基础性权利，有助于更为有效地保护信息主体的权益。欧盟 GDPR 即为此方式，明确规定自然人有保护其个人数据的基本权利和自由。[1]2011 年 1 月，作为境内保护个人信息的一项尝试，工信部颁发了《信息安全技术公共及商用服务信息系统个人信息保护指南》（以下简称《保护指南》），明确了信息主体享有保密权、知情权、选择权、更正权、禁止权等基本权利。[2]目前，投资者个人信息权利体系主要有人格权保护和财产权保护两种方式。其一，对于前者，也就是投资者得主张对其个人数据信息享有人格权，通过制定严格细致的投资者个人数据信息保护规则保障其权利不受侵害；其二，对于后者，也就是保护投资者个人数据信息的财产权属性，规范各市场主体对投资者个人数据信息的管理、使用和处理等行为。比如，在云计算、区块链等技术下，明确投资者授权经营机构等主体对其信息进行收集、处理、更正及删除的权利。[3]具体而言，构建投资者个人信息保护权利体系时，需明确以下方面内容：

1. 同意权，也就是投资者作为信息主体授权证券经营机构收集其个人信息资料的权利。这里的授权同意应为作为信息主体的投资者对其信息进行特定处理做出的明确授权行为，包括通过积极行为做出书面或口头等方式授权，也就是明示的同意，或者通过消极的不作为做出的授权。相应地，证券经营机构在收集使用个人信息资料时，应明确告知投资者，其对所收集个人信息的使用范围和目的等。如果投资者在了解相关被告知内容后表示不同意，那么证券经营机构还应明确告知投资者不同意的后果。此外，应充分尊重投资者的意愿，允许其在满足相应条件的情形下撤回其对证券经营机构使用其个人信息的同意，以及在变更使用目的等情形下应获得投资者的同意。

2. 知情权，即投资者有权了解证券经营机构收集、持有、处理其个人信息资料的性质、使用目的以及信息使用者或者信息处理者的名称等信息。此外，投资者应有权向证券经营机构申请查询其个人相关信息。

3. 修订权，也就是投资者对错误个人信息的修订权。如果投资者发现证券经营机构所收集、持有或处理的个人信息存在不完整、不准确或错误的情况，那么，

---

〔1〕 参见 GDPR 第 1 条第 2 款。

〔2〕 按照相关解释，保密权指的是信息处理者不得出于信息主体已知的目的以外向任何自然人或者法人公布其信息；知情权指的是信息主体有权获知有关其身份的正确信息、该信息来源、使用目的和为第三方所用的范围；选择权指的是信息主体有权选择同意或拒绝，信息管理者应为信息主体的选择权的行使提供条件，并履行通知、说明和警示的义务；更正权指的是信息主体有权要求信息控制者维护其信息的完整性和准确性，对错误的信息有权要求后者予以及时更正；禁止权指的是信息主体有权要求信息控制者停止对其个人信息当前的处理行为，有权要求信息控制者屏蔽、删除其个人信息。

〔3〕 齐爱民：《大数据时代个人信息保护法国际比较研究》，法律出版社 2015 年版，第 192 页。

其应有权对相关信息进行必要的修订或者删除。

4. 对个人信息的控制权，也就是投资者有权要求证券经营机构不得收集、持有或者处理与证券交易或委托合同等目的不符或者不必要的个人信息，对其中涉及的个人隐私等信息，有权禁止证券经营机构将该信息转移给第三方，以及在约定的目的完成后或者无法实现的情形下，有权要求经营机构删除其个人信息。此外，投资者也应享有对其个人信息的可转移权，也就是在特定情形下，有权将其个人数据信息转至其他数据控制者处。

（三）强化投资者个人信息保护，兼顾个人信息的特性

如上文所述，大数据时代，证券市场投资者个人信息具有典型的财产属性。一方面，在构建投资者信息权利体系时，应兼顾其具有的财产属性。对投资者，尤其是中小投资者而言，由于其在专业知识、投资经验等方面的限制，无法对个人信息的财产价值以及经营机构收集、使用其个人信息做出专业、全面的认定或判断。这在一定程度上将影响通过传统民法关于财产权利保护的模式对大数据时代投资者个人数据信息实施保护的实效。目前，证券市场对投资者个人数据信息的使用主要有基于对所掌握的大量个人数据的分析处理，刻画出投资者群体的行为特征等，或者基于对大量特定投资者数据信息的分析或处理，准确描述特定投资者的行为特征、风险承受能力以及行为偏好等。在第二种方式中，作为投资者个人数据信息的持有者和处理者，证券经营机构应承担对投资者个人信息，尤其是个人信息中财产价值的保护。

另一方面，应合理界定投资者个人信息和个人隐私。其中，个人信息，主要是以数据形式存在的个人信息，通常是指能够直接或间接识别信息特定主体的人格化信息，包括犯罪记录、个人名誉、健康状况等个人信息，也包括金融征信、职业职务等财产信息。工信部《保护指南》中将个人信息表述为能够单独或与其他信息一同使用断定信息主体身份的信息。就证券投资者来说，其个人信息主要包括姓名、身份证号、财务状况等基本信息，以及投资者的交易数据。从内容上看，个人信息包含个人隐私，且与个人隐私相互渗透。基于此，在强化信息保护时，应适当加以区分。同时，也需关注到，大数据时代，在证券市场信息技术深化应用的背景下，无论是个人信息总量、数据增长速度，还是数据交叉应用技术、数据采集技术等都对个人信息保护提出了新的挑战。在构建保护体系时，还需兼顾过于强化投资者个人数据信息流转与使用的“特定目的”可能与上文提及的使用数据信息的第一种模式间的冲突，或致个人信息保护模式失灵，既要强化对投资者个人信息的保护，又要避免大数据背景下个人数据保护范围过度膨胀。

（四）明确规范证券经营机构的安全保障义务，加强信息保护

基于投资者与证券经营机构间已签订的委托合同或就订立委托合同相关事宜开展的前期沟通与接触，投资者提供个人相关信息实为委托合同下的一项附随义务或者实为委托合同的先合同义务，其义务内容均应与主合同目的和内容紧密相关。对此，如果投资者与证券经营机构间解除或者变更委托合同，相应地，提供个人信息的附随义务也应解除或调整。如果投资者并未与证券经营机构签订主合同，则后者应对其在前期沟通和解除过程中收集或了解到的投资者个人信息承担保密义务。

具体来看，一是经营机构作为投资者个人数据信息的处理者，应采取必要的技术手段和措施保障对其所收集、存储的投资者个人信息的真实性、时效性，以及准确性、完整性和及时性，且符合国家安全规定和法律要求；二是证券经营机构应按照与投资者的约定使用、处理投资者个人信息，通过合法合理的手段和渠道收集投资者个人信息，确保收集的程序及收集范围合法或符合约定，如超出原约定范围使用信息应获得投资者授权同意；三是证券经营机构应对所收集的投资者个人信息承担安全性义务，即证券经营机构及其工作人员对所收集、利用投资者个人信息过程中获得的个人信息应当保密，不得违法或违反约定向第三人泄露，进一步规范数据共享行为，明确在获得投资者授权同意的基础上转移投资者个人信息，否则应当就其将数据信息转移至第三方的行为造成的损失承担相应的民事法律责任；四是在所收集或处理的投资者个人信息被非法使用或被非法窃取等情形下，应及时向监管部门报告，并采取有效措施进行补救。

（五）进一步强化关于侵犯投资者个人信息权利的民事赔偿责任

境外如 GDPR 等规定，针对投资者个人信息等信息被侵犯的违规行为，相关主体应承担相应的法律责任。目前，境内关于证券经营机构侵犯投资者个人信息行为的法律责任还是以行政处罚或刑事法律责任为主。考虑到个人信息为作为民事主体的投资者享有的一项基本权利，且在大数据时代，网络环境下投资者个人信息的财产价值和经济效益凸显，容易成为侵权行为的受害对象，在大数据时代切实保护投资者的合法权益，还应针对互联网，尤其是在移动互联网高速发展的背景下，信息传播迅速、受众广泛等特点，强化民事责任保护，进一步完善相应的民事法律责任。

证券投资者个人信息的法律保护及其完善

刘江伟*

内容摘要：证券投资者个人信息内含人格利益与财产利益的双重利益，具有重要价值。在利益等因素驱动下，近年来侵害证券投资者个人信息的事件频发。2019年修订通过的《证券法》第41条第1款对证券投资者个人信息保护作了原则性规定，从民商关系角度，对该条款的具体理解、适用及证券投资者个人信息保护须回到《民法总则》和《民法典草案》中的一般性规范。我国当前构建的个人信息自决模式未必能充分保护证券投资者个人信息，同时可能妨碍信息流通，需要有所完善。将证券投资者个人信息类型化，给予不同类型的个人信息不同保护方法，在事后救济方面兼顾合同责任与侵权责任。此外，引入针对证券投资者个人信息的证券监管，将公共执法与私人执法有机结合。

关键词：投资者个人信息　个人信息自决　类型化　附随义务　证券监管

一、引言

随着计算机、网络、信息技术等科技和商业的发展，我们生活的社会发生着深刻的变化。社会、技术和商业的结构性变革，让我们从工业革命的环境演进到信息社会，处于信息时代，信息不停地流动，被有意或无意地收集、使用、储存与共享。《经济学人》（*The Economist*）杂志曾在2017年宣称："世界上最有价值的资源

---

* 刘江伟，清华大学法学院博士研究生。

不再是石油，而是数据。”[1]现代技术的进步使个人信息的收集、处理和披露行为普遍化与多样化。与此同时，加剧了人们对个人信息的普遍担忧，唯恐个人信息被政府、公司或个人不当收集、处理和披露，成为个人信息的被害人。如何保护和利用个人信息成为人们及法律关注的焦点，这在证券投资领域亦不例外。

2019 年 12 月 28 日修订通过的《中华人民共和国证券法》（以下简称《证券法》）于第 41 条第 1 款规定：“证券交易场所、证券公司、证券登记结算机构、证券服务机构及其工作人员应当依法为投资者的信息保密，不得非法买卖、提供或者公开投资者的信息。”相比于修订之前的《证券法》条文内容，该条款属于新增内容，是《证券法》层面首次对投资者个人信息保护予以回应与规范，亦是此次《证券法》修订的亮点之一。通常认为《证券法》的立法目的和核心功能一方面是便利公司融资，降低公司融资成本；另一方面是保护投资者。[2]而此次《证券法》修订的一块重要内容就是提升投资者保护水平，加强对投资者的保护。[3]从《证券法》体例结构的安排看，虽然《证券法》第 41 条第 1 款“投资者个人信息保护”的规定位于第三章“证券交易”之第一节“一般规定”下，未放置于第六章“投资者保护”的专章之中，但投资者个人信息的保护显然是投资者保护中的重要一环，对提高投资者保护水平具有重要意义。在《证券法》针对投资者个人信息保护的立法尘埃落定之后，第 41 条第 1 款面临着解释适用的问题，能否有效地回应保护投资者个人信息的现实需求，从而避免该条文沦为“僵尸条款”。

因此，本文首先从投资者个人信息的双重属性分析投资者个人信息的价值及其保护需求。其次，从民法与商法的适用关系角度，分析《证券法》关于投资者个人信息保护的规范，及其与《中华人民共和国民法总则》（以下简称《民法总则》）、《中华人民共和国民法典草案》（以下简称《民法典草案》）“人格权编”中有关个人信息保护的一般私法规范的衔接适用，研究当前私法领域针对投资者个人信息保护和信息流通及利用方面可能存在的不足。最后，针对投资者个人信息保护和信息流通及利用的不足，提出可能的完善建议，以求教方家。

---

[1] Economist, Regulating the Internet Giants: The World's Most Valuable Resource Is No Longer Oil, but Data, http://www.economist.com/news/leaders/21721656 - data - economy - demands - new - approach - antitrust - rules - worlds - most - valuable - resource，最后访问时间：2020 年 2 月 14 日。本文并不严格区分个人信息与个人数据的概念，两者指向的对象基本相同。

[2] 参见陈甦、陈洁：《证券法的功效分析与重构思路》，载《环球法律评论》2012 年第 5 期。

[3] 参见彭冰：《〈证券法〉修改的“得与失”》，载北大金融法研究中心微信公众号，最后访问时间：2020 年 2 月 14 日。

二、个人信息的人格利益与财产利益

通常而言，个人信息指一切可以直接地或者间接地识别特定自然人的数据，[1]具体包括身体信息、健康信息、财产信息、投资信息、家庭信息、社交信息和医疗信息等。个人信息指向特定的自然人，与其人本身有着不可分割的密切关系，尤其是与个人的人格尊严和人格自由的发展密不可分。个人的人格尊严与人格自由的发展取决于个人能够防范/阻止个人信息被无限制地收集、储存、使用、披露与传送，[2]个人信息被无限制地收集、储存、使用、披露与传送会造成自然人的权利和自由的高风险。人格尊严与人格自由受到侵害和限制，会导致人格减损。个人信息当中包含着重要的人格利益。

在欧洲大陆，出于对人的尊严和人的自由价值的尊重，[3]个人信息被视为一种基本权利或人权（human right），[4]从基本权利或人权的角度对个人信息予以保护。欧盟 1995 年颁布的《欧盟数据保护指令》（*European Union Data Protection Directive*, 95/46/*EC*）正是在将个人数据作为基本人权的基础上，对个人数据的保护作了较为全面的规范。[5]之后，为应对技术的快速发展和全球化进程的深化给个人数据带来的挑战，欧盟委员会主张需要对《欧盟数据保护指令》进行修订，以强化对个人数据的保护。欧盟为此制定颁布了《通用数据保护条例》（*General Data Protection Regulation*）。《通用数据保护条例》旨在更好地维护数据主体的自治和尊严。[6]因此，《通用数据保护条例》与《欧盟数据保护指令》一样，将个人数据的保护根植于基本人权。而个人信息中的人格利益同样得到我们立法者的认可。从个人信息保护在民法典编纂中的体例安排看，《民法总则》第五章“民事权利”下第 111 条对个人信息保护作了规定，而该条款介于第 110 条“人格权”和第 112 条“身份权”规定之间，此其一。《民法典草案》人格权编第六章“隐私权和个人信息保护”甚

---

〔1〕 参见叶名怡：《论个人信息权的基本范畴》，载《清华法学》2018 年第 5 期。

〔2〕 参见王泽鉴：《人格权法：法释义学、比较法、案例研究》，北京大学出版社 2013 年版，第 200 页。

〔3〕 See Paul M. Schwartz, Global Data Privacy: the EU Way, 94 New York University Law Review, 785 (2019).

〔4〕 See Viktor Mayer – Schonberger, Beyond Privacy, beyond Rights – Towards a Systems Theory of Information Governance, 98 California Law Review, 1862 – 1863 (2010).

〔5〕 See Omer Tene, Privacy Law's Midlife Crisis: A Critical Assessment of the Second Wave of Global Privacy Laws, 74 Ohio State Law Journal, 1223 (2013).

〔6〕 See Alexander Tsesis, Data Subjects' Privacy Rights: Regulation of Personal Data Retention and Erasure, 90 University of Colorado Law Review, 594 (2019).

至对个人信息的保护进行专章规范，此其二。这种立法安排与体例架构表明立法者认可个人信息中的人格利益，倾向于将个人信息作为一种人格利益来进行保护。[1]

然而，现实世界不存在永恒不变的利益。如同权利的内容随经济社会的发展和意识形态的改变会不断发生变化，个人信息中的利益内容也会与时俱进。社会、技术的演进，及商品化的普及，促进商品范围的扩大。在此环境渲染下，个人信息被视作财产，[2]能够被商品化，并在市场上交易。个人信息中的财产利益日益凸显。面对个人信息中的利益内容变化，许多学者提出“个人信息财产权”的概念，作为保护个人信息的新机制。通过赋予个人对其个人信息的财产权，可以使个人以转让个人信息的使用权的方式获取经济利益或换取回报，[3]并可建立健全个人信息市场，限制个人信息的非法交易和未经授权的搭便车行为。[4]然而，个人信息体现人的尊严及价值，从人格利益的角度不应将其物化，成为交易的客体。个人信息财产权的模式与个人信息的人格利益存在潜在冲突，不免成为学者们攻讦的对象。

在法律与金融学派看来，信息对市场交易行为有着重要影响。在市场环境下，信息越多越好，获取的信息越准确及获取信息的成本越低，在此基础上的交易就越有效。如果信息披露受到限制，交易将决定使用次级信息（second rate information）或者以较高的成本获取的信息，在此基础上的交易则不可能是有效的交易。[5]由此进一步产生逆向选择问题，致使交易成本增加，有效的交易减少，最终导致市场效率损失。个人信息财产权模式实际是赋予个人对其个人信息的控制权，造成对个人信息自由流动的限制，通常不会带来社会财富最大化的结果，反而可能产生市场效率损失。另有学者认为个人信息财产权模式可能会导致更多的个人信息交易，并且由于存在市场失灵的缺陷，会造成人们交易掉太多财产化的个人信息，对于个人信息的保护并不能得到一个理想结果。[6]

尽管对个人信息财产权模式存在争议，但毫无疑问，现今个人信息含有财产利

[1] 参见程啸：《民法典编纂视野下的个人信息保护》，载《中国法学》2019年第4期。

[2] See Richard S. Murphy, Property Rights in Personal Information: An Economic Defense of Privacy, 84 The Georgetown Law Journal, 2382 - 2384 (1996).

[3] See Rita S. Heimes, Privacy and Innovation: Information as Property and the Impact on Data Subject, 49 New England Law Review, 658 (2015).

[4] See Paul M. Schwartz, Property, Privacy, and Personal Data, 117 Harvard Law Review, 2056 (2004).

[5] See David M. Driesen & Shubha Ghosh, The Functions of Transaction Costs: Rethinking Transaction Cost Minimization in a World of Friction, 47 Arizona Law Review, 87 (2005).

[6] See Julie E. Cohen, Examined Lives: Informational Privacy and the Subject as Object, 52 Stanford Law Review, 1391 (2000).

益的观念逐渐成为一项共识，个人信息日益成为一项重要资产。[1]商品或服务的提供者专门收集和使用客户数据，以更好地营销自己的商品或服务。更有公司作为信息经纪商，直接从消费者、其他信息收集者或公开来源收集信息，然后将这些信息出售给其他公司。许多数据交易平台或数据交易所在国内外不断涌现，为数据交易提供平台和场所。这些新的经济现实催生出新的经济型态模式——数据经济（data economy）或信息经济（information economy），[2]创造出巨大的财富效应。例如，Google 公司为用户提供包括电子邮件服务、数字地图软件、在线文字处理软件、网络浏览器、搜索引擎、社交媒体网站和媒体服务等在内的产品和服务，但其不向用户收取访问这些服务的现金费用，而是从用户那里收集信息，利用这些信息来销售有针对性的广告。根据这种模式，在 2015 年，Google 公司大约 90% 的收入（超过 670 亿美元）是来自广告。[3]

个人信息的财产利益与人格利益不可磨灭，两者亦非彼此替代，而是犹如一枚硬币之两面，不同的面向有着不同的功能侧重。个人信息的人格利益侧重于消极防御功能，主要是防止侵害个人信息的侵权行为，避免个人的固有利益遭受损失，而个人信息的财产利益侧重于对积极利用功能，主要是对个人信息加以利用，以实现个人信息蕴含的财产利益。个人信息的双重利益属性及经济现实的发展变化，引发了法律应如何回应、平衡个人信息的保护与利用的问题。

三、投资者个人信息的法律保护与缺陷

在证券投资领域，投资者个人信息同样具备人格利益与财产利益的双重属性，而且由于投资者的个人信息更多是关于投资者的财产信息，投资者个人信息的财产利益更为凸显。利益驱动之下，近年来侵害投资者个人信息的现象频发，例如在网上公开出售投资者个人信息，证券公司职员利用职务之便盗卖投资者个人信息，保护投资者个人信息刻不容缓。整体上我国关于个人信息保护的法律规则分散在不同层级和部门制定的法律、规章、规范性文件和司法解释当中，虽然涵盖电信、网络、电子商务、消费者保护和征信等众多领域，但个人信息保护的法律规则体系过

---

〔1〕 See World Economic Forum, Personal Data: The Emergence of a New Asset Class, http://www3.weforum.org/docs/WEF_ ITTC_ PersonalDataNewAsset_ Report_ 2011.pdf，最后访问时间：2020 年 2 月 14 日。

〔2〕 See Stacy-Ann Elvy, Paying for Privacy and the Personal Data Economy, 117 Columbia Law Review, 1369 (2017).

〔3〕 See Adam B. Thimmesch, Transaction in Data: Tax, Privacy, and the New Economy, 94 Denver Law Review, 151 (2016).

于庞杂，有不少弊端。其一，我国个人信息保护呈现“先刑后民”的立法现状，个人信息保护的私法规范薄弱，很难为个人信息保护与利用提供合法性基础，并满足司法裁判需求。[1]其二，个人信息保护的相关法律规则适用对象与范围有限，例如《中华人民共和国消费者权益保护法》中有关个人信息保护规定的适用对象是为生活消费需要购买、使用商品或者接受服务的消费者，《中华人民共和国电子商务法》中有关个人信息保护的规定不适用于金融类产品和服务。其三，规范性文件法律层级低，且多为原则性规定，实践中缺乏可操作性。这种个人信息保护的法律体系现状下，许多个人信息保护的法律规则不能适用于证券投资者，对证券投资者的特殊性考虑不足。

此次《证券法》修订之前，原《证券法》涉及证券投资者个人信息保护的是第44条规定，该条规定“证券交易所、证券公司、证券登记结算机构必须依法为客户开立的账户保密”。然而，账户信息属于证券投资者个人信息的组成部分，内容上不足以表征证券投资者的全部个人信息，证券投资者个人信息的保护存在不完整的缺陷。面对立法现状的不足与实践需求，此次《证券法》修订用第41条第1款取代原《证券法》第44条规定，强化了对证券投资者个人信息的保护，具有特定的宣示意义。而且，《证券法》第41条第1款在条文内容上有两个明显特征：第一，该条款为行为规范，意在提请证券公司等机构及当事人注意并引导证券公司等机构及当事人的行为。条文中的“不得”一词无解释的空间和必要，指向的是非法买卖、提供或者公开投资者信息的行为，证券公司等机构及当事人不得实施此类行为。第二，一个完全法条本身具备完整的构成要件与法律效果，可以单独适用。然而，《证券法》第41条第1款没有言明非法买卖、提供或者公开投资者信息的法律效果，法律效果残缺，为不完全法条，不能单独适用，需要与其他法条配合适用。民法作为私法的基础，为一般私法，商法是特别私法，对商法规范的理解必须在民法一般规范的背景下进行。当商法没有特别规定时，适用民法的一般规定。因此，《证券法》第41条第1款的具体理解与适用须回到民法的一般规定。

《民法总则》第111条明确自然人的个人信息受法律保护，为个人信息保护奠定私法基础。该条款规定：“……任何组织和个人需要获取他人个人信息的，应当依法取得并确保信息安全，不得非法收集、使用、加工、传输他人个人信息，不得非法买卖、提供或者公开他人个人信息。”从法条的内容上看，《证券法》第41条第1款基本上是在证券投资者领域对《民法总则》第111条的复述或者说是“赘

---

[1] 参见王成：《个人信息保护的模式选择》，载《中国社会科学》2019年第6期。

文”,[1]重复《民法总则》第 111 条规制的行为内容。此外，《民法典草案》“人格权编”根据《民法总则》第 111 条的立法精神和目的，专章对个人信息保护作了更为具体的规定。从整体规范架构上看，民法典对个人信息保护采取欧洲大陆和美国法上流行的“告知与同意”（notice and consent）模式，体现个人信息自决的规范理念。

“告知与同意”的个人信息自决模式建立在理性选择理论的基础之上，[2]该理论认为理性人能够在各项决策中做出最优决策，实现最大化收益。个人作为自身利益的最佳判断者与照顾者，由个人自主决定并就其行为负责，能够促进社会进步与经济发展。[3]个人信息自决模式与私法领域中的私法自治观念相契合，亦是私法自治的贯彻与延续。作为一般私法规范，在《证券法》未对投资者个人信息作特别规定的情况下，个人信息自决模式当然适用于对投资者个人信息的法律保护。

个人信息自决模式旨在强化个人控制和保护个人信息的能力。“同意”是个人信息自决模式的核心，同意的内涵是知情同意，意味着当事人需要被告知同意的内容，并能够在一定程度上评估同意可能产生的后果。同意在个人信息自决模式中发挥两个功能。第一，个人的同意涉及当事人之间权利义务关系的构建，可以改变不被允许行为的属性。例如，非法收集、处理和披露个人信息的行为可能因当事人事后同意而转变为合法行为。同意为个人信息的收集、处理和披露提供合法性基础。[4]由于人格权篇的重点是确权，相应的责任后果则在侵权责任编中，对未经个人同意的收集、处理和披露个人信息的行为需要承担侵权责任。因此，对非法买卖、提供或者公开投资者信息行为构成侵权，其法律效果主要是通过侵权责任进行损害救济与惩罚。第二，当符合法律规定的标准，同意具有法律拘束力，当事人须受其拘束。同意的拘束力包含两方面内容，一方面，同意具有实质拘束力，同意表意人受其同意的内容拘束。另一方面，同意具有形式拘束力，不得对同意任意变更和反悔。同意本质上是一种意思表示，适用意思表示的规定。《民法总则》第 137 条至第 142 条、第 146 条至第 150 条涉及意思表示的规定适用于对同意的规范。

然而，个人信息保护自决模式自身存在缺陷，不能为个人信息保护与利用提供绝对支撑。一方面，行为金融学研究表明，个人加工处理信息能力、推断能力具有

---

〔1〕 参见贺剑：《民法的法条病理学——以僵尸法条或注意规定为中心》，载《法学》2019 年第 8 期。

〔2〕 See Chris Jay Hoofnagle & Jennifer M. Urban, Alan Westin's Privacy Homo Economicus, 49 Wake Forest Law Review, 262 - 264 (2014).

〔3〕 参见王泽鉴：《民法概要》，北京大学出版社 2011 年版，第 4 页。

〔4〕 See Neil Richard & Woodrow Hartzog, The Pathologies of Digital Consent, 96 Washington University Law Review, 1472 (2019).

局限性，在快速判断时通常不使用逻辑，而是以启发法代替，加之情绪因素的影响，个人的判断和决策都会因此产生认知偏差，出现扭曲决策，不会做出最佳决策。个人并非是完全理性，而是有限理性。有限理性使人们难以将已有知识应用到评估同意收集、处理和披露个人信息的后果，或者缺乏足够的知识评估同意收集、处理和披露个人信息的后果。现实世界中，大多数人通常不会定期、习惯性地阅读个人信息声明/政策，即使阅读个人信息声明/政策，也很少有人能够完全理解个人信息声明/政策。[1]简化个人信息声明/政策与个人知情同意有着抵牾。如果将个人信息声明/政策简单化，个人将无法得到充分的信息进行评估。而如果将个人信息声明/政策详细化，个人可能将难以完全理解。此外，个人信息声明/政策经常具有接受或离开（take - it - or - leave - it）的二元性质，个人要么选择接受，要么无法享受相应的商品或服务，在个人信息声明/政策谈判中处于弱势，缺少有意义的谈判，而且现代科技的发展进一步加剧个人的弱势地位。人们做出理性决策的实际能力与个人信息自决模式的设想差距甚远，构成同意困境与个人信息悖论。[2]在我国个人投资者占绝大多数的证券市场中，除有限理性外，集体行动困境因素也影响着投资者，投资者在个人信息的收集、处理和披露方面的弱势地位较为明显。将个人信息自决的保护模式应用于证券市场和投资者，不能对投资者个人信息起到完全保护作用。

另一方面，个人信息在某种程度上具有公共物品的属性，[3]不仅涉及个人利益，还关系他人利益和社会公共利益。信息的分享和流通对社会与经济发展具有重要价值。现代大数据和互联网产业的发展有赖于信息的聚合与规模化效应。[4]赋予个人对其个人信息的绝对控制权，政府、企业和其他个人在利用个人信息时需要首先获得个人同意，不利于信息的聚合与规模化，阻碍信息的有益利用与创新，增加交易成本。而且人是“群居动物”，信息的共享是个人在社会生活中不可避免的。对于日常交往中的信息交流如果需要首先征得他人同意，这无疑会阻碍人们正常的社会交往与信息流动，导致每个人成为信息孤岛。[5]个人信息的保护应当与个人信

---

〔1〕 See Bart Custers, Simone van der Hof & Bart Schermer, et al., Informed Consent in Social Media Use - The Gap between User Expectations and EU Personal Data Protection Law, 10 SCRIPTed, 440 - 443 (2013).

〔2〕 See Daniel J. Solove, Introduction: Privacy Self - Management and Consent Dilemma, Harvard Law Review, 1880 (2013).

〔3〕 See Joshua A. T. Fairfield & Christoph Engel, Privacy as a Public Good, 65 Duke Law Journal, 385 (2015).

〔4〕 See Neil M. Richards & Jonathan H. King, Big Data Ethics, 49 Wake Forest Law Review, 397 - 403 (2014).

〔5〕 参见丁晓东：《个人信息私法保护的困境与出路》，载《法学研究》2018 年第 6 期。

息的利用放在同一维度考量，避免厚此薄彼，寻求个人、他人和社会三者利益的平衡。

四、投资者个人信息保护的完善路径探索

针对当前投资者个人信息保护的缺陷，需要进一步探索完善投资者个人信息保护的方法，而这一方法应当涉及事前、事中和事后三个方面，具体可以从以下三个路径展开。

（一）投资者个人信息类型化

个人信息是数据经济中财富创造的重要来源之一，而当前《民法典草案》关于个人信息保护的规定及《证券法》第 41 条第 1 款关于投资者个人信息保护的规定，整体上对受保护的投资者个人信息并未区分，而是将投资者的所有个人信息统一保护。这种保护方法不仅可能导致规范适用的空洞化，还可能妨碍信息流通，影响社会交流与经济发展。投资者个人信息既可能是隐私信息，也可能是非隐私信息，不应该整齐划一。因此，应当将投资者个人信息类型化，给予不同类型的投资者个人信息不同程度的保护。

《证券法》第 41 条第 1 款规定证券交易场所、证券公司、证券登记结算机构、证券服务机构及其工作人员对投资者个人信息负有保密义务，而保密义务的实质内涵为不披露。根据《民法典草案》“人格权编”第 1034 条定义的个人信息是指“以电子或者其他方式记录的能够单独或者与其他信息结合识别特定自然人的各种信息，包括自然人的姓名、出生日期、身份证件号码、生物识别信息、住址、电话号码、电子邮箱地址、行踪信息等”，从该定义可知，个人信息外延非常广泛。故而，几乎所有投资者的个人信息，证券公司等机构及相关人员都不得披露，除非投资者同意或者另有法律规定可以披露。这种规定既空洞、僵化，又不现实，受保护的投资者个人信息失之过宽，有必要类型化与限缩。例如可将投资者的个人信息区分为敏感信息与非敏感信息，对于敏感信息原则上不予披露，即证券公司等机构及相关人员负有保密义务；对于非敏感信息，可采取有限披露或披露等方式。并且，在投资者个人信息类型化场景中，投资者的“同意”应有不同的规范要求与内涵。对于投资者敏感信息的收集、处理或披露，需要征得投资者同意。对于投资者非敏感信息的收集、处理或披露，假定已得到投资者同意，但投资者有拒绝同意的权利。对于投资者非敏感且已公开信息的收集、处理或披露，不需要征得投资者同意。通过投资者个人信息的类型化，以期平衡投资者个人信息保护与信息利用、流通。

（二）合同责任与侵权责任的并重

虽然对投资者个人信息的保护在法律效果方面主要是通过侵权责任进行救济与损害填补，[1]但侵权责任并非是保护投资者个人信息的唯一方式或是法律效果。合同责任在投资者个人信息保护及其法律效果方面仍有适用空间，不应被忽视。现代合同交易中，合同的缔结磋商、成立、履行和消灭都被纳入到特定的信赖关系中依诚实信用原则加以调整，在诚实信用原则的基础上形成包括先合同义务、给付义务、附随义务、不真正义务和后合同义务在内的广义义务群。[2]

其中，附随义务随着在信赖基础上构建的法律上特别结合关系（合同关系）的发展而逐渐发生。根据辅助或保护的不同功能，附随义务类型化为与给付有关的附随义务和保护合同当事人完整利益的附随义务两类。[3]前者旨在辅助、促进合同主给付义务的履行，使债权人给付利益的最大化。后者旨在保护合同当事人人身或财产方面的权益，维护合同当事人固有利益的完整性，因此也称为保护义务，[4]包括告知、说明和保密等义务。从体系化的角度，保护义务作为法定的保护义务关系，贯穿于合同缔结磋商到合同消灭的全过程。[5]由于保护他人权益免遭侵害也是侵权法的一个重要功能，侵权法上有保护他人权益的注意义务和安全保障义务。然而，债法性保护义务与侵权法上的注意义务和安全保障义务在理念上有着根本差异。债法性保护义务是对保护义务人与受保护人之间的特别结合关系的强调，而侵权法上的注意义务和安全保障义务是源于受保护权益和加害人行为自由之间的权衡。[6]

在投资者与证券公司、证券登记结算机构或证券服务机构等存在合同关系场合，《证券法》第 41 条第 1 款规定的证券公司等机构及相关人员对投资者个人信息的保密义务属于《中华人民共和国合同法》（以下简称《合同法》）第 60 条和《民法典草案》“合同编”第 599 条第 2 款规定项下的附随义务。证券公司、证券登记结算机构或证券服务机构等未履行投资者个人信息保密义务的，构成附随义务的违反，投资者可以根据违反附随义务主张合同责任。违反投资者个人信息保密义务（附随义务）的合同责任与侵害投资者个人信息的侵权责任并不相同。例如，在责

---

〔1〕 参见叶名怡：《个人信息的侵权法保护》，载《法学研究》2018 年第 4 期。

〔2〕 参见王泽鉴：《债法原理》，北京大学出版社 2013 年版，第 25 ~ 31 页。

〔3〕 参见陈自强：《契约违反与履行请求》，元照出版公司 2015 年版，第 127 页。

〔4〕 参见［德］迪尔克·罗歇尔德斯：《德国债法总论》，沈小军、张金海译，中国人民大学出版社 2014 年版，第 8 页。

〔5〕 参见［德］迪特尔·梅迪库斯：《德国债法总论》，杜景林、卢谌译，法律出版社 2003 年版，第 314 页。

〔6〕 参见程啸：《侵权责任法》，法律出版社 2015 年版，第 20 页。

任构成上，《证券法》第 41 条第 1 款、《合同法》和《民法典草案》没有明确要求违反附随义务的归责事由，因而解释上投资者就证券公司等违反保密义务负有举证责任，而证券公司等就其免责事由负有举证责任。[1]而由于《中华人民共和国侵权责任法》和《民法典》“侵权责任编”对投资者个人信息侵害未作特别规定，适用一般侵权责任规定，投资者须证明证券公司等的主观过错。在责任内容上，侵权责任以恢复原状和损害赔偿为主。违反附随义务的合同责任除损害赔偿外，可诉请强制履行的保密义务。[2]在投资者与证券公司等存在委托合同（或具有委托合同性质的合同）之类的继续性合同关系场合，因违反附随义务造成当事人信赖关系破坏，依诚实信用原则要求投资者继续维持合同关系实属不当，可适用合同解除，[3]即违反附随义务可能构成合同解除事由。此外，违反附随义务的合同责任与侵害投资者个人信息的侵权责任在损害赔偿内容、诉讼时效等方面也有不同。虽然合同责任与侵权责任存在差异，但证券公司等违反投资者个人信息保密义务与侵害投资者个人信息往往是“一体两面”的关系，表现为《证券法》第 41 条第 1 款后半句规定的“非法买卖、提供或公开”投资者个人信息的行为，违反保密义务的合同责任与侵权责任会产出请求权竞合。因此，合同责任与侵权责任并重，旨在扩大投资者的选择自由，强化投资者事后寻求个人信息保护的请求权基础。

（三）建立投资者个人信息保护的证券监管

囿于个人能力有限，个人信息保护自决模式有沦为“纸老虎”的可能性，私人执法的不足可考虑引入证券监管机制，以公共执法与私人执法的结合模式加强对投资者个人信息的保护。公共执法是私人执法的必要补充，或者至少是可取的补充。国家公权力介入个人信息保护的做法并不鲜见，许多欧洲信息隐私法都有设立独立的数据保护官员或者数据保护机构，例如欧盟《通用数据保护条例》和德国法设立的数据保护官员，由数据保护官员或者数据保护机构审查信息处理者，调查可能违反信息隐私法的投诉，并提交报告。这种保护机制一方面通过数据保护官员对信息处理者和相关投诉的审查、判断与处理，可以为个人采取私人执法提供便利。另一方面，通过向公众披露和公开报告，可以利用舆论、声誉机制对相关公司及当事人的行为进行约束，发挥市场力量。更有甚者，瑞典、法国、奥地利和丹麦等国都有建立个人信息保护的直接监管执法模式，该模式通过政府设立的数据保护委员会独

---

〔1〕参见韩世远：《合同法》，法律出版社 2018 年版，第 596 页。

〔2〕参见参见［德］迪特尔·梅迪库斯：《德国债法总论》，杜景林、卢谌译，法律出版社 2003 年版，第 316 页。

〔3〕参见韩世远：《合同法》，法律出版社 2018 年版，第 596 页。

立调查和执行信息隐私侵权行为，并采取罚款等监管执法措施。[1]

此外，与民法这一纯粹的私法规范与私法领域不同，随着国家公权力、国家管制对商法领域的介入，商法含有公法因素。[2]商法公法化趋势日益明显，商法规范与体系构造在整体上呈现出私人自治与国家管制的有机结合，私人自治与国家管制之间全有或全无的二元状态较为少见，这为证券监管介入证券投资者个人信息保护提供必要空间与理论基础，不会显得突兀。而且证券监管还可以涵盖事前、事中和事后的全过程，为投资者个人信息提供较为全面的保护。当前在我国证券市场中缺少对投资者个人信息的监管，未来可考虑通过证券监管部门强化对侵害投资者个人信息行为的监管与预防。证券监管部门根据《民法典草案》和《证券法》等上位法中关于个人信息保护规定的立法精神和目的，出台具体且具有可操作性的投资者个人信息保护规则，对投资者个人信息的处理者进行审查，对非法收集、处理或披露投资者个人信息的投诉进行调查，公开和披露审查、调查的结果或报告，通过公开和披露利用舆论与声誉机制的力量，并对不法行为采取罚款等证券执法措施，实现证券监管与市场监管、公共执法与私人执法的互补。

---

〔1〕 See Viktor Mayer - Schonberger, Beyond Privacy, beyond Rights - Towards a Systems Theory of Information Governance, 98 California Law Review, 1862 - 1863 (2010).

〔2〕 参见顾功耘主编：《商法教程》，上海人民出版社2006年版，第9页。

证券交易数据所有权法律问题研究
——以《证券法》第109条为基础

李耕坤*

内容摘要： 证券交易数据权利属性纠纷反映出的问题是证券交易数据权利属性不明确。更深一层的问题是我国现有的法律制度无法对证券交易数据提供有效的保护。新修订的《证券法》明确证券交易数据所产生的权益由证券交易所享有。这种“一刀切式”的立法模式，使交易所垄断该领域，不利于我国证券交易数据的发展，不能给投资者提供更多选择。在立法上如何对证券交易信息权利归属进行规定就产生了探讨的必要。明确权属的前提是先界定好证券交易信息的内涵和外延，再通过对证券交易数据权属的分类，明确各主体的权利义务，力图达到促进《证券法》(2019年修订）及相关法律对证券交易信息的规定进一步完善，将第109条修改为关于证券交易信息一般性、总述性的条款，明确证券交易所的相应权利义务，对其流转及使用进行规定。

关键词： 证券交易数据　权利属性　立法修改

一、引言

及时、准确和完整的交易信息是证券市场运行和发展的基础。在市场经济环境下，证券交易信息作为一种信息数据具有非常大的商业价值，但截至目前，我国国内对证券交易信息相关问题的研究不多，特别是对证券交易信息的概念、权利属性以及权益保护的探讨很少，大都是因2006年的“上证所信息网络有限公司诉新华

---

* 李耕坤，海南大学法学院硕士研究生。

富时指数有限公司案"[1] 和2007年的“赢富数据事件”[2]而引起的对证券交易信息或证券交易即时行情信息权属界定及保护的讨论。

我国目前对证券交易信息或数据概念的探讨数量有限且少有针对证券交易信息概念进行专门论证的文章。有学者认为证券交易信息是证券市场的参与者在从事证券交易过程中按照一定规则产生的信息集合体，包括参与交易者发出的买入、卖出的指令、前日收盘价、当日收盘价、即时行情信息、定期成交量、各种股票指数等，同时还有信息供应商提供的增值服务，如上市公司信息、公司活动、市场统计、行业研究报告等[3]。陆文山、王升义认为证券交易信息是指证券依一定规则在证券交易所市场集中交易产生的交易数据及由此产生的信息集合体[4]。吴飞认为证券交易信息是指有价证券在证券交易所市场集中交易产生的、经过证券交易所整理、编排的市场交易数据、行情及因之而产生的其他相关信息[5]。曲冬梅认为证券交易信息指根据上海、深圳证券交易所《交易规则》，在证券交易所市场产生的证券交易即时行情、证券指数、证券交易公开信息[6]。虽然各学者对于证券交易信息或数据的概念定义有所不同，但其中具有相类似的特征。

就比较证券交易信息或证券交易即时行情信息权利属性进行界定和保护的研究

---

[1] 上海市浦东新区人民法院民事判决书（2006）浦民二（商）初字第2963号；上海市第一中级人民法院民事判决书（2007）沪一中民五（商）终字第2号。

[2] 赢富数据事件概述：2007年初，在上海证券交易所（以下简称上证所）数据库基础上，上证所信息网络有限公司（以下简称上证信息）开发出盘后交易统计产品——赢富数据，又名“Topview”。上证信息将赢富数据经营权授权给信息运营商，信息运营商对赢富数据进行研发和加工成相关产品后销售。通过购买赢富数据相关产品，客户能够了解和掌握各类券商基金、法人和普通投资者账户的数量、持仓、增减仓情况，以及营业部交易席位统计信息。赢富数据产品揭示了交易分布和多空力量在热点个股上的争夺状况、场内资金流动、交易者投资动向等信息，因此一经面市备受瞩目。这个涉及上证所、上证信息、信息运营商、投资者以及基金公司、券商、QFII等多方利益的产品，自上市之日便褒贬不一。2009年1月1日，面市不到两年的赢富数据在争议中黯然退场。在基金等机构投资者看来，赢富数据暴露了基金的仓位和操作路径，使基金操作陷入被动的境地。而投资者则将赢富数据作为“投资利器”，盛赞赢富数据有效解决了普通投资者市场信息严重缺失的问题。投资者在享用赢富数据的同时，也在抱怨上证信息将交易数据出售给少数付费投资者，对其他投资人有失公平。参见曲冬梅：《从“赢富数据”争议谈证券交易信息的法律保护》，载《山东师范大学学报（人文社会科学版）》2009年第1期。

[3] 复旦大学-上海理工大学（联合）课题组：《证券交易所交易信息产权运作与法律保护研究》，载《上证研究（2005法制专辑）》，复旦大学出版社2005年版，第1页。

[4] 陆文山、王升义：《证券交易所交易信息权利的法律保护研究》，载《证券市场导报》2006年第11期。

[5] 吴飞：《从新华富时案谈证券交易信息产权的法律保护》，载《重庆工商大学学报（社会科学版）》2007年第4期。

[6] 曲冬梅：《证券交易信息权的法律性质及保护》，载《山东师范大学学报（人文社会科学版）》2008年第1期。

来说，陆文山和王升义明确证券交易信息的权利属性为一种“数据库”权利并为交易所拥有，分别通过加强交易信息经营许可合同的执行、技术保护与推进立法的方式、重新确定会员与证券交易所的关系进行保护[1]。吴飞认为交易信息是数据库，生产者为证券交易所，所以应当以“特殊权利”进行保护，享有交易信息的提取权和再利用权[2]。曲冬梅认为证券交易信息权是一种新型知识产权，但著作权进行保护的前提是具有独创性，所以单纯靠著作权进行保护是不够的，因此应当借鉴欧盟数据库及特殊权利进行保护[3]。曲冬梅认为“赢富数据”实质上是数据库，交易所作为“赢富数据”的生产者和维护者，应当对其享有专属权[4]。以上学者都认为证券交易信息的权利属性为数据库权利，并可以利用特殊权利进行保护。但最为关键的一点是，证券交易信息或即时行情信息在证券市场的交易过程中对投资者具有十分重要的参考作用，其自身具有一定的公共属性，数据库理论无法说明在权利私有的情况下，交易所存在强制信息公开的法理基础，也不能厘清证券交易所与投资者之间的权利义务关系。另外，明确“交易所享有交易信息专属权”，但这种“一刀切”式的立法模式，将成交价格、成交数量、买盘卖盘信息等不用再加工制作的信息也囊括其中，在不经交易所同意的情况下禁止使用。这不仅不利于市场的良性竞争，也与证券领域信息公开原则相违背。刘宏光和陈建伟提出了数据财产权理论，从分析数据财产权的权利构造、与证券期货行情信息保护相契合以及相较于数据库权利的比较优势出发，论证未来我国应在数据财产权理论完善行情信息制度，从法律法规、部门规章、交易所自律规则层面构建行情信息归属、利用、监管、保护的制度体系[5]。刘宏光和陈建伟虽然应时代的变化而提出“数据财产权”，并将其运用在证券期货行情信息的保护中。但该作者认为“信息财产权”与“数据财产权”大致是同一个意思，该观点有待商榷。另外，该作者也并没有明确证券期货行情信息的权属界定，只是将“数据财产权”一股脑地套用到证券期货行情信息上。郑彧将证券即时行情信息分为基本信息与衍生信息，并分别确定证券即

---

[1] 陆文山、王升义：《证券交易所交易信息权利的法律保护研究》，载《证券市场导报》2006 年第 11 期。

[2] 吴飞：《从新华富时案谈证券交易信息产权的法律保护》，载《重庆工商大学学报（社会科学版）》2007 年第 4 期。

[3] 曲冬梅：《证券交易信息权的法律性质及保护》，载《山东师范大学学报（人文社会科学版）》2008 年第 1 期。

[4] 曲冬梅：《从“赢富数据”争议谈证券交易信息的法律保护》，载《山东师范大学学报（人文社会科学版）》2009 年第 1 期。

[5] 刘宏光、陈建伟：《证券期货行情信息保护的数据财产权视角初探》，载《证券法律评论（2019 年卷）》，中国法制出版社 2019 年版，第 115 ~ 128 页。

时行情信息的权属并划分权利界限[1]。杜启顺提出将期货交易数据分为纯粹的体力劳动创作、满足一定程度原创性的智力劳动创作和满足一定程度独创性的智力劳动创作三类，实行分级保护[2]。笔者认为，郑彧和杜启顺提出的对该领域数据分类保护的思路是值得借鉴和深思的。针对数据信息的不同来源和作用，将数据信息进行细致化的分类并以不同方式进行保护，反对“一刀切”式的权属界定和保护模式，有利于促进证券交易信息立法的科学、精准以及更具有现实意义。

值得注意的是，2019 年 12 月 28 日第十三届全国人民代表大会常务委员会第十五次会议通过了新修订的《中华人民共和国证券法》［以下简称《证券法》（2019 年修订）］第 109 条新增“证券交易即时行情的权益由证券交易所依法享有。”尝试性地将证券交易即时行情的数据权利在立法层面确定由交易所享有，而在此之前《民法总则》第 127 条对数据权利归属采用了开放条款的立法模式，其他有关证券交易信息或者即时行情信息的立法条文层级较低，这种“一刀切”式地将所有即时行情信息所得权益都归于交易所不能兼顾公平与效率。因此，在立法上如何对证券交易信息权利归属进行规定就产生了探讨的必要。本文通过对证券交易信息的分析，力图达到以下目的：第一，促进《证券法》（2019 年修订）及相关法律对证券交易信息的规定进一步完善，将第 109 条修改为关于证券交易信息一般性、总述性的条款。第二，目前关于证券交易信息或即时行情信息的权属性规定过于武断，应当对其做更细且可操作性的修改。第三，不仅要规定证券交易信息的权属，还要对其流转及使用进行明确。

二、证券交易数据概念的界定

（一）现行证券交易信息的概念

为将《证券法》（2019 年修订）第 109 条修改为证券交易信息一般性和总述性的条款，就需要对证券交易信息的概念进行确定。如上文所述，我国学者少有对证券交易信息的概念进行专门的探讨，也暂无统一概念，但可以总结出如下特点：一是依一定规则；二是该数据产生于证券交易过程中；三是该数据在交易所产生。另外，与证券交易信息相近的概念还有证券市场信息和证券交易即时行情信息。证券交易信息的上位概念是证券市场信息，证券交易即时行情信息是证券交易信息的下位概念，前者是指在证券市场上产生或者公布的信息，其中包括证券交易信息、交易所统计报表、交易所业务规则等，证券即时行情信息是证券交易信息所包含的一

---

〔1〕郑彧：《证券即时行情信息权属之探析》，载《法律科学（西北政法大学学报）》2009 年第 3 期。

〔2〕杜启顺：《期货交易数据权利属性研究》，载《河北法学》2019 年第 8 期。

部分[1]。

按照《上海证券交易所交易规则（2018）》（以下简称《上交规则2018》）第5.1.1条的规定，交易所的交易信息包括证券交易即时行情、证券指数、证券交易公开信息等交易信息。与其他证券信息不同，证券交易信息的突出特点是经过证券交易所的加工、整理，对投资者的投资具有较大的参考价值。另外，根据《深圳证券交易所信息管理暂行办法》（以下简称《深交办法》）第2条给出的定义是指有价证券在深圳证券交易所集中交易产生的市场行情及因之产生的其他信息。可以看出，在现行行业规定中，证券交易信息是指交易所场内交易信息。

不难看出，证券交易信息具有以下特点：第一，具有主观和客观的双重属性。证券交易信息一部分产生于人的计算和分析，是人脑的反映具有主观性；另一部分是通过电子化系统的对数据的归纳总结而产生的，是计算机对数字的运算具有客观性。第二，具有公共和私人的双重属性。证券交易数据产生于交易所，我国交易所是非营利性组织，交易所有义务向全社会及时公布证券交易数据，具有公共属性。然而交易所在产生这些数据时耗费了大量的人力物力，也应当得到相应对价，又具有私人属性。第三，具有人格和财产的双重属性。证券交易数据源于证券公司等各类投资者，各类投资者有着自身的标签和不同的社会影响力，因此具有人格属性。证券交易数据产生于各类投资者的委买委卖数据，该数据通过各投资者的脑力劳动而形成，具有财产属性。

（二）证券交易“数据”还是“信息”

在探讨证券交易信息概念界定之前，还应当明确一个问题，即应当用证券交易数据还是证券交易信息进行表述。在之前的研究中，都以“信息”表述“证券交易信息”或“证券交易即时行情信息”。“数据”是在网络上和计算机中流通的在二进制基础上以0和1的组合所呈现出的比特形式[2]。其具有两个特点：第一，信息的生成、传输以及储存都体现为通过原始物理数据来完成，而数据是通过程序或应用代码而自动显示出信息。第二，数据依赖载体而存在，依附于通信设备，包括服务器、终端以及移动储存设备等。在证券交易市场完全电子化，以及在后互联网时代的今天，笔者认为用“数据”代替“信息”进行表述更为合适。原因如下：

第一，“信息”与“数据”的区别。国际标准化组织对信息的概括是：“关于在

---

〔1〕陆文山、王升义：《证券交易所交易信息权利的法律保护研究》，载《证券市场导报》2006年第11期。

〔2〕［英］维克托·迈尔－舍恩伯格、肯尼斯·库克耶：《大数据时代：生活、工作与思维的大变革》，盛杨燕、周涛译，浙江人民出版社2013年版，第104页。

特定语境下具有特定含义的客体，例如事实、东西、事件、思想或过程等知识。”[1]可以看出，信息更侧重于内容本身，是大脑主观内容反映的载体。而数据是既可指向符号层的数据文件，也可指向内容层的信息[2]。例如个人信息是数据，体现了数据的内容层面；而在删除数据时，所指向的是数据文件。与证券交易数据具有主观和客观的双重属性相一致，证券交易信息都是以数字为基础，利用人工或计算机进行计算加工而产生。不仅体现在信息是加载于数据之上，对数据作具有含义的解释，而且侧重于对客观数字的归纳总结，例如当日累计成交量和成交金额、当日的最高和最低成交价格、实时最高五个买入申报价格和数量以及实时最低五个卖出申报价格和数量，等等。

第二，伴随大数据、人工智能等技术的兴起和发展，数据技术逐渐走入我们的日常生活，数据收集、挖掘、保护等技术影响众多领域，其中就包括证券市场。我国证券交易市场早已建立电子化交易系统，稳定地处理着日常数据，为投资者提供着不可替代的服务。上市公司、券商公司等主体的信息以及频繁的日常交易等信息，都已经转化为数字并储存在数据库中，因此，为符合世界发展趋势以及更好地适应证券市场的发展，用“数据”代替“信息”一词具有必要性。

第三，随着时代的发展，人们已经意识到“数据”对我们日常生活及自身权益具有非常大的影响。因此对数据权利的相关研究也不断深化，其中包括对个人信息数据权利、企业数据权利以及政府数据权利等的研究。值得注意的是，对于个人信息的保护而言，法国、德国、英国、芬兰等欧盟国家都以“数据”代之[3]。这使得相关研究对证券交易信息或证券即时行情信息的进一步探讨具有借鉴意义。

第四，应当顺应立法趋势，更加强调对“数据”的保护。2018 年以来数据安全问题成为全世界的热点问题，无论是 Facebook 的数据泄露事件，还是《通用数据保护条例》（GDPR）作为全球最严数据立法的出台。我国也已经开始了有关“数据”的立法和司法活动，在立法方面，2017 年 10 月开始实行的《民法总则》中在立法上确立了数据权利的说法[4]，更加强调对“数据”的保护。《网络安全法》《电子商务法》等法律中都存在有关数据的相关法条[5]。《银行业金融机构数

---

〔1〕 国际标准化组织（ISO），https：//www. iso. org/obp/ui/#iso：std：iso - iec：2382：ed - 1：v1：en，最后访问时间：2019 年 10 月 20 日。

〔2〕 纪海龙：《数据的私法定位与保护》，载《法学研究》2018 年第 6 期。

〔3〕 齐爱民：《拯救信息社会中的人格：个人信息保护法总论》，北京大学出版社 2009 年版，第 77 页。

〔4〕《中华人民共和国民法总则》第 127 条：法律对数据、网络虚拟财产的保护有规定的，依照其规定。

〔5〕 2018 年 5 月 21 日，中国银保监会发布《银行业金融机构数据治理指引》（银保监发〔2018〕22 号）共七章五十五条，分别为总则、数据治理架构、数据管理、数据质量控制、数据价值实现、监督管理和附则。

据治理指引》的发布实施，意在指导银行业金融机构提高数据质量、加强数据治理以及发挥数据价值。在司法方面，2018 年 8 月杭州互联网法院宣判全国首例大数据产品不正当竞争纠纷案，明确用户对脱敏处理后的数据不享有财产权〔1〕。因此，伴随着世界各国对数据立法的越发重视，应当顺应该趋势，在证券领域逐步用“数据”代替“信息”一词。

第五，数据是信息的产生基础，信息是经过加工处理的数据，数据更为强调数据本身，信息更加强调数据的经济价值〔2〕。证券交易信息是一个数据的集合体，为更好地分析和保护证券交易信息，应当深入讨论这个集合体中的每一类数据。

因此，本文采用“证券交易数据”或“证券交易即时行情数据”的表述。

（三）“证券交易数据”还是“证券交易即时行情数据”

证券交易即时行情数据是证券交易数据的下位概念，证券交易数据按照时效的不同分为即时行情数据和历史数据。即时行情数据是交易系统产生后立即予以发布的信息，对于投资者而言是对证券作出客观判断的重要依据。而历史数据虽然不具有即时性，但其对于制作证券交易的衍生数据产品具有十分重要的作用，同样也是投资者作出投资判断的重要依据，是证券交易数据不可或缺的一部分。本文在对《证券法》（2019 年修订）第 109 条进行完善时，采用证券交易数据来代替即时行情数据，原因在于：

第一，证券交易即时行情数据的范围较小，不能涵盖所有证券交易的重要数据，不能满足投资者对于证券交易数据的需求。证券交易数据按照不同标准，可以将其划分为不同类型。例如：按照信息是否公开分为公开信息、非公开信息；按照信息发布的时间分为即时行情信息、延时行情信息（历史信息）；按照信息的内容分为单个证券停复牌信息、统计信息、行情信息、交易记录信息等。按照《交易规则》所称的证券交易信息包括：证券交易即时行情、证券指数、证券交易公开信息〔3〕。可以得出，证券交易即时行情数据不能囊括所有证券交易数据的结论。虽然学界对于该概念还没有一个统一的界定，但分析有关法条并梳理相关文献，不难看出证

〔1〕 案情简介：原告淘宝公司开发、运营的涉案数据产品，是在网络用户浏览、搜索等行为痕迹所产生的巨量原始数据基础上，经过处理后形成的衍生数据，主要功能是为淘宝、天猫商家的网店运营提供系统的数据化参考服务。被告美景公司则运营自己的网站，通过利用已订购涉案数据产品的用户，招揽、组织、帮助他人获取涉案数据产品中的数据内容并从中获取利益。本案最终认定淘宝公司对涉案数据产品享有财产权益，对于侵犯其权益的不正当竞争行为有权提起诉讼。美景公司将涉案数据产品为己牟利的行为，属于不劳而获“搭便车”的不正当竞争行为，最后判处美景公司停止侵权，并赔偿原告 200 万元。

〔2〕 杜启顺：《期货交易数据权利属性研究》，载《河北法学》2019 年第 8 期。

〔3〕《上海证券交易所交易规则》第 5.1.1 条及《深圳证券交易所交易规则》第 5.1.1 条。

券交易数据是在交易过程中产生的数据。因此，在立法上应当以证券交易数据代替即时行情。

第二，理论界对于证券交易数据的研究表述不统一，不利于研究的深入化。学者对于证券交易数据及其权利出现诸多称谓，包括："证券即时行情信息权属""证券交易信息权""证券交易信息产权""证券交易所交易信息权利"等[1]。虽然各学者的研究范围各有侧重，但研究对象都集中在证券交易信息上。为达到完善修法之目的，使用语规范统一化，研究重点集中，又考虑到"数据"在证券交易领域更为贴切，故本文采用证券交易数据的表述。

第三，与下位法法条冲突，法律体系内部冲突不利于依据法条具体操作。《上交规则2018》和《深证证券交易规则（2015）》（以下简称《深交规则2015》）在第五章"交易信息"中，都规定了"本所市场产生的交易信息归本所所有"，同时又规定了"本所每个交易日发布证券交易即时行情、证券指数、证券交易公开信息等交易信息"。而《证券法》却只规定证券交易即时行情的权益由证券交易所享有。这明显存在内部冲突，交易信息的范围比即时行情更大，不知道是不是立法者有意而为之，若是有意将其范围缩小，也显示出立法者希望限缩交易所对于交易信息的垄断范围。但这样的规定将在现实引用操作过程中产生很大的疑惑和争议，不利于该法条的实施落地。

（四）证券交易数据概念的重新界定

伴随《证券法》中证券概念具有扩大的趋势，场外数据信息对于证券交易的影响越来越大，以及在注册制改革以及大数据背景下越发强调对投资者的保护。因此，对于证券交易信息应当采用广义概念。本文将证券交易数据定义为证券交易主体依一定规则，在证券市场进行交易过程中产生的，且对交易有影响的交易数据以及由此产生的数据。也即在证券市场交易的过程中所产生的交易数据都定义为证券交易信息，突破了数据受"在证券交易所集中交易"的限制。这是因为：

第一，《证券法》中证券概念扩大的趋势。《证券法》（2019年修订）将存托凭证纳入了本法的调整范围。为保护投资者，扩宽资本市场的发展空间以及满足市

---

[1] "证券即时行情信息权属"出自于郑彧：《证券即时行情信息权属之探析》，载《法律科学（西北政法大学学报）》2009年第3期；"证券交易信息权"出自于曲冬梅：《证券交易信息权的法律性质及保护》，载《山东师范大学学报（人文社会科学版）》2008年第1期；"证券交易信息产权"出自于吴飞：《从新华富时案谈证券交易信息产权的法律保护》，载《重庆工商大学学报（社会科学版）》2007年第4期；"证券交易所交易信息权利"出自于陆文山、王升义：《证券交易所交易信息权利的法律保护研究》，载《证券市场导报》2006年第11期。

场正常的投、融资需求，在没有将金融服务法提上立法日程之时，扩大现行《证券法》中“证券”的界定范围，是较为现实的立法趋势。不仅在《证券法》修改草案中呈现出扩宽证券概念所囊括的范围，在理论探讨上，大部分学者同样赞同证券概念的扩大。[1]

可以看出无论是理论界还是现实的法律修改草案，都体现出《证券法》中证券概念扩大的趋势。因此，将会有更多种类的金融产品受《证券法》调整。这无疑也对证券交易数据产生了影响。证券交易数据包括股票交易数据、基金交易数据、债券交易数据、期货交易数据等。修改草案将存托凭证纳入《证券法》的调整范围内，有关存托凭证的交易数据无疑也应当归于证券交易数据中。根据存托凭证的产生方式可以看出存托凭证的交易过程不仅局限在交易所[2]，而且涉及与中间机构之间的委托关系，中间机构与外国存托机构之间的代理关系，等等。因此仅将证券交易数据局限于交易所内所产生的数据，不利于对证券交易过程的保护。随着《证券法》中证券概念呈现扩大趋势，证券交易数据也应当进一步扩展其所包含的范围，不仅局限于交易所内产生的数据。

第二，证券交易不仅受交易所内交易数据的影响，同样也受场外数据的影响。按照《上交规则 2018》的规定，证券交易信息包括证券交易即时行情、证券指数、证券交易公开信息等交易信息。以及《深交办法》中明确本规定中的“信息”是交易所场内信息。由此可以看出，按照现行相关法规规定，证券交易数据仅限于在交易所内集中交易所产生的信息。

但影响投资者做出投资决定并不仅依靠场内信息，对于大多数自然人投资者而言，由于其对场内数据的分析能力有限，更多依靠的是“小道消息”或者信任专业投资人所发布的信息等，这也就是本文所述的场外数据信息，也是一种非结构化的数据。在大数据时代，与传统的场内结构化数据不同，非结构化数据包括用户在社交媒体上生成的图片、内容、监测数据、经济数据、研究报告、分析文字等。大数据将传统的结构化的数据库存储的数据价值与非结构化数据来源所提供的大量新数据的价值结合在一起[3]。目前在全球现有数据中，只有 5% 的数字是结构化且能适用于传统的数据，超过 95% 的是非结构化的数据[4]。可见非结构化数据对证券的交易将产生很大影响。试想如巴菲特、索罗斯、罗杰斯等世界金融投资家，抑或是

---

〔1〕 邢会强：《我国〈证券法〉上证券概念的扩大及其边界》，载《中国法学》2019 年第 1 期。

〔2〕 参见张劲松、董立：《存托凭证法律论析》，载《现代法学》2001 年第 2 期。

〔3〕 程啸：《论大数据时代的个人数据权利》，载《中国社会科学》2018 年第 3 期。

〔4〕［英］维克托·迈尔－舍恩伯格、肯尼思·库克耶：《大数据时代：生活、工作与思维的大变革》，盛杨燕、周涛译，浙江人民出版社 2013 年第 1 版，第 64 页。

国内的花荣、殷保华、徐小明等“股神”，再或者是马云、王健林、马化腾等知名企业家，他们的证券交易行为，将会影响普通证券投资者的决策，一定程度上成为证券投资的风向标。这些具有影响力的人的交易数据不局限于交易所内，但着实影响着众多投资者的决策。另外，一些证券市场的新闻报道或突发事件等非结构化数据也都会影响证券市场的交易行为。

第三，大数据背景下国际证券领域竞争日益激烈，现有证券交易数据的概念不利于我国证券市场的发展。大数据背景下的证券交易所面临着前所未有的挑战，不仅有国内新兴融资方式的冲击，更有国际化趋势下外国证券交易所的竞争影响。当今世界各国交易所都已经逐步完成了电子化证券交易系统，随着大数据等新兴技术的出现和发展，证券交易数据在证券交易中的影响力进一步提升，通过对证券交易数据的挖掘，有助于证监会对证券市场进行监控，有利于交易所提高服务质量，更加方便投资者做出决策。

然而现有证券交易数据概念仅限定于证券交易所市场产生的数据，这将不利于我国证券市场发展。一方面，按照这种定义方式，交易所成了证券交易数据的生产者，在民法领域属于原始取得，所有权自然属于交易所所有。证券交易数据是基于会员公司的申报数据所产生。对于包含申报数据在内的证券交易数据能否“一刀切式”地都定义为交易所原始取得？这将导致证券交易数据的权属出现争议。而且仅将证券交易数据定义为由交易所产生的数据，违背了我国《证券法》中证券概念的扩大趋势。另一方面，将不利于让更多主体参与到证券交易数据的分析之中，无法给投资者带来更多的选择。“垄断式”地将证券交易数据归于交易所所有，既不利于证券领域进一步市场化，也不利于在国际竞争中我国证券市场的成长。

当今的电子化证券交易方式，是以证券交易数据为基础。随着大数据、人工智能等新兴技术的不断发展，证券交易数据在投资决策中的地位进一步提高。在竞争日益激烈的国际证券领域，以及国内进一步深化对外开放的大环境下，要想保障我国交易所不处于劣势，应当在保证证券交易所数据权利不受侵害的情况下，让更多主体参与到对证券交易数据的分析当中，给投资者更多的选择。

将证券交易数据定义为证券交易主体依一定规则，在证券市场进行交易过程中产生的，且对交易有影响的交易数据以及由此产生的数据。这样有利于：

第一，有利于明晰证券交易数据的权属关系，顺应证券法发展趋势。为防止“一刀切式”地将证券交易数据全部归属于交易所，应当从证券交易数据的概念入手，认定证券交易数据不只是在交易所产生，而应当将证券交易过程中产生的对交易有影响的数据都纳入证券交易数据当中。另外，随着《证券法》调整范围的逐步扩大，证券交易过程中所产生的数据也不仅仅局限于交易所内。因此，突破数据受在证券交易所集中交易的限制，有利于我国《证券法》的发展。

第二，有助于提高证券交易数据领域市场化程度，为投资者提供更多的参考选择。突破交易数据产生于交易所的限制，一定程度上避免了证券交易数据是原始取得还是继受取得的问题。并且有利于分析证券交易数据的权属，为后文的权属关系界定打下基础，将加强市场主体对分析证券交易数据的投入，解决交易所对证券交易数据的垄断，提高该领域市场化程度，为投资者提供更多的参考选择。

第三，有利于大数据、人工智能等新兴技术在证券领域运用和发展，进一步提高交易效率。证券电子化交易系统的建立，是证券交易效率显著提升的第一次跨越；大数据、人工智能等技术在证券市场上的运用，将会是证券交易效率明显提高的第二次跨越。虽然依靠两次技术的改进，证券市场有了显著的飞跃，但无论技术如何提高，其运用的基础都是证券交易数据。技术改进将进一步增强证券交易数据的利用效率，给投资者提供更多参考，提高券商的交易质量和速度，增强交易所的竞争力。

三、证券交易数据权属界定

（一）权益归属于证券交易所的正当性分析

对于数据权利性质的讨论，目前已存在诸多学说，包括：第一，客体否定说，认为数据没有独立性、特定性，也没有独立的经济价值，所以没有办法将其固定成为可被识别的客体〔1〕。第二，原始取得说，该权利既不依赖其他的在先权利或许可，也不依赖被收集者的授权，而是一种原始取得的权利〔2〕。第三，数据资产说，数据是一种资产，应当承认数据企业的数据经营权和数据资产权〔3〕。第四，数据新型财产权说，该学说认为数据企业对经过用户同意授权后在用户数据的基础上进行匿名化处理而产生的数据集享有财产权或限制的所有权〔4〕。由于数据的范围很大，涉及的领域非常多，各个领域或不同事物之间具有差异性的自身特征。因此，想一步到位地将数据权利性质进行界定是不切实际的。对于证券交易数据而言，还应当结合其自身特点，从而对其权利属性的判断界定。

传统法律架构不能适应新技术迅速发展的需要，给日益复杂化的数据产业带来了巨大的阻碍。这使得数据财产化理论应运而生。美国雷席格教授首先提出数据财

---

〔1〕 梅夏英：《数据的法律属性及其民法定位》，载《中国社会科学》2016年第9期。

〔2〕 程啸：《论大数据时代的个人数据权利》，载《中国社会科学》2018年第3期。

〔3〕 龙卫球：《数据新型财产权构建及其体系研究》，载《政法论坛》2017年第4期。

〔4〕 王融：《关于大数据交易核心法律问题——数据所有权的探讨》，载《大数据》2015年第18期。

产化的构建思路[1]。他认为应当按照数据活动的要求，用一种赋予个人信息以财产权品格的新设计，使数据活动更加顺畅和便捷[2]。对于应当将数据财产权赋予谁这一问题，雷席格通过法律经济学分析，认为将数据财产权授予用户才能更有效率。

一方面，试想将该理论适用于证券交易中，如果将数据财产权授予数据收集者也即证券交易所，数据主体事实上就是用户即券商公司和普通投资者，这将使数据主体投入大量成本才能发现该数据是否被收集以及正在如何使用，相反作为数据收集者的交易所将不用支付任何成本。另外，数据主体还将面临集体行为的困境。但如果将数据财产权授予用户，这将迫使数据使用者主动和数据主体进行协商，可以改变用户在数据市场被忽视的困境，用户因此获得一定的议价能力，随着技术的发展也降低了用户和经营者之间的协商和议价成本[3]。

另一方面，通过对该理论的分析，在证券交易中将数据财产权赋予用户还具有两方面的优势：第一，证券交易数据财产化能够满足用户的隐私需求。以不同投资者为例，对于一个普通投资者而言，其委买委卖数据等是否公布并不会产生多大的影响，但若是著名投资人的相关交易数据被公开，可能会一定程度上引起股市的波动。对于这一现状，假如使用财产路径进行保护，可以使投资者对其个人数据的不同定价来实现，假如仅靠以客观价值为标准的责任路径将无法处理得当。第二，证券交易数据的财产权化有利于事前预防。现代社会越发倾向于预防型规制，在证券数据领域也不例外，事后预防属于反应型，着眼于事后补偿，而财产路径着重于获得数据之前的协商。

对于我国而言，证券交易数据所有权归属于证券交易所，这是《证券法》以及《上交规则 2018》、《深交规则 2015》中所规定的[4]。证券交易数据具有一定的经济和社会价值，在民法领域属于财产权客体。按照陆小华的分析，其属于一种新型财产权，也即信息财产权，信息财产权的建构是现实经济关系中财产权创造的进一步抽象概括，其理论基础包括对传统民法的扩张解释，也有一定的发展，其现实基

---

〔1〕 Henry H. Perritt Jr. , Lawrence Lessig, Code and Other Laws of Cyberspace, 32 CONN. L. Rev, 1061 (2000).

〔2〕［美］劳伦斯·雷席格：《网络自由与法律》，刘静怡译，商周出版社 2002 年版，第 396 页。

〔3〕 龙卫球：《数据新型财产权构建及其体系研究》，载《政法论坛》2017 年第 4 期。

〔4〕《上海证券交易所交易规则（2018）》和《深圳证券交易所交易规则（2015）》在第 5.1.3 条作了相同规定：本所交易信息归本所所有。未经许可，任何机构和个人不得使用和传播。经本所许可使用交易信息的机构和个人，未经同意，不得将交易信息提供给其他机构和个人使用或予以传播。证券交易信息的管理办法，由本所另行制定。

础是社会需要与现实经济关系中的信息财产权创造[1]。

界定信息财产权，就会涉及所有权的问题，也即涉及公共信息与私人信息的问题。社会中的相当一部分信息是公共的，是可以由社会主体自由获得的。对这部分公共信息再加工所形成的信息产品，而由此带来的财产利益应当由谁来享有？《俄罗斯联邦信息、信息化和信息保护法》第 12 条第 2 款规定："公民和机构在法律的基础上从国家信息资源得到的信息，可由他们用来建立商业传播使用的派生信息，派生信息须注明信息来源。"[2]也即能够将公共信息通过加工成为私人信息。从微观信息经济学角度看，公共信息是私人信息的大量产生和传播的基础，但私人信息才是经济信息存在的最根本形式[3]。从法律角度看，公共信息和私人信息的所有权归属都是需要界定和明确的。对于私人信息而言，通过市场主体对信息所付出的收集、挖掘、处理等，其信息财产的界定就相对简单得多。部分市场参与者可以获得其他参与者目前还没有获得的信息，于是这些市场参与者便能够对该信息采取独占或垄断的方式，信息充分表现出其私人所有权的特征。这类信息同时表现出更高的市场价值。特别是在金融市场中的有关经济信息，这一点表现得更为突出。

但我国的证券交易数据并不是单纯的公共信息或私人信息，其作为财产权具有公权和私权的双重属性，因此，我国现有立法对证券交易数据所有权的规定并不准确。我国证券交易所作为非营利性组织，自身具有强烈的行政色彩，上海和深圳证券交易所的理事长都是公务员身份，享受副部长级待遇。另外，证券交易所的职责之一就是证券交易所应当为组织公平的集中交易提供保障，公布证券交易即时行情和按交易日制作证券市场行情表。不可否认，证券交易所产生的证券交易数据具有一定的公共属性。由证券交易所投入巨额资金而建立的证券交易系统承担着日常生产部分证券交易数据的任务，证券交易所工作人员通过计算承担着产生另一部分证券交易数据的任务。若将证券交易数据定性为公共信息，可以由社会大众自由使用，便会损害证券交易所的权益。若将其定性为私人信息，便有悖我国证券交易所自身属性以及其职责。证券交易数据具有公共和私人的双重属性，因此需要对其进行分类探讨，才能在清楚界定证券交易数据所有权归属的前提下，进行有效保护。

（二）证券交易数据分类

我国上海证券交易所和深圳证券交易所对证券交易信息进行分类收费销售，但

---

〔1〕 陆小华：《信息财产权——民法视角中的新财富保护模式》，法律出版社 2009 年版，第 81 页。

〔2〕《俄罗斯联邦信息、信息化和信息保护法》，载 http：//www. 100ec. cn/detail——6058251. html，最后访问时间：2019 年 9 月 27 日。

〔3〕 乌家培、谢康、王明明编著：《信息经济学》，高等教育出版社 2002 年版，第 27 页。

存在着分类标准不明确、收费理由不充分等问题。国内外对于证券交易数据权属的争论有很多，争论的焦点在于虽然证券交易所在证券交易数据中具有法定的披露义务，但由于交易所作为这些数据的加工制作者而应当享有对该数据如同知识产权或财产所有权般的权益。有人认为证券交易数据是一种数据库，应当享有数据库权利〔1〕;有人认为证券交易数据作为一种新型的财产权利应当参照欧盟对于数据库运用的特殊权利进行保护〔2〕；还有人主张证券交易即时行情信息的这种数据库权利应当是一种新型的知识产权，应给予广泛的私法保护〔3〕。但无论是通过认定为数据库还是新知识产权来进行保护的前提，都是该数据库必须具有如下条件：第一，数据库是制作者通过付出一定的劳动加工而产生，换句话说，数据库应当由制作人主动采集并编辑加工而成；第二，数据库形成后应当具有独立自主的权利，而不是来自采集对象或者第三方的附属义务。但证券交易数据的初始数据来源于会员经纪公司的申报数据，是会员经纪公司主动将其买卖证券的价格和数量申报给证券交易系统中，并不是交易所主动采集。另外，由于证券交易数据的复杂性，证券交易所是否对该“数据库”享有独立自主的权利还有待商榷。因此，笔者认为不应当将证券交易数据认定为适用数据库。

不认同以上观点的主要原因在于，现有理论没有根据证券交易数据的不同类型而正确界定各种数据的权利属性。例如不能将会员经纪商的申报数据作为交易所拥有的数据权利，而应当根据不同产生时间、方式以及技术含量等因素做出相应的划分，对其权利属性进行分类界定，完善证券交易数据的权利理论基础。因此，本文将其大致分为基础数据、自动生成数据、衍生数据。

第一，基础数据的技术含量较低、产生时间较早、部分数据由投资者产生，包括证券代码、证券简称、委买委卖价格和数量。证券代码和证券简称虽然由证券交易所产生，但其目的只是方便区分和交易之用，技术的价值含量几乎没有，利用知识产权或物权法对其进行保护的意义也较低。委买委卖价格和数量是证券交易数据的来源和基础〔4〕。其由交易所的会员经纪公司投资或自然人投资者委托会员经纪公司买卖而产生，交易所只是负责接收申报数据。对于交易所而言技术含量较低，对投资方来说却是其智慧劳动的成果。

---

〔1〕 陈潜等：《证券交易所交易信息产权运作与法律保护研究》，复旦大学出版社 2005 年版，第 270 ~290 页。

〔2〕 吴飞：《从新华富时案谈证券交易信息产权的法律保护》，载《重庆工商大学学报（社会科学版）》2007 年第 4 期。

〔3〕 徐明、曲冬梅：《证券交易即时行情专属权初探》，载《上海证券报》2007 年 6 月 15 日。

〔4〕 郑彧：《证券即时行情信息权属之探析》，载《法律科学（西北政法大学学报）》2009 年第 3 期。

第二，自动生成数据是交易所的交易系统接收了众多证券经纪商的申报数据后，经过系统自动排列和撮合，最终产生的交易数据，也即其是依据证券买方的申报数据而形成的数据。其中包括：最新成交价、当日最高价和最低价、当日累计成交数量和金额、实时最高五个价位买入申报价和数量以及实时最低五个价位卖出申报价和数量等。证券交易申报数据由证券投资者输入，后经证券交易终端软件发送到证券交易所交易系统。在证券交易系统接收到申报数据后，证券交易系统会根据价格、时间等顺序对其进行比对和排列，然后形成证券交易申报分布数据。在其后的开盘竞价中，证券交易系统会根据价格优先、时间有限等交易原则自动促成交易。随着交易的正常进行，根据数据的排布等数据，系统会自动计算生成出当日最高价和最低价、当日累计成交数量和金额、实时最高五个价位买入申报价和数量以及实时最低五个价位卖出申报价和数量；同前一个交易日的收盘价等数据进行比对，计算生成涨跌幅等数据。

第三，衍生数据是指证券交易数据领域各主体基于自动生成数据而产生的有益数据[1]。其中包括：前收盘价、虚拟开盘价、虚拟匹配量、虚拟未匹配量和虚拟未匹配量的剩余方向、最佳价位的前 50 个分档明细逐笔委托和逐笔成交、总的价位深度数量、逐笔成交明细数据、买/卖方订单成交的最长等待时间、买/卖方的累计撤单笔数、数量和金额。虚拟匹配量、虚拟开盘价、虚拟未匹配量和虚拟未匹配量的剩余方向是证券交易所依据交易系统自动排列的数据分布而计算出的虚拟数据，是在自动生成数据的基础上所形成的数据，因此该数据为衍生数据。前收盘价或收盘价都是交易所根据对自动生成数据再加工而得到的有益数据。其余的如最佳价位的前 50 个分档明细逐笔委托、逐笔成交等信息、总的价位深度数量等数据是依靠交易系统将申报数据自动生成为前 50 名，并在自动生成数据的基础上再进行计算和总结，通过人工或电脑总结逐笔的相关数据，计算总的价位深度以及最长等待时间等数据。另外，值得注意的是这些衍生数据对经纪公司和自然人投资者来说具有很高的参考价值，它可以帮助证券市场中的参与者或潜在参与者更加详细地了解市场动向，反映买卖交易者的身份信息以及交易的供需情况，方便其做出投资判断。

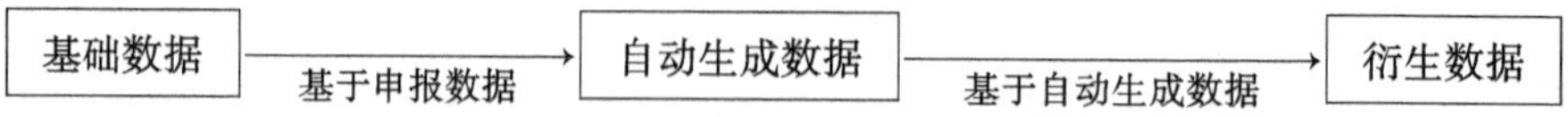

图 1　证券交易数据分类推演图

〔1〕 郑彧将证券即时行情信息分为基本信息与衍生信息。

（三）证券交易数据权利定性

我国证券市场发展至今，证券交易所以及其有关数据处理公司长久以来扮演着数据的收集、处理和公开的角色。从证券交易数据的收集到公开，整个过程均发生在交易所市场内的平台上，同时交易所自己制定交易规则确定了交易所对证券交易信息享有所有权〔1〕。一部分投资者认为没有每个投资者的申报指令，证券交易数据便无从谈起，而证券交易所独揽交易数据所有权的做法是一种垄断行为。因此交易数据是否应当由证券交易所独家进行收集和公开并最终归属于交易所呢？虽然，现今一些国家和地区的证券交易所正在承担着这种角色，但证券交易数据是由很多不同市场主体共同完成的，因此每一个合格的主体都有权获得平等的机会以获取必要的投资决策数据〔2〕。那么证券交易信息是不是应当被认定为一种带有公共属性的数据？假若具有公共属性，将对权利归属的相关规定以及信息收费行为的合理性基础产生动摇。在解决如何保护证券交易信息前，应当解决以上矛盾。

对此，根据经济学家塞缪尔森在20世纪50年代相继发表的两篇关于什么是公共产品的论文，能够将所有产品以社会需求为标准划分为公共产品、私人产品以及准公共产品〔3〕。公共产品相较于其他两种产品的特殊性在于具有受益的非排他性以及消费的非竞争性。而私人产品与其恰好相反，具有排他性和竞争性。准公共产品是介于两者之间，是私人产品被赋予公共属性的一种特殊体现，同时具有私人属性和公共属性。

本文将证券交易数据分为基础数据、自动生成数据以及衍生数据。由于排他性和公益性是私人产品向准公共产品转化的重要依据。因此在证券交易数据中，兼具排他性和公益性的基础数据就是在市场需求下转变为准公共产品的代表。第一，基础数据虽然不同于个人信息那样拥有天然的人格属性，但其来源于会员公司为代表的投资者，具有一定的排他性。委买委卖价格和数量是由投资者通过运算和相关知识而产生，虽然不能完全像物权理论中的所有权一样主张绝对的排他性，但根据知

---

〔1〕《上海证券交易所交易规则（2018）》第5.1.3条，本所市场产生的交易信息归本所所有。未经本所许可，任何机构和个人不得使用和传播。经本所许可使用交易信息的机构和个人，未经本所同意，不得将本所交易信息提供给其他机构和个人使用或予以传播。《深圳证券交易所交易规则（2016）》第5.1.3条也有同样规定。

〔2〕陈潜主编：《信息网络法律制度研究》，上海人民出版社2012年版，第242～251页。

〔3〕Paul A. Samuelson. The Pure Theory of Public Expenditure. The Review of Economics and Statistics, Volume 36, Issue 4 (Nov. 1954), pp. 387－389.

识产权理论〔1〕以及洛克《政府论》所提出的财产学说〔2〕，应当认定其拥有一定的排他性。第二，对于证券交易基础数据只有到达一定数量、完成规定的交易步骤且经过特定时间后才能形成具有市场价值的证券交易数据，在大数据背景下单个基础数据并不具有很高的保护价值。对于基础数据中的证券代码和证券简称也并非一次利用就会消耗殆尽的，能够重复获取并利用，且不对数据本身产生任何负面影响。按照现行《证券法》第 113 条规定的证券交易所应当承担的义务〔3〕，其中，即时行情就包括证券代码和证券简称〔4〕。因此，基础数据具有一定的公益性。

自动生成数据同样具有排他性和公益性的特征，应当认定为一种准公共产品。首先，自动生成数据具有一定的排他性。自动生成数据虽然是基于基础数据而产生，但其本身是通过证券交易所的交易系统将基础数据进行汇总、撮合、排序等最终生成的数据。交易所在构建电子交易系统时，投入了巨额的成本，才使得交易所电子交易系统得以接收、计算、处理数据。在交易系统的日常养护和升级上，交易所也耗费了不少的成本，才使得证券交易所电子交易系统正常运行，有能力处理日益增长的巨大数据量。因此，自动生成数据具有一定的排他性。另外，虽然《证券法》和《证券交易所管理办法》规定交易所的义务之一就是为证券集中交易提供场所和设施，且交易所不应以营利为目的〔5〕。但为了维护交易所设施的正常运行，方便市场各主体的使用，应当赋予自动生成数据一定的排他性权利。在世界各主要国家的证券交易所中，证券交易信息所带来的经济收益是其交易所整体营业收入的

---

〔1〕是一种通过智力劳动成果，知识产权理论本质上是一种利益平衡理论，既要保护权利人的权益来促进创造，也要考虑公共利益用来使智力劳动转换为造福社会的知识或技术。例如《专利法》第 1 条规定："为了保护专利权人的合法权益，鼓励发明创造，推动发明创造的应用，提高创造能力，促进科学技术进步和经济社会发展，制定本法。"《著作权法》第 1 条："为保护文学、艺术和科学作品作者的著作权，以及与著作权有关的权益，鼓励有益于社会主义精神文明、物质文明建设的作品的创作和传播，促进社会主义文化和科学事业的发展与繁荣，根据宪法制定本法。"

〔2〕是一种体力劳动成果，在不损害他人自然权利的情况下，每个人都有权通过自己的劳动将共有物占为己有。参见徐会平：《洛克的财产学说及其政治意义》，载《山东大学学报（哲学社会科学版）》2018 年第 2 期。

〔3〕《证券法》第 113 条规定："证券交易所应当为组织公平的集中交易提供保障，公布证券交易即时行情，并按交易日制作证券市场行情表，予以公布。未经证券交易所许可，任何单位和个人不得发布证券交易即时行情。"

〔4〕即时行情内容具体包括：证券代码、证券简称、前收盘价、最新成交价、当日最高价、当日最低价、当日累计成交数量、当日累计成交金额、实时最高三个价位买入申报价和数量、实时最低三个价位卖出申报价和数量等。另外，股价指数一般也被视为即时信息。

〔5〕《证券法》第 102 条规定："证券交易所是为证券集中交易提供场所和设施，组织和监管证券交易，实行自律管理的法人。证券交易所的设立和解散，由国务院决定。"《证券交易所管理办法》第 3 条规定："本办法所称证券交易所是指依本办法规定条件设立的，不以营利为目的，为证券的集中和有组织的交易提供场所、设施，履行国家有关法律、法规、规章、政策规定的职责，实行自律性管理的法人。"

重要一部分[1]。其次，自动生成数据具有一定的公益性。自动生成数据包含一定范围的即时行情信息，证券交易所向社会公布即时行情信息是其义务之一，具有一定的公益性。另外，一个证券交易投资者在获取并利用自动生成数据进行投资决策的过程中，没有因此影响其他主体获得和使用相同或其他自动生成数据的机会。在社会与政府根据市场需求的调解下，部分证券交易数据被赋予公益性与社会性。虽然公共性与私人性之间的边界并不十分明显，始终处于动态的变化之中，公共性的强弱程度难以辨别，但不影响基础数据具有公共属性。因此，自动生成数据也是一种准公共产品。

衍生数据是一种私人产品，具有排他性和竞争性。上文提到衍生数据是证券交易数据领域各主体在自动生成数据的基础上再加工而获得的有益数据。其不仅包括经过再计算而获得的收盘价、总的价位深度数量等数据，也包括成交经济商交易的具体数据。这些数据不是交易所义务范围内所必需的，但其对证券交易的参与者具有很高的投资参考价值，是交易所付出脑力劳动而产生的增值服务。是否发布这些再加工的数据并不影响证券交易的正常进行，因此衍生数据应当被认作由交易所对其享有全部产权。另外，衍生数据并不是只能由交易所进行收集、整理、编排以及传播的，而是可以由证券交易数据领域各主体都能够进行的，主体主要包含券商、中介服务机构等。为了防止交易所对证券交易数据垄断情况的出现，以及保障该领域的市场自由竞争，为投资者提供更多参考数据，将更多的市场主体引入到该市场当中无疑是更好的选择。

表1　证券交易数据分类

分类名称	证券交易数据	权利界定
基础数据	证券代码、证券简称、委买委卖价格和数量	准公共产品
自动生成数据	最新成交价、当日最高价与最低价、当日累计成交数量和金额、实时最高五个价位买入申报价和数量、实时最低五个价位卖出申报价和数量等	
衍生数据	最佳价位的前50个分档明细逐笔委托、逐笔成交等信息；前收盘价、虚拟匹配量、虚拟未匹配量和虚拟未匹配量的剩余方向、虚拟开盘价；总的价位深度数量；买/卖方的累计撤单笔数、数量和金额；逐笔成交明细数据、买/卖方订单成交的最长等待时间	私人产品

[1] 例如：纽约证券交易所（NYSE）每年的信息使用费收入占其交易所整体营业收入的比例基本上保持在15%以上；纳斯达克市场（NASDAQ）每年的信息使用费收入占其交易所整体营业收入的比例基本上保持在30%以上；伦敦证券交易所（LSE）信息使用费收入占其交易所整体营业收入的40%以上；法兰克福证券交易所（FWB）信息使用费收入一般占其交易所整体营业收入的10%以上；东京证券交易所（TSE）信息使用费收入占其交易所整体营业收入约为10%；香港交易所（HKE）信息使用费收入占其交易所整体营业收入约为15%。

四、证券交易数据的法律保护

（一）在《民法总则》中明确财产性数据权利客体

在我国民商合一的大背景下，对于《证券法》的修改，应当与《民法总则》保持一致性。另外，在探讨任何一种事物的法律属性以及权属关系时，都应当从民法中寻找依据，对于证券交易数据也不例外。证券交易数据作为数据的一种，虽然在《民法总则》中没有具体规定，但却对数据有所规定。若想明确证券交易数据的权属关系，协调划分好各主体的利益关系，应先明确数据在《民法总则》中的地位和界定。

2017 年生效的《民法总则》第 111 条和第 127 条分别规定了“个人信息”“数据与虚拟财产”的相关内容。针对第三次科技革命带给社会的新变化，在立法上给予其相应的保护。采取了分置的方法，分别明确了自然人对自己个人信息权益的内容，与数据和虚拟财产的权益保护。相比较而言，第 111 条规定的个人信息保护更为清晰且应用性较强；第 127 条规定的有关数据和虚拟财产保护就较为模糊且应用性较差，根据第 127 条的表述，对于数据和虚拟财产的具体保护方式并没有给出具体的答案，而是交给相关法律另行规定。

另外，虽然该章整体上规定的都是民事权利，数据的保护应当属于财产权利的保护范畴。但从具体布局上，对于数据和虚拟财产是否属于财产权却有些迷糊不清。首先，从“确立财产权平等保护”的第 113 条到“民事主体依法享有股权和其他投资型权利”的第 125 条，包含了物权、债券、知识产权及投资性权利等，实质上都属于广义财产权的规定；其次，到了规定“民事主体享有法律规定的其他民事权利和权益”的第 126 条就不再使用财产权的表述，其使用其他民事权益的表述；最后，第 127 条之后的第 128 条则规定了有关特殊群体的权益保护。这样看来，《民法总则》第 127 条到底是财产权保护、其他权益保护还是特殊权利保护？是权利还是权利客体呢？

明确数据财产的法律属性是物，是权利客体，受民法保护。一方面，《民法总则》在修订第 127 条过程中，对该条有三次不同的规定。2016 年 5 月修改稿的第 102 条规定，法律规定具体权利或者网络虚拟财产作为物权客体的，依照其规定。《民法总则（第一次审议稿）》就是采用的该条文，虽然该条文并没有提及数据，但最终出台的《民法总则》中虚拟财产和数据在一个条文中出现，两者的法律属性应当是相同的。2016 年 9 月修改稿第 102 条[1]，该条将虚拟财产与其他物共同作为财产权利客体规定在一个条款中。直到 2016 年 10 月第二次审议稿第 124 条的规定[2]，此后，这一条款便被确定下来，并最终呈现在正式的《民法总则》当中。综观这三次修改，虽然在最终的条文中并没有明确说明数据和虚拟财产的法律属性，以及是否为权利客体。但前两个条文都十分明确、清晰地写明网络虚拟财产具有物的属性，是物权客体。作为与网络虚拟财产同一条款的数据而言，按照该法条的修改线索，便可以很容易地解释立法机关对于数据和网络虚拟财产法律属性的看法，得出这两种新生事物是物的结论，只是避免引起争议，方便法律尽早通过，而采取了较为模糊的处理方法。另一方面，尽管第 127 条的位置较为微妙，但仍然不难确认数据和网络虚拟财产为民事权利客体。这是因为：第一，虽然《民法总则》第五章规定的是“民事权利”，但其中同样规定了物权客体、债权客体、知识产权客体以及继承权客体等。因而可以看出，在第五章中，不仅规定了民事权利，还规定了民事权利客体。第 128 条规定了特殊群体的民事权利保护，之后又规定了民事权利的变动规则。对于规定了数据和网络虚拟财产的第 127 条来说，其既不是规定的民事权利，也不是规定民事权利的变动规则，那么就应当是民事权利客体。第二，数据和网络虚拟财产不是法律赋予的主观权利，而是作为一种客观存在，所以必须被某一种类型的民事权利所支配，而不能使其成为权利[3]。因此，无论数据和网络虚拟财产具有何种属性，都只能是权利客体而不能成为权利。

（二）修改《证券法》第 109 条

根据本文上述分析，可以看出证券交易数据的相关权益并不应当完全归证券交易所享有。《证券法》（2019 年修订）第 109 条虽然保障了交易所的利益[4]，但却弄错了证券交易数据所有权的归属，忽视了市场经济发展的要求。因此，应当重新审视第 109 条所规定的内容，将该法条修改为一般性条文，下设条款应当包含证券交易数据的范围、权利归属、义务以及流转和使用的规则，建议如下：

---

[1] 2016 年 9 月 13 日《民法总则（修改稿）》第 102 条：民事主体依法享有的收入、储蓄、房屋、生活用品、生产工具、投资及其他财产权利受法律保护。

[2] 2016 年 10 月 30 日《民法总则（第二次审议稿）》第 124 条：法律对数据、网络虚拟财产的保护有规定的，依照其规定。

[3] 杨立新：《民法总则规定网络虚拟财产的含义及重要价值》，载《东方法学》2017 年第 3 期。

[4] 2020 年 3 月 1 日开始施行的《中华人民共和国证券法》第 109 条：证券交易所应当为组织公平的集中交易提供保障，实时公布证券交易即时行情，并按交易日制作证券市场行情表，予以公布。证券交易即时行情的权益由证券交易所依法享有。未经证券交易所许可，任何单位和个人不得发布证券交易即时行情。

第一，建议以立法方式明确证券交易数据的概念，并以列举的方式对证券交易数据进行明确。确定该数据的概念有利于明确证券交易数据的内涵和外延。另外，根据上文所述，本文用“数据”代替“信息”，以“证券交易数据”取代“证券交易即时行情数据”。这些数据所产生的权益关系到投资者、券商、上市公司，而不仅仅只与交易所有关。因此，应当明确该数据的概念，并按照产生方式的不同而确定各类数据所包含的内容。

修改后法条第1款：证券交易主体依一定规则，在证券市场进行交易过程中产生的，且对交易有影响的交易数据以及由此产生的数据，为证券交易数据。

（一）证券交易数据包括：证券代码、证券简称、委买委卖价格和数量、最新成交价、当日最高价和最低价、当日累计成交数量和金额、实时最高五个价位买入申报价和数量、实时最低五个价位卖出申报价和数量、前收盘价、虚拟开盘价、虚拟匹配量、虚拟未匹配量和虚拟未匹配量的剩余方向、逐笔成交信息、逐笔成交明细数据、最佳价位的前50个分档明细逐笔委托、总的价位深度数量、买/卖方订单成交的最长等待时间、买/卖方的累计撤单笔数、数量和金额等。

第二，对第109条第2款内容进行修改，建议明确写明交易所对何种数据享有何种权益。证券市场是以信息为基础的市场，在此市场，法律是鼓励而非禁止信息的有效、正当的流动。通过收集和处理信息而赢得优势，并利用该优势在证券市场进行竞争，应当受到法律的保护，其中最直接的办法就是以立法的方式对权属关系进行确认。通过本文对证券交易数据权属的确定，基础数据中的委买委卖数据归属于申报者，但交易所有使用权；自动生成数据的所有权归属于交易所，交易所按照法律规定负有公开义务，但其他市场参与者应当付费使用；衍生数据的所有权归属于付出巨大劳动和资金投入的市场主体，不再只由交易所所掌控。因此，可以在《证券法》修改中将交易所对证券交易数据享有绝对性的所有权修改为享有相应的权益，在证券交易所的具体交易规则中再明确交易所对基础数据享有使用权，对自动生成数据享有所有权并具有获取相关收益的权利，对衍生数据具有同其他市场主体平等的竞争权。

修改后新增第2款：（二）证券交易所对证券交易数据享有相应权益；

第三，删除第109条第2款内容或者修改为：未经证券交易所许可，任何单位和个人不得发布证券交易自动生成数据。不应当“一刀切式”地将证券交易即时行情数据全部权益归于证券交易所享有，应当根据数据产生方式、各主体的劳动及投入而分类进行保护和限制。

第四，建议明晰证券交易所应当履行的义务。由于有关证券交易数据的法条被收录在“第七章 证券交易所”中，以及交易所不同其他主体的特殊地位，因此只需明确证券交易所在证券交易数据中的义务。

修改后新增第3款：（三）证券交易所应当为组织公平的集中交易提供保障，实时公布证券交易即时行情，并按交易日制作证券市场行情表，予以公布。

第五，建议在立法上对证券交易数据的流转进行规定。证券市场鼓励促进信息数据的正当、自由流动，只有数据流动起来才能弥补证券市场的信息不对称问题，为投资者提供公开、透明的投资环境。证券交易所是集中交易的场所，交易的频繁程度是评价该交易所的重要指标，事实上交易频繁程度与交易数据的流转之间密不可分。因此，让证券交易数据流转起来对于证券交易所乃至整个证券市场都有着十分重要的意义，必须对证券交易数据的流转进行规定。

对于数据交易流转而言，理论界的争论很多，大致有以下几种：一是数据服务合同说，数据交易的本质不是民法意义上的买卖，大数据交易基于数据的非客体性，其合同性质宜应当界定为数据服务合同[1]。二是许可使用合同说，数据财产权转让方式比较接近知识产权，因此交易双方之间的法律关系应当是许可使用合同法律关系[2]。三是知识产权交易说，企业大数据交易与知识产权交易具有相似性，而不是买卖行为或服务行为[3]。对数据交易流转众说纷纭的原因在于数据交易的特殊性，数据交易具有主体不确定性、交易客体不确定性、交易客体质量不确定性等[4]。这是由于在现实的数据交易中，交易主体不仅包括加工制作数据的企业，还有被收集对象的个人，甚至还包括交易平台、中介机构，等等。交易客体的不确定主要体现在数据权属界限还未厘清。交易客体的质量问题体现在没有一个统一标准，导致数据作为客体进行交易时质量的参差不齐。但具体到证券交易数据当中，就不存在以上问题。因为，首先，交易主体实际上只针对交易所和证券公司等投资者；其次，证券交易数据作为财产权客体，其权属已经在本文分析中划分清楚；最后，证券交易数据所包含的内容明确，有相应的质量标准，因此也不会有数据交易的质量问题。

但值得注意的是，对于数据交易流转，笔者还未见到从物权变动角度进行分析的文章。这可能是源于对学界对于数据的定性还未统一，数据是否为物权法上的物还值得进一步探讨，是权利还是动产甚至是无形物都没有统一的界定。因此，希望

---

〔1〕 梅夏英：《数据的法律属性及其民法定位》，载《中国社会科学》2016年第9期。

〔2〕 肖建华：《论数据权利与交易规制》，载《中国高校社会科学》2019年第1版。

〔3〕 杨永凯：《企业大数据财产权的归属及交易规则》，载《石河子大学学报（哲学社会科学版）》2019年第1期。

〔4〕 关于数据交易的特殊性有不少学者在构建数据交易规则中都有提及，例如：张敏：《大数据交易的双重监管》，载《法学杂志》2019年第2期；王德夫：《论大数据时代数据交易法律框架的构建与完善》，载《中国科技论坛》2019年第8期。

从传统《物权法》角度寻找数据交易变动的理论依据还有待进一步研究。因此，对于证券交易数据而言，还应当从《合同法》角度来规范证券交易数据的流转。

修改后新增第 4 款：（四）对于证券交易数据的流转，证券交易所应当依照相关法律与购买者签订合同。

第六，建议以立法方式规定证券交易数据的使用规则。在证券交易数据的法律保护问题上，长久以来存在着一个私人利益与公共利益平衡的问题。一方面，假设法律对证券交易数据的保护过为严格，将势必扩大交易所对证券交易数据的垄断范围；假设法律对交易所的权利不加以限制，这将势必让使用者和投资者向交易所支付高额的垄断价格，将最终造成数据灵通的障碍，广大投资者不能有效地接收到交易数据，与证券市场公平、公正、公开的原则相违背，破坏市场竞争，损害证券市场的发展与繁荣。另一方面，假设法律对证券交易数据的保护过于宽松，将会让无偿利用证券交易数据的机会大幅增加，导致大量没有法律后果的证券交易数据复制行为的发生，将阻碍提高交易数据的积极性，产生虚假信息，最终致使证券交易数据产业的萎缩和倒退，不利于证券市场的稳定发展。所以，在证券交易数据的法律保护制度设计上，一方面，不仅要充分保护证券交易数据权利人的权益，以杜绝“搭便车”和“复制行为”等非法现象，推动证券市场的发展；另一方面，也要避免证券交易数据垄断，维护社会公共利益。因此，在设计证券交易数据的法律保护制度的实践中，需要做到平衡各方的利益，这就需要针对证券交易数据使用进行原则性的规范。

在我国民商合一的立法背景下，《证券法》应当遵循民法与商法的基本原则，也即应当遵守诚实信用原则和维护交易安全原则。证券交易数据在进行使用的过程中，各主体必须依诚实信用原则保证数据的真实性，严禁以此牟利的现象发生。保障各投资者获得的数据真实可靠，维护证券市场的安全稳定。因此，在《证券法》修改中应当明确证券交易数据使用的原则性规定，并在“法律责任”一章明确违反的法律后果。

修改后新增第 5 款：（五）证券交易所、证券公司、中介机构等必须保证证券交易数据的真实性，不得以篡改、隐匿等方式发布不实数据。

五、结语

伴随大数据等新技术的运用和发展，证券领域也逐渐开始利用这些技术手段促进证券市场的进步。信息是证券市场运行和发展的基础，数据是这个时代的代名词。通过对证券交易数据概念的进一步认定，明确证券交易数据不仅产生于交易所，也突破了证券交易数据所有权完全归属于交易所的规定。根据证券交易数据的特点，对其进行分类，分为基础数据、自动生成数据以及衍生数据，并明确各部分的权属关系，基础数据中的委买委卖数据归属于申报者，但交易所有使用权；自动生成数据的所有权归属于交易所，交易所按照法律规定负有公开义务，但其他市场参与者应当付费使用；衍生数据的所有权归属于付出巨大劳动和资金投入的市场主体，不再只由交易所所掌控。《证券法》修订应当致力于创造良好的营商环境，发挥市场对资源配置的决定作用，减少交易阻力，优化交易监管，增强市场流动性，因此应当以一般性法条的形式，明确证券交易数据的有关内容。

对证券交易数据研究的学者和文章不多，但实际上证券交易数据在国外交易所所占的营业收入巨大，该市场也有待进一步开发。在提高金融服务实体经济能力，完善企业发行上市、再融资和并购重组制度，进一步推动注册制改革的大背景下，明确证券交易数据的概念和权属关系，有利于促进证券市场的向前发展。

数字经济与证券业的未来发展

韩开创*

内容摘要：由于数字化、科技化的发展，证券业正迎来难得的历史发展机遇，但同时也面临着诸多挑战，需要证券公司不断地进行业务创新和服务优化以适应新时代。放眼全球，金融机构和大型科技企业都在相互学习和相互融合，大数据、区块链、人工智能、云计算等前沿科技已逐步成为金融服务不可或缺的组成部分，传统金融机构因为科技的加持而进步，监管机构也能基于金融科技的力量而实现更加系统、及时和高效的监管。凭借强大的科技实力和海量的用户基础，大型互联网平台可以科技赋能金融、助力金融稳定和经济转型，参与证券业务、服务证券行业的供给侧改革，推动科技更好地应用于金融服务和风险控制，发挥好资本市场“看门人”和直接融资“服务商”的重大作用。

关键词：数字化　科技化　证券业　挑战　发展

一、当前证券行业面临的挑战

（一）证券行业对直接融资贡献不足

中国经济正处于内外双重压力下的转型过程中，其增长模式从主要依赖地产、基建和传统制造业转向更加依靠消费升级和创新科技等新兴产业。新兴产业不同于传统产业，通常发展时间较短，规模有限，内源融资不足，在前期需要大量的资本投入，在经营上具有高风险性高盈利波动的特征，因而传统的间接融资手段往往不能很好地为其提供金融服务。从海外经验上看，新兴产业的发展离不开直接融资的

* 韩开创，腾讯金融研究院副院长。

支持。比如，自20世纪80年代以来，美国资本市场不断助力，成功孕育了一批高科技创新企业，逐渐建立起美国在电子、计算机、互联网等领域的国际领先地位。在当前中国经济转型的大历史背景下，迫切需要改变多年以来形成的以银行为代表的直接融资为主的体系，迫切要求中国资本市场承担起更多的功能。

近年来，党中央、国务院多次召开会议要求显著提高直接融资特别是股权融资比重，要求推进资本市场的供给侧改革以更好地服务经济转型。虽然中国证券业一直在发展壮大过程中，但实际上作为直接融资的服务商，中国证券业并没有很好地匹配经济转型的趋势和需求，存在着诸多问题，包括直接融资额低、创新意识差、投行定价能力弱、人才储备不足等，尤其是中国证券业未能很好地服务生物医药、芯片、新材料、云计算、人工智能等高科技公司，导致这些行业或发展缓慢或受制于人。科创板的推出一定程度上改变了上述困境，但是，金融供给侧改革任重而道远，中国证券业还需要步子迈得更大一些，进一步加大自身的换血和升级改造，以服务新兴经济的融资和其他投行需求。

（二）中小企业直接融资困难的问题依然突出

中小企业的融资难融资贵是世界各国经济发展中的共同现象。且不说间接融资，仅就直接融资而言，中小企业获得直接投资的渠道狭窄，不能跟大型企业一样有通过发行上市进行股票融资的可能性，直接投资也仅可能从私募股权投资（PE）、天使投资、风险投资（VC）等创业投资基金中选择，而这些投资通常都要求较高的回报，一般的中小企业难以达到其投资要求。造成中小企业资金难题的外在原因是信息不对称导致资金供给方难以判断企业的信用风险，进而难以为中小企业提供使用成本与信用风险相匹配的资金；内在原因是中小企业自身的一些固有特征，造成信用评价低、话语权弱，从而弱化了在金融资源面前的竞争力，进而导致获取外部融资难、资金回收难。实践证明，单靠传统金融机构难以担负起服务中小企业的重任。由于传统金融机构难以有效处理中小企业信用信息不对称问题，同时对资产的安全性要求比较高，对风险控制比较严格，加之传统金融服务方式本身也存在灵活性、便捷性不足和消费者体验不理想等问题，因此难以服务于信用评级相对较低或信用记录缺失的中小企业，难以深度结合企业价值链条提供金融服务。在互联网、智能通信广泛普及，区块链、大数据、云计算等信息技术日益成熟的历史条件下，金融科技可以利用其信息技术有效改善中小企业获得金融资源的处境。

（三）中小散户获得的有效服务不足

传统的经纪业务模式下，大部分中小散户无法获得有效的服务，其中有两方面的原因：一方面，券商服务团队无法覆盖中小散户；另一方面，券商投顾的整体水平偏低。实际情况是，中小散户转而求助于各种股评以及各种交易型网站和 APP，这使得大部分中小散户的投资行为偏向短期投机，表现为换手率高、追涨杀跌、亏损率高等，而且总有部分中小散户出现巨亏而影响自身生活、形成社会问题。此外，经纪收入占券商总收入比重正处于逐步下滑过程中，过去靠牌照吃红利的日子已经一去不复返了，这使得整个证券行业的分化越来越严重——互联网券商充分发挥流量优势和产品设计能力扩大市场占有率，头部券商则利用研究、投行和资管等多部门打造的综合优势走向高端财富管理，而一些中小券商的生存空间则不断被挤压。虽然大部分券商试图改造自身的服务模式，但是 IT 能力差、科技基因弱、旧有模式等原因导致改造很慢，特别是传统券商的改造更多是沿着电话下单—PC 端下单—移动端下单的路径而非细致地考虑投资者的真正需求并将之与互联网带来的数字化和智能化优势进行深度融合。若能推动互联网科技公司深度参与证券业务，一方面，可以发挥互联网科技公司的产品设计优势，打造更适合投资者的服务模式和金融 APP；另一方面，可以将金融教育、智能风控等模块很好地嵌入用户的日常使用中，帮助中小散户理性投资、科学风控等。

（四）证券中介机构金融科技发展落后，同质化竞争较为严重

随着外资券商逐步进入中国证券业，中国传统证券公司所暴露出的金融科技发展落后、同质化竞争严重等问题会越来越显著。从海外发展来看，无论是大型的金融巨头还是后起之秀均不遗余力地加强金融科技投入，金融科技已经渗透到证券业的各个角落包括客户管理、研发体系、投资体系、风控体系、网络安全等，而且不同的公司采取了不同的策略，从而形成了不同的服务体系和经营风格，有的专注于中小客户的智能投顾，有的转型成为高端私人财富管理，但不管是哪家公司，金融服务均走向了数字化、智能化和云化时代。相对来说，中国证券业仍处于金融科技渗透的早期阶段，部分证券公司甚至还停留在 20 世纪，这导致很多中小券商之间差别很小，而排名靠前的大型券商虽然投入了人力物力财力，但早期多以外包为主，走了一些弯路。总体来说，中国证券业金融科技发展落后，同质化较为严重，亟待进一步的升级变革，同时外资券商的进入和新兴券商的发力也会推动行业洗牌，最终提高金融科技的渗透率。

二、数字化、科技化的发展对证券业的影响

数字经济是指利用互联网融合创新、提升经济效率、催化新技术和新业态，它既包括以云计算、大数据等新一代数字技术为基础的增量市场，也包括与传统产业

转型升级相结合盘活的生产消费存量市场。当前，全球经济和产业格局加速调整，数字经济蓬勃发展，日益成为经济增长的重要驱动力。无论是科技领先的美国还是制造业占优的德国日本等均在积极融入经济浪潮，美国五大科技巨头逐渐建立起在全球数字经济中的垄断地位，德国也加速推进制造业的智能化改造。

（一）中国未来经济发展需要数字经济贡献更多力量

对于中国来说，面对外部需求总体呈现萎缩的态势，传统的以出口和投资为主拉动经济发展的模式已经走到尽头，这就要求我国加快转变经济发展方式，一方面顺应需求结构变化趋势，加快传统产业的技术改造以提供更好的产品；另一方面加快发展战略新兴产业，培育新的增长点。党中央国务院多次召开会议指出，要以供给侧结构性改革为主线，加快发展数字经济，做好信息化和工业化深度融合。从某种角度讲，数字经济既是未来经济增长的主要源泉也是推动供给侧改革的重要支撑。

（二）数字经济的发展需要一个更加强大的资本市场

如前所述，数字经济的重要性不言而喻，这就要求我们改变多年以来形成的以银行为代表的直接融资为主的体系，让中国资本市场承担起更多的融资功能。

中国资本市场最大的亮点无疑是科创板的成功推出，它既是对现有审核发行制度和交易制度的突破，也充分体现了我国推动经济转型和金融供给侧改革的战略意图。一大批具有核心技术、与数字经济直接相关的科创板公司成功上市，它们分布在信息安全、软件服务、芯片等领域。从实践效果来看，科创板确实具有高风险高波动的交易特征，但同时我们也看到，优秀的科创板上市公司可以获得更高的估值，这也是资本市场的魅力所在。相信随着越来越多的科创板公司登陆资本市场，它们当中定然会出现一批未来的数字经济巨头，为中国的数字经济发展做出突出贡献。

科创板成功实践给中国证券业带了极大鼓舞，新三板的深化改革也提上了日程，2 月 28 日，全国中小企业股份转让系统（简称股转公司）发布实施 3 件新三板改革有关业务规则。主板、中小板、创业板、科创板和新三板共同组成多层次的资本市场，共同服务于中国经济发展和经济转型。建设一个稳定、健康和有序发展的多层次资本市场以助力数字经济的发展和信息化工业化的深度融合，这将是中国证券业未来持续努力的工作方向。

（三）数字经济不断推动金融服务及产品的创新

在马化腾、孟昭莉等著的《数字经济》一书中，作者们总结了数字经济的 5 个特征：数据成为驱动经济发展的关键；数字基础设施成为新的基础设施；数字素养成为对劳动者和消费者的新要求；供给和需求的界限日益模糊；人类社会、网络世界和物理世界日益融合。数字经济时代下，信息流、产品流、物流、资金流等交汇在一起，大凡各行业里的优秀公司均很好地整合了这四流，而新兴商业模式例如新零售其实就是对这四流的数字化再造和创新。

对于中国证券业来说，全社会和经济系统的数字化改造带来了诸多便利，证券公司可以方便地获得投行尽调、行业研究等所需要的关键信息，而且可以利用集成的客观管理系统、注入科技基因后的移动 APP 等提供更精准、快捷和高效的金融服务。同时，证券业还应该利用数字化时代带来的好处进行金融产品的创新，例如，以新零售公司可随时查验和监控的销售数据和现金流等为基础发行资产证券化产品，它是对原有的各类抵押贷款资产证券化业务的拓展，其他新业态如数字化的高端白酒储存、景区管理、商业园区管理等均可以进行类似的尝试。当然，这些新业务的发展离不开金融科技如云技术、区块链技术等的支持。

（四）证券领域已经出现不少数字化、科技化的应用场景

1. 智能投顾。随着科技特别是人工智能技术不断向金融领域渗透，以往证券行业“高端”客户所享受的服务也逐步向“低端”普及。投顾服务能力一向被视为证券公司最具价值的核心能力，然而，当人面对机器时，在处理数据量级、速度、成本、效率等方面处于明显劣势。当经验可以被总结时，以资产配置理念为基础，以量化投资为逻辑，以人工智能、机器学习、批量操作为方式，人工智能投顾必然成为潮流和趋势。即使人工智能技术并未成熟，以大数据分析、机器学习、算法交易为人工投顾提供支持，无疑也会提升投顾的服务能力，增强其对公司的依赖，从而增加客户对企业或平台的黏性。

2. 智能预测与反欺诈。基于大数据与神经网络技术，能够通过对海量数据的分析处理，挖掘潜在关系，自动构建、完善数据模型，进而提前判断出事务变化趋势和概率，并提前做出相应的决策。如分析客户的信用卡交易数据，识别可能的欺诈交易，或者根据当前业务特征预测未来金融交易，提前防范风险。

3. 智能风险管理。传统的风险管理，依靠一些从业务数据中提取出来的风险指标，这部分数据只相当于客户数据的冰山一角。另外，行业内还有大量的有用或者无用的客户数据，比如网络数据、消费数据、交易数据、社交数据等，这些数据规模大，且很多都是非结构化的，一直无法由传统的风险管理模型利用。而以深度学习为代表的人工智能算法，可以充分挖掘并有效地利用这些数据，抽取多维度的评价指标，建立起更全面、更符合真实世界规律的风控模型。比如，借助机器学

习，提取个人及企业在社交网站、网站主页等地方的数据，筛选、建模，形成多维度的评价指标，以此对个人或者企业进行风险评估，并且能够实时更新。

4. 智能交易。在交易这一层，量化投资领域同样有着人工智能大量的用武之地。量化投资在国外已有大约 30 年的历史，随着资本市场越来越成熟，金融衍生工具不断涌现以及技术的不断发展，量化投资正迎来国内最好的发展机会。将程序化决策应用到金融投资领域越来越得到市场人士的认可。量化投资通过对历史数据进行分析，借助一系列的数学方法进行归类和判断，因此和纯粹的主动投资相比更具理性，其风险控制也显得更为严格。然而量化投资的策略本身依旧是人来制定的，是将人的投资经验和策略赋予程序，然后通过不断回测和改进最终形成的策略。虽然目前技术还达不到具备完全投资的人工智能机器人，但是结合了机器学习、神经网络等人工智能技术的量化投资和策略交易，能够最大限度地将人的因素降到最低，把经验性的投资策略也赋予智能算法。

5. 智能客服。基于语音识别与合成技术，人工智能程序能够理解人的语音，并给予反馈。将这种人工智能应用模式与客户服务结合，便产生了一种新的客户服务类型：智能客服。智能客服也是一个诞生很久的概念，在国内外非常热门，发展了多年，但受限于技术的发展，无法真正地像人一样与客户交流。随着“深度学习”与“模式识别”等模型及技术的突破，智能客服的交互表现显著提高，使其可处理客户更加口语化以及更加复杂化的问题。金融机构针对指定业务场景，采用人工智能技术，推出更有针对性的智能服务。应用神经网络技术、机器学习、AI 等技术构建模型算法库、知识图谱。以自然语义识别为基础，利用智能引擎对企业网站与答问知识库等进行检索，通过桌面和移动端，在自然交互环境中为用户解决问题。具备内容深度挖掘能力的智能客服可替代人工客服值守，完成大量实时交互工作，包括信息查询、业务办理、网站导航及相关咨询问题引导等。通过针对系统准确度进行智能化训练，优化和调整算法与模型的参数、调校系统智能水准，完善对问题的分析、聚类与相关资料的答复处理。

（五）数字经济对证券行业的影响

一是数字经济对证券公司内部运营的影响，主要有以下方面：

1. 对于办公方式、场所的影响：本次疫情防控期间大量采用非现场办公，相信未来云办公会成为一种常态，对证券公司未来非现场运营能力提出挑战。

2. 对营销方式、获客渠道的影响：数字化营销和运营带来的，必然是更精准的、更便宜的、更有效的获客能力，互联网时代下，进一步催生企联网时代，证券公司的客户增长可能很多依赖于与流量企业的互惠合作。

3. 对成本结构的影响：数字时代，对证券公司成本结构可能发生颠覆性变化。智能客服、财务机器人、互联网的营销模式、无人化营业部、线上业务办理等的推广和普及，可以预见人力成本将大大降低，信息技术的投入将持续增加。

4. 对信息系统安全运营能力的影响：数字经济时代，需要强大的信息技术和系统支持，对于客户端来说，更安全、更稳定、更高效、更友好、更便捷，将是重要的吸引力；对证券公司来说，网络和系统安全将成为重要运营能力，比如使用大量生物识别技术去验证和识别客户身份，对公司数据存储、备份、使用、恢复、应急能力要求更高。

5. 对内部控制的影响：数字经济有助于提高合规和风控能力和水平，防范风险。合规与风险管理体系通过对信息技术的应用和信息技术资源的配备，并建立相应的审查、监测和检查机制，比如信息隔离墙防控、利益冲突审查、客户异常交易监测、投行底稿管理等，能够有效确保合规与风险管理全覆盖。

6. 对从业人员的影响：数字经济一方面要求从业人员具有较强学习能力尽快学会新技术的使用，提高从业人员综合素质，提升展业便利度，展业留痕更为充分，从而提高展业效率；另一方面可以加强对从业人员的管理，规范从业人员的行为，通过信息技术可以掌握从业人员的从业轨迹、展业行为、日常经营活动，实现有效监督，进而提高从业人员自律。

二是对监管规则和方式的影响，主要有以下方面：

1. 对监管规则的影响：大量技术手段的使用，可能倒逼监管规则修改，以适应和顺应时代潮流，比如对营业部的现场审计规定，对营业部人员配置要求，对现场业务办理方式的限制，对展业区域的限定，等等。

2. 对监管方式的影响：数字时代为穿透式监管，科技监管助力，监管机构可能要求证券公司各类管理系统对其更加开放，以便及时（更高效和更准确）了解相关信息。另外，数字时代的科技监管对打击违法犯罪行为能力提升，大数据和云分析可能让犯罪分子无处可逃，比如生物识别技术、交易设备记录、关联账户分析、网络定位、异常交易的监控和识别，等等，这些技术的综合应用可能极大提升办案效率和成果。

三是对其他市场参与者的影响，主要有以下几个方面：

1. 对投资者的影响：投资者要掌握数字经济所依赖的技术支撑，不仅要能够熟练使用各种技术，加强技术知识储备和科技基础设施建设，通过技术提高投资能力和手段；还要关注竞争对手对科技的使用，通过资金投入和技术投入，努力实现“人无我有，人有我优”的技术优势，否则将处于信息技术方面的劣势，面临相对更大的投资风险。

2. 对融资主体的影响：一方面科技类融资主体将可能占据科技风口，其估值和融资普遍受到概念加持，整体处于相对有利地位。非科技类融资主体可以围绕科技产业开展周边产业或服务，享受产业和政策红利。另一方面科学技术的使用将大大提高信息的透明度，将使得融资主体各方面信息无所遁形，倒逼融资主体进行更充分的信息披露，主动遵守市场普遍的行为准则和诚信原则。

（六）中国证券业需要数字化改造

如前所述，数字经济的发展需要一个更加强大的资本市场。相应地，中国证券业本身也应该与时俱进开展数字化改造，这既是提高自身工作效率的内在要求，也是更好理解和服务数字经济的外部压力。

2019 年 1 月 12 日，麦肯锡发布《展望 2019 中国证券业，把握五大趋势六大主题》报告，指出中国证券行业有五大中长期发展趋势包括行业分化整合、客户机构化、业务资本化、全面数字化、运营智能化。而其中，全面数字化和运营智能化都离不开金融科技的大量应用。数字经济与证券业互相渗透，数字经济的发展离不开证券业的大力支持，同时也改变了证券业的经营业态和竞争格局，可以说数字经济对于中国证券业来说意味着挑战和机遇并存。总体来说，中国证券业金融科技发展落后，同质化较为严重，亟待进一步的升级变革和换血改造。在此背景下，中国证券业应继续加快数字化改造，推动金融供给侧改革以适应数字经济时代的迫切要求。

三、利用数字化、科技化推动证券业转型升级

利用数字化、科技化推动证券业转型升级，有许多路径，笔者认为，至少可以考虑以下四个方面：

第一，引入新生力量，促进行业竞争，建设专业化、市场化、国际化、多元化、科技化的证券中介机构。

中国头部券商多为传统国企控股，负责投行业务的高管也多以传统业务的 IPO 和并购等出身。而大型互联网科技公司是中国新经济的生力军，是中国科技创新的推动力量，若能推动互联网科技公司深度参与证券业务，便能促进行业竞争，提高整个证券业的科技基因。以大型互联网科技公司为券商的大股东，借助其多年的发展经历和投资经验打造投行高管体系，将科技基因和研发优势融入投行工作，有助于提高投行的工作效率，有助于前沿科技公司的投融资，有助于提高资金的配置效率。只有充分竞争，才能解决证券中介机构的传统化、同质化等问题，打造一批具有深厚产品研发实力、卓越市场服务水平及广泛业务渠道的证券中介机构，建立全

方位综合金融服务链条。

第二，建立新经济研究和估值平台。

高科技具有自身的研究体系和估值体系。科创板推出以来，券商 IPO 团队最大的一项任务是给拟上市公司进行估值，同样，各大基金参与科创板新股申购时也必须给出自己的新股报价。与主板、中小板、创业板等上市后连续涨停板不同，科创板因为采用市场化定价，因而其上市后走势既有高开低走也有低开高走，由此可见，整个市场对于科创板的市场定价并不科学。由于科创板允许一些尚没有形成稳定收入或者利润的公司上市，所以常规的现金流贴现定价、同行市盈率市净率定价等方式并不适用。此外，不同的行业具有不同的定价体系和核心考虑因子，因此有必要建立新经济投研讨论会，聚集各方人士定期进行投研讨论，以帮助券商和基金保险的投研团队更好地开展业务。

第三，便利小微企业授信，推动建立国家小微企业融资平台试点。

在国家发展改革、金融管理机关的指导下，支持有实力、有资质的优质金融科技企业与社会信用管理机构、行业协会等合作，搭建国家小微企业融资服务平台，整合各方信息资源，结合大数据、供应链金融、区块链等技术为小微企业和金融机构提供数据分析、融资信息、政策补贴、发展辅导等一揽子服务，全面整合各方资源，便利小微企业授信。

第四，以数字化、科技化为抓手，打造证券行业的产业互联网以及大健康、高端制造等特定行业的产业互联网，推动证券行业产业升级，并服务其他行业产业升级。

产业升级是当下的热词，有微观、中观和宏观的指向，限于篇幅笔者不一一论述。但无论从微观、中观还是宏观来看，产品附加值提高都是产业升级的核心与灵魂，经济活动的主体性提高是产品附加值提高的根本。这其中，技术创新是最重要的。如果要推动国家层面的产业升级，需要选好代表未来发展方向的一些特定行业，当这些行业都发展强大了，国家层面的产业升级目标就阶段性达成了；如果要推动行业层面的产业升级，需要选好本行业中充满积极进取精神且有一定技术创新企业，当这些企业都发展强大了，行业层面的产业升级目标就阶段性达成了；上述各个行业，乃至单个企业的发展与升级，需要充分发挥金融（本文主要是证券）的作用，还有科技的作用。金融与科技不仅是一对非常匹配且能量巨大的翅膀，而且会产生共振，让企业腾飞更快、让产业升级更快、让国家发展更快。这个共振点，就是金融科技。

关于产业互联网，一般认为，这是互联网发展的第三个阶段。在第一阶段，互联网完成了人与人的连接，形成了消费者网络。在第二阶段，“互联网 +”将连接扩展到企业，形成了人与企业的外部连接，使得企业的商品与服务能够快速传递给用户。在第三阶段，产业互联网进一步将连接从广度上扩展到不同产业企业间、从深度上纵深到企业内部，使得可以围绕用户需求重新组织要素和生产运营模式，更有效地实现供需匹配。科技公司与金融机构（这里主要是证券公司）的合作也可以分为三层，第一层是在信息技术方面的合作，科技服务有哪些可以帮助金融机构赋能，比如营销方面、运营方面、产品方面、服务方面等，分别有哪些技术。这一层约万亿级市场。这一层做好意味着金融科技业务成功。第二层金融业务方面，如果科技公司与金融机构在科技方面的合作很愉快，也可以深入到金融业务场景，由科技公司帮助金融机构在信贷、投资、投行、保险等产品的设计、风控、运营、营销、客户体验等方面进行改进。这一层约百万亿级市场。这一层做好，也意味着金融行业的产业互联网成型。第三层是科技公司通过与金融机构的深度合作，还可以一起介入到健康医疗、高端制造、人工智能等行业，打造不同行业的产业互联网，促进产业升级和企业发展。这一层约千万亿级，这一层做好意味着这几个特定行业的产业互联网成功。

从案例考察的角度来看，作为互联网科技公司巨头之一的腾讯，提出深耕消费互联网、拥抱消费互联网的战略，明确要做好连接器为各行各业进入数字世界提供最丰富的数字接口，做好工具箱为产业升级提供前沿的技术，同时更要做好生态的共建者。腾讯的用户触达能力还有企业服务的能力，成为服务产业互联网，助力各行业数字化升级的抓手，具体来说，第一，技术的积累是基础，腾讯整合了云计算、人工智能、大数据等先进的技术能力，通过腾讯云来输出。第二，C2B 是腾讯独有的优势，经验输送给合作伙伴，通过公众号、小程序、企业微信等连接，能够让企业更好连接用户。第三，腾讯也构建了完备的企业服务能力，构建组织化行业化的组织、提供定制化的方案、专业化的服务、构建开放生态四个维度，服务好企业客户。总之，产业互联网的核心价值是打通多个环节，在生产上实现质量的管控，在分销上实现追踪跟溯源，在零售环节实现精准的营销，在服务体验上升级，最终达到价值的提升、降本增效的核心目的。

下面，重点分析第一个思路的主要意义以及可行性。

目前，腾讯、阿里等大型互联网科技公司从事的金融服务包括第三方支付业务、保险经纪业务、基金销售业务、银行消费贷款业务等多个子板块。从过去的实践来看，通过给传统经济插上科技和金融两个翅膀，这些金融科技服务板块成长迅速且取得了良好的社会效益，大大促进了传统金融服务的边界拓展和效率提升。更为社会好评的是，腾讯、阿里等科技巨头的加入，推动了整个金融服务行业的变革升级，许多传统金融机构因为拥抱金融科技而获得用户的广泛称赞。这些公司都将金融科技服务上升为公司的战略板块，未来将持续加大投入以进一步提升金融科技服务的实力。相信深度参与证券业务以后，同样能够在证券业中实现科技和金融的深度融合，助推证券行业的变革升级和效率提升。其对国家、社会和证券行业的主要意义可以从以下四个方面简要分析：

（一）发挥科技优势，打造与国际头部投行接轨的“科技型券商”，推动中国证券业的科技化转型

从全球发展趋势来看，传统投资银行巨头如高盛、摩根大通、摩根士丹利、瑞银等均大刀阔斧地推动科技改革，加大新科技的研发和应用，推动所在公司的金融科技转型战略。其中的代表无疑是摩根大通的CEO戴蒙（他自称亚马逊的拥趸），正是在他的推动下，摩根大通每年将10%的营业收入投入科技建设，也正是他的执着和魄力换来了摩根大通的长足发展。

作为大型互联网科技公司，腾讯、阿里等引领了以大数据、区块链、人工智能、云计算为代表的前沿科技的发展。如果未来深度参与证券业务，将会推动证券公司深度融合和应用这些科技技术，全面改造证券开户、投顾服务、产品销售、研究分析、证券交易、合规风控、客户管理、网络安全等证券服务的各个环节。可以说，大型互联网科技公司如果持牌证券公司，将是一家科技型券商，可以与国际投行巨头进行正面竞争，也将促进国内证券业的变革升级，推动国内的传统券商加大科技投入、加速金融科技转型。

（二）以庞大用户为基础，推动投资行为长期化、投资决策科学化、投资风控智能化等，推动证券经纪模式从交易佣金模式向财务管理模式转变

传统服务模式下，传统券商往往无法覆盖或者说无力覆盖长尾客户（资金小、数量多）。新兴互联网券商具备这样的基因和实力，因而往往会祭出价格战，无论是国外的嘉信理财还是国内的新兴券商均做出了类似的战略举动。即便如此，嘉信理财等新兴券商也并没有以价格战为竞争的全部手段，而是选择了一条不断加大科技投入、完善服务体系之路。最终，嘉信理财完成了从折扣经纪商向综合理财服务商的转型。而传统的高盛、摩根大通、瑞银等也不例外，它们通过加大金融科技的投入和各项服务板块的整合，最终走向了私人财富管理模式。

国内证券业可能复制同样的发展路径，形成类似的行业格局。经过反复的风险教育和实践认知后，国内投资者最终会逐渐去散户化思维，接受更加综合性的理财服务。立足于大型互联网科技公司所具有的用户基数和互联网基因，金融科技型证

券公司可以推动持续的在线教育，帮助广大投资者树立长期而理性的投资观。通过将前沿科技植入金融服务，金融科技型证券公司未来将提供智能选股、智能选基、智能投顾、智能风控等个性化的服务，推动投资者决策科学化和风控智能化。此外，这些大型互联网科技公司旗下的移动支付、基金销售、保险经纪等业务也能帮助证券公司更好地打造综合性理财服务。

（三）借力服务网络和科技实力，打造新经济的投融资平台，助力国家的经济转型战略

大型互联网科技公司作为领先的中国互联网服务提供商和科技公司，拥有海量的C端客户、大量的金融合作伙伴、众多的投资并购经验。作为金融科技的探路人，腾讯、阿里等利用自身的科技实力和金融服务能力致力于帮助中国企业进行产业升级和金融优化。中国经济正处于转型的浪潮中，而新经济的发展离不开资本市场尤其是直接融资市场的大力支持，传统券商在开展新经济的相关投行业务时往往因为团队老化和科技认知不足等原因而进展缓慢。腾讯、阿里可以借力集团多年积累的经验和优势打造新经济的投融资平台，专注于新经济企业的投资、融资、IPO、并购、发债等业务，助力国家产业升级和科技创新。

（四）以金融科技为抓手，紧紧围绕金融服务的本质，精准量化和监控一切潜在的风险因素，从而助力金融市场的长期稳定

腾讯、阿里所具有的互联网和科技基因，可以帮助证券公司建立精准的风控模型，从事前、事中和事后三个维度监控潜在的风险因素，一旦发现风险隐患便会及时反馈给投资者，这样可以帮助投资者做出更理性的投资决策。与此同时，金融科技型证券公司也会根据投资者的集体行为评估潜在的系统风险，例如群体性的情绪高亢，群体性的高杠杆等。植根互联网和科技基因所衍生的平台服务模式有望帮助监管层提前发现系统性的风险爆点，若能及时采取应对措施便能减少其破坏力，助力金融市场的长期稳定。

初步分析，金融科技型券商有可能开展的主要优势业务有：

与大型互联网科技公司深度合作的证券公司，将是一家拥有互联网和金融科技背景的企业，将充分利用自身在金融科技领域的领先优势，探索我国经济转型和证券业对外开放全面提速带来的新机遇。综合考虑目标客户群的需求与行为特点，专注于证券经纪、投资咨询、资产管理和投资银行等业务。

1. 证券经纪业务：在移动互联网高度发达的今天，财富管理深度下沉，互联

网理财深入人心，给人民群众带来了诸多便利但也滋生了很多乱象，而这些乱象的背后往往是欺诈用户和违反监管规则。保护中小投资者的权益是开展证券经纪业务的基础。金融科技型券商将借助大型互联网科技公司的触达优势和科技优势持续不断地推进投资者教育，帮助投资者树立风险意识、远离过度投机，帮助投资者认知各种投资风险以及设置个性化的风控预警；将利用 IT 技术和科技优势全面改造证券经纪服务的各个环节包括证券开户、投顾服务、证券交易、合规风控等，其最终目标是学习国际先进经验，推动中小投资者从单纯的炒股向长期投资、理性投资、科学投资的方向转型，帮助投资者实现财富稳健保值增值的目标。

2. 证券投资咨询业务：传统投资顾问模式存在较大的可提升空间，这包括：1）服务资源通常向中大型客户倾斜，中小客户获得的服务不足甚至完全缺失；2）投资顾问的素质参差不齐，在展业中存在违规的灰色地带；3）与客户的互动以销售产品、获取佣金为出发点，缺乏对客户真实需求的科学评估和系统考虑等情况。金融科技型券商一方面可以发挥触达优势和科技优势覆盖更多的中小客户，另一方面可以根据大型互联网科技公司多年的经验累积开发相应的金融科技工具，以给客户提供客观、专业和定制化的投资咨询服务。目前，大型互联网科技公司已经与国内众多金融机构建立了合作关系，并且将这些金融机构的投研能力、创新能力、风控能力等种种因素组合起来建立一套资产审核模型，以此精选出可供客户自主选择的产品。金融科技型券商将以此技术为基础，建立一套包含客户分析、资产配置、组合选择、交易执行、组合调整、组合分析的智能投顾解决方案，从用户角度考虑最合适的投资组合和策略，提供个性化的投资咨询服务，帮助投资者形成科学的投资决策体系，降低资产大幅波动，实现投资者利益至上的投资咨询服务。

3. 证券资产管理业务：金融科技型券商将依托大型互联网科技公司体系内消费金融、供应链金融等优质的底层资产资源，开展资管业务，为市场贡献高质量的类固定收益项目，助力市场稳步发展。待积累一定的业务经验后，秉持推动行业发展的理念，将向其他证券公司输出资管产品生命周期管理的技术能力，提升行业整体对于底层资产的风险管理能力，为资管产品设计、发行和存续期管理提供一个多方参与的工作平台，解决信息不透明、发行管理困难的行业痛点。

4. 投资银行业务：借力大型互联网科技公司多年积累的经验和优势打造新经济的投融资平台，专注于新经济企业的投资、融资、IPO、并购、发债、资产证券化等业务，助力国家产业升级和科技创新。此外，当前监管机构和内控管理要求对投资银行类业务工作底稿电子化管理系统等有更高的要求，金融科技型券商有着雄厚的技术基础，在电子管理系统方面有着天然优势，可以快速引领行业发展，提高整个行业的技术水平。

总之，如果允许大型互联网科技公司进入证券行业，将其多年发展形成的网络优势、科技基因和研发优势等融入投行工作，打造互联网科技型券商，将有助于提高中小散户的服务效率，有助于提高前沿科技公司的投融资效率，有助于推动证券业的数字化改造进程。无论是传统券商还是金融科技型券商，成长为世界一流券商之路漫长，需要多渠道充实资本、完善业务布局、加大金融科技投入等，以与国际投行进行正面竞争，最终走向航母级券商。其他大多数中小券商应该聚焦战略，放弃兼顾所有业务而转向更加专业化精细化的定位，围绕客户需求进行数字化改造，打造更加符合数字化时代的服务模式。

【论文盘点】

2019 年金融服务法核心期刊论文盘点与分析

中央财经大学金融服务法研究中心*

2019 年是中国金融的攻坚之年。我国金融市场的对外开放程度持续加速且深化，且在金融系统的共同努力下，防范、化解金融风险亦取得实质进展。《银行保险机构公司治理监管评估办法（试行）》的发布标志着银行业、保险业公司治理力度加大，设立科创板并试点注册制则是推进金融供给侧结构性改革的重大举措，《中华人民共和国证券法》更是于岁终得以成功修订。故此，中国金融法治研究硕果累累。为周详地剖析 2019 年我国金融服务法学的研究成果，笔者对 2019 年发表在 39 本"法学核心期刊"——具体包括《中国社会科学》、24 本当年的 CSSCI 法学类来源期刊[1]、13

---

* 执笔人：任妍姣（中央财经大学法学院 2019 级金融服务法硕士研究生）。本文为中央财经大学金融服务法研究中心学术年度综述系列的成果之一，本年度另一成果《2019 年大数据、人工智能法制核心期刊论文盘点与分析》见《中财法律评论》第 12 卷。

〔1〕 根据南京大学中国社会科学研究评价中心最新公布的中文社会科学引文索引（CSSCI）来源期刊（2019—2020），法学类的 CSSCI 期刊有 24 种，分别为：《比较法研究》、《当代法学》、《东方法学》、《法律科学》、《法商研究》、《法学》、《法学家》、《法学论坛》、《法学评论》、《法学研究》、《法学杂志》、《法制与社会发展》、《国家检察官学院学报》、《华东政法大学学报》、《环球法律评论》、《清华法学》、《现代法学》、《政法论丛》、《政法论坛》、《行政法学研究》、《政治与法律》、《中国法学》、《中国刑事法杂志》和《中外法学》。

本当年的CSSCI法学类扩展期刊[1]以及《财经法学》[2]——里的金融服务法论文进行梳理与统计。本次盘点秉持相对较宽的口径，是为了较全面地反映我国金融服务法学研究的基本情况。诚然，若涵盖CSSCI来源期刊和CSSCI法学类来源集刊上的所有金融服务法论文，盘点结果将会更为周到，但鉴于统计对象分散性与统计结论集中度的考量而作罢。纵然如是，本分析以数据为手段进行实证分析，仍具有一定的说服力，可以为评价我国2019年的金融服务法学研究提供相应参考。

一、金融服务法内部不同板块分析

本次统计范围内的39本期刊合计刊载金融服务法学文章共计164篇，证券法研究59篇（占比36.0%），证券投资基金法研究3篇（占比1.8%），期货法研究4篇（占比2.4%），银行法研究9篇（占比5.5%），保险法研究23篇（占比14.0%），信托法研究13篇（占比7.9%），金融科技与金融创新研究17篇（占比10.4%），一般基础金融服务法理论研究11篇（占比6.7%），金融监管与金融体制改革研究13篇（占比7.9%），互联网金融（含互联网金融监管内容）研究9篇（占比5.5%），国际金融与跨境资本流动及监管研究3篇（占比1.8%）。（详见表1）

表1　2019年金融服务法学刊文题域一览（篇）

论文题域	论文数量	比例
证券法[3]	59	36.0%
证券投资基金法	3	1.8%
期货法	4	2.4%
银行法	9	5.5%
保险法	23	14.0%

〔1〕根据南京大学中国社会科学研究评价中心最新公布的中文社会科学引文索引（CSSCI）来源期刊（2019—2020），法学类的CSSCI扩展期刊有13种，分别为：《北方法学》、《电子知识产权》、《法律适用》、《法治研究》、《甘肃政法学院学报》、《国际经济法学刊》、《河北法学》、《交大法学》、《科技与法律》、《武大国际法评论》、《知识产权》、《中国法律评论》和《中国政法大学学报》。

〔2〕《财经法学》虽创刊较晚（2015年创刊），但其刊载的金融法文章质量较高，故本文将其亦纳入统计范围。

〔3〕张美慧：《境外市场证券法视野下的代币发行监管——基于美国、新加坡、澳大利亚和中国香港地区的监管实践》（载《财经法学》2019年第3期）、倪培根：《论我国证券期货纠纷示范判决机制的制度化展开》（载《河北法学》2019年第4期）与赵希：《证券期货违法行为的行刑衔接困境再思考——“量的区分说”的倡导与完善》（载《财经法学》2019年第5期）统计时计入证券类论文中。

续表

论文题域	论文数量	比例
信托法	13	7.9%
金融科技与金融创新	17	10.4%
一般基础金融服务法理论	11	6.7%
金融监管与金融体制改革	13	7.9%
互联网金融（含互联网金融监管内容）	9	5.5%
国际金融与跨境资本流动及监管	3	1.8%

具体而言，金融服务法学2018年度论文呈现出以下特征：

（一）证券法仍然是金融法学者的研究重点

2019年39本法学核心期刊所载的164篇金融服务法论文中，证券法方向的发文总数仍遥遥领先，共计59篇，占比36.0%。本年度证券法领域的重大事件莫过于设立科创板并试点注册制，以及《证券法》第二次修订。有关科创板治理与注册制改革的论文共8篇，其中颇具代表性的有陈洁的《科创板注册制的实施机制与风险防范》[1]、李有星与潘政合著的《科创板发行上市审核制度变革的法律逻辑》[2]、吕成龙的《科创板时代中国证监会治理角色与模式的转变》[3]。《中国法律评论》于2019年第4期设置“聚焦《证券法》修改”专栏。首次将存托凭证纳入证券法适用范围是《证券法》若干修订亮点之一，薛晗的《中国存托凭证制度的规制逻辑与完善路径》[4]等5篇文章均以存托凭证中国存托凭证（简称CDR）为研究对象。受证监会持续强化证券市场监管、严惩证券违法行为的影响，证券欺诈（内幕交易、虚假陈述和操纵证券市场）与证券违法行为执法的研究成果较为丰硕，如缪因知的《信息型操纵市场行为执法标准研究》[5]、商浩文的《美国首例“幌骗”型高频交易刑事定罪案及其借鉴》[6]、宋颐阳的《内幕交易罪犯罪主体识别理论之

〔1〕陈洁：《科创板注册制的实施机制与风险防范》，载《法学》2019年第1期。
〔2〕李有星、潘政：《科创板发行上市审核制度变革的法律逻辑》，载《财经法学》2019年第4期。
〔3〕吕成龙：《科创板时代中国证监会治理角色与模式的转变》，载《财经法学》2019年第4期。
〔4〕薛晗：《中国存托凭证制度的规制逻辑与完善路径》，载《中国政法大学学报》2019年第2期。
〔5〕缪因知：《信息型操纵市场行为执法标准研究》，载《清华法学》2019年第6期。
〔6〕商浩文：《美国首例“幌骗”型高频交易刑事定罪案及其借鉴》，载《华东政法大学学报》2019年第2期。

检讨——以美国法为视角的分析》[1]。与证券执法相适应的示范判决机制与先行赔付制度亦成果显著，如倪培根的《论我国证券期货纠纷示范判决机制的制度化展开》[2]，肖宇、黄辉的《证券市场先行赔付：法理辨析与制度构建》[3]。资产证券化方面的研究也有所进展，如洪艳蓉的《双层SPV资产证券化的法律逻辑与风险规制》[4]、朱晓喆的《资产证券化中的权利转让与“将来债权”让与——评“平安凯迪资产支持专项计划”执行异议案》[5]。证券结算相关研究见赵磊的《证券交易中的信用机制——从中央存管（CSD）到分布式账本（DLT）》[6]与卜学民的《区块链下证券结算的变革、应用与法律回应》[7]。以要约收购为研究主题的文章，包括汤欣、神田秀树、朱大明的《公开要约收购的法律规制：从中国到日本》[8]和薛人伟的《论中国强制要约收购制度之合理性——从法经济学视角分析》[9]。此外，金融法学者在坚持研究新股发行制度、差异化表决制度、证券投资者保护、证券监管法的理论基础、资本市场改革方案等问题的同时，亦使得资产管理业务、机构投资者投票顾问、股票质押式回购、股权众筹中介机构、证券发行的静默期规则等课题的研究进展有所推进。

（二）银行法、保险法与信托法的研究成果稳步增长

2019年39本法学核心期刊刊载的164篇金融服务法论文中，银行法文章9篇、保险法文章23篇、信托法文章13篇，共计45篇[10]，数量较2018年大幅增长。2019年银行法方面代表性的文章有罗培新的《世界银行“获得信贷”指标的法理

---

〔1〕宋颐阳：《内幕交易罪犯罪主体识别理论之检讨——以美国法为视角的分析》，载《法学》2019年第3期。

〔2〕倪培根：《论我国证券期货纠纷示范判决机制的制度化展开》，载《河北法学》2019年第4期。

〔3〕肖宇、黄辉：《证券市场先行赔付：法理辨析与制度构建》，载《法学》2019年第8期。

〔4〕洪艳蓉：《双层SPV资产证券化的法律逻辑与风险规制》，载《法学评论》2019年第2期。

〔5〕朱晓喆：《资产证券化中的权利转让与“将来债权”让与——评“平安凯迪资产支持专项计划”执行异议案》，载《财经法学》2019年第4期。

〔6〕赵磊：《证券交易中的信用机制——从中央存管（CSD）到分布式账本（DLT）》，载《财经法学》2019年第3期。

〔7〕卜学民：《区块链下证券结算的变革、应用与法律回应》，载《财经法学》2019年第3期。

〔8〕汤欣、神田秀树、朱大明：《公开要约收购的法律规制：从中国到日本》，载《清华法学》2019年第2期。

〔9〕薛人伟：《论中国强制要约收购制度之合理性——从法经济学视角分析》，载《中外法学》2019年第5期。

〔10〕因研究内容交叉且研究重心均衡，樊健：《论客户期货交易保证金的信托法律构造》，（载《法学》2019年第2期）统计时既计入期货类论文亦计入信托类论文，同理，任自力、曹文泽：《保险金信托的法律构造》，（载《法学》2019年第7期）统计时既计入保险类论文亦计入信托类论文。

分析及我国修法建议》[1]、姚启建的《商业银行不良资产债转股的法律问题及其对策》[2]、许可的《开放银行的制度构造与监管回应》[3]。尤为明显的是，2019年保险法的发文数量由2018年的5篇增加了三倍有余，占金融服务法发文总数的14.0%，足见保险法学者们辛勤研究、笔耕不辍，任自力的《保险损失补偿原则适用范围思考》[4]一文更是刊载于法学权威期刊中。责任保险的研究热度居高不下，2019年相关方向的论文共7篇，占保险法发文总数的30.4%，其中有3位学者发表关于交强险的成果，潘红艳的《论责任保险金请求权时效制度——以责任保险为制度背景》[5]、邢海宝的《智能汽车对保险的影响：挑战与回应》[6]等皆为责任保险方向的论文。保险业的监管与治理为多名学者深入讨论，被保险人自杀、顺风车保险拒赔、信用保险赔偿受益权转让等保险实务争议话题亦得到充分关注。2019年信托法研究同样取得了极大的进步，学者们不仅回归本源研讨信托财产的主体性、信托免责条款的效力等基础理论问题，亦对实践中信托业发展的障碍与困境予以关注并解决，朱大明的《论信托投资产品刚性兑付的法律规制》[7]、曹阳的《论我国房地产投资信托（REITs）的标准化发展与法律制度建设》[8]等文均是对信托业现实问题的回应。此外，学者们亦积极促成信托法学科同其他法学三级学科的交叉研究，如樊健的《论客户期货交易保证金的信托法律构造》[9]等。

（三）金融科技与创新的研究热度始终不减

鉴于金融科技持续影响着金融市场及金融服务供给，金融法学者们对于金融科技始终保持着高昂的研究热情。据笔者统计，2019年法学核心期刊所载的164篇金融服务法论文中，有关金融科技的共17篇，占到10.4%。其中，Leo Zeng的《加密数字货币的国际反洗钱机制研究》[10]等4篇文章以比特币等数字货币为研究重

---

〔1〕罗培新：《世界银行“获得信贷”指标的法理分析及我国修法建议》，载《环球法律评论》2019年第2期。

〔2〕姚启建：《商业银行不良资产债转股的法律问题及其对策》，载《法学杂志》2019年第8期。

〔3〕许可：《开放银行的制度构造与监管回应》，载《财经法学》2019年第5期。

〔4〕任自力：《保险损失补偿原则适用范围思考》，载《中国法学》2019年第5期。

〔5〕潘红艳：《论责任保险金请求权时效制度——以责任保险为制度背景》，载《当代法学》2019年第2期。

〔6〕邢海宝：《智能汽车对保险的影响：挑战与回应》，载《法律科学》2019年第6期。

〔7〕朱大明：《论信托投资产品刚性兑付的法律规制》，载《法学》2019年第4期。

〔8〕曹阳：《论我国房地产投资信托（REITs）的标准化发展与法律制度建设》，载《法律适用》2019年第23期。

〔9〕樊健：《论客户期货交易保证金的信托法律构造》，载《法学》2019年第2期。

〔10〕Leo Zeng：《加密数字货币的国际反洗钱机制研究》，载《国际经济法学刊》2019年第4期。

心，李海、胡麓珂的《首次代币发行（ICO）监管再思考——以德国现行法为视角》[1]则着力研究ICO这一募集通用数字货币的行为。监管科技概念亦为多名学者所关注，徐冬根的《论法律语境下的金融科技与监管科技——以融合与创新为中心展开》[2]倾向于研究监管科技的产生与发展，张永亮的《金融监管科技之法制化路径》[3]围绕监管科技的应用及其法制化需求，尹振涛、范云朋的《监管科技（RegTech）的理论基础、实践应用与发展建议》[4]则较宏观地探讨监管科技产生、应用及发展过程中的相关问题。智能投顾、金融质押担保创新、金融控股公司的数据共享机制以及金融科技的监管、转化和创新等方面亦为金融科技与创新领域的研究所涉及。

（四）一般基础金融理论的研究成果丰富多彩

2019年一般基础金融理论方向的论文多达11篇。金融法学者们聚焦金融交易税、个人投资者的保护、金融机构诉讼提前收贷、金融消费者的认定、金融机构的社会责任和惩罚性赔偿责任、金融交易中心化信任机制、金融市场的自律管理规范、金融法的违约预防制度及收入分配改革等不同领域，借由研习一般基础金融理论构建金融法的基本框架，从而为调整具体金融关系奠定基础，典型论文如阳建勋的《我国金融机构惩罚性赔偿责任落空的反思与制度完善》[5]，该文旨在省思我国金融机构惩罚性赔偿责任落空的原因及对策以强化保护金融消费者。另外，陈醇的《论金融法中的违约预防制度》[6]主张将违约预防制度纳入我国金融法的合同制度，齐砺杰的《个人破产的金融维度》[7]探讨个人破产对现代金融体系的五大作用，视角独特且观点新颖。

（五）金融监管与金融体制改革的研究进展稳定

2019年金融监管与金融体制改革的成果共有13篇，在39本法学核心期刊所载

---

〔1〕 李海、胡麓珂：《首次代币发行（ICO）监管再思考——以德国现行法为视角》，载《财经法学》2019年第2期。

〔2〕 徐冬根：《论法律语境下的金融科技与监管科技——以融合与创新为中心展开》，载《东方法学》2019年第6期。

〔3〕 张永亮：《金融监管科技之法制化路径》，载《法商研究》2019年第3期。

〔4〕 尹振涛、范云朋：《监管科技（RegTech）的理论基础、实践应用与发展建议》，载《财经法学》2019年第3期。

〔5〕 阳建勋：《我国金融机构惩罚性赔偿责任落空的反思与制度完善》，载《法律科学》2019年第5期。

〔6〕 陈醇：《论金融法中的违约预防制度》，载《环球法律评论》2019年第2期。

〔7〕 齐砺杰：《个人破产的金融维度》，载《中国政法大学学报》2019年第4期。

的164篇金融服务法论文中占比7.9%。作为传统热点话题，金融业监管体制的关注度一直居高不下，黄辉的《中国金融监管体制改革的逻辑与路径：国际经验与本土选择》[1]与杜一华的《金融监管体制改革论纲——全球主义关照下的国家主义立场》[2]皆采用比较法手段聚焦金融监管体制改革，张妍的《“大资管”时代的行业监管困境与出路》关注我国现况，研讨统一监管模式下的问题及其应对举措，对此刘志伟认为应当在一定时期内继续保留混业“但书”，沈伟、李术平的《迈向统一监管的资管新规：逻辑、工具和边界》[3]则剖析《资管新规》的产生背景及监管逻辑。“套路贷”的规制与治理是金融监管领域的新兴热点话题，于涂龙科的《“套路贷”犯罪的刑法规制研究》[4]，陈志君、梁健的《论“套路贷”的打击与防范》[5]以及李有星、潘政的《“套路贷”相关司法问题与对策研究》[6]均有所体现。此外，金融监管目标、金融监管竞争及其治理等理论问题与规制非法利用个人金融信息行为、治理借贷行为、高利贷规制等实务问题亦获得学者们的关注。

（六）互联网金融研究受金融法学者青睐

在互联网金融整治工作的持续影响下，2019年互联网金融依旧因市场非议之多和监管力度之大而艰难前行。39本法学核心期刊所载的164篇金融服务法论文中，与互联网金融（含互联网金融监管内容）方向相关的共有9篇，数量较去年略微减少。P2P网贷行业的“清场”行动于2019年在深圳、上海等省份拉开序幕，P2P网贷话题热度随之攀升，肖怡的《我国P2P网贷平台触及非法集资犯罪红线的研究》[7]研究了如何从刑事角度监管P2P网贷，董新义的《网络借贷平台的民事责任》[8]关注如何从民事角度令P2P网贷平台承担责任，李兰英、陈传铿的《网络融资的民刑交叉困境与抉择——基于被害人利益保护的视角》[9]则探讨如何保护P2P

---

[1] 黄辉：《中国金融监管体制改革的逻辑与路径：国际经验与本土选择》，载《法学家》2019年第3期。

[2] 杜一华：《金融监管体制改革论纲——全球主义关照下的国家主义立场》，载《河北法学》2019年第6期。

[3] 沈伟、李术平：《迈向统一监管的资管新规：逻辑、工具和边界》，载《财经法学》2019年第5期。

[4] 涂龙科：《“套路贷”犯罪的刑法规制研究》，载《政治与法律》2019年第12期。

[5] 陈志君、梁健：《论“套路贷”的打击与防范》，载《法律适用》2019年第20期。

[6] 李有星、潘政：《“套路贷”相关司法问题与对策研究》，载《法律适用》2019年第21期。

[7] 肖怡：《我国P2P网贷平台触及非法集资犯罪红线的研究》，载《法学杂志》2019年第1期。

[8] 董新义：《网络借贷平台的民事责任》，载《国家检察官学院学报》2019年第2期。

[9] 李兰英、陈传铿：《网络融资的民刑交叉困境与抉择——基于被害人利益保护的视角》，载《甘肃政法学院学报》2019年第1期。

网贷中的受害人。互联网金融领域的其余研究内容包括互联网证券监管、互联网金融刑事治理、互联网金融科技信息披露制度、现金贷消费者保护制度、互联网金融领域非法吸收公众存款罪法益的认定等。

二、研究队伍与高产作者分析

2019年共计136位作者（对于合作署名论文，本分析报告仅统计第一作者）在39本法学类CSSCI（含扩展版）期刊上发表金融服务法学论文164篇，人均发表论文约1.17篇。2019年金融服务法学高产作者共有19位（详见表2）。2019年金融服务法学方面的164篇论文中，包含三大权威期刊论文4篇，占金融服务法学论文总数（164篇）的2.5%。（详见表3）

表2　2019年度金融服务法学高产作者统计（2篇以上）

名次	姓名	所在单位	发文数	三大权威期刊数	职称
1	洪艳蓉	北京大学	4	1	副教授
2	任自力	北京航空航天大学	3	1	教授
3	郭雳	北京大学	3	0	教授
4	刘志伟	西南政法大学	2	1	讲师
4	邢会强	中央财经大学	2	1	教授
5	冯辉	对外经济贸易大学	2	0	教授
5	贺琪	华东政法大学	2	0	博士生
5	黄辉	香港中文大学	2	0	教授
5	季奎明	华东政法大学	2	0	副教授
5	李有星	浙江大学	2	0	教授
5	马宁	苏州大学	2	0	教授
5	毛玲玲	华东政法大学	2	0	教授
5	潘红艳	吉林大学	2	0	副教授
5	彭冰	北京大学	2	0	教授
5	唐应茂	北京大学	2	0	副教授
5	汪青松	西南政法大学	2	0	教授
5	薛晗	中国政法大学	2	0	博士生、副编审
5	杨东	中国人民大学	2	0	教授
5	张艳	上海社会科学院	2	0	助理研究员

表 3　2018 年度金融服务法学论文三大权威期刊作者情况统计

作者	所在单位	刊物名称	期数	职称
邢会强	中央财经大学	中国法学	1	教授
任自力	北京航空航天大学	中国法学	5	教授
洪艳蓉	北京大学	中国法学	6	副教授
刘志伟	西南政法大学	法学研究	6	讲师

借由表 2 和表 3，我们可以初步得出 2019 年的金融服务法学研究队伍，具体呈现以下几大特点：

（一）金融服务法学研究力量始呈“百花齐放”之势

金融服务法学研究分支庞杂、学理性极强等学科特点，一定程度上决定着金融服务法学领域的研究成果难以为高产作者所垄断。然而，由笔者掌握、调研的 2018 年与 2019 年核心期刊发文数据可知，2019 年发文数量为 2 篇以上的高产作者共 19 位（较 2018 年的 14 位增加 5 位），其合计发表 42 篇论文（较 2018 年的 35 篇增加 7 篇），占总发文数比重约 26.4%（较 2018 年的 34.0% 约减少 7.6%），仍延续 2016—2018 年的数量逐年上涨趋势，但占比逐年上升趋势已然被打破，金融服务法学正向建设为“百花齐放”的欣欣向荣之境而努力。此外，2019 年于三大法学权威期刊发文的 4 名学者，全部发表 2 - 4 篇高质量的金融服务法论文。

（二）三大法学权威期刊发文数量有所减少

相较 2018 年金融服务法学发文数 8 篇的高产量，2019 年仅有 4 篇杰出的金融服务法论文发表于三大法学权威期刊。值得注意的是，2019 年《中国社会科学》未刊载金融服务法学研究成果，金融服务法论文均发表于《中国法学》与《法学研究》，此亦为三大法学权威期刊发文总数略微降低的因由之一。其中，邢会强的《我国〈证券法〉上证券概念的扩大及其边界》[1]、任自力的《保险损失补偿原则适用范围思考》[2]和洪艳蓉的《论基金托管人的治理功能与独立责任》[3]均发表于《中国法学》，三位学者相关成果的研究方向分别为证券法、保险法与基金法。刘志伟的《金融法中混业“但书”规定之反思》[4]发表于《法学研究》，该文着重探讨

[1] 邢会强：《我国〈证券法〉上证券概念的扩大及其边界》，载《中国法学》2019 年第 1 期。

[2] 任自力：《保险损失补偿原则适用范围思考》，载《中国法学》2019 年第 5 期。

[3] 洪艳蓉：《论基金托管人的治理功能与独立责任》，载《中国法学》2019 年第 6 期。

[4] 刘志伟：《金融法中混业“但书”规定之反思》，载《法学研究》2019 年第 6 期。

金融监管与金融体制改革问题。

三、法学院校分析

2019 年在法学核心期刊发表的 164 篇金融服务法学论文的作者来自 65 家法学科研机构〔1〕。其中，发表 2 篇以上（含本数）论文的单位共有 22 家，其中发表 4 篇及以上的有 13 家。关于这 65 家单位的发表论文数、他发数、三大权威期刊数等情况，详见表 4 与后文。

表 4　2019 年金融服务法学高产科研单位前 22 名

排名	科研单位	论文数	占总论文数的百分比	他发数	他发率	三大权威期刊论文数	占金融法学三大权威期刊总论文数百分比
1	北京大学	16	10.1%	15	93.8%	1	25%
2	华东政法大学	15	9.4%	13	86.7%	0	0
3	中国政法大学	9	5.7%	5	55.6%	0	0
4	西南政法大学	8	4.4%	8	100%	1	25%
5	对外经济贸易大学	8	4.4%	8	100%	0	0
6	中央财经大学	7	4.4%	7	100%	1	25%
7	中国人民大学	7	4.4%	7	100%	0	0
8	上海交通大学	5	3.2%	5	100%	0	0
8	中国社会科学院	5	3.2%	5	100%	0	0
10	清华大学	5	3.2%	2	40%	0	0
11	北京航空航天大学	4	2.5%	4	100%	1	25%
11	厦门大学	4	2.5%	4	100%	0	0
13	武汉大学	4	2.5%	3	75%	0	0
14	南京大学	3	1.9%	3	100%	0	0
14	上海财经大学	3	1.9%	3	100%	0	0
16	上海社会科学院	3	1.9%	2	66.7%	0	0

〔1〕 本文统计作者所属单位以第一作者为准；如果一名作者同时署名两个单位及以上的，以署名排序在前的单位为准。

续表

排名	科研单位	论文数	占总论文数的百分比	他发数	他发率	三大权威期刊论文数	占金融法学三大权威期刊总论文数百分比
17	吉林大学	3	1.9%	1	33.3%	0	0
18	北京师范大学	2	1.3%	2	100%	0	0
18	苏州大学	2	1.3%	2	100%	0	0
18	深圳大学	2	1.3%	2	100%	0	0
18	香港中文大学	2	1.3%	2	100%	0	0
18	浙江大学	2	1.3%	2	100%	0	0

（一）北京大学、华东政法大学和中国政法大学位列前三名

2019 年金融服务法学论文发表总数最多的三家单位依次为北京大学（16 篇）、华东政法大学（15 篇）以及中国政法大学（9 篇），共占 2019 年在法学核心期刊发表的 162 篇金融服务法学论文的 24.7%。且由表 4 可知，北京大学以 16 篇的优异成绩成为 2019 年金融服务法论文他发数最多的院校，其亦是上述三大院校中 2019 年金融服务法论文他发率最高的院校。

北京大学金融法学者首先高度聚焦证券法的修改，与此同时，也对金融监管领域（机构投资者投票顾问的法律规制、敌意收购中的大额持股变动监管、非法吸收公众存款罪法益定位）予以重点关注。其次，各学者亦眷注金融创新与金融科技（双层 SPV 资产证券化、智能投顾、法定数字货币）相关问题。此外，北京大学在信托投资产品刚性兑付、股票质押式回购、基金托管人功能与责任、P2P 网络借贷行为、中国存托凭证制度等专题亦存有发表的研究成果。该校的洪艳蓉副教授是 2019 年金融服务法学界的最高产作者，发文数量为 4 篇。

华东政法大学以 15 篇论文的数量紧随其后，与 2018 年排名相比前进 11 名，且他发率亦较 2018 年增加了 53.4%，进步速度可谓迅猛提升。其主要在证券法学领域进行深耕研究，同时也积极关注比特币期货、金融机构提前收贷诉讼、互联网金融刑事治理、个人金融信息非法利用、世界银行信贷指标、保险业风险处置、中国式信托登记、信托财产主体性、金融市场基础设施自律管理规范等不同领域。其中，冷静的《科创板注册制下交易所发行上市审核权能的变革》[1] 为我国科创板注

---

〔1〕 冷静：《科创板注册制下交易所发行上市审核权能的变革》，载《财经法学》2019 年第 4 期。

册制试点的改革方向与模式提供一定的启迪。

中国政法大学以 9 篇论文的数量依旧位列第三。其研究重点集中于证券法领域，9 篇论文中有 5 篇属于证券法学研究成果，内容涵盖证券做市交易、证券监管法、证券法、存托凭证制度等。另外，该校学者亦大力研究股东对公司财产的保险利益、商业银行不良资产债转股、国家治理现代化下的保险法理论研究、资管行业监管等其他领域的课题。

（二）西南政法大学和对外经济贸易大学进入前五名

2019 年，西南政法大学和对外经济贸易大学均发表 8 篇金融服务法论文，分别位列第 4 名与第 5 名，且对外经济贸易大学首次进入榜单前五名。两所院校的他发率均为 100%，均在金融服务法学领域有着不俗的科研表现。

西南政法大学的相关研究成果集中于信托法、证券法领域，深入研究金融监管与金融体制改革问题。该校经济法学院刘志伟讲师于 2019 年收获了较为丰硕的科研成果，其发表的《权利视角下证券投资者适当规则的拓展适用》〔1〕视角新颖，独著的《金融法中混业“但书”规定之反思》〔2〕刊载于权威期刊。另外，西南政法大学学者还从事关于外部投资者保护机制、金融交易异变等方面的研究。

对外经济贸易大学较去年金融服务法刊文数第 14 名的排位进步 9 名。其中冯辉教授个人贡献 2 篇文章，《“维护公司价值及股东权益所必需”而回购的法律规制》〔3〕主要探讨上市公司股份回购监管问题，《论金融监管竞争及其法律治理》〔4〕顾名思义即研究如何抑制金融监管竞争的负外部性。除此之外，对外经济贸易大学的研究领域还包括 CDR、慈善信托、证券结算、股市流动性风险与金融系统性风险、人伤保险理赔、开放银行的构建与监管等。

（三）中央财经大学、中国人民大学、上海交通大学、中国社会科学院、清华大学位列前十

中央财经大学和中国人民大学均发表 7 篇论文，分别位列榜单第 6 名与第 7 名。上海交通大学与中国社会科学院则以发文总数 5 篇和他发率 100% 的优异成绩并列第 8 名。清华大学发表 5 篇金融服务法论文，位列第 10 位。

---

〔1〕 刘志伟：《权利视角下证券投资者适当规则的拓展适用》，载《财经法学》2019 年第 6 期。

〔2〕 刘志伟：《金融法中混业“但书”规定之反思》，载《法学研究》2019 年第 6 期。

〔3〕 冯辉：《“维护公司价值及股东权益所必需”而回购的法律规制》，载《东方法学》2019 年第 6 期。

〔4〕 冯辉：《论金融监管竞争及其法律治理》，载《法学家》2019 年第 3 期。

中央财经大学金融服务法学研究团队的科研实力始终强劲，2019年虽较去年排名有所下滑，科研成绩却依旧显眼。作为金融服务法研究领域的高产作者，邢会强教授贡献2篇论文，其于《中国法学》发表的《我国〈证券法〉上证券概念的扩大及其边界》[1]一文对《证券法》修订影响重大。此外，董新义、缪因知、王庆翔、王志勤等人亦为该校2019年的金融服务法研究做出极大贡献。

中国人民大学始终是金融服务法学的科研重地，2019年更是硕果累累。该校聚焦学术前沿，积极关注金融科技相关问题，如杨东教授与武雨佳合著的《智能投顾中投资者适当性制度研究》[2]，其独立创作的《Libra：数字货币型跨境支付清算模式与治理》[3]，以及时延安、王熠珏的《比特币洗钱犯罪的刑事治理》[4]。此外，交强险、保理合同、房地产投资信托、股份有限公司回购股份、信托收据等亦是其研究内容。

上海交通大学相比去年排名有6名的进步，研究方向呈现出多元化的特点，具体包括金融科技与监管科技、顺风车保险拒赔、科创板下的差异化信息披露制度、期货市场内幕交易与资管新规等。其中，朱嘉诚的《科创板视野下我国差异化信息披露制度构建的进与退》[5]视角新颖，别出心裁；谢杰的《期货市场内幕交易的法律规制》[6]旧题新论，构思巧妙。

中国社会科学院2019年的金融服务法研究依旧表现不俗。如廖凡的《论金融科技的包容审慎监管》[7]皆将金融科技视作研究重心。该单位在科创板注册制、监管科技、证券交易信用机制等方面亦有研究成果。

清华大学的发文数量较去年有所进步，其研究成果虽主要集中于证券法领域，省思应当如何识别内幕交易罪犯罪主体，探讨如何以日本经验创新我国差异化表决下的控制权约束机制以及要约收购制度，并且对比中日新股发行制度的差异，但亦对保险法有所关注，如杨勇的《任意责任保险中受害人直接请求权之证成》[8]便主张任意责任保险中受害人应当享有无条件的直接请求权。

---

[1] 邢会强：《我国〈证券法〉上证券概念的扩大及其边界》，载《中国法学》2019年第1期。

[2] 杨东、武雨佳：《智能投顾中投资者适当性制度研究》，载《国家检察官学院学报》2019年第2期。

[3] 杨东：《Libra：数字货币型跨境支付清算模式与治理》，载《东方法学》2019年第6期。

[4] 时延安、王熠珏：《比特币洗钱犯罪的刑事治理》，载《国家检察官学院学报》2019年第2期。

[5] 朱嘉诚：《科创板视野下我国差异化信息披露制度构建的进与退》，载《财经法学》2019年第3期。

[6] 谢杰：《期货市场内幕交易的法律规制》，载《财经法学》2019年第5期。

[7] 廖凡：《论金融科技的包容审慎监管》，载《中外法学》2019年第3期。

[8] 杨勇：《任意责任保险中受害人直接请求权之证成》，载《政治与法律》2019年第4期。

（四）两所科研单位，并列第十一；二十二所科研单位，发表论文两篇及以上

2019年有2家法学科研单位以4篇的发文数量、100%的他发率并列榜单第11位，它们分别是北京航空航天大学与厦门大学。武汉大学以4篇的发文数量，75%的他发率位列第13位。南京大学、上海财经大学、上海社会科学院、吉林大学的发文数量虽均为3篇，他发率却有所差异，其中前两者并列榜单第14位，后两者则依次处于榜单第16位与第17位。5家科研单位以2篇的发文数量并列榜单第18位，分别为北京师范大学、苏州大学、深圳大学、香港中文大学、浙江大学。

北京航空航天大学是2019年榜单中的一匹黑马，任自力教授作为金融服务法学高产作者功不可没，亦为保险法学的发展作出极大贡献，其2019年的学术成果虽皆以保险法为题域，但与曹文泽合著的《保险金信托的法律构造》[1]一文创新性地研究兼具保险、信托双重功能的新兴金融产品。厦门大学虽较去年排名有所下滑，但发文数量已然进步明显，该校学者的研究成果涵盖金融机构的社会责任与惩罚性赔偿责任、网络融资被害人的利益保护、加密数字货币的国际反洗钱机制等，互联网金融、金融法基础理论、货币法律制度等领域均有所涉猎。武汉大学的发文数量与榜单排名均较去年有所下滑，但金融服务法相关学术成果依旧丰富而多元，研究方向包括保险法、银行法、金融法基础理论、货币管理法律制度等，如漆彤与卓峻帆合著的《加密货币的法律属性与监管框架——以比较研究为视角》[2]即旨在明确加密货币之定义并完善相应的监管路径。

南京大学、上海社会科学院成为金融服务法学研究的新阵地，上海财经大学、吉林大学的金融法科研实力仍不容小觑。南京大学的学者重新解释股权众筹机构应对信息不对称工具的功能，并以案例评析的方式检讨被保险人危险增加通知义务的司法适用，且范建教授的《资本泛滥时期的公司治理与金融监管》[3]含金量极高，为我国公司治理和金融监管法治目标的实现提供助力。上海财经大学作为财经类院校，亦大力开展金融服务法学研究，不仅关注保险责任时间限制条款的效力、期货交易保证金的性质等学理研讨，而且聚焦实务视角剖析资产证券化中的权利转让。上海社会科学院的张艳研究员为该单位贡献2篇文章，其独著的《个人投资者的保

---

〔1〕 任自力、曹文泽：《保险金信托的法律构造》，载《法学》2019年第7期。

〔2〕 漆彤、卓峻帆：《加密货币的法律属性与监管框架——以比较研究为视角》，载《财经法学》2019年第4期。

〔3〕 范建：《资本泛滥时期的公司治理与金融监管》，载《法学杂志》2019年第2期。

护逻辑与新时代的路径选择——以金融产品销售为例》[1]与《现金贷消费者保护的范式转换及制度》[2]皆将目光投向金融领域的弱势群体，具有极强的金融服务意识。吉林大学的潘红艳副教授作为保险法学者，以学术专长助力该校金融法学科建设，其研究成果包括责任保险金请求权时效制度与投保群体利益保护。

其他上榜单位中，北京师范大学的学者重点关注金融法的刑事治理，深入研究“抢帽子交易”型操纵证券市场罪，以及剖析《刑法》第182条的兜底条款制裁“幌骗”型高频交易行为的正当性；马宁教授自2019年2月被聘为苏州大学讲座教授以来，陆续发表《消费者保险立法的中国愿景》[3]《中国交强险立法的完善：保险模式选择与规范调适》[4]等高水平成果，极力带动该校的金融法学科建设；深圳大学于2019年再度上榜，学者们不仅对科创板设立这一实证热点有所关注，而且研讨个人破产对现代经济金融体系的作用，实现破产法与金融法的交叉研究；香港中文大学金融法的研究成果则主要依靠黄辉教授，其独著或合著成果涉及金融监管、资产管理业务以及证券市场先行赔付机制；作为浙江大学金融法学学科带头人，李有星教授与其生潘政合作发表的2篇文章关注套路贷、科创板等时事热点，聚焦学术前沿，具有极高的学术价值。

（五）法官、法务、律师等实务界人士共发表14篇文章

除却学者著作，法官、法务、律师等实务界人士亦积极参与金融服务法学的理论课题研究且成果丰硕，如中国铁建股份有限公司法律合规部部长王甲国独著的《PE回购退出的国资监管问题——以一起参与国企混改的PE回购退出案件为切入点》[5]、夏东霞律师与范晓律师合著的《科创板注册制背景下对中介机构“看门人”角色的再思考》[6]等。相比金融法学者，实务界人士将金融行业的执业难题转化为理论课题，对金融行业现状脉络的把握更为清晰，有助于广大学者明确理论研究方向。

---

[1] 张艳：《个人投资者的保护逻辑与新时代的路径选择——以金融产品销售为例》，载《当代法学》2019年第1期。

[2] 张艳：《现金贷消费者保护的范式转换及制度构建》，载《法学》2019年第6期。

[3] 马宁：《消费者保险立法的中国愿景》，载《中外法学》2019年第3期。

[4] 马宁：《中国交强险立法的完善：保险模式选择与规范调适》，载《清华法学》2019年第5期。

[5] 王甲国：《PE回购退出的国资监管问题——以一起参与国企混改的PE回购退出案件为切入点》，载《行政法学研究》2019年第2期。

[6] 夏东霞、范晓：《科创板注册制背景下对中介机构“看门人”角色的再思考》，载《财经法学》2019年第3期。

四、结语

陆续颁行的政策文件与层出叠见的热点事件，让金融行业于 2019 年依旧备受瞩目。作为全面建成小康社会“三大攻坚战”的收官之年，2020 年对于金融市场而言必将意义非凡。笔者既期待在 2020 年能持续发挥金融科技之功用，国家进一步开放金融市场并更好地服务于实体经济，打赢防控金融风险攻坚战以决胜“三大攻坚战”，又祝愿金融法学者群体于 2020 年在金融服务法学这一研究领域再创佳绩。

图书在版编目（CIP）数据

证券法律评论．2020 年卷／郭锋主编．—北京：中国法制出版社，2020.5

ISBN 978－7－5216－0999－8

Ⅰ.①证…　Ⅱ.①郭…　Ⅲ.①证券市场－研究－中国②证券法－研究－中国　Ⅳ.①D922.287.4

中国版本图书馆 CIP 数据核字（2020）第 058803 号

责任编辑　韩璐玮（hanluwei666@163.com）　　封面设计　李宁

证券法律评论（2020 年卷）

ZHENGQUAN FALÜ PINGLUN（2020 NIAN JUAN）

主编/郭锋

经销/新华书店

印刷/北京京华虎彩印刷有限公司

开本/710 毫米×1000 毫米　16 开　　印张/37.75　字数/631 千

版次/2020 年 5 月第 1 版　　2020 年 5 月第 1 次印刷

中国法制出版社出版

书号 ISBN 978－7－5216－0999－8　　定价：138.00 元

北京西单横二条 2 号

邮政编码 100031　　传真：010－66031119

网址：http：//www.zgfzs.com　　**编辑部电话：010－66070084**

市场营销部电话：010－66033393　　**邮购部电话：010－66033288**

（如有印装质量问题，请与本社印务部联系调换。电话：010－66032926）